Medizinische Psychologie

Hans-Dieter Rösler / Hans Szewczyk †/
Klaus Wildgrube

Medizinische Psychologie

Spektrum Akademischer Verlag Heidelberg · Berlin · Oxford

Die Deutsche Bibliothek – CIP-Einheitsaufnahme

Rösler, Hans-Dieter:
Medizinische Psychologie / Hans-Dieter Rösler ; Hans Szewczyk† ; Klaus Wildgrube. –
Heidelberg : Spektrum, Akad. Verl., 1996
ISBN 3-86025-237-2 Pp.
ISBN 3-8274-0128-3 kart.
NE: Szewczyk, Hans:; Wildgrube, Klaus:

Lektorat: Katharina Neuser-von Oettingen/Sabine Berger (Ass.)
Copy-editing: Ulla Gromer
Produktion: Susanne Tochtermann, Brigitte Trageser
Illustrationen: Satz & Grafik-Studio Stephan Meyer, Dresden
Einbandgestaltung: Kurt Bitsch, Birkenau
Druck und Verarbeitung: Franz Spiegel Buch GmbH, Ulm

Titelbild: Paul Klee, Engel voller Hoffnung, 1939, 892 (WW 12); 29,5 × 21 cm;
Bleistift auf Papier; Kunstmuseum Bern, Paul-Klee-Stiftung, Bern.

Inhaltsverzeichnis

Vorwort

Ein Lehrbuch der Medizinischen Psychologie wird unter zumindest drei Perspektiven gelesen: Es soll den Wissenskanon dieses Faches darstellen, es soll *Aufgaben* und *Ziele* der Psychologie in der Medizin deutlich machen, und es soll für Lehrveranstaltungen und Prüfungen nützlich sein.

Diese drei Perspektiven bestimmen den Aufbau des Buches, das mit einem Überblickskapitel über das Fach Medizinische Psychologie und seine Geschichte beginnt. Wie dieses erste Kapitel zeigt, ist eine Psychologie in der Medizin zum Verständnis für Gesundheit und Krankheit nötig, weil das subjektive Befinden von Patienten nicht allein von den klinischen Befunden abhängt. Psychosoziale Bedingungen der Krankheitsentstehung, wie sie ein Hausarzt bei seinen Patienten seit je mitbeobachtet hat, müssen neben den biologisch-organischen Bedingungen systematisch bei jeder Erkrankung berücksichtigt werden. Psychologische Grundkenntnisse erleichtern eine effiziente Therapieplanung in Kooperation mit dem Patienten. Die wichtigsten psychologischen Faktoren, die dabei zu berücksichtigen sind, werden jeweils in den weiteren Kapiteln vorgestellt.

Zunächst sind vielfältige *Erlebnisbedingungen* des Patienten unter ätiologischen und therapeutischen Gesichtspunkten zu beachten. Dazu zählen Erfahrungen, Bedürfnisse, Emotionen und Bewußtseinslagen (Kapitel 2).

Die *Persönlichkeit des Kranken* mit Dimensionen wie Intelligenz, Aktivität, soziale Kompetenz, Selbst- und Umweltkonzept muß sowohl als Mitbedingung einer Krankheit wie auch als Kompensationsmöglichkeit eingeschätzt werden (Kapitel 3).

Die jeweilige *Altersstufe* des Patienten mit ihren psychischen Besonderheiten ist für Diagnose, Therapie und Prognose bedeutsam (Kapitel 4).

Neben dem Erleben und Verarbeiten von akuten und besonders auch chronischen Krankheiten ist die Selbstbestimmung als ein wichtiger Verhaltenseinfluß auf das subjektive Wohlbefinden zunehmend ins Blickfeld von Präventionsbemühungen gerückt: Wie verhalten sich Menschen und wie stabilisieren sie sich psychisch, um gesund zu bleiben oder zu werden? Und wie schaffen sie es, die Einschränkungen aufgrund einer chronischen Krankheit im Alltag zu bewältigen? (Kapitel 5).

Im Erkrankungsfall geht es dann wesentlich um die gegebene *psychische Situation des Patienten*, um seine Art der Auseinandersetzung mit der Krankheit und um den Einfluß der psychischen Verfassung auf die Entstehung, Behandlung und Rückbildung des Leidens (Kapitel 6).

Die Beratung, Begleitung und wenn nötig Führung des Kranken und damit die *Formen der Arzt-Patient-Beziehung* müssen neben den somatischen Notwendigkeiten den psychischen Behandlungsbedürfnissen des Patienten entsprechen (Kapitel 7).

Deshalb muß die *ärztliche Gesprächsführung* unter diagnostischem und therapeutischem Aspekt als vielgestaltiger zwischenmenschlicher Kommunikationsvorgang verstanden werden. In besonderen Fällen kann diese Kommunikation durch psychodiagnostische Methoden ergänzt werden. Dieses Lehrbuch betont die zentrale Bedeutung der ärztlichen Gesprächsführung und informiert über Techniken der Gesprächsführung, die Auswege bei Verständigungsproblemen oder Abwehrreaktionen bieten können (Kapitel 8).

Dieses Lehrbuch folgt einer sachorientierten Systematik, die nicht immer deckungsgleich mit der Auflistungsfolge des sogenannten Gegenstandskataloges (GK) ist, der die Lernstoffe für die *schriftlichen Prüfungen* in der Ärztlichen Vorprüfung reglementiert. **GK-Stichworte** sind aber im Lehrbuchtext (und im Glossar) leicht durch Fettdruck aufzufinden.

Der Aufbau des Buches orientiert sich vorwiegend an den Erfordernissen des Alltags in Kliniken und Praxen, der bei der Vorbereitung auf *mündliche Prüfungen* in der Medizinischen Psychologie im Vordergrund steht.

Medizinische Psychologie untersucht neben allgemeinen Grundlagen und über den Inhalt dieses Lehrbuches hinausgehend *spezifische* psychologische Probleme einzelner Krankheiten. Deren Erörterung setzt nicht nur das Studium der Klinischen Psychologie voraus, sondern auch praktische Erfahrungen in ärztlichen Fach-Disziplinen (also zum Beispiel in der Kardiologie, der Onkologie) und wird deshalb erst schrittweise in den Klinischen Abschnitten des Medizinstudiums und in der Aus- und Weiterbildung von Fachärzten und Fachkrankenschwestern gelehrt. An vielen Stellen dieses Lehrbuches sind aber bereits Beispiele aus klinischen Untersuchungen im Rahmen der Medizinischen Psychologie eingearbeitet, die spezifische Anwendungsmöglichkeiten von psychologischem Wissen in der Medizin illustrieren.

Ein sprachliches Problem ließ sich in diesem Buch so wenig meistern wie in anderen Lehrbüchern: Wir schreiben in den meisten Fällen nur wie abgekürzt Arzt, Patient, Student und meinen *selbstverständlich stets* Ärztinnen und Ärzte, Patientinnen und Patienten, Studentinnen und Studenten. In den Anfangssemestern des Medizinstudiums gibt es mehr Frauen als Männer, und unter den Menschen, die sich ärztlicher Hilfe anvertrauen, überwiegen die Frauen. Wir bitten Leserinnen und Leser, beim Studium dieses Lehrbuches stets an beide Geschlechter zu denken, also mit dem Verständnis das wettzumachen, was Sprache und Schriftbild schlecht hergeben.

Mit der dritten Auflage legen wir hier eine völlig neu bearbeitete Auflage des Lehrbuches von H.-D. Rösler und H. Szewczyk vor, das für Medizinstudenten in der DDR verfaßt wurde und 1989 in zweiter Auflage erschien. Nach der Wende bedurfte es einer Zeit der Umstellung, der Initiative eines neuen Verlages und der Verstärkung durch einen dritten Autor, um das Buch zu aktualisieren und didaktisch auf den heute geforderten Prüfungsstoff abzustimmen. Während dieser Bearbeitungsphase verstarb Hans Szewczyk am 28. November 1994 in Berlin. Prof. Dr. Dr. H. Szewczyk war ein Pionier der Medizinischen Psychologie in Deutschland und Initiator der ersten Auflage. Seine Arbeit am Lehrbuch ist von Klaus Wildgrube fortgeführt worden.

Wir danken Prof. Dr. Uwe Tewes für die Ermutigung zur Neubearbeitung, Katharina Neuser-von Oettingen für eine sensible Lektorierung und Spektrum Akademischer Verlag für die Unterstützung dieses Projekts.

Rostock und Hannover, im Januar 1996

Hans-Dieter Rösler Klaus Wildgrube

1. Die Psychologie in der Medizin

1.1. Die Notwendigkeit der Psychologie in der Medizin

Soll eine Darstellung medizinpsychologischer Kenntnisse sich bemühen, die Relevanz solchen Wissens für die Arbeit des Arztes in Klinik und Praxis herauszuarbeiten? Als sachgemäßer und evidenter erachten wir die umgekehrte Reihenfolge, die wir in einem aktuellen Lehrbuch der Allgemeinmedizin (KOCHEN, 1992) finden. Dort zeigen mehr als 160 anschauliche Fallbeispiele aus der Erfahrung von Allgemeinärzten in vielen Situationen den *Bedarf*, die unabdingbare Notwendigkeit psychologischer Denk- und Arbeitsweisen im ärztlichen Alltag. Wir führen zwei Beispiele an (ABHOLZ, in KOCHEN, 1992, S. 14 und 77) und verweisen auf das genannte Lehrbuch.

Erstes Beispiel: „Ein 55jähriger Patient mit einem seit Jahren bestehenden heftigen Asthma bronchiale kam regelmäßig in sehr schlechtem Zustand in die Praxis: Eine heftige Spastik ließ ihn häufig schon in Ruhe kaum ganze Sätze ohne Unterbrechung sprechen. Oft konnte er sich nicht aus der Wohnung bewegen, und ich mußte ihn zu Hause besuchen. Mehrmals wies ich ihn in katastrophalem Zustand in ein Krankenhaus ein, von wo er regelmäßig in relativ gutem pulmonalem Zustand und unter ausreichender Medikation entlassen wurde. Kurze Zeit nach der Entlassung jedoch reduzierte der Patient seine Medikation; dies betraf Kortikosteroide wie auch Beta-Sympathomimetika oder Theophyllin-Präparate. Immer wieder machte ich den Patienten darauf aufmerksam, daß nur ein Beibehalten der gerade gefundenen Medikation seinen Zustand in dem relativ guten Bereich halten könne. Ganz offensichtlich jedoch akzeptierte der Patient dies nicht und setzte von sich aus immer wieder Medikamente ab oder reduzierte sie in einen pharmakologisch unsinnigen Bereich – mit dem Ergebnis einer massiven Verschlechterung. Ich habe den Patienten nie gut genug kennengelernt, um zu sagen, warum dies geschah. Waren hier Selbstbestrafungstendenzen die Ursache, oder war es der ungebrochene Stolz, nicht von Medikamenten abhängig sein zu wollen? Ohne jemals auf diese Fragen eine Antwort geben zu können, akzeptierte ich ab einem bestimmten Punkt das Verhalten des Patienten. Auch hier stellt sich die Frage subjektiver Entscheidung: Hätte ich ihn nicht mit der ganzen ärztlichen Autorität bedrohen sollen und damit zu einem medizintherapeutisch sinnvollen Behandlungsablauf zwingen können? Oder war die

Akzeptanz – so wie von mir praktiziert – der „beste“ Weg für den Patienten? Hatte ich den möglichen psychosomatischen Zusammenhang ausreichend angesprochen, dem Patienten „zugänglich“ gemacht?“

Formen der Arzt-Patient-Beziehung, der Krankheitsverarbeitung und Compliance – derartige Themen könnten in einem Lehrbuchtext abstrakt und theoretisch klingen. Anhand dieses Praxis-Beispieles wird die „handwerkliche“ Bedeutung anschaulich. Und auch dies: Der Arzt hat unkonventionellerweise den Umgang des Patienten mit verordneten Medikamenten akzeptiert und vielleicht erst dadurch den langfristigen, tragfähigen Kontakt ermöglicht.

Zweites Beispiel: „Im ersten Halbjahr meiner Tätigkeit als Allgemeinarzt kam eine Patientin mit den Worten zu mir: „Vielleicht können Sie mir helfen, eine Freundin hat Sie mir empfohlen. Sie sollen so schwierige Dinge rauskriegen.“ Die 27jährige Patientin berichtete dann, daß es seit 5 Jahren ein. bis zweimal im Monat zu Bauchkrämpfen und anschließend zu durchfälligen Stühlen für 3 bis 7 Tage komme. Die Symptomatik sei weder von Eßgewohnheiten noch anderen Dingen aus dem täglichen Leben abhängig. Die gesamte Symptomatik habe sich 6 Wochen nach der Geburt des einzigen Sohnes eingestellt. Zu dieser Geburt sei es überraschenderweise gekommen, obwohl ihr über Jahre gesagt worden sei, sie werde nie schwanger werden, da es aufgrund zahlreicher „Unterleibsentzündungen“ zu einer Unfruchtbarkeit gekommen sei. Entsprechend habe sie auch keine Verhütungsmaßnahmen getroffen. Die Patientin war gelernte Arzthelferin, jedoch in den letzten Jahren nicht mehr beruflich tätig. Sie hatte zahlreiche Versuche diagnostischer Abklärung des Beschwerdebildes – einschließlich röntgenologischer Untersuchungen der Gallenblase und des gesamten Darmes sowie einer Gastroskopie – unternommen. Es habe aber letztlich keinerlei Diagnose gestellt werden können. Die Patientin hatte mit der Symptomatik zu leben gelernt, dabei aber sehr an Gewicht verloren, so daß sie zum Zeitpunkt der Vorstellung sehr mager war. Sie machte einen freundlichen und zugewandten Eindruck.“

Organdiagnostisch bestätigte sich durch Dünndarmbiopsie und Laborwerte ein isolierter Laktasemangel, der therapeutisch diätetisch angegangen wurde. Aber die begonnenen Gespräche auch über psychosomatische Zusammenhänge (psychosoziale Anamese, Konfliktstoffe, hier Spannungen in der Partnerschaft) waren unter der Faszination der geglückten Organdiagnose zunächst nicht fortgeführt worden. Zum Zeitpunkt des Berichtes war die Symptomatik erneut aufgebrochen. ABHOLZ resümiert, daß sich aus diesem Beispiel folgende Erkenntnisse festhalten lassen:

- „Krankheit hat mehrere (organische und psychosoziale) Dimensionen und die Beachtung nur einer führt zu Fehlern...
- Wenn ein Krankheitsbild nicht bedrohlich ist, kann – falls dies notwendig erscheint – die Diagnosefindung auf einer Ebene auch verzögert werden, um ein diagnostisches Fortkommen auf anderen Ebenen zu ermöglichen.
- Medizindiagnostisches Vorgehen kann auch als Ritual instrumentell eingesetzt werden, um anderen Zielen, z.B. dem Vertrauens- oder Zeitgewinn, zu

dienen. Letzteres mit der Funktion, psychosoziale Dimensionen des Krankseins besser erschließen zu können.“

Haben wird eben aus den Erfahrungen eines niedergelassenen Arztes zitiert, wenden wir uns nun den Studierenden der Medizin zu. Unter angehenden Ärztinnen und Ärzten hat SOHR (1995) Antworten auf die Frage gesammelt, welches Berufsideal sie (120 Studierende im 3. Semester) vor Augen haben. Einige der Antworten waren:

- „Interesse am Menschen an sich und nicht nur an seinen Krankheiten“
- „Patienten als Experten ihres eigenen Lebens respektieren“
- „über ein gutes Einfühlungsvermögen, fundiertes Grundwissen und ein ausgeglichenes Selbst verfügen“.

Auf die Frage, wozu ein medizinpsychologisches Praktikum im Medizinstudium dienen sollte (erhoben mit einer fünfstufigen Skala) ergaben sich folgende Rangordnung und Mittelwerte (Tab. 1.1):

Tab. 1.1 Psychologie – wozu?

1.	Erwerb von psychologischem Grundwissen	4,30
2.	Bessere Menschenkenntnis allgemein	3,92
3.	Kritisches Bewußtsein gegenüber Institutionen	3,89
4.	Selbsterfahrung und Selbsterkenntnis	3,74
5.	Erlernen von psychologischen Kompetenzen	3,74
6.	Prüfungsvorbereitung	3,04

1.2. Aufgaben und Ziele der Medizinischen Psychologie

Medizinische Psychologie ist die Anwendung von Erkenntnissen und Methoden der Psychologie auf Probleme der Medizin.

Ihr Gegenstand sind

- das Erleben und Verhalten des Menschen in der Situation des Krankseins und
- alle psychologischen Formen der Krankheitsvorbeugung und Gesundheitsförderung.

Medizinische Psychologie vermittelt angehenden Ärztinnen und Ärzten aller Fachgebiete und auch künftigen Krankenpflegekräften *allgemeine* psychologische Richtlinien für die Tätigkeit im Gesundheits- und Sozialwesen, die bei allen Krankheiten gelten. Sie ist also nicht nur Propädeutik für Psychosomatik, Psychotherapie und Psychiatrie.

Die Anwendung psychologischer Erkenntnisse in der Krankenbehandlung ist Sache *jedes* Arztes und seiner Mitarbeiter. Zum Team der miteinander in Prävention, Kuration und Rehabilitation Arbeitenden gehört häufig auch ein Diplom-Psychologe. Somit ist der Psychologe im Gesundheitswesen Kooperationspartner des Arztes in besonderen Fällen. Gelegentlich gibt es dabei Überschneidungen mit der Tätigkeit des Arztes. Bei jeder interdisziplinären Arbeit unterscheiden sich die daran beteiligten Gebiete in ihren Schwerpunkten und nicht durch strenge Grenzen. Als Anwendungswissenschaft der Psychologie bezieht die Medizin deren Methoden und Grundlagen in die Medizin mit ein.

Die Psychologie als Grundlagenwissenschaft erarbeitet die in der Medizin anwendbaren Erkenntnisse und Methoden. Sie erforscht die Gesetzmäßigkeiten des Erlebens und Verhaltens von Menschen, ihrer Handlungsregulation in der Person-Umwelt-Beziehung.

Die Psychologie muß dabei in Theorie und Praxis immer die Umwelt eines Menschen mit berücksichtigen. Als Humanwissenschaft an der Nahtstelle von Natur- und Sozialwissenschaften gelegen, reicht sie, wie auch die Anthropologie und die Medizin, in beide großen Wissenschaftsgebiete hinein. Die Grenzen sind nicht absolut, sie markieren nur unterschiedliche Bereiche der zu erforschenden Realität.

1.3. Beiträge zu Verständnis und Behandlung von Krankheit

1.3.1. Bio-psycho-soziale Bedingungen der Krankheitsentstehung

Eine erste These lautet:

Krankheit als objektives Geschehen ist das Ergebnis gestörter Wechselbeziehungen zwischen Organismus und Umwelt.

Diese Wechselbeziehungen werden auch durch Erleben und Verhalten, das heißt psychisch reguliert. Insofern ist das Psychische bei *jeder* Krankheit mitbeteiligt: als Verarbeitung, Ursache oder Folge der gestörten Wechselbeziehungen zwischen Organismus und Umwelt. Beim Menschen ist die Umwelt nicht nur natürliche, sondern auch gesellschaftliche Realität. Für das medizinische Krankheitsverständnis wird deshalb die konkrete Untersuchung und Beeinflussung der psychischen Vermittlung zwischen dem Biologischen und Sozialen im Menschen zum methodischen Prinzip. Grundsätzlich ist davon auszugehen, daß bei jeder Krankheit auch die Person-Umwelt-Beziehung eine Rolle spielt.

Die humanmedizinische Bedeutung der Krankheit erschließt sich somit erst der mehrdimensionalen Betrachtung des Menschen als

- Organismus,
- erlebendes Subjekt und
- soziales Wesen.

Infolgedessen kann die Gesundheit des Menschen dreifach gestört werden: von der Natur, der Gesellschaft und vom Subjekt, das sich diesen Realitäten gegenüber fehlverhält. Unabhängig von ihrer Ursache ist also jede Krankheit dreifach zu sehen:

- *biotisch* als gestörte Selbstregulation des Organismus mit funktionellen und morphologischen Erscheinungsformen;
- *psychisch* als spezifische Lebenssituation mit dem Erleben gestörten Wohlbefindens und zwischenmenschlichen Kontakts;
- *sozial* als Zustand besonderer Hilfsbedürftigkeit, veränderter Pflichten, Rechte und Teilhabe am gesellschaftlichen Leben.

In den letzten hundert Jahren hat im wissenschaftlichen Denken die biologische Betrachtungsweise dominiert und die zweifellos epochalen Erfolge der naturwissenschaftlichen Medizin begründet. Doch je vollkommener die organischen Bedingungen des Krankheitsgeschehens beherrscht werden, desto deutlicher treten auch die psychischen und sozialen Aspekte hervor. Der psychosoziale Krankheitsanteil nimmt an Bedeutung zu, je komplizierter die Lebensführung in komplexen technisierten Gesellschaften wird. Auf der persönlichen Ebene sind es falsches Gesundheitsverhalten, Sichüberfordern und Fehlverarbeitung von Konflikten, die zu Krankheiten führen und zu medizinischen Problemen werden. Aber auch strukturelle Probleme, wie etwa Berufskrankheiten, nehmen zu. „Die häufigste Berufserkrankung ist die Lärmschwerhörigkeit. Sie ist von unserer Industriegesellschaft produziert und steigt immer noch an" (BELEITES, 1996). Der Arzt wird immer häufiger auch als Gesundheitserzieher und Lebensberater gefordert und wird sich daher verstärkt präventiv einsetzen müssen.

Eine zweite These lautet:

Kranksein als subjektiver Zustand ist durch das wechselseitige Verhältnis von Krankheit und Erleben bestimmt.

Es läßt sich unter den Aspekten der psychischen Verarbeitung, Verursachung und Folgewirkung der Krankheit beschreiben.

Das *Erleben der Krankheit* ist eine sekundäre Reaktion auf die primär gestörten Organfunktionen. Die individuelle Bewältigung der Krankheit beginnt mit dem Bemerken der Symptome. Die Symptome können bagatellisiert, ernst genommen oder überbewertet werden. Davon hängt ab, ob rechtzeitig oder zu spät ein Arzt aufgesucht wird. Und das wiederum beeinflußt die Heilungsaussichten.

Die Einsicht in die Krankheit und Einstellung zu ihr sind dann entscheidende Voraussetzungen für die Überwindung der Krankheit, für die Mitarbeit des Kranken bei der Behandlung. Hier ergibt sich ein breites Spektrum von Verhaltensmöglichkeiten, vom mitdenkenden Befolgen ärztlicher Anordnungen bis zur autodestruktiven Selbstaufgabe. Das Erleben der Krankheit hat also Rückwirkungen auf deren weiteren Verlauf und muß bei der Therapie berücksichtigt werden.

Beispielsweise lösen Augenverletzungen oder Herzbeschwerden meist weit mehr Angst aus als Beschwerden an den Bewegungsorganen. Bei notwendigen chirurgischen Eingriffen am Herzen ist präoperativ wie auch später in der Rehabilitationsphase eine psychologische und psychotherapeutische Begleitung des Patienten therapeutisch wichtig. Besonders bei chronischen Krankheitsverläufen wie andauernden Schmerzzuständen oder auch bei einem Nierenversagen, das zur Dialysepflicht führt, steht das Erleben der Krankheit und die Fähigkeit, damit umzugehen, an erster Stelle.

Krankheit durch Erleben ist im ätiologischem Zusammenhang der Krankheitsgenese zu sehen. Unangemessenes Verhalten und Erleben in einer spezifischen Lebenssituation kann in der Genese von Krankheiten als Bedingung wesentlich beteiligt sein. Das ist nicht nur bei solchen des Herz-Kreislauf- und Verdauungssystems, sondern im Prinzip bei allen Krankheiten bis hin zur Beeinträchtigung des Immunsystems möglich. In der Vorgeschichte des Kranken finden sich dann Hinweise auf schwelende mitmenschliche Konflikte, oft in zeitlicher Übereinstimmung mit dem Auftreten der ersten Beschwerden. Sein Leiden geht auf nicht gelöste Partnerschaftsprobleme, nicht bewältigte Berufsanforderungen oder nicht verarbeitete gesellschaftliche Widersprüche zurück. Es ist also durch gestörte soziale Beziehungen verursacht, die über das Erleben auf den Organismus einwirken und ihn bei entsprechender Disposition schädigen können (oft an einem „locus minoris resistentiae", also einer Schwachstelle des Körpers, weil sie die geringste Widerstandskraft aufweist, zum Beispiel schon in irgend einer Form vorgeschädigt ist).

So brisant die Thematik der nachweisbaren Psychogenese von körperlichen Krankheitsreaktionen ist, so darf doch nicht der Denk- und Handlungsfehler entstehen, derartige Zusammenhänge leichtfertig als einzige Erklärung einzusetzen: Magenschleimhautentzündungen sind sehr häufig auf fehlverarbeitete Streß-Belastungen zurückzuführen. Im Einzelfall muß dennoch überprüft werden, ob nicht doch eine bakterielle Infektion vorliegt.

Krankhaftes Erleben kann zur Erscheinungsweise einer Krankheit werden. Sie tritt dann als gestörte Orientierung in Erscheinung, welche die Wirklichkeit verzerrt und sinnvolles Handeln einschränkt. Ob durch Hirnatrophien, Intoxikationen, krankhafte Erbanlagen, Konflikte oder soziales Fehllernen verursacht, immer stehen psychische Symptome im Zentrum dieses Krankheitsgeschehens. In seiner Genese verschränken sich oft mehrere dieser Bedingungen.

Krankheiten können sich sowohl im Erleben äußern als auch von ihm bedingt sein. Bei somatischen wie psychischen Störungen ist nicht nur mit biologischen, sondern auch mit sozialen Ursachen zu rechnen.

Je komplexer und vielschichtiger ein Krankheitsgeschehen ist, desto größer wird die Wahrscheinlichkeit der Mitbeteiligung psychischer Komponenten. Die Vernachlässigung der psychischen Anteile gefährdet die Wirksamkeit therapeutischer Maßnahmen. In diesem Sinne ist medizinischpsychologisches Denken und Handeln eine absolut notwendige Ergänzung der tradierten, organbezogenen Krankheitslehre.

1.3.2. Das traditionelle organmedizinische Denken und seine Grenzen

Menschliches Denken sucht mit Vorliebe Verursachungszusammenhänge. (Kenntnis oder vermeintliche Kenntnis von Kausalzusammenhängen erzeugt das Gefühl der Evidenz und der machtvollen Möglichkeit der Einflußnahme und belohnt damit sozusagen die Denkanstrengung.) Da machen die Ärzte bis hin zu medizinischen Forschern keine grundsätzliche Ausnahme.

Seit dem 19. Jahrhundert bevorzugt wohl die Mehrzahl der Ärzte, ohne sich dessen immer bewußt zu sein, in ihrem theoretischen Denken, in der Diagnostik, aber auch in der Therapie drei Prinzipien:

1. das Erreger- (Ursachen-) Wirkungsprinzip;
2. das Spezifitätsprinzip;
3. die Zelltheorie VIRCHOWs.

Diese drei Prinzipien haben zu außerordentlichen Erfolgen geführt, vor allem bei der Bekämpfung der Infektionskrankheiten, durch die Entwicklung der Chirurgie, der Hygiene und der Pharmakotherapie. Aber sie zeigen, wie wir im Anschluß sehen werden, auch Unzulänglichkeiten.

Das Erreger-(Ursachen-)Wirkungsprinzip
Es war in der Medizingeschichte ein bedeutsamer Schritt, als es im 19. Jahrhundert in Anlehnung an die Denkmodelle der aufblühenden Physik und Chemie gelang, wenigstens in einigen Fällen einen klaren Kausalzusammenhang zwischen zugrundeliegenden Krankheitsverursachern und daraus gesetzmäßig folgenden Krankheitserscheinungen aufzudecken.

Diese Form des Kausalzusammenhanges gilt weitgehend für Infektionskrankheiten. Von den Arbeiten R. KOCHs (1843–1910) ausgehend war man zum Beispiel der Meinung, es würde ausreichen, den Erreger zu finden und eine entsprechende Substanz, die in der Lage ist, diesen Erreger zu bekämpfen, um durch eine geeignete Applikation des Gegenmittels die Erkrankung zu beseitigen.

Aber selbst in diesem Fall gab es Beobachtungen, die durch das einfache Modell der monokausalen Verursachung nicht abgedeckt wurden. Man hatte schon zur Zeit R. KOCHs gefunden, daß einige Erreger allgegenwärtig sind, es also weiterer Bedingungen zur Erkrankung bedarf.

Auch heute noch sucht man bei wesentlich komplizierteren Krankheiten Stoffe, Stoffwechselprodukte, Erreger und so weiter, die bei den Erkrankten immer, bei Gesunden aber nicht vorhanden sind.

Ein so gefundener Stoff kann zwar durchaus die Ursache der Krankheit sein, aber er kann auch Folge des Krankheitsprozesses, Begleitprodukt oder, genau wie die Erkrankung, auf einen dritten Faktor zurückzuführen sein. Die Ursachen können, wie die Forschung der letzten Jahrzehnte zeigt, gleichsam unterhalb der bisherigen Betrachtungsweise liegen, zum Beispiel im Molekularbiologischen, aber auch oberhalb, im Psychosozialen, und damit in Gebieten, in denen klassische organmedizinische Forschung nicht zu denken gewohnt ist und die sie darum vernachlässigte.

Das Spezifizitätsprinzip
Das Prinzip einer spezifischen Verursachung spitzt das Kausaldenken zu. Eine erkannte Ursache (eine „notwendige und hinreichende Bedingung") sollte zu genau einer und nur dieser Auswirkung führen. Derartig strikte 1:1-Gefüge, die im Reagenzglas dargestellt werden können, treffen aber auf die komplexen Fragen von Krankheit und Krankheitsentstehung nur selten zu. Das Prinzip einer spezifischen Verursachung vernachlässigt zum Beispiel, daß:

- gleiche Krankheitsursachen je nach den individuellen Voraussetzungen zu unterschiedlichen Syndromen führen können oder
- der Organismus (auf biotischer, psychischer und sozialer Ebene) nur eine begrenzte Zahl von Reaktionsmöglichkeiten hat, so daß er auf unterschiedliche Schädigungen mit gleichen Symptomen und Syndromen antwortet (zum Beispiel Fieber, Bluthochdruck, vegetative Zeichen, Streßreaktionen, Depressivität, Arbeitsstörungen).

Seit Beginn dieses Jahrhunderts sind Regeln einer *pathogenetischen Entwicklung* im psychischen wie im physischen Bereich herausgearbeitet worden, insbesondere von der Psychoanalyse S. FREUDs (1856–1939). Die Modellannahmen gehen von komplexeren Ursache-Wirkungs-Gefügen aus: Eine ätiologische Bedingung kann zum Beispiel zur Zeit ihrer Einwirkung ohne Folgen bleiben. Durch Hinzukommen aber weiterer biologischer, psychischer und/oder sozialer Bedingungen kann es Jahre oder Jahrzehnte später zum Ausbruch psychischer oder psychosomatischer Krankheiten kommen, wenn diese persönlichkeitsspezifisch wie ein Schlüssel zum Schloß passen.

Unspezifische Verursachungen finden wir bei den von K. BONHOEFFER (1868–1948) beschriebenen sogenannten akuten Reaktionstypen (BONHOEFFER, 1909) als unspezifische Antwort des Gehirns auf unterschiedliche Noxen. So können verschiedenartigste Körperkrankheiten ätiologisch zum Formenkreis akuter (exogener) psychotischer Zustände führen (zum Beispiel zu Delirien, Halluzinosen, katatonen und paranoiden Bildern).

Seit Jahrzehnten wird das *Streßkonzept* von H. S. SELYE (1907–1982) über die Interaktion des Organismus mit seiner Umwelt diskutiert: Durch Einwirkungen von außen droht der Organismus aus seiner Homöostase zu geraten, spezifische Anpassungsleistungen werden vollbracht beziehungsweise mißlingen, so daß es zu einem „generellen Adaptionssyndrom" kommt. Hierbei kann jede als überfordernd empfundene soziale Situation, sei sie als psychisches Trauma negativ oder als Freude positiv, als Streß wirken und das Adaptionssyndrom in Gang setzen: Unterschiedliche Auslöser führen zu einer Standard-Auswirkung, die das seelische Gleichgewicht stört.

Der Forschungsansatz der *Life-event-Forschung* geht von der Tatsache aus, daß Lebensereignisse, Lebensveränderungen beziehungsweise lebensverändernde Ereignisse mit dem Krankheitsausbruch im organischen oder psychischen Bereich korrelieren; je später die lebensverändernden Ereignisse, je intensiver ihre subjektive Bedeutsamkeit und je näher sie zeitlich gesehen zum Ausbruch der Erkrankung liegen, umso größer sei ihre Bedeutung. Es fällt im konkreten Fall allerdings sehr schwer, die subjektive (individualspezifische) Bedeutung, zum Beispiel des Verlustes eines Partners oder einer nicht bestandenen Prüfung, zu messen. Es besteht also die Gefahr, daß man rückwirkend (nach Eintritt einer Erkrankung) frühere Ereignisse überbewertet oder andererseits gar nicht erfährt, weil unbewußt gewordene Faktoren vom Patienten bei der Exploration nicht geäußert werden können. Ein spezifischer Zusammenhang zwischen einer einzelnen Ursache und einer bestimmten Erkrankung kann also in diesen Fällen nicht postuliert werden. Vielfältige Bedingungen wirken gleichzeitig auf sozialen oder persönlichkeitsspezifischen – nicht krankheitsspezifischen – Ebenen in einem komplexen Wechselspiel zusammen.

Das Prinzip der Zellularpathologie

Seit R. VIRCHOWs (1821–1902) Zellularpathologie (1858) vermutete man den Sitz und die Ursache von Krankheiten vorwiegend in der veränderten Zelle, der das Primat der Krankheit zukommen soll. Das erkrankte Organ in seiner Zellstruktur wurde damit der wesentliche Gegenstand immer kostspieligerer ärztlicher Untersuchungsmethoden.

So wird bis heute in der Organmedizin der einzelne Patient vorwiegend hinsichtlich der Morphologie und Physiologie des verdächtigen Organs untersucht. Bei negativem Befund wird an diejenige Klinik weiter überwiesen, welche die anatomisch oder funktionell nächsten Organe untersucht, die in erweiterter Verdachtsdiagnose verursachend sein könnten. Kommen derartige differentialdiagnostische Untersuchungen nicht zu einem positiven Organbefund, findet der Mediziner also keine Ergebnisse, die in die organische Krankheitslehre hineinpassen, so greift er zu im jeweiligen Jahrzehnt üblichen Ausweichbegriffen wie heute zum Beispiel „neurotisch-funktionell", „psychogen", „vegetativ" oder vor einem halben Jahrhundert „endogen" oder „genuin". Man erkennt damit an, daß übergeordnete Regulationsmechanismen die entscheidende Rolle spielen, ohne deren Ablauf im einzelnen zu kennen.

Bezeichnenderweise führen solche Verlegenheitsformeln häufig in Richtung auf psychische Ursachen, ohne aber dort nach eigentlichen Befunden zu suchen. Im topographischen, nach Organen kartographierten Menschenbild werden nicht aufklärbare Beschwerdezustände in die „Restkategorie" der möglichen psychogenen Verursachung abgeschoben.

Nun ist ein derartig einseitiges Denken von einigen führenden Medizinern bereits vor einem Jahrhundert in Frage gestellt und von den praktisch arbeitenden Ärzten nie voll anerkannt worden. Der Berliner Internist G. VON BERGMANN (1878–

1955) begründete um die Jahrhundertwende seine „*funktionelle Pathologie*“: Ein Gallenstein wird, wenn er auf Grund seiner Größe den Ductus choledochus nicht passieren kann, eine Kolik verursachen. VON BERGMANN stellte aber die Hypothese auf, daß die entsprechenden Spasmen der Gallenblase nicht zufällig erfolgen, sondern durch einen „Aufruhr im Gehirn“ verursacht würden, zum Beispiel durch häuslichen Ärger, von dem ausgehend vermehrte Reize im vegetativen Nervensystem zur Gallenblase laufen. VON BERGMANN konnte damals die Frage noch nicht beantworten, welche Formen von „Aufruhr im Gehirn“ – also von emotionalen beziehungsweise psychosozialen Faktoren – eine Rolle spielen. Derartige Vernetzungen von psychosozialen, immunologischen, hormonalen und neuronalen Größen werden heute im Forschungsgebiet der Psychoneuroimmunologie untersucht.

Um die Jahrhundertwende gab es zwei weitere Richtungen, die unabhängig hiervon zeigten, daß die Organsysteme einer zentralen Steuerung unterliegen, und zwar durch das Nervensystem. Durch die Lehre von PAWLOW und seinen Schülern vom bedingten und unbedingten Reflex wurden auch psychische Besonderheiten angesprochen. Der Physiologe I. P. PAWLOW (1849–1936) untersuchte aber nur den Weg innerhalb des Nervensystems bis zum Erfolgsorgan, zum Beispiel den Fluß des Speichels und Magensaftes aufgrund von Erregungen im Zentralnervensystem (ZNS). Hierauf baute sein Schüler BYKOW (1953) eine cortico-viszerale Theorie der Entstehung des Ulcus ventriculi auf.

Die zweite Richtung beschäftigte sich mit der zentralen Bedeutung des Vegetativums als übergeordnete Regulationseinrichtung des Körpers. Der Begriff des *vegetativen Systems* wurde von dem Berliner W. KRAUS (1833–1910) eingeführt, wobei sich das vegetative Nervensystem mit dem hormonalen System, dem Mineral- und Säurebasenhaushalt und damit auch mit dem physikalisch-chemischen Zustand der Koloide des Blutes, der Zellen und ihrer Grenzflächen vereinen soll. Dieses vegetative System wurde zusammen mit den Beziehungen des Vegetativums zum Hypothalamus und anderen Teilen des Zwischenhirns, sogar zu frontalen Teilen des Großhirns, als das „Schaltwerk des Lebens“ bezeichnet, das Anteil an sämtlichen Lebensvorgängen haben und einerseits die Vermittlung zwischen Organen und Organsystemen, andererseits zwischen organischen und psychischen Vorgängen darstellen sollte. Hier wurde sowohl eine einlinige Ursache-Wirkungstheorie als auch die Zelltheorie aufgegeben und die Hypothese aufgestellt, daß nach einem hierarchischen Prinzip jeder Funktionskreis innerhalb des Vegetativums in einen höheren umfassend eingeordnet wäre. Bei einer Störung würden in Form eines Funktionswandels phylogenetisch ältere Regulationen wieder hervortreten.

Bis heute hat sich die Auffassung bestätigt, daß das vegetative Nervensystem ein zentrales Vermittlerorgan ist. Die vegetativen Nervenfasern verzweigen sich außerdem in die einzelnen Zellen hinein. Wenn es gelingen würde, alle anderen Bestandteile des Organismus fortzunehmen und allein das Vegetativum bestehen zu lassen, würde man die individuelle Morphologie eines Menschen erkennen (sogar die Operationsfolgen und die devitalisierten Zähne!). Kein Krankheitsprozeß und keine Entzündung läßt das vegetative Nervensystem unberührt; umgekehrt gibt es keine isolierten Erkrankungen des ZNS oder seiner Teile.

1.3.3. Die Notwendigkeit zur Integration neuer Beobachtungen aus Morbidität und Epidemiologie

Die Morbidität der Bevölkerung der Industrieländer hat sich in diesem Jahrhundert wesentlich verändert. Infektionskrankheiten und andere akute Krankheiten sind zurückgegangen oder verschwunden, dafür stehen heute chronische Krankheiten und Zivilisationskrankheiten im Vordergrund, also Krankheiten, die durch die Bedingungen der Zivilisation, der Kultur und Gesellschaft entstehen und geprägt sind. Der „Kampf" der Medizin gegen die Infektionskrankheiten wurde mit aufklärerischem Schwung durch naturwissenschaftliche Entdeckungen gegen den „natürlichen" Gegner geführt. Bei den Zivilisationskrankheiten sind es aber die in gewissem Maße selbstgesteuerten Lebensweisen (Genußgifte, Ernährung, Bewegung, Umgang mit Stressoren), die die Krankheitsentstehung und den Verlauf bedingen oder beeinflussen. Fast wird in dieser Sicht das erkrankte Individuum zum „Gegner", und es wird verständlich, daß man sich damit schwer tut. Zur Analyse und Gegensteuerung sind hier nicht mehr naturwissenschaftliche, sondern psychosoziale Kenntnisse notwendig. Kompetenz auf diesem Feld gehört aber noch immer nicht zum Kern des Selbstverständnisses aller Ärzte. Der von politischer Seite angestrebte und unterstützte Paradigmawechsel durch Stärkung der Allgemeinmedizin gegenüber den hochspezialisierten Fachgebieten betont, ausgehend von Bedarfsanalysen, die Wichtigkeit psychosozialer Faktoren.

Chronisch Kranke
KÖHLER berichtet 1984 in einem Übersichtsreferat, daß nach einer Bevölkerungsbefragung in zwei Berliner Stadtbezirken der Anteil chronisch Kranker 59% der Gesamtbevölkerung betrug, wobei die Zahl der chronisch Kranken bis zum sechsten Lebensjahrzehnt steil ansteigt. Parallele Daten liegen aus einer Befragung 1989 vor (Statistisches Bundesamt, 1992), wo bei den über 60-jährigen 3,6 mal soviele chronische Erkrankungen angegeben wurden wie bei den unter 40jährigen. Die Zunahme chronischer Erkrankungen in der Gesamtbevölkerung hängt also eng mit der steigenden Zahl älterer Menschen zusammen.

Typisch für das Erfahrungsfeld des niedergelassenen Allgemeinarztes ist das Problem der mehrfachen Erkrankung:

Multimorbidität
Ein chronisch Kranker ist durchschnittlich mit drei chronischen Krankheitszuständen belastet. Die Krankheiten können nacheinander beginnen, bestehen dann aber nebeneinander.

Ebenso vielfältig wie die Erscheinungsformen sind die Reaktionsweisen der Kranken, die bei der Betreuung zu berücksichtigen sind. Chronisch Kranke sind Menschen, deren Krankheit nicht heilbar ist, die aber mit ihrer Krankheit leben müssen (und meist auch leben können).

Die einzelnen chronischen Krankheiten sind bekannt. Das Problem liegt in der Multimorbidität und ihrer Rückwirkung auf die Auseinandersetzung mit der Krankheit (siehe 6.1.), die Stellung des erkrankten Patienten innerhalb seiner Familie, seines Berufes und seiner Arbeitsstelle, in den gefürchteten Reaktionen der Verunsicherung, Resignation, Abhängigkeit und Isolierung, also insgesamt in der konflikthaften Bewältigung, in die der Arzt sich einschalten muß. Die Organdiagnostik eines jeden chronischen Krankheitszustandes ist also nur die eine und auf die Dauer noch nicht einmal die entscheidende Seite.

Die ärztlichen Aufgaben bestehen vorzugsweise darin, die von den einzelnen Fachärzten dem Patienten gegenüber erhobenen Forderungen hinsichtlich Lebensgestaltung, Lebensführung und so weiter aufeinander abzustimmen, den Patienten über die chronische Krankheit zu informieren, ihn zu führen und zu motivieren und mit ihm auszuhandeln, mit der Multimorbidität so „normal wie möglich zu leben". Auf die Dauer steht also für den behandelnden Arzt nicht mehr die Diagnostik und Therapie, sondern die Führung des Patienten mit einem entsprechend gestalteten Arzt-Patient-Verhältnis (siehe 7.1.) im Vordergrund. Das bedeutet aber auch den Verzicht auf Maximalforderungen an den Patienten. Eine schematische Summierung aller Diät- und Lebensführungsanforderungen einschließlich der Pharmaka bedeutet keine optimale Krankenbehandlung, sondern eher den Verlust des Lebenssinnes, der Lebensqualität und damit einer Lebensmotivation.

Zivilisationskrankheiten

Die wissenschaftlichen und technischen Errungenschaften unserer modernen Zivilisation haben unser Leben in vieler Hinsicht erleichtert und uns gegen Krankheiten geschützt. In mancher Hinsicht ist unsere Lebensweise jedoch auch ungesund geworden. In den Industrieländern werden unter diesem Aspekt vor allem die zunehmenden Herz-Kreislauf-, Stoffwechsel-, Geschwulst-, allergischen und erlebnisbedingten (neurotischen beziehungsweise psychosomatischen) Krankheiten als Zivilisationskrankheiten gesehen. Hinzu kommen Fußdeformitäten, Bandscheibenvorfälle, Karies, Hörschäden und andere körperliche Beeinträchtigungen.

Alle klinischen Fachgebiete diskutieren als hierfür mögliche Ursachen Ernährungsfehler, Bewegungsarmut, Überforderung im Berufs- und Privatleben, Genußmittel- und Medikamentenmißbrauch, Lärmbelastung, Reizüberflutung durch Massenmedien, mangelnde Arbeits-, Sozial- und Psychohygiene.

Letztlich handelt es sich dabei immer um *Verhaltensweisen* und -umstände, und man erwartet, durch deren *Veränderung* zu dauerhafter Heilung und Verhütung dieser Krankheiten zu kommen. Ob eine Krankheitshäufigkeit allein dadurch zu vermindern ist, darf allerdings bezweifelt werden, weil sie auch durch andere mit der Zivilisation einhergehende Faktoren bedingt sein kann:

– Eine genauer registrierende Morbiditätsstatistik kann zu falscher Wahrnehmung führen. Nicht die Krankheitshäufigkeit hat dann zugenommen, son-

dern die Wahrscheinlichkeit, daß diese Krankheit erkannt und statistisch erfaßt wird.
- Eine durch die Medizin erhöhte Lebenserwartung bewirkt, daß Menschen ein Lebensalter erreichen, in dem bestimmte Krankheiten gehäuft auftreten.

Funktionale Störungen
Zunehmend häufiger erscheinen in der Sprechstunde Patienten mit vielfältigen Beschwerden, die kein genaues Krankheitsbild ergeben. Es können vegetative beziehungsweise psychosomatische Allgemeinsymptome sein: erhöhte Erregbarkeit, Überempfindlichkeit gegen Sinnesreize (Licht, Geräusche, Berührung), leichte Erschöpfbarkeit, Unruhe, allgemeine Schwäche, verminderte Leistungsfähigkeit oder Leistungsunfähigkeit, erhöhte Ermüdbarkeit in chronischer Form trotz ausreichenden Schlafes, Ein- und Durchschlafstörungen, nächtliches Aufschrecken, Antriebsverminderungen, Konzentrationsstörungen, Erschöpfung, emotionale Labilität, depressive oder hypochondrische Verstimmungszustände, Angst und ähnliches. Hinzu kommen häufig Symptome, die auf einzelne Organe bezogen sind: Herzsensationen (Herzstiche, Herzdruck, Herzjagen, Herzklopfen), Augenflimmem, Kopfschmerzen, Schwindel, Atembeklemmung, Potenz- und Orgasmusstörungen, aber auch Dysphagie, Stenosegefühl, Erbrechen, Durchfälle, Verstopfung, Magendruck, Völlegefühl. Diesen Beschwerden stehen keine entsprechenden Labor- oder anderen Befunde gegenüber.

Andere Beschwerdebilder sind

- bekannte Organkrankheiten, bei denen die Beschwerden trotz Besserung der objektiven Befunde nicht abklingen beziehungsweise
- Mischbilder von Beschwerden organischer und psychischer Art.

Auf eine Pharmakotherapie reagieren die Patienten entweder nicht, oder der Arzt erkennt an der Reaktion, daß nur das therapeutische Vorgehen als solches, nicht aber ein spezielles Pharmazeutikum geholfen hat (siehe Placebo 2.3.2. und 7.5.2.).

Epidemiologische Untersuchungen ergeben sehr unterschiedliche Zahlen. CURTIUS (1950) klassifizierte in einer Stichprobe von 3 500 internistischen Patienten 35% als „psychogen“ oder „funktionell“ gestört. Andere Autoren berichten je nach ihrem theoretischen Ausgangspunkt von 25, 15, 40 oder 33% Patienten mit derartigen Symptomen, die man wegen ihres gemischt bio-psychosozialen Bildes als *psychosomatisches Allgemeinsyndrom* bezeichnet. ABHOLZ (1992) gewichtet die Behandlungsanlässe nach der Tendenz, ob sie eher somatisch oder eher psychosozial sind. In einer allgemeinmedizinischen Stadtpraxis fand er rund 50% eher somatische Anlässe, was psychische Anteile nicht ausschließt. Bei 10% lagen überwiegend psychische Probleme vor. 40% nennt er „nicht mehr sinnvoll trennbar: psychisch, sozial und somatisch“.

Faßt man diese Fälle und die chronischen Patienten zusammen, bei denen Fragen der Krankheitsbewältigung und Lebensqualität im Vordergrund stehen, so ergibt sich für den Allgemeinarzt, daß es bei rund zwei Drittel bis drei Viertel aller Patienten nicht in erster Linie um die Diagnostik einer Organkrankheit und die entsprechende Therapie geht, sondern um die Lebensgeschichte des Patienten und seine psychosoziale Situation (vergleiche STARKE und WINIECKI, 1987).

Durch den Wandel der Krankheitsbilder in Sprechstunde und Krankenhaus hat sich das Anforderungsprofil an den Arzt, also das, was der Patient, aber auch die Gesellschaft, vom Arzt erwartet, schwerpunktmäßig in Richtung auf psychosoziale Problemfelder verschoben.

1.3.4. Die Einheit von Biologischem und Psychosozialem

Wir beginnen mit einem Beispiel: Bekommt ein Studierender die Nachricht, daß er unerwartet und knapp durch eine Prüfung gefallen ist, so wird er wahrscheinlich zum Beispiel vor Schreck bleich, die Hände mögen zittern, er ist für kurze Zeit kaum in der Lage, folgerichtig zu denken und zu handeln. Er wirkt vielleicht für einige Zeit leicht verwirrt, seine Stimmung wird mehr oder weniger deutlich niedergeschlagen, depressiv, sein. Taktvolle Gespräche, zum Beispiel über die realistischen nächsten Zukunftsschritte, mögen in dieser Situation als Hilfe von außen willkommen sein.

Ein einziges Ereignis führt also zu Folgen im biologisch-organischen und im psychosozialen Bereich, die für längere Zeit anhalten und erst langsam abklingen. Wir sprechen von einer psychophysischen Reaktion.

Reagiert der Betroffene mit deutlichen Kopfschmerzen, Ermüdung, Abgeschlagenheit und Rückzug, so könnte diese Reaktion auch als „psychosomatisches Allgemeinsyndrom" bezeichnet werden.

Falls sich ein Mensch nach größeren oder kleineren Schicksalschlägen wegen diffuser körperlicher Beschwerden an einen Arzt wendet, wird nur der unerfahrene Arzt in dieser Situation mit größerem diagnostischem Aufwand eingreifen. Der Erfahrene wird im Gespräch die Zusammenhänge erkennbar machen und insgesamt eher beruhigend einwirken.

Das Prinzip der Einheit von Biologischem und Psychosozialem (oder des bio-psycho-sozialen Monismus) beinhaltet die Untrennbarkeit von menschlicher Natur und Umwelteinflüssen. Sie verwirklicht sich in der Dialektik von Biologischem, Psychischem und Sozialem im Leben des Menschen. In der Persönlichkeitsentwicklung zeigt diese Dialektik ihre individuelle Erscheinungsform.

Die Wechselbeziehung zwischen Biotischem, Psychischem und Sozialem kennzeichnet das spezifisch Humane, dem die wissenschaftliche wie ärztlich-therapeutische Vorgehensweise Rechnung tragen muß.

Geht man von einem Bild hierarchischer Ebenen aus, auf denen die Einzelwissenschaften innerhalb der Medizin eingeordnet sind, so beschäftigen sich **Physik** und **anorganische Chemie** mit den anorganischen Faktoren im menschlichen Körper. Aus diesen anorganischen Faktoren bauen sich die organischen Abläufe auf. Einen der Grenzpunkte zwischen anorganischen Faktoren, organischen Abläufen und der Biologie bildet die in den letzten Jahrzehnten immer bedeutungsvoller gewordene **Molekularbiologie**.

Diese Grundlagengebiete beschäftigen sich mit der Struktur und mit der Funktion. Jede Strukturänderung äußert sich letztendlich in einer Funktionsänderung. Organische Abläufe sind nun wiederum Objekt für die Mehrzahl der medizinischen Fachgebiete. Für diese hatte VIRCHOW vor über 100 Jahren die Forderung nach genauester Beschäftigung mit grundlegenden Teilfragen erhoben. Darunter verstand er besonders das Studium der Zelle und ihrer Tätigkeiten. In diesem Zusammenhang konnte er dann appellieren, „daß die Ärzte sich entschließen sollten, *nicht* immer den *ganzen* menschlichen Leib zum Gegenstand ihres Denkens zu machen". VIRCHOW verstand den Gesamtorganismus als eine Summe von Zellen (RAPOPORT, 1982). Dieser für die damalige Zeit so erfolgreiche Weg von methodischer Beschränkung und Präzision ist für die Erklärung von Neubildungen, Entzündungen und Erkrankungen isolierter Organe in der Medizin auch heute noch wesentlich. Dem steht dialektisch aber gegenüber, daß in vielen anderen Erkrankungsfällen diagnostisch wie therapeutisch nur eine ganzheitliche, psychosomatische Vorgehensweise (Einheit von Biologischem und Psychosozialem) angemessen und erfolgreich ist.

Die nächste Ebene ist die **Physiologie**, die sich mit den Steuerungssystemen befaßt, also dem VNS und ZNS (vegetativen und zentralen Nervensystem) als „Zentralstellen des Lebens". Sie stehen hierarchisch über den Organsystemen beziehungsweise den physiopathologischen Krankheitsgruppen. Hiermit beschäftigen sich die Neurophysiologie, Pathophysiologie, Neurologie und Teile anderer Wissenschaftsgebiete.

Medizinische **Psychologie** beschäftigt sich mit konstitutionellen Faktoren der Persönlichkeit und Entwicklungsfaktoren, aber vor allem auch mit Einstellungen, Motivationen, aktuellen Verhaltens- und Erlebensweisen im sozialen Kontext, soweit sie den Normbereich beziehungsweise dessen Grenzen betreffen. (Im Bereich der Neuro- und Biopsychologie zeigen sich dabei enge Beziehungen zwischen neurophysiologischen und psychologischen Prozessen.)

Die **Psychiatrie** hat sich von jeher mit den normabweichenden und krankhaften Persönlichkeitsveränderungen dauerhafter Art auseinandergesetzt, aber sogar sie hatte in der Vergangenheit den Sozialbereich vernachlässigt, der heute in der speziellen Arbeitsrichtung der Sozialpsychiatrie betont wird.

Zwischen den Gebieten der Organmedizin, der Psychologie und der Psychiatrie liegt das große Gebiet der psychosomatischen beziehungsweise neurotischen Störungen sowie das der Fehlentwicklungen (klinische Arbeitsrichtung der **Psychosomatik**).

Ein weiterer Bereich ist die **Umwelt**. Wir unterscheiden hier die natürlichen Umweltbedingungen, die den Menschen von der Natur her umgeben, die sozialen Bedingungen, unter denen das Individuum lebt und die gesellschaftlichen Möglichkeiten.

Zusammenfassend sehen wir:

Es gibt eine größere Anzahl wissenschaftlicher Ebenen. (Man kann sie in der von uns gewählten Form oder in einer anderen gliedern.) Diese wissenschaftlichen Ebenen werden von unterschiedlichen Wissenschaftsdisziplinen mit ihren jeweils verschiedenen Sichtweiten, Methoden und Terminologien untersucht.

Jede Wissenschaft, die eine Ebene untersucht, hat ihren eigenen Erfahrungsrahmen und ihre eigenen Hypothesen, mit denen sich der auf anderen Wissenschaftsebenen arbeitende Wissenschaftler oft nicht genügend beschäftigt. So entsteht die Gefahr, daß es nicht mehr gelingt, die Ergebnisse der anderen Wissenschaftsebenen auf die eigenen Forschungen, vor allem die Praxis, zu übertragen. Besonders erschwerend wirkt die Tatsache der jeweilig eigenen Terminologie, die sich zunehmend so differenziert, daß die in verschiedenen Spezialebenen Tätigen sich teilweise nicht mehr verstehen. Diese „babylonische Sprachverwirrung", zum Beispiel zwischen Organmedizin, Molekularbiologie und Psychologie, hat wesentlichen Anteil an den Schwierigkeiten eines integrativen Denkens in der Medizin.

Eine „Differentialdiagnostik" kann es nur innerhalb einer Wissenschaftsebene geben, zum Beispiel bei Atemstörungen zwischen einer Linksherz- und einer Lungenerkrankung.

Eine „Differentialdiagnostik" zwischen einem Ulcus ventriculi und einer Neurose ist sinnlos. Beide Begriffe liegen auf verschiedenen Ebenen. Bei einem Magengeschwürskranken kann also als Mitbedingung zur Ulkus-Entstehung eine Neurose vorliegen, oder aber auch nicht! Und eine Neurose kann sich unter anderem in Magenbeschwerden äußern, jedoch ist „Magenbeschwerden" ein internistischer Begriff, „Neurose" ein Begriff für eine psychische Fehlentwicklung.

Wie wesentlich diese Gedankengänge sind, sei etwas genauer am Beispiel eines Ulcus ventriculi und duodeni erläutert. Man findet hierbei morphologisch eine Atrophie der Schleimhaut entsprechend der VIRCHOWschen Zellenlehre. Physiologisch besteht eine Mangeldurchblutung als Veranlassung der Zellatrophie. Man kann auf der nächsten Ebene ein Ungleichgewicht im vegetativen Nervensystem wiederum als Anlaß für eine Mangeldurchblutung sehen. Das Vegetativum stellt ein Bindeglied zwischen Organ und sozialer Umwelt dar. Persönlichkeiten erkranken so gesehen unter dem Einfluß von Konflikten, die wiederum in ihrer Auswirkung auf das Organ abhängig von prädisponierenden Faktoren sind. Schließlich gestaltet sich der große Bereich der Konflikte in unterschiedlichen gesellschaftlichen Umwelten verschieden.

Eine Erkrankung zeigt bei Untersuchungen auf verschiedenen Wissenschaftsgebieten Auffälligkeiten auf verschiedenen Ebenen. Bei methodischer Sauberkeit der jeweiligen Untersuchung muß kein Ergebnis falsch sein. Jedes ergänzt die anderen. Es geht nicht um einen Wettbewerb der wissenschaftlichen Ebenen.

Beim Krankheitsbild eines konkreten Patienten muß aber die Frage gestellt werden, auf welcher Ebene der *aktuelle* Ausgangspunkt zu suchen ist, etwa von einem Erreger, einem normabweichenden pH-Wert, von mechanischen Behinderungen, einer konkreten Konfliktsituation und dergleichen. Dieser aktuelle Ausgangspunkt ist nur teilweise mit den eigentlichen Ursachen der Erkrankung identisch.

Hieraus ergibt sich das alltagstypische Problem, welches Wissenschaftsgebiet hinsichtlich der Akutversorgung eines Krankheitsfalles führend sein muß. Bei einem Menschen mit akuter Magenblutung ist es die Innere Medizin oder die Chirurgie.

Kommt aber die Erkrankung insgesamt nicht zur Abheilung, rezidiviert also das Ulkus, so muß man in jedem Falle fragen, ob krankheitsverursachende oder krankheitsunterhaltende Faktoren auf anderen Wissenschaftsebenen zu finden sind, zum Beispiel ein chronischer Konflikt bei einer entsprechend disponierten Persönlichkeit.

Das Suchen nach der zu bevorzugenden diagnostischen und therapeutischen Ebene heißt also nicht, daß hinsichtlich der Ätiopathogenese die anderen Gebiete gleichgültig wären, sondern nur, daß aufgrund der notwendigen Rationalisierung eine diagnostisch und therapeutisch zu bevorzugende erste Ebene gesucht werden muß. Es lassen sich zum Beispiel beim Ulkus auch andere organische und anorganische Faktoren finden, bei denen die Frage entsteht, ob sie Ursache oder Wirkung darstellen. Die Frage bleibt offen, ob man von einer weiteren Ebene aus in Zukunft einen diagnostischen oder therapeutischen Zugang findet, der besser als die bisherigen zur Prävention oder Therapie beiträgt.

Integratives Denken und Arbeiten ist in der Medizin nicht ein gelehrter Sonderfall, sondern zur Lösung von täglichen Aufgaben unumgänglich notwendig. Es reicht nicht aus, sich nur mit einer (fachspezifisch gewohnten) wissenschaftlichen Ebene zu beschäftigen.

1.4. Beiträge zu Verständnis und Aufrechterhaltung von Gesundheit

Die Medizinische Psychologie beschränkte sich lange Zeit auf Probleme des Patienten und seiner Behandlung. Erst in den letzten 20 Jahren wandte sie sich zunehmend auch den Fragen der Krankheitsverhütung und Gesunderhaltung zu. Sie entsprach damit einer neuen Strategie der Weltgesundheitsorganisation WHO (1989) mit dem Motto: „Gesundheit für alle“. Die WHO war im Jahre 1978 mit ihrer Deklaration von Alma Ata endgültig von der Vorstellung abgerückt, daß sich ein besserer Gesundheitszustand der Weltbevölkerung allein durch die Verbesserung der medizinischen Betreuung erreichen ließe. Vielmehr müssen auch Krankheitsprävention und Gesundheitsförderung zum gesellschaftlichen wie persönlichen Anliegen werden.

Jetzt geht es also nicht mehr nur um Verständnis und Therapie von erkrankten Menschen, sondern um die durchaus spannende Frage: Wie schaffen es eigentlich Menschen, über lange Zeit erfreulich gesund zu bleiben und sich wohlzufühlen? Wie kann man erreichen, daß viele Menschen von derartigen Möglichkeiten Gebrauch machen und profitieren können? Diese Forschungsfrage spitzt sich zu, wenn man beobachtet, daß das gute Gefühl, gesund zu sein, manchen Menschen sogar trotz vorliegender medizinischer Befunde, Abweichungen von physiologischen Normwerten, glückt.

1.4.1. Zur Psychologie der Gesundheit

Der Übergang von einer Psychologie der Krankheit zu einer Psychologie auch der Gesundheit setzt eine konzeptionelle Klärung voraus, die SCHRÖDER et al. (1989) wie folgt charakterisieren:

Zum *ersten* muß zwischen **Prävention** und *Gesundheitsförderung* unterschieden werden.

Prävention, vorbeugendes Handeln, zielt darauf ab, gesundheitliche Störungen zu vermeiden oder zu verringern. Hier sind zwar grundsätzlich alle Menschen angesprochen, besonders aber Risikogruppen, Menschen in persönlichen Krisensituationen, Personen mit Verhaltensdefiziten oder gestörten Familien- und Paarbeziehungen.

Förderung von Gesundheit hingegen will nicht nur das Krankwerden vermeiden, sondern zielt von vornherein auf eine positive Person-Umwelt-Beziehung im Sinne des körperlichen, psychischen und sozialen Wohlbefindens.

Zum *zweiten* ist das Ziel, die Form der angestrebten Gesundheit, psychologisch näher zu bestimmen. Dabei geht es nicht um ein Gesundsein an und für sich, sondern um die *Qualität des Lebens* in konkreten ökonomischen, sozialen und persönlichen Verhältnissen.

Was kann der einzelne für seine körperliche und psychische Lebensqualität tun? Hier kommen bestimmte Haltungen in Betracht wie

- eine mehr problemabschwächende, aber letztlich realistische Umweltwahrnehmung mit wiederholten Neubewertungen;
- die Selbstkontrolle, in kritischen Situationen abwarten zu können;
- die Fähigkeit, auch in problematischen Lebenslagen mehrere Lösungsalternativen zu finden;
- ein reiches, variabel einsetzbares Repertoire an Bewältigungsstrategien;
- eine positive Einstellung zu sich selbst entwickeln;
- eine selbstvertrauende, aber insgesamt realistische Kausalerklärung von Ereignissen;
- Beziehungsreichtum ohne Selbstaufgabe bei Autonomie der Persönlichkeit.

Solche und weitere Charakteristika sind empirisch ermittelte Bausteine einer psychologischen Theorie der Gesundheit, von der auch konkrete Maßnahmen zu Stabilisierung der eigenen Gesundheit abgeleitet werden können.

Zum *dritten* wird das Verhältnis von individueller und gesellschaftlicher Verantwortung bei der Gesunderhaltung zu bedenken sein. Ein Risikoverhalten stellt oft nur den untauglichen Versuch zur Lösung von Problemen dar, die der einzelne nicht verschuldet hat und auch nicht individuell beherrschen kann (stellvertretend für viele Problembereiche seien hier die Berufskrankheiten genannt). Die Fähigkeit des einzelnen zur gesunden Lebensgestaltung wird überfordert, wenn sie nicht durch förderliche Umweltbedingungen und politische Maßnahmen unterstützt wird.

1.4.2. Psychologische Gesundheitsförderung

Die psychologische Gesundheitsförderung ist eine auf gesundheitsrelevante psychische Prozesse gerichtete und von psychologischem Fachwissen getragene Förderung gesunder Lebens-, Lern-, Arbeits- und Umweltbedingungen; sie regt in didaktisch und lernpsychologisch geeigneter Form Menschen zu entsprechender Lebensgestaltung in ihren alltäglichen Beziehungen an.

Ihr Ziel ist es, „auf allen Systemebenen einen von Gesundheitsbewußtsein, Selbstbestimmung und Selbsthilfefähigkeiten geprägten Umgang mit der Gesundheit zu fördern. Dazu gehört vor allem eine Verbesserung

- des Gesundheitsbewußtseins,
- gesundheitsfördernder Einstellungen und
- der Kenntnisse gesundheitsbezogener Verhaltensweisen in der Bevölkerung sowie in sozialen und wirtschaftlichen Organisationen“ (JERUSALEM et al., 1996, S. 113).

Für die im Mittelpunkt dieser Bemühungen stehende *personzentrierte Gesundheitsförderung* wird dann im einzelnen aufgeführt:

- *Förderung allgemeiner Kompetenzen für eine gesunde Lebensführung* durch gesundheitsbegünstigendes Selbstverständnis, Umgehen mit Gedanken und Gefühlen; durch Körperwahrnehmung, Entspannung, Meditation und Streßbewältigung im Alltag, Umgang mit sozialer Unterstützung, Partnerschaft und Sexualität, Aggression und Gewalt; durch Freizeitgestaltung, Entfaltung von geistiger Leistungsfähigkeit, Kreativität, Lebenssinn und Lebensperspektiven, Schärfung des ökologischen Umweltbewußtseins.
- *Förderung gesundheitsspezifischer Lebensweisen* wie Sport, Bewegung und Ausdauer, Körperhaltung und Alltagsergonomie, Ernährung und Eßverhalten, Zeiteinteilung und Schlaf-Wachrhythmisierung, Umgang mit Genußgiften, Medikamenten und Massenmedien.
- *Entwicklungsbezogene Gesundheitsförderung und Prävention* bei der Familiengründung und bei besonderen Familienstrukturen, im Kindes-, Jugend- und Erwachsenenalter, bei kritischen Lebensereignissen, insbesondere Verluste wie Trennung und Tod, beruflichen Veränderungen, vor allem Arbeitslosigkeit und Berentung.

Ein derart umfassendes Programm zu einer wirksamen Gesundheitsförderung innerhalb und außerhalb der Medizin wirft Fragestellungen auf und erfordert Kenntnisse aus allen Bereichen der Psychologie.

2. Erlebnisbedingungen des Patienten

Krankheit und Erleben stehen in wechselseitigem Zusammenhang: Jede Erkrankung, Verletzung, Behinderung beeinflußt auf vielfältige Weise das Erleben eines Menschen. Umgekehrt aber beeinflussen auch die Erlebnisse und die Art der Erlebnisverarbeitung den Krankheitsverlauf. Das Verständnis des wechselseitigen Zusammenhanges von Krankheit und Erleben setzt die Kenntnis der allgemeinen Erlebnisbedingungen des Patienten voraus:

- seiner kognitiven (erkenntnismäßigen) Prozesse wie Wahrnehmen, Behalten und Lernen;
- seiner emotionalen und motivationalen Vorgänge und
- seines Bewußtseinszustandes.

Im folgenden Kapitel werden diese Grundbedingungen in ihrer medizinischen Bedeutung besprochen.

2.1. Wahrnehmung

2.1.1. Psychosoziale Reizverarbeitung

Unter den Erlebnisbedingungen eines Menschen sind seine *Erfahrungen* an erster Stelle zu nennen. Sie nehmen alle ihren Ausgang in *Sinneswahrnehmungen* bei konkreten Handlungen. Durch die Wahrnehmungen gewinnen die Handlungen ihre bestimmte Bedeutung als Erfahrungen, und von ihnen werden sie weiterhin beeinflußt. Das Zustandekommen von Sinneswahrnehmungen setzt eine doppelte Kodierung voraus: von physikalischen und chemischen Reizen in Nervenimpulse durch den Rezeptor und von diesen nervösen Vorgängen in subjektives Erleben durch das Gehirn. Die erste Umwandlung wird von der Physiologie erforscht (vergleiche dazu zum Beispiel SCHMIDT und THEWS, 1990, Kapitel Allgemeine und spezielle Sinnesphysiologie), die zweite von der Psychologie. Beide Richtungen überschneiden sich im Forschungsgebiet der Psychophysiologie.

Empfindung und Wahrnehmung

Das Ergebnis des psychophysiologischen Transformationsprozesses wird als *Empfindung* bezeichnet, solange noch kein gegenständlicher Eindruck von der Umwelt besteht, im Extremfall nur von einzelnen Sinnesqualitäten. Sobald sie als farbiger Klecks, Klang eines Instrumentes, duftende Speise, also in ihrer gegenständlichen Organisation aufgefaßt werden, spricht man von **Wahrnehmung** als dem Bewußtwerden einer sinnlich gegebenen Erscheinung. Umgekehrt kann der gegenständliche Inhalt der Wahrnehmung von uns analysiert und dann in seinen einzelnen Sinnesqualitäten empfunden werden. Empfindungen sind also einmal der undifferenzierte Beginn, das andere Mal die differenzierte Fortsetzung der Wahrnehmung. Beide stellen durch unsere Sinne vermittelte Eindrücke dar, die sich zwar hinsichtlich ihrer Komplexität voneinander unterscheiden lassen, aber dennoch zusammengehören und nur unter experimentellen Laborbedingungen zu trennen sind.

Der so verstandene Vorgang des Wahrnehmens ist in seiner unmittelbaren und zergliedernden Form ein elementarer sinnlicher Erkenntnisakt, in welchem die *Bedeutsamkeit* einer Erscheinung für das Subjekt erfaßt wird. Er liefert einerseits (besonders eindeutig in den ersten Lebensjahren) das Ausgangsmaterial für unser Denken und Handeln, wie er andererseits entscheidend hiervon mitgetragen wird. Vielen Wahrnehmungen scheint geradezu eine erfahrungsgesteuerte innere Hypothese über das Erkennbare vorauszulaufen. Die Wahrnehmungen werden also nicht nur von den Reizgegebenheiten und der Funktionstüchtigkeit der Sinnesorgane bestimmt, sondern bedeutsam auch von den individuellen, situativen und sozialen Bedingungen des Wahrnehmenden, seinem Wissen, seinen Emotionen, Bedürfnissen und Einstellungen gestaltet.

> *Die lebendige Wahrnehmung ist also kein passives Spiegelbild, sondern eine aktive Wahrnehmungshandlung. Sie zeigt die Gegenstände in ihrer Bedeutung für den Wahrnehmenden und steht in Beziehung zum gesamten psychischen Leben des Individuums.*

Wahrnehmungsorganisation

Die Organisation unserer Wahrnehmung unterliegt psychologischen Mechanismen, die (am intensivsten im Bereich der visuellen Wahrnehmung) von der experimentellen Psychologie untersucht worden sind. Dabei hat sich die auswählende, gestaltende, akzentuierende und fixierende Bedeutung verschiedener psychosozialer Bedingungen gezeigt:

Kognitive, auf die Erkenntnistätigkeit bezogene **Faktoren** beeinflussen die Wahrnehmung insofern, als diese nie voraussetzungslose Reizaufnahme (*Perzeption*), sondern immer Hinzunahme (*Apperzeption*) zum jeweiligen Reiz ist, in der schon eine Kategorisierung und erkenntnismäßige Einordnung des Wahrgenommenen in den Zusammenhang der bisherigen Erfahrungen vorgenommen wird. Deshalb werden in einem Wahrnehmungsexperiment bei gestaffelt kurzzeitiger Darbietung bekannte Figuren oder Wörter zeitlich eher wahrgenommen als unbekannte.

Emotionale Wirkungen lassen sich mit der gleichen Versuchsanordnung nachweisen: Angstauslösende oder tabuisierte Inhalte werden zunächst wohl „abgewehrt", brauchen jedenfalls bis zur Erkennung eine längere Darbietungszeit (haben eine höhere Reizschwelle) als subjektiv neutrale Inhalte.

Stimmungen beeinflussen die Wahrnehmung: Jedem ist aus eigener Erfahrung bekannt, daß es bei ängstlicher Stimmung zum illusionären Verkennen der Wirklichkeit kommen kann (so daß man den Strauch im Dämmerlicht für bedrohlich oder das Quietschen der Tür für einen jämmerlichen Klagelaut halten kann). Aus diesem Grunde auch neigen Angehörige eines verstorbenen Patienten anfangs zur Überbewertung eigener Symptome, die denen des schwer Erkrankten ähneln (zum Beispiel pektanginöse Beschwerden bei einer Witwe, deren Mann einem Herzinfarkt erlegen ist). Die Wahrnehmung der Zeit ist für den Depressiven gedehnt; die gleiche Zeitstrecke wird von ihm überschätzt, während sie dem Maniker wie im Fluge vergeht und von diesem unterschätzt wird.

Motivationale Einflüsse verändern die Reizschwelle abhängig vom jeweiligen Bedürfnisdruck. Bei der Beschreibung mehrdeutiger Bilder äußerten Schulkinder in einem Experiment vor dem Essen doppelt so viele Essenswahrnehmungen wie nach der Mahlzeit. Mit dieser Methode der projektiven Tests konnte an erwachsenen freiwilligen Versuchspersonen die wahrnehmungspsychologische Wirkung der Hungersituation systematisch untersucht werden. Die Nahrungsantworten stiegen in den ersten 12 bis 15 Stunden des Fastens an, gingen dann etwas zurück und erreichten nach 24 Stunden ein Maximum.

Soziale Wahrnehmung ist zum Stichwort für die gesellschaftliche Determination der Reizaufnahme und -verarbeitung geworden. Hier konnten zum Beispiel schichtenspezifische Einflüsse nachgewiesen werden:

Zehnjährige Kinder in den USA hatten die Fläche von Geldmünzen und gleichgroßen Pappstücken an einem verstellbaren Lichtkreis zu reproduzieren. Die Münzen wurden (selbst bei gleichzeitig wahrgenommener Vorlage) immer größer eingestellt als die Pappstücke, noch mehr differierten sie nach der Erinnerung, und Kinder armer Eltern neigten dabei zu deutlicherer Überschätzung als Kinder aus reichen Familien (nach BRUNER und GOODMAN, 1947).

Inzwischen haben viele Experimente die Abhängigkeit der Wahrnehmung von der Zugehörigkeit zu (dauerhaften oder auch nur situativen) *Gruppen* belegt. Werden zum Beispiel Gruppenmitglieder zu gemeinsamen Schätzurteilen etwa über die Anzahl kurzzeitig gesehener Punkte oder die Art gemeinsam erlebter Filmszenen aufgefordert, so läßt sich eine deutliche (*suggestive*) Beeinflussung der Aussagen durch die Gruppe registrieren: Die Einzelurteile gleichen sich den erlebten Aussagen der übrigen Gruppe an (in Abhängigkeit von der sozialen Wertschätzung der Vorgänger). Daß hiervon schon die Wahrnehmung und nicht erst deren Äußerung betroffen ist, zeigt das extreme Beispiel der hypnotisch vermittelten Sinnestäuschung (vergleiche 2.1.2.). Mehr noch als die Wahrnehmung von Dingen oder Sachverhalten wird die *Wahrnehmung von Personen*, ihrer Äußerungen und Befindlichkeiten (die sogenannte *interpersonale Wahrnehmung* in der alltäglichen Kommunikation) von sozialen Einstellungen und Gegebenheiten, also zum Beispiel vom Gruppenurteil, mitbestimmt und zwar in positiver oder negativer Weise, verzerrt oder geschönt.

Persönlichkeitsspezifische Wahrnehmungsstile sind vor allem in der unterschiedlichen *Suggestibilität* begründet, der individuellen Beeinflußbarkeit durch andere Menschen, deren Urteile, Meinungen und Verhaltensweisen bei geringerer Selbständigkeit und Kritikfähigkeit übernommen werden.

Im übrigen gibt es fließende Übergänge zwischen sozialen und persönlichkeitsspezifischen Determinanten der Wahrnehmung, etwa bei geschlechtsspezifischen oder berufsspezifischen Varianten in der Wahrnehmungsakzentuierung. Der „Blickwinkel" zum Beispiel des ärztlichen Spezialisten zeigt Vor- und Nachteile: Erwünscht ist die mühsam erworbene feinere Differenzierungsfähigkeit des Experten (zum Beispiel bei Röntgenbild-Auswertungen), ungünstig ist die bei so trainierter Focussierung schwer zu vermeidende Ausbildung von „Scheuklappen", die die Wahrnehmung von fachlich „unwichtigen" Lebensdetails verhindern können (der Augenarzt mag zum Beispiel „übersehen", daß sein Patient hinkt).

Zeigen diese Beispiele einerseits, daß es keine „reinen Wahrnehmungen" gibt, weil sie immer in einem bestimmten Handlungsablauf „gemacht" werden, so beeinflußt andererseits jede Wahrnehmung unser Handeln und Sozialverhalten. Das ist um so mehr der Fall, je bedeutsamer sie für unser Leben ist, je höher sie subjektiv bewertet wird und emotional getönt ist. Der überraschende Wahrnehmungsinhalt wird unmittelbar, unreflektiert geäußert und seine Relevanz der Umgebung sofort mitgeteilt.

Der Arzt hat es häufig mit einem wahrnehmungspsychologisch sehr komplexen sensorischen System zu tun: Seine Patienten suchen ihn meistens mit Klagen über *Schmerzen* auf. Die folgenden Abschnitte wenden also das bisher grundsätzlich zur Wahrnehmungsorganisation Gesagte auf das Schmerzerleben und -verhalten an. An einem so konkreten Fall lassen sich dann weitere Wahrnehmungseigentümlichkeiten demonstrieren.

2.1.2. Schmerzerleben

Schmerzen sind in der Regel Symptome einer Verletzung oder Krankheit, die sie signalisieren und begleiten (oder werden doch mit Begriffen einer solchen Schädigung beschrieben). Bisweilen sind Schmerzen aber auch eine verselbständigte Erscheinungsform, ohne noch Signalwert zu haben, wie bei den Neuralgien und anderen chronischen Schmerzformen, die deshalb als Schmerzkrankheit bezeichnet werden. Klinisch lassen sich entsprechend *akute* und *chronische* Schmerzzustände unterscheiden. Akute, kurzandauernde Schmerzen sind hinsichtlich ihrer Ursachen, Behandlungsformen und Rückbildung für den Patienten meist überschaubar. Chronisch werden Schmerzen genannt, die länger als sechs

Monate mehr oder weniger therapieresistent andauern. Unklare Genese und Therapieaussichten beunruhigen bis ängstigen den Patienten. Leidensdruck, Angst und Schmerz verstärken sich oft. In vielen Ländern sind spezielle Schmerzkliniken und -ambulanzen eingerichtet worden, die sich mit der Erforschung und Behandlung chronischer Schmerzzustände befassen.

Schmerzempfindung und Schmerzwahrnehmung
Die gegenüber allen anderen Sinneswahrnehmungen besonders unangenehme Schmerzerfahrung wird durch den Hautsinn vermittelt, der neben Mechano- und Temperaturrezeptoren auch Schmerzrezeptoren (Nocizeptoren) umfaßt, deren Erregungen auf dem Wege zur hinteren Zentralwindung des Scheitellappens der Großhirnrinde gelangen, wo sie in bewußte Empfindungen und Wahrnehmungen umgesetzt werden (vergleiche Abb. 2.1).

Gegenüber allen anderen Sinnessystemen weist der Schmerzsinn einige Besonderheiten auf, die seine Modalitätsbestimmung erschweren. Eine alle Facetten erfassende Definition der Schmerzerlebnisse ist schwierig und bleibt widerspruchsvoll. Während man zu Beginn des Jahrhunderts den Schmerz noch als Bewußtseinszustand auffaßte, der ausschließlich im Thalamus entsteht, wurde später angesichts der komplizierteren Erkenntnislage ganz auf eine Begriffsbestimmung verzichtet (siehe GOLDHAHN, 1975). Neuerdings gibt es Bemühungen, ihn als unangenehme Erfahrung, die wir mit Gewebeschäden in Verbindung bringen, zu definieren. Die *International Association for the Study of Pain IASP* definiert:

> ***Schmerz*** *ist ein unangenehmes Sinnes- und Gefühlserlebnis, das mit aktueller oder potentieller Gewebeschädigung verknüpft ist oder mit Begriffen einer solchen Schädigung beschrieben wird.*

Auch hier wird eine Festlegung auf die in der Wahrnehmungspsychologie übliche Unterscheidung von Empfindung und Wahrnehmung vermieden; vielerorts versucht man, sie durch die Bezeichnung *Schmerzgefühl* zu umgehen und die Schmerzen nur als *Sonderfall des meist unlustbetonten Affektes* zu kategorisieren. Der Behaviorist weist sogar darauf hin, daß wir streng genommen nie den Schmerz als solchen erforschen können, sondern immer nur *Schmerzäußerungen und Schmerzverhalten* registrieren, korrelative und kausale Zusammenhänge untersuchen und ebenso im therapeutischen Ablauf nur das Schmerzverhalten geplant modifizieren können.

Wir halten die Betrachtung der Schmerzerlebnisse als spezifische Sinneswahrnehmungen für sinnvoll und berechtigt, weil das eine Anwendung wahrnehmungspsychologischer Prinzipien auf die Erklärung psychologischer Bedingungen der Schmerzerfahrung zuläßt. Wir unterscheiden hierzu *Schmerzempfindungen* auf der Ebene des plötzlichen Oberflächen- oder noch subjektiv unklaren Tiefenschmerzes von **Schmerzwahrnehmungen** auf der Ebene des lokalisierten Haut- und Organschmerzes, wenn der Oberflächenschmerz als Schnitt-, Stich-

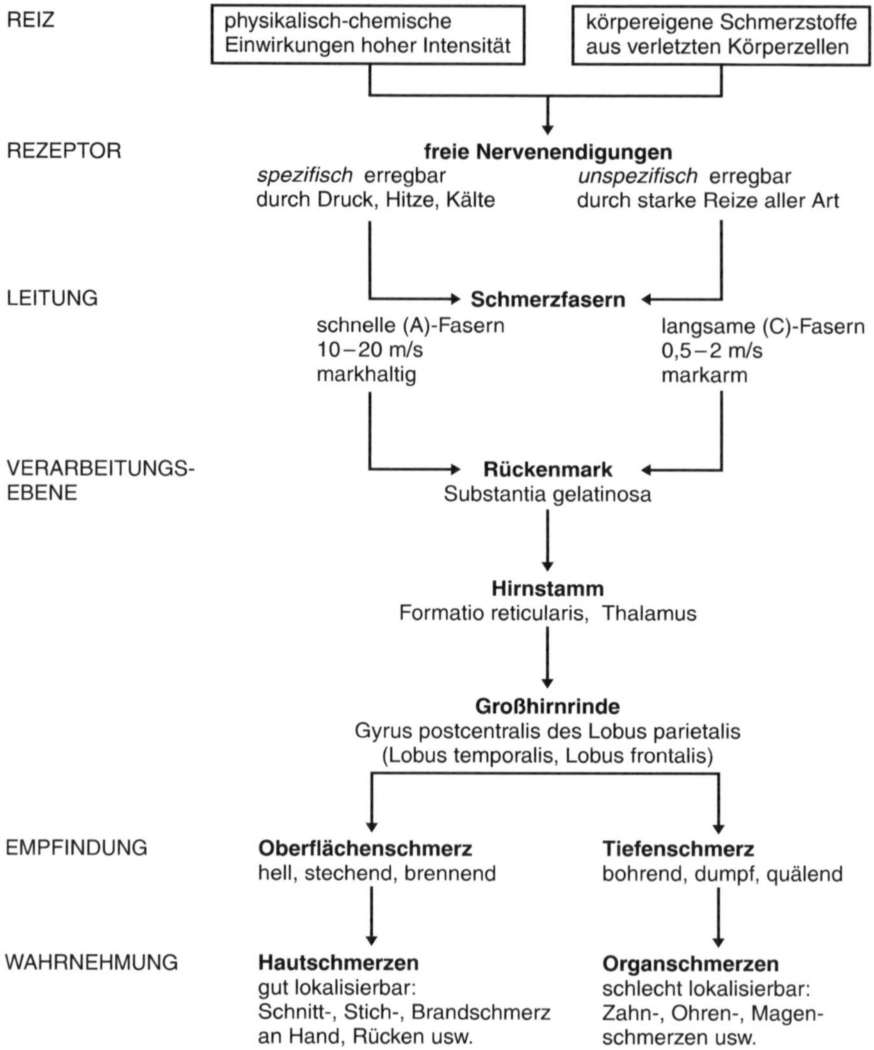

Abb. 2.1 Schematische Darstellung der Schmerzwahrnehmung

oder Brandschmerz auf dem Rücken, der Hand und so weiter und der Tiefenschmerz als Ohren-, Magen-, Zahnschmerz und so weiter mehr oder weniger genau identifiziert ist. So lassen sich auch die Schmerzen entweder als elementare, noch ungegenständliche oder schon komplexe, gegenständlich organisierte Sinneserscheinungen betrachten, die nicht nur den Gesetzen der sensorischen Reizung, sondern auch der psychosozialen Reizverarbeitung unterliegen.

Schmerzmessung
Sowohl zur Erforschung als auch zur Behandlung des Schmerzerlebens wird versucht, Schmerzwahrnehmungen nach ihrer Intensität und Qualität so zu bestimmen, daß die Wirkungen unterschiedlicher *Schmerzreize* einerseits und *Schmerzhemmer* andererseits objektiviert werden können. Es gibt vorläufig keine Meßtechnik, die es erlaubt, Schmerzen unabhängig von ihrer subjektiven Äußerung festzustellen. Schmerzerlebnisse sind ans Bewußtsein gebunden und sind ein subjektives Phänomen trotz einiger Korrelationen zu physiologischen Parametern.

Die *experimentelle Schmerzmessung* (Algesimetrie) erfaßt die Reaktion auf situativ erzeugte Schmerzen. Nach vorheriger Vereinbarung werden quantitativ abstufbare thermische, chemische, elektrische oder Druckreize gesetzt. Durch deren Variation werden individuelle Schwellen ermittelt (siehe Exkurs 2.1). Registriert werden können Angaben über Ort und Zeitdauer, Intensität, Veränderung und Qualität der Schmerzen.

Die *klinische Schmerzmessung* erfaßt die Reaktion auf schon bestehende akute oder chronische Schmerzen, häufig aber auch nur im Rahmen von Forschungsfragen. Es muß dringend gefordert werden, daß Daten der klinischen Schmerzmessung auch in Krankenblätter und „Kurven“ Eingang finden mit gleicher Evidenz und Selbstverständlichkeit wie Blutdruckwerte, Temperatur- oder Verdauungsdaten.

Die Selbsteinschätzung auf Skalen (Ratingskalen, Beurteilungsskalen) kann Informationen geben über:

- die Schmerzintensität,
- die Schmerzqualität,
- die durch Schmerz bedingte Beeinträchtigung von Alltagsabläufen und Lebensqualität.

Einen Überblick über die Möglichkeiten der Schmerzdokumentation gibt SEEMANN (1993).

Schmerzintensität kann auf verschiedenen Skalen erfaßt werden: verbal (leicht, mäßig, stark), numerisch (1 = gering bis 10 = unerträglich) oder in visueller Analogie auf einem gezeichneten Kontinuum (eine 10 cm lange Linie mit Bezeichnung nur der Endpunkte als „schmerzfrei“ und „stärkste vorstellbare Schmerzen“). Die *Visuelle Analog-Skala* (*VAS*) wird weltweit zur Zeit am häufigsten verwendet. Schmerzqualität läßt sich mit Adjektivlisten nach verschiedenen Dimensionen beurteilen (brennend oder bohrend in ihrer sensorischen, lästig oder quälend in ihrer affektiven, großflächig oder andauernd in ihrer raumzeitlichen Bedeutung). Fragen nach der generellen Beeinflussung der Lebensbedingungen durch Schmerzerlebnisse von Aktivitätseinschränkungen über Therapiebedingungen bis zu Auswirkungen auf soziale Kontexte sind für den Patienten am bedeutungsvollsten und damit auch für den Arzt ein immer wichtiger werdender Schlüssel. Auch in der Forschung gewinnt der Begriff der Lebensqua-

Exkurs 2.1 Schmerzschwellen

In der experimentellen Schmerzmessung werden verschiedene Stimuli zur Schmerzprovokation benutzt. Hier wurden milde Stromstöße (Wechselströme 0,1–5 mA) über zwei Flächenelektroden am Innenarm bei Medizinstudenten (in einem Kurs Medizinische Psychologie) eingesetzt. Bei aufsteigender Reizdarbietung muß zunächst die Intensität erreicht werden, bei der überhaupt erst einmal ein Reiz an der Haut wahrgenommen wird (*Wahrnehmungsschwelle*). Bei weiterer schrittweiser Erhöhung der Reizintensität wird dann die (*untere*) *Schmerzschwelle* ereicht, die definiert ist als „deutlich unangenehm, an der Grenze zum Schmerz“. Bei weiterer Erhöhung würde dann die sogenannte *Interventionsschwelle* erreicht, bei der der Geplagte beginnt, irgendetwas gegen seinen Schmerz zu unternehmen (beim nicht-experimentellen, klinischen Schmerz zum Beispiel sich um Hilfe bemühen, eine Tablette nehmen oder ähnliches). Die *Toleranzschwelle* schließlich ist erreicht, wenn (zum Beispiel bei einer Gebärenden unter übermächtig starken Schmerzen oder bei einem Verkehrsunfallopfer) die subjektive Kontrolle, die Selbstkontrolle verloren geht, was dann bis zu Schreien führen kann mit etwa dem Aussagegehalt: „Ich halte es nicht mehr aus. Macht mit mir, was ihr wollt, aber nehmt mir den Schmerz“.

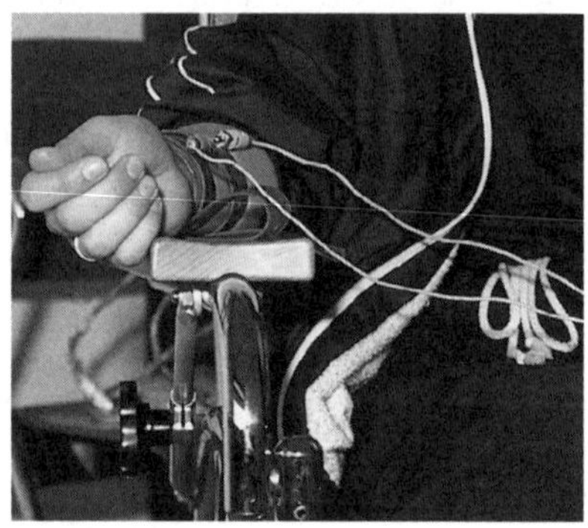

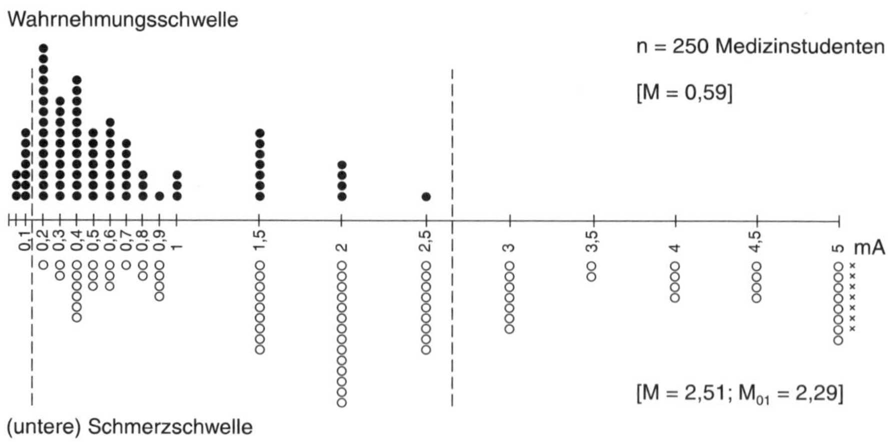

In der Klinik kennt man die Erfahrung, daß Menschen überraschend unterschiedlich auf vermeintlich vergleichbare Schmerzreize reagieren: von staunenswerter Klaglosigkeit bis zu maximalem Klagen. Bereits in einer (unter den Gesichtspunkten von Alter, Bildung, Gesundheit) so relativ homogenen Gruppe wie der Gruppe von (250) Medizinstudenten finden wir bei den individuellen Antworten zum Erreichen der unteren Schmerzschwelle eine *maximale Streuung*: Schon in einem Bereich, wo manche noch nicht einmal die Wahrnehmungsschwelle erreicht haben, empfinden einige Schmerz. Am anderen Extrem gibt es Studentinnen und Studenten, die selbst bei der hier technisch gegebenen Obergrenze von 5 mA noch nicht Schmerz angeben. Wir nennen sie die „Indianer" nach dem Wort, daß Indianer keinen Schmerz kennen. „Indianer" findet man auch bei Geräten, die bis 8 mA gehen, und vermutlich sogar noch weiter.

Variationen des Experiments: Schon die bloße *Wiederholung* ohne Veränderung am Versuchsaufbau erbringt eine Erhöhung der Schmerzschwelle (*Angstabbau, Bekanntheitsgrad*). Klinisch besonders relevant ist eine weitere Anhebung der Schmerzschwelle durch einen Versuchsaufbau, bei dem die Teilnehmer sich selbst die Stromstöße applizieren (Einfluß der *Selbststeuerung* versus Gefühl des relativen Ausgeliefertseins).

lität zunehmend Raum (BULLINGER und PÖPPEL, 1988). Mit Ratingskalen ermittelte Werte lassen sich für Vergleichs- und Verlaufsfragen intraindividuell wesentlich verläßlicher verwenden als interindividuell.

Schmerztoleranz

Jede Schmerzwahrnehmung ist in die Lebenssituation des Wahrnehmenden eingebettet. Ihre Schwelle, Intensität und Dauer sind von der aktuellen Tätigkeit und Befindlichkeit, den bis dahin gemachten Schmerzerfahrungen und der habituellen Erregbarkeit des Zentralnervensystems abhängig. Die schmerzlindernde Wirkung von Psychopharmaka setzt ja gerade an diesem zentralen Mechanismus der Reizverarbeitung an, indem sie das Leiden unter Schmerzen, nicht aber die periphere sensorische Reizung aufheben. Ähnliche Wirkungen haben psychosoziale Faktoren:

Kognitive Veränderungen der Schmerztoleranz ergeben sich schon mit der *Aufmerksamkeit*. Die gleiche Verletzung kann bei Ablenkung durch Spiel und Arbeit lange Zeit unbemerkt bleiben, bei Zuwendung jedoch von Anfang an schmerzen. Die *Bekanntheit* der Schmerzursache vermindert die Intensität der Schmerzwahrnehmung. In einem hierzu durchgeführten Experiment erlebten Versuchspersonen, denen Schmerzen als mögliche Nebenwirkungen eines verabreichten Medikaments angekündigt worden waren, die spätere elektrische Reizung weniger schmerzhaft als eine nicht in dieser Weise getäuschte Vergleichsgruppe. Mit einer anderen Versuchsanordnung konnte nachgewiesen werden, daß solche Elektroschocks dann leichter zu ertragen sind, wenn der Versuchsperson die Reizintensität bekannt war und sie außerdem den Zeitpunkt der Reizung voraussehen konnte. Diese *Vorhersagbarkeit* erhöht die Schmerzschwelle schon für sich, wenn die Probanden entsprechend informiert und vorbereitet werden. Wiederholung und Ähnlichkeit solcher antizipierten Schmerzwahrnehmungen bringen eine Schmerzschwellen-Erhöhung für nachfolgende aktuelle Schmerzereignisse.

Emotionale Schmerzkomponenten sind vor allem *Depression* und *Angst*. Selbst akute Schmerzen „drücken auf die Stimmung". Mehr noch chronische oder kognitiv nicht bewältigte Schmerzen, die deprimiert und ängstlich machen, weil man nicht weiß, woher sie kommen und wohin sie führen. Andererseits wird die Schmerzverarbeitung durch niedergedrückte Stimmungen und ängstliche Affekte erschwert. Manchem Depressiven tut dann „alles weh" (deshalb können Antidepressiva auch schmerzlindernd wirken). Besondere praktische Bedeutung im ärztlichen Alltag kommt der *Erwartungsangst* des Patienten vor schmerzhaften Eingriffen zu. Bleibt letztere infolge Unkenntnis völlig aus, trifft die Neuigkeit und Plötzlichkeit des Schmerzereignisses den Unvorbereiteten besonders heftig. Er kann dann bei nächster Gelegenheit mit übermäßiger Erwartungsangst reagieren, die einen Verstärkereffekt erzeugt, der auch die Instrumente und den weißen Kittel erfaßt und dann besonders bei Kindern in massivem Angstverhalten gipfeln kann. Am günstigsten scheint eine realistische und gemäßigte Erwartungsangst zu sein. Systematische Versuche von JANIS (1971) und anderen mit der psychologischen Vorbereitung auf chirurgische Eingriffe haben gezeigt, daß sowohl Patienten mit großen als auch fehlenden präoperativen Angstäußerungen mehr über postoperative Beschwerden klagten als solche mit mäßiger Erwartungsangst. Die letzteren unterschieden sich von den anderen lediglich durch ihre bessere Informiertheit über die bevorstehende Operation. In vielen Erhebungen ist dann immer wieder ermittelt worden, daß solche Patienten, die vorher vom Arzt über die Operation und deren Auswirkungen informiert wurden, nachher weniger Schmerzmittel verlangten, bessere Heilungsfortschritte machten und früher entlassen werden konnten als die nicht informierten (vergleiche 7.2. und 7.4.). *Ein mittleres Niveau der Erwartungsangst erhöht also die Schmerztoleranz.*

READING (1982) untersuchte 59 Frauen, welche sich einem kleinen gynäkologisch-operativen Eingriff zur Untersuchung des Bauchraumes (einer Laparoskopie) unterziehen mußten. Sie wurden nach Zufall in drei bezüglich Alter, sozialer Schicht und ethnischer Zugehörigkeit vergleichbare Gruppen eingeteilt. Die Vorbereitungsgruppe erhielt vom Gynäkologen in einem 15minütigen Gespräch Informationen über den Eingriff und seine Folgen, die Placebogruppe dagegen nur ein gleichlanges ärztliches Routinegespräch, während die Kontrollgruppe ohne diese Kontakte blieb. Die spezifisch auf den Eingriff vorbereiteten Frauen bewältigten dessen Folgen signifikant am besten, forderten weniger Schmerzmittel und kehrten früher an ihren Arbeitsplatz zurück.

Motivationale Einflüsse auf die Schmerzwahrnehmung ergeben sich aus der individuellen Bedeutung der Verletzung oder Krankheit im Leben eines Men-

Tab. 2.1 Schmerzmittelgebrauch und Arbeitsunfähigkeit bei Frauen nach Laparoskopie

	Experimentelle Bedingung		
Erfolgskriterium	Vorbereitung n = 21	Placebo n = 21	Kontrolle n = 21
Schmerzmittel verlangt (%)	10	38	45
Arbeitsunfähigkeit (in Tagen)	5,7	10,2	9,0

(nach READING, 1982)

schen. Das wird anschaulich durch klinische Beobachtungen von BEECHER (1959) belegt, die er an verwundeten Soldaten im Vergleich zu zivilen männlichen Patienten nach Operationen machte. Während nur ein Drittel der schwerverwundeten Soldaten nach ihrer Einlieferung ins Lazarett schmerzstillende Medikamente erbat und der Rest Schmerzen verneinte oder sie als unerheblich bezeichnete, verlangten vier Fünftel der operierten Patienten trotz leichterer Gewebsverletzungen Schmerzmittel. Der Stellenwert der Verletzung war in beiden Gruppen verschieden: Den Soldaten erschien sie gegenüber dem Schlachtfeld als das kleinere Übel, den Patienten im Vergleich zu ihrem gefahrlosen Alltag als das größere, und ebenso unterschieden sich ihre Schmerzen. Ähnliche schmerzmindernde Wirkungen haben Motive, die zur Selbstverstümmelung führen, mit denen Menschen einer inneren oder äußeren Bedrängnis zu entfliehen suchen. Solche Patienten berichten auf Befragen, daß sie dabei keine oder nur geringe Schmerzen verspürten (die sie sonst durchaus empfinden), sondern vielmehr eine Erleichterung ihrer Spannungen erfuhren.

Soziale Unterschiede in der Schmerztoleranz ergeben sich für Bildungsschichten, Geschlechter und Völker vermutlich als Auswirkung einer spezifischen Erziehung zum Schmerzverhalten. Für die ärztliche Praxis interessant sind *suggestive* Veränderungen der Schmerzschwelle bis zur *hypnotischen Analgesie*, über die KLUMBIES (1977) aus seiner reichen klinischen Erfahrung sehr anschaulich berichtet: Wird einer freiwilligen Versuchsperson in Hypnose Schmerzfreiheit suggeriert, so können ihr zum Beispiel an beiden Armen gleichgestaltete Brandwunden beigebracht werden, die sie erst dann spürt, wenn die suggerierte Unempfindlichkeit wieder aufgehoben ist. Wird diese während der Heilung für einen Arm aufrechterhalten, heilt die hypnotisch schmerzfreie Wunde schneller. Hier zeigt sich also ein ähnlicher therapeutischer Effekt wie nach der angstreduzierenden Vorbereitung auf chirurgische Eingriffe, die nicht nur die postoperativen Schmerzen vermindert, sondern auch die Heilung des zugrundeliegenden Gewebeschadens beschleunigt.

Auch die *Akupunkturanalgesie* durch elektrische oder Nadelstich-Reizung bestimmter Hautstellen, die nach überlieferten Erfahrungen der chinesischen Medizin als Akupunkturpunkte festgelegt sind, dürfte suggestive Momente enthalten, denn es hat sich gezeigt, daß sie einerseits nicht bei allen Patienten und andererseits auch von anderen Hautstellen aus zu erzielen ist.

Persönlichkeitsspezifische Eigenarten sind demnach auch bei der Schmerzwahrnehmung zunächst in der unterschiedlichen *Suggestibilität* zu suchen. Sie trägt auf ihre Weise zum wechselnden Erfolg der ärztlichen Schmerzbehandlung bei. Hinsichtlich der *Emotionalität* gilt, daß emotional labile Menschen Schmerzen weniger ertragen können als stabile und daß extrem Labile (Neurotiker) eine Tendenz zu häufigen Schmerzbeschwerden haben.

2.1.3. Schmerzverhalten

Schmerzen werden in unterschiedlicher Weise geäußert und damit verhaltenswirksam. Diese Umsetzung des Schmerzerlebens in Schmerzverhalten unterliegt reflektorischen, vegetativen und psychosozialen Regulationsmechanismen, die bei der psychologischen Schmerzbekämpfung zu berücksichtigen sind.

Schmerzreaktionen
Der Fremdbeobachtung und Messung sind drei Formen des Reagierens auf Schmerzreize, -empfindungen und -wahrnehmungen zugänglich:

Tab. 2.2 Schmerzreaktionen

Unbedingte Reaktionen auf den Schmerz-**Reiz**	*Bedingte* Reaktionen auf die Schmerz-**Empfindung**		*Reflektierte* Reaktionen auf die Schmerz-**Wahrnehmung**
	Oberflächenschmerz	Tiefenschmerz	
Reflexbewegungen, Erhöhung des Muskeltonus und Sympathikotonus	*Aktivität* zur Vermeidung	*Inaktivität* zur Ruhigstellung	Klagen äußern oder unterdrücken, Schmerzmittel nehmen, Arzt aufsuchen

Während die physiologischen Reaktionen auf Schmerzreize als angeborene Mechanismen *unbedingt* (also unabhängig von Erfahrungen) ablaufen, sind bei allen komplexeren Reaktionen Erfahrungsanteile mit im Spiel. Schon das Vermeidungsverhalten auf Schmerzempfindungen ist eine erworbene, das heißt durch Lernen *bedingte* Reaktion (siehe 2.3.1.). In den ersten Lebensmonaten weitestgehend von Schmerzreizen bewahrte Jungtiere zeigten später inadäquate, das heißt unzweckmäßige Schmerzreaktionen auf Verletzungen durch Nadelstiche oder brennende Streichhölzer und erlernten das schmerzbedingte Vermeiden körperschädigender Reizquellen nur verzögert und unvollständig (MELZACK, 1978).

Mehr noch sind die komplizierteren Handlungen, welche der bewußten Schmerzverarbeitung in Wahrnehmungen folgen, durch Lebenserfahrung, Erziehung und Zweckdenken überformt. Dem Kind haben sich Zusammenhänge zwischen Schmerzen und Erlebnissen der Tröstung, Bestrafung und Drohung eingeprägt, die sein individuelles Schmerzverhalten bis ins Erwachsenenalter bestimmen können. So konnten BLOCK et al. (1980) zeigen, daß die Einschätzung der aktuellen Schmerzintensität auch davon abhängt, ob der Ehepartner in der Nähe ist, und davon, wie sonst im Alltag auf die Schmerzklagen eingegangen wird. Die Untersucher unterteilten eine Gruppe von chronischen Schmerzpatienten danach, ob sie von ihren Ehepartnern bei Schmerzklagen fürsorglich und mit Zuwendung unterstützt und verstärkt wurden oder nicht. Jeder Patient wurde 20 Minuten in einem Raum interviewt. Durch eine Einwegscheibe wurde das Gespräch für je 10 Minuten entweder vom Ehepartner oder von einem neutralen Helfer (Krankenpflegekraft) beobachtet. Dem Patienten wurde mitgeteilt, wer beobachtete. Nach jeweils 5 (von 10) Minuten sollte der Patient seine aktuellen Schmerzen auf einer Skala von 0 bis 10 einschätzen. Patienten mit einem sie unterstützenden Partner schätzten ihre Schmerzen höher ein, während der Partner in der Nähe war. Patienten mit einem nicht unterstützenden Partner gaben hingegen in dessen Beobachtungszeit die Schmerzen niedriger an als in der eines neutralen Beobachters.

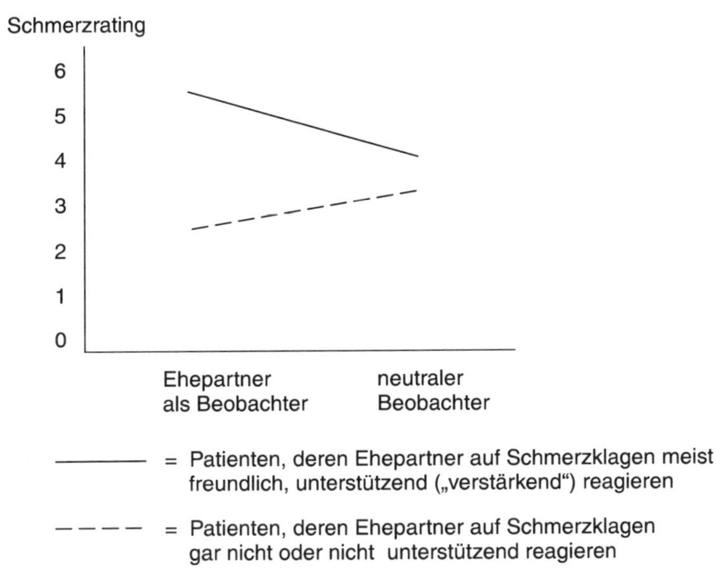

Abb. 2.2 Selbsteinschätzung der aktkuellen Schmerzintensität während eines Interviews in Abhängigkeit davon, welche sozialen Antworten das Schmerzverhalten des Patienten gewohnterweise in seinem Alltag auslöst (nach BLOCK et al., 1980)

Befunde dieser Art sind nicht nur wichtig zur Einschätzung der jeweilig nur relativ gültigen Aussagen über Schmerzwahrnehmungen, sondern auch für die Planung von Therapieformen: Zuviel Zuwendung kann Schmerzen schlimmer statt leichter erscheinen lassen.

Kulturelle Normen modifizieren den allgemeinen Stil der **Schmerzäußerung**, der bei Nordeuropäern zurückhaltender als bei Mediterranen ist und auch Männern mehr Selbstbeherrschung als Frauen abverlangt. Solche Erwartungen können sogar zu einer unterschiedlichen Schmerzbehandlung der Geschlechter führen. So stellte sich bei klinischen Erhebungen heraus, daß Frauen eher stärkere Schmerzmittel für geringere Schmerzen als Männer bekommen, deren Klagen von den Krankenschwestern öfter übergangen werden. Wenn ein Patient im deutschen „sozialen Netz" allein wegen seiner Schmerzbeschwerden dringend eine Rente oder andere soziale Vorteile und Erleichterungen fordert, so ist neben der alten Frage der Glaubwürdigkeit subjektiver Beschwerden zu bedenken, daß soziale Vorteile Schmerz und Schmerzverhalten verfestigen können, statt sie zu verringern. Aber soll man die Rente deshalb ablehnen?

Schmerzverarbeitung

Die Erkenntnisse über psychosoziale Bedingungen des Schmerzerlebens und -verhaltens können prophylaktisch und therapeutisch in der Schmerzbekämpfung genutzt werden:

Kognitive Hilfen bestehen vor allem in der möglichst vollständigen *Information* über zu erwartende Schmerzen im Zusammenhang mit diagnostischen Maßnahmen, Operationen und bei sich verschlechternder Krankheit. Sinn und Zweck, Harmlosigkeit oder Ernst des bevorstehenden Eingriffs sollen erläutert, Art, Intensität, Ort und Dauer postoperativer Beschwerden angekündigt werden, damit sie vom Patienten besser verarbeitet werden können. Weiterhin begünstigt *Ablenkung* die Schmerzlinderung. Hierzu ist die Auferlegung einer Reihe täglicher Regelmäßigkeiten und Pflichten insofern nützlich, als sie zeitweilig die Aufmerksamkeit vom Schmerzgeschehen abziehen.

Emotionale Zuwendung gibt dem Patienten das Gefühl des Geborgenseins, vermindert Ängste und muskuläre Verspannungen. Die Durchbrechung der Kette: Angst - Spannung - Schmerz ist das Grundprinzip der schmerzarmen Geburt geworden; denn es darf als sicher gelten, daß der physiologische Geburtsschmerz durch die Geburtsangst über Muskelspannung und Verspannung wesentlich verstärkt wird. Die allgemein eingeführten gynäkologischen Vorbereitungskurse nutzen deshalb die angstmindernde Wirkung der Information und Zuwendung ebenso wie gymnastische, Entspannungs- und Atmungsübungen.

Motivierung des Patienten zum Ertragen von Schmerzen setzt die genaue Kenntnis seiner Lebenslage und -geschichte voraus, in deren Zusammenhang die Beschwerden erlebt oder gar erzeugt werden. Die Mobilisierung von Optimismus und Selbstvertrauen bedeutet hier Schmerzhilfe, und daß die Wunden der Sieger schneller heilen, ist eine schon aus der Antike überlieferte Weisheit. Andererseits kann man einen Patienten, der sich selbst Verätzungen zugefügt hat, nicht mit dem Gipsverband von den verborgenen, selbstschädigenden Impulsen befreien, ohne seine dahinterstehenden Lebensprobleme zu berücksichtigen.

Soziale und andere **Belohnungen für nachlassende Schmerzklagen** sind nicht nur bei Kindern angezeigt, sondern auch für Erwachsene ein zusätzliches Mittel zur Bewältigung chronischer Schmerzen. Die verantwortungsbewußte und dosierte Anwendung von *Suggestionen* reduziert die Schmerzintensität und beschleunigt damit die Genesung. Das Wort des Arztes kann hier heilen und ist für Schmerzpatienten nicht weniger wichtig als das von ihm gegebene Medikament, das deshalb oft auch noch als Leerpräparat wirkt (Placeboreaktionen, siehe 2.3.2. und 7.5.). Suggestive Maßnahmen sind zum Beispiel bei unbewußt den Eltern nachgeahmten Kopfschmerzen von Kindern sehr wirkungsvoll.

Persönlichkeitsspezifisch muß jede Schmerzbehandlung sein, weil Interventionen, die Schmerzlinderung erreichen sollen, nicht unwesentlich von Intelligenzgrad, Aktivität, Bedürfnislage und sozialer Kontaktfreudigkeit des Patienten abhängen.

Alle diese Aspekte, die jetzt als bedeutsam im Rahmen der Schmerzwahrnehmung, -verarbeitung und -therapie erkannt worden sind, haben zur Entwicklung *spezieller psychologischer Verfahren zur Schmerzreduktion* geführt. Einen Überblick geben BASLER et al. (1990). GERBER (1989) hat eine Konkordanztherapie besonders auch für Migränepatienten entwickelt, HASENBRING (1992) beschäftigt sich insbesondere mit chronifizierten bandscheibenbedingten Schmerzen, TRAUE und KESSLER (1992) tragen Forschungs- und Therapieansätze für myogene Schmerzen vor. Bei der großen Zahl chronisch Schmerzkranker haben Möglichkeiten der Selbsthilfe eine große Bedeutung. Beispielhaft sei das Büchlein von SVOBODA (1994) für Kopfschmerzpatienten genannt.

2.2. Gedächtnis

Patienten können ihre Schmerzen von denen früher bei einer anderen Krankheit erlittenen nach Art und Intensität deutlich unterscheiden. Sie haben die vor Jahren gemachte Schmerzerfahrung im Gedächtnis behalten und mit der neuen verglichen. Solche Aussagen bieten dem Kliniker oft differentialdiagnostische Hinweise. Aber wie zuverlässig sind Patientenangaben?

Der Beantwortung dieser praktischen Frage seien Ausführungen über Struktur und Funktionen dessen vorangestellt, was wir **Gedächtnis** nennen: *die allgemeine organismische Fähigkeit, Informationen zu speichern.* Dabei ist das *Artgedächtnis* mit seinen *ererbten* Informationen von dem *Individualgedächtnis* mit seinen *erworbenen* Informationen zu unterscheiden, die mehr oder minder lange aufbewahrt werden; auf diese Weise können vergangene Ereignisse das aktuelle Verhalten beeinflussen. Das Gedächtnis ermöglicht die Kontinuität unseres Erlebens und damit die *Identität* der Person, ihr *Selbstkonzept* (vergleiche 3.2.4.).

Nur dieses zweite auch als *Erfahrungsgedächtnis* bezeichnete Speichersystem soll uns hier beschäftigen. Seine Lokalisation im Gehirn hat man sich dynamisch vorzustellen, denn die Suche nach einem makroskopischen Gedächtniszentrum hat immer wieder gezeigt, daß offenbar das gesamte Gehirn eine funktionale Einheit ist; die Gedächtnisinhalte sind über die ganze Rinde verteilt und daher multipel determiniert. Anders können die vielen tierexperimentellen Befunde über Lerndefizite nach Substanzverlusten in verschiedenen Hirnregionen nicht mehr interpretiert werden, da der jeweils folgende Informationsverlust lediglich dem Ausmaß, nicht aber dem Ort der Zerstörung proportional ist. Und ebenso haben am Menschen durchgeführte elektrische Reizversuche ergeben, daß eine bestimmte Erinnerung zwar durch Reizung einer bestimmten Stelle des Schläfenlappens ausgelöst werden kann, aber nicht allein dort lokalisiert ist, weil die jeweilige Erinnerung auch nach der Zerstörung noch erhalten bleibt. *Der Sitz des Gedächtnisses ist das Gehirn als Ganzes.*

2.2.1. Gedächtnisspeicher

Nicht nach ihrem Ort, sondern ihren Zeitkonstanten lassen sich hypothetisch drei *funktionelle Gedächtniseinheiten* der unmittelbaren, kurz- und langfristigen Informationsspeicherung unterscheiden, die von der experimentellen Psychologie, Physiologie und Biochemie erforscht werden.

Unmittelbares Gedächtnis

Die wahrgenommene Information wird zunächst unmittelbar behalten, das heißt, sie ist bewußtseinsgegenwärtig und ermöglicht sowohl eine Auswahl oder Bewertung der Reize als auch eine kontinuierliche Wahrnehmung bei diskontinuierlicher Reizaufnahme. Diese nur 6 bis 10 Sekunden dauernde Informationsspeicherung (im visuellen oder akustischen Sinnessystem) wird als unmittelbares Gedächtnis oder auch Sofort-, Fluoreszenz-, (operatives) Immediat-, Ultrakurzzeit-, Sekundengedächtnis und als sensorischer (Informations-) Speicher bezeichnet.

Nach Gehirnerschütterungen kann die Rückerinnerung an einen solchen kurzen, dem Unfall vorausgegangenen Zeitabschnitt vollständig fehlen, was als *retrograde Amnesie* bezeichnet wird und den klinischen Beweis für das Vorhandensein dieses nur Sekunden währenden Gedächtnisses darstellt. Als seine neurophysiologische Grundlage werden neuronale Nachentladungen, elektrotonische Potentialverteilungen und nachklingende elektrische Aktivitäten in Neuronennetzen angenommen.

Kurzzeitgedächtnis

Jener Teil der unmittelbar behaltenen Informationen, der besonders auffällig oder für die Handlungsregulation wichtig ist, bleibt kurzfristig verfügbar und sichert so nach sukzessiver Wahrnehmung einen simultanen Überblick über zusammenhängende Merkmale, fixiert ihre Struktur und ermöglicht Verknüpfungen mit Wissen und Erfahrungen. Diese etwa 6 bis 30 Minuten dauernde Informationsspeicherung ist als Kurzzeitgedächtnis, Kurzgedächtnis, Kurzspeicher, short term memory, Merkfähigkeit, Neu- oder Minutengedächtnis sowohl vom unmittelbaren als auch dauernden Behalten abzugrenzen. Wie das unmittelbare Gedächtnis ist es noch in den Prozeß der Informationsaufnahme und -verarbeitung eingeschaltet und wird deshalb auch als *operatives* Gedächtnis bezeichnet. Doch stellt es schon die aktive und selektive Vermittlung zur Langzeitspeicherung her und wird unter diesem Aspekt auch *Intermediärgedächtnis* genannt.

Gehirnerschütterungen, Elektroschocks und kurzfristige Unterbrechungen der Blutzirkulation können auch minutenlange Erinnerungslücken für vorausgegangene Ereignisse und damit eine ausgedehntere retrograde Amnesie hinterlassen. Ebenso kann bei zerebrovaskulärer Involution im Greisenalter gerade dieses Kurzzeitgedächtnis als Merkfähigkeitsschwäche für neue Eindrücke gestört sein, während der früher erworbene Gedächtnisbesitz verfügbar bleibt. Dabei beeinträchtigt eine Schädigung der linken Hemisphäre die Speicherung verbaler Informationen, der rechten die von visuellen.

Die physiologischen Mechanismen der Kurzzeitspeicherung müssen in elektrophysiologischen Zustandsänderungen der Neuronenschaltungen liegen, wobei sowohl an das Reverberieren (In-sich-Zurückkehren) von Erregungen als auch an eine vorübergehende Erhöhung der Erregbarkeit von Neuronen durch vorangegangene Erregungen und Hemmungen gedacht wird.

Langzeitgedächtnis

Je öfter kurzzeitig gespeicherte Informationen benutzt, je intensiver sie behandelt, Organisations- und Kontrolltechniken wie Wiederholen, Einprägen, Verbinden und dergleichen unterworfen werden, desto eher konsolidieren sie sich zu dauerhaften Abbildern. Ihre störresistente Bewahrung ist die Grundlage aller Lernvorgänge und Lebenserfahrungen. Diese zeitlich nicht befristete Informationsspeicherung bildet das Langzeitgedächtnis, Lang-, Dauer- oder Altgedächtnis (long term memory). Dabei kann zwischen einem *episodischen* Gedächtnis, das heißt dem Behalten von persönlichen Lebensereignissen, und einem *semantischen* Gedächtnis, dem sprachlich repräsentierten allgemeinen Wissenssystem, unterschieden werden.

Die Erinnerung an länger zurückliegende Ereignisse bleibt auch nach Gehirnerschütterungen oder -verletzungen erhalten und wird durch Elektrokrampfbehandlung, akuten Sauerstoffmangel (Hypoxie), tiefe Narkose oder Unterkühlung bis zum Verschwinden des Hirnstrombildes nicht beeinträchtigt. Das spricht für eine strukturelle oder chemische Konservierung der Informationen, die aus kurzfristigen elektrophysiologischen in langfristige biochemische Zustandsänderungen der Nervenzellen überführt worden sind. Hierbei kommt es zu einer gesteigerten Synthese von Ribonukleinsäure (RNS) und Protein während des Einprägens; deshalb wird versucht, diesen Prozeß durch Zuführung von RNS-Vorstufen wie der Orotsäure zu begünstigen (MATTHIES, 1974). Das Zusammenwirken der eben skizzierten funktionellen Gedächtniseinheiten bei der Informationsspeicherung verdeutlicht Abbildung 2.3.

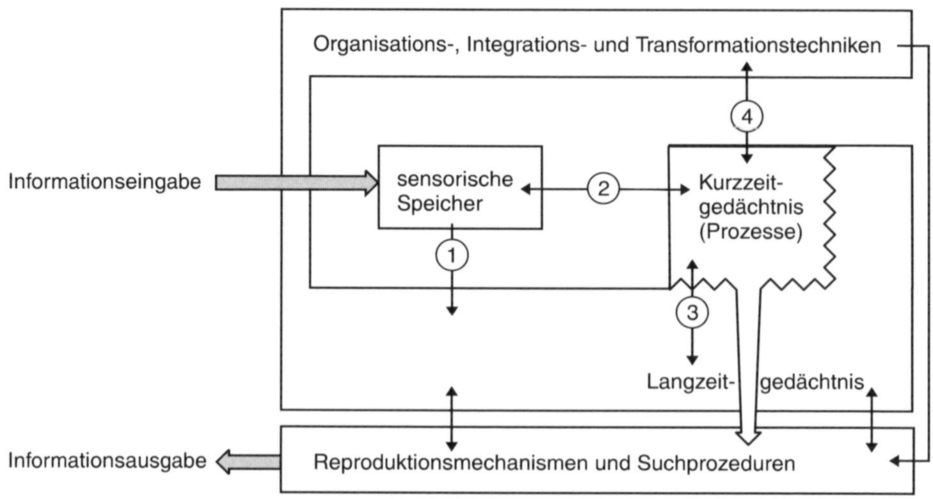

Abb. 2.3 Schematische Darstellung funktioneller Gedächtniseinheiten (nach HOFFMANN, 1982; Erläuterungen im Text)

Der von den peripheren Rezeptorsystemen aufgenommene Sinneseindruck wird im *sensorischen Speicher*, dem unmittelbaren Gedächtnis, einer ersten Merkmalsanalyse unterzogen, in seiner Bedeutung erfaßt und dem im Langzeitgedächtnis gespeicherten Wissen über diese Merkmale zugeordnet (1). Ein anderer Teil der Informationen (2) gelangt direkt in das *Kurzzeitgedächtnis*, in dem sie gespeichert und in Wechselwirkung mit dem Langzeitgedächtnisbesitz (3) unter Mithilfe von Organisations-, Integrations- und Transformationstechniken (4) aktiv verarbeitet werden. Hierbei unterliegen sie einer weiteren Selektion und werden in das *Langzeitgedächtnis* (3) überführt. Während die Reproduktion aus dem Kurzzeitgedächtnis unmittelbar und vollständig erfolgt, erfordert das Abrufen von Informationen aus dem Langzeitgedächtnis oft einen zusätzlichen Aufwand durch Reproduktionsmechanismen und Suchprozeduren wie willkürliches Sichbesinnen, Rekonstruieren einer Ereignisfolge und ähnliches, die von vorangegangenen Organisations-, Integrations- und Transformationstechniken des Einprägens, Verbindens, Wiederholens und so weiter begünstigt werden.

2.2.2. Gedächtnisprozesse

Das Gedächtnis ist eine komplexe Funktion, die drei aufeinanderfolgende Prozesse umfaßt (Abb. 2.4). Sie beginnt mit dem *Aneignen* (Enkodieren) von Informationen, dem die *Speicherung* (Retention) folgt, die dann das spätere *Abrufen* (Dekodieren) ermöglicht. Diese Wiedergabe kann als aktives Sicherinnern erfolgen, fällt leichter als passives Wiedererkennen und begünstigt das Wiedererlernen früher geläufigeren Wissens und Könnens. Die Grundfunktion des Gedächtnisses ist das *Behalten*, die Bewahrung von eingeprägten Informationen für eine spätere Reproduktion. Ihm wirkt das *Vergessen* entgegen. Beide scheinen nicht nur reziproke Funktionen der Zeit zu sein, sondern auch *selektive und hemmende Vorgänge*, die von den Erkenntnis- und Erlebnisbedingungen der handelnden Persönlichkeit abhängen.

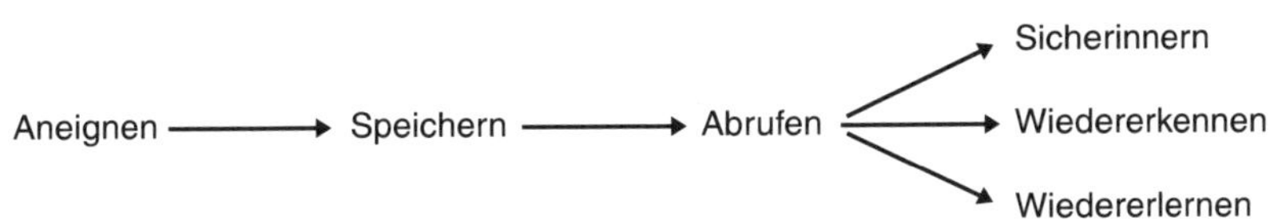

Abb. 2.4 Zeitlich aufeinanderfolgende Gedächtnisprozesse

Behalten
Es werden nicht alle aufgenommenen Informationen gespeichert, und die gespeicherten sind nicht alle jederzeit wieder aktualisierbar. Nach welcher Auswahl geht das Behalten nun vor sich?

Bekanntes wird besser behalten als Unbekanntes. Gegenstände, Erscheinungen, Vorgänge und Gedanken, die uns oft bewußt und daher mit anderen Vorstellungen vielseitig verbunden sind, werden durch Wiederholung und Assoziation im Gedächtnis gefestigt. Dabei ist eine Tendenz zur Vereinfachung der Gedächtnisinhalte festzustellen. Mit der Methode der *Kettenreproduktionen*, bei der jede Versuchsperson die von der vorhergehenden gezeichnete Reizvorlage zu reproduzieren hat, läßt sich die fortschreitende Umformung von der weniger bekannten (zum Beispiel einer Eule ähnlichen) Vorlage auf einen bekannteren Gegenstand (zum Beispiel eine Katze) demonstrieren.

Sinnvolles wird besser behalten als Sinnarmes. In Gedächtnisexperimenten läßt sich nachweisen, daß einsichtig erkannte Zusammenhänge vollständig, willkürlich eingeprägte sinnlose Silben aber am schlechtesten behalten werden und deshalb bis zur richtigen Reproduktion mehr Wiederholungen nötig machen.

Bedeutsames wird besser behalten als für die Persönlichkeit Belangloses. Was wir wünschen oder befürchten, prägt sich rascher ein, bleibt länger und genauer haften, ist eher präsent als das für uns Gleichgültige. Solche emotionalen beziehungsweise motivationalen Gedächtniswirkungen lassen sich experimentell und empirisch nachweisen. Demnach scheint eine U-förmige Beziehung zwischen subjektiver Bedeutsamkeit und Behalten zu bestehen.

Vergessen

Experimentelle Befunde und Alltagserfahrungen sprechen dafür, daß das Vergessen seltener ein passives Verlieren gespeicherter, aber nicht gebrauchter Informationen mit der Zeit, öfters hingegen ein aktives Hemmen ihrer Reaktivierung durch neue Eindrücke ist. Dem Einprägen zeitlich vorausgehende oder folgende Tätigkeiten beeinflussen die Reproduktionswahrscheinlichkeit und können sie beeinträchtigen, da es zur *Interferenz* aufeinanderfolgender Informationsverarbeitungsprozesse kommt. Dabei lassen sich unter anderem folgende Arten von Gedächtnishemmungen unterscheiden:

Retroaktive Hemmung oder *rückwirkende* Hemmung ist das Verschlechtern des Behaltens durch eine der Informationsaufnahme *folgende* geistige Tätigkeit. Werden nach dem Einprägen einer Silbenreihe noch weitere Silbenreihen memoriert, so wird dadurch das Behalten der ersten Reihe beeinträchtigt. Aus diesem Grunde ist das Behalten in ereignisarmen Zeitstrecken besser als in ereignisreichen, und deshalb ist nach dem Schlafen die Reproduktionsleistung größer als nach gleich langen Wachperioden. Es kommt beim Vergessen also weniger auf die Zeit an sich als auf das an, was in ihr getan und erlebt wird.

Proaktive Hemmung oder *vorwirkende Hemmung* bedeutet umgekehrt, daß eine dem Einprägen *vorausgegangene* Tätigkeit das Vergessen begünstigt. Dabei besteht eine eindeutige Beziehung zwischen dem Ausmaß des Vergessens und dem Umfang zuvor gelernten Materials: Je mehr Wortreihen *vor* der zu reproduzierenden Liste eingeprägt werden, desto schlechter wird diese behalten.

Affektive Hemmung liegt dann vor, wenn Schockerlebnisse, die dem Einprägen zeitlich folgen, rückwirkend das Behalten und Reproduzieren behindern. Dabei kann es sich um emotional ganz neutrale Inhalte handeln, wie zum Beispiel unmittelbar vor einem Katastrophenalarm eingeprägte Vokabeln, die nach der Entwarnung vergessen sind und erst am Tage später wieder einfallen. Dieser Sonderfall der retroaktiven Hemmung kann zum Beispiel allein durch das mit einem Unfall verbundene psychische Trauma die Erinnerung an seinen Hergang ähnlich behindern wie eine Gehirnerschütterung. Doch löst sich nach Stunden oder Tagen der Beruhigung die affektive Gedächtnishemmung wieder, während die retrograde Amnesie nach Schädelhirntrauma erst durch eine entsprechende Behandlung teilweise reversibel wird.

Erinnerungslücken

Störungen der Gedächtnisprozesse äußern sich in zeitlich begrenzten, partiellen oder totalen Erinnerungslücken. Solche *Amnesien*, die meist nach Bewußtlosigkeit infolge von Schädel-Hirn-Traumen, Hirnatrophien, entzündlichen Erkrankungen des Gehirns (Enzephalitis), CO-Vergiftung oder Herzkreislaufstillstand mit globaler Hypoxie auftreten, können mitunter aber auch psychisch induziert oder bedingt sein. Ausgehend vom Zeitpunkt ihres Eintretens werden folgende Gedächtnisstörungen unterschieden:

Retrograde Amnesie ist der Erinnerungsausfall für die Zeit unmittelbar vor dem Bewußtlosigkeit auslösenden Ereignis (zum Beispiel Gehirnerschütterung, epileptischer Anfall).

Kongrade Amnesie bedeutet den Verlust jeder Erinnerung für die Dauer der Bewußtlosigkeit.

Anterograde Amnesie heißt eine Erinnerungslücke für die erste Zeit nach der Rückkehr des Bewußtseins.

Amnestisches Syndrom bezeichnet die schwerste Form der Gedächtnisstörungen. Sie wurde von K. S. KORSAKOW (1854–1900) erstmals bei Alkoholgeschädigten beschrieben. Bei weitgehend erhaltenem Langzeitgedächtnis für die Zeit vor der Krankheit ist ihre Fähigkeit, neue Informationen länger als für Sekunden zu speichern, dauerhaft beeinträchtigt. Solche Patienten sind so für die Zukunft auf ihr Kurzzeitgedächtnis angewiesen und damit nicht mehr selbständig lebensfähig.

Posthypnotische Amnesie meint die Unfähigkeit, sich an Handlungen oder Erlebnisse aus dem hypnotischen Teilschlaf zu erinnern; sie kann nach sehr tiefer Hypnose auftreten oder durch einen posthypnotischen Auftrag des Hypnotiseurs induziert sein.

Psychogene Amnesie hingegen beschreibt einen inhaltlich begrenzten Erinnerungsausfall für unangenehme Erlebnisse. Diese können zeitweilig *unterdrückt* sein, das heißt bewußt beiseitegeschoben werden, indem man an etwas anderes denkt, bis sie in entspanntem Zustand wieder einfallen. Sie können aber auch dauerhaft aus dem Bewußtsein *verdrängt*, das heißt aktiv vergessen werden. Nach der psychoanalytischen Theorie von S. FREUD (1856–1939) funktioniert dieser Abwehrmechanismus (siehe 6.1.) aber nicht immer folgenlos, und die nicht bewältigte Problematik äußert sich in zunächst unerklärlichen Störungen des Erlebens und Verhaltens, bis sie auf Umwegen vom Psychotherapeuten wieder bewußt gemacht wird.

Für die *hirnorganisch* bedingten Gedächtnisstörungen sind kompensatorische Strategien entwickelt worden, um die jeweils gestörten Gedächtnisprozesse des Aneignens, Speicherns und Abrufens von Informationen zu aktivieren. Solche Trainingsprogramme werden mit Erfolg zum Beispiel nach Schlaganfällen eingesetzt und beschleunigen die Rückkehr der Gedächtnisfunktion.

2.2.3. Patientenangaben

Kehren wir nun zu der eingangs gestellten Frage nach der Zuverlässigkeit von Patientenaussagen zurück, die für Diagnose und Therapie bedeutend sind. Hierbei handelt es sich zunächst darum, welche anamnestischen Fakten dem Arzt *während* der Sprechstunde mitgeteilt werden, und weiterhin darum, was *nach* Konsultation des Arztes von dessen Mitteilungen noch wiedergegeben werden kann.

Anamnestische Daten
Die Vorgeschichte des Patienten im Hinblick auf seine Krankheitsentwicklung, seine **Anamnese**, wird entweder als Selbstanamnese durch Befragen des Patienten oder als Fremdanamnese durch Befragen dritter Personen über ihn, so besonders über kindliche, verwirrte oder bewußtlose Patienten, erhoben. Dabei werden unter anderem von den Patienten *Lebenserinnerungen* und von ihren Angehörigen *Entwicklungsdaten* mitgeteilt, die als Inhalte des Langzeitgedächtnisses dem selektiven Behalten unterliegen.

Lebenserinnerungen Erwachsener sind unter *zeitlichem* und *inhaltlichem* Aspekt untersucht worden. Dabei hat sich gezeigt, daß die frühesten frei reproduzierten Kindheitserinnerungen in der Regel ins vierte Lebensjahr und ausnahmsweise schon ins zweite beziehungsweise erst ins neunte Lebensjahr zurückreichen. Der Erwachsene hat also kaum eigene Erinnerungen an die drei ersten Lebensjahre, mitunter keine an seine ganze Vorschulzeit. Die verfügbaren Erinnerungen betreffen meist besonders auffällige und aufregende Ereignisse und stellen nur eine besonders leicht reproduzierbare Auswahl aus dem in den frühen Lebensjahren erworbenen Gedächtnisbesitz dar. Insgesamt werden mehr angenehme als unangenehme Lebenserinnerungen angegeben. Die meisten angenehmen Erinnerungen werden aus dem vierten, die wenigsten aus dem fünften Lebensjahrzehnt berichtet. Hiernach dürfte ein Patient, der überwiegend negative Erinnerungen anführt, entweder eine unglückliche Lebensgeschichte oder eine pessimistische Lebenseinstellung beziehungsweise beides haben. Außerdem ist bei autobiographischen Angaben mit einer wechselseitigen Stimmungsabhängigkeit zu rechnen: Bei heiterer Stimmung fallen mehr positive, in trauriger Verfassung eher negative Episoden ein, die ihrerseits die aktuelle Stimmungslage noch in gleicher Richtung verstärken. Unter Umständen muß die Anamneseerhebung dann bei neutraler Stimmungslage kontrolliert werden.

Entwicklungsdaten von Kindern sind für den Kinderarzt und -psychiater eine unentbehrliche Voraussetzung zur Einschätzung des bisherigen Entwicklungsverlaufs. Deshalb gehören die Angaben der Mütter über den Geburtsverlauf, das Alter beim ersten selbständigen Laufen, Sprechen von Mehrwortsätzen und Eintritt der Bettreinheit zu jeder Anamnese über kindliche Patienten.

Tab. 2.3 Korrelation von Mütterangaben über die frühkindliche Entwicklung ihrer Kinder mit vor 3 bis 7 Jahren erhobenen objektiven Daten bzw. ihren nach 2 bis 3 Jahren wiederholten Angaben

Entwicklungsdaten	Vergleichsdaten	Korrelation
Geburtsgewicht	Geburtsjournal	0,87
Freies Laufen	Wiederholte Anamnese	0,71
Drei-Wort-Sätze	Wiederholte Anamnese	0,69
Bettreinheit	Wiederholte Anamnese	0,66

(nach MEYERHOFF und DONY, 1970)

Ihre Zuverlässigkeit ist von MEYERHOFF und DONY (1970) an einer Stichprobe von 153 Müttern anläßlich der Einschulungsuntersuchung überprüft worden. Die Aussagen beziehen sich auf etwa drei bis sieben Jahre zurückliegende Sachverhalte, für die bis auf das Geburtsgewicht keine objektiven Daten vorliegen. Letzteres ließ sich aus der Eintragung ins Geburtsjournal nachträglich feststellen und so mit den Mütterangaben vergleichen. Diese korrelieren hoch mit den Meßwerten und können als relativ gültig angesehen werden. Dabei ließ sich keine bevorzugte Verzerrungsrichtung zu einem höheren oder niedrigeren Geburtsgewicht feststellen, und auch die Mütter von Kindern mit einem abnormen Geburtsgewicht machten keine genaueren Angaben. Die Entwicklungstermine hingegen konnten nur mit den Aussagen verglichen werden, welche die Mütter zwei bis drei Jahre später anläßlich der Umschulung ihrer Kinder in die Sonderschule erneut machten. Sie korrelierten niedriger miteinander, das heißt die Zuverlässigkeit der Mütterangaben über die Termine des Laufens, Sprechens und Sauberwerdens ist geringer als die Gültigkeit ihrer Angaben über das Geburtsgewicht.

Für die statistische Bearbeitung gelten die anamnestischen Angaben im Unterschied zu den Meßwerten als „weiche" Daten, deren Verwendung erst für eine hinreichend große Patientengruppe und im Vergleich zu Kontrollgruppen ergiebig ist. Das zeigt eine Verrechnung der von Müttern bei der Einschulungsuntersuchung gemachten Angaben, deren Summenprozentkurven signifikante Geschlechtsunterschiede beim Beginn des Laufens und Sprechens zugunsten der Mädchen widerspiegeln.

Anamnestisch erhobene Daten haben also durchaus eine gewisse Individual- und Allgemeingültigkeit von hinweisendem Wert und sollten, wo immer es möglich ist, durch objektive Erhebungen, Aktenauszüge und Hausbesuche gestützt werden.

Behalten ärztlicher Verordnungen

Viele Patienten können sich schon wenige Minuten nach dem Arztbesuch nicht mehr an die erteilten Ratschläge erinnern und sie dann auch nicht befolgen.

In empirischen Überprüfungen an Patienten ist festgestellt worden, daß etwa jede zweite der ihnen vom Arzt gegebenen Informationen und Anordnungen

Tab. 2.4 Behalten ärztlicher Mitteilungen bei 84 Patienten nach der allgemeinmedizinischen Sprechstunde

Mitteilungen	Wichtige		Unwichtige	Gesamt
Gegeben	251		357	608
Erinnert	183		125	308
Behalten in Prozent	73		35	51
Davon zur:				
Medikation		84		
Verhaltensweisen		76		
Allgemeine Informationen zum Problem		62		

(nach PENDLETON, 1982)

sofort vergessen wird. Differenziert man diese nach ihrem Inhalt, zeigen sich allerdings große Unterschiede (siehe Tab. 2.4). Wenn auch die wichtigsten Hinweise noch am besten behalten werden, so gibt es doch extreme Beispiele dafür, daß nach wenigen Wochen sogar die mitgeteilte Diagnose einer ernsten Krankheit nicht mehr genannt werden kann. MEICHENBAUM und TURK (1994, S. 87) empfehlen deshalb die Beachtung folgender Aspekte der Informationsverarbeitung nach der Arztkonsultation:

- Patienten vergessen viele Verordnungen und Anregungen.
- Instruktionen und Ratschläge werden schneller vergessen als andere Informationen.
- Je mehr Informationen der Patient zu erwarten hat, desto größer ist der Anteil, den er vergißt.
- Patienten erinnern sich daran, was ihnen zuerst vermittelt wurde und was sie für das Wichtigste halten.
- Intelligente Patienten erinnern sich nicht besser als weniger intelligente.
- Ältere Patienten behalten Informationen genausogut wie jüngere.
- Leicht ängstliche Patienten merken sich Instruktionen besser als sehr oder nicht ängstliche.
- Je mehr medizinisches Wissen ein Patient hat, desto besser erinnert er sich.
- Wenn ein Patient aufschreibt, was der Therapeut sagt, erinnert er sich genausogut, als ob er es nur gehört hätte.
- Fachjargon sollte – wo immer möglich – vermieden werden.

Bei einem solchen Vergessen handelt es sich meistens um Gedächtnishemmungen durch zu viele aufeinanderfolgende Mitteilungen, die interferieren und dann vor allem das Einprägen der zuletzt gegebenen Verordnung *proaktiv* beeinträchtigen. Das ist besonders bei miteinander ähnlichen Maßnahmen oder Medikationen der Fall. Durch affektive Erregung kann auch noch eine *retroaktive* Behinderung des Behaltens hinzukommen, denn viele Patienten gehen beunruhigt zum Arzt, fürchten oder erleiden dort Schmerzen, erfahren die niederschlagende Wahrheit über ihren Gesundheitszustand, wehren sich innerlich gegen die nötig werdende Einschränkung ihrer Lebensweise und so weiter. Sie sind dann für weitere Informationen nicht mehr aufnahmefähig und behalten auch die vorangegangenen unvollständig. Deshalb empfiehlt es sich, dem Patienten das Wichtigste gleich am Anfang zu sagen, es durch Wiederholung und Betonung hervorzuheben. Hilfreich ist der logische Aufbau der ärztlichen Aussagen, weil einsichtig Aufgenommenes am besten behalten wird (siehe Exkurs 2.2).

Wiederholte Arztbesuche festigen das Behalten und Befolgen der Ordination, was durch Informieren auch von Verwandten oder nahen Bekannten zusätzlich gesichert werden kann und nicht nur bei Kindern und Greisen angezeigt ist. Schließlich können eine möglichst ausgeglichene Stimmungslage des Arztes, die vertrauenerweckende Atmosphäre der Behandlung und die Beruhigung des immer etwas erregten Patienten dem Vergessen wichtiger Mitteilungen vorbeugen.

Exkurs 2.2 Eine Methode zur Verbesserung des Behaltens ärztlicher Mitteilungen durch Patienten

LEY et al. (1973) führten hierzu zwei Experimente durch. Im *ersten Versuch* wurden 20 Studenten nach dem Zufall in zwei Gruppen eingeteilt. Ihnen wurden dieselben 15 krankheitsbezogenen Informationen in der gleichen Reihenfolge vorgelesen, der einen Gruppe jedoch unkategorisiert, der anderen nach fünf Kategorien gegliedert:

Informationen	Kategorien
1. Sie haben einen Infekt der oberen Luftwege 2. Und Ihr Kehlkopf ist leicht entzündet 3. Aber ich denke, Ihr Herz ist in Ordnung	**1. bis 3.** *Was fehlt Ihnen?*
4. Wir wollen einige Kreislaufprüfungen machen, um das abzusichern 5. Wir benötigen einige Blutproben 6. Eine Röntgenaufnahme der Lunge ist erforderlich	**4. bis 6.** *Welche Untersuchungen führen wir durch?*
7. Ihr Husten wird in den nächsten Tagen nachlassen 8. Sie werden sich in etwa einer Woche besser fühlen 9. Und sie werden vollständig genesen	**7. bis 9.** *Wie wird es Ihnen in der nächsten Zeit gehen?*
10. Wir werden Ihnen eine Penicillin-Injektion geben 11. Außerdem bekommen Sie Tabletten 12. Sie bekommen ein Inhaliergerät zur Verfügung	**10. bis 12.** *Welche Behandlungsmaßnahmen werden durchgeführt?*
13. Sie müssen kalte Zugluft vermeiden 14. Sie müssen bei Nebel zu Hause bleiben 15. Sie müssen nach dem Mittagessen 2 Stunden ruhen	**13. bis 15.** *Was können Sie selbst tun?*

Nach einer Pause von 5 Minuten, in der ein zwangloses Gespräch über nichtmedizinische Inhalte stattfand, wurden die Probanden gefragt, welche Informationen sie behalten hatten.

Ergebnis: Die erste Gruppe erinnerte nach unkategorisierter Darbietung im Mittel 6,5 der 15 Informationen (43%), die zweite Gruppe nach kategorisierter Darbietung hingegen 9,5 (61%).

Im *zweiten Versuch* wurden 40 Patienten vor ihrer Erstvorstellung bei ein- und demselben Arzt in einer chirurgischen Ambulanz nach dem Zufall in zwei Gruppen eingeteilt. Die erste Gruppe erhielt dann die individuell notwendigen Informationen in unkategorisierter Reihenfolge, die zweite Gruppe in den schon im ersten Versuch benutzten fünf Kategorien. Insgesamt wurden den Gruppen je 87 beziehungsweise 83 verschiedene Mitteilungen gegeben. Fünf Minuten nach der Konsultation wurden die Patienten gefragt, was ihnen der Arzt mitgeteilt hatte.

Ergebnis: Die erste Gruppe erinnerte im Mittel 3,6 von 7,2 unkategorisiert erhaltenen Informationen (50%), die zweite Gruppe dagegen 4,7 von 7,5 kategorisiert erhaltenen Mitteilungen (63%).

Fazit: Das Behalten ärztlicher Mitteilungen kann durch ihre klare und logische Ordnung um 25 bis 50% gesteigert werden.

2.3. Lernen

Aufgrund des Individualgedächtnisses können frühere Erlebnisse das aktuelle Erleben und Verhalten beeinflussen, was schon am Beispiel des Schmerzverhaltens (2.1.3.) offenbar wurde. Diese erfahrungsbedingte Modifikation des Verhaltens bezeichnen wir als **Lernen**. Es setzt also das Behalten voraus:

> *Lernen besteht in der Ausbildung und Korrektur von individuellem Gedächtnisbesitz (KLIX, 1976, S. 348).*

In diesem allgemeinen Sinne ist Lernen ein Grundvorgang des Lebens, der Organismen die Selbstentfaltung und -erhaltung sichert. Er nimmt mit steigendem phylogenetischem Entwicklungsniveau an Bedeutung zu. Beim Menschen bedeutet das Lernen darüber hinaus die für ihn spezifische Aneignung der Kultur im individuellen Lebensweg. Das ist dann ein vorwiegend sozial determinierter universeller Prozeß, durch den nicht nur Kenntnisse und Fertigkeiten, sondern auch emotionale Stellungnahmen und Motive erworben werden. In jenem speziellen Sinne wird Lernen zum Grundvorgang der Persönlichkeitsentwicklung.

Hier sollen nun elementare Lernarten behandelt sowie ihre Bedeutung für Therapie und Prophylaxe dargestellt werden.

2.3.1. Lernarten

In der Klassifikation von Lernarten oder -formen, die tierischem wie menschlichem Verhalten zugrundeliegen und bis in die vegetative Regulationsebene hineinwirken, folgen wir weitgehend KLIX (1976) und ordnen sie nach ihrer entwicklungsgeschichtlichen Reihenfolge.

Habituation

> **Habituation** ist das Gewöhnen an einen Reiz und Abgewöhnen der unbedingten Reaktion auf ihn.

Der Piepslaut einer Maus versetzt die junge Katze instinktiv in Beutefangstimmung, die jedoch ausbleibt, wenn ein Tonband diesen Laut ständig wiederholt, ohne daß er durch das Erscheinen der Maus bekräftigt wird. Die Katze lernt hier, auf einen bedeutungslosen Reiz *nicht mehr zu reagieren* und paßt ihr angeborenes Verhalten der neuen Situation an.

Zu dieser Leistung sind schon menschliche Feten in der Lage; im Mutterleib reagieren sie auf starke akustische Reize mit Bewegungen, die aber nachlassen, wenn die Töne mehrfach wiederholt werden. Ebenso gewöhnen wir uns zum Beispiel an den zunächst neuen taktilen Reiz der Kleidung.

Prägungslernen

Prägungslernen bedeutet eine Bindung unbedingter Reaktionen an Auslösereize, die sich in sensiblen Perioden vollzieht.

K. LORENZ (1903–1989) beobachtete an Graugansgösseln und anderen Nestflüchtern, daß sie unmittelbar nach dem Schlüpfen dem ersten großen bewegten Körper folgen, den sie wahrnehmen, und an ihn auch dann fixiert bleiben, wenn er nicht das Muttertier, sondern ein Mensch oder eine Attrappe ist. Diese Prägung des *angeborenen Folgeverhaltens* auf einen Schlüsselreiz vollzieht sich in wenigen Minuten und ist nur innerhalb einiger Stunden nach dem Schlüpfen aus dem Ei möglich, solange die *sensible Periode* der Unsicherheit und des Suchens nach dem Muttertier dauert. Die Bindung erfolgt nur an Art- und Gattungs-, nicht an Individualmerkmale, das heißt Muttertier oder Pflegeperson sind auswechselbar. Sie läßt sich später ebenso bei *sexuellem Verhalten* herstellen und ist auch bei Säugetieren zu erzielen.

Prägungsähnliche Lernvorgänge sind beim Menschen zur Erklärung sexueller Fixierungen an (zum Beispiel auch gleichgeschlechtliche) Partner, an Kleidungsstücke oder andere äußere Umstände der ersten Triebbefriedigung in der hierfür sensiblen Periode der Pubertät herangezogen worden. Tatsächlich besteht hier eine große Ähnlichkeit zu den bei Tieren experimentell erzeugten sexuellen Fehlprägungen.

Bedingt-reflektorisches Lernen

Bedingt-reflektorisches Lernen besteht in der Herstellung einer zeitweiligen Verbindung zwischen einem bislang neutralen und einem unbedingten Reiz, so daß die reflektorische Reizantwort ebenso von ihm ausgelöst (bedingt) wird.

Diese auch als **klassisches** Bedingen beziehungsweise **Konditionieren** oder *Signallernen* bezeichnete Lernform ist zuerst von I. P. PAWLOW (1849–1936) an der „psychischen Sekretion“ bei der Fütterung von Hunden untersucht worden:

Der Anblick des Futters als *unbedingter Reiz* löst beim Tier den Reflex der Speichelsekretion, den sogenannten *unbedingten Reflex* aus. Geht dem Futter regelmäßig ein Glockenton als *bedingter Reiz* voraus, so kann schließlich nach einer Anzahl von Koppelungen dieser ursprünglich indifferente Reiz allein die Speichelsekretion hervorrufen, die dann *bedingter Reflex* genannt wird. Die Ausbildung dieses Zusammenhanges folgt einer steigenden *Lernkurve*. Sie ist nicht nur abhängig von dem Zeitintervall zwischen beiden Reizen (bedingter Reiz 0,2–5 Sekunden vor dem unbedingten) und der *Bekräftigung* des bedingten Reizes durch wiederholt folgende Darbietung des Futters, sondern auch von dem Hungerzustand und der Nahrungsvorliebe des Versuchstieres. Erst diese antriebsgebundene Bedeutung läßt den solange gleichgültigen Reiz zum *Signal* für etwas Erwünschtes werden. Das von ihm ausgelöste Verhalten geht also über den rein reflektorischen Vorgang hinaus und wird deshalb zutreffender **bedingte Reaktion** genannt.

Die gelernte Verbindung besteht *zeitweilig* und „erlischt", wenn sie längere Zeit nicht mehr bekräftigt wird. Hierbei handelt es sich jedoch nicht um ein bloßes Abschwächen der alten Verknüpfung, sondern um ihre Überlagerung durch die neue Erfahrung, daß der bedingte Reiz seine Bedeutung verloren hat. Diese Unterdrückung oder **Extinktion** des bedingtreflektorisch erlernten Verhaltens wird deshalb besser *bedingte Hemmung* oder Extinktionshemmung genannt.

Beim Konditionieren werden Reize aller Modalitäten herangezogen – meist optische, akustische oder Schmerzreize – und mit ihrer Hilfe erlernte Reaktionen auf der Grundlage von Fremdreflexen (wie Schutz-, Abwehr- oder Nahrungsreflexen) und komplexen Zu- oder Abwendungsreaktionen ausgebildet. So läßt sich auch beim Menschen der Lidschlagreflex an einen Farbreiz koppeln, das Ausbleiben der bedingten Schmerzreaktion auf einen Ton als objektives Kriterium für einen Hördefekt benutzen und so weiter.

Die Anpassung des frühkindlichen Verhaltens an Verbote und Gebote basiert auf diesem Signallernen, wobei dann Worte zu Signalen für Signale, nämlich Straf- oder Belohnungsreize, werden können, die unerwünschtes Verhalten hemmen und erwünschtes auslösen. Der Mensch verfügt so über ein „zweites Signalsystem", und ist mittels der Sprache vielseitiger konditionierbar als das Tier (sogenannte Konditionierung höherer Ordnung).

Bedingt reflektorische Störungen kommen dem Arzt gelegentlich zu Gesicht (nach KLUMBIES, 1977):

- als *Fixierung störender Reflexe*, zum Beispiel Übelkeit und Durchfall bei sirenenähnlichen Geräuschen seit dem Erlebnis eines Luftangriffes;
- als *bedingte Hemmung*, zum Beispiel Fixierung einer Schluckstörung nach Verschlucken und Entfernen einer Gräte;
- als *Nichterlernen beziehungsweise Verlernen* eines bedingten Reflexes, zum Beispiel beim nächtlichen Einnässen (Enuresis nocturna).

Instrumentales Lernen

> Instrumentales Lernen bezeichnet die Auswahl und Fixierung einer erfolgreichen Verhaltensweise durch wiederholte Bekräftigung.

Im Unterschied zum bedingt-reflektorischen Lernen wird nicht eine vorgegebene Reiz-Reaktions-Verknüpfung unabhängig von der Reaktion hergestellt, sondern *abhängig* vom aktiven Verhalten, das damit zum Mittel oder *Instrument* des Erkenntnisgewinns im Dienste der Bedürfnisbefriedigung geworden ist. Man spricht deshalb auch vom **Lernen am Erfolg** oder *durch Versuch und Irrtum*, oder auch von (viele Namen für ein Phänomen) instrumentellem, instrumentalem, operationalem, operativem oder operantem Konditionieren. Die grundlegenden Experimente wurden hierzu von E. THORNDIKE (1874–1949) durchgeführt und verallgemeinert. Katzen, die in Käfige mit allerlei Hebeln und Zugvorrichtungen (Vexierkästen) gesperrt wurden, versuchten sich mit planlosen Bewegungen wie Kratzen, Springen, Beißen zu befreien. Wenn zufällig der richtige Hebel gedrückt wurde, öffnete sich der Käfig, und es gab Futter zur Belohnung. Bei den folgenden Wiederholungen des Versuches wird dann die richtige Bewegung immer früher ausgeführt, bis sie schließlich sofort erfolgt. THORNDIKE bezeichnete dies als *Lernen durch Versuch und Irrtum* (trial and error) und verallgemeinerte es zu einem *Effekt-Gesetz*, demzufolge Akte, auf die Zustände folgen, die ein Lebewesen herbeizuführen und zu erhalten trachtet, ausgewählt und fixiert werden.

B. F. SKINNER (1904–1990) führte diese Experimente an Ratten mit ähnlicher Versuchsanordnung (Skinner-Box) weiter und untersuchte dabei systematisch die Wirkung der Belohnung auf die Aktionen der Tiere. Diese Aktionen sind nicht nur als Reaktionen auf Reize zu verstehen, sondern wirken auch von sich aus (operativ) auf die Umgebung ein und werden nachträglich von *deren* Reaktionen verstärkt oder unterdrückt. SKINNERs Konzept der operativen (operanten) Konditionierung hat zu Systemen entweder einer kontinuierlichen oder einer intermittierenden (das heißt gelegentlichen, unterbrochenen) Verstärkung geführt, die von Taubendressuren bis zum sogenannten Programmierten Lernen in der Schule angewandt worden sind.

Die so *bedingte Aktion* hat mit der bedingten Reaktion einen dem Lernen zugrundeliegenden Bedürfniszustand gemeinsam, unterscheidet sich von ihr aber dadurch, daß die *Lösung* nicht angeboten wird, sondern erst *gesucht* werden muß. Die Lösung liegt in dem Zusammentreffen dreier Ereignisse: der zufälligen Auswahl einer Verhaltensfolge, dem Eingreifen in die Umgebung und der raschen Veränderung ihrer Situationsmerkmale bei gleichzeitiger Bedürfnisentspannung.

Das **instrumentale Konditionieren** durch Bekräftigung bestimmter Verhaltensweisen reicht in der Erziehung von der Lautbildung des sprechenwollenden Kindes über das Abgewöhnen von Verhaltensweisen wie Daumenlutschen bis hin zum Erwerb von Kontaktfähigkeit und Selbstsicherheit. Lernen durch Versuch und Irrtum stellt wohl die häufigste Form menschlichen Lernens dar. Therapeutisch bildet es die Grundlage der sogenannten Verhaltensmodifikation (vergleiche 2.3.2.).

Modellernen

> Modellernen beruht auf der Nachahmung von Verhaltensweisen, die an einem Vorbild (Modell) beobachtet werden.

Diese auch als Nachahmung, Imitation, **Identifikation** und Beobachtung bezeichnete Lernform ist durch viele Tierversuche belegt und hat für das *soziale*

Lernen des Menschen größte Bedeutung. Katzen, die außerhalb des Vexierkäfigs ihren Artgenossen beim Problemlösen zusehen konnten, führten danach in der gleichen Situation den befreienden Hebeldruck früher aus als diese oder sie selbst in ähnlichen Versuchsanordnungen ohne vorheriges Zuschauen. Schimpansen erlernen in Menschengemeinschaft sogar Gesten der Zeichensprache von Taubstummen und wenden sie richtig an. Mit der Nachahmung ist also das Erkennen einer Mittel-Ziel-Beziehung verbunden, und auch hierfür sind Bedürfnisse die Voraussetzung.

Nachahmendes Verhalten beschleunigt Lernprozesse, verkürzt Versuch-und-Irrtums-Phasen und bekräftigt sich damit selbst. Zusätzlich wird durch Eltern und Erzieher nachahmendes Verhalten von Kindern häufig besonders bekräftigt: unmittelbar durch positive Rückmeldung, mittelbar durch emotionale Reaktionen. Hierdurch werden Bewegungen, die Sprache, Handlungen, Motivationen und Einstellungen vom Vorbild übernommen. Imitation ermöglicht den Aufbau neuer Verhaltensmuster, hemmt die Auslösung schon vorhandener und fördert die soziale Interaktion. Hierzu hat BANDURA (1986) mit vielen Studien unser Wissen erweitert. Zur Nachahmung neigen besonders junge, selbstunsichere, suggestible und abhängige Individuen. Hierzu regen vor allem suggestive und im sozialen Status überlegene Vorbilder, ein Verhalten mit positiven Konsequenzen und hohem subjektivem Wert für den Nachahmenden sowie die Ähnlichkeit zwischen Modell und Beobachter an.

Auf dem Weg der Nachahmung haben sich aber auch die meisten Raucher und Trinker ihr gesundheitsschädigendes Verhalten angewöhnt.

Einsichtiges Lernen

> Einsichtiges Lernen liegt dann vor, wenn ein Problem durch das spontane Auftreten einer neuen, der Situation angemessenen Handlung ohne (sichtbares) vorhergehendes Probierverhalten gelöst wird.

Diese höchste Lernform wurde erstmals von W. KÖHLER (1887–1967) an Anthropoiden systematisch untersucht und anschaulich beschrieben. Wenn Affen außerhalb des Käfigs liegende oder an der Decke hängende Bananen begehrten, lernten sie, „Umwege“ zu benutzen: sich zeitweilig von dem Ziel abzuwenden und den Ausgang hinter sich zu benutzen, Werkzeuge zu gebrauchen oder sogar vorher herzustellen. So stapelten sie Kisten zu einer Art Leiter übereinander oder zerrten den Wärter als „Leiterersatz“ herbei, holten die Früchte mit Stöcken durch das Gitter heran und steckten sogar mehrere Bambusrohre ineinander, wenn eines zu kurz war. *Äußere Kennzeichen* dieses auch bei Kleinkindern im Laufgitter zu beobachtenden einsichtigen Verhaltens sind, daß (meist nach einer Pause des Hin- und Herblickens zwischen Ziel und Umgebung) die Lösung plötzlich eintritt, diese bei Wiederholung sofort erfolgt und auf ähnliche Problemsituationen übertragen wird. *Inneres Merkmal* des Lernens durch Einsicht ist die Neuverknüpfung von Erfahrungen bei internem Probieren von Verhaltensvarianten am gedächtnismäßig fixierten Modell. Das von Mechanik entlastete Probehandeln auf Symbolebene ist ökonomisch und schnell und läßt so sehr viel umfangreichere Erkundungen zu als das auf Muskelaktionen angewiesene Verhalten.

Das gedankliche Probehandeln setzt Vorinformationen über die aktuelle Umgebungssituation voraus, die durch einfachere Lernformen erworben wurden. Insofern besteht „Einsicht" darin, auf Gedächtnisbesitz gegründet eine neue Ordnung zu schaffen (KLIX, 1976). Auch dieser *interne* Informationsgewinn kommt auf der Grundlage von Bedürfnissen zustande und gleicht darin allen anderen Lernformen; denn der glückliche Einfall, das Aha-Erlebnis kommen dem hungrigen Tier eher als dem satten, dem wißbegierigen vor dem gleichgültigen Menschen.

Was Tier und Mensch in der Einsichtfindung unterscheidet, sind die differenziertere Bedürfnisstruktur (siehe 2.4.1.), der größere Gedächtnisbesitz und dessen sprachlich-abstrakte Ordnung beim Menschen. Einsicht in die Notwendigkeit der ärztlichen Maßnahmen ist eine wesentliche Grundlage für die Mitarbeit des Patienten bei seiner Behandlung wie auch bei der vorbeugenden Gesundheitserziehung (siehe Kapitel 5).

Die abgeschlossene Stufenfolge der Lernformen ist in Abbildung 2.5 schematisch dargestellt und so zu verstehen, daß die niederen Lernformen zugleich Voraussetzungen wie auch Bestandteile der höheren bilden.

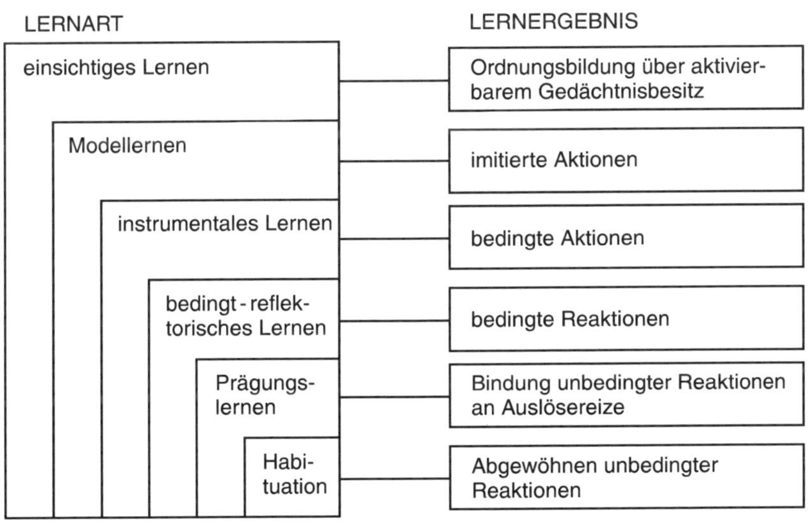

Abb. 2.5 Klassifikation von Lernarten (nach KLIX, 1976 in CLAUSS et al., 1995)

2.3.2. Lernvorgänge in Therapie und Prophylaxe

In der medizinischen Praxis spielen das Lernen des Patienten und pädagogisch-erzieherische Handlungsanteile im ärztlichen Beruf eine offenkundige, bisweilen auch übersehene, immer aber wichtige Rolle. Für derartige medizinische Praxisfelder, die vor Augen führen, wie bedeutsam Lernprozesse sind, sollen im folgenden einige Beispiele gegeben werden. Es sollen dabei auswahlweise nur solche Lernvorgänge behandelt werden, die für die Allgemeinmedizin und die Basis jeder Facharztdisziplin bedeutsam sind oder werden können. Ein Beispiel für das rehabilative Wiedererlernen beeinträchtigter oder ausgefallener Funktionen demonstriert der Exkurs 2.3 über das Training visueller Funktionen.

Placeboreaktionen
Menschen, die von Kindes Beinen an über Beobachtung, Berichte und eigenes Erleben von der Existenz, Verfügbarkeit und heilenden Wirkung von Tabletten und Spritzen erfahren haben, können im Bedarfsfall auf Tabletten oder Spritzen mit deutlicher Befindensbesserung reagieren selbst dann, wenn es sich pharmakologisch um Nullpräparate handelt (sogenannte Placeboreaktionen).

Neben Lerneffekten rings um pharmakotherapeutische Möglichkeiten spielt aber immer auch die Erfahrungs- und Erwartungssumme aus einem viel größeren Oberbegriff eine Rolle: Ein Helfer/Medizinmann/Arzt wendet sich einem Hilfsbedürftigen/Kranken/Patienten zu. Zuwendung (in jedweder Therapieform) hilft, so hat man es erfahren. Und auf dieser Lerngrundlage trägt dann auch die Erwartung und Hoffnung. (Näheres dazu im Kapitel 7.5.)

Derartige Erfahrungen und Untersuchungsergebnisse weisen darauf hin, daß an Placeboreaktionen langfristige Lerneffekte beteiligt sind, die auf bedingt-reflektorisches und Modellernen zurückgehen. Durch Vorerfahrung mit Medikamenten kann ein Mensch auf deren erwünschte Wirkung und auch auf unerwünschte Nebenwirkungen eingestellt sein, so daß Veränderungen des Befindens schon als Wirkung der Erwartung eintreten können. Sie werden durch die Modellwirkung des Arztes, der mit seiner Verordnung den Erfolg voraussagt, noch verstärkt.

Neben langfristigen Lernvorgängen ist auch an Konditionierungen in kürzerer Zeit zu denken: Wenn bei einem Patienten die ihm nach der Operation mehrfach applizierte Injektion von Morphium ohne sein Wissen durch physiologische Kochsalzlösung ersetzt wird, kann auch dann eine Schmerzlinderung eintreten, die sich jedoch abschwächt, wenn nicht zwischendurch wieder Morphium gegeben wird. Es hat sich eine bedingte Reaktion auf die Injektion (den bedingten Reiz) gebildet, wenn diese durch das Morphium (den unbedingten Reiz) bekräftigt worden ist.

Bei Placeboreaktionen handelt es sich nicht nur um subjektive Äußerungen des Befindens, sondern auch um objektiv registrierbare körperliche Funktionsänderungen, zum Beispiel Zunahme der Pulsfrequenz, Verlängerung des Schlafstadiums 3 im Elektroenzephalogramm (EEG), Herabsetzung der Salzsäurereaktion

Exkurs 2.3 Rehabilitation visueller Funktionen durch Training

Nach Schlaganfällen der hinteren Hirnarterien, aber auch nach Schädelhirn-Verletzungen auftretende Gesichtsfeldausfälle lassen sich zwar zum Teil ohne schwere Einbußen im Alltags-Verhalten kompensieren. Aber Ziel einer neuartigen Form neurologischer Rehabilitation ist es, die Ausfälle durch Training zu reduzieren, also ein wieder vergrößertes Gesichtsfeld und eine Verbesserung der Form- und Farbdiskrimination zu erreichen. Für Bewegungs- und Sprach-Störungen nach Schlaganfällen werden rehabilitative Trainingsprogramme seit langem eingesetzt.

Es wird ein computerisiertes *Perimeter* verwendet, eine Halbkugel, die mit 1,60 m Durchmesser und 1 740 Leuchtdioden einerseits eine verbesserte Diagnostik des Gesichtsfeldes und dessen Schäden ermöglicht. Reaktionszeiten gelten dabei als Maß für die Qualität der visuellen Informationsverarbeitung. Dasselbe Gerät und seine differenzierten diagnostischen Aufschlüsse werden rehabilitativ eingesetzt: mit repetitiver Schwellenmessung, überschwelliger Stimulation und subjektiver Helligkeitsskalierung in langdauerndem Training (6 Monate bis 4 Jahre).

Binokulare Summation und interokulärer Transfer von Trainingseffekten legen nahe, daß die trainingsbedingten neuronalen Erholungsprozesse zumindest teilweise im visuellen Cortex zu suchen sind. Wahrscheinlich besteht die Wirkungsweise des visuellen Rehabilitations-Trainings darin, bei unvollständigen Läsionen zentraler visueller Strukturen die synaptische Übertragung auf stille Neuronen zu fazilitieren. Langandauernde repetitive Reizung mit spezifischen Stimuli, bei der die Aufmerksamkeit selektiv auf spezifische Reizmerkmale gerichtet wird, ist eine wesentliche Voraussetzung für die nachgewiesenen therapeutischen Erfolge, die sogar im externen (häuslichen) Training erreicht werden können.

Gesichtsfeldausfall (schwarzes Feld)

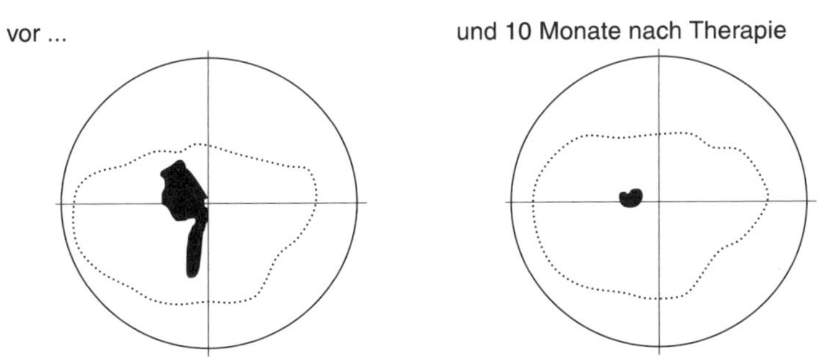

SCHMIELAU; F.; POTTHOFF; R. D. (1990). Erholung von Sehfunktionen als Folge spezifischer Rehabilitationsverfahren bei hirngeschädigten Patienten. *Bericht über den 37. Kongreß der Deutschen Gesellschaft für Psychologie in Kiel 1990* (Bd. 1), 123–124.

des Magens oder Änderungen des Blutbildes nach entsprechend angekündigten Präparaten.

Wir sehen hier also umfassende psychosomatische Lernvorgänge und nicht etwa nur kognitive oder emotionale Variationen, die gelegentlich unangemessen als bloße „Einbildung" abgetan werden.

Biofeedback-Lernen

Zustände und Veränderungen von körperlichen Regulationsvorgängen, die der bewußten Wahrnehmung entweder überhaupt nicht zugänglich oder doch mindestens für den Ungeübten schwer erfaßbar sind, können durch geeignete technische Apparaturen „rückgemeldet", das heißt wahrnehmbar gemacht werden. Eine derartige Rückmeldung wird als **Biofeedback** (feedback: engl. Rückkoppelung) bezeichnet.

Heute stehen eine Vielzahl kleiner, leichter und finanziell erschwinglicher Geräte zur Verfügung, die vielerlei Körpersignale rückmelden können. Auf diese Weise werden zum Beispiel Blutdruck, Herzfrequenz, Muskelspannung, Atmungsparameter, Hautwiderstand, Temperatur, Hirnstromsignale, Durchblutung und vieles mehr sichtbar, hörbar oder tastbar gemacht.

Lernprozesse zur therapeutisch indizierten Veränderung von Körperzuständen sind erst möglich, wenn der Lernende mit solchen technischen Hilfen verläßliche Indikatoren (kontinuierlich oder bei Über- oder Unterschreiten definierten Schwellen) wahrnehmen kann. Grundsätzlich werden aber diese technischen Hilfsmittel nur genauso eingesetzt wie etwa Gehhilfen nach Knochenbrüchen: als Krücken. In beiden Fällen ist es das Ziel, daß es bald auch (wieder) ohne Krücken geht. Angewandt auf Biofeedbacksignale heißt das: Es werden Lernprozesse intendiert, die körperinterne Signale, die während systematischer Veränderungsschritte erlebt wurden, an die Stelle der technischen Signale zu setzen.

Ein Beispiel: Wer mit Hilfe von Fingertemperatur- und Muskelspannungs-Feedback herausgefunden hat, wie er sich optimal entspannen kann, kann bald auch ohne technische Geräte sich in denselben erfreulichen Zustand versetzen. (Der Einsatz von EEG-Feedback, dabei geht es um das Auftreten oder Nichtauftreten von Alpha-Wellen, als Entspannungsindikator ist aufwendiger und hat, wie eine Mode, eine Zeitlang unangemessen von sich reden gemacht).

Es ist das Ziel des Einsatzes von Biofeedback:

1. die Selbstkontrolle beziehungsweise Veränderung von zum Teil auch autonomen, also dem bewußten Zugriff entzogenen Körperreaktionen lerntechnisch möglich zu machen und
2. die zwischenzeitlich eingesetzten technischen Hilfsmittel auch wieder entbehrlich zu machen.

Medizinisch-psychologische Anwendungsbeispiele

Genannt war bereits die Möglichkeit, Biofeedback-Techniken als Indikator für muskuläre Entspannung zu nutzen, besonders indiziert zum Beispiel bei spastischen Lähmungen. In anderen Fällen ist eine zu trainierende, definierte Spannung das Ziel: bei krankengymnastischen Rehabilitationen, bei „Rückenschulen" und ähnlichem.

BIRBAUMER und SCHMIDT (1990) berichten von einer Biofeedback-Behandlung von Skoliose und Kyphose mit einem Gerät zur Rückmeldung der Streckung des Rückgrates. Bei zu starker Krümmung ertönt ein 20 Sekunden anhaltender leiser Ton, der den (jugendlichen) Patienten zur Haltungskorrektur ermahnt. Ohne Aufrichtreaktion innerhalb der 20 Sekunden wird der Ton lauter und damit zu einem sozialen Signal, da er für Umstehende hörbar wird.

Dieselben Autoren illustrieren in Anlehnung an WHITEHEAD und SCHUSTER (1983) auch eine Biofeedback-Anordnung zur Wiederherstellung der motorischen Kontrolle über die Ausscheidungsmuskulatur (Enkopresis) nach Ausfall spinaler, supraspinaler oder peripherer Motorik, zum Beispiel bei einer Querschnittslähmung. Es wird die Aktivität des inneren und äußeren Schließmuskels (Musculus sphincter ani internus et externus) durch Registrierballons, die als Druckaufnehmer dienen, gemessen. Durch Biofeedback kann der Patient lernen, bei physiologisch erhöhtem Druck auf den inneren Schließmuskel mit willkürlicher Erhöhung des Tonus am äußeren Schließmuskel reagieren.

GERBER (1990) beschreibt ein Vasokonstriktionstraining zur Migränetherapie. Eine von ihm entwickelte Gerätekonstellation erlaubt es Migränepatienten, geleitet durch Biofeedback (Infrarotplethysmograpie) zur Bestimmung des Tonus der Schläfenarterie dieses Gefäß zu konstringieren und damit eine ähnliche Wirkung wie das Präparat Ergotamin auszulösen. Auf diese Weise lassen sich anlaufende Migräneanfälle wirkungsvoll kupieren.

Verhaltensmodifikation

Das Verhalten kann einerseits zum Gesundheitsrisiko werden, wenn es zur ungesunden Lebensweise führt, vor allem zum übermäßigen Essen, Rauchen und Trinken von Alkohol, zur Bewegungsarmut und Nichteinhaltung von notwendigen Diätvorschriften. Verhalten kann andererseits aber selbst die Erscheinungsform einer Krankheit sein oder Krankheitswert haben, denn jede psychische Erkrankung äußert sich in Verhaltensauffalligkeiten. In beiden Fällen hat es eine *Lerngenese*, ist es unter bestimmten inneren oder äußeren Bedingungen fehlgelernt, gewissermaßen organisch oder sozial falsch determiniert worden.

Verhaltensmodifikation oder *Verhaltensänderung* kann deshalb sowohl von der organischen Seite her bewirkt werden (wie mit der medikamentösen Behandlung der Psychosen) als auch von der sozialen Seite durch Umlernen (wie in der Psychotherapie der Neurosen). Über die Behandlung des krankhaften Verhaltens einschließlich Verhaltenstherapie informieren ausführlich EYSENCK und RACHMAN (1973). Hier soll lediglich die *Modifikation des gesundheitsschädigenden Verhaltens* durch verschiedene Lernformen angeführt werden.

Vermitteln von Einsicht steht an erster Stelle der vorbeugenden gesundheitlichen Aufklärung aller Menschen und der Beratung von Patienten über ihre Lebensweise (von Ernährungsgewohnheiten bis zu Partnerschaftsfragen). Die

Erhellung des Zusammenhanges zwischen Überlastung, Streß, persönlichen Konflikten und dem Krankheitsverlauf ist in vielen Fällen die „kleine Psychotherapie" des ärztlichen Alltags. Eine solche Einsicht kann bei einer einfachen Überlastungsreaktion an sich schon heilend wirken. Bei verfestigten Gewohnheiten führt diese höchste Lernform allein aber noch keine Änderung herbei, wenn der Patient nicht motiviert ist, dieser Einsicht zu folgen. Dann müssen einfachere Lernarten hinzugezogen werden.

Instrumentales Konditionieren wird zur positiven Bekräftigung erwünschten Verhaltens angewandt. So können Therapiefortschritte erzielt werden zum Beispiel bei einem mutistischen Kind, das für kleinste Schritte im verbalen Verhalten belohnt wird oder bei einer nahrungsverweigernden Jugendlichen (Anorexia nervosa) bei kleinen Gewichtszunahmen. Umgekehrt kann es zur Löschung unerwünschten Verhaltens eingesetzt werden (zum Beispiel bei bestimmten Sexualtherapien oder bei Nikotin- oder Alkohol-Entzugstherapien). Der Patient kann zum Beispiel in einer Therapievereinbarung festlegen, daß er zur Verbesserung der Selbstkontrolle leichte aversive Reize akzeptieren will. Jeder Zigarette oder jedem Schnaps könnten so ein leichter Stromstoß oder eine injizierte Übelkeit folgen. Selbstbeobachtung und -dokumentation (ein Tagebuch über das Rauchen oder über Essen, Trinken und Naschen) kann interessanterweise bereits als milde Form der Belohnung oder Bestrafung wirken.

Mit instrumentellem Konditionieren sind sehr unterschiedliche Erfolge erzielt worden. So schwankt die Erfolgsquote bei Rauchern von 30 bis 80%, und es sind viele Rückfälle zu verzeichnen. Die bei Übergewichtigen erzielten Gewichtsreduktionen sind zwar signifikant, aber meist klinisch noch nicht bedeutsam.

Lernen am Modell hat sich bisher für das Abgewöhnen gesundheitsschädigenden Verhaltens noch am wirksamsten erwiesen. Etwa die Hälfte der hierzu befragten Patienten, die das Rauchen aus gesundheitlichen Gründen aufgegeben hatten, war damit allein dem ärztlichen Rat gefolgt. Dieser suggestiv erteilte und durch Einsichtsvermittlung unterstützte Ratschlag des Arztes führt gelegentlich schon nach der ersten Konsultation zur dauerhaften Reduktion des Zigarettenkonsums. Doch wird er zu selten gegeben. Nach Ergebnissen verschiedener Umfragen hat ihn nur jeder fünfte Raucher als Patient erhalten.

Modellernen ist vermutlich eine der entscheidenden Einflußgrößen, die Selbsthilfegruppen von Patienten so wichtig und erfolgreich machen.

2.4. Motivation

Auch das Krankheitserleben wird durch Erfahrungen beeinflußt. Erfahrungen sind handelnd erworben und damit unter anderem von den Ursachen abhängig, weshalb wir eigentlich tätig werden. Was wir wahrnehmen, behalten und lernen, unterliegt der Selektion durch das, was uns antreibt, durch Bedürfnisse. Diese wiederum bilden und verändern sich im Laufe der Erfahrung. Die Antriebe in der Wechselwirkung zwischen Bedürfnis und Erfahrung bezeichnen wir als **Motivation** oder *Handlungsbereitschaft* und verstehen darunter grundsätzlich *die Gesamtheit der psychophysischen Prozesse, die eine Handlung in Gang bringen.*

Dabei lassen sich drei Aspekte unterscheiden: die Begründung, Vorbereitung und Zielausrichtung des Verhaltens.

2.4.1. Bedürfnis, Aktivierung, Motive

Bedürfnis

> Die Begründung des Verhaltens ist subjektiv als Bedürfnis, das heißt Erleben einer Mangellage repräsentiert.

Das Bedürfnis ergibt sich aus dem Widerspruch zwischen Bedarf und aktueller Befriedigungsmöglichkeit und treibt das Verhalten in Richtung auf ein noch zu suchendes Ziel an. Zunächst kann sich ein Bedürfnis relativ leise zum Beispiel als unerklärliche Unruhe bemerkbar machen, die durch unspezifische Aktivitäten (wie Spazierengehen, Essen oder Unterhalten) bekämpft wird.

Alle menschlichen Bedürfnisse sind vielschichtig bio-psycho-sozial strukturiert. Was als Mangel empfunden wird, hängt keineswegs nur davon ab, was der Organismus benötigt, sondern entschieden auch davon, was der Kulturmensch beansprucht. Dieser reagiert also auf Bedarfslücken und schafft sie sich in gewisser Weise selbst. Die allgemein gebräuchliche Einteilung der Bedürfnisse in *vitale* und *soziale* darf deshalb nicht als Wertung in dem Sinne verstanden werden, daß etwa nur die ersteren lebenswichtig und letztere in dieser Hinsicht zu vernachlässigen seien. So unabdingbar wie die Befriedigung der Bedürfnisse nach Nahrung, Flüssigkeit, Schlaf, Temperaturkonstanz und Bewegung für den Organismus ist, so ist der Mensch auch stark angetrieben auf der Suche nach Erfüllung seiner Bedürfnisse nach nützlicher Tätigkeit, sozialer Kommunikation und gesellschaftlicher Anerkennung. Entbehrungen der spezifisch menschlichen Existenzform beeinträchtigen sein Wohlbefinden nicht weniger als organismische Mangelzustände. Beide können ihm unerträglich werden.

Spezifisch für den Menschen ist die biologische Fundierung und soziale Determination *aller* seiner Bedürfnisse. Sie äußert sich in der Kultivierung vitaler Bedürfnisse durch Sitten und Gebräuche ebenso wie in der Erhaltung des Lebens über zivilisatorisch regulierte Bedürfnisse. Die Klassifikation menschlicher Bedürfnisse in Abbildung 2.6 geht demgemäß von den elementaren Funktionskreisen der Lebenssicherung und Fortpflanzung aus und differenziert sich dann aus. Als sogenannte primäre Motive im engeren Sinn gelten nur die organischen, die homöostatisch gesteuert sind (siehe 2.4.2.).

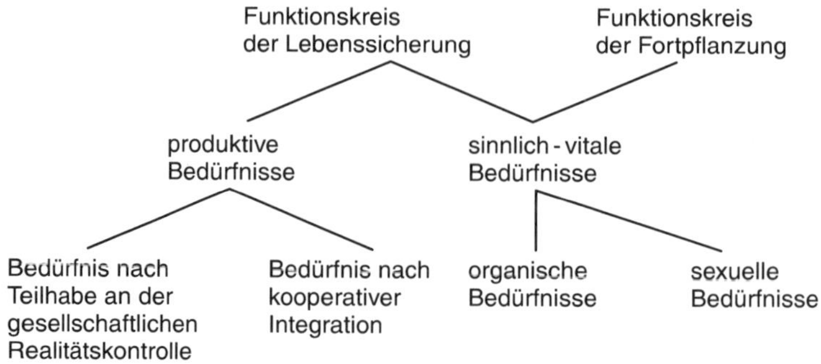

Abb. 2.6 Klassifikation menschlicher Bedürfnisse (nach SCHMIDT, 1981 in Anlehnung an HOLZKAMP-OSTERKAMP, 1976)

Aktivierung

Das Erleben eines Mangels führt zur *Aktivierung* oder **Aktivation** des Organismus, worunter man seine *Energiemobilisierung als Vorbereitung einer Handlung* versteht. Sie bezeichnet den Intensitätsaspekt des Verhaltens und unterliegt beständigen Schwankungen. Der mit dem *Antrieb* synonyme Begriff Aktivierung beschreibt quantitativ abstufbare subjektive Aktivitätszustände. Das *Aktivierungsniveau* hängt von der bereits bestehenden *Hintergrundaktivität* ab, die konstitutionell determiniert ist und durch aktuelles Befinden modifiziert wird. Neue Reize aus dem inneren und äußeren Milieu erhöhen das Aktivierungsniveau, das mit dem psychologischen Begriff *Antriebslage* identisch ist.

Als neurophysiologische Indikatoren zur Messung des Aktivierungsgrades werden hauptsächlich die elektrischen Potentiale des Gehirns benutzt, nachdem eine mit der Aktivierung fortschreitende Desynchronisation im EEG nachgewiesen worden ist. Sie wird auf ein zunehmendes Bombardement der Großhirnrinde durch Impulse aus der retikulären Formation des Hirnstammes zurückgeführt. Dieses afferente, retikuläre Aktivierungs-System (ARAS) ist zusammen mit dem Retikulärsystem des Thalamus und dem limbischen System an der Aufrechterhaltung des Wachzustandes und damit auch der allgemeinen Handlungsbereitschaft beteiligt. Die vegetativen Aktivierungsindikatoren wie Anstieg der Herzfrequenz, des Blutdrucks und der Atemfrequenz, periphere Vasokonstriktion, Pupillendilatation und vermehrte Katecholaminausschüttung zeigen einen erhöhten Sympathikotonus an, was zur Ergänzung des zentralnervösen Aktivierungskonzepts durch ein unspezifisches Sympathikussyndrom geführt hat. Darüber hinaus werden vor allem die Nebennierenrindenhormone Adrenalin und Noradrenalin als biochemische Indikatoren in der Hoffnung herangezogen, auch unterschiedliche Aktivierungen, zum Beispiel der Annäherung oder Vermeidung, physiologisch zu differenzieren, was bislang noch nicht gelungen ist.

Die Aktivierungsforschung belegt eindrucksvoll den psychophysiologischen Charakter der Motivierung und damit ihre Bedeutung für die Gesundheit. Sie kann jedoch bisher nur den *unspezifisch* energetischen Aspekt des Verhaltens beschreiben.

Motive
Der *spezifische* Aspekt, das heißt die Zielausrichtung des Verhaltens, ergibt sich erst aus der Aufnahme, Verarbeitung und Bewertung von Informationen aus der Umwelt. Das Erleben einer Mangelsituation und der davon ausgelöste Aktivierungszustand leiten einen Suchprozeß ein, der selektiv solche Inhalte wahrnehmen oder erinnern läßt, welche die Situation entspannen können. Das schließlich entdeckte *Ziel*, das in der Lage ist, ein Bedürfnis zu befriedigen, wird zum **Motiv**, das heißt zum *Gegenstand von stimulierenden und tätigkeitslenkenden Funktionen.*

Mit der Bindung an ein Ziel wird das ursprüngliche mehr oder weniger „blinde“ Bedürfnis vergegenständlicht, das heißt von einer Voraussetzung der Handlung in ihren Bestandteil verwandelt und damit ihrem Ergebnis angenähert. Diese Vergegenständlichung der Bedürfnisse zu Motiven ist abhängig von dem aktuellen Informationsangebot, den Erfahrungen bei der bisherigen Bedürfnisbefriedigung, der individuellen Vorliebe für besondere Gegenstände und der Erziehung zur Einhaltung bestimmter Verhaltensnormen. Jeder Mensch erwirbt so eine individuelle *Hierarchie der Motive, ein Wertsystem*, das sein Handeln bestimmt. Je klarer es geordnet ist, desto leichter fallen ihm seine Entscheidungen, desto sicherer werden seine Handlungen und um so komplikationsloser verläuft die hierzu erforderliche psychophysische Aktivierung des Organismus.

2.4.2. Motivationstheorien

Zur Erklärung der menschlichen Handlungsbereitschaft sind verschiedene Modelle entwickelt worden, die jeweils einzelne Faktoren des Motivationsprozesses akzentuieren, deren Integration aber noch aussteht.

Das Homöostasemodell
Der *triebtheoretische* Erklärungsansatz geht von der Tendenz zur Aufrechterhaltung des für den Organismus günstigsten inneren Milieus aus, das seit W. B. CANNON (1871–1945) als **Homöostase** bezeichnet wird. Alle Abweichungen von diesem Gleichgewicht im Körperhaushalt führen zu Aktivitäten, die es wiederherstellen sollen. Die Aufrechterhaltung einer konstanten Körpertemperatur oder des Blutzuckerspiegels zum Beispiel unterliegen diesem Mechanismus. Er läßt sich auch für sinnlich-vitale Bedürfnisse wie Hunger, Durst und Teilaspekte der Sexualität annehmen, doch ist er hier am besten bei Tieren nachzuweisen, wo sie als Triebe ohne kulturelle Überformung oder Deformierung in Erscheinung treten.

Beim Menschen versagt das Homöostaseprinzip als alleiniges Erklärungsmodell. Menschen zeigen eine eigenartige, typische Neigung zur übermäßigen Bedürfnisbefriedigung. Übergewichtige essen mehr als ihr Körper braucht und stören so dessen Homöostase, Raucher gefährden die Deckung ihres Sauerstoffbedarfs, und Alkoholiker „trinken über den Durst".

Der Trinker unterliegt allerdings ebenso wie der Drogenabhängige nach einer gewissen Gewöhnungszeit dem physiologischen Zwang des veränderten chemischen Gleichgewichts im Körper. Das Homöostaseprinzip erklärt dann den Mechanismus des schon etablierten süchtigen Verhaltens, aber nicht dessen allmähliche Entwicklung. Bisher kann zum Nahrungs-, Genuß- und Arzneimittelmißbrauch nur allgemein festgestellt werden, daß sich solche Gewohnheiten zunächst im Einklang mit körperlichen Bedürfnissen ausbilden, dann aber ungeachtet veränderter Bedürfnisse weiter bestehen.

Das Anreizmodell

Nach der Anreiztheorie, die auf SOKOLOW (1963) zurückgeht, wird der Organismus nicht von innen getrieben, sondern von außen angezogen. Bestimmte Reize seiner Umwelt haben für ihn Aufforderungscharakter und bestimmen die Richtung seines Verhaltens. Dessen Grundlage ist ein aktives, aber ungerichtetes Erkunden der Umgebung (Orientierungsreaktion), in der dann *positive Anreize* Zuwendung und *negative Anreize* Abwendung auslösen. Sie wirken als Verstärker ähnlich wie Belohnung und Bestrafung im Konditionierungsexperiment, so daß weiterhin positive Reize gesucht und negative gemieden werden. Die Motivation unterliegt so einem Lernprozeß, und die Anreize haben dabei die doppelte Funktion, den Organismus zu erregen und sein Verhalten auf sich zu oder von sich ab zu lenken.

Dieser *lerntheoretische* Zugang wird der Tatsache besser gerecht, daß bestimmte Motive mit der Zielerreichung ein Ende finden, andere dagegen fortwährend verfolgt werden können. So wird die übermäßige Bedürfnisbefriedigung beim Menschen von außen stimuliert. Experimente zum Eßverhalten normal- und übergewichtiger Versuchspersonen haben ergeben, daß letztere für die äußeren Hinweisreize auf Nahrung empfänglicher als für die inneren sind. Sie essen mehr aus Gelegenheit als aus Hunger.

In einem der von SCHACHTER (1971) durchgeführten Versuche (vergleiche auch PUDEL, 1985) sollten vorher gesättigte Personen verschiedene Speisen nur geschmacklich beurteilen. Die Übergewichtigen nahmen hierzu die größten Kostproben. Ihr Hungergefühl korreliert auch nicht mit den Magenbewegungen, die Normalgewichtige in diesem Zusammenhang wahrnehmen können. Die schädliche Eßlust wird demzufolge von einer Überempfänglichkeit für äußere Nahrungsstimuli unterhalten (und muß von dieser Seite her bekämpft werden). Auch der Genuß von Tabak und Alkohol kann durch „Schaufensterreize" begünstigt sein.

Das Angewöhnen gesundheitsschädlicher Verhaltensweise geschieht genauso bevorzugt in Gesellschaft, in sozialen Bezugssystemen, wie jedes andere menschliche Verhalten auch. Es ist nicht nur (quasi homöostatisch) durch Lustvermehrung oder Unlustvermeidung motiviert.

Das Konsumtionsmodell
Das *gesellschaftstheoretische* Modell der Motivation postuliert ebenfalls, daß die Beziehungen zwischen Bedürfnissen und den Ergebnissen der von ihnen verursachten Aktivitäten nicht nur psychophysische Gesetzmäßigkeiten reflektieren, sondern auch solche der Zivilisation, in der sich die Aktivität vollzieht. Die guten wie die schlechten Taten des Menschen werden durch die mehr oder weniger gelungene Integration der Handlungsbedürfnisse von Individuum und Gesellschaft vermittelt. Im Verlaufe seiner historischen Entwicklung entstehen nicht nur neue soziale Bedürfnisse, sondern auch die ursprünglich rein vitalen Bedürfnisse wandeln sich mit ihnen, weil der Kulturmensch nicht mehr nur für die Befriedigung seiner elementaren Bedürfnisse handelt, sondern diese eben befriedigt, um handeln zu können (LEONTJEW, 1979).

Der nun dominierende gegenständliche Inhalt, das Motiv, wird unter anderem durch die Güterproduktion erzeugt und das Bedürfnis so in die dauernde Verbrauchskette einbezogen (erst erzeugt, dann vermarktet). Das entwickelte menschliche Bedürfnis unterliegt der sogenannten erweiterten Reproduktion, so der Terminus bei LEONTJEW.

Motive sind also deutlich abhängig auch von historischen, zivilisatorischen und ökonomischen Determinanten. Diese Sichtweise, daß zum Teil gesellschaftliche Rahmenbedingungen unser Gefühlsleben und unsere Handlungsmotivation prägen, ergänzt und korrigiert eine nur individualistische, introspektive psychologische Tradition.

Gerade die Erneuerung der Bedürfnisse mit den Gegenständen ihrer Wahl liefert den Schlüssel zum Verständnis der uns hier besonders interessierenden ausufernden, schrankenlosen Bedürfnisse und der dauernden Suche nach Befriedigung. Denn die erweiterte Reproduktion erfaßt alle menschlichen Bedürfnisse. Das kann bei den produktiven Bedürfnissen kulturell nützlich sein, im Übermaß aber und besonders bei den sinnlich-vitalen Bedürfnissen kann es asoziale Verwahrlosungszüge tragen und auch zum Gesundheitsrisiko werden. Als Massenerscheinung ist jeder Abusus ein Konsumtionsproblem, dem dann nicht mehr nur mit medizinischen, sondern auch sozialpolitischen Maßnahmen begegnet werden müßte.

2.4.3. Motivkonflikte

Konflikttypen
Die Mannigfaltigkeit der menschlichen Bedürfnisse und ihrer Vergegenständlichung führt zwangsläufig zum Widerspruch zwischen mehreren miteinander konkurrierenden Motiven. Infolge ihrer unterschiedlichen Aktivitätsrichtungen können nicht alle jederzeit befriedigt werden, und das Individuum muß sich für das eine oder das andere entscheiden. Das fällt um so schwerer, je weniger hierarchisch die Motive angeordnet sind und je gleichwertiger sie jeweils erscheinen. Dann gerät ein Mensch in **Konflikt**, das heißt in eine *Situation, in der*

Kräfte von entgegengesetzter Richtung und etwa gleicher Stärke einwirken (K. LEWIN, 1890–1947).

Diese Situation kann ihm mehr oder weniger bewußt werden, so daß der Konflikt manifest, das heißt klar erkannt, oder latent, das heißt nicht reflektiert, aber dennoch verhaltenswirksam, sein kann. Er entsteht zwischen verschiedenen Bedürfnissen, ihren Gegenständen oder divergierenden Wegen der Zielerreichung und ist in der Regel ein *innerpsychischer* Konflikt; in der Auseinandersetzung mit anderen Menschen, die der Befriedigung entgegenstehen, wird er zum *interpersonellen* Konflikt.

Die den Konflikt hervorrufenden Kräfte unterscheiden sich in den Hauptrichtungen der *Annäherung* und der *Vermeidung*, die seit LEWIN zur Einteilung in drei experimentell verifizierbare einfache Konflikttypen benutzt werden:

1. Der *Annäherungs-Annäherungs-Konflikt* besteht zwischen zwei einander ausschließenden positiv bewerteten Zielen. Er ist noch am ehesten zu bewältigen und wird oft schon durch eine zufällige Annäherung an eines der beiden Objekte gelöst, womit dann die Situation von „Buridans Esel" beendet ist, der bekanntlich unschlüssig zwischen zwei Heuhaufen verhungert sein soll.
2. Der *Vermeidungs-Vermeidungs-Konflikt* entsteht zwischen einander ausschließenden, negativ bewerteten Zielen, wenn jeder Ausweg aus einer Situation gleich unangenehm erscheint, ehe schließlich das kleinere Übel gewählt wird. Die Lösung kann oft lange aufgeschoben werden, kann aber auch außerordentlich belastend sein.
3. Der *Annäherungs-Vermeidungs-Konflikt* ist durch ein gleichzeitig positiv und negativ bewertetes Zielobjekt ausgelöst, dem gegenüber man sich ambivalent verhält (deshalb auch *Ambivalenzkonflikt* genannt). Diese vielleicht unangenehmste Konfliktform erleben viele Patienten, bevor sie einen Arzt aufsuchen: Sie erhoffen sich durch diesen Schritt Linderung, befürchten aber mögliche unbekannte, unangenehme Eingriffe (vergleiche 6.1.).

Der Annährungs-Vermeidungs-Konflikt weitet sich zum *doppelten Ambivalenzkonflikt* aus, wenn eine Entscheidung zwischen zwei Zielen zu treffen ist, die beide sowohl angenehme als auch unangenehme Aspekte haben.

Konfliktverhalten

Das Konfliktverhalten des Menschen ist durch häufige doppelte Ambivalenzkonflikte gekennzeichnet, in denen er sich zwischen mehreren Alternativen entscheiden muß, die gleichzeitig Vor- und Nachteile für ihn haben: Partner, Berufe, Arbeitsstätten, Wohnorte, Handlungen und so weiter. Diese Konflikte werden in der Regel entweder durch Veränderung der äußeren Bedingungen (Ortswechsel, Kündigung und ähnliches) oder der inneren Verhaltenskomponenten (Orientierung an anderen Zielen, Korrektur von Fehleinschätzungen, Aufschieben der Befriedigung und so weiter) bewältigt.

Läßt sich ein Konflikt so nicht lösen, kommt es zur *Frustration*, wie die Behinderung der Bedürfnisbefriedigung von S. FREUD (1856–1939) genannt wurde. Dieser Begriff bezeichnet weniger die frustrierenden Bedingungen, wie zum Beispiel Gewaltandrohung von außen oder Gebote des Gewissens von innen, als den *Zustand des Frustriertseins*, in den ein Mensch durch solche Versagungen gerät. Er ist abhängig von der *Frustrationstoleranz,* der individuell unterschiedlichen Fähigkeit, frustrierende Bedingungen zu ertragen, und führt zu *Frustrationsreaktionen,* mit denen der ungelöste Konflikt verarbeitet wird. Bei leichter oder kurzzeitiger Frustration ist diese Konfliktverarbeitung meist *konstruktiv*, sie führt zu verstärkter Auseinandersetzung mit äußeren Widerständen, Ausschaltung konkurrierender Nebenmotive und klarer Abgrenzung des Zielbereiches.

Nach schwerer und länger dauernder Frustration können jedoch *destruktive Frustrationsreaktionen* auftreten, die das Verhalten primitivieren:

- **Aggressionen** richten sich gegen die frustrierenden äußeren und inneren Bedingungen, im Extremfall bis zum Mord und Suizid, oder entladen sich an leichter erreichbaren Gegenständen und Personen der näheren Umgebung. Sie sind jedoch weder die notwendige Folge von Frustrationen, noch werden sie nur hierdurch hervorgerufen (zum Beispiel auch durch Nachahmung).
- **Regressionen** senken das Verhaltensniveau auf eine ontogenetisch frühere Stufe, wenn zum Beispiel ein Jugendlicher nach Enttäuschung wieder am Daumen lutscht oder ein Erwachsener bei Ablehnung seines Antrages mit den Füßen stampft wie als Kleinkind.
- **Fixierungen** führen zum Festhalten an sinnlosen Konfliktlösungsversuchen, wie sie besonders in ausweglosen Situationen zu beobachten sind, und können sich bis zur Apathie steigern.

Auf die Dauer führen diese destruktiven Konfliktverarbeitungen dann zur Umsetzung in Krankheitssymptome.

Konflikt und Krankheit

Andauernde Konflikte belasten die Person-Umweltbeziehungen wie den Organismus. Sie können psychische Erkrankungen auslösen (Psychosen) oder verursachen (Neurosen), psychosomatische Krankheiten zur Folge haben und die Anfälligkeit für somatische Krankheiten erhöhen. Hierbei spielen Angstzustände eine begünstigende Rolle, die vor allem bei Vermeidungs-Vermeidungs-Konflikten entstehen, das heißt wenn sich das Individuum unangenehmen Alternativen nicht entziehen kann.

> Die Umsetzung des Konflikterlebens in somatisch erkennbare funktionelle und strukturelle Veränderungen erfolgt über die *gegenläufige* Aktivierung des Organismus zu gleichzeitigem Annäherungs- und Vermeidungsverhalten.

Dies muß schon bei Annahme unspezifischer physiologischer Bereitstellungsprozesse zu Interferenzen der Energiemobilisierung in verschiedene Richtungen führen. Mehr noch müßten spezifische Aktivationen für widersprüchliche Handlungsbereitschaften die Körperprozesse stören, wenn man zum Beispiel an die unterschiedlichen physiologischen Wirkungsmuster des Noradrenalins und Adrenalins bei simultan vermehrter Ausschüttung denkt.

Die psychophysiologische Labilisierung des Organismus durch Konflikte wird von allen Faktoren begünstigt, die seine Belastbarkeit herabsetzen, seien es physische Erschöpfung oder psychische Erlebnisreste früherer Konflikte, die nicht völlig verarbeitet worden sind. Deshalb läßt sich nicht genau vorhersagen, welche Konflikte pathogene Wirkungen haben werden. Diese sind nach BÖTTCHER (1995) um so eher zu erwarten:

- je bedeutsamer der Inhalt des Konfliktes für die Persönlichkeit ist;
- wenn er mehrere Ambivalenzen enthält;
- wenn er durch nicht änderbare Umstände unlösbar erscheint;
- wenn er besonders lange anhält;
- wenn Fehler bei den Versuchen zu seiner Lösung gemacht werden.

Häufig vorausgegangene Konflikte scheinen dabei die Widerstandsfähigkeit gegen nachfolgende herabzusetzen.

Die aktuell wirksamen Konflikte lassen sich im Gespräch erfragen und dann bestimmten Lebensbereichen wie Familie, Beruf und so weiter zuordnen. Dabei äußern dann Psychotherapiepatienten mit erlebnisbedingten Erkrankungen (Neurosen) besonders viele Konflikte in mehreren Bereichen. Während bei Gesunden Konflikte am Arbeitsplatz im Vordergrund stehen, sind bei Neurotikern außerdem auch Partner, Interessen und Gesundheit häufiger konfliktbesetzt (siehe Abb. 2.7).

Zur Prognose der konfliktbedingten Erkrankungswahrscheinlichkeit haben zuerst RAHE (1972) und seitdem weitere Autoren eine Liste biographischer Ereignisse zusammengestellt, die nach ihrer Konflikthaftigkeit geordnet mit Punkten bewertet werden. Der Katalog enthält mehr oder minder einschneidende Veränderungen des sozialen Lebens, wie zum Beispiel Scheidung, Tod eines nahen Angehörigen, Wechsel des Arbeitsplatzes oder des Wohnsitzes und ähnliches, deren Bewältigung Konfliktverarbeitung bedeutet. Das der Punktbewertung zugrundeliegende Konzept geht nun davon aus, daß die von dem Ereignis geforderte *Adaptationsleistung* unterschiedlich anstrengend ist und krankheitsbegünstigend sein kann. Die auf Grund der Anamnese mit Hilfe der Tabelle summierten individuellen Adaptationspunktwerte lassen sich zum Krankheitsgeschehen eines Patienten in Beziehung setzen. Dabei ergaben die empirischen Untersuchungen des Arbeitskreises eine mit der Zahl und Schwere erlebter biographischer Ereignisse ansteigende allgemeine Krankheitshäufigkeit (siehe Abb. 2.8). Bei hohen Punktwerten war die Erkrankungschance mehr als doppelt so groß wie bei niedrigen.

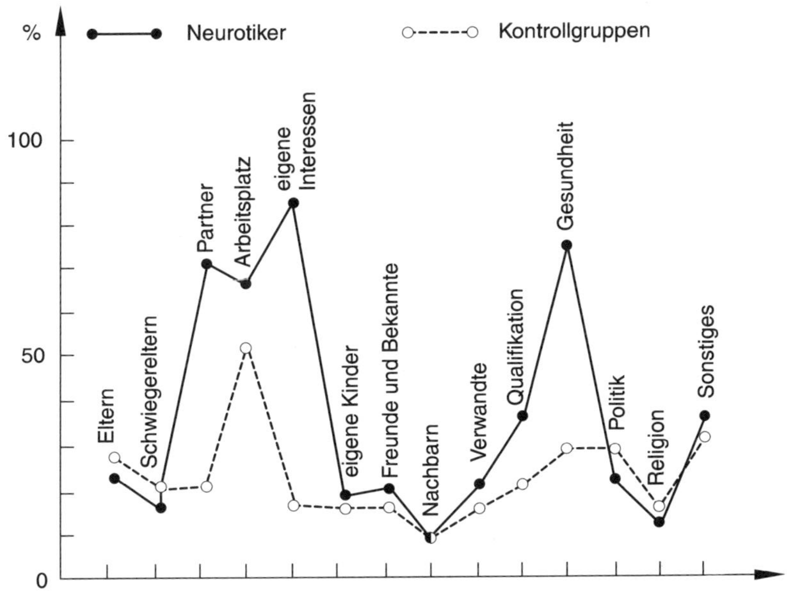

Abb. 2.7 Konflikthäufigkeiten in verschiedenen Lebensbereichen bei Neurotikern und Kontrollpersonen (aus KASIELKE, 1980)

Die „Lifeevent-Scala“ von RAHE wird häufig zitiert, aber selten wird der empirische Hintergrund vollständig benannt. Wie viele andere Sozialforscher hat die Arbeitsgruppe um RAHE Soldaten untersucht und befragt, häufig sind es auch Schüler und Studenten. Daten aus diesen Gruppen lassen sich nämlich vergleichsweise leicht in großer Zahl „rekrutieren“. Große Zahlen allein sagen aber noch nichts darüber aus, wieweit die Ergebnisse dann auf eine Gesamtbevölkerung generalisierbar sind.

Auch die Schwere der Erkrankung stieg mit dem Adaptationswert, besonders mit dem für die letzten zwei Jahre vor Ausbruch der Krankheit ermittelten.

Diese ebenso einfache wie interessante Methode demonstriert die Bedeutung der Summation von Konflikten für Gesundheit und Krankheit. Die hierauf gegründete „Lebensereignisforschung“ (siehe 1.3.2.) nivelliert jedoch durch statistische Mittelwerte die subjektive Bewertung der aufgelisteten Ereignisse, aus der sich erst die eigentliche individuelle, psychische Belastung ergibt. Die statistische Sichtweise kreist mehr oder weniger deutlich um den Begriff des absoluten Stressors, also einer Belastungsgröße, die so intensiv ist, daß sie nahezu jeden beeinträchtigt. Aber obwohl derartige Cluster gefunden wurden, liegt doch im Individualfall die wichtigste Aussage darin, daß erst die individuelle Bewertung darüber entscheidet, ob eine Belastung als Stressor erlebt wird oder nicht: Der Tod eines nahen Angehörigen zum Beispiel wird je nach der emotionalen Bindung ganz unterschiedlich erlebt und kann dann einen gesund, den anderen krank machen.

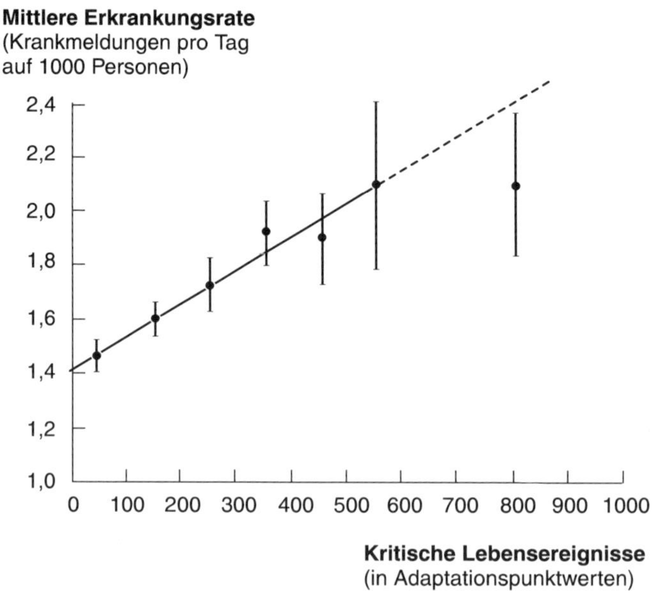

Abb. 2.8 Erkrankungshäufigkeit bei den Besatzungen dreier Kreutzer der US-Marine während 6–8monatiger Einsätze im Vietnamkrieg in Abhängigkeit von kritischen Lebensereignissen der letzten 6 Monate, die vor dem Auslaufen erfragt worden waren (nach RAHE, 1972).

2.5. Emotionen

Jeder Kranke ist emotional verändert. Mitunter kündigt eine zunächst unerklärliche Verstimmung die Erkrankung an, und der Umschlag in die Euphorie ist dann Vorbote der Rekonvaleszenz. Das ist besonders bei Kindern zu beobachten. In der Regel wird auf die vorübergehende Einschränkung der Handlungsfreiheit durch Krankheit zunächst ärgerlich, auf die länger dauernde mit Verstimmung reagiert, bisweilen aber auch mit Erleichterung, wenn die Krankschreibung eine schwierige Lebenssituation überbrücken hilft. Eine durch Krankheit ungewisse Zukunft bedrückt, die Todesahnung stimmt ernst oder traurig. Psychische Krankheiten können als Gemütsleiden in Erscheinung treten und anhaltende affektive Belastungen psychosomatische Symptome zur Folge haben. Immer zeigt das Gefühlsleben die subjektive Bewertung der Lebenslage an.

2.5.1. Bewertendes Erleben

Die Beziehung zur Motivation
Emotionen oder Gemütsbewegungen sind aufs engste mit unseren Handlungen verbunden, die sie vorbereiten, begleiten und befolgen. Sie reflektieren den

Zustand, wie er sich aus der Bedürfnisbefriedigung in einer Situation und abhängig von dem Wertsystem des Individuums ergibt. Während Bedürfnisse nur eine Mangellage anzeigen, spiegeln Emotionen darüber hinaus die Beziehungen zwischen den Bedürfnissen und ihren Befriedigungsmöglichkeiten in realisierbaren Handlungen sowie deren Erfolg wider. *Emotionen sind bewertetes Erleben.*

Als solches stellen sie eine Realität dar, einen besonderen Aspekt der Informationsverarbeitung *neben* den kognitiven und motivationalen Prozessen. Dieser Faktor kann deshalb nicht einfach als „intervenierende Variable" des Verhaltens abgetan werden, weil er experimentell schwer faßbar ist. Emotionen sind die elementaren Erlebnisse, in denen wir uns unserer selbst klar werden und deshalb eine unentbehrliche Kategorie zur Beschreibung und Klassifizierung des Verhaltens.

Beobachtungsebenen
Emotionen lassen sich auf den drei Ebenen der Reaktivität erfassen:

- subjektiv beschreibbares Erleben (Selbstbeobachtung);
- beobachtbares Verhalten (Fremdbeobachtung);
- physiologische Prozesse (Körpervorgänge).

Die **Selbstbeobachtung** ermöglicht eine Beschreibung der Emotionen nach verschiedenen Gesichtspunkten (vergleiche 8.2.4.).

In Tabelle 2.5 werden Selbstbeobachtungen hinsichtlich ihrer Dauer, Intensität und Reizabhängigkeit gegliedert. Sie können weiterhin in positiv oder negativ erlebte eingeteilt werden: Angenehm sind zum Beispiel in der obigen Reihenfolge Ekstase, Freude und Heiterkeit, unangenehm Panik, Furcht und Angst. Eine inhaltliche Ordnung speziell der Gefühle ergibt sich aus den Situationsbedingungen in tätigkeitsbezogene *Primärgefühle*, auf das Körperleben gerichtete *Vitalgefühle*, die Persönlichkeit kennzeichnende *Selbstgefühle* und ihre interpersonellen

Tab. 2.5 Einteilung der Emotionen nach der Selbstbeobachtung

	Dauer	Intensität	Reizabhängigkeit	Beispiele für die Erlebnisqualität	
				positiv	negativ
Affekt	kurz	heftig	unmittelbarer äußerer Anlaß	Ekstase	Panik
Gefühl	länger	mittel	auf Objekte/ Personen gerichtet	Freude	Furcht
Stimmung	anhaltend	gering	nicht immer bewußter Erlebnisbezug zu einer auslösenden Ursache	Heiterkeit	Angst

Beziehungen ausdrückende *Sozialgefühle* wie Liebe, Mitleid und so weiter. Die Gesamtheit der letztgenannten sozialen Gefühle wird auch als *Gemüt* bezeichnet. In diesem Sinne ist gemütsarm, wen die Gefühle seiner Mitmenschen nicht berühren.

Um die subjektiven Angaben verschiedener Personen über ihr Zumutesein besser vergleichen zu können, sind zu ihrer Objektivierung *Selbstbeurteilungsskalen* konstruiert worden, wo meist vorgegebene Fragen zum Gefühlsleben alternativ zu beantworten sind. Die so gewonnenen Punktwerte für allgemeine Befindlichkeit, Angst, vegetative Labilität oder ähnliches können klinisch verwertet und zu Verhaltensweisen oder physiologischen Parametern in Beziehung gesetzt werden.

Der **Fremdbeobachtung** ist der emotionale Ausdruck in Mimik, Gestik und Verhalten zugänglich (vergleiche 8.2.6.). Er läßt sich nach den Dimensionen *Zuwendung/Abwendung, Lust/Unlust* und *Mattigkeit/Spannung* beurteilen. Mit Hilfe dieses dreidimensionalen Modells erzielen Versuchspersonen eine hohe Genauigkeit und Übereinstimmung in der Beurteilung von Nuancen des Gesichtsausdrucks. Der Ausdruckserfassung liegen sowohl angeborene auslösende Mechanismen als auch Lernvorgänge zugrunde: Der Angstschrei der bedrohten Kreatur wird unmittelbar verstanden, die „gemischten" Gefühle des Zweiflers erschließen sich erst dem Menschenkenner. *Immer haben emotionale Reaktionen Signalcharakter für die Umgebung, da sie Handlungen vorwegnehmen, und deshalb ist ihr Erkennen von vitaler Bedeutung.*

Die *Deutung* des Gefühlsausdrucks ist ein mehrdimensionaler Klassifikationsprozeß, der um so sicherer wird, je mehr Informationen über Situation und Person verfügbar sind (vergleiche 8.2.2.). Wird bei szenischen Fotografien der Hintergrund wegretuschiert, so ist die Differenzierung emotionaler Reaktionen allein aus dem umgebungslosen Abbild der Person erschwert. Schadenfreude ist dann nicht mehr von Mitfreude zu unterscheiden. In systematischen Aufdekkungsversuchen nimmt die Treffsicherheit der Beurteiler in folgender Reihenfolge zu: nur Augenpartie -> nur Mundpartie -> ganzes Gesicht -> ganze Person -> ganze Situation.

Aktuelle und anerzogene *Unterdrückung* oder *Verstellung* emotionaler Reaktionen betreffen vor allem die sprachlichen Äußerungen, sodann Mimik, Blickkontakt und Zuwendung des Gesichts, weniger die Gestik der Hände und Arme und kaum die von Füßen und Beinen. Deshalb sollten Patienten bei der Exploration möglichst *neben* dem Tisch des Arztes sitzen, damit er alle Ausdrucksfelder beobachten kann, die ihm eine affektive Beteiligung der angesprochenen Fragen anzeigen können.

Zur Systematisierung der Ausdruckserfassung sind *Fremdbeurteilungsskalen* entwickelt worden (vergleiche 8.6.4.), in denen zum Beispiel Krankenschwestern für die von ihnen gepflegten Patienten jene Verhaltensweisen ankreuzen, die sie beobachtet haben. Daraus läßt sich dann ein individuelles Emotionsprofil bestimmen, das in der Regel mit dem vom Patienten selbst angegebenen übereinstimmt.

Körpervorgänge, die Emotionen begleiten, werden von uns selbst als *Reaktionen des vegetativen Nervensystems und des neuromuskulären Systems* bemerkt. Eine eindeutige Zuordnung des Errötens, Erblassens, Schwitzens, Händezitterns und so weiter zu bestimmten Emotionen ist jedoch weder aus der individuellen Erfahrung noch der statistischen Bearbeitung vieler Selbstaussagen möglich. Das Herzklopfen bei Schreck läßt sich nicht von dem bei Freude oder Wut unterscheiden und variiert nur mit der Stärke des Affekts.

Ähnlich sind bisher die Ergebnisse objektiver physiologischer Messungen ausgefallen. Mit Maßen des Zentralnevensystems (ZNS), vegetativen Nervensystems (VNS), neuromuskulären und hormonalen Systems lassen sich emotionale Erlebnisse eher nach ihrer Intensität als Qualität differenzieren. Dabei ist die kontinuierliche Registrierung vieler Variablen der Aussagekraft einzelner Maße überlegen, und am besten läßt sich noch der Beginn einer emotionalen Reaktion an einer Änderung der meisten Parameter erkennen. Sie ist abhängig von der Ausgangslage des Organismus. Bevorzugte Intensitätsindikatoren der Emotionen sind die Grundaktivität im EEG (**Elektroencephalogramm**) und der elektrische Hautwiderstand, deren Beziehung zum Aktivierungsniveau den engen Zusammenhang zwischen emotionalen und motivationalen Prozessen auch auf der physiologischen Ebene belegt.

Hinsichtlich ihrer Qualität weisen die physiologischen Reaktionsmuster eine geringere Variabilität als die erlebten Emotionen und die sie auslösenden Reize auf. Angst und Ärger scheinen sich nach Beobachtungen verschiedener Forscher durch Verminderung beziehungsweise Vermehrung der Azidität, Durchblutung und Magenmotilität zu unterscheiden; möglicherweise auch durch vermehrte Ausschüttung von Adrenalin beziehungsweise Noradrenalin, was aber nicht immer voll bestätigt werden konnte. Das hierbei vorausgesetzte Prinzip der *stimulusspezifischen Reaktionsmuster* (SSR), wonach bei verschiedenen Personen durch einen bestimmten Reiz die gleiche physiologische und emotionale Reaktion auszulösen ist, interferiert offenbar mit dem *Prinzip der individualspezifischen Reaktionsmuster* (ISR), demzufolge eine Person auf verschiedene Reize in der gleichen für sie eigentümlichen Weise reagieren kann.

Hirnorganische und kulturelle Bedingungen

Emotionen wurzeln in der biologischen Natur des Menschen ebenso wie in seinem gesellschaftlichen Wesen. Dabei lenken Gemeinsamkeiten in der Gefühlsäußerung von Tier und Mensch immer wieder den Blick auf die phylogenetische Herkunft, während Unterschiede zwischen ihnen und den Völkern auf das kulturelle Erbe hinweisen.

Das **hirnanatomische Substrat** der Emotionen ist nicht ein eng lokalisierbares Zentrum, sondern das integrative Zusammenwirken verschiedener subkortikaler und kortikaler Hirnbereiche. Bei Ausschaltung hypothalamischer Gebiete zeigen Katzen keine emotionalen Reaktionen mehr, und neurochirurgische Patienten lassen nach Druck auf diese Region einen plötzlichen Stimmungsumschlag erkennen. Ebenso konnte durch Reizung des oralen Ventralkerns des

Thalamus herzliches Lachen ausgelöst werden. Mit der Methode der intrakraniellen Selbstreizung lassen sich Zentren für Lust und Unlust im *limbischen System* unterscheiden. Versuchstiere, die durch Hebeldruck einen elektrischen Reiz im eigenen Gehirn auslösen können, der durch implantierte Dauerelektroden übertragen wird, erhöhen die Reizfrequenz immer wieder bei Implantation an der einen Stelle bis zum Exzeß und vermeiden sie nach Lokalisation an der anderen. Die so unterscheidbaren Punkte werden deshalb auch als Belohnungs- und Bestrafungssystem bezeichnet. Beobachtungen über die Entdifferenzierung des Gefühlslebens bei Stirnhirnverletzten weisen schließlich auf die Bedeutung des *Frontokortex* für die Differenzierung emotionalen Erlebens und Äußerns hin. Von hier aus werden die subkortikalen Strukturen im Prozeß der Informationsverarbeitung gesteuert, die den Inhalt der Emotionen einbezieht.

Kulturelle Faktoren des emotionalen Geschehens bestimmen eben diese inhaltliche Seite. In den historisch gewachsenen Formen des sozialen Zusammenlebens liegt der Schlüssel zum thematischen Verständnis des menschlichen Gefühlslebens. Es entwickelt sich in der realen Wechselbeziehung des Menschen mit seiner sozialen Umgebung und ist sowohl Ergebnis als auch Teil seiner Handlungen. Die Gefühle des Menschen sind, wie RUBINSTEIN (1971) betont, Gefühle des historischen Menschen.

Die kulturelle Beeinflussung der Emotionen vollzieht sich auf verschiedenen Wegen. Schon die *Wahrnehmung emotionaler Reize* zeigt ethnische Unterschiede, worauf am Beispiel des Schmerzerlebens (vergleiche 2.1.2.) bereits hingewiesen wurde. Noch mehr variiert der *emotionale Ausdruck* von Kultur zu Kultur, besonders in seiner Intensität, bisweilen auch in der Qualität; so strecken wir die Zunge heraus, um Abscheu zu bekunden, Chinesen aber bei Überraschung. Die Unterdrückung emotionaler Äußerungen, wie sie lange Zeit als männliches Erziehungsziel galt, wird heute mehr und mehr aufgegeben, seit ihre krankheitsbegünstigende Wirkung ins Blickfeld der Medizin gerückt ist. Sie hängt mit der *sozialen Wertung bestimmter Emotionen* zusammen, die Lust verdammen oder kultivieren, Leiden glorifizieren oder ignorieren kann. Dem entsprechen dann die *konventionalisierten Verhaltensweisen* bei Trauer, Anerkennung oder Verurteilung, mit denen eine sozial erwünschte Konformität emotionaler Reaktionen erreicht wird.

Biologische wie kulturelle Determination werden jedoch von jedem Individuum aufgrund seiner einmaligen Vergangenheit, besonderen Anpassungsfähigkeit und aktuellen Befindlichkeit gefiltert, so daß es seine Emotionen gewissermaßen selbst vermittelt. Dieser Vorgang wird zur Zeit theoretisch ganz verschieden interpretiert.

2.5.2. Emotionstheorien

Die Erklärung emotionaler Vorgänge wird gegenwärtig mit Modellvorstellungen versucht, die das Verhältnis von physiologischer Erregung, subjektiver Bewertung und handelnder Auseinandersetzung mit der Umwelt zu bestimmen versuchen. Sie gehen alle von experimentellen Befunden aus, können aber bis heute nur als psychophysiologische Theorien bezeichnet werden.

Das Aktivationsmodell

Die von LINDSLEY (1960) und DUFFY (1962) formulierte Aktivationstheorie der Emotionen verallgemeinert den Zusammenhang emotionalen Verhaltens mit hirnelektrischen Veränderungen. Hiernach werden *Emotionen als erlebte Ausprägungsgrade der allgemeinen Erregung des Gehirns* aufgefaßt, die sich in der Reduktion synchronisierter Alpharhythmen im EEG ablesen und durch elektrische Reizung der Formatio reticularis auslösen lassen. Wie schon bei Erklärung der Motivation erfaßt dieses Konzept auch hier nur den *Intensitätsaspekt* der emotionalen Reaktion und läßt ihren Inhalt wie den Anlaß außer acht.

Das kognitive Modell

Der Qualitätsaspekt der Emotionen erfordert das Einbeziehen der Wahrnehmung, Erwartung und Interpretation einer Handlungssituation in den Erklärungsansatz. SCHACHTER und SINGER (1962) konnten zeigen, daß erst solche *kognitiven Prozesse* dem undifferenzierten Aktivationszustand seine Erlebnisrichtung geben.

> Sie injizierten ihren Versuchspersonen Adrenalin und erzielten dann unterschiedliche emotionale Reaktionen durch die Variation der nachfolgenden Situationen. Bei gleichermaßen verändertem zerebralem Aktivierungsniveau und peripher-physiologischem Zustand erlebten solche Probanden, die Zeugen einer heiteren Szene wurden, freudige Erregung, andere hingegen als Beobachter eines Wutausbruches Unmut. Wie der physiologische Zustand gesteigerter Erregtheit erlebt wird, hängt also von den sozialen Umweltverhältnissen und ihrer Bewertung durch den einzelnen ab.

Andere Autoren betrachten schon die physiologische Komponente der Emotion als Funktion der *kognitiven Bewertung*, aus der sie sich erst ergibt und deren Bestandteil sie wird.

Am Anfang des emotionalen Geschehens steht nach ARNOLD (1960) die Wahrnehmung eines Stimulus, dem die Bewertung folgt, das heißt die Einschätzung und Beurteilung seiner Bedeutung für das Individuum. Sie bestimmt die gefühlsmäßige Stellungnahme, die eigentliche Emotion, deren Ausdruck die sie begleitenden physiologischen Reaktionen sind. Diese werden dann Bestandteil der Handlungsvorbereitung.

ARNOLDs introspektiv gewonnenen theoretischen Ansatz hat LAZARUS (1968, 1973) experimentell durch Untersuchungen der *Bewertungsprozesse* und ihrer psychophysiologischen Folgen erweitert. Er unterscheidet die *primäre Bewertung* einer Situation hinsichtlich ihrer Bedrohlichkeit und die *sekundäre Bewertung* der möglichen Handlungsalternativen. Im Falle der Bedrohung können dann zwei Bewältigungsstrategien angewandt werden: die *direkte Handlung*

(Angriff oder **Flucht**) und die *Neueinschätzung* der Situation, nach der sie weniger bedrohlich erscheinen kann, was die emotionale Reaktion modifiziert.

> Tatsächlich verändert die experimentelle Manipulation des Bewertungsvorganges zum Beispiel durch ängstigende oder beruhigende Kommentare, die Versuchspersonen beim Ansehen schrecklicher Filmszenen gegeben werden, das subjektiv beschriebene, im Verhalten sichtbare und physiologisch gemessene Angstniveau. Ähnlich erregungsdämpfend wirkt die Vorwegnahme der kognitiven Bewertung, wenn also die zu erwartenden Szenen erst in Gedanken durchgespielt werden können. So zeigten zum Beispiel Probanden beim Ansehen eines Films über Unfälle in einem Sägewerk oder die barbarischen Hantierungen bei einer Klitoridektomie eine geringere physiologische Erregung, gemessen an der Hautleitfähigkeit, wenn sie vorher mit dem zu erwartenden Inhalt vertraut gemacht und insbesondere auch durch intellektualisierende Hinweise rational angesprochen worden waren oder ein Entspannungstraining durchgeführt hatten.

Diese Zusammenhänge lassen sicher jeden Studierenden der Medizin aufhorchen, da ein Teilaspekt dieses Studiums der emotionalen Verarbeitung starken menschlichen Leids zum Beispiel durch intellektuelle Professionalität gilt.

Auf dem Wege der kognitiven Einschätzung konkreter Wechselbeziehungen zwischen Organismus und Umwelt entstehen emotionale Reaktionen mit ihren physiologischen Korrelaten. Sie können sich ändern bei der Neueinschätzung im Verlauf der Handlungen oder infolge zusätzlicher Informationen, welche die Situation in anderem Licht erscheinen lassen.

Das informationstheoretische Modell

Ein weiteres Problem der Emotionstheorie ist der Zusammenhang von Emotion und Information. Nach SIMONOW (1975) *entstehen Emotionen in der Situation eines Informationsdefizits*, das die Erreichung von Bedürfniszielen behindert.

Die von ihm aufgestellte *Emotionsformel*

$$E = -B(I_n - I_s)$$

gibt die Abhängigkeit der Intensität einer emotionalen Reaktion E von der Bedürfnisstärke B und dem Ausmaß des Defizits oder Zuwachses der für die Befriedigung notwendigen Information I_n im Vergleich zur beim Subjekt vorhandenen Information I_v an:

- Reicht zum Beispiel die bei einem Hungrigen subjektiv vorhandene Information zum Erlangen von Nahrung nicht aus, ist $I_n - I_v > 0$ und die Emotion bei negativem Vorzeichen unlustbetont, weil das Bedürfnis nicht entspannt werden kann.
- Genügt sie hingegen, ist $I_n - I_v = 0$, und es kommt zu keiner emotionalen Reaktion, denn der Hunger wird sofort gestillt.
- Die gleiche emotionslose Situation besteht bei fehlendem Bedürfnis, wo $E = 0$ weil $B = 0$ ist.

– Übersteigt die vorhandene Information das erforderliche Maß, wird $I_n - I_v < 0$ und die Emotion bei positivem Vorzeichen lustbetont als Vorfreude auf die sichere Mahlzeit erlebt.

Die positive Emotion entsteht also nicht bei oder nach der Befriedigung des Bedürfnisses, sondern mit der Gewißheit der Zielerreichung. Sie stimuliert die Suche nach neuen, differenzierteren Befriedigungsmöglichkeiten, zum Beispiel die Zubereitung eines besonders schmackhaften Gerichtes. Positive Emotionen sind so der Motor zur Verfeinerung und Steigerung unserer Bedürfnisse, deren erweiterte Reproduktion sie unterhalten. Die Bestimmung der Informationsdifferenz nimmt das handelnde Subjekt pragmatisch für das jeweilige Bedürfnis vor, zu dessen Befriedigung die Informationen erforderlich sind.

Bedürfnis und intellektuelle Einschätzung der ihm gemäßen Unbestimmtheit des Milieus sind also die beiden Bedingungen für das Auftreten von emotionalen Reaktionen.

Deren Intensität läßt sich aus den sie begleitenden Abweichungen im Vegetativum bestimmen. So steigt zum Beispiel die Herzfrequenz des Menschen mit der Unregelmäßigkeit des Auftretens subjektiv bedeutsamer Signale. Die sich hierin ausdrückenden Emotionen haben kompensatorischen Charakter, insofern sie den Organismus zur Verringerung des Informationsdefizits als Voraussetzung seiner Anpassungsleistung mobilisieren. Das gilt auch für positive Emotionen, deren bekräftigende Wirkung sich bei der Überwindung späterer Schwierigkeiten zeigen kann. SIMONOW versucht also auch die angenehmen emotionalen Erlebnisse in seine Überlegungen einzubeziehen, doch wissen wir bis jetzt mehr über die Psychophysiologie der Angst und des Ärgers als der Lust und des Glücks.

2.5.3. Emotionen, Streß und Gesundheit

Jede negative Emotion bedeutet bei hoher Intensität und langer Dauer eine Belastung für den Organismus, auf die er mit Regulationsstörungen bis zu Organveränderungen reagiert. Bei plötzlich auftretendem heftigem Affekt, zum Beispiel nach Erhalt einer unangenehmen Nachricht, kann es zum Schocktod kommen. Besonders alte Menschen und solche mit zerebrovaskulärer Insuffizienz müssen deshalb vor Schreck möglichst bewahrt werden. Bei Naturvölkern soll beobachtet worden sein, daß die Selbstaufgabe nach Verletzung bestimmter Tabus und folgendem Ausschluß aus der Stammesgemeinschaft auch bei gesunden jungen Menschen binnen weniger Stunden oder Tage den psychogenen Tod herbeiführen kann.

Solche psychophysiologischen Affektreaktionen sind Teil eines Geschehens, das als **Streß** bezeichnet wird, nachdem H. S. SELYE (1907–1982) diesen Begriff für die *unspezifische Allgemeinreaktion des Organismus auf irgendwelche Belastungen* in die Medizin eingeführt hat. Über gemeinsame Positionen in der gegenwärtigen Streßforschung und die vielen weiteren Definitionen informieren umfassend SCHEUCH und SCHRÖDER (1990). Da unter dem allgemeinen Begriff Streß sowohl die Streßursachen wie deren Folgen verstanden werden, ist es zweckmäßig, Stressoren, Streßreaktionen und Streßbewältigung zu unterscheiden.

Stressoren

Streß (stress: engl. Belastung, Druck) erzeugende Faktoren stören die Homöostase des Organismus und können physikalischer, psychischer oder sozialer Art sein. Sie reichen von schädigenden oder gefährlichen äußeren Bedingungen (Kälte, Hitze, Lärm) und einer Vereitelung der vitalen Bedürfnisbefriedigung (zum Beispiel Hunger) über Leistungsdruck (zum Beispiel Mißerfolge) und soziale Spannungen (zum Beispiel Konkurrenz) bis hin zu intrapersonellen Divergenzen (Konflikte).

Im Laufe der Streßforschung hat das Interesse an den *psychosozialen* Stressoren zugenommen: zum einen, weil sich die Beanspruchung des modernen Menschen dorthin verlagert, zum anderen aber, weil bei den meisten streßinduzierenden Situationen unlustbetonte Emotionen im Spiele sind. Die Schädigungsgefahr einer Situation hängt nämlich nicht nur von ihrer Intensität und dem Kräftezustand des Organismus, sondern auch von der emotionalen Reaktion ab. Ob irgendeine Beanspruchung belastend oder stimulierend wirkt, den Körper schädigt oder trainiert, wird entscheidend von dem subjektiven Wert bestimmt, den sie für die Person hat. Die gleiche berufliche Aufgabe kann von demselben Menschen einmal als Schikane aufgefaßt werden und ihn buchstäblich kränken, das andere Mal als Möglichkeit zur Bewährung begrüßt werden und dann sein Wohlbefinden steigern. Was sie zum Stressor macht, ist erst das Gefühl der Bedrohung.

Daß es die emotionale Belastung durch Gefahr und nicht die Gefahr selbst ist, was den Streß ausmacht, konnte BRADY (1958) an Experimenten mit Affen zeigen. Die Versuchstiere waren darauf trainiert worden, durch Drücken einer Taste einen alle 20 Sekunden ohne Ankündigung gegebenen Schmerzreiz zu vermeiden, was ihnen im Verlauf von 6 Stunden öfter mißlang. Nach einer ebensolangen Pause wurde der Versuch fortgesetzt. Am 23. Versuchstag starben mehrere Affen an Perforationen des Duodenums. Die Kontrolltiere hatten keine Möglichkeit der Schmerzvermeidung und erhielten immer dann einen Schmerzreiz, wenn ihrem Partner dessen Vermeidung nicht gelungen war. Sie blieben gesund, weil ihnen gewissermaßen die Erwartungsangst und der Ärger über sich selbst erspart wurden.

Äußere Einwirkungen und Anforderungen werden also erst *dann* zu Stressoren, wenn sie negative emotionale Bewertungen provozieren. Diese signalisieren eine gefährdete Motivrealisierung, die nicht nur durch Über-, sondern auch Unterforderung bedingt sein kann, wenn Handlungsbedürfnisse auf diese Weise unerfüllt bleiben.

Streßreaktionen

Alle Stressoren lösen psychophysiologische Reaktionen aus, die über Hypothalamus, Hypophyse und sympathiko-adrenerges System realisiert werden. Sie lassen sich auf den drei Beobachtungsebenen emotionaler Reaktionen erfassen. Am Beginn der Reaktion auf als bedrohlich erlebte Reize stehen negative Emotionen, von denen sich Ärger, Furcht und Depression vom Erleben über das Verhalten bis in die Körpervorgänge hinein unterscheiden lassen.

Ärger ist die Unzufriedenheit mit äußeren Umständen, sich selbst und anderen, wenn Erwartungen nicht erfüllt, Ziele nicht erreicht werden, wenn Handlungen mißlingen, behindert, unterbrochen oder vereitelt werden. Das Gefühl akuter Beeinträchtigung kann sich bis zum Jähzorn steigern oder auch in eine länger andauernde gereizte Stimmung übergehen. Je nach der Situation und individuellen Verfassung äußert sich Ärger mehr oder weniger in Aggressionen gegen Widerstände, Widersacher und sich selbst, die vom Zähneknirschen oder Schimpfen bis zu Sach- und Körperschädigungen reichen. Dabei weist das Anschwellen der „Zornesader“ oder ein „Wutschnauben“ auf die physiologische Steigerung der Handlungsbereitschaft hin. Deren Unterdrückung führt zu schwelender Feindseligkeit mit verdeckter Aggression, die nicht nur soziale Beziehungen, sondern auch Körperfunktionen belastet.

Furcht ist die Verunsicherung durch wirkliche oder vermeintliche Gefahren. Dieses Gefühl der Beunruhigung kann bei plötzlich erlebter (realer oder vermuteter) Gefährdung in Panikattacken gipfeln, bei anhaltendem Bedrohungserleben aber zur ängstlichen Stimmung werden, deren Bezug zu einem konkreten Anlaß nicht immer bewußt ist. Meistens werden allerdings die Begriffe Furcht und Angst synonym verwendet.

Ängste und Befürchtungen entstehen in unübersichtlichen, nicht mehr kontrollierbaren Situationen wie zur Dunkelheit, bei Naturereignissen, in fremder Umgebung. Je nach dem biographischen, historischen und aktuellen Hintergrund richten sie sich allgemein auf die Zukunft oder speziell auf mögliche Kriege, Krankheiten, materielle Einbußen, Prestigeverluste, Trennungen oder den Tod. Wird eine alltägliche Bedrohung weit überschätzt, kann es zu pathologisch übersteigerter Furcht (Phobie) vor harmlosen Tieren wie Spinnen oder dem Überqueren von freien Plätzen ebenso kommen wie zu subjektiv unerklärlichen Ängsten (Angstneurosen), wodurch die Lebensführung nicht weniger eingeengt wird. Denn jeder davon Betroffene sucht durch Flucht und Vermeidung seiner Furcht zu entgehen, deren somatische Manifestationen von der Atemnot bis zum Durchfall ihn vollends lahmlegen können. Der Arzt muß zudem immer mit der Angst des Patienten vor medizinischen Eingriffen rechnen.

Eine Operation stört die Homöostase des Organismus ja nicht erst mit dem physischen Eingriff, sondern schon durch die erhebliche Furcht des Patienten vor Schmerzen, bleibenden Körperschäden und dem Tode. Das Niveau der prä- und postoperativen Angst läßt sich mit Selbstbeurteilungslisten skalieren. Es steigt am Vortag bis zum Eintritt in den Op-Saal an, gipfelt dort unabhängig von der Art des Eingriffes und sinkt danach umso eher ab, je leichter er war. Ähnlich verhält sich die Herzfrequenz. Angst belastet den zu operierenden Organismus also zusätzlich, und bei der Vorbereitung des Patienten auf die Operation *müssen* deshalb auch seine Befürchtungen vermindert werden. Angstbeladene Patienten benötigen eine höhere Dosis von Narkotika. Galt lange Zeit eine angstmindernde Gesprächsführung des Anästhesisten oder Chirurgen mit Patienten von Operationen als nur human wünschenswert, so gilt heute die Unterlassung sorgsamer, angsteindämmender Gespräche als juridikabler ärztlicher Fehler.

Depression ist ein Bedrücktsein, das dem einzelnen wie seiner Umgebung mehr oder weniger verständlich ist. Ein Gefühl der Niedergeschlagenheit kann dem Affekt der Verzweiflung folgen oder auch in anhaltende Schwermut münden. Es wird meistens durch Mißerfolgs- und Verlusterlebnisse, Krankheiten mit ungünstiger Prognose oder als ausweglos erscheinende Lebenssituationen ausgelöst, tritt aber seltener auch ohne jeden erkennbaren Anlaß auf und beschreibt so ein Kontinuum von der normalen Trauer bis zur depressiven Erkrankung. Auffällig sind die Verhaltensänderungen wie Ausdrucksarmut, Hilflosigkeit und Inaktivität. Vielfach wird über Schlaflosigkeit geklagt; es besteht Suizidgefahr. Depressive äußern vermehrt körperliche Beschwerden und sind anfällig für weitere Erkrankungen, was auf die Beeinträchtigung ihrer vegetativen Funktionen hinweist.

Die **biochemischen Indikatoren** emotional unterschiedlicher Streßaspekte sind Gegenstand der *psychoneuroendokrinologischen* Forschung (siehe Exkurs 2.4). Für den Zusammenhang psychischer Erlebnisweisen, zentralnervöser Vorgänge und peripher physiologischer Veränderungen hat HENRY (1986) ein komplexes Streßmodell entwickelt (siehe Abb. 2.9). Es geht von tierexperimentellen Befunden aus, integriert humanmedizinische Erkenntnisse und ermöglicht weiterführende Fragestellungen. Vermehrt ausgeschüttet werden demnach bei *Ärger* vor allem Noradrenalin, Renin und Testosteron, bei *Furcht* hingegen Adrenalin und bei *Depression* Cortisol, das adrenocorticotrope Hormon (ACTH) und β-Endorphine. Hieraus lassen sich Hypothesen über die gesundheitlichen Folgen von Streßreaktionen ableiten, die empirisch überprüfbar sind.

Streßbewältigung

Wenn ein Mensch in die Lage gerät, daß seine Bedürfnisbefriedigung gefährdet ist und gleichzeitig seine Handlungsmöglichkeiten eingeschränkt sind, wird das mit negativen Emotionen erlebt und signalisiert werden. Eine solche Situation hatten wir als Stressor definiert. Aufgabe des Individuums ist die Anpassung an Stressoren beziehungsweise die **Streßbewältigung**. Je nach Gelingen kann dies die psychische Entwicklung stabilisieren oder labilisieren. Der Erfolg einer Streßbewältigung ist von den individuellen Voraussetzungen und Strategien der Bewältigung abhängig.

Bewältigungsvoraussetzungen liegen:

– in der konstitutionellen Belastbarkeit;
– in den Erfahrungen im Umgang mit Belastungen;

- in der Motivstruktur;
- in der emotionalen Stabilität;
- in der Einbindung in unterstützende Sozialbeziehungen.

So erklärt sich eine unterschiedliche Streßresistenz.

Bewältigungsstrategien haben die Verbesserung der Situation und damit auch der Emotionen zum Ziel. Zeitweilig kann eine Linderung der negativen Befindlichkeit schon entlastend wirken, ehe die Umstände verändert sind. Doch birgt

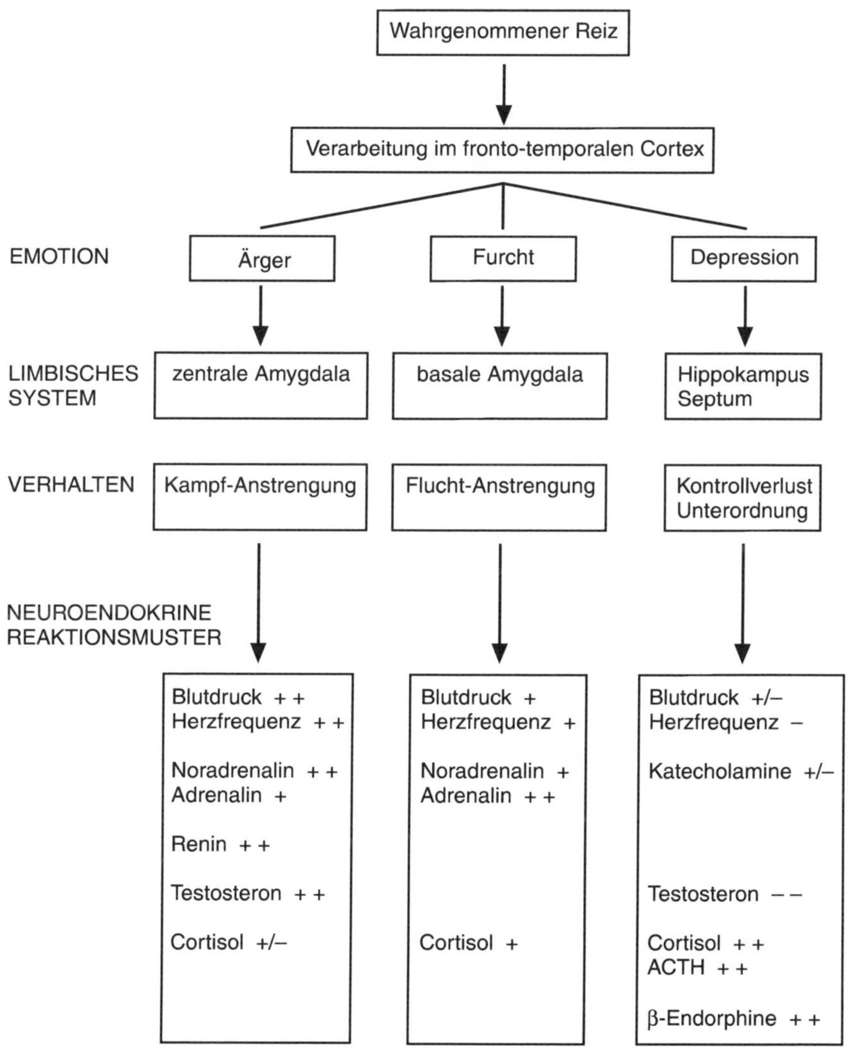

Abb. 2.9 Psychoneuroendokrinologisches Streßmodell nach HENRY, 1986 (aus MÜLLER und NETTER, 1992)

deren Verleugnung (zum Beispiel durch Ablenken, Alkohol oder Psychopharmaka) die Gefahr der Fehlanpassung in sich, wenn dadurch echte Problemlösungen zu lange aufgeschoben werden oder ganz unterbleiben.

LAZARUS (1990) und seine Mitarbeiter haben vier Bewältigungsformen herausgearbeitet und hinsichtlich ihrer Effektivität untersucht. Jede hat sowohl eine problemlösende als auch emotionsregulierende Funktion, kann sich an die eigene Person wie die Umstände richten und auf vergangene oder künftige Ereignisse (Verluste, Herausforderungen) beziehen:

1. Die *Informationssuche* ermittelt jene Merkmale der Situation, die zur Einschätzung ihrer Bedrohlichkeit und zur Wahl von Gegenmaßnahmen erforderlich sind. Sie bereitet Aktionen vor und hebt schon mit der getroffenen Entscheidung das Befinden.
2. Mit *direkten Aktionen* wird versucht, die Situation in den Griff zu bekommen, sei es durch Widerstand, Angriff, Inkaufnehmen von Nachteilen, Verhandeln oder in der Flucht und im Planen von Vergeltung. Sie verändern mit dem Belastungsanlaß auch die Person-Umweltbeziehungen bis zur emotionalen Umorientierung.
3. Die *Aktionshemmung* unterdrückt als schädlich erkannte Handlungsimpulse. Sich von vordergründigen Aspekten der Situation nicht provozieren zu lassen bedeutet die Unterdrückung bestimmter Intentionen zugunsten höher bewerteter anderer. Die emotionale Balance wird dadurch zwar kompliziert, aber möglich.
4. *Intrapsychische Bewältigungsprozesse* dienen der kognitiven Regulation von Emotionen immer da, wo die äußeren Gegebenheiten unveränderbar sind. Verlusterlebnisse müssen so in einem schmerzhaften Prozeß verarbeitet werden, bis ein erträgliches inneres Gleichgewicht als neue Handlungsbasis gefunden ist.

Bewältigungsfolgen, also die Erfolgsquote der Streßbewältigungsversuche, sind bisher weniger unter dem Aspekt der geeigneten, künftigen Gesundheitsförderung als dem der Krankheitsverursachung beachtet worden. In der Anamnese von Patienten mit Herz-Kreislauf-Erkrankungen, Magen-Darm-Geschwüren und selbst Infektionskrankheiten finden sich oft Unzufriedenheiten über nicht bewältigte Anforderungen verschiedenster Art. Doch der sozio-psycho-biologische Weg bis zum morphologischen Befund ist in seinen einzelnen Etappen noch nicht völlig aufgeklärt. Hochaktuell ist in diesem Zusammenhang die Forschungsrichtung der *Psychoneuroimmunologie*. Ihren tierexperimentellen Untersuchungen zufolge sinkt die Effektivität des Immunsystems mit steigendem Streßniveau. Es ist anzunehmen, daß hierdurch nicht nur die Infektionsresistenz ab-, sondern zum Beispiel auch das Tumorwachstum zunimmt.

In einer prospektiven Studie von COHEN (1991) und Mitarbeitern ließ sich zum Beispiel der aus der alltäglichen Erfahrung vermutete Zusammenhang zwischen Streßerleben und Erkältungskrankheiten experimentell nachweisen. 394

Exkurs 2.4 Fallschirmsprung als Streßmodell

In Humanstudien lassen ethische Vorbehalte weder den experimentellen Einsatz extremer Stressoren noch die umfangreiche grundlagenforscherische Datenerhebung an Menschen nach Unfällen oder gravierenden akuten Erkrankungen zu. Deshalb nutzen Forscher derartige Situationen, in denen sich Menschen freiwillig und ohne Anstoß durch Forschungsinteressen extremen psychischen Belastungen aussetzen, also zum Beispiel im Abenteuersport (Wildwasserfahrten, Bungiesprung, Fallschirmsprung). Da mit zunehmender Erfahrung die psychischen und körperlichen Reaktionen sich verringern, konzentriert sich das Interesse zum Beispiel besonders auf den ersten Fallschirmsprung.

In einer psycho-neuro-immunologischen Grundlagenstudie untersuchten SCHEDLOWSKI (1994) 45 Männer (im Alter von 19 bis 39 Jahren) bei ihrem ersten (Tandem-) Sprung aus 3 500 m Höhe. Nach kontinuierlicher Blutentnahme über 3 Stunden (2 Stunden *vor* plus eine Stunde *nach* Absprung) ließen sich labortechnisch die Cortisol-, Adrenalin- und Noradrenalin-Konzentrationen bestimmen. Die Abbildung zeigt die ausgeprägten Effekte der Extrembelastung „Erster Sprung". Forschungstechnisch wichtig ist die kontinuierliche Beobachtung, da sonst Einflüsse aus saisonalen und Tagesschwankungen nicht kontrollierbar sind.

SCHEDLOWSKI, M. (1994). *Streß, Hormone und zelluläre Immunfunktionen. Ein Beitrag zur Psychoneuroimmunologie.* Heidelberg: Spektrum Akademischer Verlag.

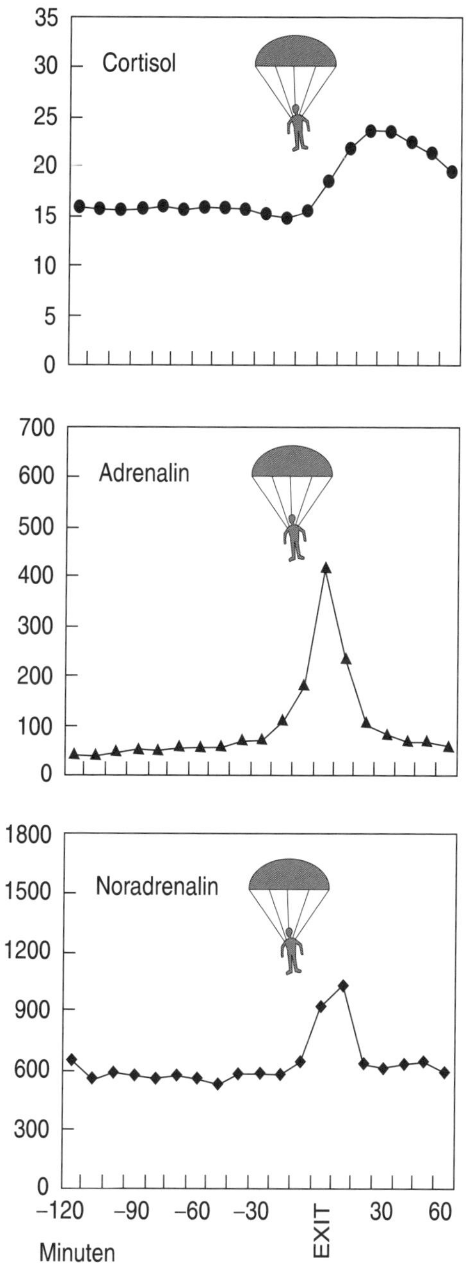

gesunde Probanden füllten einen Streßverarbeitungsfragebogen aus, mit dem sich ihre aktuelle emotionale Belastung quantifizieren ließ. Danach wurden sie (per Nasentropfen) einem Gemisch aus fünf verschiedenen für den oberen Respirationstrakt pathogenen Virusstämmen exponiert. In Quarantäne konnten sie dann hinsichtlich des Auftretens von Infektionen mit klinischen Symptomen und dem Virusnachweis beziehungsweise dem Ansteigen virusspezifischer Antikörper beobachtet werden. In Abhängigkeit von der subjektiven Streßbelastung zeigte sich der Schnupfen bei 27 bis 47% der Probanden (siehe Abb. 2.10). Diese lineare Beziehung blieb auch nach Korrektur der beobachteten Werte durch andere Risikofaktoren wie Rauchen, Alkoholgenuß, Ernährungs- und Schlafgewohnheiten sowie Beachtung der Leukozytenzahl und Konzentration von Immunglobulinen bestehen.

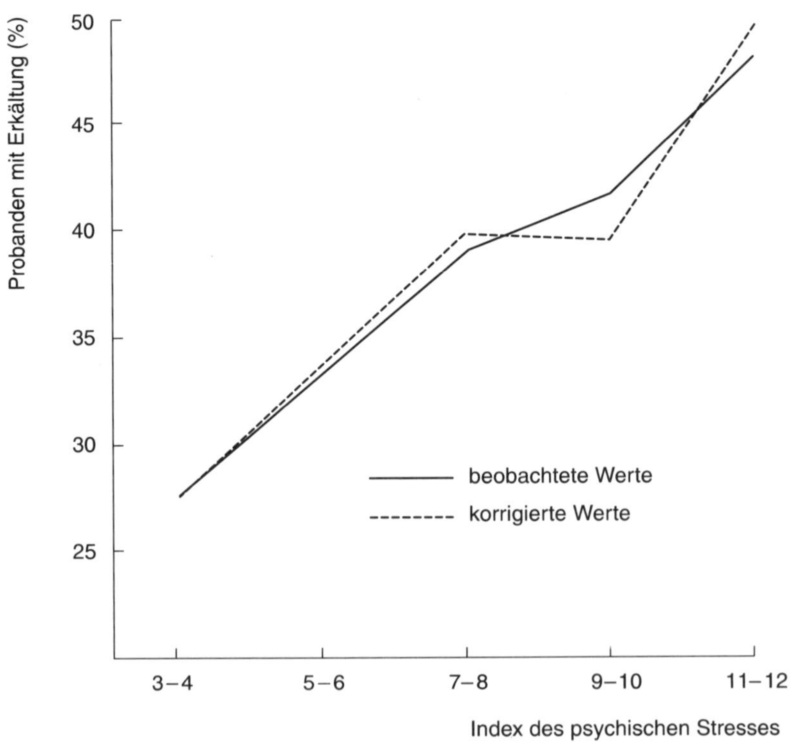

Abb. 2.10 Häufung von Erkältungskrankheiten in Abhängigkeit von der Streßbewältigung bei 394 gesunden Probanden (nach COHEN et al., 1991).

Die Therapie von pathologischen Streßbewältigungsfolgen darf nicht nur am Symptom ansetzen, sondern muß die Stressoren und ihre psychische Verarbeitung miterfassen. Da die emotionale Komponente den Angelpunkt der Streßsituation darstellt, kommt ihrer Balance durch kognitive Neubewertung eine wesentliche Rolle zu. Mit der erfahrungsabhängigen Vorbereitung auf bestimmte Streßsituationen läßt sich die spezielle Streßtoleranz verbessern und über ein psychotherapeutisch angeleitetes Selbstunterweisungs- oder Entspannungstraining („Streßimpfung“) mit der emotionalen Stabilität die allgemeine Streßresistenz erhöhen.

2.6. Bewußtseinszustände

Zu den ersten und wichtigsten Beobachtungen an einem Patienten (zur Erhebung des sogenannten Status präsens des Patienten) gehört die Frage, ob und wieweit er sich der Außenwelt und seiner selbst bewußt ist. Das gilt besonders im akuten Notfall und bei langwieriger Behandlung, wenn auch unter verschiedenen Aspekten. Bei dringlicher medizinischer Hilfe ist immer der Grad der *Wachheit* zwischen den Polen Erregtheit und Bewußtlosigkeit zu beurteilen. Spätestens bei ausbleibendem Behandlungserfolg muß die *Bewußtheit* des Erlebens zwischen den Polen bewußt und unbewußt eingeschätzt werden, weil hier eine gestörte Erlebnisverarbeitung als Mitursache des Krankheitsverlaufes in Betracht zu ziehen ist.

Wachheit bezeichnet den quantitativen, *Bewußtheit* den qualitativen Zustand des Bewußtseins: des unmittelbaren Gegenwärtighabens psychischer Vorgänge.

2.6.1. Wachheit

> Der Grad der Wachheit (auch Bewußtseinslage, -stufe, -grad oder Vigilanz genannt) betrifft die Klarheit des Erlebens und Handelns.

Er ist physiologisch als durchschnittliche Erregungshöhe des ZNS definiert, die an Hand der Frequenzbereiche des EEG auf dem Aktivierungskontinuum bestimmt wird. Der topologisch-zeitlichen Integration dieser Hirnaktivität entsprechen bei Tier und Mensch beobachtbare Wachheitszustände. Wachheitszustände lassen sich nach ihrer Reagibilität auf äußere Reize folgendermaßen untergliedern:

- Erregtheit,
- Aufmerksamkeit,
- entspannter Wachzustand,
- Schlaf und
- Bewußtlosigkeit.

Ihre subjektive Erlebbarkeit ist stark eingeschränkt im Zustand des Schlafes wie der hochgradigen Erregtheit und kaum noch oder gar nicht mehr vorhanden in der Bewußtlosigkeit, dem Koma. Während Erregtheit und Koma seltene Grenzzustände des Bewußtseins darstellen, werden Aufmerksamkeit, entspannter Wachzustand und Schlaf im 24-Stunden-Rhythmus abwechselnd durchlaufen.

Erregtheit

> Der Zustand extremer Aktivierung erscheint als überaktiv eingeengte Wachheit bei behinderter Reagibilität auf äußere Reize.

Diese Erregtheit kann durch subjektiv hoch bewertete Ereignisse ausgelöst und dann als Affekt (Schreck, Wut, Entsetzen, Entzücken, Begierde) interpretiert werden oder infolge psychotischer und epileptischer Erkrankungen auch ohne erkennbaren Anlaß auftreten. Sie kann sich von der leichten Unruhe bis zum zerebralen Krampfanfall steigern und dann zu einer lebensbedrohlichen Aktivierung autonomer Körperfunktionen führen. (Für Straftaten in diesem subjektiven Ausnahmezustand kann verminderte Verantwortlichkeit bestehen).

Aufmerksamkeit

> Der Zustand erhöhter Aktivierung auf subjektiv bedeutsame Reize wird als gerichtete Wachheit erlebt.

Er steigert die Auffassungs- und Handlungsbereitschaft durch Intensivierung und Selektivität der Informationsverarbeitung. Stets werden auf dem Weg in die zentrale Verarbeitung nur Teile der vorhandenen Reize ausgewählt bei gleichzeitiger Abwehr ablenkender Prozesse. Diese Auswahl wird allgemein als **Aufmerksamkeit** bezeichnet und kann entweder aktiv vom Subjekt getroffen oder passiv vom auffälligen Objekt provoziert werden.

Der Aufmerksamkeitsvorgang verläuft in vier Phasen. Er beginnt mit der *Hinwendung zur Reizquelle*, der **Orientierungsreaktion** auf neue Reize. Dieser von I. P. PAWLOW (1849–1936) untersuchte Verhaltenstyp ist zunächst durch eine Empfindlichkeitssteigerung der Rezeptoren gekennzeichnet, wofür die Pupillenerweiterung beim Anblick von Männern oder Frauen in Abhängigkeit von der sexuellen Bedürfnisrichtung ein instruktives Beispiel ist. Sie wird von einer Tonuserhöhung der quergestreiften Muskulatur, Desynchronisierung des EEG, Verkürzung der Reaktionszeiten und vegetativen Veränderungen begleitet. Die folgende *Reizverarbeitung* verläuft abhängig vom physiologischen Aktivierungsniveau. Nach dem von YERKES und DODSON (1908) aufgestellten Gesetz ist sie bei mittlerer Aktivierung optimal und wird sowohl bei niedrigem als auch hohem Niveau durch Ablenkbarkeit behindert (siehe Abb. 2.11).

Mit der *Informationsspeicherung* erlischt dann die Orientierungsreaktion auf die nicht mehr neue Reizsituation, was mit dem Lernvorgang der **Habituation** (vergleiche 2.3.1.) identisch ist. Daran schließt sich die *Erwartung neuer Reize* an, und der Zyklus kann bei geeignetem Objekt erneut ablaufen.

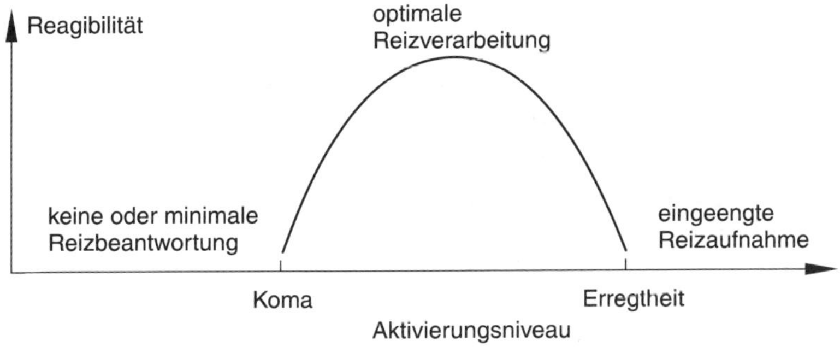

Abb. 2.11 Zusammenhang zwischen Aktivierungsniveau und Reizverarbeitung nach dem Yerkes-Dodson-Gesetz

Entspannter Wachzustand

> Der physiologisch durch den Alpha-Rhythmus des Hirnstrombildes charakterisierte entspannte Wachzustand läßt sich psychologisch als passiv ungerichtete Wachheit beschreiben.

Da wir nicht den ganzen Tag über aufmerksam sein können, entspannen wir uns für Sekunden, Minuten oder auch Stunden durch „Abschalten" der Reizaufnahme bei offenen oder geschlossenen Augen. Dieser Bewußtseinszustand ist nicht völlig gedankenleer, sondern von allerlei Vorstellungen durchzogen, die sich dabei auch neu oder sinnvoll kombinieren können. Er ist das Feld von Tag- oder Wachträumen mit ihren Wunschvorstellungen. Als gelegentliche Erscheinung stellen sie normale Formen der Erlebnisverarbeitung dar, nehmen besonders im Jugendalter zeitweilig breiteren Raum ein und gefährden erst bei Andauern die reale Lebensbewältigung. Wenn sich hingegen Menschen von ihren Aufgaben und Problemen nicht mehr lösen können, muß die Fähigkeit zur wachen Entspannung (Relaxation) unter psychotherapeutischer Anleitung mit Hilfe des sogenannten Autogenen Trainings oder ähnlicher Relaxationsübungen wiedererlernt und vertieft werden.

Schlaf

> Der mit Reduzierung der Alpha-Aktivität beginnende und bis zu Delta-Wellen im EEG übergehende Schlaf ist als Zustand verminderter Reagibilität bei Verlust der räumlich-zeitlichen personalen Orientierung zu kennzeichnen.

Obwohl er subjektiv als Bewußtlosigkeit erlebt wird, ist der Bewußtseinsstrom während des **Schlafs** nicht völlig unterbrochen, sondern nur transformiert. Diese Bewußtseinsveränderung ist von dem allgemeinen Aktivierungsniveau abhängig, an Hand dessen das Schlafgeschehen analysiert werden kann.

Reizaufnahme und -verarbeitung sind im Schlaf herabgesetzt und selektiv verändert. Die *Filterung* erfolgt jedoch ähnlich wie im Wachzustand. Besonders starke, sinnvolle und personal bedeutsame Reize können abhängig von der Schlaftiefe beantwortet werden. So wird jeder Schläfer durch leisen Anruf seines Namens und die junge Mutter vom Wimmern ihres Säuglings eher als von anderen Geräuschen geweckt. Mit einem Tonband, das vorwärts und rückwärts gesprochene Vornamen in unregelmäßiger Reihenfolge abspielt, können bei schlafenden Versuchspersonen elektroenzephalographische und hautgalvanische Reaktionen jeweils auf die sinnvollen Namen abgeleitet werden.

Setzt dieses „Heraushören" bekannter Worte einen Vergleich der aufgenommenen Informationen mit dem Langzeitgedächtnis voraus, so verlangt das *Lernen* ihre Überführung dorthin. Es ist nachgewiesen, daß man im Schlaf lernen kann: Habituieren vegetativer Reaktionen wie Fingerpuls und Herzfrequenz auf neue Reize und auch in Form bedingter Reaktionen sprechen dafür.

> SINZ (1978) konnte zum Beispiel bei Ratten die Ausbildung eines akustisch bedingten Fluchtreflexes dadurch beschleunigen, daß er der Versuchsgruppe in Urethannarkose den Ton vor dem Schmerzreiz darbot. Im Wachzustand benötigten sie dann weniger Wiederholungen als die Kontrollgruppe.

Auch das *Behalten* von im Schlaf vorgesagten Texten oder Vokabeln ist experimentell erwiesen, wegen unerwünschter Nebenwirkungen auf den Schlaf aber hinsichtlich seiner Anwendung umstritten. Dagegen ist die Aufnahme von Suggestionen im hypnotisch veränderten Wachbewußtseinszustand (siehe auch Exkurs 2.5) bei erhaltenem Rapport mit dem Hypnotiseur seit mehr als hundert Jahren erprobt und von ausgebildeten Psychotherapeuten ohne Komplikationen anwendbar (REVENSTORF, 1993).

Träume sind Schlafzustände besonderer mentaler Aktivität, die erst seit der Entdeckung ihres engen Zusammenhanges mit dem **REM-Schlaf** (rapid eye movement) durch DEMENT und KLEITMAN (1957) Gegenstand experimenteller Forschung geworden sind. Den Angaben von Versuchspersonen, die aus ihrem Schlaf in verschiedenen polygraphisch registrierten Stadien geweckt wurden, ist zu entnehmen, daß wir in allen Stadien zeitweilig träumen können. Dabei ist dann die Schwelle für Weckreize gegenüber traumlosen Phasen deutlich erhöht. Der Traum ist also, wie S. FREUD (1856–1939) schon wußte, der „Wächter des Schlafes".

Einschlaf-Berichte lassen den Abbruch des geordneten Gedankenablaufs, Veränderungen der Wahrnehmung des eigenen Körpers mit Fallerlebnissen und halluzinatorische Vorstellungsbilder (Trugwahrnehmungen) erkennen, die teilweise noch willkürlich zu beeinflussen sind. Aus dem weiteren *leichten* und *mittleren Schlaf* werden dann wenige, nur bruchstückartige und gedankenähnliche Traumberichte gegeben. Alpträume im *Tiefschlaf* lassen den Schläfer gele-

Exkurs 2.5 Veränderte Wachbewußtseinszustände

Gegenwärtig rücken solche Grenzzustände des Bewußtseins in das Blickfeld der Öffentlichkeit, die sich von der Erregtheit und dem Koma dadurch unterscheiden, daß sie *willentlich herbeigeführt* werden.

Unter der Bezeichnung „Veränderte Wachbewußtseinszustände“ (VWB) oder „Altered States of Consciousness“ (ASC) sind sie zunehmend auch Gegenstand wissenschaftlicher Untersuchungen geworden. Denn die seit den Studentenunruhen der 60er Jahre in den USA und Europa anhaltende Suche vor allem junger Menschen nach alternativen Bewußtseinsformen beunruhigt die rationale westliche Zivilisation, während in anderen Kulturen zum Beispiel zu bestimmten kultischen Anlässen die Herbeiführung veränderter Bewußtseinszustände durchaus üblich ist.

Veränderte Wachbewußtseinszustände (VWB) sind jene psychischen Zustände, deren Merkmale im normalen Wachbewußtsein selten oder gar nicht auftreten, meist nur einige Stunden andauern und selbst oder unter freiwilliger Zustimmung erzeugt worden sind.

Sie unterscheiden sich somit von psychischen Erkrankungen oder sozialen Nötigungen und können ausgelöst werden durch:

- Halluzigene (Meskalin, LSD, Haschisch, Lachgas und andere);
- Reizentzug (Isolation, Hypnose, Meditation);
- Reizüberflutung (laute Musik, monotone Rhythmen).

Vergleichende experimentelle Studien an gesunden Probanden haben unabhängig von der Verursachung und Tiefe drei ganz verschiedene Dimensionen der VWB ergeben, in denen sie sich signifikant vom normalen Wachbewußtsein abheben. Sie können individuell unterschiedlich ausgeprägt und mehr oder weniger kombiniert sein:

1. **Mystisches Erleben**
   „Die Grenze zwischen mir selbst und meiner Umgebung schien sich zu verwischen“
   „Es schien mir, als gäbe es in der Welt keinerlei Widersprüche und Gegensätze mehr“
   „Vergangenheit und Zukunft erlebte ich als eine Einheit“
   „Ich fühlte mich ohne besonderen Anlaß sehr glücklich“
   „Ich fühlte mich, als wenn ich schweben würde“
   „Es schien mir, als hätte ich keinen Körper mehr“
2. **Angst vor Verlust der Selbstkontrolle**
   „Ich fühlte mich gequält, ohne genau zu wissen, warum“
   „Ich hatte das Gefühl, ich hätte keinen eigenen Willen mehr“
   „Ich fühlte mich wie gelähmt“
   „Es kam mir vor, als sei zwischen mir und meiner Umgebung eine unsichtbare Wand“
3. **Veränderte optische Wahrnehmung**
   „Ich habe bei völliger Dunkelheit oder mit geschlossenen Augen Helligkeit oder Lichtblitze gesehen“
   „Ich sah in völliger Dunkelheit oder mit geschlossenen Augen Farben vor mir“
   „Ich sah in völliger Dunkelheit oder mit geschlossenen Augen ganze Szenen wie einen Film ablaufen“
   „Töne schienen das, was ich sah, zu beeinflussen“

Aus Befragungen an jungen Männern und Frauen im Alter von 20 bis 30 Jahren, die Erfahrungen mit VWB angaben, geht hervor, daß mehr als die Hälfte dieser Zustände pharmakolo-

gisch hervorgerufen wurden. Insofern gibt es fließende Übergänge zur Drogenszene. Doch auch die meditative Auslösung kann mit dem Anschluß an pseudoreligiöse Jugendsekten verheerende Folgen für die Persönlichkeitsentwicklung haben. Selbstversuche mit VWB sind also nicht ungefährlich.
Falls es nötig erscheint, die Suche nach VWB gesellschaftlich unter Kontrolle zu bringen, werden viele ungelöste Probleme sowohl der Verursachung als auch der Therapie sichtbar.
DETERS, H.; DIERSE, B.; VON ARX, S.; STAUB, S.; DITTRICH, A. (1982). Internationale Studie über veränderte Wachbewußtseinszustände (ISASC). Teil 3: Ergebnisse in der Bundesrepublik Deutschland. *Zeitschrift für experimentelle und angewandte Psychologie, 29,* 223–245.

gentlich gar aufschreiend erwachen, ohne daß er ihren Inhalt wiedergeben kann. Dagegen können Alpträume aus der **REM-Schlaf**-Phase mittelbar nach dem Aufwachen sehr wohl berichtet werden. Möglicherweise ist das der Grund, daß Träume aus diesem Stadium bevorzugt erinnert werden. Die geschilderten Trauminhalte sind hier lebhafter, visuell-halluzinatorisch und bedürfnisgeladen. Auch sie werden schnell wieder vergessen:

Fünf Minuten nach Beginn der raschen Augenbewegungen geweckt, berichten noch 90% der Probanden ausführlich über Trauminhalte; werden sie erst 30 Minuten nach Aufhören der Bewegungen geweckt, können nur 9% spärliche Angaben machen (JOVANOVIĆ), 1974).

Die morgens noch erinnerten Träume sind also ein Bruchteil dessen, was uns zusammengenommen etwa zwei Stunden unseres Nachtschlafes beschäftigt hat. Offenbar stellen Träume eine Form der Erlebnisverarbeitung dar, die nicht der unmittelbaren Verhaltenssteuerung, sondern der Aufrechterhaltung des psychischen Gleichgewichts dient. Die neuerworbenen Tageserfahrungen werden so in die bisherigen integriert. Dabei können Emotionen freigesetzt und Bedürfnisse kompensatorisch verlagert werden. Der Zusammenhang des Trauminhaltes mit dem des wachen Bewußtseins, mit unseren Problemen oder verborgenen Wünschen ist freilich ein weites Feld spekulativer Deutung geworden, seit FREUD Träume als persönlichkeitsspezifische Erlebnisse zu interpretieren begann. Doch kann die Traumbearbeitung in der Psychotherapie (WENDT, 1985) von Nutzen sein.

Bewußtlosigkeit

Der in seinem herabgesetzten Aktivierungsniveau hirnelektrisch dem Null-EEG angenäherte Zustand der Bewußtlosigkeit (Koma) bedeutet den weitgehenden oder völligen Verlust jeglichen Erlebens bei minimaler bis völlig fehlender Reagibilität und ist meist lebensbedrohlich.

Die Beobachtung des noch auslösbaren *reizabhängigen Verhaltens* kann neben der Registrierung autonomer Körperfunktionen Aufschluß über die Tiefe des Komas geben.

> Hierzu sind von BRINKMANN et al. (1976) sowohl die Reize abgestuft worden, mit denen sichtbare Reaktionen auszulösen sind (0 = überhaupt keine, 1 = elektrische, 2 = mechanische, 3 = akustische, 4 = optische) als auch die klinisch beobachtbaren Reaktionen (0 = gar keine, 1 = motorische, 2 = mimische, 3 = orientierende, 4 = kommunikative). Die Einschätzung von komatösen Patienten nach beiden Skalen stimmt weitgehend, aber nicht völlig überein und ermöglicht die einfache Unterscheidung von Graden der Stimulierbarkeit und des Reaktionspotentials innerhalb der Bewußtlosigkeit.

Nach wiedererlangtem Bewußtsein werden mitunter *Erlebnisse* aus der Bewußtlosigkeit berichtet: Man habe ein helles Licht gesehen, einen Tunnel durchschritten, plötzliche Einsichten erfahren, sei dabei glücklicher Stimmung gewesen, lebenden oder verstorbenen Personen begegnet, hätte auf den eigenen Körper herabgeblickt, längst vergangene Ereignisse erinnert und geglaubt, dem nun nicht mehr gefürchteten Tode nahe gewesen oder schon gestorben zu sein. Deshalb werden solche Erinnerungen als *todesnahe Erfahrungen* (Near Death Experiences, NDE) bezeichnet. Tatsächlich geben reanimierte Patienten sie öfter an als andere, die nicht in akuter Lebensgefahr schwebten, doch unterscheiden sich ihre Inhalte weder hinsichtlich der objektiven noch subjektiven Todesnähe. Sie ähneln vielmehr denen Gesunder in experimenteller Narkose und vermitteln offenbar noch keinen Einblick ins Jenseits, wie MOODYs (1977) erste Schilderungen dieser Phänomene es nahelegten. Eher dürften sie als psychische Folge des komatösen Sauerstoffmangels im Gehirn zu interpretieren sein (LEMPERT et al., 1994).

2.6.2. Bewußtheit

> Der Grad der Bewußtheit gibt an, wie weit die Inhalte des Erlebens und Handelns vom Individuum reflektiert werden.

Er ist wie der Wachheitsgrad eine Funktion des Gehirns und von dessen Intaktheit abhängig, bisher aber weder genauer zu lokalisieren noch nach neurophysiologischen Kriterien abstufbar. Die erlebnismäßige Repräsentanz der Bewußtseinsinhalte in Wahrnehmungen, Gedanken, Motiven und Gefühlen ist jedoch für das Individuum von unterschiedlicher aktueller Zugänglichkeit, die als *bewußt*, *unterbewußt* und *unbewußt* bezeichnet werden kann. Diese Unterscheidung bezeichnet zugleich Grade der Mitteilbarkeit des Erlebens, dessen Inhalt wir nur über die sprachliche Äußerung erfahren. Insofern ist bewußt erst das, was sprachlich mitgeteilt werden kann, und Bewußtheit des Erlebens daher nur beim Menschen zu erfassen.

Bewußtes Erleben und Handeln ist durch die *Reflexion über die Umwelt und das eigene Leben* gekennzeichnet. Unmittelbares wird distanzierendes Erleben, wenn der Mensch aus der naiven Symbiose mit seiner Umwelt heraustritt, allgemeine, notwendige und wesentliche Zusammenhänge der Realität erkennt und dementsprechend handelt. So entsteht sein Weltbild, in dem er selbst mit allen Möglichkeiten, Wünschen und Handlungen ebenso enthalten ist wie die Beziehung zur Gesellschaft und deren Kultur. Im Verlauf der psychischen Entwicklung werden zunächst die wahrgenommenen Objekte bewußt und dann erst die an ihnen vorgenommenen Tätigkeiten; später wird auch die ursprüngliche Verschmelzung von Kollektiv- und Individualbewußtsein gelöst, so daß die Bewußtseinsinhalte nach diesen vier inhaltlichen Kategorien beschrieben werden können. Welche konkreten Inhalte den höchsten Grad der Bewußtheit erreichen, unterliegt den selektiven Wirkungen der jeweiligen Handlungssituation, der Neuheit ihrer Reize, den Motiven und emotionalen Bewertungen des einzelnen. LEONTJEW (1979) hat auf diese „Engagiertheit des Bewußtseins" aufmerksam gemacht, die sich aus dem persönlichen Sinn ergibt, den die tatsächlichen Lebensbeziehungen für den Menschen haben.

Unterbewußtes Erleben und Verhalten bezieht sich auf *noch nicht oder nicht mehr reflektierte Bewußtseinsinhalte. Vorbewußt* können unterschwellige Sinnesreize sein, die entweder zu gering, zu zahlreich oder zu einförmig sind, um bewußt zu werden. Kein geringerer als G. W. LEIBNITZ (1646–1716) hat auf diese „Unendlichkeit von Perzeptionen ohne Reflexion" hingewiesen, die aber mehr als nichts sein müssen, wenn wir zwar nicht die Bewegung des einzelnen Blattes, wohl aber das Rauschen des Waldes hören. So nehmen wir die Vielzahl propriozeptiver Reize aus unserem Körper nur als Zustand allgemeinen Wohlbefindens oder Mißbehagens wahr, bis dann eine Krankheit das „Schweigen der Organe", wie die französische Schule des 18. Jahrhunderts Gesundheit formulierte, durchbricht.

Nebenbewußt bleiben Sinneseindrücke am Rande der aufmerksamen Beobachtung, die erst im Nachhinein reflektiert werden können, wenn zum Beispiel ein Tathergang aussagepsychologisch rekonstruiert wird oder auch im Traum erscheint.

> So träumte ein Radiologe, der am Tage viele Röntgenbilder begutachtet hatte, nachts von einer dieser Aufnahmen und sah darauf einen Tumor. Er wachte erschrocken auf, konnte sich noch an den Namen des Patienten erinnern und so seinen Befund später nachprüfen. Tatsächlich hatte er den Tumor übersehen, aber offenbar doch bemerkt, so daß dieser zum Trauminhalt werden konnte.

Nachbewußt sind alle automatisierten Funktionen wie Steuer- und Schaltbewegungen, die uns in der Lernphase bewußt waren und erst bei Schwierigkeiten erneut bewußt werden. Ebenso ist unser Gedächtnisbesitz bewußt erworben und prinzipiell bewußtseinsfähig. Auch Vergessenes kann zu einem späteren Zeitpunkt oder in anderer Konstellation wieder erinnert werden.

Unbewußtes Erleben enthält *nichtreflektierte Inhalte, die dennoch verhaltenswirksam sind.* Emotionen, deren Ursachen, oder Motive, deren Gegenstände nicht bewußt sind, können unser Handeln regulieren und uns so lange beunruhigen, bis uns eines Tages der Zusammenhang klar wird.

> In einem klassischen Experiment suggerierte VOGT (1897) seiner Versuchsperson im hypnotischen Teilschlaf, daß Pflaumen madig seien. Sie hatte im Wachzustand keinerlei Erinnerungen daran, lehnte aber ihr angebotene Pflaumen nun unter allerlei Ausflüchten ab. Erst nach suggestiver Aufhebung der posthypnotischen Amnesie konnte sie diesen Erlebnisinhalt reflektieren, und sie aß dann Pflaumen wieder gern wie vor der Hypnose.

Nach diesem Modell hat S. FREUD (1856–1939) die Entstehung und Heilung von Neurosen konzipiert, deren unbewußte Erlebnisursachen mittels der von ihm begründeten *Psychoanalyse* aufgedeckt und bewußt verarbeitet werden. Seitdem hat sich jedoch gezeigt, daß bewußte und unbewußte Erlebnisinhalte nicht nur in einander behindernden, sondern auch in fördernden Beziehungen zueinander stehen können, wie das Beispiel produktiver Einfälle beim Einschlafen oder Erwachen und im Traum beweist. Doch der Mechanismus des Bewußtwerdens ist gedächtnispsychologisch noch immer unzureichend geklärt. Für die Psychogenese einer Krankheit ist allerdings die Affektbesetzung eines Erlebnisses bedeutender als sein Bewußtheitsgrad, wie KLUMBIES (1977) sein psychotherapeutisches Erfahrensgut zusammenfaßt. Es kommt also primär darauf an, emotional negativ geladene Themen in der Krankheitsgeschichte zu beachten, die bei hartnäckigem und chronifiziertem Verlauf auch unbewußt sein können.

2.6.3. Bewußtwerden von Krankheitsbedingungen

Wer krank wird, versucht sich das zu erklären. Diese Erklärung kann mehr oder weniger zutreffen beziehungsweise falsch sein, das Gesundwerden und -bleiben fördern oder behindern. Deshalb muß der Arzt dem Patienten die richtige Einsicht in die Zusammenhänge der Krankheit vermitteln, um seine Mitarbeit an ihrer Heilung und Vorbeugung mobilisieren zu können.

Die **Körpervorgänge** verlaufen, wie schon gesagt, in der Regel unterbewußt. Die propriozeptiven Impulse aus dem Körperinneren bilden eine Art „Geräuschkulisse", vor deren Hintergrund die durch Umweltreize oder Funktionsänderungen hervorgerufenen Reaktionen erlebt werden. Dann ragen aus diesem vorbewußten Allgemeinbefinden gewisse Organsensationen zeitweilig bewußt heraus, um bald wieder zu versinken. Der Heilung einer Organerkrankung können sie nachbewußt folgen, solange der Rekonvaleszent sie noch beachtet, was ganz natürlich ist. Manche Menschen neigen aber dazu, auch gelegentlich auftretende normale Organsensationen „nachzufühlen" und sie als Krankheitssymptom zu deuten (vergleiche 6.1.). Solche hypochondrischen Befürchtungen werden dann an Herzklopfen, Druck in der Schläfe, Magenschmerzen oder Atemnot und ähnliches geknüpft. Die Neigung zum Empfinden solcher Beschwerden kennzeichnet nicht nur besonders ängstliche Menschen, sondern kann auch als Folge von Unausgefülltsein oder Überlastung auftreten. Bei Unterforderung rücken propriozeptive Impulse aus Mangel an wichtigen anderen Erlebnisinhalten ins Bewußtsein, bei Überforderung können erste, meist noch vorübergehende körperliche Streßreaktionen auftreten, und es werden unangenehme Muskelspannungen, schnelles Atmen oder leicht gestörte Darmmotorik und ähnliches empfunden. Als Krankheitssymptome erlebt, können sie zu unklaren Verläufen führen, die erst durch Aufhellung ihrer psychosozialen Ursachen zu behandeln sind.

Der **Erlebnishintergrund** nicht nur solcher propriozeptiven Beschwerden, sondern vieler Krankheiten ist oft nicht bewußt. Meistens werden vom Patienten objektive Ursachen wie schlechte Witterung, verdorbene Nahrungsmittel, bakterielle Erreger oder auch die von den Eltern geerbte Konstitution angeschuldigt. Das Erkennen von Fehlern in der eigenen Lebensweise wie unzweckmäßige Kleidung, Ernährungsgewohnheiten oder Arbeitsweise fällt schon schwerer, oft werden sie auch nicht zugegeben. Ärger, Furcht, Scham und Konflikte als Haupt- oder Mitursachen des Krankheitsverlaufes sind hingegen seltener bewußt. Selbst wenn die zeitliche Aufeinanderfolge von sozialer Kränkung und Beginn der Beschwerden offensichtlich ist, wird sie als möglicher Kausalzusammenhang kaum in Betracht gezogen. Oft reift diese unbequeme Einsicht erst in wiederholten Gesprächen mit dem Arzt, nachdem weitere organische Untersuchungen keinen Aufschluß erbracht haben (vergleiche 1.3.3.). Es ist erstaunlich, wie verbreitet ein naiv dualistischer Leib-Seele-Standpunkt ist, der es nicht wahrhaben will, daß ein schwelender Konflikt, sich zum Beispiel zwischen zwei Partnern entscheiden zu müssen, Herzbeschwerden verursachen kann. Ungläubig wird immer wieder die Ableitung eines EKG gewünscht, da der gesuchte Organdefekt von der eigenen Verantwortung für die Gesundheit entlasten soll. Wo aber ein Erlebnishintergrund auch dem explorierenden Arzt zunächst verschlossen und dennoch anzunehmen bleibt, ist die psychotherapeutische Behandlung angezeigt. Hier wird dann versucht, in wiederholten Gesprächen mit dem Therapeuten und in der Patientengruppe sowie mit Hilfe projektiver Tests (vergleiche 8.6.2.) unbewußte psychosoziale Krankheitsbedingungen bewußt zu machen und dann zu erörtern. Mitunter können auch häufig wiederkehrende Trauminhalte Zugang zu nicht verarbeiteten Konflikten bieten.

Die **Mobilisierung des Gesundungswillens** steht nicht nur bei psychisch bedingten Krankheiten im Mittelpunkt der Therapie. Auch in der Behandlung jeder anderen Krankheit kann sie zentral wichtig werden, wenn ein Ambivalenzkonflikt besteht zwischen Krankbleiben (Verlust der Freizügigkeit, aber Gewinn an Zuwendung) und Gesundwerden (Gewinn der Bewegungsfreiheit, aber Verlust an Schonung). Der Kampf gegen die vorzeitige Berentung ist dann ein Kampf um die positive Motivierung des Patienten, die sich psychoneuroimmunologisch als Aktivierung autonom gesteuerter Körpervorgänge auswirkt und die Besserung bringt. Auch Krankheiten ohne jede Konfliktbeteiligung werden so durch den Lebenswillen günstig beeinflußt, und in kritischen Zuständen kann er die letzten Energien mobilisieren. Diese oft entscheidende Motivierung zum Überleben ist jedoch nicht durch direkte Appelle zu erreichen, sondern muß indirekt über noch vorhandene Lebensziele und -aufgaben geweckt werden, die als Bewußtseinsinhalte in die Auseinandersetzung mit der lebensbedrohlichen Situation eingehen. Dabei dürfen jedoch keine falschen Hoffnungen geweckt werden, und bei infauster Prognose kann das Durchsprechen nicht mehr gelöster Probleme von einem bestimmten Zeitpunkt an nur noch den Sinn haben, das Sterben da zu erleichtern, wo beunruhigende Erlebnisse es mehr oder weniger bewußt erschweren.

3. Der Kranke als Persönlichkeit

Jeder Kranke ist nicht nur in seinem körperlichen, sondern auch psychischen und sozialen Wohlbefinden gestört, das heißt als gesamte Persönlichkeit betroffen. Das kann in dreifacher Hinsicht von Belang sein:

- Persönlichkeitseigenschaften sind eine *Bedingung*, die bei der Behandlung mit zu berücksichtigen oder selbst zu korrigieren ist.
- Persönlichkeitsänderungen können Symptome oder *Folge* einer Krankheit sein.
- Auffällige Persönlichkeitszüge kommen als *Ursache* oder Mitursache des Leidens in Frage.

Die Persönlichkeit eines Patienten ist also bei jeder Therapie, Diagnostik und ätiologischen Klärung in Betracht zu ziehen. Jede medizinische Betreuung beeinflußt ihrerseits aber auch mehr oder weniger die weitere Entwicklung der Persönlichkeit des Erkrankten.

3.1. Regulation der Person-Umwelt-Beziehung

Die Funktion dessen, was wir Persönlichkeit nennen, liegt in der Regulierung von Person-Umwelt-Beziehungen. Sie ist von der des Individuums einerseits und des Organismus andererseits zu unterscheiden.

Individuum *ist das unverwechselbare Einzelwesen*, wie es sich mehr oder weniger deutlich von anderen Exemplaren seiner Art unterscheidet. Je höher diese Art in der Phylogenese steht, desto komplizierter werden sowohl Bauplan als auch Lebensweise und mit ihnen die Besonderheiten des Einzelwesens. Je näher wir diesem Einzelwesen stehen, desto eher erkennen wir seine ererbte und erworbene Einmaligkeit. Beim Menschen kommt die Zivilisationshöhe als differenzierende Bedingung hinzu, so daß hier das Individuum – auch Person genannt – als Einheit seiner biotischen, psychischen und sozialen Natur verstanden werden kann (SERSHANTOW et al., 1980). Es lebt unter konkreten natürlichen und gesellschaftlichen Bedingungen, mit denen es sich auseinandersetzt und dabei seine körperlichen wie psychischen Eigenschaften in charakteristischer Weise entwickelt.

In Abhebung von dieser globalen Kennzeichnung des unteilbaren realen Menschen beschreiben ihn die Begriffe Organismus und Persönlichkeit näher unter dem biologischen beziehungsweise sozialen Gesichtspunkt seiner Lebensform.

Organismus *ist das Individuum als Lebewesen*, als biologisches System. Er umfaßt die morphologisch sichtbaren Strukturen und physiologisch erfaßbaren Funktionen des Tieres oder des Menschen ebenso wie deren psychologisch beschreibbare Funktionen und Bedürfnisse der Lebenssicherung oder Fortpflanzung. Infolge seiner sozialen Existenzweise wird der menschliche Organismus jedoch erst in einem System abgestufter Beziehungen verständlich, das vom Stoffwechsel über den Informationsaustausch bis zur Kommunikation reicht. In dieser bio-psycho-sozialen Einheit wird die soziale Natur des Menschen zwar von seiner biologischen Existenzform getragen, doch nicht allein durch sie erklärbar. Deshalb bedarf beim Menschen der Begriff des Organismus einer Ergänzung durch den der Persönlichkeit.

Persönlichkeit *ist das Individuum als gesellschaftliches Wesen*, im Kontext seiner sozialen Einbindung. Sie stellt eine besondere Qualität des Individuums dar: Gestalter seiner Beziehungen zur Umwelt zu sein. Das Individuum wird zur Persönlichkeit, indem es sich aktiv mit den konkreten Lebensverhältnissen auseinandersetzt und diese mitgestaltet.

Der Persönlichkeitsbegriff umfaßt also die Handlungs- und Funktionstüchtigkeit des Individuums in seiner Welt; er beschreibt deren Art und Ausmaß.

Diese Bestimmung des Begriffes Persönlichkeit läßt eine Anwendung erst in bezug auf den Menschen zu. Es gibt eine Individualität, aber noch keine Persönlichkeit des Tieres. Ebenso wird man als Persönlichkeit nicht schon geboren, sondern entwickelt sich dazu im Vollzug der Sozialisation. Von einer Persönlichkeit des Kindes kann deshalb erst dann gesprochen werden, wenn es die notwendigen Voraussetzungen für eine Interaktion mit den Sozialisationsmedien wie Familie, Kindergarten, Schule und den durch sie repräsentierten kulturellen Normen erworben hat: Ichbewußtsein, Sprache und Kooperationsbereitschaft. Das ist etwa im Alter von zwei bis drei Jahren der Fall. Danach werden neben den schon beim Säugling erkennbaren individuellen Unterschieden im Verhalten auch Unterschiede im Grad der erreichten Sozialisierung sichtbar, die durchaus in der weiteren Ausformung von Wesenszügen erkennbar bleiben können. Insbesondere ist die Persönlichkeit, wie LEONTJEW (1979) darlegt, ein relativ spätes Produkt der historischen und ontogenetischen Entwicklung des Menschen. Er wird erst in seiner Tätigkeit unter konkreten sozialen Verhältnissen zur Persönlichkeit. Diese ist weder ein Ergebnis der individuellen Anpassung an die äußere Situation noch ein geschlossenes System von stabilen Prädispositionen, das der Umwelt nur gegenübertritt. Vielmehr muß sie als ein System von miteinander wechselwirkenden biologisch fundierten und kulturell determinierten Elementen angesehen werden, das eine offene Beziehung mit der aktuell zugänglichen Umwelt unterhält. Persönlichkeit kann demnach nichts statisch Gegebenes, sondern nur ein Konzept sein, das sich kontinuierlich mit der Zeit entwickelt. Hierzu gibt FISSENI (1984) einen ausführlichen Theorienüberblick.

Doch auch das vergesellschaftete Individuum bleibt ein Mensch aus Fleisch und Blut. Zwischen Persönlichkeit und Organismus bestehen die Beziehungen dialektischer Identität: Je nach dem Betrachtungsstandpunkt ist eines in dem andern „aufgehoben". So bleibt die Regulierung der Person-Umwelt-Beziehungen an die Funktionstüchtigkeit des Organismus gebunden, und dieser existiert nur in Ausübung von Tätigkeiten, die kulturell vermittelt sind. Dabei können Körperbehinderungen die Entwicklung der Persönlichkeit ebenso beeinflussen wie deren Verhalten die Ausformung des Organismus.

3.2. Persönlichkeitsbeschreibung

Die medizinpsychologische Persönlichkeitsbeschreibung umfaßt die Handlungs- und Funktionstüchtigkeit des Patienten in der Gesellschaft.

Sie beurteilt den persönlichen Stil seiner Lebensführung im Hinblick auf das Risiko für die Gesundheit, die Abhängigkeit von ihr und die Bedeutung für deren Wiederherstellung. Hierzu gehört ein Überblick über *normal variierende* Persönlichkeitseigenschaften, wie sie jeder Mensch in unterschiedlicher Ausprägung hat. Die *akzentuierenden* und *abnormen* Persönlichkeitszüge, welche nur besonders auffällige Menschen kennzeichnen, sowie die Persönlichkeitsstörungen sind Gegenstand der Psychiatrie (DILLING und REIMER, 1990). Hingegen wird sich jeder behandelnde Arzt bei der Exploration in erster Annäherung ein Bild darüber verschaffen, wie intelligent, aktiv, sozial angepaßt sich der Patient in seiner Lebenssituation verhält und welche Vorstellungen von sich selbst wie von der Umwelt ihn dabei leiten. Dieser erste Eindruck ist durch das gezielte ärztliche Gespräch und psychodiagnostische Untersuchungen (siehe Kapitel 8) dann zu vertiefen, wenn psychische Komponenten wesentlich am Krankheitsgeschehen beteiligt sind.

3.2.1. Intelligenz

Begriff

Unter Intelligenz wird seit W. STERN (1871–1939) die „allgemeine geistige Anpassungsfähigkeit an neue Aufgaben und Bedingungen des Lebens" verstanden.

Der Versuch ihrer Erfassung mit Hilfe von Intelligenztests und des von ihm eingeführten Intelligenzquotienten (IQ, vergleiche 8.6.4.) verdeutlicht das Grundproblem der Messung psychischer Eigenschaften überhaupt, das heißt von Merkmalen, für die es keinen absoluten Maßstab gibt. Die an genormten Denkaufgaben geprüfte Leistung des einzelnen kann nur im Vergleich zu der einer altersentsprechenden Standardisierungspopulation (Eichstichprobe) bestimmt werden, indem der individuelle Punktwert durch den Punktzahldurchschnitt innerhalb der Eichgruppe dividiert und mit 100 multipliziert wird. Der so erhaltene IQ variiert um den altersgemäßen Durchschnittswert (IQ = 100) von der geistigen Behinderung (IQ ≤ 50) bis zur Hochbegabung (IQ ≥ 150).

STERN glaubte damit „ein Dauermaß, also einen Ausdruck für die konstitutionelle Beschaffenheit der Intelligenzanlage“ gewonnen zu haben. Das hat sich mittlerweile in zweifacher Hinsicht als Irrtum erwiesen.

Zum einen ist die individuelle Konstanz des Intelligenzmeßwertes seltener als der Wechsel. In Längsschnittuntersuchungen über die Intelligenzentwicklung von der Geburt bis zum Erwachsenenalter zeigte der mit sechs Monaten bestimmte Meßwert noch keinen Vorhersagewert für den mit sechs Jahren ermittelten. Von sechs bis 18 Jahren behielten nur 15% der Herangewachsenen einen IQ in der gleichen Dekade, während die Mehrzahl darüber hinausgehende Veränderungen zeigte, die bei einem Drittel 20 IQ-Einheiten überstiegen. Kinder mit erheblichen IQ-Wechseln hatten ungewöhnlich unruhige Lebensgeschichten. Die Richtung der Veränderungen folgte dabei dem Bildungsgrad der Familie.

Zum andern kann der IQ nicht nur die erbliche Intelligenz messen, wenn sich die Unterschiede im mittleren IQ der Kinder aus verschiedenen Sozialschichten mit steigendem Alter vergrößern. Hierbei müssen die Bildungsbedingungen eine entscheidende Rolle spielen und mit mehr als nur 20% am Zustandekommen des individuellen Intelligenzmeßwertes beteiligt sein, die ihr extreme Erbtheoretiker unter den Intelligenzforschern nur zugestehen wollen. Die Vermutung, daß die Intelligenz zu 80% vererbt sei, wird von ihnen aus Ergebnissen der Zwillingsforschung abgeleitet. Hiernach stimmen getrennt aufgewachsene eineiige Zwillinge zu etwa einem Fünftel nicht in ihren Intelligenzmaßen überein, zusammen aufgezogene nichtverwandte Personen gleichen sich dagegen in eben diesem Anteil. Dabei wird die relative Homogenität der Entwicklungsbedingungen übersehen, denen diese Probanden der weißen Mittelklasse aus England und den USA unterlagen. Durch Einbeziehen der Elendsviertel würde sich jedoch mit den Milieuunterschieden auch der Umweltanteil am Zustandekommen von Ähnlichkeiten und Unterschieden in der Intelligenzentwicklung vergrößern. Unter Kindern, die noch im ersten Lebensjahr von ihren dort lebenden intelligenzgeminderten Müttern in normale Pflegefamilien kamen, waren im Schulalter nur noch etwa 20% geistig retardiert, was nicht einmal allein durch Vererbung, sondern auch mit frühkindlicher Hirnschädigung infolge unzulänglicher Geburtshilfe erklärt werden kann. *Der IQ ist also lediglich ein Maß für die aktuelle geistige Leistungsfähigkeit, wie sie sich in Abhängigkeit von den Aufgaben und Bedingungen des Lebens entwickelt hat.* Sein prognostischer Wert steigt mit dem

Lebensalter, der Kürze des Prognosezeitraums, der Stabilität von Lebensverhältnissen und Gesundheit.

Differenzierung
Jedes Intelligenzmaß ist ein komplexer Wert, in den verschiedene Fähigkeiten eingehen. Welche sind es im einzelnen? Aus der praktischen Erfahrung, daß gute Leistungen in einem geprüften Bereich (zum Beispiel Schlußfolgern) meist mit solchen in anderen Bereichen (zum Beispiel Gedächtnis) übereinstimmen, folgerte C. SPEARMAN (1863–1945) mittels der von ihm entwickelten mathematisch-statistischen Methode der Faktorenanalyse die Existenz eines allgemeinen Faktors und mehrerer spezieller Faktoren der Intelligenz (2-Faktorentheorie in Abb. 3.1).

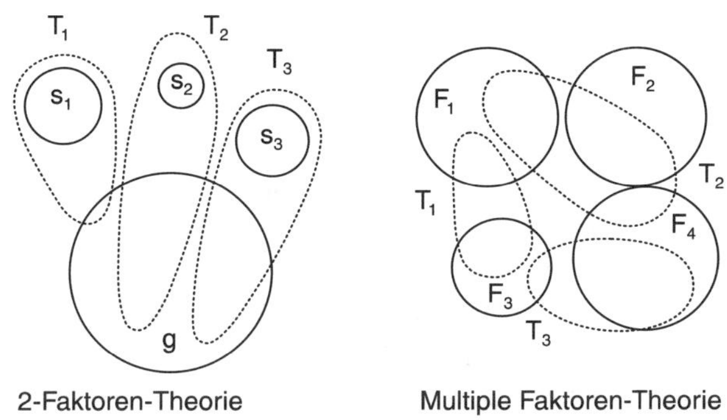

Abb. 3.1 Faktorenanalytische Intelligenzmodelle (nach HOFSTÄTTER, 1957 aus GUTHKE, 1978). T1–T3 Testaufgaben, g Generalfaktor, s1–s3 spezifische Faktoren, F1–F4 Intelligenzfaktoren

Während ersterer (g) allen Testleistungen (T1–T3) in unterschiedlichem Grade zugrundeliegt, tragen letztere (s) jeweils nur einzelne Leistungen mit. Dieses Modell stimmt auch mit der pädagogischen Erfahrung bei der Förderung von Allgemein- und Spezialbegabungen überein.

Demgegenüber glaubt CATTELL (1973) den Generalfaktor in zwei allgemeine Begabungsfaktoren aufspalten zu können. *Flüssige Intelligenz* sei die aktive geistige Kapazität, die ihr Maximum mit dem Abschluß des Gehirnwachstums erreiche und im Alter oder früher schon nach Hirnverletzungen und -erkrankungen abnehme. *Kristallisierte Intelligenz* hingegen sei die Summe der Kenntnisse, die sich ein Mensch mit Hilfe der flüssigen angeeignet habe und die im Erwachsenenalter unvermindert bleibe. CATTELL hat sich besonders darum bemüht, die flüssige Intelligenz von Bildungseinflüssen bereinigt durch sprachfreie Tests zu messen, welche meist das Erkennen geometrischer Muster fordern. Doch hat sich gezeigt, daß auch solche Leistungen noch im mittleren Erwachsenenalter trainierbar sind und im übrigen besonders von der technischen Schulung gefördert werden.

Es kann keinen völlig „milieuunabhängigen" Test geben, der nur den biologischen Intelligenzanteil mißt.

Durch eine Veränderung der faktorenanalytischen Technik kam L. L. THURSTONE (1887–1955) zur multiplen Faktorentheorie der Intelligenz (siehe Abb. 3.1) mit einer Unterteilung in sieben sogenannte *geistige Primärfähigkeiten*: Rechenfähigkeit, Sprachverständnis, Raumvorstellung, Merkfähigkeit, Regelerkenntnis, Wortflüssigkeit, Auffassungsgeschwindigkeit. Diese Theorie ist dann von GUILFORD (1974) zu einem Modell der Gesamtstruktur des „Verstandes" mit 120 hypothetischen Fähigkeiten ausgebaut worden, von denen er etwa 50 durch Faktorenbefunde ausweist.

Die Zahl solcher faktorenanalytisch unterschiedenen Teilfähigkeiten der Intelligenz ist außer von der benutzten Rechentechnik noch abhängig von der Art und Anzahl der Tests, deren Daten dann der Faktorenanalyse zugrundeliegen. Keine dieser so gewonnenen Einteilungen ist daher zu verabsolutieren. Für den klinisch diagnostischen Gebrauch hat sich die Unterscheidung von verbaler und praktischer Intelligenz bewährt.

Bedeutung

Das allgemeine Intelligenzniveau der Patienten ist bei jeder medizinischen Behandlung insofern zu berücksichtigen, als ihm alle Erklärungen und Verordnungen angepaßt werden müssen (vergleiche 7.2.2.). Hierzu genügt das Schätzurteil aufgrund des erreichten Bildungsgrades, der sprachlichen und mimischen Differenziertheit. Je mehr ein komplizierter Behandlungsplan die Kooperation des Patienten voraussetzt, desto eher werden bestimmte intellektuelle Mindestforderungen gestellt (vergleiche 7.3.). So verschlechtert sich zum Beispiel die Anpassung an die Hämodialyse und nachfolgende berufliche Rehabilitation bei unterdurchschnittlicher Intelligenz (IQ unter 85). Hier wird in Zweifelsfällen schon die Intelligenzprüfung erforderlich. Sie ist besonders da angezeigt, wo der intellektuelle Entwicklungsstand als Mitursache einer Krankheit angenommen werden kann. Das ist bei vielen Überforderungssyndromen nicht nur im Kindes- und Jugendalter (vergleiche 4.3.2.), sondern auch bei Erwachsenen (vergleiche 4.5.2.) der Fall. Das Gegenteil einer gesundheitlichen Reaktion auf intellektuelle Unterforderung bekommt der Arzt seltener zu Gesicht, weil diese durch Freizeitaktivitäten eher auszugleichen ist. Doch bildet sie als Ursache beruflichen Unausgefülltseins den Nährboden für manche psychischen und psychosomatischen Störungen.

Umgekehrt ist Gesundheit Voraussetzung jeder Intelligenzleistung. Das gilt schon für den allgemeinen Gesundheitszustand, der besonders im Erwachsenenalter über Erkrankungen des Herz-Kreislauf-Systems die Hirnfunktionstüchtigkeit nachweisbar beeinträchtigen kann (vergleiche 4.5.2. und 4.6.2.) und erst recht für die Hirngesundheit im engeren Sinne. Frühkindliche Hirnschäden und ererbte Stoffwechselstörungen sind die häufigsten Ursachen der primären Intelligenzminderung; entzündliche Erkrankungen, traumatische Verletzungen und atrophische Veränderungen des Gehirns die des vorzeitigen Intelligenzabbaus.

Bei der Oligophrenie und Demenz wird so die Intelligenz selbst zum Anlaß der medizinischen Diagnostik, Therapie und Rehabilitation. In diesem Zusammenhang ist sie Gegenstand der Neurologie und Psychiatrie einschließlich der Kinderpsychiatrie (vergleiche DILLING und REIMER, 1990).

3.2.2. Aktivität

Begriff

> Mit der Aktivität eines Individuums wird die Intensität seines Verhaltens je Zeiteinheit benannt.

Sie äußert sich in der schon bei Tieren zu beobachtenden Motorik und setzt sich auch bei komplexeren bewußten Handlungen letzten Endes in Ausführungsbewegungen um. Dabei ist der situative Aktivitäts*zustand* von der habituellen Aktivitäts*form* zu unterscheiden. Ersterer wird bei jeder ärztlichen Untersuchung in Haltung und Ausdruck als ein Indikator des Allgemeinbefindens augenfällig und kann von körperlichen Beschwerden ebenso herabgesetzt sein wie durch Sorgen oder Mißerfolgserlebnisse. Die überdauernde Aktivitätsform ist erst indirekt zu erfassen: an spontanen Äußerungen des Patienten und der Angehörigen über sein berufliches, gesellschaftliches und privates Leben sowie durch direkte Fragen nach der Art und dem Umfang von solchen Aktivitäten in der Anamneseerhebung. Bei besonderer klinischer Bedeutung kann sie durch Aktivitätsmaße objektiviert werden, die durch Registrierung des maximalen oder optimalen persönlichen Tempos in Klopfversuchen, der Rechengeschwindigkeit und mit Hilfe von Selbst- und Fremdeinschätzungsskalen zu bestimmen sind.

Menschen unterscheiden sich erheblich in dieser allgemeinen Aktivität hinsichtlich Grad, Inhalt, Situationsbezug und Periodik. In ihr äußert sich das menschliche Grundbedürfnis nach Betätigung als individuelle Tatkraft. Durch Motive auf bestimmte Ziele gerichtet, wird sie von der körperlichen Spannkraft getragen, die ihr das sichtbare Gepräge gibt.

GUILFORD (1974) nennt folglich als Aktivitäts*kriterien* das Tempo beim Gehen, Sprechen, Essen und anderem, den selbständigen Handlungsdrang, viel auf den Beinen zu sein und zu erledigen, die Vorliebe für rasche Entschlüsse, das Gefühl überschäumender Energie bei froher Stimmungslage. Personen mit sehr hohem motorischem Aktivitätsgrad eignen sich deshalb nicht gut für sitzende Beschäftigungen, solche mit niedrigem kommen unter Zeitdruck in Schwierigkeiten.

Die persönliche Aktivitätsform dürfte erblich verankert sein, wofür besonders ihre Tagesperiodik spricht. Unter konstanten Laboratoriumsbedingungen mit Ausschluß aller Zeitgeber läßt sich die autonome oder freilaufende Periodik mit einer individuell verschiedenen Periodenlänge ermitteln, die zum Beispiel der Vorliebe zugrunde liegt, vor allem früh oder abends zu arbeiten. Kulturelle

Einflüsse überformen nun nicht nur diesen Wechsel von Anspannung und Erholung durch mehr oder weniger notwendige Arbeitszeitregelungen, sondern können auch die Gewöhnung an einen bestimmten Tätigkeitsstil fördern, der zum Beispiel Anstrengungen bis zur Ermüdung in der europäischen Kulturtradition hoch schätzt, in der asiatischen dagegen meidet. Noch mehr werden die Inhalte der Aktivität gesellschaftlich determiniert.

Differenzierung
Die allgemeine Aktivitätsform eines Menschen kann sowohl von deren Inhalten her als auch unter formalen Gesichtspunkten beschrieben werden.

Eine *inhaltliche* Charakterisierung der Aktivität nach Tätigkeitsbereichen ist besonders in der psychologischen Altersforschung zur Erfassung ihrer quantitativen und qualitativen Veränderungen im höheren Alter angewandt worden. So wurden bei gerontologischen Längsschnittuntersuchungen einerseits Daten über die Häufigkeit und Dauer von Freizeittätigkeiten wie Gartenarbeit, Besuche machen und so weiter und andererseits die Aktivitäten als Ehepartner, Nachbar, Mitglied von Vereinen und ähnlichem erhoben.

Zur *formalen* Differenzierung lassen sich mit KOBASA (1979) drei Grundkomponenten der Aktivität unterscheiden:

1. der Grad der Kontrolle über die Lebenssituation;
2. das Engagement für Pläne und Handlungen;
3. die Bewährungsfreude in neuen Situationen.

Diese Unterteilung wurde unter anderem in der Streßforschung benutzt, um solche Menschen zu kennzeichnen, die bei vergleichbarer Lebensereignisbelastung unterschiedliche Krankheitsfolgen zeigen. Dabei erwiesen sich hohe Ausprägungen dieser Aktivitätskomponenten als personale Schutzfaktoren (siehe 5.2.1.).

Bedeutung
Die individuelle Aktivitätsform kann nach ihrem Grad zwischen den Polen hypo- bis hyperaktiv eingeschätzt und zum Gesundheitszustand in Beziehung gesetzt werden. Meist führt die Überaktivität zum Arzt, entweder als störendes Symptom oder als Selbstüberforderung beziehungsweise beides in einem, wie in der manischen Psychose.

Im Kindesalter fällt die *Hyperaktivität* als Bewegungsunruhe vor allem bei Tisch, im Kindergarten und in der Schule auf. Aktographische Messungen an solchen auch als hyperkinetisch oder -motil bezeichneten Kindern haben im Vergleich zu unauffälligen Kontrollpartnern in freier Spielsituation noch ähnliche und erst in gebundenen Prüfungssituationen, zum Beispiel beim Lösen von Aufgaben, höhere Werte ergeben. Hyperaktive Kinder sind also weniger in der Lage, die Aktivität situationsgemäß zu reduzieren, das heißt ihre Interaktion mit der Umgebung zu kontrollieren. Dieser vor allem bei Jungen beobachteten Störung liegt meistens eine frühkindliche Hirnschädigung zugrunde, doch kann sie auch die Folge von Fehlerziehung sein und dann besonders aggressive Züge haben. Sie gefährdet den Schulfortschritt wie die soziale Integration und sollte deshalb rechtzeitig kinderpsychiatrisch behandelt werden (vergleiche GÖLLNITZ, 1992).

Bei Erwachsenen wird in den letzten zwei Jahrzehnten die Zunahme von Herz-Kreislauferkrankungen mit einer übermäßigen Geschäftigkeit in Verbindung gebracht, seit ROSENMAN et al. (1976) das sogenannte *Typ-A-Verhaltensmuster* beschrieben haben: erhöhte Aggressivität bei Wettbewerb, Termindruck, chronischer Ungeduld und Zeitnot im Vergleich zu dem nicht so gehetzten und angespannten *Typ-B-Verhaltensmuster*. Die Überaktivität des Types A strebt nach immer größerem Zuständigkeitsbereich unter Inkaufnahme von Überlastung und Konfrontation. Sie ist dreifachen Ursprungs und setzt nicht nur eine ehrgeizige Persönlichkeit voraus, sondern auch ein Streßmilieu und dessen subjektive Bewertung. Typ-B-Personen zeigen dieses Verhalten nicht, weil sie entweder schwerer stimulierbar sind, weniger gefordert werden oder die gleiche Situation anders interpretieren. Das Typ-A-Verhalten nimmt mit der Industrialisierung zu und ist den Autoren besonders an Herzinfarktpatienten der sozialen Mittelschicht in den nordamerikanischen Großstädten aufgefallen. Sie haben es zunächst empirisch beschrieben, dann in strukturierten Interviews und später mit einer genormten Aktivitäts-Selbstbeurteilungsskala erfaßt, die seine Objektivierung auch durch andere Untersucher ermöglicht. Das Verhaltensmuster läßt sich damit schon im Jugendalter objektivieren und zeigt nach Längsschnittuntersuchungen eine bemerkenswerte Stabilität bis ins Erwachsenenalter. Im psychophysiologischen Experiment haben Versuchspersonen vom Typ A besondere Schwierigkeiten, sich von Aktivitäts- auf Ruheperioden umzustellen. Ihr Verhalten soll deshalb das Auftreten von koronaren Erkrankungen begünstigen.

> In einer prospektiven epidemiologischen Studie an 3 154 gesunden Männern zwischen 39 und 59 Jahren, die nach ihrem Verhaltenstyp interviewt und eingeschätzt worden waren, fanden BRAND et al. (1976) nach 8,5 Jahren bei 257 von ihnen Herz-Kreislaufkrankheiten, darunter 2,4mal so viele Typ-A- wie Typ-B-Personen. Das koronare Erkrankungsrisiko war anhand folgender bekannter Risikofaktoren eingeschätzt worden: Alter, Serum-Cholesterolspiegel, systolischer Blutdruck, Haematokritwert, EKG-Status, relatives Körpergewicht und Zigarettenverbrauch. Auch unter Berücksichtigung dieser mit dem Typ-A-Verhalten bis zu einem gewissen Grad verbundenen „klassischen“ Risikofaktoren bleibt ein 1,9- beziehungsweise 2,1mal so hohes Risiko für koronare Erkrankungen bei den Typ-A-Männern zwischen 39 und 49 beziehungsweise 50 und 59 Jahren (Abb. 3.2).

Zum gleichen Ergebnis kam eine prospektive Studie an 1 674 ursprünglich koronargesunden Männern und Frauen nach acht Jahren (HAYNES et al., 1980).

In den oberen und unteren Kurven der Abbildung 3.2 ist das mit den bekannten Risikofaktoren für beide Verhaltenstypen unterschiedliche Ansteigen des KHK-Risikos aufgeführt, während die mittleren Kurven das bei Typ A auch

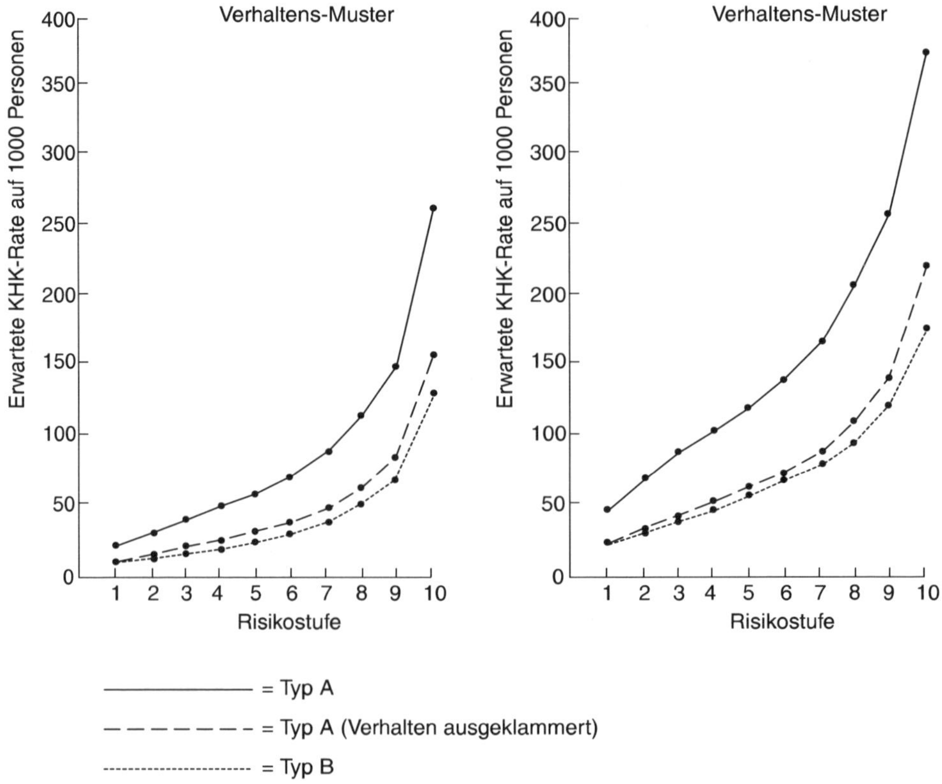

Abb. 3.2 Nach 8,5 Jahren zu erwartende Raten für Koronare-Herz-Krankheiten (KHK) je nach 10-stufiger Ausprägung bekannter Risikofaktoren in Abhängigkeit vom Verhaltenstyp A oder B bei Männern im Alter von 39 bis 49 (links) und 50 bis 59 Jahren (rechts) (nach BRAND et al., 1976)

ohne seine Verhaltensmerkmale schon etwas höhere Risiko verdeutlichen, wie es aus den bei diesen Personen stärker ausgeprägten Gefährdungen durch Rauchen, Übergewicht und anderes folgt.

Aufgrund weiterer Nachuntersuchungen erweist sich jedoch dieses Konzept als zu einfach für die Erklärung des Zusammenhanges von Aktivität und Herz-Kreislauferkrankung, weil neben dem Persönlichkeitsprofil auch berufsspezifische Anforderungen und soziale Risikomerkmale zu beachten sind (vergleiche 4.5.2.). Das Typ-A-Verhalten in Beanspruchungssituationen stellt nur einen Risikofaktor unter mehreren dar, der auch die Genese anderer Krankheiten begünstigen kann.

3.2.3. Soziale Kompetenz

Begriff

> Soziale Kompetenz ist die Fähigkeit, sich in interpersonellen Situationen anforderungsgemäß und erfolgreich zu verhalten.

Mit SCHRÖDER (1984) verstehen wir darunter „psychologische Handlungsvoraussetzungen, die zur Bewältigung definierter interpersonaler Kommunikations- und Kooperationsanforderungen notwendig sind und eine bedürfnisgerechte Teilhabe an gesellschaftlicher Realitätskontrolle ermöglichen".

Die soziale Kompetenz wird durch Funktionspotenzen des Individuums ebenso bestimmt wie von der Anforderungsstruktur seines Tätigkeitsbereiches und den möglichen Rückwirkungen des Verhaltens beim sozialen Partner. Folglich bietet sie keine Garantie für die Bewältigung jeder beliebigen interpersonellen Situation, sondern nur eine Voraussetzung für die effektive Interaktion unter den für die Person vorherrschenden sozialen Anforderungen. Die soziale Kompetenz des Säuglings unterscheidet sich daher von der des Jugendlichen, die eines Schauspielers von der eines Buchhalters und so weiter. Sie wird im Lauf der Sozialisation erworben und so von deren Stil in der jeweiligen Gesellschaft und Epoche geprägt.

Soziale Kompetenz ist für alle sogenannten sozialen Berufe besonders wichtig, in denen es auf das richtige Beurteilen und Behandeln anderer Menschen ankommt. Deshalb ist vielfach versucht worden, sie im Hinblick auf die Eignung von Bewerbern als Arzt, Lehrer, Manager und so weiter diagnostisch zu bestimmen. Die große Zahl von hierzu durchgeführten empirischen Untersuchungen hat jedoch zu sehr widersprüchlichen Ergebnissen geführt. Sie beruhen offenbar darauf, daß die soziale Kompetenz in hohem Maß situationsspezifisch ist und eher in der realen Interaktion als mit Papier-Bleistift-Tests im Sinne einer „sozialen Intelligenz" für alle Gelegenheiten erfaßt werden muß. Deshalb wendet sich die persönlichkeitspsychologische Erforschung des interpersonalen Verhaltens der *tätigkeitsbezogenen sozialen Kompetenz* zu und untersucht erfolgreich interagierende Personen in definierten Situationen. Dabei wird deren Befähigung nicht nur als zu diagnostizierende Variable, sondern auch als lehr- und lernbare Fähigkeit verstanden. Das hierzu entwickelte Programm für ein sozialpsychologisches Verhaltenstraining (siehe ALBERG, 1988) wird zur Weiterbildung von Führungskräften und auch in der Psychotherapie angewendet. Hierbei werden spezifische Fertigkeiten wie Personenwahrnehmung, Entscheidungssicherheit und andere in Modellsituationen geübt.

Differenzierung

Was unter der als komplex bezeichneten Fähigkeit zum erfolgreichen Sozialverhalten im einzelnen zu verstehen ist, kann erst anhand von empirischen Untersuchungen über viele soziale Tätigkeitsbereiche bestimmt werden. Hypothetisch läßt sich das *Perzipieren* der sozialen Umwelt (andere verstehen) von dem *Einwirken* auf sie (andere beeinflussen) unterscheiden. In Tabelle 3.1 sind die von verschiedenen Autoren hierzu vorgeschlagenen weiteren Unterteilungen der sozialen Kompetenz aufgeführt. Doch gibt es gegenwärtig weder eine integrative Theorie noch ein diagnostisches Verfahren, die diesem Katalog gerecht werden.

Weitgehende Übereinstimmung besteht lediglich hinsichtlich der elementaren sozialen Kompetenzen im frühen Kindesalter, die sich auf einfache, immer wiederkehrende Situationen beziehen und besonders in Kindereinrichtungen durch regelmäßige Protokollierung gut objektivieren lassen.

Tab. 3.1 Hypothetische Dimensionen der sozialen Kompetenz

Wahrnehmungsaspekt	Handlungsaspekt
Wahrnehmungsfähigkeit für die momentane innere Befindlichkeit anderer	Kenntnisse über die Regeln sozialen Zusammenlebens
Sensibilität für die Verhaltensweise anderer	Fähigkeit zum effektiven Einwirken auf Partner über die Interaktion
Gedächtnis für soziale Sachverhalte	Einsetzen von Techniken zu ihrer Beeinflussung
Fähigkeit zur Erkenntnis sozialer Tatbestände von Individuen und Gruppen	Fähigkeit zur Selbstäußerung

Die hierfür entwickelten Fremdbeobachtungsbögen richten die Aufmerksamkeit auf den erreichten Entwicklungsstand in Bereichen wie Selbstbedienung, Kommunikation, Spiel und Alltagsverrichtungen. Sie können auf Rückstände und Versäumnisse in der Sozialisation des Kindes hinweisen, gegen die durch gezielte Erziehungsmaßnahmen anzugehen ist. Solche Skalen der „sozialen Maturität" haben sich auch bei geistig behinderten Kindern und Jugendlichen zur Objektivierung des Förderungserfolges bewährt (vergleiche 8.2.6.).

Bedeutung

Die Beurteilung der sozialen Kompetenz ergibt sich für den Arzt aus seiner Kenntnis der Lebenslage des Patienten. Ob, mit wem und wie oft dieser Schwierigkeiten hat, weist auf seine Fähigkeit zur Gestaltung zwischenmenschlicher Beziehungen hin. Wer immer wieder oder nie in Konflikt gerät, muß als *sozial inkompetent* angesehen werden. Dieses Unvermögen zur sozialen Integration kann als Fehlangepaßtheit gegenüber optimalen Verhältnissen wie auch als Anpassung an unwürdige Umstände erscheinen, seine Korrektur also in der Mäßigung oder Durchsetzung bestehen.

Doch zunächst sind Kontakt- und Kommunikationsfähigkeit des Patienten als Faktoren in Rechnung zu stellen, die seine Behandlung erleichtern oder erschweren können: Scheue Menschen schließen sich nicht beim ersten Mal auf und müssen wiederholt exploriert werden; Einzelgänger arbeiten in der Therapie schlecht mit und ändern sie nach Gutdünken; Protestierern bereitet die Einordnung in das stationäre Heilregime Schwierigkeiten und so weiter (vergleiche 7.1.3.).

Umgekehrt birgt jede medizinische Behandlung, je intensiver sie ist und je länger sie dauert, die Gefahr des sozialen Kompetenzverlustes in sich, da die mit ihr verbundene Einschränkung der Kontaktmöglichkeiten die Entwicklung der Kontaktfähigkeit behindern oder diese verkümmern lassen kann. *Deshalb ist vor allem auf Kinderstationen, in Infektionsabteilungen und Pflegeheimen besonderer Wert auf Anregung, Erhaltung und Wiederherstellung der zwischenmenschlichen Kommunikation zu legen.*

Wird ein bislang sozial gut eingeordneter Mensch verhaltensauffällig, ohne daß sich seine Lebensumstände geändert haben, ist immer an eine psychische Erkrankung oder die Folgen eines hirnorganischen Krankheitsprozesses zu denken. Besonders nach Verletzung des Orbitalhirns kann es im zwischenmenschlichen Kontakt zu groben Entgleisungen kommen. Dieses je nach Betroffensein der Frontal- oder Orbitalregion akzentuierte Stirn-Hirn-Syndrom entwickelt sich selbst aufgrund eines schon im Kindesalter erlittenen Schädel-Hirn-Traumas mit Annäherung an das Erwachsenenalter als Unfähigkeit zur Einordnung in Partnerschaft, Beruf und Gesellschaft, wie KLEINPETER (1979) katamnestisch nachweisen konnte. Auch von Geburt an Hirngeschädigte finden sich häufiger als in der Durchschnittsbevölkerung unter jugendlichen Straftätern und umgekehrt diese öfter bei frühkindlich Hirngeschädigten wie Hirntraumatikern. Dabei kann ein gutes Familienmilieu das hirnorganische Verhaltensrisiko bis zu einem gewissen Grade kompensieren, ein schlechtes es noch verstärken.

Als ätiologische Komponente psychischer Störungen ist die *einstellungsbedingte Konfliktgefährdung zu* beachten. Sie kann in zwei Formen wirksam werden:

1. als geringe Stabilität gegenüber vorhandenen Konflikten, das heißt tatsächlich widersprüchlichen Situationen;
2. als Provozieren von Konflikten in einer objektiv nicht widersprüchlichen Situation durch deren Fehlinterpretation.

Solcherart konfliktbereite Personen haben zwar ein allgemein erhöhtes Erkrankungsrisiko, doch gibt es keine krankheitsspezifischen Konfliktlagen. Bei psychisch mitbedingten Erkrankungen ist deshalb immer der jeweilige individuelle Konflikt zu ermitteln. Liegen ihm erfahrungsbedingte Fehleinstellungen zugrunde, müssen diese psychotherapeutisch korrigiert werden. Sie können sich auf die eigene Person oder die Umwelt beziehen.

3.2.4. Selbstkonzept

Begriff

Als Selbstkonzept wird das System von **Einstellungen** zur eigenen Person bezeichnet.

Die Person erlebt sich in ihrem Selbstbild unter Abhebung von anderen Menschen als über einen bestimmten Zeitraum stabile Einheit von körperlichen und psychischen Merkmalen, die von ihr wahrgenommen und bewertet werden. Dieses Subjektbewußtsein beruht auf Erfahrungen aus Situationen, in denen sich das Individuum als Persönlichkeit vergegenwärtigt.

Solche Selbstkognitionen treten nicht in jeder Situation auf, sondern erst mit Schwierigkeiten bei ihrer Bewältigung. Unerwartete Widerstände oder Divergenzen zu sozialen Partnern unterbrechen die bislang selbstverständliche Person-Umwelt-Beziehung zeitweilig, bis die gewohnten, nun aber unwirksamen Handlungsmuster korrigiert sind. Dabei macht das Individuum unter Umständen nicht nur völlig neue Erfahrungen mit anderen, sondern auch mit sich selbst, die sein Bild von ihm erweitern und es künftigen Anforderungen besser gewachsen sein lassen. Insofern hat das Selbstkonzept eine *Kontrollfunktion* im Interaktionsprozeß mit der Umwelt; es trägt durch Distanzierung und Person-Konstanz wesentlich zur Verhaltenssteuerung bei.

Das Bewußtsein des Menschen von sich selbst wird so in vielen Situationen seiner Lebensgeschichte geformt. Nachdem sich das Kind zunächst mit seinem Namen, später dem Wort „ich" bezeichnet und damit aus der naiven Symbiose mit seiner Umgebung gelöst hat, werden die Konturen seines Selbsterlebens im Verlaufe der Sozialisierung umso schärfer, je mehr Rückmeldungen es erhält. *Das Selbstkonzept ist nicht von Natur gegeben, sondern von anderen vermittelt.* Es reflektiert das eigene Wesen in gesellschaftlicher Bewertung. Jede Selbsteinschätzung ist ein Vergleich mit anderen Personen im Hinblick auf sozial erwünschte Merkmale wie Tüchtigkeit, Schönheit, Gesundheit und so weiter. Dabei sind drei Einflußfaktoren bedeutsam:

1. das von Mitmenschen über uns geäußerte *Fremdbild*;
2. das erzieherisch vermittelte *Sollbild* der Moral;
3. das individuell angestrebte *Idealbild* nach erlebten, literarischen oder von den Massenmedien präsentierten Vorbildern.

Die **soziale Erwünschtheit** der das Selbstkonzept konstituierenden Merkmale erweist sich jedoch als Hindernis bei seiner diagnostischen Objektivierung, weil sie die Selbstdarstellung in dieser Richtung verfälschen kann. Das ist besonders leicht im Antwortwahlverfahren möglich. Vor jeder gebundenen Befragung mit Selbstbeurteilungsskalen (siehe 8.6.2.), in denen der Proband aus einer vorgegebenen Eigenschaftsliste die für ihn zutreffenden anstreicht, sollte deshalb die spontane Selbstdarstellung in der freien Exploration beachtet werden. Hier ist darauf zu hören, wie sich der Patient in bestimmten Situationen sieht und beschreibt, in welchen er sich ähnlich erlebt und ob er diese Erfahrungen für sich verallgemeinert.

Differenzierung
Das globale Selbstkonzept eines Menschen läßt sich nach typischen Tätigkeiten, Eigenschaften und Kongruenzen spezifizieren.

Dieselbe Person kann verschiedene *tätigkeitsbezogene* Selbstkonzepte aus Situationen als Vorgesetzter, Ehepartner, Heimwerker und so weiter haben. So ist das berufsspezifische Selbstkonzept von Lehrern und leitenden Angestellten näher untersucht worden.

Tab. 3.2 Vergleich von Selbstkonzeptvariablen

	Mittelwerte der Normalstichprobe		Mittelwerte der Psychotherapiepatienten		
	Lehrer n = 100	Leiter n = 51	Lehrer n = 32	Leiter n = 51	
Selbstkonzept	100,11		91,96		s. s.
„Selbstkontrolle"		106,14		98,86	s. s.
Selbstkonzept	54,15		51,94		n. s.
„Durchsetzungsverhalten"		67,35		61,61	s. s.

s. s. = sehr signifikant; n. s. = signifikant
(nach SCHRÖDER, 1984)

Aus Tabelle 3.2 ist ersichtlich, daß die hiernach befragten Abteilungs- und Betriebsleiter mehr Selbstkontrolle und Durchsetzungsverhalten als die Lehrer aufweisen. In beiden Berufen unterscheiden sich weiterhin die Gesunden von den Psychotherapiepatienten durch höhere Punktwerte in der Einschätzung dieser Selbstkonzeptvariablen.

In der psychodiagnostischen Praxis dominiert die inhaltliche Gliederung des Selbstkonzepts nach *Eigenschaftsbereichen*. Sie wird entweder den Selbstaussagen der Patienten entnommen oder häufiger diesen in Fragebogenkategorien vorgegeben, die entweder theoretisch-deduktiv oder empirisch erarbeitet worden sind. Hierbei werden gewöhnlich alle jene Merkmale und Fähigkeiten zugrundegelegt, die bei der Person-Umwelt-Beziehung eine besondere Rolle spielen: körperliche und geistige Leistungsvoraussetzungen, Entscheidungssicherheit, Kommunikation, Zuverlässigkeit, Moral, Attraktivität und andere.

Von Psychotherapeuten wird besonders die *Kongruenz* des Selbstkonzepts mit Vergleichswerten beachtet. Differenzen zwischen der Selbst- und Fremdeinschätzung, wie sie beim Anhören des Patienten und seiner Angehörigen, Kollegen, Freunde offenbar werden, können die Ursachen von Mißverständnissen und Konflikten sein. Doch führt das Aufzeigen solcher Diskrepanzen erst dann zur Änderung des Selbstkonzepts, wenn die Einschätzung anderer auch akzeptiert wird und Fehleinstellungen zur Umgebung dem nicht entgegenstehen. Mitunter sind jedoch die Fremdeinschätzungen ungerechtfertigt, so daß die Erzieher, Partner oder Mitarbeiter zu einer Einstellungsänderung gegenüber dem Patienten gebracht werden müssen.

Der Abstand zwischen Selbst- und Sollbild kann ein Appell zur Disziplin, aber auch Anlaß zu Resignation oder Protest sein. Wenn sich die moralischen Gebote allzuweit von der Wirklichkeit des Lebens entfernen, müssen sie revidiert werden. Das ist ein immer wiederkehrendes Thema von Generationsgegensätzen.

Die Übereinstimmung zwischen Selbst- und Idealbild wird als Maß der *Selbstzufriedenheit* benutzt. Ordnet der Proband die ihm vorgelegten Karten mit Aussagen wie „ich fühle mich gewöhnlich gehetzt" als mehr oder weniger für ihn zutreffend einmal so, wie es seinem gegenwärtigen Zustand entspricht (Selbstbild) und dann so, wie er sein möchte (Idealbild), so läßt sich die Ähnlichkeit zwischen beiden Einschätzungen berechnen. Die Zunahme dieses Selbstzufriedenheitswertes nach der Psychotherapie gilt als ein Kriterium für deren Erfolg.

Schließlich können dem bisherigen Selbstverständnis auch neue Erfahrungen widersprechen, deren Akzeptieren schwerfällt. Ihre Leugnung führt zu Widersprüchen mit sich selbst, den möglichen Ursachen für Ängste und psychische Störungen.

Bedeutung

Das Selbstkonzept ist Gegenstand aller korrektiven Bemühungen um die Persönlichkeit, seien es pädagogische oder therapeutische.

Man darf davon ausgehen, daß zur Gesundheit auch ein realistisches und positives Selbstbild gehört.

Allmählich oder plötzlich erkennbar werdende grobe Abweichungen des Selbstbildes einer Person von ihrer gesellschaftlichen Handlungs- und Funktionstüchtigkeit gehören zur Erscheinungsweise psychischer Fehlentwicklung oder Krankheit. Ständige Fehleinschätzung der eigenen sozialen Kompetenz, manische Selbstüberschätzung oder depressive Selbstunterschätzung führen zu inadäquaten Person-Umwelt-Beziehungen und bedürfen psychotherapeutischer beziehungsweise psychiatrischer Behandlung.

Empirische Untersuchungen mit standardisierten Selbstbeurteilungsskalen weisen jedoch nicht nur bei Depressiven, Neurotikern oder Schädel-Hirn-Traumatikern ein generell herabgesetztes Selbstkonzept aus. Auch innerhalb des normalen Realitätsbezuges ist die Selbstbildhöhe sowohl Indikator als auch Bedingung der gesundheitlichen Situation.

Körperbehinderte Kinder fangen bereits mit vier Jahren an, sich als anders zu betrachten und haben dann im Schulalter ein weniger positives beziehungsweise adäquates Selbstbild als ihre unbehinderten Geschwister oder Altersgenossen. Auch frühkindlich Hirngeschädigte ohne Lähmungen oder Intelligenzminderung

(Enzephalopathen), denen die Schule aber infolge ihrer Ermüdbarkeit, Konzentrationsschwäche, Affektlabilität und sozialen Anpassungsschwierigkeiten besondere Mühe macht, erreichen niedrigere Selbstbildwerte als ihre hirngesunden Klassenkameraden. Werden sie dagegen in Sonderklassen unterrichtet, rangiert ihr Selbstbild dazwischen, weil die Frustration durch Leistungsstärkere vermindert ist. Ebenso wirkt bei ihnen die verständnisvolle Erziehung durch die Eltern selbstbildstabilisierend.

Erwachsene, die sich in ärztlicher Behandlung befinden, äußern im Vergleich zu gesunden Probanden ein geringeres körperliches Selbstvertrauen. Je nach Art, Schwere und Dauer der Erkrankung können dann auch weitere Bereiche des Selbstbildes betroffen sein, abhängig vom Alter, Geschlecht und sozialen Status des Patienten. So werden zum Beispiel Diabetiker psychisch umso mehr labilisiert, je früher sich die Krankheit manifestierte (vergleiche 6.3.3.); leidet nach Verbrennungen das Selbstbild von Frauen mehr als bei Männern; beurteilen sich beruflich unzufriedene Hämophile selbst bei leichterem Krankheitsverlauf ungünstiger als zufriedene bei schwererem.

Meist besteht ein wechselseitiger Zusammenhang zwischen Selbstkonzept und Beschwerden. Patienten mit chronischen Schmerzen sind in ihrer Selbstwahrnehmung und **Selbstbeurteilung** gegenüber schmerzfreien Patienten beeinträchtigt. Sie haben eine Einschränkung ihres psychophysischen Aktionsradius erfahren, die ihr Selbstgefühl beeinträchtigt. Daneben können aber auch psychogene Momente sowohl ihr Selbstbild gesenkt als auch die Schmerzen mitverursacht haben, woran besonders bei ständigen Kopfschmerzen zu denken ist. Unter gynäkologischen Patientinnen äußern solche mit höherem Selbstbewußtsein seltener Menstruationsbeschwerden als die mit niedrigerem. Auch in diesem Zusammenhang ist das geringe Selbstvertrauen als Folge und Ursache eines unregelmäßigen Zyklus zu diskutieren. Ähnliches gilt für sexuelle Potenzstörungen des Mannes, die in starkem Maße vom Selbstwertgefühl abhängen und es herabsetzen (vergleiche 6.1.).

In jüngster Zeit ist man bei geriatrischen Patienten und solchen mit besonderen Behinderungen durch Amputationen, Rheumatische Arthritis, Multiple Sklerose und so weiter zur direkten *Selbstbildtherapie* übergegangen. Durch Gruppengespräche wird ein Akzeptieren seiner selbst und anderer Menschen angestrebt, über individuelle Zuwendung das Selbstwertgefühl gestärkt und mit gezielten Übungen die Realitätsorientierung trainiert. Auf diesem Wege läßt sich eine Zunahme der Selbständigkeit, sozialen Interaktion und des Wohlbefindens erreichen.

3.2.5. Umweltkonzept

Begriff

Als Umweltkonzept wird das System von Einstellungen einer Person zu ihren äußeren Lebensbedingungen bezeichnet.

Es ist das subjektive Abbild der Außenwelt und der eigenen Beziehungen zu ihr. Dieses Objektbewußtsein bleibt also nicht unabhängig vom Subjektbewußtsein; Selbst- und Umweltkonzept stehen in Wechselwirkung miteinander.

Das Umweltkonzept läßt sich aus den Angaben erschließen, die ein Mensch über seine Lebensbedingungen macht. Was er dazu spontan in der Exploration äußert, ist meist von unmittelbarer medizinischer Relevanz. Zur weiteren Psychodiagnostik können Methoden der Einstellungsmessung und projektive Tests verwendet werden.

Differenzierung
Die Charakterisierung des Individuums bliebe ohne die Kennzeichnung der wichtigsten Bezugspersonen und -sphären, seiner Zeitperspektive, Welt- und Lebensanschauungen unvollständig. Das Umweltkonzept kann dabei nach drei Dimensionen beschrieben werden: räumlich, zeitlich und thematisch.

Sein *Umfang* schließt zunächst die Hauptbezugs*personen* wie Eltern, Kinder, Ehepartner, Kollegen, Vorgesetzte, Geschwister und so weiter ein. Im Gespräch ist darauf zu achten, wer spontan und wiederholt genannt, wie er erwähnt und in Beziehung zu sich gesehen wird. Ebenso wichtig kann sein, wer nicht erwähnt und erst zu erfragen ist. Auf belastende Beziehungen zu einem schwierigen Kind, treulosen Partner, pflegebedürftigen Elternteil, schikanösen Vorgesetzten oder rivalisierenden Kollegen und ähnlichem ist dabei besonders zu achten. Das „Bild des anderen“ ist natürlich abhängig von der Zufriedenheit des Befragten mit seiner eigenen Situation. So sehen zum Beispiel zufriedene Eheleute ihre Ehepartner in günstigerem Licht als unzufriedene (Tab. 3.3).

Tab. 3.3 Das Bild des Ehepartners bei zufriedenen und unzufriedenen Eheleuten

Befragten-Gruppe	Dem Ehepartner zugeschriebene Eigenschaften
„Zufriedene“ Ehemänner	kameradschaftlich, tüchtig, verläßlich, liebevoll, gütig, zart
„Zufriedene“ Ehefrauen	verständnisvoll, tüchtig, gütig, verläßlich, gutmütig
„Unzufriedene“ Ehemänner	launisch, sorglos, unreif, reizbar, anspruchsvoll, hoch hinaus wollend
„Unzufriedene“ Ehefrauen	anspruchsvoll, reizbar, unruhig, launisch, unstet

(nach KATZ et al., 1963; aus THOMAE, 1968)

Weiterhin sind die wesentlichen *Bezugssphären* wie Beruf, Vereine, Parteien, Hobbys und Interessengruppen zu erkunden. Beachtenswert ist vor allem, wie weit sie den Menschen ausfüllen und seinen Neigungen entsprechen. Hier liegt das Feld der persönlichkeitsfördernden oder -hemmenden Arbeits- und Freizeitgestaltung.

Die *zeitliche Perspektive* des Umweltkonzepts bezeichnet den Gegenwarts-, Vergangenheits- und Zukunftsbezug eines Menschen. Sie ist nach SCHMIDT (1986) „das Abbild von Ereignissen des Lebensprozesses, wirklichen vergangenen und möglichen künftigen, soweit sie als Erfahrungen und Erwartungen für das aktuelle Handeln relevant sind". Aus den biographischen Analysen, wie sie an vielen Alters- und Bevölkerungsstichproben durchgeführt wurden, läßt sich die *generelle Dominanz des Zukunftsbezuges* ableiten. Er ist im Jugendalter eng mit einer kritischen, wachen und offenen Einstellung zu allen Lebensbereichen verbunden, weist im Erwachsenenalter durchgängige Beziehungen zur Zufriedenheit mit der gegenwärtigen Berufssituation auf und wird auch bei den älteren Jahrgängen mehr als die Vergangenheit erwähnt. In allen Altersstufen ist der nähere Zukunftsraum am stärksten mit Vorstellungen besetzt. Der Vergangenheitsbezug herrscht zeitweilig bei Menschen vor, die sich in einer für sie neuen Lebenssituation nicht zurechtfinden können und dominiert erst in der Rückschau vor dem nahenden Lebensende.

Das *Thema* des Umweltkonzepts liegt in der Generalisierung von Einstellungen zur Natur und Gesellschaft einerseits und zum eigenen Leben andererseits. Allgemeine Welt- und besondere Lebensanschauung können mehr oder weniger zueinander passen und beide mit der öffentlichen Meinung übereinstimmen oder nicht. Deshalb ist besonders auf Widersprüche zwischen Äußerungen und Handlungen zu achten, wenn man einen Menschen im Konflikt mit seiner Umwelt vor sich wähnt.

Bedeutung

Wichtigstes Kriterium für die Beurteilung des Umweltkonzepts eines Patienten bleibt der *Realitätsbezug*, denn die adäquate Einschätzung der Umwelt ist Voraussetzung für eine erfolgreiche Interaktion mit ihr. Hierzu gehört eine gewisse Distanz, die vor kritikloser Umweltabhängigkeit bewahrt. Fehleinschätzungen können Folge oder Ursache von Krankheiten sein und müssen dann indirektes oder direktes Ziel der Therapie werden. Das ohne erkennbare äußere Einwirkung von einem bestimmten Zeitpunkt an auffällige Verkennen der Realität ist Symptom einer psychischen Krankheit und erst über deren Behandlung wiederherzustellen.

Ein durch Fehllernen im Verlaufe der Sozialisation erworbenes unzureichendes Umweltkonzept hingegen bringt seinen Träger früher oder später in Anpassungsschwierigkeiten und kann durch seine *Konflikthaftigkeit* vielerlei Krankheiten begünstigen. Während Aberglauben, Mißtrauen und unbegründete Befürchtungen den Handlungsspielraum mehr und mehr einengen, zwingen Wunschdenken und Unterschätzen von Hindernissen immer wieder zum Rückzug aus der Wirklichkeit. In beiden Fällen werden die realen Entfaltungsmöglichkeiten nicht mehr wahrgenommen. Ansatzpunkt psychotherapeutischer Behandlung ist hier die Revision der subjektiven Weltsicht, um Konzept und Realität wieder in Übereinstimmung zu bringen. Dabei scheint ein *optimistischer Zukunftsbezug* die körperliche wie psychische Gesundheit eher zu begünstigen, solange er nicht leichtsinniges Verhalten und Hilflosigkeit bei Unglück bewirkt.

Chronische Krankheiten können ebenso wie Körperbehinderungen und Sinnesschäden den *Inhalt des Umweltkonzepts* einschränken, um so mehr, je früher und drastischer sie den Erfahrungserwerb erschweren. Hospitalisierte, gelähmte, blinde und gehörlose Kinder leiden Mangel an anschaulichen Vorstellungen, dem durch sonderpädagogische Betreuung abgeholfen werden muß. Ähnlich kann im pflegebedürftigen hohen Alter die Reorientierung und Resozialisierung durch entsprechende Übungsprogramme in Institutionen unterstützt werden. Ziel dieser *Milieutherapie* ist es unter anderem, dem Patienten zu helfen, früher vorhandene, aber verlorengegangene Kenntnisse, Fertigkeiten und eine realistische Einschätzung seiner zwischenmenschlichen Beziehungen wiederzugewinnen.

Je enger und vielseitiger die Umweltbezüge eines Menschen sind, desto sicherer ist er im Leben verankert. In allen kritischen Situationen geben ihm Menschen, Pläne und Überzeugungen, denen er sich verbunden oder verpflichtet fühlt, Halt und Hilfe. Sie bewahren ihn vor dem Abgleiten in die Sucht, der Selbstaufgabe in Gefahr und dem Suizid. Das Umweltkonzept dient letzten Endes der Sinngebung und damit auch Erhaltung des Lebens.

4. Die psychologische Bedeutung der Altersstufen

4.1. Etappen im lebenslangen Entwicklungsprozeß

Der Patient begegnet dem Arzt in einem bestimmten Lebensalter, auf das dieser sich einstellen muß. Ein Säugling ist anders zu nehmen als ein Schulkind, dieses nicht so wie ein Erwachsener, und innerhalb solcher Altersklassen sind weitere Differenzierungen nötig. Das wird um so wichtiger, je weniger sonst schon von dem Patienten bekannt ist. Ehe man ihn zum ersten Mal sieht, ermöglicht allein die Kenntnis seines Geburtsdatums eine Reihe von Erwartungen an einen „altersgemäßen" Stand von Verhalten, Wissen und Einsicht, mit dem bei der Behandlung zu rechnen ist. Der Arzt sollte die durchschnittlichen psychologischen Voraussagen, die vom Lebensalter her möglich sind, auch deshalb kennen, weil sie für Entstehung, Verlauf und Prognose von Krankheiten belangvoll sein können. Ehe nun im folgenden die einzelnen Altersstufen als Etappen im lebenslangen Entwicklungsprozeß des Erlebens und Verhaltens in ihrer medizinischen Bedeutung dargestellt werden, seien drei Grundbegriffe der Entwicklungspsychologie erläutert: Entwicklungsalter, -bedingungen und -aufgaben.

4.1.1. Entwicklungsalter

Das **chronologische Alter** *gibt die vom Individuum durchlebte Zeitstrecke an* und ist insofern eines der aufschlußreichsten Daten über eine Person, als es diese auch in anatomisch-physiologischer, psychischer und sozialer Hinsicht grob charakterisiert. So nützlich solche Voraussagen für die erste Information sind, so wenig genügen sie der differenzierten Einschätzung eines Menschen, weil zum Beispiel allein die Unterschiede in der körperlichen, intellektuellen und gesellschaftlichen Entwicklung von Personen aus verschiedenen Sozialschichten innerhalb einer Altersstufe größer sein können als zwischen verschieden alten Angehörigen einer gleichen Schicht. Deshalb hat das reine Kalenderalter seine lange Zeit dominierende Rolle in der Biologie, Psychologie und Soziologie der menschlichen Entwicklung verloren.

Der Altersstufe eines Menschen kommen vielmehr drei weitere Bedeutungen zu, je nach dem Aspekt, unter welchem sein Entwicklungsstand beurteilt wird: dem biologischen, psychologischen oder sozialen.

Das **biologische Alter** *kennzeichnet den körperlichen Entwicklungsstand des einzelnen in Abhängigkeit von Reifung, Abnutzung und Rückbildung.* Leitmerkmal des biologischen Alternsprozesses ist die mittlere Lebensdauer der Population, an der mit dem biologischen Alter die individuelle Position im Verhältnis zur allgemeinen Lebenserwartung bestimmt wird. Das geschieht anhand von Normtabellen zum Beispiel für die Herausbildung der Handwurzelknochen, Verfestigung der Gelenke, den Zahnstatus oder Reifungsgrad der primären und sekundären Geschlechtsmerkmale.

Das **psychologische Alter** *markiert das Anpassungsvermögen des Individuums an seine Lebenssituation.* Es umfaßt die subjektive Reaktion auf das chronologische, biologische und soziale Alter und das sich aus der Lebensbewältigung ergebende Selbstbild. Zur diagnostischen Bestimmung sind Altersskalen der psychischen (motorischen, sprachlichen, konzentrativen und intellektuellen) Leistungsfähigkeit entwickelt worden, mit deren Hilfe das individuelle Entwicklungsalter in Jahren ausgedrückt und mit dem chronologischen Alter verglichen werden kann. Ähnlich wird mit dem Stand der Selbsteinschätzung verfahren (vergleiche 8.6.1.).

Das **soziale Alter** *bezeichnet den Grad der Vergesellschaftung des einzelnen, seine Fähigkeiten, Fertigkeiten und Gewohnheiten im zwischenmenschlichen Kontakt.* Sie sind abhängig von den Erwartungen der Gesellschaft und ihrer verschiedenen Untergruppen an das Verhalten in einem bestimmten Lebensalter. Ausgehend von solchen Altersnormen kann auch das soziale Alter an Altersskalen zum Beispiel für die Kommunikation bei Kleinkindern oder die Kenntnis moralischer Konventionen bei Jugendlichen gemessen und dann zum Beispiel zu dem Skelett- oder zu dem Intelligenzalter in Beziehung gesetzt werden.

Alle vier Bedeutungen der Altersstufe hängen miteinander zusammen, ohne sich zu decken; sie ändern sich in verschiedenen Zeitverhältnissen: Das chronologische Alter nimmt gleichmäßig zu; das biologische Alter macht besonders in der frühen Kindheit wie im hohen Erwachsenenalter rasche Fortschritte und kann im mittleren Alter ebenso durch Krankheit oder einschneidende Lebensereignisse verändert werden. Langsamer steigen das psychologische und am langsamsten das soziale Alter, die sich beide auch rückläufig verändern können, vor allem dann, wenn Bildung und Erziehung vernachlässigt oder durch Krankheit beeinträchtigt werden.

Jede Altersstufe ist als psychologisches Alter vom Arzt unter aktuellem, anamnestischem und prognostischem Gesichtspunkt zu betrachten.

Zunächst muß der *aktuelle* psychische Entwicklungszustand des Patienten im Hinblick auf seine akuten Probleme und Beschwerden beachtet werden: ob er sie mitbedingt hat, ihren Verlauf und die Mitarbeit bei ihrer Behandlung beeinflussen könnte.

Weiterhin ist die *Anamnese* des Patienten auch unter psychologischem Aspekt zu sehen, weil sie als Entwicklungsgeschichte die gegenwärtige Lebensproblematik, möglicherweise deren Fehlverarbeitung, herbeigeführt haben und daher auch Rückfälle der Krankheit begünstigen kann.

Schließlich soll die psychische Situation auch *prognostisch* dahingehend eingeschätzt werden, ob und wie der Patient mit ihr in Zukunft fertig werden dürfte, was vor allem prophylaktische Konsequenzen für seinen weiteren Gesundheitszustand hat.

4.1.2. Entwicklungsbedingungen

Das psychologische Alter ist durch die Fähigkeit zum Bewältigen von Anforderungen definiert, die dem Individuum sowohl durch seine körperlichen Veränderungen als auch durch die gesellschaftlichen Erwartungen an alterstypische Leistungen und Verhaltensweisen gestellt und ermöglicht werden. Es steigt deshalb mit dem Lebensalter in Abhängigkeit vom biologischen und sozialen Alter.

Die fortwährende Veränderung des Erlebens und Verhaltens eines Menschen bei der Verarbeitung seiner organismischen Möglichkeiten und sozialen Aufgaben von der Geburt bis zum Tode macht seine psychische Entwicklung aus. Sie bildet den Gegenstand einer *Entwicklungspsychologie der Lebensspanne* (siehe hierzu OERTER und MONTADA, 1987; BALTES, 1990).

So gesehen ist die lebenslange psychische Entwicklung das Resultat einer Interaktion des sich verändernden Organismus mit bestimmten sozialen Gegebenheiten nach den Zielen und Wertvorstellungen des einzelnen Menschen. Von jeder Seite aus gesehen erscheint sie anders: als Entfaltung, Sozialisierung und Selbstgestaltung. Doch alle drei Bedingungen des komplexen Entwicklungsgeschehens sind miteinander wechselseitig verbunden. Die *Entfaltung* ererbter Dispositionen zu manifesten Erlebens- und Verhaltensweisen hängt davon ab, welchen Gebrauch der einzelne von seinen Potenzen macht und wie dieser gesellschaftlich gefördert wird. Der *Sozialisierung* des Individuums, das heißt der Vermittlung seiner gesellschaftlichen Handlungs- und Funktionstüchtigkeit, sind sowohl durch die Erbanlagen als auch seine Kooperationsbereitschaft Grenzen gesetzt. Ähnlich kann jede *Selbstgestaltung* nur an dem „genetischen Material“ ansetzen und führt erst über die Aneignung der als Kultur überlieferten Menschheitserfahrungen zur Verwirklichung individueller Ziele in sozial akzeptabler Form (vergleiche 3.2.).

Die gesellschaftliche Determination der psychischen Entwicklung erfordert nun die Berücksichtigung ganz konkreter historisch wirksamer Entwicklungsumstände bei der Beurteilung des individuellen Entwicklungsstandes. Die tiefgreifenden Veränderungen unserer Lebens- und Bildungsverhältnisse seit der Industrialisierung haben in den letzten hundert Jahren eine Modifikation der psychophysischen Entwicklung verursacht, die als *säkulare Akzeleration* nicht nur zu einer Beschleunigung ihres Verlaufs, sondern auch zur Steigerung des

Ergebnisses geführt hat: Früherer Wachstumsabschluß bei gestiegener Körpergröße, verlängerte generative Periode der Frau bei vorverlegter Menarche und hinausgeschobener Menopause, eher erreichte psychomotorische Entwicklungsmarken bei Kleinkindern und höhere Intelligenzleistungen der Erwachsenen belegen einen gesellschaftlich bedingten Wandel in der Biologie und Psychologie des Menschen unserer Tage. Sein Lebensalter unterscheidet ihn deshalb auch als Angehörigen einer bestimmten Generation (Kohorte) mit besonderen Bedingungen, Verlaufsformen und Ergebnissen der Entwicklung von jüngeren oder älteren Menschen neben ihm. Die Unterschiede, die sich zum Beispiel bei Reihenuntersuchungen für 20- und 60jährige Probanden in ihrer Körperhöhe oder Intelligenztestleistung ergeben – und zugunsten der jüngeren ausfallen –, sind infolgedessen nicht nur auf das Lebensalter zu beziehen und als Folge des Alterns zu deuten, sondern müssen auch als Entwicklungsunterschiede betrachtet werden, die zwischen denselben Personen im gleichen Alter bestanden haben können – also als die jetzt ältere Generation 20 war. So markiert die Kohorte gewissermaßen das historische Entwicklungsalter des Menschen.

4.1.3. Entwicklungsaufgaben

Die drei fundamentalen Bedingungen der psychischen **Entwicklung** – genetisches Potential, gesellschaftliche Umwelt, Selbstgestaltung – führen dazu, daß sich der Mensch in jeder Altersstufe vor spezifische Lebenssituationen gestellt sieht, die eine Neuorientierung seines Verhaltens fordern. Das Erwerben des aufrechten Ganges, Gebären eines Kindes, Erwarten des nahenden Todes; der Übergang vom Schüler zum Lehrling, Ledigen zum Ehepartner, Berufstätigen zum Rentner; die Bindung an Freunde, Lösung eines Arbeitsverhältnisses, Trennung vom Partner und andere Ereignisse treten aus biologischen, gesellschaftlichen und persönlichen Gründen im Laufe des Lebens auf und können als „ökologische Übergänge“ seine Richtung entscheidend verändern. Sie fordern das Individuum zur Auseinandersetzung mit der neuen Lebenslage in einem Lernvorgang heraus, der die Adaptation an künftige Lebenssituationen beeinflußt und damit sein psychologisches Alter verändert.

Für das Subjekt stellt sich seine psychische Entwicklung als die fortwährende Lösung solcher „Entwicklungsaufgaben“ dar, wie HAVIGHURST (1953) sie als erster aufgezeigt hat:

Anforderungen, die in einer bestimmten Periode des individuellen Lebens auftreten, deren erfolgreiche Erfüllung zur persönlichen Zufriedenheit, gesellschaftlichen Anerkennung und Bewältigung späterer Aufgaben führt, während ihre Nichterfüllung Unzufriedenheit, Kritik durch die Gesellschaft und Schwierigkeiten bei weiteren Aufgaben nach sich zieht.

Fehllösungen, Vermeidung und Aufschub von Entwicklungsaufgaben verzögern die psychische Entwicklung. Die Lösungsversuche können zur bestimmenden Thematik einer Lebensperiode werden, als beherrschende Problematik den Handlungsspielraum des einzelnen mitunter beträchtlich einengen und sich bis zur Krise mit gesundheitlichen Folgen ausweiten. Immer stellen sie Wendepunkte im Erleben und Verhalten dar.

Entwicklungsaufgaben lassen sich nach drei *inhaltlichen Bereichen* ordnen, denen hier ihre Darstellung für die jeweiligen Altersstufen folgen wird:

1. Auseinandersetzung mit den *Verhaltensnormen* der Gesellschaft für den altersgemäßen Umgang mit Eltern, Erziehern, Geschwistern, Gleichaltrigen, dem anderen Geschlecht, Kindern und alten Menschen;
2. Auseinandersetzung mit den *Leistungsanforderungen* der Gesellschaft, der Erfahrungsaneignung in Familie, Krippe, Kindergarten, Schule und Beruf;
3. Auseinandersetzung mit dem *Lebensalter*, den körperlichen Veränderungen und ihren sozialen Rückwirkungen.

Ihre *Abfolge* im Lebenslauf ist an dem biologischen Alter, der kulturellen Entwicklungsnorm und den individuellen Zielsetzungen orientiert, wobei alle drei Komponenten voneinander abhängen: der körperliche Entwicklungsstand vom Niveau der Zivilisation und der Lebensweise des einzelnen; die externen Leistungs- und Verhaltensstandards von ihren körperlichen Voraussetzungen und der Bereitschaft einer Mehrheit von Menschen, ihnen zu folgen; die Lebensziele des einzelnen von seinen selbst wahrgenommenen psychophysischen Möglichkeiten und den Erwartungen seiner Umgebung. Deshalb ist die Festlegung auf umgrenzte Stadien der psychischen Entwicklung nicht nur von einer Seite her möglich und überhaupt problematisch. Lediglich ihre zeitliche Reihenfolge entspricht dem biologischen Prinzip. Die *Altersgrenzen* hängen jedoch auch von den gesellschaftlichen Verhältnissen ab. Diese bestimmen, wie LEONTJEW (1964) als erster aufgezeigt hat, über den Inhalt der Anforderungen die Dauer eines Entwicklungsstadiums, und beide ändern sich mit den historischen Bedingungen.

So fehlt zum Beispiel in primitiven Kulturen das Jugendalter als Übergangsphase vom Kind- zum Erwachsensein, weil mit der Geschlechtsreife schon alle Pflichten und Rechte übernommen werden können. Erst unter komplizierteren Produktionsverhältnissen fungiert es als „Schonraum der Unmündigkeit“ zwischen früher auftretender biologischer Reife und später zu erwerbender ökonomisch-sozialer Selbständigkeit.

In diesem Sinne gehen wir von psychologisch beschreibbaren Etappen im Lebenslauf aus, die gesetzmäßig aufeinanderfolgen und für eine bestimmte historisch-gesellschaftliche Epoche alterstypische Anforderungen stellen. Sie sollen nun in großen Zügen und unter Beschränkung auf ihre Bedeutung für die gesunde Lebensführung abgehandelt werden und damit die medizinische Relevanz der in Abbildung 4.1 schematisch zusammengefaßten psychologischen Aspekte der Altersstufe darstellen.

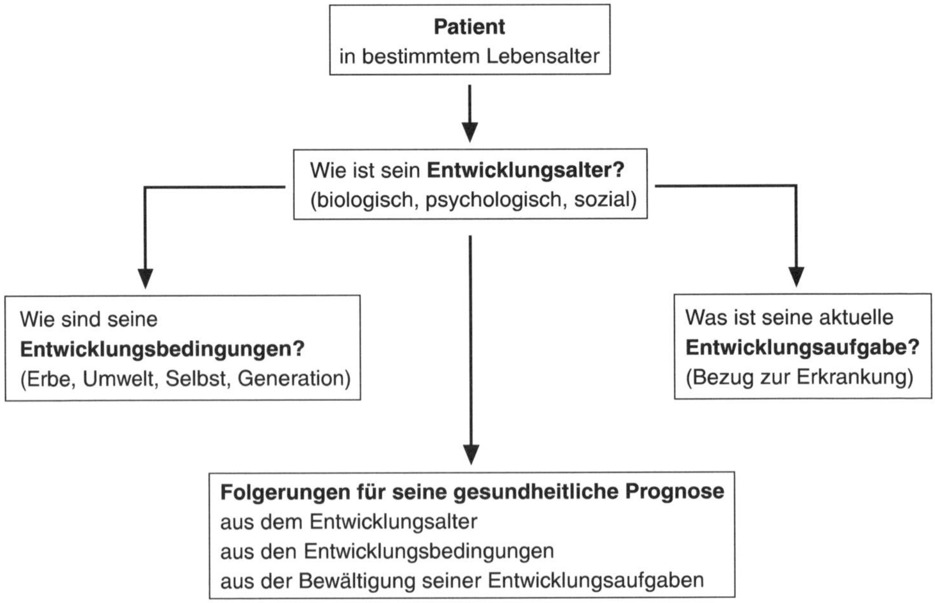

Abb. 4.1 Schematische Darstellung der psychologischen Bedeutung der Altersstufe des Patienten für seine gesundheitliche Situation und Prognose

Ein Beispiel:

- *Patient:* Ein siebenjähriger Junge näßt nach der Einschulung nachts wieder ein (Enuresis nocturna).
- Entwicklungs*alter:* Ist der Junge im Wachstum, Intelligenzstand oder sozialen Verhalten retardiert?
- Entwicklungs*bedingungen:* Bildungsgrad der Eltern, Schulerfolg von Geschwistern, Leistungsmotivation, Inkrafttreten neuer Lehrpläne mit höheren Anforderungen?
- Entwicklungs*aufgabe:* Anpassung an die Schule (Überforderung ?)
- *Folgerungen für seine gesundheitliche Prognose* (das Wiedererlangen der Bettreinheit):
- aus dem Enwicklungs*alter:* Ist eine leichte (körperliche, intellektuelle oder soziale) Retardierung aufholbar?
- aus den Entwicklungs*bedingungen:* Ist das bei Einleitung von Fördermaßnahmen durch die Eltern oder professionelle Helfer möglich?
- aus den Entwicklungs*aufgaben:* Kann der Junge in der Schulklasse bleiben, sollte er vorübergehend wieder ausgeschult oder in eine Klasse für Lernbehinderte umgeschult werden?

4.2. Frühes Kindesalter (bis 5 Jahre)

Die ersten sechs Lebensjahre sind die Zeit raschesten psychophysischen Wachstums. In ihnen vollzieht sich die eigentliche Menschwerdung mit dem Erwerb des aufrechten Ganges, der Sprache und des Bewußtseins. Der Entwicklungsfortschritt ist später nie wieder so groß wie jetzt vom Neugeborenen zum Schulanfänger. Die frühe Kindheit umfaßt das **Säuglingsalter** (1. Lebensjahr), Kleinkindalter (2. und 3. Lebensjahr) und das **Vorschulalter** (4. bis 6. Lebensjahr). Sie hat große Bedeutung für die Herausbildung der Persönlichkeit, deren fundamentale Regulationsformen des Person-Umweltkontaktes sich nun formieren. Die ersten Entwicklungsaufgaben des Kindes sind deshalb die Herstellung fester Bindungen an die Eltern, die von diesen und den Kindereinrichtungen vermittelte Erfahrungsaneignung und die Kontrolle über den eigenen Körper. Erfolg und Mißerfolg sind dabei gleichbedeutend mit gesundheitlicher Festigung oder Gefährdung.

4.2.1. Bindung an die Eltern

Feste emotionale Beziehungen zwischen Eltern und Kind sind für dessen physische und psychische Gesundheit ebenso wichtig wie Ernährung und Hygiene. Von dieser Basis aus können seine Kontakte auch auf andere Erwachsene und Kinder ausgedehnt werden. Das Interaktionssystem Kind-Pflegeperson ist die früheste Form individueller Vergesellschaftung, in deren Verlauf es die Befähigung zu sozialem Handeln erwirbt.

Zur **Ausbildung sozialer Fähigkeiten** gehören jene Verhaltensweisen, die dem Kind die Aufnahme interpersoneller Kontakte zu seinen Betreuern ermöglichen. Hierfür bringt das **Neugeborene** nach RAUH (1987) drei Voraussetzungen mit:

- *Proto-soziale Wahrnehmung:* Es lauscht auf die menschliche Stimme, folgt menschlichen Gesichtern mit Kopf- und Augenbewegungen, beruhigt sich beim Herumgetragenwerden und ähnlichem.
- *Aussenden sozial interpretierbarer Signale:* Mit Weinen, Schreien und Vokalisieren bringt es Erwachsene in seine Nähe; mit Saugen, Greifreflex und Blickkontakt hält es die Verbindung aufrecht; mit Blickabwendung, Versteifung des Körpers und Abwehrreaktionen bricht es sie ab.
- *Interaktionen und Kommunikationsspiele:* Das Nachahmen von Mundbewegungen, Begleiten der menschlichen Sprache mit synchronen Bewegungen und später das Lächeln (mit zwei Monaten) stimuliert die Pflegeperson zur Wiederholung und übt damit die zwischenmenschliche Kommunikation.

Auf diese Weise lernt der Säugling feste Partner kennen und bindet sich emotional an sie, weil sie ihm Sicherheit gewähren. Der *Bindungsvorgang* ist etwa zwischen dem sechsten bis 18. Lebensmonat besonders störbar und erreicht im siebten bis neunten Monat einen kritischen Punkt. In dieser Zeit reagiert das Kind sowohl auf neue Personen als auch bei kurzzeitiger Trennung von Vertrauten mit Protest (Fremdeln beziehungsweise Trennungs- oder 8-Monats-Angst), was als Indikator für die schon eingetretene, aber noch nicht sichere Bindung anzusehen ist. Diese war bisher an die Mutter enger als an den Vater, doch ändert sich das mit dessen zunehmender Beteiligung an der Pflege. Sie entlastet die Mutter, bereichert den Vater und beschleunigt den Bindungsvorgang. Kinder, die mehr elterliche Zuwendung erhalten, protestieren gegen vorübergehende Trennungen eher als solche, die sie schon oft erlebt haben (siehe Exkurs 4.1).

Die frühe Kommunikation wird besonders in der vorsprachlichen Periode über den direkten *Berührungskontakt* zwischen Betreuer und Kind realisiert. Beim Gestilltwerden, Auf-dem-Schoß-Sitzen, Auf-dem-Arm-Getragenwerden erfährt es hautnahe menschliche Wärme, Geborgenheit und die Befriedigung seiner Bedürfnisse. Durch künstliche Ernährung, Kinderwagen und Kliniksentbindung ist der Körperkontakt immer mehr verringert worden, was die Bindung erschweren muß. Stillen und körpernahes Tragen mit dem Tragetuch, wie zum Teil propagiert, mögen die Bindung fördern. Liebevolle Berührungen beim Füttern, Pflegen und Spielen lassen Säuglinge und Kleinkinder nachweislich besser gedeihen, wie vergleichende Beobachtungen an neun bis 19 Monate alten Kindern mit und ohne Wachstumsstörungen belegen (POLAN und WARD, 1994).

Besonders wichtig ist die Umstellung der Routine auf den Entbindungsstationen, um bereits in den ersten Stunden und Tagen einen intensiven Mutter-Kind-Kontakt zu ermöglichen. Beide sollten eine längere postpartale Hautberührung haben können und auf der Wochenstation nicht getrennt werden. Wo sie aus räumlichen Gründen nicht nach dem „Rooming-in“-Prinzip in gemeinsamen oder miteinander verbundenen Zimmern untergebracht werden können, sind die täglichen Kontaktzeiten zu verlängern.

> Versuche von ALI und LOWRY (1981) und HALES et al. (1977) haben gezeigt, daß Neugeborene, die ihre ersten 45 Lebensminuten auf dem Bauch ihrer Mutter liegen durften, öfter von diesen gestillt wurden. Mit zwölf Wochen waren sie ruhiger, schrien weniger und hatten mehr Blickkontakt als die nach der Geburt von ihren Müttern getrennten Kontrollkinder. Ob dabei Mutter und Kind in einer „sensiblen Periode“ aufeinander „geprägt“ werden, ist umstritten. Sicher lernen sich beide so früher kennen. Selbst ein, zwei und fünf Jahre nach der Geburt paßten Mütter, die sich unmittelbar nach der Geburt mit ihren Babys beschäftigen durften, ihre Sprache und Reaktionsweisen dem tatsächlichen Verhalten und Verständnis ihrer Kinder besser an als solche ohne diese Früherfahrungen.

Weiterhin läßt sich ein Zusammenhang zwischen der *Beurteilung des Neugeborenenverhaltens* durch die Mutter und der psychischen Gesundheit im Kindergarten- und Schulalter feststellen.

Exkurs 4.1 Bindung an die Mutter im Spiegel des Fremde-Situationstests von Mary AINSWORTH

Das *Bindungsverhalten* (attachment) des Säuglings und Kleinkindes und das komplementäre *Fürsorgeverhalten* (bonding) der Mutter sorgen nach der Theorie der sozial-emotionalen Bindung von AINSWORTH (1978) dafür, daß die Hauptpflegeperson in der Nähe des noch unreifen und hilflosen Kindes bleibt und ihm Schutz und Unterstützung bei der Erkundung seiner Umwelt bietet. Die sich in dieser Interaktion herausbildende personbezogene Bindung ist das Fundament für die emotionale und soziale Entwicklung des Kindes.

Die Qualität dieser Bindung läßt sich in dem hierzu entwickelten *Fremde-Situationstest* ermitteln. In einem durch Einwegscheiben beobachtbaren Raum mit Spielzeug und zwei Stühlen finden nacheinander die folgenden dreiminütigen Episoden statt:

- Mutter und Kind werden vom Beobachter in den Raum geführt. Mutter setzt Kind auf den Boden.
- Mutter und Kind sind allein. Mutter liest Zeitschrift. Kind kann die Umgebung und das Spielzeug erkunden.
- Eine Fremde tritt ein, setzt sich, unterhält sich mit der Mutter und beschäftigt sich auch mit dem Kind.
- Mutter verläßt den Raum, Fremde bleibt mit dem Kind allein, beschäftigt sich mit ihm und tröstet es, wenn notwendig.
- Mutter kommt wieder, Fremde geht. Mutter und Kind sind allein. Mutter beschäftigt sich mit dem Kind und versucht, es wieder für das Spielzeug zu interessieren.
- Mutter verläßt den Raum und läßt Baby allein.
- Fremde tritt ein, versucht Kind zu trösten, wenn notwendig.
- Mutter kommt wieder und Fremde verläßt den Raum.

Nach dem Verhalten des Kindes in diesen acht Situationen lassen sich dann drei Bindungsarten unterscheiden:

1. *Unsicher-vermeidende Bindung*
   - Ignoriert Mutter bei Rückkehr
   - Behandelt Mutter und fremde Person gleich
   - Bleibt allein ohne Klagen
2. *Sichere Bindung*
   - Sucht und wahrt Nähe zur Mutter
   - Bevorzugt Mutter vor fremder Person
   - Protestiert gegen Alleinsein
3. *Ambivalent-unsichere Bindung*
   - Sucht Kontakt zur Mutter, widerstrebt aber deren Kontaktversuchen
   - Passiv gegenüber fremder Person
   - Protestiert gegen Alleinsein

Die auf diese Weise ermittelte sozial-emotionale Bindung des Kleinkindes läßt sich dann zu seinem Sozialverhalten in der weiteren Entwicklung in Beziehung setzen. So ist eine empirische Überprüfung der prognostischen Aussagen der Attachment-Theorie möglich.

AINSWORTH, M.; BLEHAR, M. C.; WATERS, E.; WALL, S. N. (1978). *Patterns of attachment: A psychological study of the strange situation.* New York: Wiley.

AINSWORTH, M. (1989). Attachments beyond infancy. *American Psychologist, 44*, 709–716.

> So ließ BROUSSARD (1976) Mütter ihre normalen, gesunden erstgeborenen Babys am ersten oder zweiten Tage und noch einmal ein Monat nach der Geburt an Hand eines von ihr entwickelten Fragebogens hinsichtlich des Schreiens, Spuckens, Trinkens, Stuhlgangs, Schlafens und der Vorhersagbarkeit dieser Verhaltensweisen einschätzen. Die hiernach vorgenommene Einteilung der Neugeborenen in solche mit hohem und niedrigem Risiko für ihre weitere Verhaltensentwicklung korrelierte mit der kinderpsychiatrischen Feststellung emotionaler Störungen im Alter von 4,5 und zehn bis elf Jahren. Das kann entweder darauf beruhen, daß angeborene Verhaltensauffälligkeiten von den Müttern besser als von Neonatologen bemerkt werden oder aber bedeuten, daß Mütter, die sich schon durch das Verhalten des Neugeborenen gestört fühlen, auf das Kind auch später ungeduldig reagieren und es vernachlässigen oder falsch erziehen.

Hier bieten sich Ansatzmöglichkeiten für eine Früherfassung und Prävention von sozialen Anpassungs- und Verhaltensstörungen.

Zur **psychischen Deprivation**, auch **Hospitalismus** genannt (6.3.), das heißt zur Beeinträchtigung der Persönlichkeitsentwicklung des Kindes durch Pflegeverlust kommt es dann, wenn die Herstellung enger kognitiver, emotionaler und sozialer Beziehungen zu dauerhaften Bezugspersonen nicht gewährleistet ist. In der Regel sind das die leiblichen Eltern, es können aber auch Pflegeeltern oder Erzieher sein. Wichtig sind allein ihre konstante emotionale Zuwendung, Erziehungstüchtigkeit und Arbeitsteilung mit den Kindereinrichtungen. Dauernde Verstöße gegen diese Grundsätze in der Pflege des Kindes bedeuten eine Vereitelung seiner Grundbedürfnisse nach sensorischer Anregung, Erfahrungsaneignung, emotionaler Geborgenheit und gesellschaftlicher Anerkennung. Besonders gefährdet sind Säuglinge und Kleinkinder, wenn sie unerwünscht sind oder von ihren Müttern getrennt werden.

Unerwünschtsein des Kindes kann als Mangel an elterlicher Zuwendung die Sozialisation von vornherein erschweren. Wenngleich die meisten nicht gewollten Kinder doch akzeptiert wurden und mit der gewachsenen mütterlichen Entscheidungsfreiheit mehr Wunschkinder geboren werden, so können doch immer noch Kinder zumindest wegen ihres Geschlechts in die Situation des Unerwünschtseins kommen.

Erwachsene Neurotiker, die BÖTTCHER (1968) nach ihrem „Rückblick auf die Eltern“ befragte, äußerten häufiger als Gesunde die Meinung, ein unerwünschtes Kind gewesen zu sein. Zwar ist zu bedenken, ob sie bereits als Kind die Situation schon so erlebten und diese tatsächlich bestand, doch weisen Längsschnittuntersuchungen an ursprünglich abgelehnten Kindern in die gleiche Richtung. In mehreren Ländern wird die Entwicklung von seinerzeit nach abgelehnter Schwangerschaftsunterbrechung geborenen und bei ihren Müttern lebenden Kindern verfolgt. Mit acht und 15 Jahren unterschieden sie sich von ihren weitgehend parallelisierten Kontrollpartnern durch eine bis dahin höhere Morbidität, schlechtere Schulleistungen und größere soziale Anpassungsschwierigkeiten. Doch waren sie auch öfter in zerfallenen Ehen aufgewachsen. Unter Beschränkung auf die kontinuierlich von beiden Eltern aufgezogenen Kindern boten die unerwünschten nur noch einen schulischen Rückstand gegenüber den volleltrigen Kontrollkindern.

In der Prager Studie über unerwünschte Kinder (MATĚJCĚK, 1991) sind je 220 nach abgelehnter beziehungsweise nicht beantragter Interruptio geborene Kinder in ihrer Entwicklung bis zum Erwachsenenalter verglichen worden. Die dann noch erreichbaren 105 Probandenpaare wurden in einem strukturierten Interview nach ihrer Lebenszufriedenheit in folgenden Bereichen befragt:

1. Persönliche Ausgeglichenheit, Identität;
2. Beziehungen zur Herkunftsfamilie;
3. Beruf;
4. Verhältnis zum anderen Geschlecht;
5. Beziehungen zu Freunden und Bekannten;
6. Verhältnis zu eigenen Kindern.

Durch Addition der negativen (unzufriedenen) Antworten wurde ein Punktwert der psychosozialen Instabilität gebildet. Hiernach erscheinen die ehemals unerwünschten Kinder als junge Erwachsene mit signifikant öfter unzufriedenen und problematischen Beziehungen zur eigenenen Person und sozialen Umgebung (Abb. 4.2).

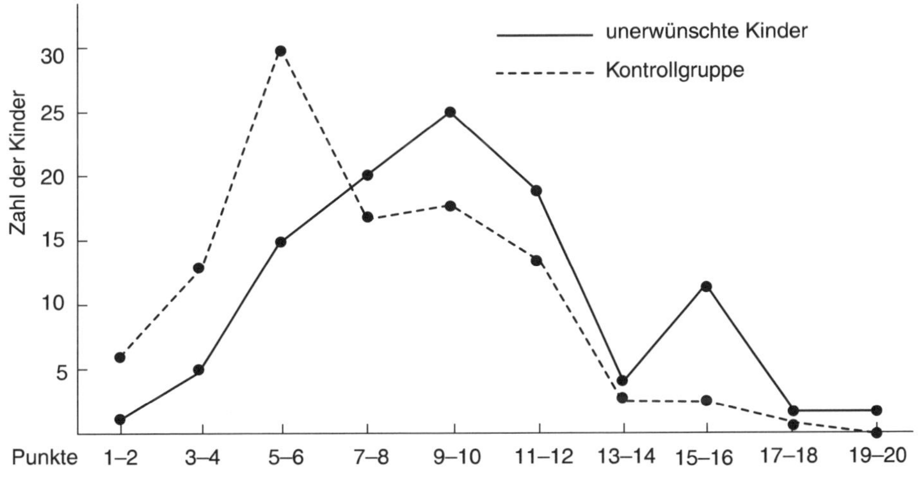

Abb. 4.2 Punktwert der psychosozialen Instabilität von 105 ehemals unerwünschten und von 105 paarweise zugeordneten Kontrollkindern im Alter von 21 bis 23 Jahren (nach MATĚJCĚK, 1991)

Noch deutlicher weichen nach ihrer Geburt zur Adoption angebotene Kinder später in ihrer psychosozialen Entwicklung vom Durchschnitt ab. BOHMAN (1980) ermittelte bei ihnen im Alter von zehn bis elf Jahren in Abhängigkeit von der Unterbringung bei Adoptiveltern, ihren Müttern oder Pflegefamilien in dieser Reihenfolge doppelt bis viermal so viele Problemkinder mit nervösen Störungen und Verhaltensauffälligkeiten wie bei ihren Klassenkameraden in der Schule, wo auch ihre Leistungen durchschnittlich niedriger lagen. Mit 15 Jahren waren nur noch die bei ihrer Mutter oder in Heimen lebenden Jugendlichen auffällig, während sich die tatsächlich adoptierten gebessert hatten. Die Verhaltensauffälligkeiten korrelierten mit den Schwangerschaftskomplikationen der Mutter und so mit dem Risiko einer frühen Hirnschädigung des Kindes, nicht aber mit der Kriminalität und dem Alkoholismus des Vaters, der nur als Erb- und nicht auch als Erziehungsträger wirkte.

Bei den psychischen Auffälligkeiten unerwünschter Kinder kommen demnach neben Vernachlässigungs- auch Hirnschadenfolgen ursächlich mit in Betracht, während Erbwirkungen nicht hinreichend zu ermitteln sind.

Mutter-Kind-Trennung in den früheren Lebensjahren kann ein Risiko für die Sozialentwicklung sein, wenn die bislang optimale mütterliche Pflege nicht hinreichend ergänzt oder ersetzt wird. Bei unzulänglicher Betreuung durch die Mutter hingegen ist die Herausnahme des Kindes aus dem Mangelmilieu oft der entscheidende Schritt zur Sicherung seiner Entwicklung. Nach dramatischen Beobachtungen über die extreme emotionale Vernachlässigung von elternlosen Säuglingen und Heimkindern während des zweiten Weltkrieges sowie an verwahrlosten Jugendlichen in den ersten Jahren danach wurde die Prognose gestellt, daß auch die zeitweilige Trennung des Säuglings und Kleinkindes von der Mutter weitreichende Folgen für seine psychische Gesundheit bis ins Erwachsenenalter haben könne. Seitdem stehen drei Fragen im Mittelpunkt der hierdurch ausgelösten wissenschaftlichen Diskussion: nämlich die nach Erscheinungen, Ursachen und Dauer der psychischen Folgen von Eltern-Kind-Trennungserfahrungen. Sie sind noch nicht endgültig zu beantworten.

Vergleicht man Sitzenbleiber, Kriminelle oder psychisch Kranke mit guten Schülern, Nichtstraffälligen und Gesunden, so sind sie stets mehr Milieuwechseln ausgesetzt gewesen, die ihre Schwierigkeiten mitbedingt haben können (vergleiche Tab. 4.1).

Tab. 4.1 Wechsel des häuslichen Erziehungsmilieus seit der Geburt bei Normalschülern unterschiedlicher Schulleistungen der Klassen 1 bis 8

Häusliche Erziehung	Leistungsstärke n = 99 %	Leistungsschwäche n = 98 %
Immer durch dieselbe Person	58,6	44,9
Wechsel einzelner Personen	36,4	28,6
Totaler Erzieherwechsel	5,0	26,5

(aus RÖSLER, 1967)

Selbst vorübergehende Unterbrechungen des Mutter-Kind-Kontaktes in den ersten vier Lebensjahren um mehr als drei Tage fanden sich in der Anamnese von psychiatrisch behandelten Jugendlichen doppelt so oft wie bei allgemeinärztlich behandelten.

Diese und andere Befunde scheinen die oben genannte pessimistische These zu stützen, doch können sie primär durch jene ungünstigen Erziehungsverhältnisse bedingt sein, die unter anderem auch zum Milieuwechsel geführt haben, ohne daß dieser selbst traumatisch gewirkt hat. Wird nämlich schon von einer ablehnenden mütterlichen Grundeinstellung ausgegangen, wie bei den von BOHMAN nach dem Adoptionsangebot ihrer Mütter weiterverfolgten Kindern, so finden sich innerhalb dieser Gruppe mit 15 Jahren keine Leistungs- oder Verhaltensunterschiede in der Schule, wenn man sie hinsichtlich einer vorübergehenden Heimaufnahme im ersten Lebensjahr unterteilt. Diese war ihrer Vermittlung in eine Adoptiv- oder Pflegefamilie beziehungsweise zur leiblichen Mutter bei den meisten vorausgegangen. Die adoptierten Kinder zeigten sich überdies – wie in ähnlichen Studien aus anderen Ländern – geistig besser entwickelt als die zu ihren Müttern zurückgekehrten, was auf Auslese- und Milieuwirkungen hierbei schließen läßt.

Retrospektive Erhebungen an Erwachsenen ergaben keine eindeutigen Unterschiede in der psychischen Gesundheit, wenn sie danach unterteilt wurden, ob sie in den ersten fünf Lebensjahren aus verschiedenen Gründen eine Abwesenheit ihrer Mütter bis zu einem Jahr erfahren hatten oder nicht. Natürlich bedeutet jede Trennung des Kleinkindes von seiner Hauptbezugsperson einen akuten Stressor, er hat jedoch für sich genommen keine Langzeitwirkung.

Diese ergibt sich nach katamnestischen Untersuchungen an ehemaligen Zürcher Heimsäuglingen erst dann, wenn dem Heimaufenthalt eine erzieherische Vernachlässigung durch die leiblichen oder Pflegeeltern folgt, die früh in eine dauernde Deprivation übergeht (ERNST und VON LUCKNER, 1985).

Ob, in welcher Weise und wie nachhaltig das Kind auf eine frühe Mutterentbehrung reagiert, hängt ganz von seiner Betreuung vor und nach der Trennung ab. Der kompensatorischen Bedeutung des Vaters wird dabei erst in jüngster Zeit mehr Aufmerksamkeit geschenkt.

4.2.2. Erfahrungsaneignung

Die allseitige Aneignung der kulturellen Verhältnisse durch das Individuum beginnt damit, daß der Säugling lernen muß, die sensorische Kontrolle über seine Umgebung zu bekommen, und führt am Ende der frühen Kindheit zum Erreichen der Schulfähigkeit. Sie vollzieht sich während der ersten sechs Lebensjahre und noch darüber hinaus in der Familie, die dabei zunehmend durch die vorschulischen Bildungseinrichtungen unterstützt wird. Diese gesellschaftlich organisierte Erfahrungsaneignung kann mit der notwendigen sozialen Adaptation und Orientierung an Altersnormen gesundheitliche Probleme aufwerfen, die als Folgen oder Ursachen des Mißlingens zu berücksichtigen sind.

Anpassungsreaktionen werden unmittelbar nach der Aufnahme in die Kindereinrichtung beobachtet. Sie verlaufen als psychophysisches Adaptationssyndrom nach einem Stressor, den die Eingewöhnung in eine neue Umgebung darstellt. Nach SCHMIDT-KOLMER (1979) erkranken etwa 50% der *Krippenkinder* im ersten Monat nach der Aufnahme, es kommt zu Gewichtsverlusten, Veränderung der vegetativen Funktionen und Schwankungen der immunologischen Reaktivität. Das Tempo der psychischen Entwicklung verzögert sich vorübergehend, was besonders in der verringerten Sprechaktivität sichtbar wird (Abb. 4.3).

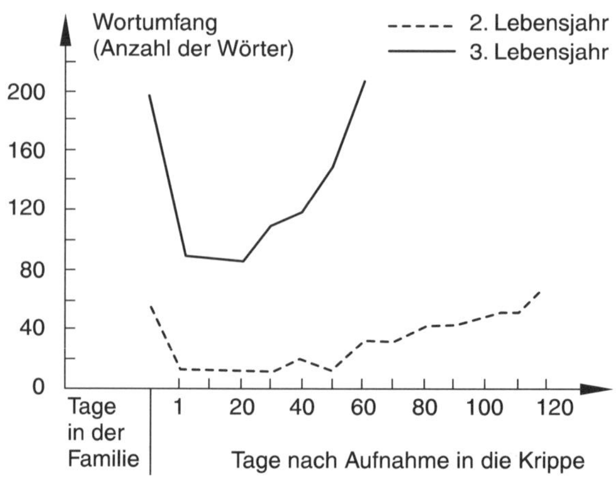

Abb. 4.3 Veränderungen im mittleren Umfang der Sprechaktivität nach Krippenaufnahme (n = 68; aus SCHMIDT-KOLMER, 1979)

Je nach Dauer der Verhaltensstörungen, der Häufigkeit beziehungsweise Schwere der Erkrankung und je nach den funktionellen Schwankungen lassen sich drei Formen der akuten Adaptation unterscheiden: Bei der leichten Anpassung normalisiert sich das Befinden in zehn bis 15 Tagen, bei der mittleren in bis zu 30 Tagen und bei der schweren erst in zwei bis sechs Monaten. Letztere kompliziert dann später auch den Übergang in den Kindergarten und die Schule. Dieser Verlauf ist abhängig von Komplikationen während der Schwangerschaft, Geburt und Neugeborenenperiode, Erziehungs- und Pflegefehlern im Elternhaus und vom Aufnahmealter. Am schwierigsten wird der Wechsel von Pflegepersonen zwischen dem zehnten und 18. Lebensmonat bewältigt, wenn das Kind schon sozialen Kontakt aufnimmt, aber weder sprechen noch sich frei bewegen kann und deshalb von den vertrauten Erwachsenen besonders abhängig ist.

Ähnliche Anpassungserscheinungen wiederholen sich beim Übergang in den Kindergarten. Auch hier ist neben Gewichtsverlusten, Erkrankungen und Verschlechterung des Allgemeinzustandes bei einem guten Drittel der Kinder mit einer anfänglichen psychischen Entwicklungsbeeinträchtigung zu rechnen (Tab. 4.2), die aber nach zwei bis drei Monaten in der Regel wieder aufgeholt ist.

Tab. 4.2 Veränderung von Leistung und Verhalten bei 53 Kindern nach dem Übergang in den Kindergarten

	Keine Veränderung	Entwicklungs-beschleunigung	Entwicklungs-beeinträchtigung
n	22	11	20
%	41	21	38
x	38,8 Monate	38,2 Monate	37,4 Monate

(aus SCHMIDT-KOLMER, 1979)

Wechselwirkungen zwischen Familie und Kindereinrichtung lassen sich am psychischen Entwicklungsstand ablesen, wie er bei Krippenkindern dokumentiert wird, wobei der Entwicklungsstand natürlich durch gezielte Förderung des Kindes beeinflußt werden kann. *Häufig erkrankte Kleinkinder* weisen einen schlechteren neuropsychischen Entwicklungsstand auf als nichterkrankte, wobei die Differenzen mit steigendem Alter und Körpergewicht abnehmen (Abb. 4.4).

Weiterhin wirkt sich ein niedriges *Bildungsniveau der Eltern*, besonders das der Mutter, verzögernd auf die kindliche Entwicklung aus. Ursache dafür ist nicht nur unzureichendes Erziehungsverhalten, sondern auch eine Kombination von weiteren ungünstigen sozialen Bedingungen. So bleibt der Entwicklungsstand von *Kindern aus Teilfamilien*, und hier besonders nach Ehescheidungen, gegenüber solchen aus Vollfamilien zurück. Er nimmt mit steigender *Kinderzahl je Familie* ab, was bei vier und mehr Kindern bedeutsam ist und die besondere Unterstützung kinderreicher Familien durch sozialpolitische Maßnahmen notwendig macht.

Risikogeburten sind in ihrer Erfahrungsaneignung um so eher behindert, je mehr prä-, peri- oder postnatalen Schädigungsmöglichkeiten sie ausgesetzt waren und je ungünstiger die Lebensbedingungen sind, unter denen sie aufwachsen. Beide Faktoren können sich dabei gegenseitig verstärken oder abschwächen.

In der Rostocker Längsschnittstudie wird der Entwicklungsverlauf von 300 neonatologisch voruntersuchten Krippenkindern der Geburtsjahrgänge 1970/71 in Abhängigkeit von biologischen Risikofaktoren (zum Beispiel Uterusblutung in der Schwangerschaft, Blasensprung vor der Geburt, Frühgeburt, Atemnotsyndrom, Ernährungsstörungen im Säuglingsalter) und psychosozialen Risikofaktoren (Mutter ohne Abschluß der 8. Klasse, Ehe disharmonisch, Vater Alkoholiker, kinderreiche Familie und ähnliches) verfolgt (MEYER-PROBST und TEICHMANN, 1984). Mit steigender Anzahl sowohl der biologischen als auch der psychosozialen Risiken sinkt das Entwicklungsniveau ständig; von zwei bis

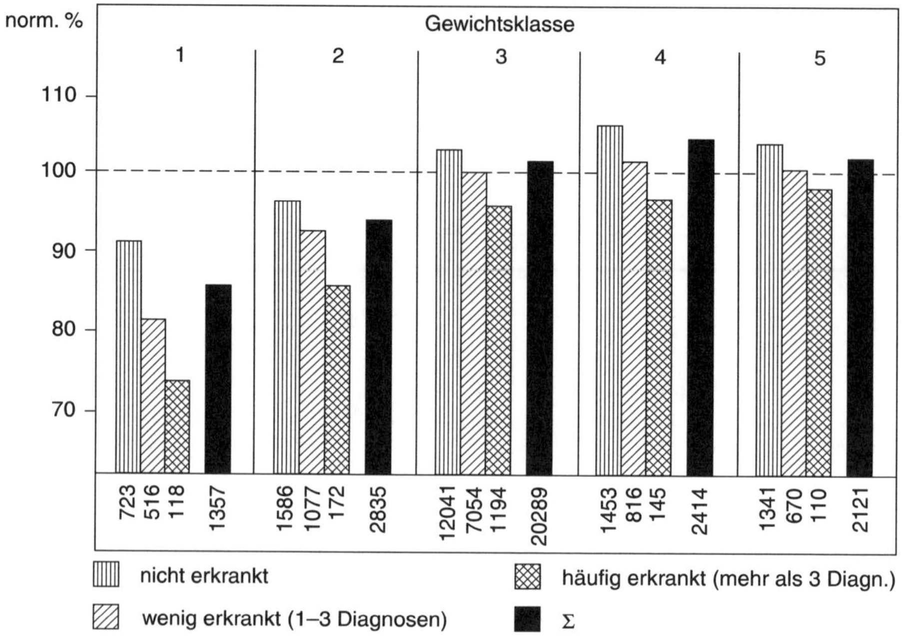

Abb. 4.4 Neuropsychische Entwicklung von Krippenkindern des 1. bis 3. Lebensjahres nach Körpergewicht und Erkrankungshäufigkeit (aus BRUNNER et al., 1978). norm. % = erreichte Altersnorm bei Überprüfung des Entwicklungsstandes

sechs Jahren läßt der entwicklungshemmende Einfluß biologischer Risiken nach, während der von psychosozialen unvermindert anhält (Abb. 4.5). Die Wechselwirkung beider in der Beeinflussung der Hirnfunktion demonstriert Abbildung 4.6.

Die Kombination vieler biologischer und psychosozialer Risikofaktoren gefährdet in jedem Fall das Erreichen der Schulfähigkeit.

Zur Frühförderung von Risikokindern haben WAGNER und ROHMANN (1984) eine Aufgabensammlung als Hilfe für Eltern entwickelt. Sie wird vorbeugend bei prä-, peri- und postnatal belasteten Kindern unabhängig von einer nachweisbaren Schädigung eingesetzt und trägt vom fünften bis 24. Lebensmonat zur Anregung der Sinne, Körpergeschicklichkeit, Sprache, Vorstellungen, des Denkens und sozialen Verhaltens bei.

Die Förderung schon geschädigter Säuglinge und Kleinstkinder kann auch in Sonderkrippen beziehungsweise Sondergruppen der Krippen und Heime erfolgen. Hierfür gibt es ein Programm, das unter Einbeziehung der Eltern durchgeführt wird (SCHNEIDER, 1985). Es richtet sich gezielt auf die Teilbereiche Selbstbedienung, Bewegungserziehung, Spiel, Muttersprache, Musik, Arbeitserziehung und Umweltkenntnisse. Die damit bisher gesammelten Erfahrungen sind ermutigend und belegen, daß Rückstände in der Erfahrungsaneignung durch Frühförderung bekämpft werden können.

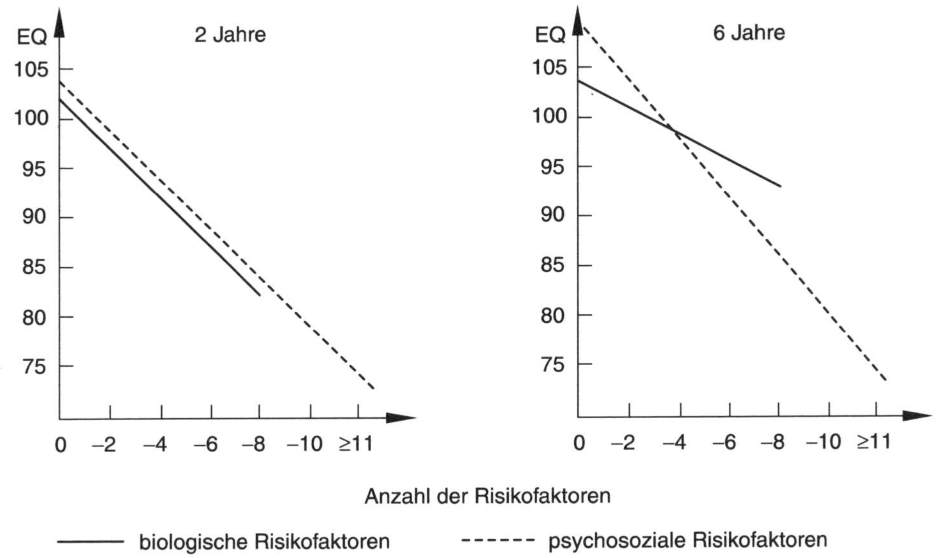

Abb. 4.5 Psychischer Entwicklungsstand von Kindern im Alter von 2 bis 6 Jahren in Abhängigkeit von der Anzahl biologischer und psychosozialer Risikofaktoren (nach MEYER-PROBST und TEICHMANN, 1984)

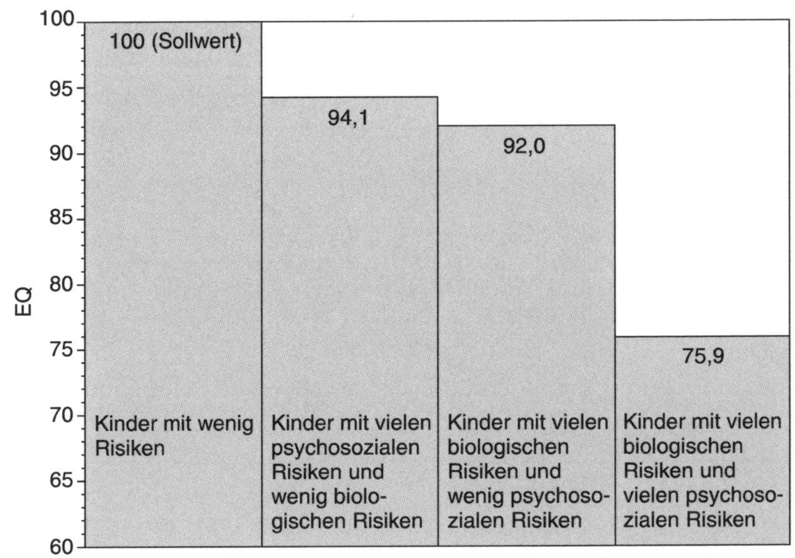

Abb. 4.6 Das durchschnittliche Entwicklungsniveau 2jähriger Kinder mit unterschiedlicher Risikokombination (nach MEYER-PROBST und TEICHMANN, 1984)

4.2.3. Körperkontrolle

Die spielerische **Erkundung des eigenen Körpers** beginnt mit der ersten optischen Fixierung der Hand etwa in der sechsten Lebenswoche. Bis zum vierten Monat beobachtet der Säugling intensiv das Spiel seiner Finger, bis zum sechsten Monat auch das der Füße, und mit einem Jahr können die meisten Kinder nach Aufforderung verschiedene Körperteile zeigen. Damit ist eine gewisse Stabilität des eigenen Körperbildes erreicht, die eine Voraussetzung der Ich-Abgrenzung darstellt. Diese wird dann mit dem Gebrauch der Ich-Form im dritten Lebensjahr auch in der Sprache deutlich vollzogen. Gleichzeitig bemerkt das Kleinkind seine Zugehörigkeit zu einem Geschlecht und gegebenenfalls seine Auffälligkeit bei Körperbehinderung. Unter Vorschulkindern lassen sich dann durch Befragung an Hand von Bildvorlagen zum Körper eines Kindes gleichen Alters und Geschlechts mit fünf Jahren schon individuelle Differenzen im Körper-Selbstbild nachweisen.

Die **Sauberkeitsgewöhnung** lenkt die Aufmerksamkeit des Kleinkindes auf seine Körperfunktionen. Durch bedingt-reflektorisches Lernen hat es dabei den Harn- und Stuhldrang (unbedingter Reiz) mit dem Töpfchen beziehungsweise der Toilette (bedingter Reiz) zu verbinden und die Ausscheidungsreflexe willentlich zu kontrollieren. Es erfährt so die kulturelle „Kanalisierung“ seines natürlichen Bedürfnisses und dabei die Konfrontation mit einer Altersnorm für sein Verhalten. Dies wird von ungeduldigen oder ehrgeizigen Eltern oft zu früh und nachdrücklich veranlaßt. Säuglinge sind damit allemal überfordert, und Kleinkinder sollen im zweiten und dritten Lebensjahr erst allmählich durch Abpassen der Entleerungszeiten und Lob bei Gelingen zur Blasen- und Darmkontrolle geführt werden. Dramatisierung und Bestrafung des Mißlingens erzeugen Angst vor der Ausscheidung, die den Lernvorgang behindert und Rückfälle vorprogrammiert. Das Wiedereinnässen oder -koten im Vorschul- und Schulalter stellt denn auch eine der häufigsten kindlichen Fehlhaltungen dar (siehe GÖLLNITZ, 1992).

Geschlechtliche Verhaltensweisen ergeben sich schon im ersten und zweiten Lebensjahr bei der Entdeckung des eigenen Körpers und seiner mit der Ausscheidung verbundenen Teile. Dabei fällt dem Kleinkind der genitale Unterschied zwischen Jungen und Mädchen auf. Später werden die sekundären und je nach elterlicher Toleranz auch die primären Geschlechtsmerkmale der Erwachsenen beachtet.

Das Spiel mit den eigenen Genitalien wird schon von Kleinkindern als angenehm empfunden. Von MISGELD (1978) hiernach befragte Eltern hatten in den ersten drei Jahren bei ihren Jungen zu 76% Versteifungen und zu 61% Manipulationen am Glied, bei den Mädchen zu 25% an der Klitoris beobachtet. Im Vorschulalter kann das gegenseitige Sich-Anschauen und -Betasten von Jungen und Mädchen bei sogenannten Doktor- oder Vater-Mutter-Kind-Spielen hinzukommen. Bisweilen wird dabei auch der gelegentlich beobachtete Koitus Erwachsener äußerlich nachgeahmt. Solche Anzeichen einer frühkindlichen Sexualität dürfen nicht überbewertet werden. Strafen oder drastischer Liebesentzug führen zur negativen emotionalen Besetzung dieser Körperregionen und können die weitere sexuelle Entwicklung komplizieren. Aus dem gleichen Grund sollen die Fragen des Kindes nach geschlechtlichen Dingen rechtzeitig und seinem Verständnis angemessen beantwortet werden. Sie werden vom dritten Lebensjahr an immer wieder gestellt und betreffen die körperlichen Besonderheiten der Geschlechter, die Herkunft der Kinder und deren Geburt. Werden im Vorschulalter die Fragen nach dem Geburtsvorgang nicht beantwortet, kommt es zu kindlichen „Geburtstheorien" (Brust-, Nabel- oder Bauchgeburt). Vorstellungen über ein Aufplatzen oder Aufschneiden des Mutterleibes werden durch die Klinikentbindung noch begünstigt. Sie können trotz ihrer späteren Richtigstellung bei Mädchen die Angst vor der Entbindung nähren, weil die Assoziation zwar rational, aber nicht emotional vollständig gelöscht worden ist.

4.3. Schulkindalter (6 bis 13 Jahre)

Die Schuljahre bringen stetig zunehmende Verhaltens- und Leistungsanforderungen, folglich schnell veränderte Erlebnis- und Konfliktmöglichkeiten. In der rückschauenden Betrachtung und allgemeinen Erwartung Erwachsener, die LEHR (1964) ausgewertet hat (siehe 4.5.3.), werden sie durchaus nicht immer positiv bewertet, wenn auch die negativen Erinnerungen und Erwartungen hinsichtlich dieses Lebensabschnittes gering sind. Von den Befragten nannten nicht mehr als 13% die ersten zehn Jahre als ihre glücklichste Zeit, in der sie unbeschwert, problemlos und geborgen waren. Aber nur 2% haben sie als besonders unerfreuliche Zeit ihres Lebens in Erinnerung, wofür sie das Ausgeliefertsein an die Erwachsenen, Tod und Scheidung der Eltern, Übertragung von Pflichten und Aufgaben, denen sie nicht gewachsen waren, Krankheit und Gebrechen anführen.

Solche Zahlenangaben sind natürlich an die jeweilige Generation und ihre geschichtlichen Verhältnisse gebunden, sie können nicht immer und überall gelten. Doch belegen sie die beherrschenden Entwicklungsaufgaben, vor denen das Schulkind steht: die Einordnung in die Familie, den gesellschaftlich vermittelten Bildungserwerb und die Auseinandersetzung mit der körperlichen Entwicklung. Ihre Bewältigung kann sowohl gesundheitliche Konsequenzen als auch Bedingungen haben, die nun aufgezeigt werden sollen.

4.3.1. Einordnung in die Familie

Die Familie bleibt für das Schulkind nach wie vor die primäre Bezugsgruppe. Je ungestörter der Kontakt ihrer Mitglieder ist, desto problemloser werden auch die Beziehungen zu Lehrern, Mitschülern und Spielkameraden. Die soziale Integrationskraft der Familie wird durch drei Faktoren bestimmt: Vollständigkeit, Zusammenhalt und Geschwisterschaft.

Die **Vollständigkeit der Familie**, das Zusammenleben beider Eltern mit ihren Kindern, läßt sich als äußeres Kriterium leicht erfassen und zu psychologischen, pädagogischen oder medizinischen Daten in Beziehung setzen. So ist die Teilfamilie der häufigste anamnestische Befund bei verhaltensauffälligen oder schulversagenden Kindern, kriminellen Jugendlichen und psychisch gestörten Erwachsenen. Während das Aufwachsen bei der ledigen Mutter infolge ihrer zunehmenden moralischen und rechtlichen Gleichstellung mit der verheirateten kaum noch ein Risiko darstellen dürfte (unehelich Geborene sind in der kinderpsychiatrischen Klientel nicht mehr überrepräsentiert), komplizieren Tod, Trennung oder Scheidung der Eltern die Bindungsfähigkeit des Kindes. Dabei können der Verlust des Vaters oder der Mutter unterschiedliche Folgen je nach dem Geschlecht des Kindes haben.

Kinder aus verwitweten Ehen reagieren auf den Tod der Mutter oder des Vaters unmittelbar mit Dysphorie, die sich im Laufe eines Jahres meistens wieder zurückbildet. Bei einem Teil kann es jedoch zu länger anhaltender depressiver Verstimmung, Nachlassen der Schulleistungen und auch zum Wiedereinnässen kommen. Zehn Jahre später ergibt der prospektive Vergleich von Kindern aus Voll- und Teilfamilien keinen Anhalt für häufigere somatische oder psychische Erkrankungen nach Elternverlust. Doch werden Klassenwiederholungen und Straffälligkeit hier öfter als bei volleltrig aufgewachsenen Kontrollpartnern verzeichnet, besonders nach Entbehrung des gleichgeschlechtlichen Elternteiles. Neben der Übernahme seiner Pflichten in der Restfamilie könnte das Fehlen der Identifikationsfigur hier die psychosoziale Entwicklung beeinträchtigt haben (WEYERER et al., 1987).

Ähnlich zeigten in vergleichenden Untersuchungen an Studenten aus Voll- und Teilfamilien die Vater- oder Mutterwaisen öfter leichte psychische Auffälligkeiten wie emotionale Labilität, Psychasthenie und Unsicherheit in der einzunehmenden Geschlechterrolle. Retrograde Erhebungen an erwachsenen psychiatrischen Patienten belegen im Vergleich zu Nichtpatienten häufigere Elternverluste in der Kindheit. Analoges wird von sexuell gestörten Männern und Frauen mitgeteilt. Die Unterschiede werden jedoch umso geringer, je weitgehender beide Gruppen nach Alter, Geschlecht, sozialer Herkunft, Familienstand und so weiter parallelisiert sind. Der Verlust eines Elternteiles an sich scheint demnach weniger belastend zu sein als seine möglichen Folgewirkungen durch Statusänderung, Erzieherwechsel, Umzug und ähnliches. Weiterhin ist die Ursache des Elterntodes in Betracht zu ziehen.

Kinder aus geschiedenen Ehen werden wegen ihrer zunehmenden Häufigkeit besonders beachtet. Sie kommen öfter wegen psychoreaktiver Störungen in ärztliche Behandlung als ihrem Bevölkerungsanteil entspricht, wobei eine zeitliche Beziehung zwischen dem Auftreten erster Symptome und der Scheidung beziehungsweise Wiederheirat besteht. Manche Kinder reagieren schon auf die lange vorher schwelende Ehekrise und verlieren ihre Beschwerden nach deren Beendigung, andere leiden besonders unter dem oft folgenden Streit um ihre Erziehung.

Als unmittelbare psychische Folge der Elterntrennung treten in allen Altersstufen Verlusterlebnisse, Entmutigung und Trennungsangst auf. In Längsschnittbeobachtungen finden diese Phänomene sich nach ein bis zwei Jahren bei der Hälfte sogar verstärkt und nach fünf Jahren noch nicht bei allen zurückgebildet. Die mit der Scheidung zusammenhängenden emotionalen Konflikte beeinträchtigen schon bei Krippenkindern die psychische Entwicklung, besonders der Sprache und Spieltätigkeit, doch nimmt diese Wirkung vom ersten bis zum dritten Lebensjahr hin ab. Vorschulkinder bereiten im ersten Jahr nach der Trennung öfter Erziehungsschwierigkeiten als Schulkinder, deren Lernleistungen vorübergehend sinken können.

Nach zehn Jahren fallen ehemalige Scheidungskinder im Vergleich zu Kontrollpartnern des gleichen Alters, Geschlechts und Schultyps aus vollständigen Familien in ihrem Verhalten nicht mehr auf (WALLERSTEIN, 1987). Sie äußern jedoch im Durchschnitt ein weniger positives Selbst- und Elternbild. Die meisten halten dennoch nachträglich die Scheidung für das kleinere Übel.

Die Entwicklungschancen von Scheidungskindern steigen mit der erzieherischen Kompetenz ihrer Mutter und dem geregelten Kontakt zum getrennt lebenden Vater. Obwohl Tod oder Scheidung der Eltern immer traumatisch für ihre Kinder sind, wird ärztliche Hilfe erst bei nachfolgenden Kontakt- und Schulschwierigkeiten und psychischen Erkrankungen erforderlich.

Der **familiäre Zusammenhalt**, das heißt der emotionale Aspekt der elterlichen Beziehungen untereinander und zu den Kindern ist als inneres Kriterium schwerer zu erfassen. Deshalb werden seine gesundheitlichen Folgewirkungen öfter aus der klinischen Erfahrung beurteilt als in empirischen Untersuchungen objektiviert. Diese belegen den Vorrang des Zusammenhalts vor der bloßen Vollständigkeit. So liegen die Einschätzungen des Selbst- und Elternbildes bei Kindern aus unglücklich zusammengehaltenen Ehen niedriger als aus geschiedenen. Bei Erwachsenen, deren Mutter in der Kindheit gestorben war, unterscheiden sich die psychisch Erkrankten gegenüber den gesund Gebliebenen am deutlichsten durch ihre schlechte Ehe.

Junge Frauen, die in harmonischen Beziehungen zu ihren Eltern aufgewachsen sind, haben eine unbefangene Einstellung zur eigenen Schwangerschaft. LUKESCH (1978) fand die größte offene Ablehnung, Geburtsangst, Verletzungsangst und die geringste Bereitschaft zum Stillen bei Frauen, die vor dem zwölften Lebensjahr eine Scheidung ihrer Eltern erlebt hatten. Da der Tod eines Elternteiles keinen solchen Zusammenhang erkennen ließ, folgert sie, daß sich dieser weniger aus dem Verlust an sich als aus der gespannten affektiven Atmosphäre ergibt, die einer Trennung vorangeht.

SMITH und JENKINS (1991) untersuchten die Auswirkungen der ehelichen Disharmonie auf Gesundheit und Verhalten von Schulkindern, die sich nicht in ärztlicher oder psychologischer Behandlung befanden. Bei 452 Londoner Familien mit Kindern zwischen neun und zwölf Jahren schätzten sie die Qualität der

Elternehe nach getrennten Interviews mit beiden Partnern ein. Diese wurden zum alltäglichen Zusammenleben, zur sexuellen Partnerschaft, nach Streitigkeiten und Trennungswünschen befragt und danach in sechs Untergruppen (von 1 = sehr harmonisch/stabil bis 6 = sehr unharmonisch/instabil) klassifiziert. Es ließen sich 62 harmonische und 57 disharmonische Ehen nach folgenden Kriterien parallelisieren: Kind – Alter, Geschlecht, Geschwisterzahl, Stellung in der Geschwisterreihe; Eltern – Sozialschicht, Bildungsgrad, IQ der Mutter. Mit einer Liste wurden neurotische und psychosomatische Symptome wie Schlaf- und Eßstörungen, Einnässen und -koten, Kopfschmerzen und ähnliches und mit einer weiteren Liste Verhaltensstörungen wie Lügen, Stehlen, Weglaufen, Hyperaktivität und so weiter erfaßt. Die Symptomliste war jeweils den Müttern, Vätern und Kindern, die Verhaltensliste den Müttern, Vätern und Lehrern vorgelegt worden.

In allen Einschätzungen bieten die Kinder aus disharmonischen Ehen mehr neurotische beziehungsweise psychosomatische Symptome. Sowohl die Angaben der Mütter als auch die der Kinder unterscheiden sich hierzu sehr signifikant. Die gleiche Tendenz zeigt sich bei den Verhaltensauffälligkeiten (Tab. 4.1). Dabei fallen Jungen mehr durch Aggressivität, Mädchen durch Passivität auf. Das Viertel der Kinder mit den meisten Symptomen stammte zu zwei Dritteln aus disharmonischen Ehen. Diese verdoppeln also das Risiko für ernste (behandlungsbedürftige) Gesundheits- und Verhaltensstörungen.

Geschwisterbeziehungen stellen eine Erfahrungswelt dar, die Einzelkindern fehlt und in der sich Erst- und Nachgeborene unterscheiden.

Die *Position in der Geschwisterreihe* ist besonders im Hinblick auf die psychischen Folgen der Rivalisationsproblematik beachtet worden. Für Nachgeborene sind Geschwister eine Selbstverständlichkeit. Sie spielen deshalb in ihren frühesten Lebenserinnerungen, die sie als Erwachsene auf Befragen äußern, eine weitaus größere Rolle als in denen Erstgeborener, die dabei überhaupt weniger Familienmitglieder und mehr andere Personen nennen. Jedes Hinzukommen eines weiteren Kindes kann seine Vorgänger „entthronen" und besonders beim bisherigen Einzelkind Eifersucht auslösen. Den Ergebnissen der Lebensereignisforschung zufolge wird die Geschwistergeburt von den meisten Kindern begrüßt, doch verhält sich etwa jedes dritte reserviert, und jedes sechste äußert Aggressionen gegen den Neuankömmling oder reagiert mit Einnässen, Eß- und Schlafstörungen. Es fällt auf, daß verhaltensgestörte Kinder überwiegend Geschwister gleichen Geschlechts haben, unter denen die Konkurrenz offenbar am größten ist.

Hinsichtlich der *Geschwisterzahl* zeigen viele Untersuchungen, daß geschwisterreiche Kinder unter Lernbehinderten, Sitzenbleibern, Schwererziehbaren und kinderpsychiatrischen Patienten überrepräsentiert sind. Diese auch innerhalb jeder sozialen Schicht festgestellte Tatsache tritt um so deutlicher zutage, je begrenzter die ökonomischen Bedingungen sind. Dort, wo Raum, Einkommen und Pflege ausreichend oder im Überfluß vorhanden sind, sinken die Schulleistungen erst vom dritten oder vierten Geschwisterkind an, bei geringerem Einkommen und kleinerer Wohnung schon mit ein und zwei Geschwistern. Geschwisterreichtum beeinträchtigt das Schulkind vor allem durch Wohnungsenge, Mangel an Beaufsichtigung und Förderung, Erschöpfung der Mutter bei kurzen Abständen zwischen den Geburten (unter zwei Jahren). Das gilt auch für den körperlichen Entwicklungs- und Gesundheitszustand. Einzelkinder sind davon am wenigsten betroffen und deshalb bei allen Erfolgsstatistiken im Vorteil.

4.3.2. Bildungserwerb

Mit dem Schuleintritt geht das Kind vom spielerischen zum obligatorischen Lernen über. Nachdem seine Schulfähigkeit in ärztlichen Reihenuntersuchungen festgestellt worden ist, hat es seiner Schulpflicht zu genügen. Im Zweifelsfalle kann es noch für ein Jahr zurückgestellt werden, bei eindeutiger körperlicher, sensorischer oder geistiger Behinderung ist es den entsprechenden Sonderschulen zuzuführen.

Wenngleich für die meisten Kinder der Übergang vom Kindergarten in die Schule nicht mehr den Einschnitt in seine Lebensweise bedeutet wie noch für das Familienkind, markiert er doch den Beginn der späteren Lebensbewährung. Das Schulkind sieht sich zunehmenden Leistungsanforderungen ausgesetzt, denen es bei Strafe seines Wohlbefindens genügen muß. Bis dahin unbemerkt gebliebene Schwächen werden nun offenbar und bringen Mißerfolgserlebnisse, die das Selbstvertrauen nachhaltig beeinträchtigen. Bei der negativen Selbstbewertung als schlechter Schüler treten Klagen über körperliche und psychische Beschwerden auf, die jedoch nicht generell mit der Klassenstufe oder dem Alter zunehmen (ZENZ et al., 1992).

Überforderungsreaktionen können sich bei Schulkindern in *psychosomatischen Symptomen* wie Kopf- und Bauchschmerzen, Appetit- und Schlafstörungen, Durchfällen, Ohnmachten und anderen sogenannten *Kinderfehlern* wie Tics, Nägelbeißen, Fingerlutschen oder *kindlichen Fehlhaltungen* wie Angstzuständen, Wegnehmen, Einnässen, Fortlaufen und so weiter äußern.

Deshalb kommt bis dahin nicht erkannten intellektuellen Leistungsdefekten eine besondere Bedeutung für die Pathogenese psychosozialer Auffälligkeiten bei Normalschulkindern zu. An solchen dann kinderpsychiatrisch behandelten Patienten finden sich oft Intelligenzminderungen als eine der Ursachen ihrer Verhaltensstörungen neben Milieuschäden und partiellen psychischen Leistungsstörungen (wie Konzentrations- und Lese-Rechtschreib-Schwäche). Dem entspricht, daß Sitzenbleiber häufiger Verhaltens- und Anpassungsstörungen als ihre leistungsbesten Klassenkameraden bieten.

Ein Kind ist aber nicht erst dann überfordert, wenn es wegen geistiger Retardierung, altersgemäßer Einschulung trotz mangelnder Schulfähigkeit, Teilleistungsschwächen oder leichter Ermüdbarkeit in der Schule versagt, sondern schon bei dem Zurückbleiben hinter zu hohen eigenen oder elterlichen Erwartungen ohne besondere Behinderungen. Das trifft für gut ein Drittel aller Schüler zu, auch wenn sie noch nie versetzungsgefährdet waren. Die Ansprüche der Eltern steigen mit ihrem Bildungsgrad, liegen meist schon mit der Einschulung fest und sind für Knaben immer noch höher als für Mädchen. Selbst bei guten Schulleistungen bezichtigen Eltern nicht selten ihre Kinder mangelnder Anstrengungsbereitschaft und fördern durch ihr Verhalten nervöse Störungen (Tab. 4.3).

Tab. 4.3 Nervöse Symptomatik nach Angaben der Mutter bei Kindern gleicher mittlerer Schulnoten von 2,0 bis 2,3, Alters-, Geschlechts- und sozialer Zusammensetzung, aber unterschiedlicher Einstellung der Eltern zu ihrer Schulleistung

Symptom	Kinder	
	unzufriedener Eltern n = 50 %	zufriedener Eltern n = 50 %
Öfter Kopfschmerzen	28	24
Schlechte Esser	14	6
Nächtliches Aufschreien		
Schlafwandeln	10	10
Leicht abgespannt, ermüdbar	24	12

(aus TEICHMANN, 1969)

Bei den von BÖTTCHER (1968) befragten Erwachsenen sind mehr neurotische als gesunde Personen von ihren Eltern, vor allem den Vätern, überfordert worden. Ob solche Überforderungssymptome mit den seit Einführung der allgemeinen Schulpflicht gestiegenen Leistungsanforderungen zugenommen haben, läßt sich nicht sicher sagen. Häufig wiederkehrende Kopfschmerzen zum Beispiel wurden bei Schülern um die Jahrhundertwende schon ebenso oft wie heute festgestellt.

Lernerfolg und Gesundheit hängen aber auch in dem Sinne miteinander zusammen, daß akute oder chronische Erkrankungen und deren Folgezustände den Erfahrungserwerb behindern. Das ist schon bei banalen Infekten durch die Abwesenheit bei Förderung oder Unterricht und Mattigkeit danach zu erwarten. Versetzungsgefährdete Schüler haben in ihrer gesamten Schulzeit mehr Krankheiten durchgemacht als ihre leistungsstarken Mitschüler, besonders Erkrankungen der Luftwege und Atmungsorgane, des Verdauungssystems und Grippe, die Mädchen außerdem Herz-Kreislaufbeschwerden. Gravierender hemmen Erkrankungen und Schädigungen des Gehirns den Lernfortschritt. So liegen die Noten epileptischer Kinder um so mehr unter dem Altersdurchschnitt gesunder, je länger sie schon Anfälle haben und je weniger diese medikamentös zu beheben sind.

Wegen des Risikos für die Gehirnentwicklung unterscheiden sich leistungsschwache und -starke Schüler hinsichtlich der Schwangerschafts- und Geburtskomplikationen und Erkrankungen im ersten Lebensjahr noch deutlicher voneinander als in ihrer Erkrankungshäufigkeit im Schulalter. Natürlich wirken solche anamnestisch festgestellten biologischen Risiken nicht unabhängig von psychosozialen, wie zum Beispiel Scheidung, Asozialität oder geringes Bildungsniveau der Eltern, denen Schulversager ebenfalls häufiger ausgesetzt sind. Längsschnittkontrollen an perinatologisch voruntersuchten Kindern belegen den leistungshemmenden Einfluß der Kombination gehäufter biologischer und sozialer Risiken bis ins Schulalter, aber auch deren gegenseitige Kompensation (Abb. 4.7). Risikolos Geborene behaupten sich in der Schule auch gegen ungünstige soziale Verhältnisse besser als Risikogeburten, wobei sich diese Risiko-Kinder unter fördernden familiären Bindungen eher behaupten als bei nicht förderlichen Familienverhältnissen.

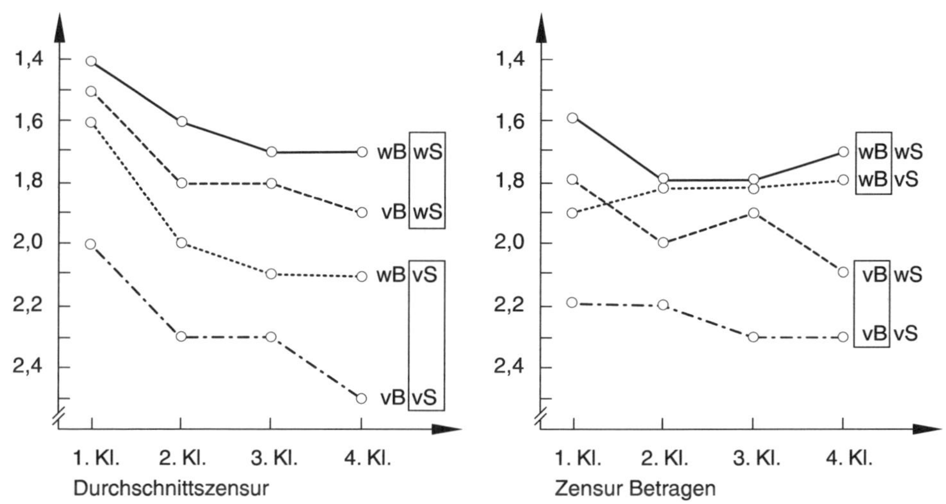

Abb. 4.7 Biologische und soziale Risikoverflechtung in Auswirkung auf die Zensuren in den ersten vier Schuljahren von 268 Kindern der Rostocker Längsschnittstudie (aus MEYER-PROBST und TEICHMANN, 1986). wB = wenige (0–4), vB = viele (5 und mehr) biologische Risiken. wS = wenige (0–3), vS = viele (4 und mehr) soziale Risiken

4.3.3. Körpererleben

Der eigene Körper, vom Säugling tastend erkundet und vom Kleinkind spielerisch mit dem anderer Kinder verglichen, kann dem Schulkind durch die Rückwirkung in Äußerungen und Verhaltensweisen anderer zum Problem werden. Es ist vor allem das Anderssein, welches das Körpererleben des Kindes bestimmt. Das betrifft zunächst die psychische Verarbeitung des Geschlechtsunterschiedes, die einen wesentlichen Teil des Erlebens darstellt und durchaus schon das spätere sexuelle Verhalten beeinflußt. Ein zweiter Anlaß zur gedanklichen Beschäftigung mit dem Körper sind Normabweichungen in Wachstum, Entwicklung und Funktionen.

Die **geschlechtlichen Interessen** des Schulkindes richten sich in der oft fälschlich als sexuell latent oder neutral bezeichneten Phase zwischen früher Kindheit und Pubertät auf die vorgeburtliche Entwicklung und Zeugung des Kindes. Die *Reaktion der Eltern* auf die Lüftung des bis dahin gehüteten Geheimnisses ihrer Elternschaft ist offenbar für das spätere Sexualleben und die psychische Gesundheit von entscheidender Bedeutung.

SCHNABL (1972) kommt aufgrund seiner Befragung von insgesamt 3 500 Männern und Frauen zu folgendem Schluß: „Der massivste Einfluß auf das spätere Sexualempfinden der Frau scheint von der Erziehungshaltung der Eltern auszugehen. In allen weiblichen Störungsgruppen sind Frauen, die ihre elterliche Erziehung als streng bezeichnen, ungefähr dreieinhalbmal so stark vertreten wie bei Frauen, die sich normaler Libido und orgastischer Potenz erfreuen ... Beim weiblichen Geschlecht besteht jedenfalls kein Zweifel, daß die statistische Wahrscheinlichkeit, eine gute Libido und orgastische Fähigkeiten zu entwickeln, durch allzu strenge und dann auch meist intolerante, prüde, verängstigende, sexuelle Regungen verdrängende Erziehung erheblich reduziert wird“ (S. 359).

Fehler in der direkten frühen Sexualerziehung werden von den Eltern meistens durch Verpönen der Ausscheidungsvorgänge, Verbergen der eigenen Nacktheit vor dem Kinde, Behinderung der Betrachtung von Geschlechtsorganen, Verlegenheit bei zufälliger Erwähnung von Liebesbeziehungen und Nichtbeantworten sexueller Fragen schon der Vorschulkinder gemacht. Solche Fehler wurden von erwachsenen Psychotherapiepatienten beiderlei Geschlechts häufiger als von hierzu befragten Nichtpatienten erfahren (Tab. 4.4).

Tab. 4.4 Im Kindesalter durch die Eltern erfahrene Sexualerziehung in der Erinnerung erwachsener Psychotherapiepatienten im Vergleich zu Nichtpatienten gleichen Alters, Geschlechts und Bildungsgrades aus städtischen Vollfamilien

Frage	Psychotherapiepatienten n = 142 %	Nichtpatienten n = 108 %
Ausscheidung tabu	65,8	43,8
Nacktheit tabu	77,5	65,0
Körpererkundung tabu	74,0	57,3
Verlegen bei sexuellen Gelegenheitsinformationen	67,0	43,3
Mangel an sexueller Aufklärung	87,5	76,0

(nach BÖTTCHER, 1968)

Schulkinder werden mitunter schon *Opfer sexueller Handlungen* von Jugendlichen oder Erwachsenen.

Nach Erhebungen an Medizinstudenten durch RENNERT (1965) waren vor dem 14. Lebensjahr 12% der Mädchen und 9% der Jungen heterosexuell verführt sowie 36 beziehungsweise 4% durch exhibitionistische Akte belästigt worden. Eine andere Befragung von 2000 Schülern im Alter von zehn bis 16 Jahren in den USA ergab, daß 10% der Mädchen und 3% der Jungen im letzten Jahr vor der Erhebung sexuell attackiert oder mißbraucht worden waren (FINKELHOR und DZIUBA-LEATHERMAN, 1994).

Die psychische Gefährdung durch solche strafbaren Handlungen ist um so geringer, je eher sie unterbunden und dann nicht mehr ständig berührt werden. Doch haben sexuell gestörte und inaktive Frauen häufiger als die gut angepaßten in ihrer Kindheit und Jugend auch psychische Traumen dieser Art erlitten. Diese prägen sich nach dem zwölften Lebensjahr tiefer ein als vorher und sind bei über Jahre gehenden Mißbrauch bis zum Vaginalverkehr, vor allem durch den Vater, besonders gravierend.

Körperliche Auffälligkeiten werden im Kleinkindalter selbstverständlich hingenommen und meist noch nicht reflektiert. Doch bleibt die Reaktion der Umgebung darauf nicht ohne Folgen.

Hochwüchsige Mädchen zum Beispiel erleben bis zum mittleren Schulalter noch keine Konflikte wegen ihrer Körpergröße. Sie werden jedoch schon im Krippen- und Kindergartenalter für älter und leistungsfähiger gehalten als sie sind und so überhöhten körperlichen wie psychischen Anforderungen ausgesetzt. In einem Drittel der zur hormonellen Wachstumsregulation vorgestellten und von WAGNER (1980) untersuchten Fällen hatten die Eltern deshalb eine vorzeitige Einschulung angestrebt.

Die Schulnoten lagen meist über dem Durchschnitt und entsprachen so der am Aussehen orientierten Erwartungsnorm. Nur wenige der Mädchen wurden von den Mitschülern gehänselt, doch waren ihre Eltern immer wieder von Außenstehenden angesprochen worden, warum sich ihr Kind noch nicht vernünftiger verhalte, ob es ein Sitzenbleiber sei und ähnliches, so daß sie im Laufe der Zeit selbst eine Überforderungshaltung annahmen. Die meisten der ebenfalls hochwüchsigen Mütter ließen jedoch mit Mitte 30 keine auffällige Neigung zur Zurückgezogenheit oder emotionalen Labilität erkennen, die sie selbst aus ihrer eigenen Jugendzeit berichteten.

Kleinwüchsige Kinder leiden hingegen schon mit dem deshalb oft hinausgeschobenen Schuleintritt unter ihrem Wachstumsrückstand. STABLER et al. (1994) fanden bei 166 Jungen und Mädchen, die zur Behandlung mit Wachstumshormonen vorgestellt wurden, ein auffälliges Zurückbleiben der Schulleistungen hinter dem Intelligenzgrad (underachievement), Verhaltensauffälligkeiten von Ängstlichkeit bis Aggressivität und geringere soziale Kompetenzen im Umgang mit den Klassenkameraden. Da diese Kinder aus geschlossenen, gut situierten Familien kamen, dürfte kaum erzieherische Vernachlässigung, sondern eher das Erleben des körperlichen Zurückbleibens ihr Selbstvertrauen und damit auch den Schulerfolg beeinträchtigt haben.

Körperbehinderte Kinder reagieren je nach dem Schädigungszeitpunkt unterschiedlich auf ihre Behinderung. Von Geburt an Zerebralgelähmten ist die Bewegungseinschränkung lange Zeit selbstverständlich, denn sie wurden „so geboren". Sekundär gelähmte Kinder hingegen, die aus voller Gesundheit heraus nach Unfall oder Hirnerkrankung geschädigt bleiben, empfinden infolge der Vergleichsmöglichkeit ihre Störung sofort schmerzlich, unabhängig vom Lebensalter. Primär spastische Kinder bleiben auch bei normaler Intelligenz oft erstaunlich lange unbefangen, wenn sie von ihrer Umgebung vernünftig und liebevoll betreut werden.

Das ist in der Regel zu erwarten, denn vergleichende Analysen des Erziehungsstils ergaben, daß Eltern körperbehinderter Kinder nicht häufiger zu ungünstigen Verhaltensweisen neigen als Eltern gesunder Kinder. Dennoch äußern sich körperbehinderte Sonderschüler in psychologischen Untersuchungen bei gleicher Intelligenz emotional labiler, sensibler und weniger selbstbewußt als Normalschüler (STEINHAUSEN und WEFERS, 1978). Diese reaktive Persönlichkeitsveränderung bereitet ihnen dann im Jugendalter mehr Schwierigkeiten in der Anbahnung und Erhaltung zwischenmenschlicher Beziehungen.

4.4. Jugendalter (14 bis 24 Jahre)

Als Jugend bezeichnen wir jenen Teil der Bevölkerung, dem von der Gesellschaft ein besonderer Status zwischen Unmündigkeit und voller Verantwortlichkeit eingeräumt wird. Er ergibt sich aus der Notwendigkeit einer längeren Vorbereitungszeit auf das Leben unter hochzivilisierten Bedingungen, während in schriftlosen Kulturen das Kind schon alle lebensnotwendigen Techniken erlernt und mit der Geschlechtsreife den Erwachsenenstatus übernimmt. Da außerdem mit besseren Lebens- und Entwicklungsbedingungen die Fortpflanzungsfähigkeit früher erreicht wird, kann sie nicht mehr als Unterscheidungskriterium gelten, und so wird das **Jugendalter** *als gesellschaftlich definierter Zeitraum* eingeführt. Seine zeitlichen Grenzen sind von den konkreten historischen Bedingungen abhängig und werden unter verschiedenen Aspekten der Sozialisation auch unterschiedlich festgelegt. So überschneiden sich die juristische, pädagogische oder medizinische Bestimmung des Jugendalters, und die Festlegungen im Deutschen Jugendgerichtsgesetz in der Fassung von 1974 beziehen darüber hinaus „Heranwachsende" bis zum vollendeten 21. Lebensjahr ein. Gewöhnlich spricht man bis zu 16 Jahren von der *Pubertät* als dem frühen, danach von der *Adoleszenz* als dem späten Jugendalter. Als *Postadoleszenz* wird dann die Zeit zwischen voller juristischer, aber noch nicht erreichter ökonomischer Selbständigkeit bezeichnet, die immer mehr junge Menschen in den westlichen Industrieländern erst im Laufe des dritten Lebensjahrzehnts erlangen.

Diese verlängerte Zeit des Übergangs vom Kind zum Erwachsenen bringt Übergangsschwierigkeiten. Die tragenden Lebensentscheidungen der Berufs- und Partnerwahl werden jetzt getroffen oder angebahnt und verursachen Konflikte. Bei den von LEHR (1964) befragten Erwachsenen (vergleiche 4.5.3.) überwiegen deshalb die negativen Erinnerungen an das zweite Lebensjahrzehnt, weil man sich unverstanden fühlte und mit sich selbst uneins war, Schul- und Anfangsschwierigkeiten im Beruf oder Partnerwahlprobleme hatte. Dem stehen positive Aussagen über Freiheit und Ungebundenheit, bestandene Prüfungen und frühe Berufserfolge, sportliche Leistungen und die erste Liebe gegenüber. Sie spiegeln die wichtigsten Entwicklungsaufgaben des Jugendalters wider: Verselbständigung, Berufsvorbereitung und Akzeptieren der Geschlechtsreife.

4.4.1. Verselbständigung

Kritik und Halt an den Eltern zugleich kennzeichnen das Drängen Jugendlicher nach Verselbständigung. Aufgrund früherer Erhebungen an Schülern, Lehrlingen und Studenten von der 8. Klasse an aufwärts (FRIEDRICH, 1967; KOSSAKOWSKI, 1969), einer großangelegten Intervallstudie an Probanden von zwölf bis 22 Jahren durch das damalige Zentralinstitut für Jugendforschung in Leipzig (FRIEDRICH und MÜLLER, 1980) und der Studie „Jugend '92" an 4 005 13- bis 29jährigen Befragten in den alten und neuen deutschen Bundesländern (FISCHER, 1992) läßt sich sagen, daß die Jugendlichen auch heute noch ein überwiegend positives und inniges Verhältnis zu ihren Eltern haben (vergleiche Abb. 4.8).

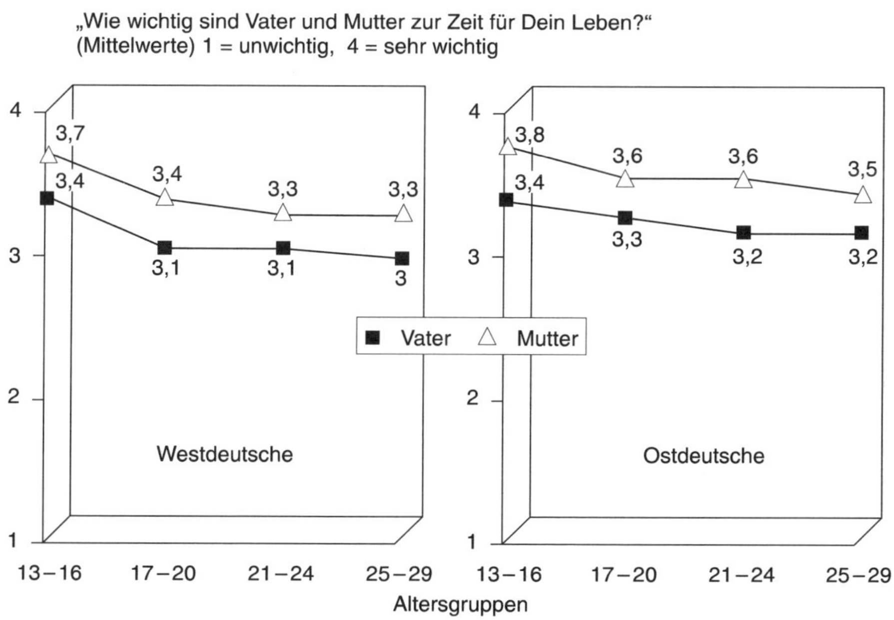

Abb. 4.8 Bedeutung der Eltern als Bezugspersonen für Jugendliche in den alten und neuen Bundesländern (aus FISCHER, 1992)

Annähernd neun von zehn der Jungen und Mädchen sind mit ihrem Verhältnis zum Elternhaus im allgemeinen zufrieden; jeder zweite äußert aber Vorbehalte im besonderen, so daß er es nicht mehr als „sehr gut" bezeichnen möchte. Die Kritik richtet sich gegen die bisherige Erziehungspraxis der Eltern, die von diesen nur zögernd der größeren Selbständigkeit ihrer heranwachsenden Kinder angepaßt wird. Dabei steigen die Erziehungsprobleme in der Familie bis zu 14 Jahren deutlich an und nehmen danach bis zu 16 Jahren wieder ab. Unabhängig von der Beilegung solcher Differenzen werden die Eltern nun seltener ins Vertrauen gezogen. Gerade zwischen 14 und 16 Jahren wollen immer mehr Jugendliche ihre Probleme und Sorgen Gleichaltrigen anvertrauen oder mit sich selbst ausmachen. Das gilt besonders für Mädchen, die heute mit Erwachsenen eher in Meinungsverschiedenheiten über tradierte Verhaltensweisen geraten. Diskussionen zu Musik und Tanz, Freizeitgestaltung, Erziehung, Haartracht und Kleidung, Taschengeld, Briefgeheimnis, Schlafenszeitregelung, Wahl der Freunde, Genußmittel, häusliche oder schulische Mitarbeit bilden in diesem Alter tägliche Reibungspunkte und verlangen den Eltern zeitweilig ihre ganze Elastizität und Konsequenz ab.

Dennoch wollen auch Heranwachsende nicht völlig sich selbst überlassen werden, sondern erwarten Rat und Orientierung für ihr Selbständigwerden. Sie übernehmen Werthaltungen und Lebensgewohnheiten weitgehend vom Elternhaus. Nahezu jeder zweite Jugendliche gibt an, durch die Eltern zu seinen eigenen Lebensanschauungen gekommen zu sein, und bis zur 10. Klasse sind es etwa vier Fünftel, bei den Lehrlingen noch drei Viertel, die sich mit gewissen Einschränkungen die elterliche Lebensweise als Ziel setzen. Den juristisch schon volljährig Gewordenen dienen die Eltern besonders hinsichtlich der Arbeitsmoral und Gleichberechtigung als Vorbild, während sie für Qualifizierung und Freizeitgestaltung öfter andere Vorstellungen haben. Auch die Adoleszenten bleiben in der Regel ihrer Herkunftsfamilie verbunden, radikale Distanzierung ist die Ausnahme. Vielmehr beklagen erwachsene Neurotiker rückblickend öfter den Mangel an Austausch und Verbundenheit mit den Eltern im zweiten Lebensjahrzehnt (Tab. 4.5), was bei Kriminellen, Trinkern und Drogenabhängigen noch deutlicher ist. Hier wird nachträglich der fehlende Halt an den Eltern in einer Phase der Neuorientierung kritisiert.

Unzufriedenheit mit sich selbst ist eine häufige Reaktion auf Entscheidungsnöte, die mit der Ablösung von den Eltern und weiteren Lebensplanung einhergehen. Hinzu kommen die oft widersprüchlichen Rückmeldungen von Erwachsenen und Gleichaltrigen über das eigene Verhalten. Nur jeder zehnte Jugendliche gibt auf Befragen ohne Einschränkung an, mit seinem Charakter zufrieden zu sein, 70% sind fast und 20% gar nicht mit sich einverstanden. Dabei tendieren die Mädchen etwas mehr als die Jungen zur negativen Selbsteinschätzung. Viele Jungen und Mädchen halten sich für durchsetzungsschwach, unausgeglichen, zu eigenwillig und egoistisch. Diese Selbstunzufriedenheit ist öfter mit einer negativen Einschätzung des Verhältnisses zu den Eltern verbunden, was wechselseitig bedingt sein kann. Sie nimmt mit steigendem Alter leicht zu, das

Tab. 4.5 Einführung in das Erwachsenenleben durch die Eltern in der Erinnerung von Neurotikern und Gesunden

Rückblickende Einschätzung des Elternverhaltens	Psychotherapie-patienten n = 142	Nichtpatienten n = 108
Mangel an Berufswahlhilfe	22,0	5,5
Keine Anleitung zur Freizeitgestaltung	34,5	13,0
Kein Austausch über Lebensanschauungen	34,5	13,0
Mangel an politischer Aufgeschlossenheit	21,0	7,5
Ideologische Intoleranz	10,0	6,5

(Angaben in %; nach BÖTTCHER, 1968)

heißt in dem Maße, wie die Entscheidung für weitere Lebensziele heranrückt und soziale Verantwortung wie Selbstvertrauen verlangt. Zuversicht und Optimismus der Umgebung sind hier oft entscheidende Lebenshilfen insbesondere dann, wenn Lebensüberdruß aufkommt. Hiermit ist etwa bei jedem zehnten Jugendlichen zeitweilig zu rechnen, besonders unter Mädchen und in der Adoleszenz.

Orientierungshilfen durch Gleichaltrige und Gleichgesinnte (peers) erleichtern den Weg in die Selbständigkeit. Sie werden um so wichtiger, je später diese unter sich rasch wandelnden Lebensbedingungen erreicht wird, mit denen sich auch die Lebensregeln ändern müssen. Solche Altersnormen werden in zunehmendem Maße von den Altersgefährten vermittelt: was man gegenwärtig tut, denkt, trägt oder schön findet, was „in" ist. Das geschieht sowohl über individuelle Freundschaften als auch in Freundes-Cliquen oder Peergruppen, meistens des gleichen Geschlechts, doch gewinnen Freunde des anderen oder Freundeskreise beiderlei Geschlechts mit zunehmendem Alter an Bedeutung. Sie geben ein Gefühl der Sicherheit bei der Ablösung von den Eltern.

Doch je nach ihrer sozialen Zusammensetzung können die Peergruppen Verhaltensnormen, Freizeitaktivitäten und Konsumformen vermitteln, die sich noch im Rahmen gesellschaftlicher Veränderungen bewegen oder diesen schon überschreiten. Hier gibt es fließende Übergänge zu kriminellen Subgruppen, die dann nicht eine positive Orientierung auf die Zukunft fördern, sondern die Fehlsozialisierung einleiten oder fortsetzen.

Man kann davon ausgehen, daß bis auf wenige Einzelgänger jeder Jugendliche individuelle Freunde hat und etwa jeder zweite einer informellen Gruppe angehört. Diese Gruppenbeteiligung hat in den letzten 30 Jahren zugenommen, besonders unter den 21- bis 24jährigen (Abb. 4.9), was offenbar auf die Suche nach moralischer Unterstützung in einer zur Postadoleszenz verlängerten Phase der Verselbständigung zurückzuführen ist.

Verhaltensauffälligkeiten treten besonders da in Erscheinung, wo Jugendlichen der Start in die Selbständigkeit aus inneren oder äußeren Gründen erschwert ist. Man bezeichnet sie dann als Pubertätskrise, obgleich ihre Symptome

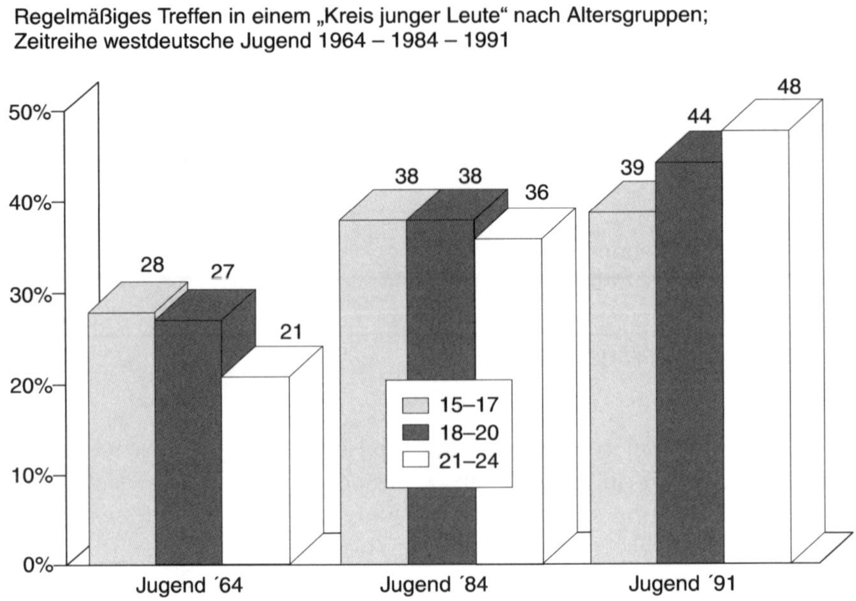

Abb. 4.9 Zugehörigkeit zu Peergruppen bei Jugendlichen aus den alten Bundesländern von 1964 bis 1991 (aus ZINNECKER und FISCHER, 1992)

nicht nur durch die Umstellung des Hormonhaushaltes, sondern auch der Lebensweise in diesem Alter bedingt sind. Sie werden in dreierlei Erscheinungsweisen zum Gesundheitsrisiko:

- als *akute soziale Anpassungsschwierigkeiten*, die ärztlicher Hilfe bedürfen;
- als *Straffälligkeit*, die gesellschaftliche Sanktionen nach sich zieht;
- als *gesundheitsschädliches Konsumverhalten*, dem vorzubeugen ist.

Alle drei können lebenslange Konsequenzen haben, denn viele Patientenkarrieren, kriminelle und Genußgift-"Karrieren" Erwachsener nehmen hier ihren Anfang.

Die langfristige *Entwicklung Anpassungsgestörter* nach jugendpsychiatrischer Behandlung oder Spezialheimerziehung wegen Fortlaufens, Nahrungsverweigerung, Suizidversuchs, Widersetzlichkeit, Kontaktschwäche und ähnlichem ist durch viele Nachuntersuchungen verfolgt worden. Im Vergleich zu verhaltensunauffälligen Kontrollpartnern sind sie auch später häufiger durch psychische Labilität, soziale Fehlanpassung und körperliche Anfälligkeit gekennzeichnet. Bei einem beträchtlichen Teil der schwierigen Jugendlichen deuten also Verhaltensauffälligkeiten auf eine Störung in der Persönlichkeitsentwicklung hin, die auch im Erwachsenenalter das Leben beeinträchtigen kann. Durch Schwierigkeiten in der Kindheit und Jugend wird die Möglichkeit zur Bewältigung künftiger Belastungen und Konflikte eingeschränkt. Je schwerer die Verhaltensabweichung, desto ungünstiger ist die Prognose. Emotionale Störungen bilden sich häufiger als aggressive zurück, doch werden die meisten aggressiven Jugendlichen nicht auch solche Erwachsene. Umgekehrt gesehen hatten aber die meisten der später kriminellen Erwachsenen auch schon im Jugendalter aggressive Verhaltensweisen geboten.

Straffälligkeit offenbart die Komplikationen der Verselbständigung, deren Bedingung auch die Akzeptanz von Regeln des Zusammenlebens in der Gesellschaft ist. Diese fällt Jugendlichen schwerer als Kindern, die Normen noch nicht in Frage stellen, und als Erwachsenen, die sie schon verinnerlicht haben. Deshalb sind die Kriminalitätsziffern der 14- bis 24jährigen am höchsten. Im Jahre 1981 stellten sie in der Bundesrepublik Deutschland 42,5% aller polizeilich ermittelten Täter bei einem Bevölkerungsanteil von nur 19,5%; die Zahl ihrer Straftaten war dreimal so hoch wie bei Erwachsenen und seit 1954 um 137% gestiegen, während die der über 24jährigen gesunken war (HEINZ, 1984).

Längsschnittstudien belegen den episodischen Charakter der Jugendkriminalität. In einer vollständigen Kohorte von allen zehnjährigen männlichen Schülern einer Stadt in Mittelschweden (n = 710), die von STATTIN und MAGNUSSON (1991) 20 Jahre verfolgt wurden, waren die meisten Straftaten im Alter von 15 bis 19 Jahren begangen worden. Daran war allerdings eine kleine Kerngruppe von 5,4% der Kohorte mit Delikten im Kindes-, Jugend- und Erwachsenenalter am stärksten beteiligt (Abb. 4.10).

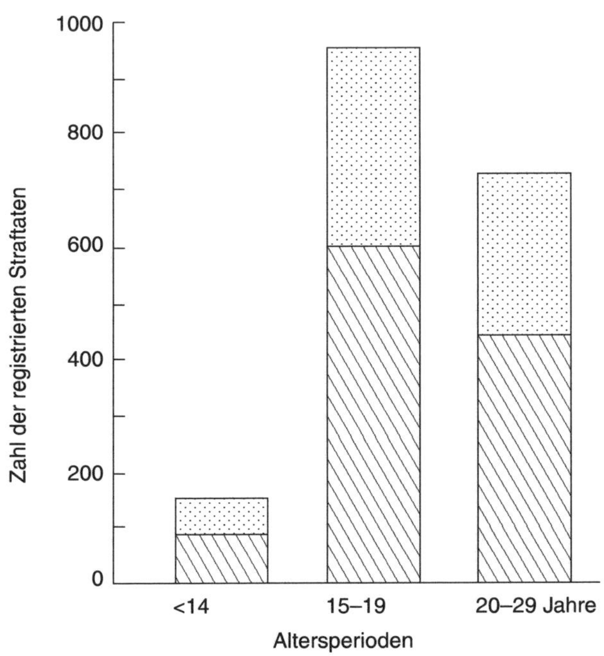

Abb. 4.10 Proportion der registrierten Straftaten in verschiedenen Altersperioden bei durchgehend (schraffiert) im Vergleich zu passager (punktiert) straffällig gewordenen männlichen Probanden im Verlauf ihrer Entwicklung von 10 bis 30 Jahren (aus STATTIN und MAGNUSSON, 1991)

Diese durchgehend Straffälligen hatten den niedrigsten Intelligenzgrad und stammten aus den schlechtesten sozialen Verhältnissen.

Wie kommt es aber zur Jugendkriminalität als Übergangserscheinung? Sie scheint nicht eine Folge des primären Verwerfens **sozialer Normen** zu sein, sondern des versuchten Festhaltens an ihnen, ohne sie erreichen zu können. Deshalb wird das Nichterfüllen der Erwartungen an Leistungen (in der Schule) und Prestige (in der Peergruppe) schmerzlich erlebt, und diese Versagenserlebnisse können unter weiteren ungünstigen äußeren oder inneren Bedingungen zur Kompensation in Normverletzungen führen.

ENGEL und HURRELMANN (1992) befragten 1717 Jungen und Mädchen von zwölf bis 16 Jahren aus den 7. bis 9. Klassen anonym einerseits nach der Möglichkeit des Schulversagens (Klassenwiederholung, Schulwechsel wegen schlechter Noten, Versetzungsgefährdung) und der Statusbeeinträchtigung in der Peergruppe durch Nichtbesitz von Prestige bedeutenden Konsumgütern (Kleidung, Heimelektronik und ähnliches). Andererseits sollten sie in einer Liste Delikte ankreuzen, die sie in den letzten zwölf Monaten (unabhängig von ihrer Entdeckung) begangen hatten. Dabei zeigte sich eine signifikante Zunahme sowohl mit dem Schulversagen als auch der am Vermissen von Statusgütern gemessenen Beeinträchtigung in der Peergruppe (Abb. 4.11).

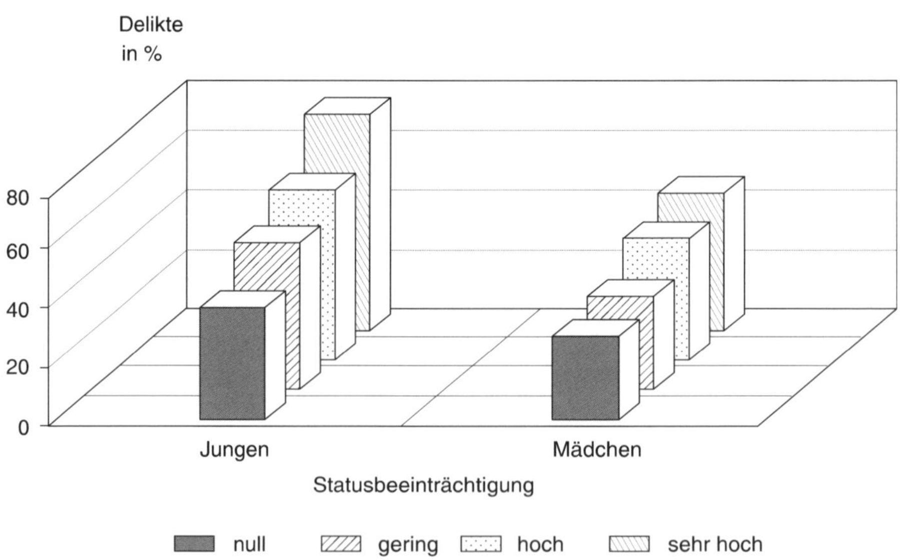

Abb. 4.11 Selbst angegebene Delikte 12- bis 16jähriger Schüler und erlebte Statusbeeinträchtigung in der Peergruppe (aus ENGEL und HURRELMANN, 1992)

Interventionsstrategien müssen also den Streß vermindern, der von formellen und informellen Anforderungen in der Schule und Freizeitgruppe ausgeht und die soziale Kompetenz erhöhen, damit Entwicklungsanforderungen im Jugendalter auf eigenständige und prosoziale Weise bewältigt werden können.

Der *Konsum von Tabak, Alkohol, Arzneimitteln und illegalen Drogen* im Jugendalter setzt die weitere Lebenserwartung direkt herab. Er beginnt als Nachahmung Erwachsener gegen deren Verbote in Anpassung an die Verhaltensnormen Gleichaltriger oder Älterer, der die pharmakologische Wirkung folgt und dann die Gewöhnung einleitet.

Der *Tabakkonsum* ist nach verschiedenen Erhebungen unter Jugendlichen schon ebenso verbreitet wie bei Erwachsenen. Der Anteil rauchender Schüler nimmt von der 5. bis zur 9. Klasse stetig zu.

In einer Befragung von mehr als 3000 Jungen und Mädchen aller Schultypen durch KLOCKE (1994) hatten 16% der Elfjährigen, aber 60% der 15jährigen schon einmal geraucht. Diese Tendenz zeigte sich auch bei der Unterteilung in regelmäßige und Gelegenheitsraucher (Abb. 4.12). Wenn man beide Gruppen zusammenfaßt, muß jeder dritte 15jährige als Raucher bezeichnet werden. Der monatliche Verbrauch variiert zu etwa gleichen Teilen von 1 bis 10, 11 bis 40 und mehr als 40 Zigaretten. Im Unterschied zu früheren Erhebungen fanden sich keine Geschlechtsunterschiede mehr.

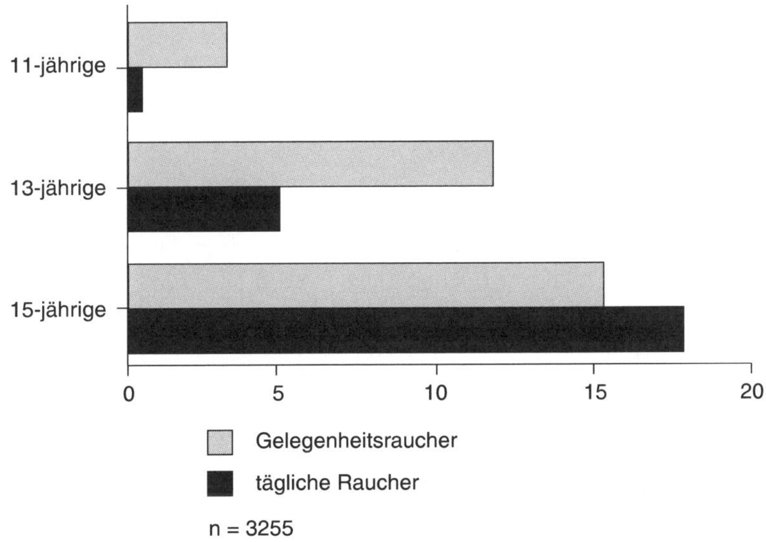

Abb. 4.12 Regelmäßige und gelegentliche Raucher unter Schülerinnen und Schülern der 5. bis 9. Klassen aller Schultypen in Nordrhein-Westfalen (Angaben in %; aus KLOCKE, 1994)

Etwa zwei Drittel aller rauchenden Schüler haben die erste Zigarette vom älteren Freund angeboten bekommen, und die Wahrscheinlichkeit, daß Kinder rauchender Eltern auch Raucher werden, ist doppelt so hoch wie bei

Kindern von Nichtrauchern. Gestörte soziale Beziehungen, sexuelle Abhängigkeit, Verletzung des Selbstwertgefühls und ein geringes schulisches oder berufliches Bildungsniveau begünstigen das Rauchen. Es wird in den letzten zwei Jahrzehnten immer früher begonnen und fixiert. Die ersten neugierigen Rauchversuche werden jetzt schon vor dem zehnten Lebensjahr gemacht (vor 20 Jahren erst danach), und mit 13 bis 15 Jahren waren die jetzt rauchenden Jugendlichen zum täglichen Rauchen übergegangen (vor 20 Jahren erst zwischen dem 16. und 18. Lebensjahr). Die Mehrheit der Jugendlichen behält die so erworbenen Rauchgewohnheiten bei und verfestigt sie weiter. Da nun das frühe Alter beim Rauchbeginn einen noch größeren Einfluß auf die Sterblichkeit der Zigarettenraucher als die Zahl der insgesamt „verrauchten" Jahre hat, schädigt sich der Jugendliche nachhaltig mit dieser Form seines Strebens nach Unabhängigkeit von den Erwachsenen, die ihm dennoch dabei ein morbides Vorbild sind.

Der *Alkoholkonsum* Jugendlicher erhöht vor allem ihr Risiko für Kriminalität,Unfälle, venerische Infektionen und ungewollte Schwangerschaft, denn er tritt meist als akuter Rausch nach gelegentlichem übermäßigem Genuß und noch nicht in chronischer Form auf. Doch gehen Trenderhebungen schon davon aus, daß vier bis 5% der 15- bis 16jährigen entweder schweren Alkoholmißbrauch betreiben oder schon alkoholabhängig sind (HURRELMANN und HESSE, 1991). Bei rückfälligen jugendlichen Delinquenten wird ein direkter Zusammenhang zwischen Alkoholkonsum und Straftat ermittelt.

Die meisten Jugendlichen haben schon als Kinder zum ersten Mal Alkohol genossen und manche auch schon die erste Trunkenheit erlebt. In der schon zitierten Befragung von KLOCKE (1994) gaben 64% der Elf- und 92% der 15jährigen an, schon einmal Alkohol probiert zu haben. 23% konnten schon über einen Alkoholrausch berichten (Abb. 4.13), der ebenfalls mit dem Alter häufiger wird. Gemessen am wöchentlichen Bierkonsum trinkt bereits jeder fünfte Jugendliche regelmäßig Alkohol. Nur hierbei sind die Jungen häufiger als die Mädchen vertreten.

Die bisher vorliegenden Untersuchungsergebnisse lassen einen Anstieg des Alkoholkonsums Jugendlicher in den letzten 20 Jahren erkennen. So nähert sich der Anteil täglicher Konsumenten unter Berufsschülern schon dem bei Erwachsenen, und der Einfluß des elterlichen Trinkverhaltens ist unverkennbar. Auch hier sind Motive und Trinkgewohnheiten stark sozial bestimmt: Man möchte sich bei geselligen Gelegenheiten nicht ausschließen, gegenüber den Altersgefährten nicht auffallen, es den Älteren nicht abschlagen.

Der Beginn des Konsums ist beim Alkohol und Tabak abhängig vom elterlichen Erziehungsverhalten. In einer prospektiven Studie von COHEN et al. (1994) wurde bei zwei Kohorten von kalifornischen Schülerinnen und Schülern aus 5. Klassen (n = 1 034) und 7. Klassen (n = 1 266) über vier beziehungsweise drei Jahre hinweg der Übergang zum Tabak- und Alkoholgebrauch ermittelt. Gleichzeitig wurde erfragt, wieviel Zeit die Eltern im letzten Monat mit den Probanden zusammen verbracht hatten, welcher Art diese Beziehungen waren

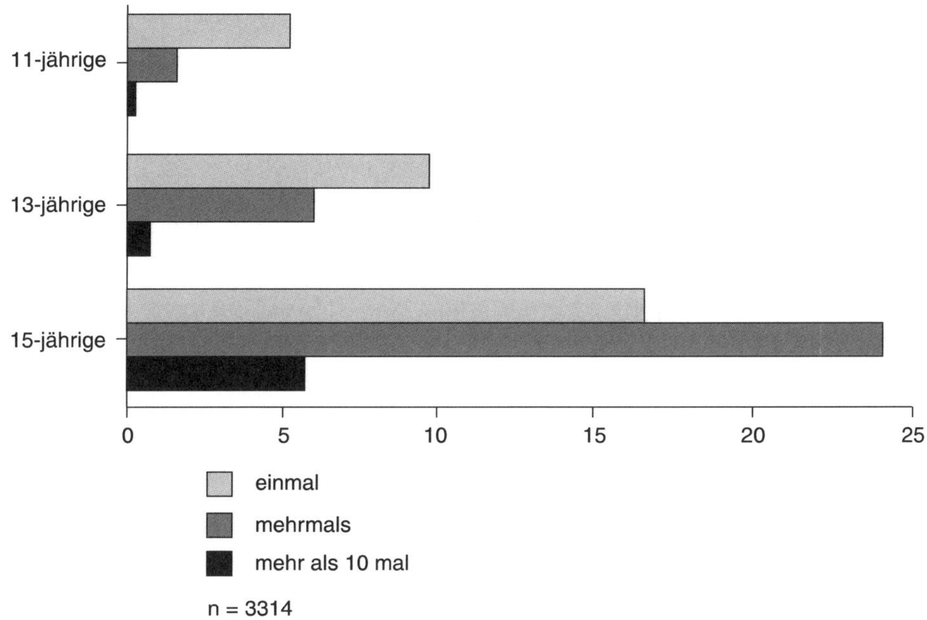

Abb. 4.13 Erlebter Alkoholrausch bei Schülerinnen und Schülern der 5. bis 9. Klassen aller Schultypen in Nordrhein-Westfalen (Angaben in %; aus KLOCKE, 1994)

und ob die Eltern wußten, mit welchen peers sie ihre Freizeit verbrachten. Dabei zeigte sich, daß Jugendliche, die öfter, länger und harmonischer mit ihren Eltern kommunizierten, im letzten Monat vor der jeweiligen Befragung seltener zum Konsum von Tabak und Alkohol übergegangen waren. Elterliche Kontrolle über die und positive Beziehungen zu den Jugendlichen sind demnach Schutzfaktoren vor Drogengebrauch, zumal sie den Kontakt zu gefährdenden Peergruppen verringern und die Widerstandsfähigkeit gegen deren Druck erhöhen.

Der *Arzneimittelkonsum* spielt auch bei Jugendlichen schon eine Rolle. Ähnlich wie Erwachsene nehmen sie Medikamente nicht erst dann ein, wenn diese vom Arzt verordnet werden, sondern auch schon bei geringen Befindensstörungen und in belastenden Lebenssituationen. In einer von NORDLOHE et al. (1989) durchgeführten Befragung von 1 117 Schülern der 7. und 9. Klassen verschiedener Schulformen anhand einer Liste von acht Arzneigruppen („Wie oft hast du in den letzten 12 Monaten vor der Befragung folgende Mittel genommen?") gaben 32% an, regelmäßig, das heißt täglich oder mehrmals in der Woche, Medikamente eingenommen zu haben. 45% hatten gelegentlich und nur 23% keine der Arzneien gebraucht. Bei etwa 10% ist anzunehmen, daß sie die regelmäßige Einnahme von drei und mehr der in Tabelle 4.6 aufgeführten Medikamente kombinieren, und 6% experimentieren mit Anregungsmitteln. Bei den Mädchen steigt der Arzneimittelkonsum von der 7. zur 9. Klasse an und liegt dann in allen Positionen über dem der Jungen.

Die Studie zeigte weiterhin einen indirekten Zusammenhang zwischen schulischer Belastung und Arzneimittelgebrauch. Dieser nimmt zu, wenn die Jugendlichen verstärkt über gesundheitliche Beschwerden und einen unbefriedigenden Gesundheitszustand berichten. Beides aber korreliert hoch mit dem Erlebnis des Schulversagens und den dabei aufgetretenen Konflikten mit den Eltern. Bei Jugendlichen gibt es also eine besondere Form des Drogengebrauchs: die Neigung zum Konsum befindlichkeits-beeinflussender Arzneimittel.

Tab. 4.6 Einnahme von Arzneimitteln in den letzten 12 Monaten vor der Befragung. Prozentangaben aller befragten 13- bis 17jährigen Jugendlichen

	mindestens wöchentlich	Einnahme seltener	nie
Erkältungs-/Grippemittel	19	42	39
Kopfschmerzmittel	7	37	55
Mittel gegen Allergien	10	13	77
Mittel für Lunge/Bronchien	5	10	85
Herz-/Kreislaufmittel	4	6	90
Beruhigungs-/Schlafmittel	2	8	91
Anregungsmittel	1	5	94
Schlankheitsmittel, Appetitzügler	1	4	96

(n = 1 717; aus NORDLOHE et al., 1989)

Der *Konsum illegaler Drogen* ist demgegenüber seltener. Bei den von KLOKKE (1994) befragten Schülern hatten mit elf, 13 und 15 Jahren 2, 3 und 7% (insgesamt 4,3% der Jungen und 3,6% der Mädchen) schon Haschisch beziehungsweise Marihuana probiert. Die höchste Verbreitung zumindest einmaliger Erfahrungen mit dieser am meisten verbreiteten illegalen Droge wird in den westlichen Industrieländern bei den 20jährigen mit 15 bis 30% geschätzt. Als ständige Nutzer gelten etwa 5%. Dabei wird der Gebrauch illegaler Drogen durch den legaler wie Nikotin, Alkohol und Medikamente gebahnt. Weiterhin können Haschisch beziehungsweise Marihuana den Übergang zu härteren Drogen wie Heroin oder LSD (Lysergsäurediäthylamid) fördern. Doch beendet der größte Teil der jugendlichen Haschischkonsumenten irgendwann den illegalen Drogengebrauch. Dieser ist eher als Durchgangsstadium und im Zusammenhang mit dem legalen Drogenkonsum zu sehen.

Der **Drogenkonsum** stellt eine problematische Form der Entwicklungsbewältigung im Jugendalter dar, für den SILBEREISEN und KASTNER (1985) sechs mögliche Motive anführen:

1. *Ersatzziel* bei nicht durchsetzbaren Autonomiewünschen;
2. *Gewollte Normverletzung* als Ausdruck von Ablehnung der Erwachsenengesellschaft;

3. *Bewältigungsstrategie* bei Mißerfolg, Ängsten, unkontrollierbarer Situation;
4. *Zugang zur Peergruppe* mit Zusammenhalt in Abgrenzung von den Erwachsenen;
5. *Persönlicher Stil* zur positiven Selbstbewertung;
6. *Demonstration des Erwachsenseins* durch Inanspruchnahme seiner Vorrechte.

Für die Verhütung des Drogen*mißbrauchs* mit der Gewöhnung bis zur psychischen und körperlichen Abhängigkeit sind die Erfolgsaussichten nur repressiver Maßnahmen gering. HURRELMANN und HESSE (1991) empfehlen daher, den Schwerpunkt der Suchtprävention auf die soziale und psychische Immunisierung des Jugendlichen gegen den Mißbrauch zu legen. Es geht darum, einen verantwortlichen Umgang mit den legalen Drogen zu fördern und Abstinenz erst nach ihrem Mißbrauch sowie hinsichtlich der illegalen zu fordern.

Das zweite Lebensjahrzehnt ist die Zeit der geringsten Morbidität und Mortalität. Allerdings sind auch einige gesundheitsgefährdende Verhaltensweisen wie Rauchen, Alkohol- und Drogenkonsum bei Jugendlichen verbreitet; lebensgefährlich ist eine bei jungen Erwachsenen erhöhte Risikobereitschaft im Straßenverkehr – häufigste Todesursache in dieser Altersgruppe sind Unfälle. Es ist also wichtig, Jugendliche zur Selbstverantwortung und Rücksicht auf ihre Gesundheit zu motivieren.

4.4.2. Berufsvorbereitung

Die Vorbereitung auf das Berufsleben ist der eigentliche Sinn des Jugendalters und bestimmt seine Dauer. Mit 17 Jahren haben mehr als die Hälfte aller Jugendlichen die allgemeinbildende Schule verlassen, die das Fundament für die Berufsbildung legt. Von den im Rahmen der gesamtdeutschen Studie „Jugend '92" befragten 21- bis 24jährigen waren das im Jahre 1986 aus der damaligen Bundesrepublik Deutschland 55% und der DDR 84%, wo der Zugang zur Abiturstufe limitiert war (siehe Abb. 4.14).

Der **Stellenwert der Schule** im Erleben der Jugendlichen und ihrer Eltern nimmt deshalb mit den beruflichen Zielen zu. Dabei ist eine überwiegend positive Einstellung zu verzeichnen. Bei der oben genannten Studie gaben drei Viertel der Befragten an, sehr oder ganz gern an ihre Grundschulzeit zurückzudenken. Ein Viertel aber hatte sie in unangenehmer Erinnerung behalten und dürfte auch Schwierigkeiten gehabt haben.

In den verschiedenen seit etwa 20 Jahren aus beiden Teilen Deutschlands mitgeteilten Umfragen äußerte rund jeder fünfte Jugendliche von der 8. Klasse bis zum Studium deutliche *Unzufriedenheit mit den eigenen Schulleistungen.* Dieser Anteil liegt sowohl bei den leistungsschwachen als auch bei Schülern der zum Abitur führenden Klassen noch höher. Mit steigender Unzufriedenheit über die eigenen Schulleistungen verschlechtern sich die Beziehungen zu den Eltern, die ohnehin schon etwa zu einem Drittel mit den Leistungen ihrer Kinder nicht

Jahr	Alter	Lebenslaufereignis BRD		Lebenslaufereignis DDR
1986	bis 17 Jahre	55%	Sind aus der Schule gekommen	84%

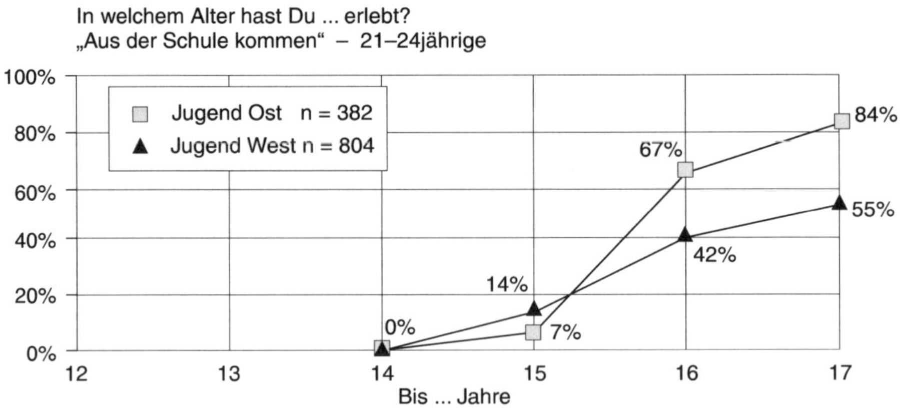

Abb. 4.14 Beendigung der allgemeinbildenden Schule bei den 1991 befragten 21 bis 24 Jahre alten Teilnehmern der Studie „Jugend '92" (aus BEHNKEN, 1992)

zufrieden sind. Dieser wechselseitige Zusammenhang kann sowohl auf Überforderung als auch mangelnde Förderung durch das Elternhaus zurückgehen. Leistungsunzufriedenheit belastet weiter das Verhältnis zu Mitschülern und Lehrern.

Zwar identifiziert sich jeder dritte Jugendliche ohne größere Vorbehalte mit seinem Lehrer, doch lehnt ihn jeder sechste weitgehend ab. Der Höhepunkt einer solchen *Lehrerkritik* liegt zwischen dem zwölften und 15. Lebensjahr und richtet sich gegen ungerechte Behandlung, unfreundliches Wesen, oberflächliches Erklären im Unterricht, die ungepflegte äußere Erscheinung. In der Adoleszenz stehen dann Lehrgeschick und kameradschaftliches Verhältnis im Vordergrund der Wertschätzung des Lehrers und Lehrmeisters. Fast drei Viertel der von FRIEDRICH und MÜLLER (1980) in Leipzig untersuchten Lehrlinge gaben dann wieder ein gutes bis sehr gutes Verhältnis zu ihrem Lehrmeister an.

Der **Eintritt in die Berufsausbildung** und das Berufsleben ist die entscheidende Veränderung im Jugendalter. Nach Einführung der neun- bis zehnjährigen Schulpflicht wird er je nach Bundesland jetzt frühestens mit 15 beziehungsweise mit 16 Jahren vollzogen, was sowohl von der psychophysischen Reife als auch längeren Vorbereitungszeit her günstiger als schon ab 14 Jahren ist.

Die *Berufswahl* wurde deshalb nach älteren Erhebungen durch die Jugendlichen damals oft als schwerer Konflikt erlebt, dessen Entscheidung so weit wie möglich, das heißt bis in die 8. Klasse, hinausgeschoben wurde. Wie die schon zitierte Intervallstudie des Zentralinstituts für Jugendforschung in Leipzig (FRIEDRICH und MÜLLER, 1980) zeigte, festigten sich bei wiederholt von der 8. bis zur 10. Klasse befragten Jugendlichen gerade in den nun gewonnenen

Jahren die Berufskenntnisse und -wünsche wesentlich. Von der „Jugend '92" geben die 21- bis 24jährigen denn auch an, daß sie mit 14 Jahren meist noch nicht gewußt hatten, was sie werden wollten, und mit 16 Jahren waren es erst 50 beziehungsweise 85% (Abb. 4.15). Dieser Ost-West-Unterschied ergab sich durch den damals etwa doppelt so hohen Besuch der zum Abitur führenden Schulen in den alten Bundesländern.

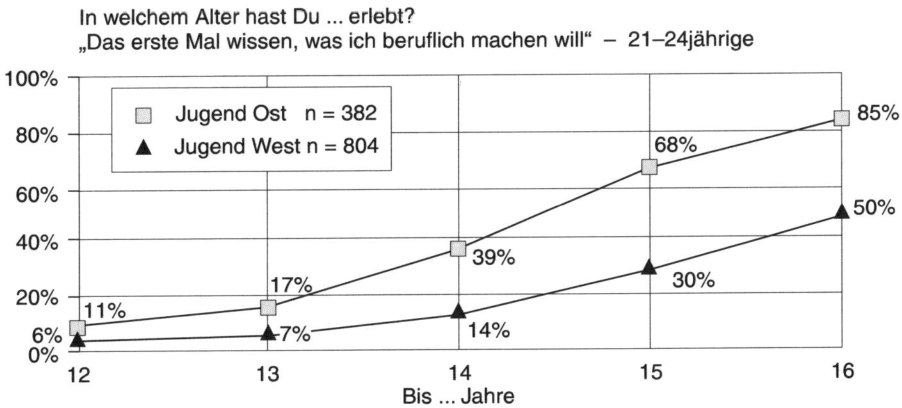

Abb. 4.15 Festigung des Berufswunsches mit zunehmendem Lebensalter bei den 1991 befragten 21 bis 24 Jahre alten Teilnehmern der Studie „Jugend '92" (aus BEHNKEN, 1992)

Die Berufswünsche orientieren sich in erster Linie an den vom täglichen Lebensablauf her bekannten Berufen, doch beeinflussen Eltern, Lehrer und Betriebsangehörige die Jugendlichen hinsichtlich ihres Kenntnisgrades bei der Berufswahl nachweisbar positiv. Die Mädchen stehen in ihrer Berufseinstellung prinzipiell den Jungen nicht nach; sie suchen einen ständigen Beruf, den sie auch nach der Familiengründung ausüben wollen. Doch richten sich beide Geschlechter immer noch auf die tradierten „geschlechtstypischen" Berufe aus (Abb. 4.16).

Die *Berufszufriedenheit* entwickelt sich dann in Abhängigkeit von der Qualität der Ausbildung und Arbeitsbedingungen, aber auch den vorangehenden Kenntnissen und Wünschen; sie beeinflußt dauerhaft Leistungsbereitschaft und Wohlbefinden. Wie Abbildung 4.17 zeigt, steigt die Zufriedenheit mit dem erlernten Beruf in den ersten Berufsjahren bei den meisten jungen Menschen noch an, doch bleibt ein mehr oder weniger unzufriedenes Fünftel, das dann Fluktuation und Krankenstand erhöht.

Jugendliche, die vor der Entscheidung für ihren Beruf wenig von ihm wußten, wechselten ihn später häufiger als gut informierte. Diejenigen, die einen völlig anderen Beruf gewünscht hatten, waren am wenigsten zufrieden, während die Erfüllung des eigentlichen oder eines ähnlichen Berufswunsches überwiegend zur Zufriedenheit führte. Berufsberatung hilft so die spätere Lebenszufriedenheit

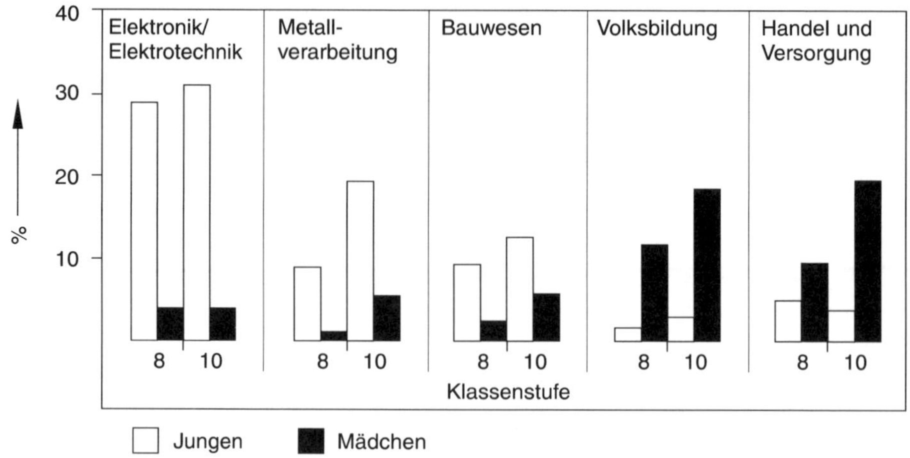

Abb. 4.16 Unterschiede in den Berufswünschen von Jungen und Mädchen in den Klassenstufen 8 und 10 (n = 248 und 212; aus KABAT VEL JOB, 1979)

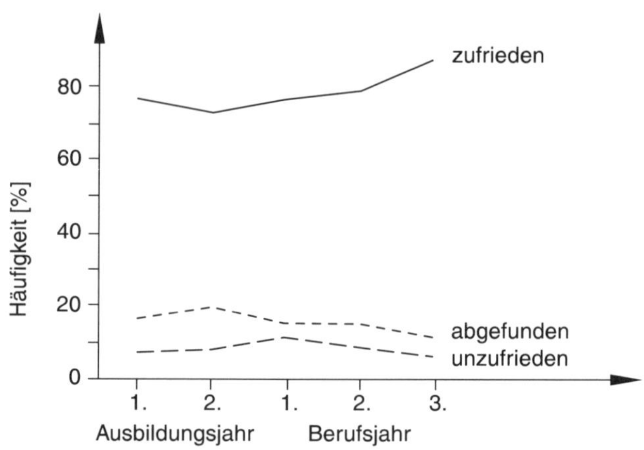

Abb. 4.17 Entwicklung der Berufszufriedenheit nach einer Intervallstudie an 734 Jugendlichen (aus FRIEDRICH und MÜLLER, 1980)

sichern. Neurotiker beklagen sich unter anderem auch über Mangel an Berufswahlhilfe (vergleiche Tab. 4.5), und unter nervenärztlich behandelten Lehrern finden sich doppelt so viele, die eigentlich etwas anderes hatten werden wollen, wie unter ihren gesunden Kollegen.

Arbeitslosigkeit verzögert und gefährdet den Übergang ins Berufsleben und damit die Bewältigung dieser zentralen Enwicklungsaufgabe des Jugendalters. Bei längerer Dauer kann sie negative Folgen für die Persönlichkeitsentwicklung der Adoleszenten haben. Denn Beruf und Identität sind eng miteinander verbunden, und so wird die Identitäsfindung durch Mißerfolge bei der Suche nach einem Ausbildungs- und Arbeitsplatz empfindlich beeinträchtigt. Psychologische Erhebungen an arbeislosen Schulabgängern bieten denn auch Hinweise auf vermehrte psychische Beeinträchtigungen im Vergleich zu Lehrlingen und jungen Arbeitern.

So verfolgten DONOVAN et al. (1986) 16jährige Schulabgänger in England. Sie untersuchten 832 Jungen und Mädchen aus fünf städtischen Einheitsschulen drei Monate vor der Schulentlassung mit verschiedenen Selbstbeurteilungsskalen, so zu psychophysischen Beschwerden, zur sozialen Anpassung, Depressivität, Angst, Lebenszufriedenheit und zum Selbstbild. Eine zweite Befragung fand sechs bis zwölf Monate nach der Schulentlassung bei 45 voll berufstätigen, 43 arbeitslosen und 43 in einem vorläufigen Beschäftigungsprogramm untergekommenen Jugendlichen statt, die nach folgenden Kriterien parallelisiert worden waren: Alter, Geschlecht, Familienstruktur, Sozialschicht, Geschwisterzahl, Position in der Geschwisterreihe, registrierte soziale/psychiatrische Auffälligkeiten, Straffälligkeit und Lebensereignisbelastung.

Die in Tabelle 4.7 aufgeführten psychophysischen Beschwerden hatten nach der Schulentlassung bei den Berufstätigen signifikant abgenommen, in der Tendenz auch bei den Teilnehmern des Beschäftigungsprogramms, während sie bei den Arbeitslosen eher zugenommen hatten. Diese Gruppe bot weiterhin nun signifikant mehr Symptome für Angst und Depression, eine geringere Lebenszufriedenheit, schlechtere soziale Anpassung und ein unsicheres Selbstbewußtsein.

Da alle diese Unterschiede während der Schulzeit nicht bestanden hatten, müssen sie auf die mit der Arbeitslosigkeit einhergehenden Bedingungen zurückgehen: Verlust an Sozialkontakten, positiven Rückmeldungen über die eigenen Leistungen, strukturierter Aktivität, des Gefühls, gebraucht zu werden. Durch die Konstanthaltung auch von Fehlverhalten wurden allerdings soziale

Tab. 4.7 Mittlere Anzahl von psychophysischen Beschwerden (General Health Questionnaire) nach Berufsstand, Geschlecht und Befragungszeitpunkt

Berufsstand	n	Befragungszeitpunkt vor Schulentlassung	nach Schulentlassung	Differenz	Signifikanz
Berufstätig					
Jungen	29	8,4	6,4	+ 2,0	*
Mädchen	16	11,8	8,8	+ 3,0	*
Arbeitslos					
Jungen	26	9,3	11,0	– 1,7	
Mädchen	14	11,5	12,5	– 1,0	
Beschäftigungsprogramm					
Jungen	27	9,6	8,2	+ 1,4	
Mädchen	14	10,9	10,1	+ 0,8	

(nach DONOVAN et al., 1986)

Auffälligkeiten als mögliche Folgen ausgeklammert. Diese aber dürften umso destruktiver werden, je länger die Beschäftigungslosigkeit dauert. Deren Senkung ist deshalb ein wesentlicher Schritt zur Bekämpfung der Jugendkriminalität.

4.4.3. Akzeptieren der Geschlechtsreife

Der Eintritt in die Geschlechtsreife hat dem Jugendalter seinen medizinischen Namen gegeben: *Pubertät*. Sie reicht vom Auftreten der sekundären Geschlechtsmerkmale bis zum Abschluß des Knochenwachstums und verändert Sexualität wie körperliches Selbstbild.

Das **geschlechtliche Verhalten** wird zunächst durch die Wahrnehmung der körperlichen Veränderungen an sich selbst wie an den Mitschülern stimuliert und dann vom Erleben des Geschlechtstriebes revolutioniert. Bis zum Auftreten der ersten Menstruation beziehungsweise Ejakulation mit durchschnittlich 13 beziehungsweise 14 Jahren (Tab. 4.8) wissen die meisten Mädchen und Jungen aus verschiedenen Quellen über die Rolle der Mutter und des Vaters im Zeugungsgeschehen Bescheid.

Tab. 4.8 Alter der Geschlechtsreife

	Jahre 10	11	12	13	14	15	16	17	18	19	20 und mehr	Durchschnittsalter
Menarche	1	7	25	33	24	8	2	–	–	–	–	13,07
Ejakularche	1	1	8	21	30	20	12	4	2	1	–	14,27

(Angaben in %; aus STARKE und FRIEDRICH, 1984)

Doch werden noch immer einige uninformierte Mädchen von der Menarche überrascht. Deshalb sollten Eltern und Erzieher (gelegentlich auch Kinderärzte) behutsam darauf achten, ob Kinder zwischen etwa dem zehnten und zwölften Lebensjahr schon die notwendigen *Kenntnisse über das Geschlechtsleben* haben. Öffentliche Medien (Jugendzeitschriften) greifen sehr früh in diesen Prozess ein. Erzieher haben oft vor allem unverarbeitete Informationen aufzufangen.

Weil die Ejakularche für viele Jungen den ersten Orgasmus bringt, werden sie vom Geschlechtstrieb stärker hingerissen, schneller positiv verstärkt als Mädchen und gehen eher zur *Masturbation* über (Tab. 4.9). Masturbation wird oft durch Anstiftung von Älteren übernommen, aber auch selbst entdeckt, und ist meist entlastend, höchstens im Einzelfall durch ein einengendes schlechtes Gewissen belastend.

Tab. 4.9 Termin der ersten Masturbation

	Mädchen	Jungen
Vor dem 14. Geburtstag	28	61
Vor dem 15. Geburtstag	39	82
Vor dem 16. Geburtstag	49	92
Bis zum 17. Geburtstag	53	94

(Angaben in %; n = 299; aus GRASSEL und BACH, 1979)

Die Befragten haben angegeben, die Häufigkeit von Selbstbefriedigungen nach der Aufnahme heterosexueller Beziehungen reduziert zu haben, und zwar umso mehr, je eher der *erste Koitus* vollzogen wird. Das ist jetzt meistens von 16 bis 18 Jahren (Tab. 4.10) und in relativ stabilen Partnerbeziehungen der Fall.

Wenn nicht direkt nach dem ersten Geschlechtsverkehr gefragt wird, sondern „ob schon selbst sexuelle Erfahrungen gemacht wurden“, wie in der Studie „Jugend ’92", ergibt sich ein etwas niedrigeres Durchschnittsalter von 16 Jahren für Jungen und 16,2 Jahren für Mädchen gleichermaßen in Ost- und West-

Tab. 4.10 Alter beim ersten Geschlechtsverkehr

	Jahre										Durch-
											schnitts-
	13	14	15	16	17	18	19	20	21	22	alter
Gesamt	1	4	11	27	27	17	7	3	2	1	16,9
Männlich	1	5	11	27	26	16	7	3	3	1	16,9
Weiblich	0	3	11	27	29	19	7	3	1	0	16,9

(Angaben in %; aus STARKE und FRIEDRICH, 1984)

deutschland. Hier können auch Petting-Erfahrungen bis zum Orgasmus mit angeführt worden sein. Insofern ist keine weitere Vorverlegung des Kohabitarche-Termins seit 1984 anzunehmen.

Die Integration der erwachenden **Sexualität** gelingt den Heranwachsenden überwiegend problemlos, doch berichteten von den hierzu in der damaligen DDR befragten Medizinstudenten etwa ein Drittel über zeitweilige *sexuelle Konflikte*, wobei in 8% der Wunsch nach ärztlicher Hilfe bestanden hatte (Tab. 4.11).

12,2% der männlichen und 2,8% der weiblichen Befragten gaben homosexuelle Kontakte zwischen zehn und 18 Jahren an, nur 1,7% beziehungsweise 1% äußerten eine ausschließlich homosexuelle Einstellung.

Bei neurotischen Patienten verschiedener Symptomatik findet man häufiger als bei psychisch Gesunden einen Mangel an sexueller Aufklärung, eine Störung

Tab. 4.11 Durchgemachte stärkere innere Konflikte im Zusammenhang mit sexuellen Problemen bei 2177 Medizinstudenten

Art der Überwindung der sexuellen Konflikte		in % der Befragten männlich	weiblich
Zeitweise stärkere Konflikte durchgemacht	jedoch ohne fremde Hilfe überwunden	16,0	13,3
	mit elterlicher Hilfe überwunden	1,0	0,6
	mit ärztlicher Hilfe überwunden	0,9	0,6
	durch Aussprachen mit anderen Personen des gleichen Geschlechts	1,4	1,1
	des anderen Geschlechts überwunden	1,6	4,2
	zwar ohne Hilfe überwunden, doch bestand der Wunsch nach ärztlicher oder anderer Beratung	3,0	2,4
Konflikte zum Zeitpunkt der Befragung noch nicht überwunden	dennoch wird ärztliche oder anderweitige Hilfe für nicht notwendig erachtet	5,1	4,9
	ärztliche Hilfe an sich gewünscht, aber wegen Gehemmtheit nicht in Anspruch genommen	2,2	3,5
	ärztliche Hilfe würde in Anspruch genommen, wenn geeignete Beratungsmöglichkeiten bekannt wären	2,3	2,4
Keine Konflikte		66,5	67,0

(aus LIEBNER et al., 1977)

heterosexueller Freundschaften und eine Behinderung des Kontaktes mit Altersgefährten (BÖTTCHER, 1968).

Sexuelle Verhaltensweisen spiegeln auch Anteile der herrschenden, gesellschaftsabhängigen Moral wider: Mädchen und junge Frauen werden relativ häufig von männlichen Jugendlichen und Erwachsenen sexuell belästigt, und aus männlicher Sicht wird dieses Verhalten oft bagatellisiert.

Das **Körperselbstbild** erhält durch die Zuwendung des Pubertierenden zur eigenen Erscheinung und deren Wirkung auf andere seine bleibende Ausprägung. Mit der vorübergehenden Disharmonisierung der Gestalt durch den pubertalen Wachstumsschub sinkt das Körperselbstbild zunächst und steigt in der Adoleszenz wieder an (vergleiche Abb. 4.18)

Die Zufriedenheit mit dem Aussehen wird vor allem bei Mädchen weitgehend von der sexuellen Attraktivität bestimmt und ist eher an der Figur als der Physiognomie orientiert. Selbst- und Fremdeinschätzungsversuche belegen die Bedeutung von Körpermaßen, Haarfarbe, Stimme und so weiter, aber auch von körperlicher Kraft, Gewandtheit und Gesundheit für die *Bewertung des eigenen Körpers* wie die daraus abgeleitete Sicherheit im sozialen Verhalten. Dabei kommt es eher darauf an, daß man sich selbst für schön hält, als es in der Meinung anderer auch zu sein. Doch erfährt der von anderen so Gesehene mehr soziale Zuwendung (er wird zum Beispiel als Patient für psychisch gesünder gehalten

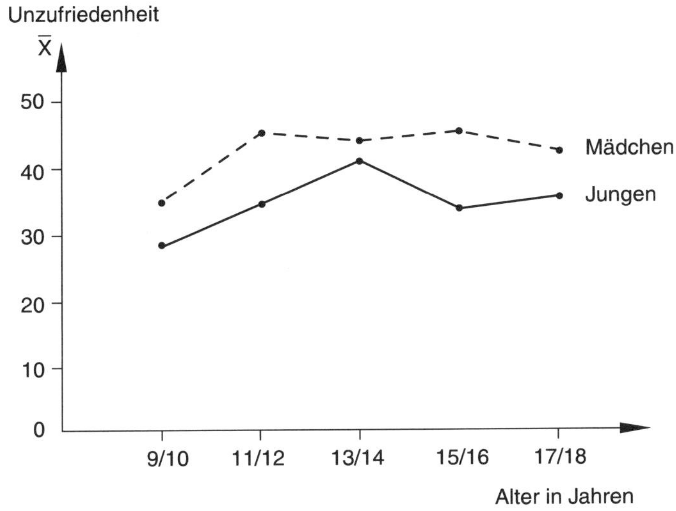

Abb. 4.18 Unzufriedenheit von 475 befragten Jungen und Mädchen verschiedener Altersgruppen mit dem körperlichen Aussehen (nach MARTIN und WALTER, 1982)

und prognostisch besser eingeschätzt als ein unattraktiver Mensch bei gleichem Befund).

Die emotionale Reaktion auf das eigene Aussehen kann zum ernsten *Selbstwertproblem bei körperauffälligen Jugendlichen* werden. Der Spiegel, mit Beginn der Pubertät entdeckt, wird nun gehaßt und gar zertrümmert, weil der Behinderte oft jetzt erst bewußt wahrnimmt, was andere täglich an ihm sehen. Höherwüchsige Mädchen und kleinwüchsige Jungen leiden ebenso wie die in der Geschlechtsreife Retardierten nun unter Hänseleien, und nach Ergebnissen der Leipziger Intervallstudie haben sie mit 13 beziehungsweise 16 Jahren (wahrscheinlich in Reaktion auf die erfühlte soziale Ablehnung) öfter Stottern, Bettnässen, nächtliches Aufschreien und andere Symptome angegeben als Normalwüchsige (REISSIG, 1980). Hierbei spielt die für beide Geschlechter hinsichtlich der Körperhöhe unterschiedliche Erwartungsnorm eine vermittelnde Rolle und belegt die von KOSSAKOWSKI (1969) vertretene These, daß der somatische Entwicklungsstand nur dann psychisch wirksam wird, wenn er die soziale Umwelt veranlaßt, neue Maßstäbe an Leistung und Verhalten der reifenden Jugendlichen anzulegen.

4.5. Jüngeres und mittleres Erwachsenenalter (25 bis 59 Jahre)

Das dritte bis sechste Lebensjahrzehnt ist die Zeit, in der sich das Individuum als Persönlichkeit verwirklicht. Was in ihrem Ablauf versäumt worden ist, läßt sich nicht mehr nachholen. Sie kann deshalb nicht einfach als Phase der psychischen Stabilität zwischen Wachstum und Rückbildung von der entwicklungspsychologischen Betrachtung ausgeschlossen bleiben, wie das bis über die Mitte dieses Jahrhunderts üblich war. Systematische Lebensverlaufsstudien haben gezeigt, daß es auch im mittleren Erwachsenenalter psychische Veränderungen gibt, die allerdings weniger vom Lebensalter als von biographischen Ereignissen, Lebenskrisen und Konflikten abhängen. Doch ist gerade deren zeitgerechte Lösung von Bedeutung für die weitere Persönlichkeitsentwicklung unter konkreten historisch-gesellschaftlichen Bedingungen. Sie realisiert sich mit der Gestaltung von Partner- und Elternschaft, in der Berufsbewährung und bei der Auseinandersetzung mit dem Älterwerden, das nun nicht mehr, wie im Kindes- und Jugendalter, freudig bemerkt oder erwünscht wird. Hierin liegen die Entwicklungsaufgaben des Erwachsenen, an denen er wachsen oder scheitern, gesunden oder kranken kann.

4.5.1. Partner- und Elternschaft

Die **eheliche Partnerschaft** beeinflußt alle sozialen Beziehungen im Erwachsenenalter.

Der Studie „Jugend 92“ (FISCHER, 1992) zufolge waren von den 25- bis 29jährigen Frauen und Männern 40% in West- und 57% in Ostdeutschland schon verheiratet. Trotz gestiegener Scheidungsraten und nichtehelicher Lebensgemeinschaften nimmt die Ehe in den Industrieländern weiterhin einen zentralen Platz im Leben ihrer Menschen ein.

Ob nun innerhalb oder außerhalb dieses traditionellen Rahmens gestaltet, immer bedingen die Wahl, Bindung oder Trennung von Mann und Frau ihr soziales, psychisches und oft auch körperliches Wohlbefinden.

Verheiratete haben bislang eine höhere Lebenserwartung und sind durchschnittlich in allen Altersgruppen psychisch stabiler, körperlich gesunder und sozial angepaßter als Ledige, Verwitwete und Geschiedene. So leben psychiatrische Patienten im Vergleich zu Gesunden seltener ehelich gebunden, darunter sind psychosomatisch Kranke öfter ledig geblieben, Drogen- und Alkoholabhängige öfter geschieden.

Von einer Ausgangsgruppe 95 gesunder junger Männer, die VAILLANT (1978) von 19 bis 54 Jahren verfolgen konnte, waren in den 35 Jahren die sozial Isolierten nicht nur psychisch, sondern auch körperlich wesentlich öfter erkrankt als die Integrierten. Er folgert aus dieser Lebenslaufstudie, daß die Fähigkeit zu lieben mit der weiteren psychophysischen Gesundheit eng verbunden ist.

Das gilt bis hin zu Unfällen und Verkehrsdelikten, an denen nach verschiedenen Erhebungen Ledige und Geschiedene unabhängig vom Alter signifikant öfter beteiligt sind als Verheiratete.

Dennoch ist die Ehe nicht immer ein Gesundbrunnen, und manche Partner leiden aneinander. Vergleichende Untersuchungen an glücklichen und unglücklichen Ehepaaren weisen übereinstimmend auf die größere emotionale Labilität der gespannt miteinanderlebenden Ehepartner hin und interpretieren die damit einhergehende Neurosenbereitschaft als Ursache wie auch Folge chronisch gestörter Partnerbeziehungen. Beides scheint zuzutreffen, denn VAILLANT (1978) fand psychische Erkrankungen bei geschiedenen Männern etwas seltener als bei den in unglücklichen Ehen lebenden, doch auch bei ihnen weit häufiger als bei den harmonisch verheirateten. Der somatische Gesundheitszustand stieg in gleicher Reihenfolge (Tab. 4.12).

Tab. 4.12 Ehe- und Gesundheitszustand bei 61 Männern im mittleren Alter von 47 Jahren

	Eheliche Beziehungen		
	gut n = 26 %	schlecht n = 18 %	geschieden n = 17 %
Körperliche Gesundheit beeinträchtigt	23	50	59
Psychiatrische Erkrankung	8	50	41

(nach VAILLANT, 1978)

Eine Trennung erhöht das Risiko für wiederholte Scheidungen und psychische Erkrankungen. Personen, die geschieden oder getrennt leben, nehmen, verglichen mit ihrem Anteil an der Gesamtbevölkerung, häufiger eine psychiatrische Behandlung in Anspruch als verwitwetete, ledige oder verheiratete. Sie werden bei ähnlichen Zuständen auch häufiger hospitalisiert. Das geschieht meistens im ersten Jahr nach der Scheidung, wenn die emotionale Trennung vom Partner und damit verbundene Selbstwertproblematik sowie aggressive und depressive Reaktionen zu bewältigen sind. Das fällt Männern besonders schwer, die deshalb öfter als Frauen mit Siuzid auf die meistens von diesen beantragten Scheidungen reagieren (OLBRICH und BOJANOWSKI, 1981).

In einer Langzeitstudie sind WALLERSTEIN und BLAKESLEE (1989) der Frage nachgegangen, wie Frauen und Männer ihr Leben in dem Jahrzehnt nach der Scheidung neu geordnet haben. Dabei standen sie vor folgenden Aufgaben:

- Ablösung von der mißglückten Partnerbeziehung;
- Kontrolle über Leidenschaften und Ängste, die durch den Bruch entfacht wurden;
- Optimale Distanzierung vom bisherigen Partner und Stabilisierung einer möglichst neutralen Beziehung zu ihm im Interesse der Kinderbetreuung, Regelung finanzieller Angelegenheiten und der Unterstützung im Notfall;
- Aufbau der ökonomischen und sozialen Selbständigkeit beziehungsweise einer neuen Familie.

Für die knappe Hälfte (46% der Frauen, 40% der Männer) der 60 getrennten Paare war die Scheidung nach zehn Jahren ein emotional gut gelöstes Problem. Bei der anderen Hälfte nahmen jedoch Gefühle des Ärgers, der Eifersucht, Schuld, Nostalgie und Sehnsucht nach der alten Verbindung immer noch einen wesentlichen und aktiven Platz in ihrem Leben ein.

Das Gelingen und Scheitern ehelicher Partnerschaft ist verschiedentlich an Ehepaaren mit zufriedenstellenden beziehungsweise chronisch gestörten Partnerbeziehungen analysiert worden (PRODÖHL, 1979). Dabei zeigten sich Frühehen, die unter 20 Jahren geschlossen wurden, und die ersten fünf Ehejahre besonders gefährdet. Für die eheliche Harmonie sind das Wahrnehmen des Zumuteseins des anderen, Äußern eigener Emotionen, Sichanvertrauenkönnen und Freisein von innerpsychischen Konflikten von großer Bedeutung. Die Übereinstimmung der Partner in Persönlichkeitsmerkmalen wie Intelligenz, Aktivität, sozialer Kompetenz, Selbst- und Umweltkonzept tritt demgegenüber zurück. Sie spielt jedoch in der ehelichen Zufriedenheit der Frauen bis hin zur sexuellen eine größere Rolle als für ihre Männer. Bei beiden Partnern ist auch die sexuelle Befriedigung abhängig von der Erfüllung individueller Erwartungen bezüglich ihrer Ehe: Sie sinkt mit zunehmender Diskrepanz zwischen Ideal und Realität.

Solche vergleichenden Untersuchungen an Paaren ge- und mißglückter Partnerbeziehungen stehen vor der Schwierigkeit, die gefundenen Persönlichkeitsunterschiede zu interpretieren, da man nicht weiß, wie sie entstanden sind. Prospektive Studien können hierauf eher antworten, wenn sie junge Menschen schon vor ihrer Partnerwahl erfaßt und dann weiter verfolgt haben. Das hat SKOLNICK (1981) mit der Auswertung von Persönlichkeitstestdaten getan, die im Rahmen zweier Längsschnittuntersuchungen im Alter von zwölf bis 14, 15 bis 18, 30 bis 38 und 39 bis 52 Jahren erhoben worden waren und zur Partnerschaft beim letzten Untersuchungszeitpunkt in Beziehung gesetzt werden konnten. Dabei zeigte sich dann, daß es deutliche Persönlichkeitsdifferenzen zwischen verheirateten und geschiedenen beziehungsweise glücklich und unglücklich verheirateten Probanden schon vor der Ehe gegeben hatte. So differierten die Geschiedenen von den Verheirateten zu allen Meßzeitpunkten durch eine geringere heterosexuelle Kontrolliertheit. Die unglücklich Verheirateten hatten schon vor der Ehe ein geringeres Selbstvertrauen (Männer) beziehungsweise eine geringere Fürsorglichkeit und größere Aggressivität (Frauen) als die später in zufriedener Ehe Lebenden gezeigt. Diese Merkmale dürften sowohl Ursache als auch Folge des Eheschicksals sein, durch das sie sich noch zuspitzen können.

Die **Beziehungen zu den eigenen Kindern** erlangen mit der Zeit die gleiche Bedeutung wie die zu Ehepartnern und Kollegen. Bei alleinstehenden und bei nicht berufstätigen Müttern können sie zeitweilig an die erste Stelle rücken. Naturgemäß nimmt das Kind im Erleben der Frau einen größeren Raum ein als beim Mann, doch verringert sich dieser Unterschied mit der Arbeitsteilung bei der Kinderpflege und -erziehung. Mit zunehmendem Kindesalter sinkt die körperliche beziehungsweise zeitliche Beanspruchung der Eltern und steigt ihre Konfliktbelastung. Jüngere Kinder machen Mühe, ältere bereiten Sorgen.

In Schilderungen ihrer Lebensläufe geben Männer und Frauen von 25 bis 65 Jahren zunehmend Konflikte mit ihren Kindern an (Tab. 4.13).

Tab. 4.13 Prozentualer Anteil der Konfliktbereiche Kinder, Partner und Beruf an allen Konfliktnennungen von 326 Befragten verschiedener Lebensalter-Gruppen

Konfliktbereich	25 – 29-jährige	30 – 39-jährige	40 – 49-jährige	50 – 65–jährige
		Männer (n = 185)		
Elternschaft	1,6	3,7	5,5	8,0
Partnerschaft	10,6	10,3	10,7	9,9
Arbeitsplatz	15,1	17,4	21,7	29,7
		Frauen (n = 141)		
Elternschaft	2,6	5,5	8,8	15,6
Partnerschaft	10,3	17,4	16,7	18,4
Arbeitsplatz	6,4	8,0	8,7	7,3

(nach THOMAE und LEHR, 1963)

Diese zeigen Auswirkungen auf andere zwischenmenschliche Beziehungen, besonders zu den eigenen Eltern und dem Ehepartner. Zentrale Themen im dritten Lebensjahrzehnt sind Fragen der Familienplanung mit dem Partner, der Wohnsituation und Betreuung der Kleinkinder; zehn Jahre später stehen dann Schul- und Disziplinprobleme im Vordergrund. In den 40ern kann die Ablösung von den Heranwachsenden schmerzen und in den 50ern die Unzufriedenheit mit ihrem Lebensstil schon die eigene Lebensbilanz eintrüben.

Zwischen erfolgreicher Elternschaft und Gesundheit besteht ein wechselseitiger Zusammenhang. Unter den von VAILLANT (1978) nachuntersuchten Männern boten diejenigen, die mit 54 Jahren noch enge Beziehungen zu ihren Kindern hatten, einen besseren körperlichen, psychischen und beruflichen Status als jene mit abgebrochenen Kontakten. Umgekehrt betrachtet wiesen ihre herangewachsenen Töchter und Söhne bei guter im Vergleich zu schlechter sozialer Einordnung weniger psychisch erkrankte Väter auf und mehr solche, die mit 19 Jahren selbst ein gutes Verhältnis zu ihrem Vater gehabt hatten.

Eine **Krise der Lebensmitte** als Verwerfen bisheriger Partner- und Elternschaft ist in ihrer Allgemeingültigkeit wissenschaftlich umstritten. Wurde sie vor 60 Jahren noch mit einer besonderen „Psyche der Frau in den Übergangsjahren“

begründet, so nun mit dem Versuch mancher Mittvierziger, sich durch eine neue Partnerin zu verjüngen. Abgesehen davon, daß zu dieser Zeit bei der heutigen Lebenserwartung von 69 bis 75 Jahren für beide Geschlechter die Mitte des Lebens schon überschritten ist, muß die Rückbildung der Fortpflanzungsfähigkeit an sich ebenso wenig zur Krise führen wie ihre Entwicklung. Empirisch läßt sich bei Frauen und Männern im fünften Lebensjahrzehnt weder eine Häufung von Partner- noch von Elternkonflikten nachweisen (vergleiche Tab. 4.13).

Auch die Neuorientierung in der zweiten Lebenshälfte ist biologischen und sozialen Ursprungs. Sie wird bei Frauen offenbar mehr durch die Furcht vor der Menopause als diese selbst und für beide Geschlechter durch Rollenkonflikte in Ehe, Familie und Beruf ausgelöst, bis die neue Lebenssituation gemeistert ist. In der *Erwartung* erscheint den unter 45jährigen Frauen das bevorstehende **Klimakterium** weit einschneidender und beschwerlicher als es die über 50jährigen wirklich erlebt haben, die als positive Aspekte dieses Lebensalters den Gewinn größerer Freiheit und Unabhängigkeit hervorheben.

Diese Aussage geht auf Untersuchungen von NEUGARTEN et al. (1963) zurück, die von einem Viertel der befragten Frauen im Alter von 21 bis 65 Jahren erfahren hatte, daß für sie das Schwierigste an der Menopause war, nicht genau zu wissen, was sie erwartet. Eine Wiederholung dieser Befragung mit Frauen gleichen Alters der nächsten Generation durch LEIBLUM und SWARTZMAN (1986) zeigt in den drei identischen Items allerdings, daß die jüngere Kohorte noch weniger als die ältere der Meinung ist, klimakterische Beschwerden seien unvermeidlich (1), diese würden besonders durch die Angst davor begünstigt (6) und Frauen verlören mit der Menopause ihre Weiblichkeit (9). Bei allen drei Statements haben sich zudem 1985 die Erwartungen der Frauen nach der Menopause den Erfahrungen der Frauen danach mehr angeglichen, als das 1963 der Fall war (Tab. 4.14). Dieser Vorstellungswandel ist im ganzen optimistisch und entspricht der verlängerten Lebenserwartung mit gestiegenen Erlebnismöglichkeiten.

Im *Erleben* erscheint das fünfte Lebensjahrzehnt bei Frauen und das sechste bei Männern besonders durch Veränderungen in den Beziehungen der Ehepartner nach dem Weggang der erwachsenen Kinder belastet: die Wiederaufnahme einer bis dahin unterbrochenen Berufstätigkeit der Mutter, das enge Zusammenwohnen mit der noch nicht selbständigen jungen Familie und das Versorgen der unselbständiger werdenden eigenen Eltern. Letzteres wird vor allem deshalb psychisch schwer verkraftet, weil es die Konfrontation mit dem eigenen Altern und Sterben vorwegnimmt. Infolge ungleicher Arbeitsteilung in der Ehe können sich hier besonders für die Frau gegensätzliche Rollenanforderungen als Gattin, Kollegin, Mutter, Schwiegermutter, Großmutter, Tochter überschneiden und sie zeitweilig dekompensieren lassen.

Im Gegensatz zur Menopause wird der Auszug des letzten Kindes aus dem Elternhaus schlimmer erlebt als erwartet. Mehr als die Hälfte der von LEHR (1983) hierzu befragten Mütter hatten eine ausgesprochen negative *Leere-Nest-Reaktion*, obwohl zwei Drittel vom Verstand her diesen Schritt ihres Kindes in

Tab. 4.14 Einstellungen zur Menopause vor und nach deren Eintritt bei Frauen 1963 und 1985

Einstellung (Item)	Kohorte (1963 n = 267) (1986 n = 244)	Zustimmung in % vor der Menopause	nach der Menopause	Total
1 Klimakterische Beschwerden sind durch Veränderungen bedingt, die von Frauen nicht beeinflußt werden können	1963	49,1	72,9	63,8
	1986	53,4	65,3	59,1
6 Frauen mit Klimakterischen Beschwerden haben diese erwartet	1963	50,9	70,8	63,2
	1986	48,5	46,8	47,8
9 Man fühlt sich nach der Menopause weniger als Frau	1963	14,5	10,3	11,9
	1986	11,9	7,2	8,8

(nach NEUGARTEN et al., 1963 und LEIBLUM und SWARTZMAN, 1986)

die Selbständigkeit bejahten. Sinkende Stimmungslage und nachlassende Aktivität wurden besonders bei bislang nicht berufstätigen Frauen und gestörter ehelicher Partnerschaft gefunden; positives Erleben dagegen bei beengten Wohnverhältnissen oder solange zurückgestellten Berufs- und Reiseplänen.

Vergangenheits-, Gegenwarts- und Zukunftsbezug beeinflussen ebenso die gesundheitlichen Schwankungen im reifen Erwachsenenalter. So erfahren alle Frauen um 50 das Ausbleiben der Monatsblutung, doch haben dabei etwa ein Drittel keine, ein Drittel leichte und nur ein Drittel mittelschwere bis starke körperliche Beschwerden wie Hitzewallungen, Schweißausbrüche, Schwindel, und erst jede sechste Frau sucht deswegen den Arzt auf. Nach gynäkologischen Erfahrungen gibt es vor allem keine regelmäßig voraussagbaren psychischen Symptome im Klimakterium wie Angst, Unruhe, depressive Verstimmung und dergleichen; wo sie auftreten, bestanden sie oft schon vor der Menopause, verbunden mit schwachem Selbstvertrauen und geringer Lebenszufriedenheit. Längsschnittuntersuchungen belegen die Bedeutung fehlender psychosozialer Beziehungen für die Labilisierung auch des männlichen Wohlbefindens im fünften und sechsten Lebensjahrzehnt. Mit 40 noch gesunde Männer erkrankten bis zu 55 Jahren weit öfter und alterten vorzeitig, wenn sie keinen Kontakt mehr zu Partnern, Verwandten und Freunden hielten (VAILLANT, 1978).

4.5.2. Beruf und Weiterbildung

Der Beruf ist wie die Partnerschaft und Familie ein Fuß, auf dem man „im Leben steht". Beides wurde von Männern und Frauen bisher unterschiedlich bewertet, doch hat das Berufsleben mit Durchsetzung ihrer Gleichberechtigung auch für die Frau zunehmende Bedeutung erlangt.

Das **Berufsleben** ist ein wichtiger Aspekt des Lebensprozesses, und nach Auffassung namhafter Immunologen begünstigt allein normale Arbeitszufriedenheit die Lebenserwartung Erwachsener mehr als Körperkonstitution, Ernährungsweise, Nichtrauchen und Langlebigkeit der Eltern. Chronische Konflikte am Arbeitsplatz können durchaus das Leben verkürzen. Sie nehmen im gesamten Konflikterleben (neben Partner-, Erziehungs- und sonstigen Problemen) von Männern einen größeren Raum ein als in dem von Frauen, doch ist dieser an Nichtpatienten festgestellte Unterschied bei den jüngeren Erwachsenen geringer als bei den älteren (siehe Tab. 4.13). Das kann durch zunehmende Belastungssituationen mit steigendem Alter des Mannes oder durch Angleichung im beruflichen Engagement der Geschlechter bei der jüngeren Generation zustandegekommen sein.

Solche Erhebungen sind besonders abhängig von den gesellschaftlichen Bedingungen, unter denen gearbeitet wird. Charakteristisch für die Lebenssituation der zu diesem Thema früher in der DDR befragten Patienten war die Tatsache, daß Furcht vor dem Verlust des Arbeitsplatzes auch bei den älteren nie als pathogener Faktor anzutreffen war. Dennoch standen auch dort bei Psychotherapiepatienten Berufskonflikte im Vordergrund ihrer aktuellen Probleme. Männer nannten sie hier sogar an erster, Frauen an dritter Stelle nach Partner- und Familienkonflikten (Tab. 4.15).

Tab. 4.15 Aktuelle Konflikte von Psychotherapiepatienten

Konfliktbereich	Männer n = 376	Frauen n = 645
Partnerkonflikte	15,2	18,1
Berufskonflikte	20,3	12,1
Soziale Konflikte	8,1	8,0
Familienkonflikte	7,3	13,9
Traumatische Erlebnisse	–	0,4

(Angaben in %; nach FROESE, 1985)

Die Differenz dürfte mit einer kürzeren Dauer der Berufstätigkeit, seltener ausgeübten Leitungstätigkeit und dem geringeren Qualifizierungsgrad der weiblichen Patienten zusammenhängen. Männer und Frauen gaben übereinstimmend Leistungsdruck, Unzufriedenheit mit der Tätigkeit, Spannungen mit Vorgesetzten und Kollegen als Problemsituationen am Arbeitsplatz an, Männer darüberhinaus auch Konflikte mit Unterstellten, Änderungen der Tätigkeitsbedingungen und des Verantwortungsbereiches bis zum beruflichen Abstieg.

In beiden Geschlechtern findet sich eine Altersabhängigkeit der Konflikthäufigkeit und der Konfliktbereiche. Im Belastungserleben der ersten Lebenshälfte nehmen Qualifizierungsprobleme einen wichtigen Platz ein. Die Patienten über 45 Jahren mit Berufskonflikten führen diese hingegen öfter auf Überforderungssituationen zurück. Werden jedoch Menschen in der zweiten Lebenshälfte, die sich überlastet fühlen und deshalb in nervenärztlicher oder psychotherapeutischer Behandlung sind, mit ihren nach Alter, Geschlecht und Qualifikation parallelisierten gesunden Berufskollegen verglichen, so kommen sie aus objektiv ähnlichen Arbeits- und Lebensbedingungen und unterscheiden sich nicht in ihrer geistigen Leistungsfähigkeit. Doch sind sie emotional labiler, depressiver, sozial weniger anpassungsfähig und waren schon in jüngeren Jahren im Verhalten auffälliger. Überforderungsreaktionen sind also Persönlichkeitsreaktionen.

Das gilt auch für Unterforderungsreaktionen, die im Extremfall durch *Arbeitslosigkeit* bedingt sein können. Sie bedroht den gesamten Lebenszusammenhang, beeinträchtigt Selbstentfaltung wie Wohlbefinden. Vergleichende Untersuchungen belegen denn auch eine höhere Morbidität und Mortalität Arbeitsloser gegenüber Berufstätigen. In Längsschnittstudien wie der von BRINKMANN (1984) an einer repräsentativen Stichprobe (1 610 Neuzugänge eines Monats in 25 Arbeitsämtern) zeigt sich dann die mit der Dauer von Arbeitslosigkeit zunehmende psychosoziale Belastung (Abb. 4.19).

Die gleichzeitig erfragten körperlichen und psychischen Beschwerden waren bei den Langzeitarbeitslosen ebenfalls angestiegen, während sie sich bei wieder in den Arbeitsprozeß Eingegliederten zurückbildeten. Letztere hatten allerdings schon zu Beginn der Arbeitslosigkeit (T_1) weniger Beschwerden geäußert als jene, die arbeitslos blieben (T_2). Das heißt, die körperlich und psychisch weniger Beeinträchtigten wurden eher wieder beschäftigt. Hier spiegeln sich also gesundheitliche Reaktionen und Mitbedingungen der Arbeitslosigkeit wider.

Das **Weiterlernen im Beruf** nähert sich heute immer mehr dem in der Schule an, weil das von ihr vermittelte Wissen schnell veraltet. So ist die „Halbwertszeit", das heißt die Anzahl der Jahre, nach der ein Berufstätiger nur noch halb so fachkundig ist wie nach Beendigung seiner Ausbildung, für Ingenieure in den letzten 30 Jahren von zwölf auf fünf gesunken; bei Fachärzten für innere Medizin beträgt sie gegenwärtig nur noch drei Jahre. Manche erlernten Berufe können gar nicht mehr ein ganzes Leben lang ausgeübt werden. *Lebenslanges Lernen wird zur Lebensnotwendigkeit.*

Dem stand die lange Zeit auch von Psychologen vertretene Meinung entgegen, daß die **Lernfähigkeit** schon im mittleren Erwachsenenalter rasch abnehme. Diesen Irrtum legen die Ergebnisse von Intelligenzprüfungen dann nahe, wenn im Querschnitt verschiedene Altersgruppen miteinander verglichen werden. Die Zahl der gelösten Aufgaben steigt hierbei bis zu den 20jährigen steil an und nimmt danach zu den 60jährigen hin wieder langsam ab. Der daraus gefolgerte „physiologische Altersabbau der Intelligenz" wird jedoch durch wiederholte Intelligenzprüfungen bei Erwachsenen nicht bestätigt. Diese zeigen im Längsschnitt von 18 bis 50 Jahren noch ein leichtes Ansteigen und bis 60 kein Absinken ihrer Fähigkeit zum schlußfolgernden Denken, obwohl sie als 60jährige darin den zur gleichen Zeit 18jährigen unterlegen sind (Abb. 4.20).

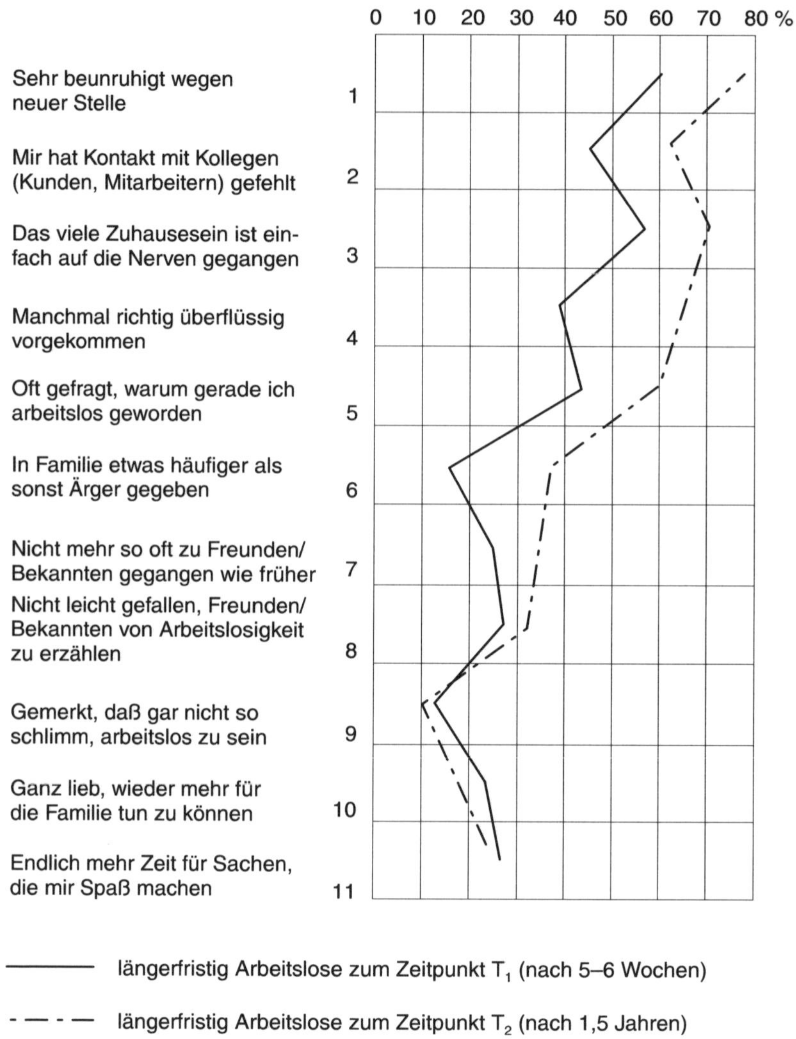

Abb. 4.19 Deutsche Arbeitslose vom November 1981 (Zugänge), 25 Jahre und älter, nach 1,5 Jahren noch oder wieder arbeitslos, gegliedert nach psychosozialen Belastungen während der Arbeitslosigkeit (Angaben in %; aus BRINKMANN, 1984)

Die Diskrepanz wird nicht durch den Alters-, sondern durch den Generationsunterschied hervorgebracht; die jüngere Generation ist nicht nur körperlich, sondern auch geistig besser entwickelt als die ältere.

Untersucht man jedoch Jugendliche und Erwachsene mit der sogenannten Lerntestmethodik, durch die der Lernfortschritt von einer Denkprüfung zur anderen nach dazwischen absolviertem Trainingsprogramm gemessen wird, zeigt sich in allen Altersstufen ein Lerngewinn (Abb. 4.21 links). Er ist besonders groß nach niedrigem Ausgangswert und dann bei Jugendlichen wie Erwachsenen

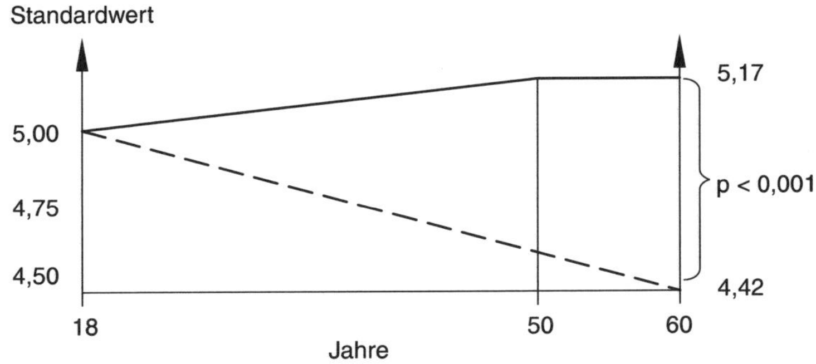

Abb. 4.20 Leistungen im schlußfolgernden Denken (Army-Alpha-Test) bei wiederholter Prüfung derselben Probanden im Alter von 18, 50 und 60 Jahren (oben) im Gegensatz zur gleichzeitigen Prüfung 18- und 60jähriger Probanden (unten) (nach SCHOENELFELDT und OWENS; 1966)

von gleichem Ausmaß (Abb. 4.21 rechts). Interessant ist ferner, daß sich dieser Lernzuwachs selbst bei Erwachsenen derselben Qualifizierungsstufe noch abhängig vom Schulabschluß zeigt, das heißt nach Abgang aus der 10. Klasse höher ist als nach dem aus der 8. Klasse. Der zwei Jahre längere Schulbesuch begünstigt das Lernen noch bis ins jüngere Erwachsenenalter hinein.

Mit der gleichen Lerntestmethodik durchgeführte Versuche an 35 bis 65 Jahre alten Teilnehmern von Fortbildungskursen und Patienten verschiedener Kliniken und Kureinrichtungen haben gezeigt, daß individuelle Unterschiede in der Lernleistung neben dem Qualifizierungsgrad vor allem vom Gesundheitszustand und aktuellen Befinden bedingt werden (ROETHER, 1988).

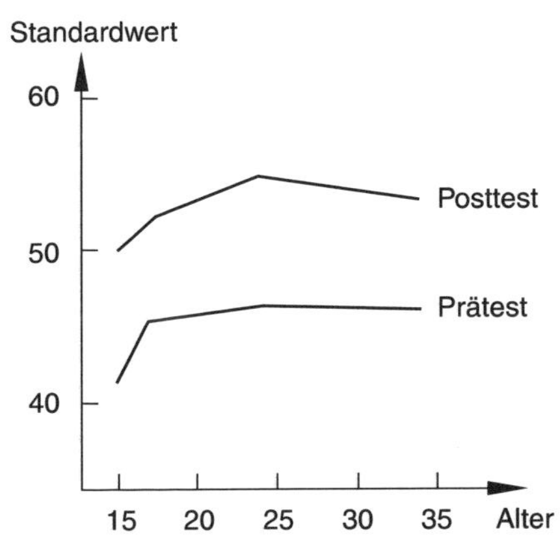

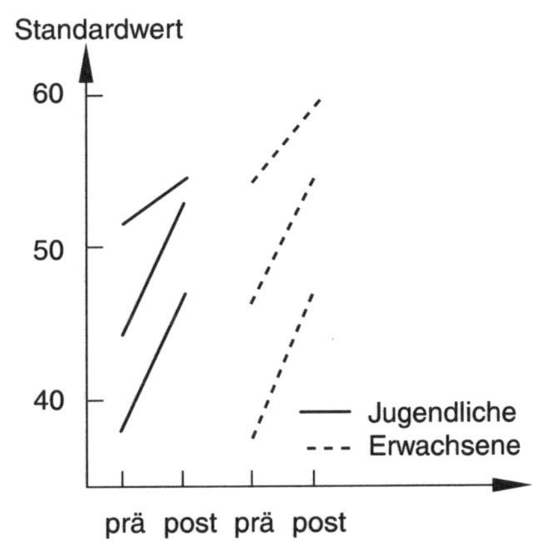

Abb. 4.21 Links: Vergleich der Prä- und Posttestwerte (Standardwerte im Intelligenz-Struktur-Test von Amthauer) in unterschiedlichen Altersgruppen (n = 344). Rechts: Beziehung zwischen Ausgangswert und Lernrate in der Jugendlichen- und Erwachsenenstichprobe getrennt dargestellt (aus ROETHER, 1988)

Das Lebensalter an sich hatte keinen Einfluß auf die Lernergebnisse innerhalb dieser Altersgruppen. Das gilt selbst noch für das späte Erwachsenenalter, wo an 60 bis 79 Jahre alten Personen wiederholte Prüfungen der geistigen Leistungsfähigkeit belegten, daß diese vom Bildungsgrad und Gesundheitszustand abhängiger ist als vom bloßen kalendarischen Alter (RUDINGER, 1983). Auch im mittleren und höheren Erwachsenenalter wird also die Lernfähigkeit noch vom Niveau der Bildung und der beruflichen Tätigkeit beeinflußt. Darüber hinaus ist hier der allgemeine, besonders der kardiovaskuläre und nicht erst der zerebrovaskuläre Gesundheitszustand für das Lernen wichtiger als das Lebensalter. *Solange der Mensch gesund bleibt, ist seine Lernfähigkeit im jüngeren und mittleren Erwachsenenalter nicht beeinträchtigt. Nur ein überliefertes Vorurteil hindert ihn daran, weiterhin von dieser Fähigkeit Gebrauch zu machen.*

4.5.3. Auseinandersetzung mit dem Lebensalter

Das Älterwerden ist eine ständige Entwicklungsaufgabe für den Erwachsenen. Jeder Mensch wird daran durch erlebte, wahrgenommene und rückgemeldete Veränderungen gemahnt. Doch wie er sie verarbeitet, hängt immer auch von tradierten Wertvorstellungen ab, die noch aus Zeiten höherer Sterblichkeit und früher einsetzender Rückbildung stammen. Sie können das Altern im Sinne der Inaktivitätsatrophie begünstigen, wenn jede vorübergehende Indisponiertheit schon auf das näherrückende Lebensende bezogen und resignierend hingenommen wird. *Die subjektive Lebenserwartung muß der objektiv steigenden erst angepaßt werden.*

Die **Einstellung zur Altersstufe** läßt sich prospektiv und retrograd ermitteln. Sowohl nach der Erwartung als auch in der Erinnerung werden dann allgemein die Jahre zwischen 20 und 40 am höchsten bewertet. LEHR (1964) befragte 500 Personen (je 50 Männer und Frauen aus dem dritten bis siebten Lebensjahrzehnt) einmal danach, welches Lebensalter sie für das glücklichste und welches sie für das am wenigsten erfreuliche hielten; zum anderen sollten sie die glücklichste und die am wenigsten erfreuliche Zeit im eigenen Leben schildern. Dabei wurden dann das dritte und vierte Lebensjahrzehnt als die glücklichste Zeit des Lebens, das zweite, sechste und siebte Lebensjahrzehnt als die unerfreulichste bezeichnet. Auch in der Erinnerung an das eigene Leben erscheint besonders das dritte Lebensjahrzehnt als die glücklichste Zeit, doch wurde es von fast ebenso vielen Personen wie das siebte Lebensjahrzehnt auch als wenig erfreuliche Zeit erlebt, die mit Schwierigkeiten in der Anpassung an Beruf, Ehe und Familie belastet war. Die negativen Seiten des Jugend- und jüngeren Erwachsenenalters werden in der Erwartung ebenso unterschätzt wie die positiven der sogenannten reifen Jahre.

Subjektive Alternssymptome werden schon von dem jungen Erwachsenen registriert und wechseln nur in ihren Proportionen während des weiteren Lebens. Der Vergleich mit Altersgefährten, dem bisherigen Selbstbild und dem Fremdbild, das andere über einen äußern, lösen Reflexionen über nicht mehr rückgängig zu machende Veränderungen an sich selbst aus und machen das Fortschreiten des Lebens in seiner Unwiederbringlichkeit bewußt. Die Zufallsauslese der vorhin angeführten 500 Erwachsenen ist auch nach solchen Alternserlebnissen befragt worden (LEHR und PUSCHNER, 1963). Die von ihnen insgesamt gebrachten 3 298 Situationsschilderungen ließen sich drei Kategorien zuordnen:

- Am häufigsten wurden Anlässe aus dem *seelisch-geistigen Bereich* genannt: Veränderungen der Zeitperspektive, des Partnerschaftsverhältnisses, im Erleben und Verhalten der eigenen Person, im Aussehen und in der geistigen Leistungsfähigkeit.
- An zweiter Stelle steht der *soziale Bereich* mit Alternserlebnissen, die durch den Vergleich mit Jüngeren, Gleichaltrigen oder Älteren, durch die eigenen Kinder oder das Verhalten der Umwelt ausgelöst werden.
- Erst an dritter Stelle wird der *körperliche Bereich* mit allgemeinen Beschwerden und akuten Erkrankungen genannt.

Nur die somatisch unterlegten subjektiven Alternssymptome nehmen mit dem Lebensalter zu, die sozial motivierten gipfeln schon im vierten Lebensjahrzehnt, und die psychisch akzentuierten verteilen sich gleichmäßig über das ganze Erwachsenenalter. Ein Sich-alt-Fühlen wird also überwiegend von anderen Faktoren als dem chronologischen Alter bestimmt.

Das **Geschlechtsleben** ist hingegen deutlicher vom Lebensalter abhängig und trägt über die Veränderung der Partnerbeziehung zur Beschäftigung mit dem Älterwerden bei.

Das *sexuelle Verlangen*, die Libido, nimmt bis zum Alter von 25 Jahren noch zu; danach wird von Jahrzehnt zu Jahrzehnt häufiger über eine Minderung berichtet. Die Libido des Mannes ist zwar durchschnittlich stärker als die der Frau, läßt aber im Laufe des Lebens kontinuierlicher nach als die weibliche. Nach Erhebungen von SCHNABL (1972) kann von dem oft behaupteten raschen Libidoschwund der Frau nach dem Klimakterium nicht die Rede sein, vielmehr spielen bei der Entwicklung und dem Nachlassen ihrer Libido soziale und psychologische Faktoren der Partnerschaft eine größere Rolle als biologische Alterungsprozesse.

Die *sexuelle Aktivität* nimmt nach dem Alter von 25 Jahren ab (Abb. 4.22). Die Koitusfrequenzen werden jedoch im Laufe des weiteren Lebens nur allmählich und merklich erst vom sechsten Lebensjahrzehnt an reduziert. Männer und Frauen zwischen 25 und 50 Jahren weisen unabhängig von der Häufigkeit die regelmäßigsten geschlechtlichen Beziehungen auf. Im Einzelfall ist jedoch auch hierfür die konkrete Ehesituation belangvoller als das Lebensalter.

Im Laufe der Lebensgemeinschaft nimmt die *sexuelle Anpassung* der Partner aneinander in der Häufigkeit des Verlangens wie auch bezüglich der Schnelligkeit beim Erreichen des Orgasmus zu, so daß sich mit steigendem Alter bei sinkender Frequenz keine geringere Bedürfnisbefriedigung ergibt. Andererseits

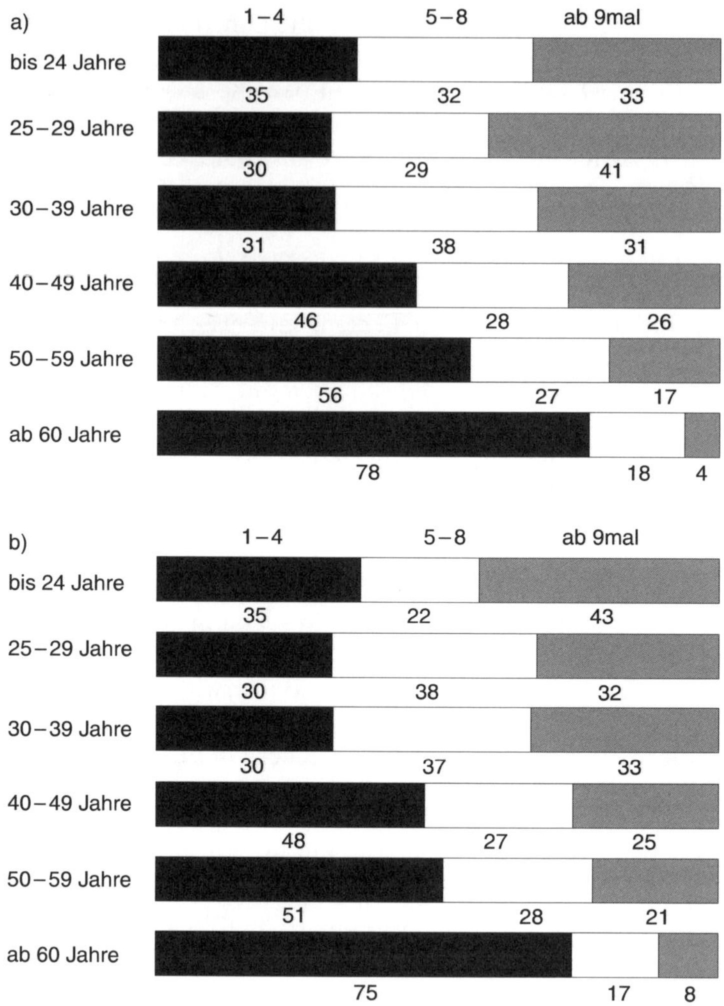

Abb. 4.22 Lebensalter und durchschnittliche Koitushäufigkeit pro Monat bei Frauen (a) und Männern (b) (aus SCHNABL, 1972)

ist sexuelle Disharmonie immer häufiger zum Scheidungsgrund geworden, der etwa bei jeder vierten gelösten Ehe angegeben wird.

Das ganze jüngere und auch mittlere Erwachsenenalter ist also zugleich ein mehr oder weniger intensives Geschlechtsleben. Dessen Störungen beeinträchtigen das Wohlbefinden und können auch in der Genese psychischer und psychosomatischer Erkrankungen eine nicht zu unterschätzende Rolle spielen. Sie müssen dann behandelt werden (vergleiche hierzu ARESIN und GÜNTHER, 1985).

Die **Lebensqualität** ist letztes Ziel der Auseinandersetzung mit dem Lebensalter: das Erreichen oder Aufrechterhalten einer ausgewogenen Balance zwischen Wünschenswertem und Erreichbarem. Sie ist das Ergebnis eines subjektiven

Bewertungsprozesses, der sich wesentlich am aktuellen körperlichen Wohlbefinden orientiert. Erfaßt man dieses mit einem standardisierten Fragebogen (FAW) an Erwachsenen verschiedener Altersstufen, so steigt es in den meisten Skalen vom vierten zum siebten Lebensjahrzehnt hin an; lediglich die Zufriedenheit mit dem eigenen Körperzustand sinkt vorübergehend im sechsten Lebensjahrzehnt (Abb. 4.23).

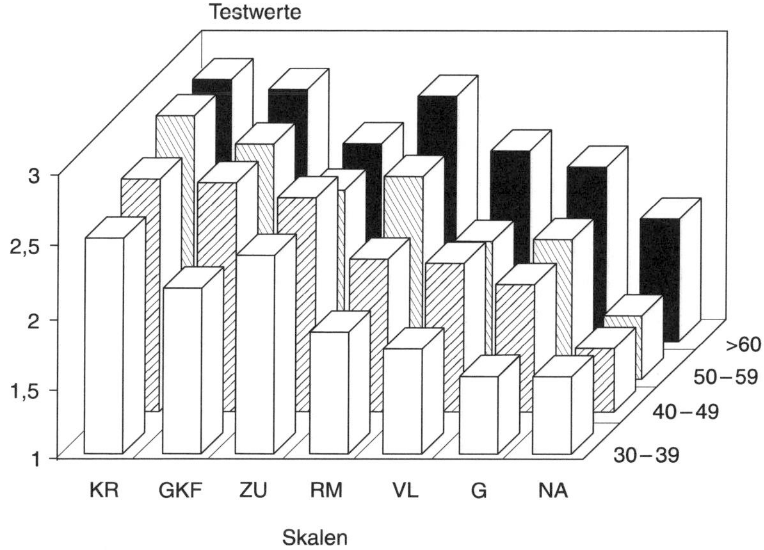

Abb. 4.23 Körperliches Wohlbefinden für vier Altersgruppen (aus VAITL, 1991). Die Skalenbezeichnungen bedeuten: *KR* subjektive Konzentrations- und Reaktionsfähigkeit; *GFK* Gefühle von Gepflegtheit, Frische und angenehmem Körperempfinden; *ZU* Zufriedenheit mit dem eigenen Körperzustand; *RM* Gefühle von Ruhe und Muße; *VL* Gefühl von Vitalität und Lebensfreude; *G* Genußfreude; *NA* Gefühle nachlassender Anspannung/angenehmer Müdigkeit.

Das kann nur mit einer Senkung des individuellen Anspruchsniveaus bei zunehmendem Alter erklärt werden. Sie ermöglicht Zufriedenheit trotz nachlassender Körperkräfte und sogar eine Zunahme des Wohlbefindens. Letzten Endes ist die Bewertung der Lebensqualität ein Ausdruck der eigenen Lebensphilosophie.

4.6. Höheres Erwachsenenalter (60 Jahre und älter)

Für die Erfüllung des Lebens ist „erfolgreiches Altern" von entscheidender Bedeutung. Es umfaßt die Lebenszufriedenheit als inneres und die angemessene Erfüllung sozialer Verpflichtungen als äußeres Kriterium und zeigt an, wie nahe das Individuum einem Gleichgewicht von Bedürfnissen, Forderungen und Fähigkeiten gekommen ist. Erfolgreiches Altern wird von der Bewältigung der wesentlichen Entwicklungsaufgaben im höheren Erwachsenenalter mitbestimmt: der Aufrechterhaltung des Sozialkontaktes, dem Aktivbleiben nach Ausgliedern aus dem Berufsleben und der Vorbereitung auf das Lebensende. Denn wie das Heranwachsen ist auch das Altern kein passiver Vorgang, nur abhängig vom chronologischen Alter, sondern eine aktive Auseinandersetzung mit der Biomorphose. Daher werden psychische Veränderungen von sozialen Bedingungen, Vorurteilen, eigenem Erleben, der Biographie und dem Gesundheitszustand beeinflußt.

4.6.1. Aufrechterhaltung des Sozialkontaktes

Der alte Mensch muß immer wieder Veränderungen in den sozialen Kontakten ausgleichen, die durch seinen Übergang in den Ruhestand, den Tod nahestehender Gefährten und einen oft damit verbundenen Wohnungs- oder auch Ortswechsel eintreten. Damit wird nicht nur das Abbrechen und Verschmerzen alter, sondern auch Aufbauen neuer Beziehungen gefordert, was je nach der früheren Anpassung unterschiedlich gelingt.

Die **eheliche Partnerschaft im Alter** trägt wie in jüngeren Jahren zur psychischen Stabilität bei. Aus den Ergebnissen einer an der Duke-Universität in den USA durchgeführten Längsschnittstudie an 265 Personen im höheren Erwachsenenalter (PALMORE, 1970, 1974) lassen sich ähnliche *Merkmale erfolgreicher Partnerschaft* ableiten, wie sie von jüngeren Paaren bekannt sind: durchschnittlich höheres Alter des Mannes und nicht ein Drittel so viele psychoneurotische Symptome bei den „glücklichen" im Vergleich zu den „weniger glücklichen" Partnern. Weiterhin zeigte sich, daß Personen mit intakter Ehe eine höhere Lebenserwartung haben.

Von den Verheirateten muß der Überlebende mit dem Tode seines Partners fertigwerden, und da dieses Schicksal Frauen öfter als Männer trifft, ist seine Verarbeitung besonders an ihnen untersucht worden. Häufige *Trauerreaktion auf die Verwitwung* sind depressive Stimmung, Schlafstörung und Weinerlichkeit, bisweilen kommen Konzentrationsstörungen, Interesselosigkeit an der Umwelt und Appetitlosigkeit mit Gewichtsabnahme hinzu. Sie bilden sich meistens im Verlauf eines Jahres zurück (siehe Abb. 4.24), können aber von Schuldgefühlen wegen Hilfeunterlassung verstärkt werden und auch dann länger anhalten, wenn keine Kinder in der näheren Umgebung wohnen. Das Durchsprechen der Krankheit des Verstorbenen und die Regelung notwendiger Angelegenheiten sind hier sehr hilfreich für den Betroffenen.

Verwitwete im jüngeren und mittleren Erwachsenenalter zeigen heftigere psychische Reaktionen als solche im höheren Alter, besonders nach plötzlichem Tod des Partners. Ältere Witwer reagieren entgegen der diesbezüglichen Morbiditätserwartung öfter depressiv als Witwen, vermutlich deshalb, weil sie sich allein schlechter versorgen können. Aber auch von älteren Witwen wird der Arzt be-

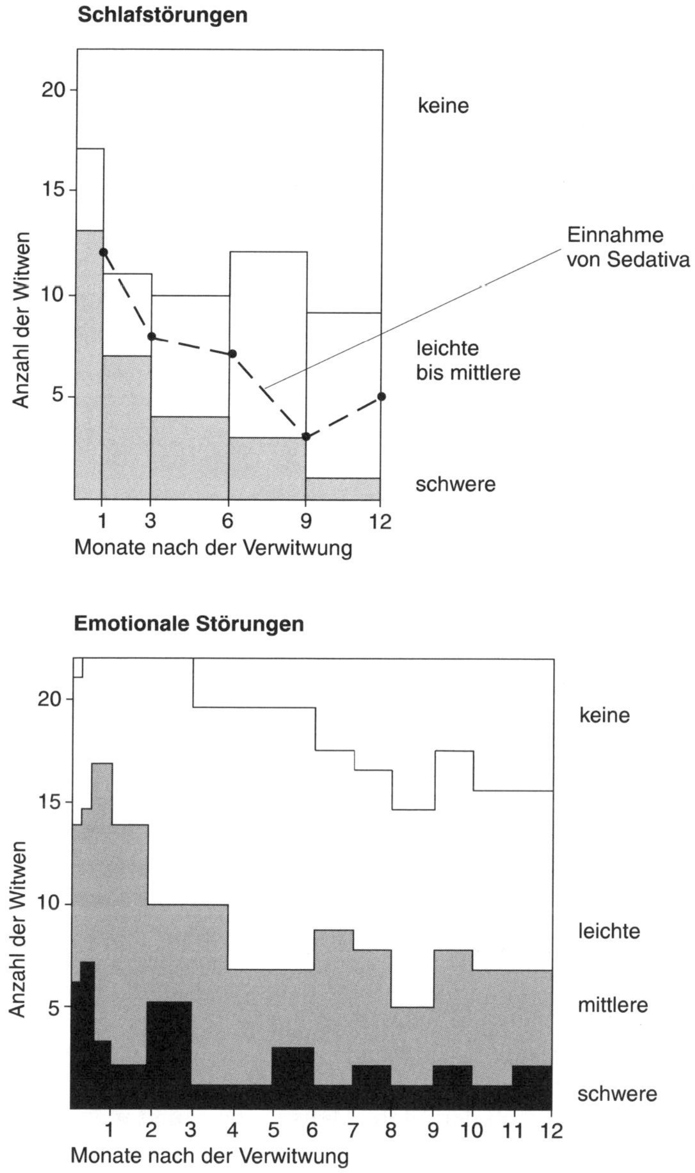

Abb. 4.24 Emotionale (unten) und Schlafstörungen (oben) bei 22 Witwen zwischen 26 und 65 Jahren, deren Männer nach chronischen Krankheiten verstorben waren. Wiederholte Befragung in 12 Monaten nach der Verwitwung (aus PARKES, 1970)

sonders in den ersten sechs Monaten etwa doppelt so oft wie vorher wegen körperlicher Beschwerden aufgesucht, hier vor allem nach längerer Krankheit des Mannes. Zwei bis vier Jahre nach der Verwitwung hat sich bei den meisten der Gesundheitszustand wieder gebessert, doch sind bis dahin Mortalität und

Suizidrisiko gegenüber Verheirateten desselben Alters deutlich erhöht. Dieser *Kummer-Effekt* ist psychologisch durch Hoffnungslosigkeit, physiologisch durch eine Schwächung des Immunssystems charakterisiert und stellt damit eine extreme Streßsituation dar. Er wird durch schwierige soziale Umstände und eine schon vorher bestehende Labilität begünstigt.

Das **Verhältnis zu den erwachsenen Kindern** wandelt sich allmählich von der Sorge für sie zum Versorgtwerden durch sie. Dabei halten die Generationen auch unter zunehmend städtischen Lebensbedingungen engen Kontakt miteinander. Nach soziologischen Erhebungen leben zwar nur wenige der betagten Eltern noch im 3-Generationen-Haushalt, doch hat etwa die Hälfte regelmäßige Verbindung mit ihren Kindern (Tab. 4.16).

Tab. 4.16 Art und Umfang sozialer Kontakte von Leipziger Altersrentnern im Alter von 71 bis 74 Jahren

Angaben in % (mehrere Antworten möglich)	Männer n = 127	Frauen n = 217
Keine Kontakte genannt	4,7	6,9
Seltene Kontakte zu Kindern	21,3	20,9
Seltene Kontakte zu Verwandten und Bekannten	22,8	32,3
Kontakte zu Kindern wöchentlich und häufiger	29,1	32,3
Kontakte zu Verwandten und Bekannten wöchentlich und häufiger	5,5	7,8
Ständige Hilfe bei Kindern und anderen	10,2	12,0
Gemeinsamer Haushalt mit Kindern und anderen	15,8	12,0
Berufstätig	10,2	0,5

(nach ARNDT und WERLING, 1979)

Der Wunsch nach häufigeren familiären Kontakten besteht vor allem bei solchen über 65jährigen, die nur wenige Beziehungen zu Freunden, Bekannten und früheren Kollegen unterhalten und die mehr über Krankheiten und Beschwerden klagen, während die sozial und körperlich aktiveren Altersgenossen mit objektiv selteneren Verwandtenbesuchen zufrieden sind. Bei Verschlechterung seines Gesundheitszustandes fühlt sich der ältere Mensch mehr und mehr auf die jüngere Generation angewiesen.

Die Wohnsituation wird den nachlassenden Kräften nur zögernd angepaßt. So stehen etwa zwei Drittel der über 60jährigen vor der Notwendigkeit, ihre Wohnung zu verkleinern, zu vereinfachen oder gegen eine verkehrsgünstigere zu vertauschen. Doch wollen sie selbst dann möglichst nicht mit den Kindern in einem Haushalt, sondern in ihrer Nähe wohnen. *Intimität auf Abstand* ist denn auch die Formel, nach der die meisten älteren Menschen wohnen. Daraus ergeben sich nach der Häufigkeit geordnet folgende Wohnsituationen: nur mit dem Ehepartner zusammen; allein; verwitwet bei den eigenen Kindern; mit dem Ehepartner bei den Kindern; im Altenheim.

Manche betagten Eltern ziehen das Alten- oder Altenpflegeheim vor, um den meist voll berufstätigen Kindern nicht zur Last zu fallen. Es wird gegenwärtig nach übereinstimmenden Angaben aus Deutschland, England und den USA nur von etwa 5% der Bevölkerung im Rentenalter in Anspruch genommen. Doch steigt dieser Anteil bis auf 20% bei den 90jährigen.

Jeder zweite Heimbewohner ist kinderlos. Die Heimübersiedlung im Alter muß sorgfältig vorbereitet werden. Bei plötzlich oder ohne vorheriges Einverständnis Eingewiesenen kann das typische Bild einer akuten Hirnreaktion mit Orientierungsverlust und Bewußtseinsveränderungen auftreten. *Die zu späte, das heißt bei fortgeschrittener gesundheitlicher Dekompensation und die ohne Überzeugungsarbeit vorgenommene Einweisung erschweren die Anpassung an das Pflegeheim.*

Die Mehrzahl der alten Menschen adaptiert sich jedoch schon in wenigen Wochen an die neue Umgebung. Die Eingewöhnung wird durch eine realistische Erwartungshaltung, vorheriges Alleinleben, soziale Kontaktfähigkeit und auf der anderen Seite durch eine gute Heimatmosphäre begünstigt. Frauen glückt die Anpassung meist besser als Männern.

Dennoch erleben viele alte Menschen das Altenheim als Verschlechterung ihrer Umwelt (Tab. 4.17), die besonders durch eine der eigenen Aktivität und Selbstbestimmung mehr Raum gebende Tagesgestaltung gemildert werden kann.

Tab. 4.17 Erlebte Umweltveränderungen nach der Aufnahme ins Altenheim bei 43 Rentnerinnen und Rentnern

Überwiegend positives Urteil	62,8
Indifferentes Urteil	27,9
Überwiegend negatives Urteil	9,3
Erlebte Umweltverschlechterung infolge	
– Wenig abwechslungsreicher Heimgestaltung	51,2
– Geringer Privatheit	53,4
– Schlechter Qualität der Wohnumwelt	55,8
– Sozialer Dichte	62,8

(Angaben in %; nach PINQUART und DEVRIENT, 1991)

Eine **Vereinsamung im Alter** muß nicht als notwendige Folge des Alleinseins auftreten. Etwa jeder dritte Rentner lebt allein, das heißt selbständig im eigenen Haushalt. Die tatsächliche Verringerung der Sozialkontakte führt nur unter bestimmten psychophysischen Voraussetzungen zum Einsamkeitserlebnis. Frauen über 60 fühlen sich öfter als Männer allein. Ältere Personen klagen öfter als jüngere, kranke mehr als gesunde, Verwitwete häufiger als Ledige und Geschiedene, nie berufstätig gewesene Frauen in stärkerem Maße als ehemals Berufstätige über Einsamkeitsgefühle. Sie treten ferner besonders bei alten Menschen mit geringen Interessen und Zukunftsvorstellungen ein und können auch Ausdruck der Abhängigkeit von anderen Menschen sein. *Einsamkeit ist weniger eine Funktion der objektiven Isolierung als der subjektiven Erwartung von Sozialkontakten.*

Deshalb bekunden ältere Personen verschiedenen Befragungen zufolge offenbar weniger selbst zugeschriebene Einsamkeit als jüngere (ELBING, 1991). Doch wo sie im Alter als völliger Verlust bisheriger zwischenmenschlicher Beziehungen ohne die Fähigkeit zum Aufbau neuer Sozialkontakte niederdrückend eingetreten ist, „wird Einsamkeit zur Krankheit, die letzlich den Tod einleitet". So faßt DENES (1980) ihre immunologischen Untersuchungen an sozial integrierten im Vergleich zu vereinsamten Personen zusammen, die alle im Alter zwischen 65 bis 82 Jahren allein wohnten. Die Einsamen zeigten als Streßreaktion eine größere Abnahme des Immunglobulingehaltes im Blut und starben im Verlauf von fünf Jahren eher als die Nichteinsamen.

Psychotherapeutische Gruppengespräche mit sich allein fühlenden alten Menschen haben hier prophylaktischen Wert, besonders wenn sie gemeinsam mit Jüngeren durchgeführt werden.

4.6.2. Ruhestand und Aktivität

Mit der Industrialisierung ist bei zunehmender Trennung von Arbeits- und Wohngemeinschaft, gesetzlich festgelegter Altersgrenze und -versorgung sowie steigender Lebenserwartung für immer mehr Menschen ein Raum von ein bis zwei Jahrzehnten entstanden, der sinnvoll gelebt sein will. Hierzu wird eine individuelle Vorbereitung auf das Alter nötig, deren Grundlage die differenzierte Kenntnis psychischer Altersveränderungen ist.

Das **Ausscheiden aus dem Berufsleben** markiert den Beginn des höheren Erwachsenenalters. Die damit verbundene Umstellung der Tätigkeit und der finanziellen Möglichkeiten, des Tageslaufes und des Sozialkontaktes stellt eine Entwicklungsaufgabe dar, die bisher überwiegend im Hinblick auf den Mann diskutiert worden ist. Diese Aufgabe stellt sich jedoch ebenso der berufstätigen Frau und bedeutet auch für die Hausfrau eine neue Arbeitsteilung mit ihrem nun ganztägig anwesenden Mann. Befragungen von Männern und Frauen gleichen Alters, Familienstandes, Schulabschlusses, Einkommens und Berufs über 55 Jahren zeigen, daß die Frauen ihren Beruf nicht weniger und den Ruhestand nicht mehr als die Männer schätzen und daß sie sich sogar nur langsamer an diesen gewöhnen können (Tab. 4.18).

Etwa die Hälfte der Rentner brauchte dafür länger als drei Monate, und ein Fünftel aller Befragten bejahte den Ruhestand auch dann noch nicht. Das weist bei einer Altersstreuung über zwei Jahrzehnte auf Unterschiede in der Erwartung und Anpassung hin.

Die Einstellung zur Berentung ist je nach dem Alter der Befragten verschieden und wird von der Zufriedenheit mit der beruflichen Tätigkeit bestimmt. Mit 50

Tab. 4.18 Einstellung zum Beruf und Ruhestand in % bei 3 630 Männern und Frauen gleichen Schulabschlusses, Berufs, Einkommens, Familienstandes und Alters von 55 bis 70 Jahren

Einstellung	Männer	Frauen
Arbeit wichtig	60,9	65,5
Ruhestand bejaht	85,7	81,8
Schnell an Ruhestand gewöhnt	54,9	44,2

(nach ATCHLEY, 1976)

bis 55 Jahren herrscht eine relativ positive Erwartung des bisweilen schon früher herbeigewünschten Berufsendes vor, die vor allem von der gegenwärtigen Berufssituation abhängt. Die 60- bis 65jährigen haben aber eine zurückhaltende bis ablehnende Einstellung zu der unmittelbar bevorstehenden Änderung, um so mehr, je unzufriedener sie mit ihrer bisherigen Berufsentwicklung sind. Mit 70 bis 75 Jahren wird dann der Ruhestand am günstigsten beurteilt, besonders wenn ein ausgefülltes Freizeitleben besteht (LEHR und DREHER, 1969).

Die gesundheitlichen Folgen der Umstellung auf den Ruhestand sind durch Schlagworte vom „Pensionierungsbankrott" und „Pensionstod" dramatisiert worden. Der plötzliche Tod eines bisher beruflich stark Engagierten am Tage seines Ausscheidens ist jedoch die Ausnahme.

Die **Freizeitaktivitäten** bleiben nach der Anpassung an die im Rentenalter zur Verfügung stehende Zeit sehr beständig. In der Bonner Gerontologischen Längsschnittstudie (LEHR und THOMAE, 1987) wurden 60- bis 75jährige Männer und Frauen in sieben Jahren viermal nach der Häufigkeit ihrer Beschäftigungen und Kontakte befragt. Dabei stellte man nur geringe Schwankungen in den bevorzugten Tätigkeiten bei einem leichten Trend zur Reduzierung außerhäuslicher Aktivitäten zugunsten des Medienkonsums und innerfamiliärer Kontakte fest. Die Auseinandersetzung mit der Umwelt wird dabei nur umakzentuiert und bleibt auch bei eingeschränkter Bewegungsfreiheit erhalten.

Verhaltensänderungen dürfen im Alter nicht immer nur als Einschränkung, sondern bisweilen auch als Bereicherung erwartet werden. An der gleichen Stichprobe sind die in Tabelle 4.19 aufgeführten Verhaltensbereiche mit 60 bis 65 beziehungsweise 70 bis 75 Jahren zum ersten und nach zwölf Jahren zum sechsten Mal gemessen worden.

Bei der Hälfte der nun 72- bis 77- beziehungsweise 82- bis 87jährigen zeigte sich eine nachlassende Aktivität, Heiterkeit, Anregbarkeit, Angepaßtheit und Steuerung. Die andere Hälfte aber war hierin nicht oder positiv verändert. Dabei konnte die Zunahme in dem einen Bereich mit der Konstanz oder Abnahme in einem anderen einhergehen. Diese Veränderungen zeigen unterschiedliche Abhängigkeiten vom Lebensalter, Geschlecht, Gesundheitszustand und Erleben be-

Tab. 4.19 Konstanz und Variabilität des Verhaltens im Längsschnitt über 12 Jahre bei Männern und Frauen von 63 bis zu 75 Jahren (n = 47) beziehungsweise 73 bis zu 85 Jahren (n = 34)

Verhaltensbereich	Abnahme	Konstanz bzw. Zunahme
Aktivität	48,2	51,8
Stimmung	54,4	45,6
Anregbarkeit	46,8	53,2
Angepaßtheit	46,8	53,2
Steuerung	55,7	44,3

(Angaben in %; nach LEHR, 1983)

lastender Situationen. Andererseits beeinflussen sie die Auseinandersetzung mit diesen Gegebenheiten und die Zukunftsorientierung.

Aus diesen Ergebnissen wird gefolgert, daß es selbst im siebten und neunten Lebensjahrzehnt weder generelle (das heißt auf alle Bereiche ausgedehnte), noch universelle (das heißt alle Individuen betreffende) Altersveränderungen des Verhaltens gibt. *Der allgemeine Persönlichkeitsabbau ist keine normale, sondern eine pathologische Alterserscheinung.*

Auch die **psychische Leistungsfähigkeit** folgt nicht einfach dem „Defizitmodell" des Alterns, wie es durch das Nachlassen der sportlichen und sensorischen Tüchtigkeit nahegelegt wird. An denselben Personen wiederholte Prüfungen haben vor allem eine kontinuierliche Verlängerung der Reaktionszeiten auf optische, akustische und kombinierte Reize sowie eine Verlangsamung der psychomotorischen Koordination im höheren Alter ergeben. Die komplexe Intelligenzleistung aber und selbst die so sensibel auf hirnorganische Störungen reagierende Merkfähigkeit für Zahlen und Symbole bleiben dagegen länger erhalten.

Aus der schon zitierten Bonner Längsschnittstudie an zwei Stichproben (Kohorten) mit dem mittleren Ausgangsalter von 60 bis 65 beziehungsweise 70 bis 75 Jahren, die bisher in mehreren Etappen über elf Jahre verfolgt wurden, geht weiterhin hervor, daß die mit dem Hamburg-Wechsler-Intelligenztest für Erwachsene (HAWIE) gemessene verbale Intelligenzleistung bis Mitte 75 noch auf etwa gleicher Höhe bleibt und danach nur langsam abnimmt, während im praktischen Denken bei größeren Schwankungen erst mit 78 ein Leistungsknick einsetzt (Abb. 4.25).

Gutes gesundheitliches Allgemeinbefinden verzögert dieses Absinken. Dabei ist zu bedenken, daß die 81 mit durchschnittlich 73 beziehungsweise 83 Jahren nachuntersuchten Frauen und Männer ohnehin eine vitale Auslese der ursprünglich 222 Personen umfassende Gruppe darstellen.

Die umfassendste Untersuchung zur Enwicklung der psychometrisch erfaßten Intelligenz im Erwachsenenalter wird von SCHAIE (1993) an über 5 000 Personen schon seit 1956 durchgeführt (Seattle-Längsschnittstudie). Sie geht von unabhängigen Grundfunktionen der Intelligenz aus, die mit dafür spezifischen

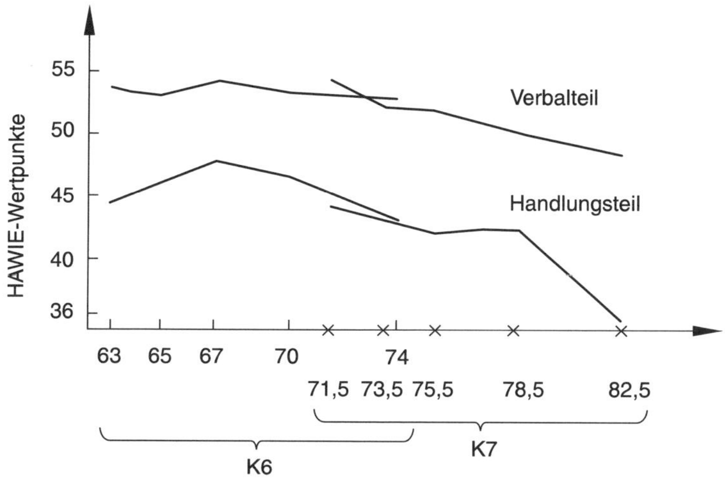

Abb. 4.25 Intelligenzleistungen (HAWIE) im Längsschnitt über 11 Jahre bei 2 Stichproben von 63 bis zu 74 und von 72 bis zu 83 Jahren. K6 = jüngere, K7 = ältere Kohorte (n = 81; nach RUDINGER, 1983)

Tests gemessen werden. Die Ausgangsstichprobe umfaßte zehn Kohorten von 20 bis 70 Jahren, die in Abständen von sieben Jahren bisher fünfmal untersucht wurden. Dieses Kohorten-Sequenz-Design ermöglicht den Vergleich von Quer- und Längsschnittbefunden. Dabei zeigt die gleichzeitige Prüfung verschiedener Altersstufen schon mit 32 Jahren einen mehr oder weniger deutlichen und kontinuierlichen Abfall der Intelligenzleistungen, die wiederholte Prüfung derselben Probanden über fünf Meßzeitpunkte aber noch ansteigende, gleichbleibende oder erst später sinkende Leistungen auf insgesamt höherem Niveau. Die verschiedenen Grundfunktionen verlaufen dabei bis zum Untersuchungsalter von 46, 53 oder 60 Jahren noch in ansteigenden Kurven, besonders das Sprachverständnis, die Fähigkeit zu Alltagsentscheidungen und die räumliche Orientierung. Erst danach sinken sie bis zum Untersuchungsalter von 67, 83 und 88 Jahren ab, besonders im verfügbaren Wortschatz und im Kopfrechnen. Die Querschnittsdaten überzeichnen also den möglichen Altersabfall der Intelligenz, der durch Generationsunterschiede in den Entwicklungsbedingungen vergrößert wird.

Die Längsschnittmethode hingegen bietet insofern ein etwas zu günstiges Bild von der Intelligenzentwicklung im Alter, als die untersuchungsbereiten und -fähigen Überlebenden schon zum ersten Meßzeitpunkt bessere Testleistungen boten als die danach nicht mehr Erschienenen. Umgekehrt zeigte sich, daß die von einer zur anderen Untersuchungsetappe in ihren Testwerten plötzlich Abgesunkenen innerhalb von zwei bis fünf Jahren starben. Dieser „Endabfall der Intelligenzleistung" ist auch unter Ausschluß der hirnorganisch Beeinträchtigten nachgewiesen und auf kardiovaskuläre Funktionsstörungen zurückgeführt worden. Er kann die Ergebnisse von Querschnittsuntersuchungen zur Intelligenzentwicklung ebenso wie schon der Generationsunterschied negativ verfälschen. *Die psychische Leistungsfähigkeit bleibt auch im höheren Erwachsenenalter mehr oder weniger erhalten, und erst ihr plötzlicher Rückgang unterscheidet die Endphase des Lebens von dem normalen Alter.*

Doch Quer- wie Längsschnittbefunde belegen den überragenden Stellenwert des allgemeinen körperlichen Zustandes für die geistige Frische gerade im hohen Alter und damit der gesundheitlichen Betreuung für ihre Erhaltung. Altern muß nicht Krankheit und mit ihr Intelligenzrückgang bringen. (Der Alters*demenz* als globaler Beeinträchtigung aller höheren Hirnfunktionen bis zum Zerfall der Persönlichkeit steht die Alters*weisheit* als deren produktive Steigerung gegenüber.) Das negative Extrem zu verhindern und das positive zu fördern ist Anliegen der Gerontologie.

4.6.3. Alternserleben

Das Erleben des Alterns führt die Auseinandersetzung mit der Endlichkeit des eigenen Daseins weiter, wie sie schon in der Adoleszenz mit dem Abschied vom Elternhaus und der Kindheit erahnt und im mittleren Alter beim Auszug der erwachsenen Kinder erfahren wurde. Die Änderung der Zeitperspektive mit dem Rentenalter läßt nun den Tod als persönliche Realität erscheinen. Der alternde Mensch muß erkennen, daß erst die Begrenzung das Leben kostbar werden läßt; er kann dann sein Ende ebenso bejahen wie die Zeit, die ihn dahin bringt.

Das **Altern als soziale Erscheinung** wird jedoch von Vorurteilen erschwert. Lange vor dem Auftreten körperlicher Beschwerden läßt die negative Einstellung der modernen Umwelt zum Altern älteren Menschen das höhere Alter bewußt werden. Besonders in den westlichen Industrieländern hat der rasche technologische Wandel die Idealisierung der Jungen wie das Außerkurssetzen der Alten gefördert und mit der Gefahr vorzeitiger Entlassung aus dem Arbeitsprozeß deren chronische Frustration erzeugt.

Das läßt zum Beispiel ein Drittel der von EITNER (1979) befragten Jugendlichen Angst vor dem Alter äußern. Selbst Medizinstudenten halten nach einer Umfrage von ADAM und LENGWINAT (1980) ältere Bürger für vergangenheitsorientiert, destruktiv, affektlabil, übermäßig um ihre Gesundheit besorgt und schwer zu führen, was das künftige Arzt-Patient-Verhältnis von vornherein belasten muß. Die Übernahme solcher Meinungen über sie selbst hindert die älteren Menschen dann am weiteren Lernen, Sporttreiben, Lieben und besonders Frauen daran, sich mit ihrem Alter zu identifizieren. In der Befragung von ATCHLEY (1976) hatten es doppelt so viele Frauen (28%) wie Männer (14%) verleugnet. Der einzelne wird aber sein Alter eher akzeptieren, wenn die Gesellschaft es höher schätzt.

Die **Sexualität im Alter** kann in der Selbsteinschätzung von Patienten gegenüber früheren Jahren lange Zeit konstant bleiben, zumal sich die Partner im gemeinsamen Ruhestand oft noch annähern. Doch hindert Scham die meisten darüber zu sprechen, und systematische Befragungen sind der allgemeinen Vorstellung vom „geschlechtslosen Alter" folgend nur selten bis dorthin ausgedehnt worden.

Aus einer vergleichenden Studie von ARESIN (1980) an je 250 in Altersheimen lebenden Männern und Frauen geht die hohe Abhängigkeit des geschlechtlichen Verlangens vom Gesundheitszustand hervor. Bei den sexuell Aktiven war dieser im allgemeinen besser und ohne ernstere chronische Erkrankungen. Für die Mehrzahl der Frauen spielte der Geschlechtsverkehr eine untergeordnete Rolle. Mehr als ein Drittel hatte ihn schon zwischen dem 45. und 55. Lebensjahr aufgegeben. Von den 111 noch Verheirateten sprachen lediglich 18 über Freude an sexuellen Beziehungen, während die übrigen nur ihrem Mann zuliebe darauf eingingen. Die Männer hingegen schätzten in der Mehrzahl ein harmonisches Geschlechtsleben hoch ein, selbst wenn sie schon impotent waren. Von 177 verheirateten Männern hatten 106 ihre Potenz zwischen 60 und 80 Jahren verloren, die übrigen 71 verkehrten etwa einmal im Monat.

Etwas günstiger sind dagegen Erhebungen an selbständig lebenden älteren Menschen ausgefallen, die in der Duke-Längsschnittstudie mit durchschnittlich 68, 73 und 76 Jahren befragt wurden. Dabei macht sich allerdings ein anderer Ausleseeffekt bemerkbar, da von den 215 Männern und Frauen der Ausgangsgruppe nur noch 111 zum dritten Mal erfaßt werden konnten (Tab. 4.20).

Tab. 4.20 Sexuelles Verhalten im höheren Erwachsenenalter nach Ergebnissen der Duke-Längsschnittstudie

Untersuchungszeitpunkt	n	Alter $\bar{X}$	sexuell aktiv gesamt	sexuell aktiv Männer	sexuell aktiv Frauen
Durchgang I	215	68	38	53	20
Durchgang II	171	73	37	56	18
Durchgang III	111	76	26	39	13

(Angaben in %; nach VERWOERDT et al., 1969)

Hiernach waren noch ein Drittel bis ein Viertel der Befragten vom siebten bis zum achten Lebensjahrzehnt sexuell aktiv, wobei die Häufigkeit des Verkehrs von monatlich bis wöchentlich schwankte. Verheiratete Frauen blieben mit etwa 40% wesentlich aktiver als alleinstehende Frauen mit etwa 4%, doch unterschieden sich die insgesamt aktiveren Männer weniger und eher in umgekehrter Tendenz nach ihrem Familienstand.

Männer gaben den Geschlechtsverkehr häufiger aus Potenz- oder Libidoverlust, Frauen mehr aus Partnerverlust auf. Das hierzu von 133 Probanden, die schon vor Beendigung der Längsschnittstudie mit ihrer sexuellen Aktivität aufgehört hatten, erinnerte Alter reichte von 48 bis 90 Jahren (Männer) beziehungsweise 42 bis 83 Jahren (Frauen). Die Angaben über ihre sexuellen Aktivitäten stimmen bei den meisten der befragten Ehepaare überein und belegen die Bedeutung dieses Erlebnisbereiches für ein zufriedenes Alter zu zweit.

In der **Lebenszufriedenheit** fließen persönliche Biographie, gesellschaftliche Bedingungen und psychische Situation im Alter zusammen. Diese Lebenszufriedenheit ist im Rahmen einer WHO-Studie an Rentnern im jetzigen Mecklenburg-Vorpommern erfragt worden. Dabei äußerte sich über die Hälfte aller Männer und Frauen im Rentenalter zufrieden und ein Viertel sehr zufrieden (Abb. 4.26).

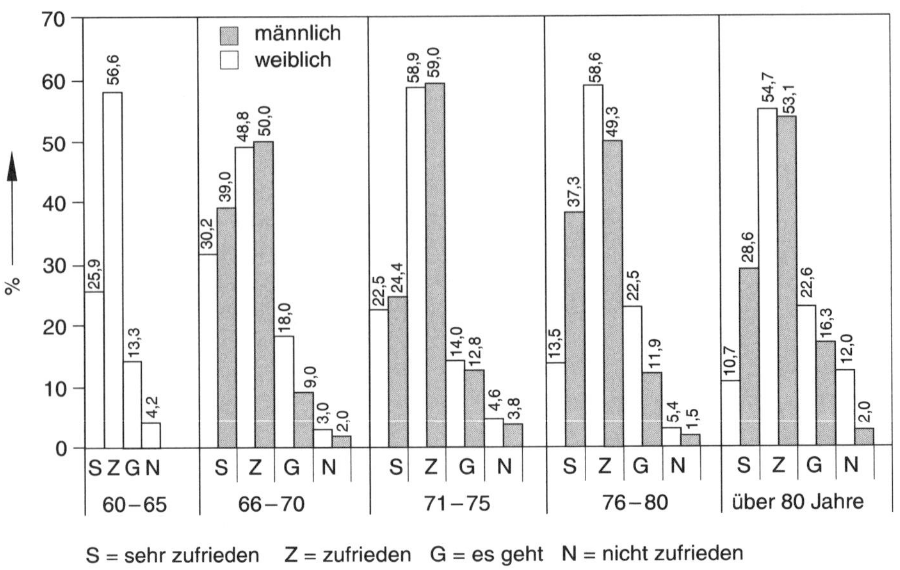

Abb. 4.26 Lebenszufriedenheit im Alter bei 450 Männern und 826 Frauen im Rentenalter (nach DAN, 1982)

Städter waren zufriedener als Landbewohner. Die aktuelle Lebenszufriedenheit korrelierte mit dem früheren und dem jetzigen Gesundheitszustand. Sie scheint über das ganze Erwachsenenalter konstant zu bleiben. Mit einer Skala zur Selbsteinschätzung des psychischen Wohlbefindens (positive und negative Affekte, Gesundheitsbesorgnis) fanden COSTA et al. (1987) anläßlich gesundheitlicher Reihenuntersuchungen an einer repräsentativen Stichprobe keine signifikanten Unterschiede zwischen den Altersgruppen von 25 bis 74 Jahren. Ebenso ergab die nach zehn Jahren wiederholte Befragung derselben Personen keine Veränderungen im Gesamtwert. Lediglich die Gesundheitsbesorgnis hatte bei den über 65jährigen etwas zugenommen.

Die **Auseinandersetzung mit dem Gesundheitszustand** wird mit steigender Morbidität zu einer ständigen Entwicklungsaufgabe des höheren Alters. Das Nachlassen der Körperkräfte schränkt vor allem die Teilnahme am Alltagsleben ein. Etwa 20 bis 30% der über 65jährigen sind dauernd ans Haus gebunden oder können es nur mit Hilfe anderer verlassen. Die Selbsteinschätzung des Gesundheitszustandes ist deshalb gerade an der Bewegungs- und Sinnestüchtigkeit orientiert. Sie wird von Männern günstiger als von Frauen beurteilt und verschlechtert sich mit steigendem Alter (Abb. 4.27).

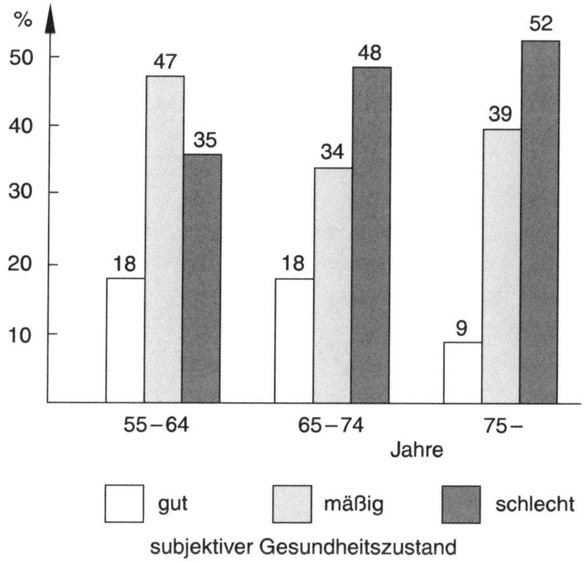

Abb. 4.27 Selbsteinschätzung des Gesundheitszustandes bei 55- bis 90jährigen (n = 448; nach SZWARC, 1980)

Im Vergleich zum Arzturteil fällt sie öfter besser als schlechter aus, besonders bei Männern und Älteren. Der subjektive Gesundheitszustand korreliert nicht nur mit dem objektiven, sondern auch mit dem Selbstbild und dem Freizeitverhalten, der Aktivität, Stimmung und Zukunftsorientierung. Das Wohlbefinden wird von der individuellen Lebensgeschichte getragen, ist Teil der aktuellen Lebenssituation und kennzeichnet den bis ins höhere Alter vorherrschenden Gesundheitsoptimismus.

Die **Vorbereitung auf das Lebensende** setzt denn auch meist erst mit der Reflexion eines merklichen Vitalitätsverlustes ein. Deshalb sind heute relativ gesunde Menschen mit 70 Jahren oft noch nicht mit dem Gedanken an ihre Endlichkeit vertraut, und manche weichen ihm aus (Abb. 4.28).

Doch wird er von Jahr zu Jahr um so eher angenommen, je mehr der einzelne mit sich, seinen Hoffnungen und Unterlassungen ins Reine gekommen ist. Dabei kann der Lebensrückblick ein Schritt zur letzten Reife sein, die den Tod nicht mehr fürchten läßt.

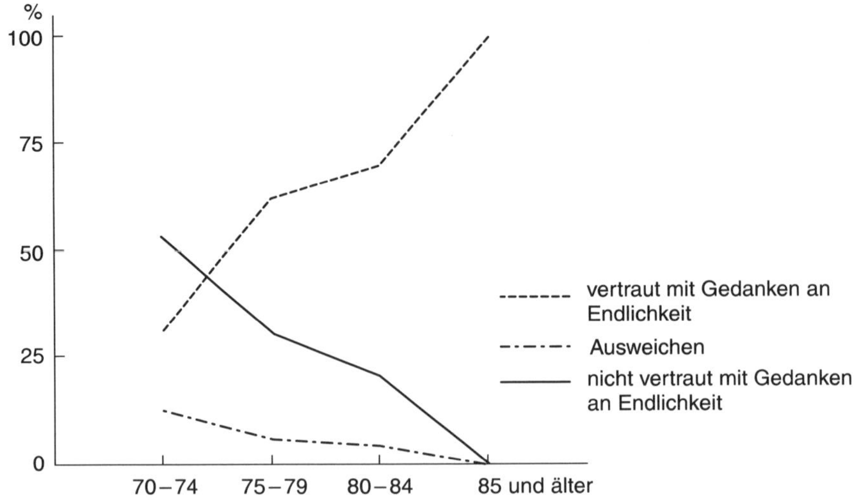

Abb. 4.28 Lebensalter und Einstellung zur Endlichkeit des Daseins bei 100 selbständig lebenden Personen über 70 Jahren, je zur Hälfte Frauen und Männer, Verheiratete und Verwitwete (aus MUNNICHS, 1968)

Die subjektive Bewältigung des bevorstehenden Sterbens wird durch gewisse Verhaltensmuster erleichtert, die es zu fördern gilt (HAHN und THOM, 1983):

- das gedankliche Vertrautwerden mit den Problemen von Sterben und Tod bereits in Zeiten der Gesundheit und Leistungsfähigkeit, damit der später Sterbende nicht unvorbereitet mit dem Tod konfrontiert wird;
- die rechtzeitige materielle Sicherung der Angehörigen durch testamentarische Festlegungen und so weiter, um die Sorge um sie zu mindern;
- die Rechenschaftslegung vor sich selbst oder anderen über das gelebte Leben, dessen Sinnerfüllung das Ende akzeptieren läßt;
- das Abschiednehmen von Angehörigen und Fremden als soziale Entlastung und zur Minderung der Angst vor dem Unbekannten.

Das Sterben hat für den Menschen einen sozialen, psychologischen und biologischen Aspekt. Es trennt ihn besonders bei länger vorangehender Krankheit zuerst von seinen zwischenmenschlichen Verpflichtungen, später von den emotionalen und bewußten Beziehungen zur Umwelt und zuletzt vom Leben.

5. Selbstbestimmung und Gesundheit

Zu den traditionellen Aufgaben des Arztes gehört nicht erst die Heilung, sondern schon die Verhütung von Krankheiten und ihren Rückfällen. Demzufolge wendet die Medizinische Psychologie Erkenntnisse und Methoden ihrer Wissenschaft nicht nur auf Probleme der kurativen, sondern auch der präventiven Medizin an. Dieses Aufgabengebiet wird durch die Verschiebung des Krankheitsspektrums stetig wichtiger. Heute dominieren in den Industrieländern nicht mehr Infektionskrankheiten, sondern Zivilisationskrankheiten, die von der Lebensweise des einzelnen und der Gesellschaft bedingt oder beeinflußt sind. Deshalb hat sich seit den siebziger Jahren die *Gesundheitspsychologie* als neue Forschungsrichtung der Psychologie etabliert. Sie befaßt sich besonders mit jenen Erlebnisformen und Verhaltensweisen, die gesundheitslabilisierend oder -stabilisierend sein können. Im folgenden wird ihr Beitrag zur Klärung des Zusammenhanges zwischen der Selbstbestimmung des einzelnen Menschen und der Erhaltung wie Förderung seiner Gesundheit dargestellt. Die dabei wirksamen gesellschaftlichen Bedingungen sind Gegenstand der Medizinischen Soziologie.

5.1. Gesundheit als Voraussetzung und Folge der Lebensbewältigung

Als Balancezustand des Organismus zwischen Bedürfnissen, Fähigkeiten und Anforderungen ist Gesundheit sowohl Basis als auch Resultat seines Lebensprozesses. Dessen mehr oder weniger bewußte Steuerung durch den Menschen hat Konsequenzen für Kriterien und Modellvorstellungen von Gesundheit.

5.1.1. Gesundheitskriterien

Von den Defiziten zu den Ressourcen
Mit den Aussagen in der Präambel zur Charta der Welt-Gesundheits-Organisation aus dem Jahre 1948 „Gesundheit ist ein Zustand vollkommenen körperlichen, psychischen und sozialen Wohlbefindens, nicht nur definiert durch die Abwesenheit von Krankheit und Behinderung" (WHO, 1985) kündigte sich ein neues, wenn auch noch überhöhtes Gesundheitsverständnis an. Es lenkte in der Folgezeit die Aufmerksamkeit auf die Handlungsfähigkeit als ein weiteres Bestimmungskriterium. So bezeichnete das Europäische Büro der WHO im Jahre 1987 Gesundheit als „Fähigkeit und Motivation, ein wirtschaftlich und sozial aktives Leben zu führen". Damit werden Bewältigungsstrategien und Austauschprozesse zwischen Individuum und Umwelt zur Erhaltung und Wiederherstellung des organismischen Gleichgewichtszustandes betont. Für die Prophylaxe brachte diese Betrachtungsweise den Übergang von der defizit- zur ressourcenorientierten Sicht der Gesundheit, das heißt von der nur auf mögliche Noxen gerichteten Krankheitsprävention zur darüber hinausgehenden Unterstützung und Förderung der Gesundheit. In diesem Sinne heißt es in der Charta der WHO-Konferenz von Ottawa 1986: „Gesundheit steht für ein positives Konzept, das in gleicher Weise die Bedeutung sozialer und individueller Ressourcen betont wie die körperlichen Fähigkeiten".

Allgemeine Bestimmungsmerkmale
Als Konsequenz aus dem erweiterten Verständnis von Gesundheit läßt sich Gesundheit psychologisch in dreierlei Hinsicht bestimmen:

- als Ungestörtheit der Lebensprozesse;
- als subjektives Wohlbefinden;
- als Handlungsfähigkeit.

Die hierfür in Tabelle 5.1 aufgeführten jeweiligen Kriterien sind aus vergleichenden Studien an Personen mit anhaltender versus labiler Gesundheit abgeleitet. Diese Kriterien bedingen einerseits die Auseinandersetzung der Person mit ihrer Umwelt, sind aber auch das Ergebnis einer solchen Auseinandersetzung.

5.1.2. Gesundheitsmodelle

Modellvorstellungen zur Gesundheit werden mit dem Ziel konzipiert, das gesundheitliche Befinden einer Person beschreiben, analysieren, erklären und vorhersagen zu können. Sie gehen von streß-und entwicklungstheoretischen Konzeptionen aus: Krankheit wird als Reaktion auf die Überforderung von Bewältigungskapazitäten, Gesundheit hingegen als positive Beanspruchungsfolge nach gelungener Auseinandersetzung mit den jeweiligen Anfor-

Tab. 5.1 Kriterien zur Beschreibung von Gesundheit

Ungestörtheit der Lebensprozesse

- Abwesebheit von Symptomen, Krankheit oder Behinderung
- Schmerz- und Beschwerdefreiheit
- Keine funktionelle Beeinträchtigung von Aktivitäten

Subjektives Wohlbefinden

- Liebes- und Genußfähigkeit
- Selbstvertrauen
- Widerstandsfähigkeit gegenüber Belastungen

Handlungsfähigkeit

- Fähigkeit, Ziele setzen und verfolgen zu können
- Kompetenzen zur Bewältigung von Anforderungen und kritischen Lebensereignissen
- Sinnfindung im Vollzug des Daseins

(in Anlehnung an SCHEUCH und SCHRÖDER, 1990 und UDRIS et al., 1992)

derungen aufgefaßt. Da sich diese immer wieder als Entwicklungsaufgaben im ganzen Lebenslauf stellen, begünstigt ihre zeitgerechte Lösung anhaltendes Wohlbefinden.

Das Modell der Salutogenese

ANTONOVSKY (1979, 1987) hat als erster damit begonnen, den bislang vorherrschenden pathogenetischen Ansatz zur ätiologischen Klärung von Krankheiten durch einen *salutogenetischen* Ansatz (Salus: lat. Heil, Gedeihen, Wohlsein) zur Erklärung des Gesundbleibens trotz vielfältiger Belastungen zu ergänzen. Er sieht Gesundheit und Krankheit als Endpunkte eines Kontinuums an, auf dem die Personen unterschiedlich lokalisiert sind. Dies hängt von ihren „generalisierten Widerstandsquellen“ ab, worunter er in der Person und ihrer Umwelt liegende Gegebenheiten (Ressourcen) versteht, zum Beispiel Selbstwertgefühl, soziale Einbettung, ökonomische Sicherheit oder kulturelle Stabilität. Hieraus entwikkelt sich dann im Laufe des Lebens eine positive Auffassung vom Zusammenhang der Dinge, die als *Kohärenzsinn* bezeichnet wird. Damit meint ANTONOVSKY (1987, S. 19) „eine globale Orientierung, die das Ausmaß zum Ausdruck bringt, in dem jemand ein umfassendes und dauerhaftes, aber auch dynamisches Vertrauen darin besitzt, daß

- die inneren und äußeren Umweltreize im Lebenslauf strukturiert, vorhersehbar und erklärbar sind,
- man über die Ressourcen verfügt, um den Umweltanforderungen zu begegnen,
- diese Anforderungen Herausforderungen darstellen, für die sich Anstrengung und Engagement lohnen“.

Eine solche Lebenseinstellung kann die Gesundheit sowohl direkt über eine günstige Beeinflussung des Immunsystems als auch indirekt über wirksame Bewältigungsstile stabilisieren. Für die empirische Überprüfung seines Modells hat ANTONOVSKY (1990) eine diagnostische Skala zur Erfassung der oben genannten drei Aspekte des Kohärenzsinnes – *Verstehbarkeit, Handhabbarkeit und Sinnhaftigkeit von Ereignissen* – konstruiert. Bei Untersuchungen an Senioren konnte er damit einen positiven Zusammenhang zwischen Gesundheit und Kohärenzsinn im Übergang zum Ruhestand aufzeigen.

Das interaktionistische Anforderungs-Ressourcen-Modell
Der bisher umfassendste Modellansatz von BECKER (1992b) erklärt Gesundheit und Krankheit aus den Wechselwirkungen zwischen Anforderungen, vor die sich eine Person gestellt sieht, und ihren Bewältigungsmöglichkeiten. Er basiert auf dem Kerngedanken, „daß Gesundheit (beziehungsweise Krankheit) Ausdruck einer positiven (beziehungsweise negativen) Bilanz der Versuche eines Individuums ist, externe oder interne Anforderungen der letzten Zeit mit Hilfe externer oder interner Ressourcen zu bewältigen“ (S. 71).

Im Mittelpunkt des in Abbildung 5.1 schematisch dargestellten Modells steht der aktuelle Gesundheitszustand. Relevante Einflußfaktoren sind auf der einen Seite *Anforderungen*, die sich das Individuum (intern) selbst stellt oder die ihm (extern) auferlegt werden. Auf der anderen Seite stehen ihnen *Ressourcen* gegenüber, die entweder (intern) als genetische Ausstattung, Körperkonstitution und allgemeine Gesundheit sowie als Persönlichkeitseigenschaften, Lebensgewohnheiten und psychische Robustheit gegeben sind oder (extern) in materiellen und sozialen Lebensverhältnissen bestehen, auf die das Individuum mehr oder weniger zurückgreifen kann. Während sich nun die internen wie externen physischen Ressourcen direkt auf den aktuellen Gesundheitszustand auswirken, nehmen die internen psychischen und externen psychosozialen Ressourcen erst über das aktuelle Erleben und Verhalten darauf Einfluß.

Dabei interagieren Bewältigungs-, emotionales und gesundheitsbezogenes Verhalten miteinander. Sie werden von dem habituellen Gesundheitsverhalten (den gesundheitlichen Gewohnheiten) und der *seelischen Gesundheit* gesteuert. Letztere wird im Unterschied zum aktuellen psychischen Gesundheitszustand als eine Persönlichkeitseigenschaft aufgefaßt, die eine protektive Funktion auch für den körperlichen Gesundheitszustand hat. Sie bedeutet die Fähigkeit, interne und externe Anforderungen zu bewältigen. Ihre Kriterien sind:

- Kompetenzen;
- Fähigkeit zur Selbstaktualisierung;
- Sinnfindung im Umgang mit Belastungen.

Da die seelische Gesundheit nicht nur das aktuelle Verhalten und Erleben beeinflußt, sondern auch die Anforderungen dosiert, welche man sich stellt oder denen man sich aussetzt, sowie die externen Ressourcen aktiviert, kommt ihr eine

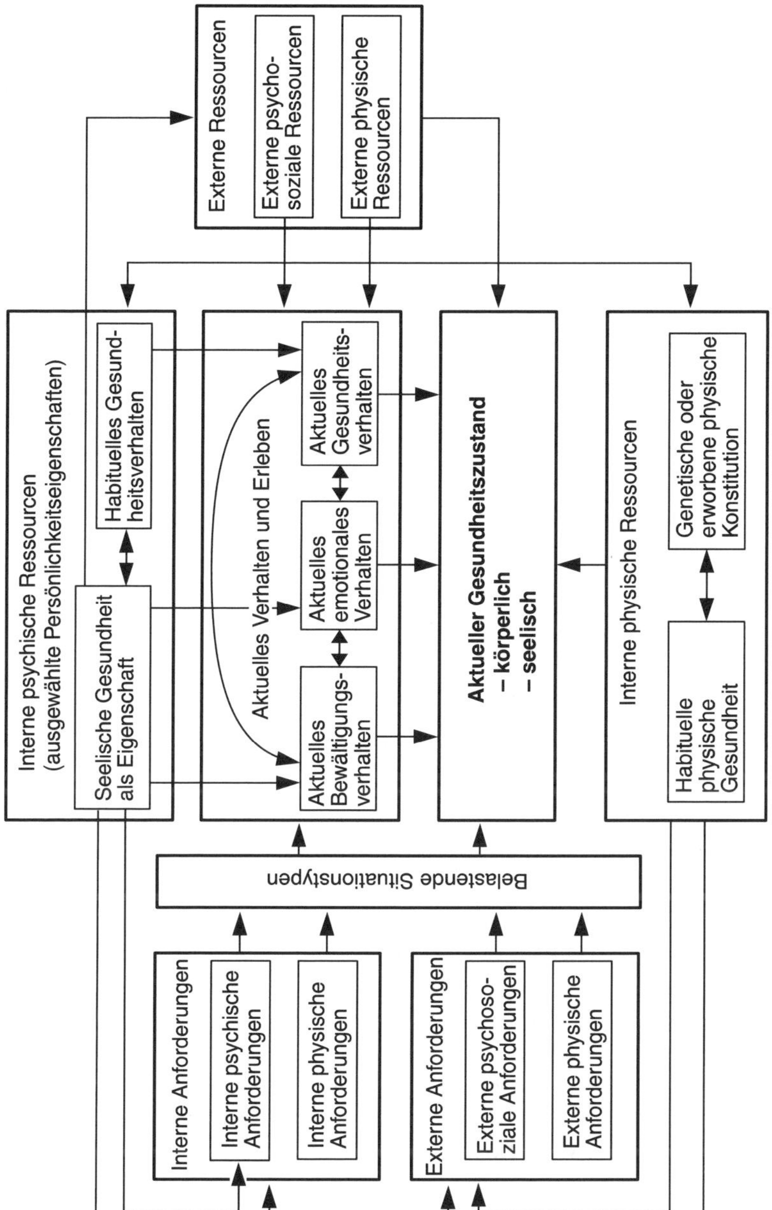

Abb. 5.1 Interaktionistisches Anforderungs-Ressourcen-Modell der Gesundheit (BECKER, 1992)

Schlüsselfunktion in dem interaktionistischen Anforderungs-Ressoursen-Modell zu. Dessen empirische Verifikation ist bislang erst im Querschnittsvergleich von gesunden und erkrankten Personen vorgenommen worden, wobei die seelische Gesundheit freilich nicht nur als Bedingung, sondern ebenso als Folge der körperlichen Gesundheit interpretiert werden kann. Doch belegt auch die im Kapitel 4 schon zitierte Längsschnittstudie von VAILLANT (1979) den protektiven Wert seelischer Gesundheit für das körperliche Wohlbefinden in der Lebensmitte.

5.2. Psychische Gesundheitsressourcen

„Warum und wie bleibt jemand trotz verschiedener (mikrobiologischer, chemischer, physikalischer, psychologischer, sozialer und kultureller) krankheitserregender Bedingungen gesund?"

Diese von ANTONOVSKY (1979, S. 12) formulierte „salutogenetische Frage" hat die sogenannte Ressourcenforschung stimuliert, in deren interdisziplinärem Rahmen auch nach psychischen Schutzfaktoren zur Aufrechterhaltung der Gesundheit gesucht wird. Sie können ebenso ihre Wiederherstellung nach Krankheit begünstigen. Hier lassen sich personale (interne) und psychosoziale (externe) Faktoren unterscheiden, von denen die Persönlichkeitsmerkmale einerseits und die soziale Unterstützung andererseits auch hinsichtlich ihrer Interaktion bisher am besten untersucht sind.

5.2.1. Persönlichkeitsmerkmale als Schutzfaktoren

Das Konzept der seelischen Widerstandsfähigkeit gegen widrige Lebensumstände (stress resistance, invulnerability, resilience, protective factors) stammt aus der Entwicklungspsychologie der Lebensspanne, die in prospektiven Untersuchungen an medizinischen und sozialen Risikokindern bis ins jüngere Erwachsenenalter jene Schutzfaktoren herausarbeiten konnte, die trotz der Belastungen eine normale körperliche, geistige und soziale Entwicklung sicherten. Umgekehrt haben Längsschnittstudien an gesunden Adoleszenten bis ins höhere Erwachsenenalter gezeigt, welche Bedeutung Persönlichkeitszüge für die Lebensführung, Gesunderhaltung und das Altern haben. Bei Personen mit stabiler Gesundheit finden sich im Vergleich zu krankheitsanfälligen ähnliche psychische Merkmale, deren protektive Funktion wahrscheinlich ist.

Widerstandsfähigkeit
In der Streßforschung wird unter Widerstandsfähigkeit („hardiness") ein Aktivitätsmuster verstanden, dessen Grundkomponenten von KOBASA (1979) beschrieben worden sind (vergleiche 3.2.2.):

- *Kontrolle* über die Lebenssituation;
- *Engagement* für Pläne und Handlungen;
- *Herausforderung* in neuen Situationen mit Bewährungsfreude.

Menschen mit in dieser Hinsicht ausgeprägter Widerstandsfähigkeit sind davon überzeugt, daß sie ihr Leben überschauen und in der Hand haben; sie sind neugierig auf die Welt und finden einen Sinn darin, sich einzubringen; sie fürchten Stagnation und suchen Veränderungen, die sie weiterbringen.

Diese Aktivitätsform erleichtert dann auch die Auseinandersetzung mit unerwünschten, belastenden Ereignissen und erhöht damit die Resistenz gegen körperliche Erkrankungen unter Streßbedingungen. Hardiness läßt sich mit einem Fragebogen erfassen und zu Stressoren wie Streßfolgen in Beziehung setzen. So hat KOBASA Personen mit gleich hoher Belastung durch kritische Lebensereignisse in den letzten drei Jahren unterteilt in solche, die danach krank geworden und andere, die gesund geblieben waren. Letztere wiesen höhere Ausprägungen in allen drei Grundkomponenten der Aktivität auf. Diese Ergebnisse wurden durch eine prospektive Studie bestätigt (KOBASA et al., 1982).

Optimismus

Eine zuversichtliche Lebenseinstellung, die auch Mißerfolge überdauert, wird als *dispositioneller Optimismus* bezeichnet und stellt ein für die Lebensbewältigung wichtiges Persönlichkeitsmerkmal dar. SCHEIER und CARVER (1985) verstehen darunter *generalisierte positive Ergebniserwartungen hinsichtlich der eigenen Handlungen*. Diese führen zu der Grundhaltung, daß die eigene Zukunft positiv verlaufen werde, und zu vermehrten Bemühungen, Schwierigkeiten zu überwinden, statt vor ihnen zu kapitulieren.

Es gibt viele Belege für einen besseren Gesundheitszustand von Optimisten gegenüber Pessimisten. Zur Erklärung lassen sich hierfür wirksame Bewältigungsstrategien, ein förderliches Gesundheitsverhalten und möglicherweise günstige Auswirkungen auf das Immunsystem heranziehen. Für die diagnostische Erfassung haben SCHEIER et al. (1989) einen „Lebensorientierungs-Test" entwickelt und damit feststellen können, daß sich optimistische Männer nach Bypass- und Frauen nach Brustkrebs-Operationen schneller erholten. Sie unterschieden sich von den Pessimisten schon vor dem Eingriff durch Pläne für die Zeit danach und ihre bessere Compliance.

Ein übersteigerter, unkritischer Optimismus kann hingegen zum Gesundheitsrisiko werden. Die Illusion der Unverletzlichkeit hat besonders als jugendlicher Leichtsinn verheerende Folgen, wenn Gefahren unterschätzt, Vorsorgemaßnahmen unterlassen oder unerwartete Verluste nicht verkraftet werden. Deshalb unterscheidet SCHWARZER (1993) zwischen *defensivem* (abwehrendem) und *funktionalem* (realistischem) Optimismus als Bedingungen des Gesundheitsverhaltens.

Emotionale Stabilität

Ein ausgeglichenes Gefühlsleben, das nach Aufregungen bald wieder in die Normallage zurückkehrt, schont Geist und Körper. In der Persönlichkeitstheorie von EYSENCK (1960) bildet die Emotionalität eine Dimension zwischen den Polen stabil und instabil, auf der jeder Proband mit Hilfe eines Fragebogens

(Maudsley Personality Inventory, MPI) plaziert werden kann. Am instabilen Ende des Kontinuums finden sich Personen, die unter Streßbedingungen leicht dekompensieren, das heißt zu Fehlanpassungen, Alkohol- und Drogenmißbrauch neigen oder neurotische Störungen mit körperlicher und psychischer Symptomatik ausbilden. Deshalb wird die hochgradige emotionale Labilität auch als **Neurotizismus** bezeichnet. Am stabilen Pol hingegen findet man psychisch „Normale", die auch körperlich in besserem Zustand sind, offenbar, weil sie sich selbst in Belastungssituationen nicht so leicht aus der Ruhe bringen lassen. Hierfür werden Unterschiede in der Erregbarkeit des autonomen Nervensystems angenommen.

Emotionale Stabilität erhöht offenbar die Streßresistenz durch eine angemessene Bewertung der Stressoren und sichere Wahl effizienter Bewältigungsstrategien, so daß es weniger zu negativen und eher auch zu positiven Beanspruchungsfolgen kommt. Prospektive Untersuchungen an Studenten haben denn auch gezeigt, daß die nach zehn Jahren noch gesund gebliebenen bereits zum Studienbeginn emotional stabiler waren als ihre schon ums Leben gekommenen, an Krebs, Hypertonie, Herzinfarkt oder schwerwiegenden psychischen Störungen erkrankten Kommilitonen (THOMAS, 1976). In einer anderen Längsschnittstudie an Havard-Studenten erwies sich der Nichtgebrauch von Beruhigungsmitteln (Tranquilizern) vor dem Alter von 50 Jahren als bester Prädiktor für den körperlichen Gesundheitszustand mit 63 Jahren (VAILLANT, 1990). Ohne Psychopharmaka dürften die emotional Stabilen ausgekommen sein.

Autonomie

Das Bestreben, Handlungsziele und Wege zu ihrer Erreichung eigenständig, unabhängig von anderen Personen und ohne Druck durch Institutionen festlegen zu können, ist erst neuerdings mit der Gesundheit in Verbindung gebracht worden. In Weiterentwicklung seiner Theorie über den Zusammenhang von Persönlichkeit, Streß und Krankheit ist EYSENCK gemeinsam mit GROSSARTH-MARTICEK (1990) bemüht, krankheitsspezifische Persönlichkeitstypen herauszuarbeiten, diagnostisch zu erfassen und in mehreren prospektiven Studien zu verifizieren. Dieser Versuch, allein auf Grund psychischer Merkmale besonders anfällige Personen für bestimmte Krankheiten (vom Bluthochdruck über Magen-Darm-Geschwüre bis zum Krebs) zu identifizieren, bleibt umstritten. Bemerkenswert ist aber, daß sich die in diesem Zusammenhang beschriebene *autonome Persönlichkeit* als weitgehend krankheitsresistent erwiesen hat. Sie vermag auch in schwierigen Lebenslagen soziale Anforderungen zu regulieren, sich von anderen unabhängig zu machen und neue Sozialbeziehungen aufzubauen. Zehn bis zwanzig Jahre nach der Persönlichkeitsbestimmung waren sie am wenigsten von Krankheiten und Todesfällen betroffen.

In verschiedenen Interventionsstudien wurden deshalb Personen, die nach dem Persönlichkeitstest als für Krebs und für Herz-Kreislauf-Krankheiten anfällig galten, einer Psychotherapie unterzogen, die ihre Autonomie fördern sollte: die Fähigkeit, sich als unabhängiger Mensch zu fühlen und selbständig zu handeln. Im Vergleich zu unbehandelten Kontrollpersonen gleichen Persönlichkeitstyps waren sie nach zehn Jahren seltener erkrankt. Offenbar erhöht Autonomie die Sicherheit für Entscheidungen in unklaren Situationen und vermindert mit der Konflikt- auch die Krankheitsanfälligkeit.

5.2.2. Soziale Unterstützung

Die Lebensereignisforschung und Entwicklungspsychologie haben zeigen können, daß Verlustereignisse oder Behinderungen eher verwunden werden, wenn der Betroffene Rückhalt bei anderen Menschen hat, die ihm Vertrauen und Liebe entgegenbringen, von denen er Anteilnahme, Hilfe oder Anerkennung erfährt. Gute zwischenmenschliche Beziehungen können demnach die Streßbewältigung erleichtern, deren negative Folgen verhüten und die gesunde Entwicklung begünstigen. Dieser Zusammenhang wird als *soziale Unterstützung* (social support) bezeichnet und soll hier als Konzept, in seiner Wirkungsweise und in der Wechselwirkung mit der Persönlichkeit dargestellt werden.

Konzept
Die *Begriffsbestimmung* geht von der Notlage des einzelnen, seinen Wechselbeziehungen zu anderen und der sich daraus ergebenden objektiven oder subjektiven Erleichterung aus. *So läßt sich soziale Unterstützung als ein materieller und moralischer Austausch zwischen miteinander verbundenen Menschen verstehen, der Schwierigkeiten im Leben überwinden oder ertragen hilft.*

Dabei ist eine *Abgrenzung* zu den Begriffen soziale Integration einerseits und soziale Interaktion andererseits vorzunehmen. Erstere meint die Einbindung in ein **soziales Netzwerk**, das eine Voraussetzung für die Unterstützung bildet. Wer auf sich allein gestellt ist, wird sie kaum erfahren. Sie kann aber auch in einem sozialen Netz ausbleiben, wenn es Spannungen zwischen seinen Mitgliedern gibt oder übermäßige Fürsorge (overprotection) den Aktionsraum einengt. Ebenso können die *sozialen Interaktionen* von unterschiedlicher Qualität sein. In jeder Familie, Partnerschaft oder Freundschaft gibt es auch Streit, und erst die positive Kommunikation wird hilfreich. Soziale Unterstützung ist also ein Sonderfall von Interaktion in harmonischen sozialen Beziehungen.

Weiterhin ist folgende inhaltliche *Differenzierung* möglich: Aus der Perspektive des Betroffenen läßt sich die *erwartete* von der *wahrgenommenen*, das heißt verfügbaren, und der schließlich *erhaltenen* sozialen Unterstützung unterscheiden. Aus der Sicht des Beobachters können die *emotionale* Unterstützung durch Trost, Zuwendung und Wärme, die *instrumentelle* Unterstützung durch Anpacken beim Umzug oder Unter-die Arme-Greifen in finanzieller Notlage und die *informationelle* Unterstützung durch Ratschläge und wichtige Mitteilungen unterschieden werden (SCHWARZER, 1992).

Wirkungsweise
Soziale Unterstützung kann auf verschiedenen Wegen gesundheitlich wirksam werden. *Direkt* beeinflußt sie das Gesundheitsverhalten, mit dem sich das Individuum seinen engsten Bezugspersonen anpaßt. Ernährungs-und Konsumgewohnheiten werden in Gesellschaft anderer ausgebildet, die auch bei der Entwöhnung nach Mißbrauch vonnöten ist.

Indirekt begünstigt soziale Unterstützung die Gesundheit über Hilfen bei der Streßbewältigung. In einer tragfähigen Vertrauensbeziehung können Probleme offen besprochen werden. Dabei erscheinen sie dann meist in anderem Licht, können Reserven wahrgenommen und mobilisiert, Auswege oder Lösungen gefunden werden. Das geht in der Regel mit einer emotionalen und vegetativen Beruhigung bis zur Stabilisierung des Selbstbewußtseins einher.

Die gesundheitliche Wirkung der Zuwendung wird erst unter belastenden Lebensbedingungen als *Puffereffekt* sichtbar. So teilten zum Beispiel NUCKOLLS et al. (1972) gravide Frauen in solche mit vielen und wenigen kritischen Lebensereignissen ein und setzten dazu die Schwangerschaftskomplikationen in Beziehung (siehe Abb. 5.2). Die Komplikationen waren zwar bei geringer Anzahl belastender Ereignisse während der Schwangerschaft noch unabhängig vom sozialen Rückhalt, aber eine hohe Zahl von belastenden Ereignissen ging bei den Frauen mit geringer sozialer Unterstützung mit einem deutlichen Anstieg der Komplikationen einher.

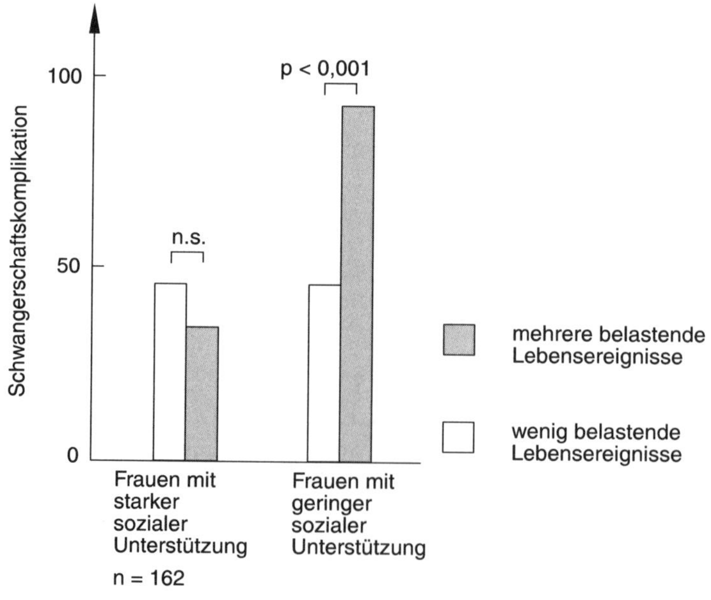

Abb. 5.2 Abhängigkeit der Schwangerschaftskomplikationen vom Auftreten belastender Lebenssituationen bei fehlender oder vorhandener sozialer Unterstützung (NUCKOLLS et al., 1972)

Wechselwirkungen
Unterstützung von außen wird nicht nur passiv erfahren, sondern auch aktiv gesucht. Sie beruht auf Gegenseitigkeit und läßt sich ebenso als innere Ressource betrachten. Das Bindeglied liegt in der Fähigkeit des einzelnen, soziale Beziehungen herzustellen und zu unterhalten.

Ob ihm dann in Bedrängnis auch geholfen wird, hängt weiterhin davon ab, ob er seine Schwierigkeiten offenbart, wie weit er sie selbst verschuldet hat und versucht, dagegen anzugehen. Menschen, die selbst in Not waren, sind eher hilfsbereit als lebensunerfahrene. Übertriebene Unterstützung kann ebenso auf Ablehnung stoßen wie das zu aufdringliche Hilfeersuchen.

Diese *transaktionale Betrachtungsweise* hat sich besonders beim Studium der psychophysischen Entwicklung bewährt, in deren Verlauf solche Wechselwirkungen zwischen den Heranwachsenden und ihren Betreuern gerade bei ungünstigen Lebensbedingungen den psychischen, sozialen und gesundheitlichen Status mitbestimmen (siehe Exkurs 5.1).

5.3. Gesundheitliches Erleben und Verhalten

Als Handlungsfähigkeit realisiert sich Gesundheit in der alltäglichen Lebensweise. Dabei stehen Nah- und Fernziele im Vordergrund unseres Strebens, das immer auch gesundheitliche Bezüge hat. Diese können mehr oder weniger bewußt werden und dann unser Erleben wie Verhalten beeinflussen.

5.3.1. Gesundheitsbewußtsein

Wenn heute von einer Zeit wachsenden Umwelt- und Gesundheitsbewußtseins gesprochen wird, so sind damit Konzepte, Erklärungen, Überzeugungen und Erwartungen gemeint, die unser Verhalten im Sinne der Erhaltung und Wiederherstellung von Gesundheit determinieren. Wie weit sie das wirklich tun, sei nun erörtert.

Individuelle Gesundheitskonzepte
Kinder, Jugendliche und Erwachsene definieren Gesundheit übereinstimmend als Freisein von Krankheit oder seltener als Sich-wohl-Fühlen (SCHMIDT und DLUGOSCH, 1992; SCHÖNROK, 1987). Weiterhin nach ihrer Bedeutung gefragt, bezeichnen in der Regel nicht erst ältere, sondern auch schon jüngere Menschen die Gesundheit als höchstes Gut. Diese Diskrepanz zwischen hoher Wertschätzung und dürftiger Erklärung offenbart die Selbstverständlichkeit, mit der Gesundheit hingenommen wird, ohne sich schon für sie verantwortlich zu fühlen. Erst durch ihren selbst oder miterlebten Verlust rückt sie im Laufe des Lebens zunehmend ins Bewußtsein (siehe Abb. 5.3).

Exkurs 5.1 Modell der Interaktionen zwischen Risiko-, Streß- und Schutzfaktoren bei der psychophysischen Entwicklungsbewältigung, abgeleitet aus den Daten der Kauai-Längsschnittstudie (nach WERNER, 1985)

Fragestellung:
Ziel der Studie war es, die Fähigkeiten Heranwachsender zur Bewältigung von perinatalen Risiken, Armut und Unvollständigkeit der Familie zu erkunden sowie die personalen und sozialen Schutzfaktoren zu bestimmen, in denen sich Widerstandsfähige von Entwicklungsgestörten unterscheiden.

Kohorte:
698 im Jahre 1955 auf der Hawai-Insel Kauai geborene Kinder wurden bis zum Alter von 18 Jahren wiederholt von Ärzten und Psychologen untersucht; am Ende konnten noch 88 % erfaßt werden. Bei gemischtrassischer Zusammensetzung gehörten sie überwiegend der ärmeren Bevölkerung an.

Entwicklungskriterien:
- mit 2 Jahren: Gesundheitszustand, psychischer Entwicklungsstand;
- mit 10 Jahren: Körperzustand, Intelligenzgrad, Schulerfolg;
- mit 18 Jahren: Körperzustand, Intelligenzgrad, Straffälligkeit, Schwangerschaft (bei Mädchen), psychiatrische Behandlung.

Ergebnisse:
Im folgenden werden schematisch die Interaktionen dargestellt

- zwischen den schon bei der Geburt wirkenden Risikofaktoren,
- den Stressoren in Kindheit und Jugend, welche beide die *Vulnerabilität* (psychophysische Anfälligkeit) erhöhen,
- und den Schutzfaktoren, die sie verringern

In Korrelation zu den Entwicklungsdaten zeigen *biologische* Faktoren (perinatale Komplikationen, genetische Abnormalitäten) den größten Einfluß in der frühen Kindheit, *ökologische* Faktoren (Familienstruktur, Einkommen) in der mittleren Kindheit, *personale* Faktoren (Selbstkonzept, Freundschaft) im Jugendalter. Die relative Wirkung von Risiken, Stressoren und Schutzfaktoren wird außerdem durch das Geschlecht des Kindes und seine soziale Herkunft beeinflußt. Jungen aus schlechten Verhältnissen sind am meisten gefährdet.

Interpretation:
Je mehr Nachteilen und streßhaften Lebensereignissen ein Kind ausgesetzt ist, desto mehr protektive Faktoren in ihm selbst und in seiner Umgebung sind nötig, um die Belastungen auszugleichen und eine gesunde Entwicklung zu sichern.

In dem Ausmaß, wie Heranwachsende dazu fähig sind, überwiegend positive Reaktionen in ihrer Umgebung auszulösen, werden sie streßresistent, selbst wenn sie perinatalen Risiken ausgesetzt waren und in chronischer Armut oder bei einem psychotischen Elternteil aufwachsen. Wenn sie hingegen überwiegend negative Reaktionen auslösen, werden sie vulnerabel, selbst bei Abwesenheit von biologischen Risikofaktoren, kritischen Lebensereignissen und Armut.

Entwicklungsförderung muß deshalb sowohl die Verringerung von Risikoals auch die Erhöhung von Schutzfaktoren anstreben.

WERNER, E. E. (1985). Stress and protective factors in children's lives. In A. R. NICOL (Ed.), *Longitudinal Studies in Child Psychology and Psychiatry.* Chichester: John Wiley & Sons.

Risikofaktoren
zum Zeitpunkt der Geburt
↓

Chronische Armut in der Familie
Mutter ohne Schulabschluß
Perinatale Komplikationen
Verzögerte oder irreguläre Entwicklung
Genetische Abnormalitäten
Elterliche Psychopathologie

(+) Vulnerabilität (-)

↔

Streßfaktoren *in der Kindheit und Jugend*	↔ **Schutzfaktoren** *im Individuum*	*im Umfeld*
Längere Trennung von primärer Pflegeperson im ersten Lebensjahr	Erstgeborenes Kind Integrität des ZNS Hohes Aktivitätsniveau	Drei oder weniger Geschwister im Abstand von mehr als zwei Jahren
Geburt eines jüngeren Geschwisters innerhalb von zwei Jahren	Liebevolle, herzliche Natur; Zugänglichkeit für Menschen	Viel Aufmerksamkeit im ersten Lebensjahr erfahren
Schwere und wiederholte Krankheiten in der Kindheit	Freisein von belastenden Gewohnheiten; Positive soziale Orientierung	Positive Eltern-Kind-Beziehung in der frühen Kindheit
Krankheit der Eltern Psychische Krankheit der Eltern	Autonomie; Fortgeschrittene Fertigkeiten zur Selbsthilfe	Zusätzliche Pflegepersonen neben der Mutter
Geschwister mit Behinderungen, Lern- oder Verhaltensstörungen	Altersentsprechende sensomotorische und perzeptive Fertigkeiten	Pflege durch Geschwister und Großeltern Mutter berufstätig
Chronische Streitigkeiten in der Familie	Adäquate Fertigkeiten zur Kommunikation	Emotionale Unterstützung durch Verwandte und Nachbarn
Abwesenheit des Vaters Keine regelmäßige Berufstätigkeit der Eltern	Fähigkeit, Aufmerksamkeit und Kontrolle auf sich zu lenken	Geordneter Haushalt Akzeptanz von Werten, Kohärenzsinn
Wechsel des Wohnortes Schulwechsel	Spezielle Interessen und Hobbys	Enge Freunde (peers)
Scheidung der Eltern	Positives Selbstkonzept	Rat durch Lehrer oder Geistliche
Stiefvater oder -mutter tritt in die Familie ein	Internale Kontrollüberzeugung	Zugang zu speziellen Diensten des Bildungs-, Gesundheits- und Sozialwesens
Weggang oder Tod eines älteren Geschwisters	Wunsch zur Selbstverbesserung	
Einweisung in ein Erziehungsheim		
Jugendliche Schwangerschaft		

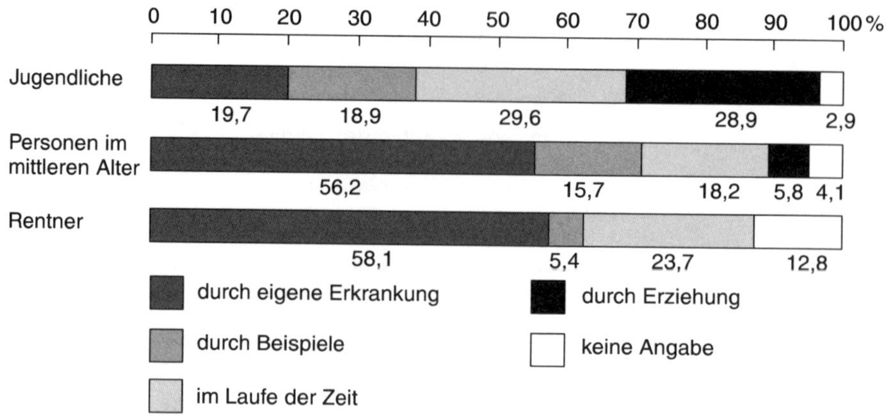

Abb. 5.3 „Wann und wodurch haben Sie die Gesundheit schätzen gelernt?" (n = 703; SCHÖNROK, 1987)

Als Begründungen für das sich daraus ergebende Gesund-bleiben-Wollen werden in allen Altersstufen das Wohlbefinden und Tätig-sein-Können genannt, was im Jugendalter dominiert. Im mittleren Erwachsenenalter steht dagegen die Sorge für die Familie im Vordergrund, während man als Rentner bei seinen Angehörigen bleiben und keinem zur Last fallen möchte. Solche Motive bestimmen dann zunehmend auch die Lebensweise.

Ursachenzuschreibungen

Ein wesentlicher Aspekt unserer Vorstellungen über die Gesundheit ist der Versuch zur Erklärung einer aufgetretenen Störung des Wohlbefindens. Wie bei anderen nicht erwarteten und erwünschten Ereignissen suchen wir dann nach möglichen Ursachen, was von der Sozialpsychologie als kausale **Attribution** bezeichnet wird (KELLEY, 1973). Dabei können Ursachen auf verschiedenen *Dimensionen* beurteilt werden:

- als *stabil* versus *instabil*, das heißt ständig oder vorübergehend wirksam;
- als *global* versus *spezifisch*, das heißt mit weitreichenden oder nur begrenzten Folgen verbunden;
- als *intern* versus *extern*, das heißt in einem selbst oder in anderen Menschen beziehungsweise äußeren Umständen liegend.

Nach einem selbst verursachten Verkehrsunfall kann man zum Beispiel die eigene Unaufmerksamkeit (intern) infolge aktueller Sorgen (instabil) mit den lebenslangen Folgen (global) im Sinne eines Selbstvorwurfs in Zusammenhang bringen. Das hat mögliche Konsequenzen für die Mitarbeit bei der medizinischen Rehabilitation und das weitere Risikoverhalten. So konnten ROGNER et al. (1987) belegen, daß Selbstschuld-Zuschreibung für einen Unfall den Heilungsverlauf kompliziert. Im Vergleich zu Patienten, die ihren Unfall für unvermeidbar oder durch andere verursacht hielten, hatten die mit Schuldgefühlen Beladenen eine wesentlich längere Verweildauer im Krankenhaus.

Noch weitreichender scheinen die gesundheitlichen Folgen des *habituellen Erklärungsstils* zu sein. PETERSON et al. (1988) haben mit einer über 35 Jahre gehenden Längsschnittstudie gezeigt, daß ein pessimistischer Erklärungsstil, der kritische Lebensereignisse auf stabile, globale und interne Ursachen zurückführt, im Laufe des Lebens die Gesundheit schwächt.

99 Studenten der Havard-Universität in den USA wurden im Alter von 25 Jahren nach schwierigen Lebenssituationen und deren Erklärung befragt sowie zum gleichen Zeitpunkt und danach in Abständen von fünf Jahren bis zu ihrem 60. Lebensjahr ärztlich untersucht. Dabei wiesen die Männer mit der subjektiv belastenden (stabilen, globalen und internen) Ursachenzuschreibung vom mittleren Alter an den schlechtesten Gesundheitszustand auf, auch wenn sie mit Kommilitonen gleicher körperlicher und psychischer Ausgangslage verglichen wurden (siehe Tab. 5.2). Der pessimistische Erklärungsstil wirkt sich also nicht unmittelbar und sofort, sondern offenbar erst mittelbar und langfristig über ein passives, fatalistisches Verhältnis gegenüber der Gesundheit, in Streßsituationen und sozialen Beziehungen aus.

Tab. 5.2 Partialkorrelationen zwischen pessimistischem Erklärungsstil und schlechter körperlicher Gesundheit

Alter (Jahre)	Partialkoeffizient (r)	Signifikanz (p)
30	0,04	
35	0,03	
40	0,13	
45	0,37	<0,001
50	0,18	<0,10
55	0,22	<0,05
60	0,25	<0,02

n = 99. Auspartialisiert wurde die mit 25 Jahren bestimmte körperliche und psychische Gesundheit.
(nach PETERSON et al., 1988)

Kontrollüberzeugungen

Die oben genannten Ursachenzuschreibungen beziehen sich auf schon eingetretene Ereignisse. Bedeutung haben aber auch die Überzeugungen zur Kontrollierbarkeit für beeinflußbare Ereignisse und Belastungen in der Zukunft. Nach der Theorie von ROTTER (1966) stellen sie *generalisierte Erwartungen* dar, die unser Handeln mitbestimmen. Menschen mit *internaler* Kontrollüberzeugung glauben, für sie wichtige Ereignisse selbst beeinflussen zu können, während solche mit *externaler* Kontrollüberzeugung sie eher dem Zufall, Glück oder Schicksal zuschreiben. Insofern dürfte die internale Kontrollüberzeugung eine wirksamere Bewältigungsreserve für kritische Situationen sein, weil sie einen aktiven Copingstil begünstigt. External Überzeugte werden dagegen leichter resignieren und auch von präventiven Maßnahmen eher ablassen. Die empirischen Ergebnisse sind hierzu jedoch uneinheitlich. Der Schritt von der Überzeugung zum Handeln unterliegt weiteren Bedingungen.

Selbstwirksamkeitserwartungen
Hierzu gehört das Vertrauen in die eigenen Kompetenzen, ein notwendiges Verhalten wirklich ausführen zu können. Es wird deshalb synonym auch als *Kompetenzerwartung* bezeichnet. Nach der Selbstwirksamkeitstheorie von BANDURA (1977) wird ein solches Selbstvertrauen durch Erfahrungen in Handlungssituationen erworben:

- *direkt* durch Erfolg und Mißerfolg;
- *indirekt* am Beispiel anderer;
- *symbolisch* über die Rückmeldung der Umgebung;
- *psychophysiologisch* mit der wahrgenommenen Gefühlserregung (zum Beispiel in Prüfungssituationen).

Die realistische und stabile Kompetenzerwartung ermöglicht ein wirksames Handeln in bedrohlichen Situationen, erleichtert die Auseinandersetzung mit Krankheiten und begünstigt das Befolgen ärztlicher Empfehlungen. Selbstwirsamkeitserwartungen lassen sich durch Trainingsprogramme erhöhen und auf ein der Gesundheit dienliches Verhalten richten (SCHWARZER, 1992).

5.3.2. Gesundheitsverhalten

Unter **Gesundheitsverhalten** werden im *weiteren* Sinne alle individuellen Aktivitäten verstanden, die, beabsichtigt oder nicht, Auswirkungen auf die Gesundheit haben können. Im *engeren* Sinne bezieht es sich nur auf das Krankheiten vorbeugende Verhalten. Im folgenden verwenden wir den Terminus mit SCHWARZER (1990) als *Oberbegriff* sowohl für gesundheitlich riskante als auch förderliche Verhaltensweisen.

Gesundheitsgefährdendes Verhalten
Risikoverhalten gefährdet die Gesundheit, wobei die Wahrscheinlichkeit einer konkreten Schädigung mehr oder weniger hoch sein kann. Die Wahrscheinlichkeit hängt jeweils von der *Qualität* des Risikoeinflusses (zum Beispiel Zigarette oder Heroin), der *Frequenz* (gelegentlicher oder häufiger Alkoholgenuß), der *Intensität* (fettarme oder -reiche Ernährung) und von *Vulnerabilitätsfaktoren* (durch Hepatitis vorgeschädigte Leber) ab. PERREZ und GEBERT (1994) unterscheiden darüber hinaus, ob das Verhalten die eigene oder anderer Leute Gesundheit gefährdet, seine Folgen kurz-, mittel- oder langfristig zu erwarten

sind, es Konsum-, Bewegungs- oder kognitives Verhalten (Risiko- und Symptomwahrnehmung) betrifft und welcher Organbereich dadurch geschädigt werden kann.

Unter epidemiologischem Aspekt sind gegenwärtig die bedenklichsten *Risikoverhaltensweisen*: das Rauchen, übermäßige und ungesunde Essen, der Mißbrauch von Alkohol, Medikamenten und anderen Drogen, ferner Bewegungsarmut, ausgedehntes Sonnenbaden, inadäquate Streßbewältigung sowie leichtsinniges Verhalten im Straßenverkehr und ungeschützter Geschlechtsverkehr. Sie werden deshalb auch als „Verhaltenspathogene" bezeichnet (MATARAZZO, 1984).

Ihre *subjektive Funktion* kann in der kurzfristigen Steigerung des Wohlbefindens, Anpassung an gesellige Gepflogenheiten oder Regulierung von negativen Emotionen liegen (vergleiche die Motive zum Drogengebrauch Jugendlicher in 4.4.1.). Die Wiederholung dieses Lustgewinns wird durch äußere Faktoren (wie anhaltende Belastungen oder schlechte Beispiele) und innere Bedingungen (wie Entscheidungsschwäche oder genetische Prädisposition) begünstigt. Die Gewöhnung offenbart dann die Gesundheitsschädigung als *objektive Funktion* des Risikoverhaltens, welches langfristig auch das damit zunächst gesteigerte Wohlbefinden senkt. In diesem Zeitunterschied liegt das Problem für jede Prävention.

Gesundheitsförderliches Verhalten

Verhaltensweisen, die dem Schutz, der Erhaltung, Wiederherstellung und Steigerung der Gesundheit dienen, gewinnen zunehmend an Bedeutung. Hierunter werden ganz unterschiedliche Aktivitäten verstanden: Körperpflege und -hygiene, Bewegung und Entspannung, Schlaf und Erholung, Ernährungs- und Streßkontrolle, Teilnahme an ärztlichen Vorsorgeuntersuchungen, Sicherheitsvorkehrungen zur Verhütung von Unfällen, Vermeidung von gefährlichen Substanzen und Umweltgefahren. Werden solche gesundheitsförderlichen Verhaltensweisen erfragt, gruppieren sie sich statistisch zu wenigen Bereichen, die sich dann kaum noch überschneiden, aber zu Persönlichkeitseigenschaften und Familienverhältnissen in Beziehung stehen.

So konstruierte beispielsweise BECKER (1992a) einen Fragebogen zum Gesundheitsverhalten, „das nach Auffassung von Experten zur Erhaltung, Förderung oder Wiederherstellung der körperlichen Gesundheit geeignet erscheint" (S. 106). Bei einer Erhebung an 50 vollständigen Familien (Student, Mutter und Vater), wurden die 82 Items über alle 150 Probanden interkorreliert und faktorenanalysiert. Dabei ergaben sich drei Faktoren:

1. vorsichtiges, normangepaßtes, präventives Verhalten;
2. gesunde Ernährung und Bewegung;
3. Entspannung und Erholung.

Diese Verhaltensdimensionen korrelierten alle mit folgenden Persönlichkeitseigenschaften, die bei den gleichen Personen mit einem weiteren Fragebogen erfaßt worden waren: Selbstwertgefühl, Expansivität, Sinnhaftigkeit und habituelle seelische Gesundheit. Demnach wird gesundheitsförderliches Verhalten besonders von ausgeglichenen und stabilen Personen praktiziert.

Wie bei ähnlichen Befragungen zeigten sich auch hier Familienähnlichkeiten im Gesundheitsverhalten. Die Eltern glichen sich darin besonders hinsichtlich der Bereiche 1. vorsichtiges, normangepaßtes, präventives Verhalten sowie 2. gesunde Ernährung und Bewegung. In allen drei Bereichen ergaben sich signifikante Korrelationen zwischen Kindern und Müttern, deren gesundheitserzieherische Wirkung größer als die des Vaters ist.

Generell antworteten die Frauen gesundheitsbewußter als die Männer. Demnach verhalten sie sich vorsichtiger, ernähren sich gesünder, achten sie mehr auf Entspannung und Erholung. Die Eltern übertrafen ihre jungerwachsenen Kinder in den Bereichen 1. vorsichtiges, normangepaßtes, präventives Verhalten sowie 2. gesunde Ernährung und Bewegung, blieben aber bei 3. Entspannung und Erholung hinter ihnen zurück. Hier mögen sich Alters- und Generationsunterschiede widerspiegeln. Sie sind ebenso wie die Geschlechtsdifferenzen bei jeder Art von Gesundheitsberatung zu berücksichtigen.

5.4. Gesundheitsberatung

Die praktische Umsetzung gesundheitspsychologischer Erkenntnisse erfolgt traditionell in der ärztlichen Beratung bereits Erkrankter über ihr weiteres Verhalten zur Sicherung des Heilerfolges und Verhütung von Rückfällen. Seitdem die Gesundheits-Check-Ups als kassenärztliche Leistungen eingeführt worden sind, ergibt sich die Notwendigkeit, schon mit Nichtpatienten im Anschluß an diese Untersuchung über eine gesunde Lebensführung zu sprechen. Neben die Vorsorge als Krankheitsabwehr tritt die Förderung von Gesundheit und Wohlbefinden. Das gilt nicht nur für die individuelle, sondern auch die kollektive Gesundheitsberatung durch Erziehung und Bildung, Aufklärung und Meinungsbildung in der Öffentlichkeit.

5.4.1. Krankheitsprävention

Interventionsstrategien

Vorbeugende Maßnahmen werden von der WHO in solche der *primären Prävention* zur Verhütung des Auftretens von Krankheiten, der *sekundären Prävention* gegen die Chronifizierung eingetretener Erkrankungen und der *tertiären Prävention* zur Verhinderung oder Reduktion von Folgezuständen der behandelten Krankheiten eingeteilt. **Prävention** ist also ein krankheitsbezogenes Konzept, während die Gesundheitsförderung in direktem Bezug zu Wohlbefinden und Leistungsfähigkeit steht. Beide Begriffe unterscheiden sich hinsichtlich des Zeitpunktes der Intervention, weshalb die Gesundheitsförderung bisweilen auch als *primordiale* (ursprüngliche) *Prävention* bezeichnet wird. Sie überschneidet sich aber hinsichtlich ihrer Interventionsebenen mit der primären Prävention, als deren Vorstufe sie gelten kann (siehe Tab. 5.3).

Tab. 5.3 Einteilung präventiver Maßnahmen nach Stufen und Ebenen der Intervention

Interventions**ebene**	Interventions**stufe** primär	 sekundär	 tertiär
	Promotion		
Bevölkerungsweite Strategien zur Veränderung ungesunder Lebensweisen und Verringerung von Risikofaktoren sowie ihrer sozialen und ökonomischen Determinanten	Allgemeine (primordiale) Gesundheitsförderung		
	Prävention		
Betreuung von Personen mit erhöhtem Gesundheitsrisiko	Krankheitsbe zogene Gesundheitsvorsorge		
		Kuration	
Früherkennung und Verhütung von Rückfällen beziehungsweise Ausbreitung bereits ausgebrochener Krankheiten		Behandlung von Krankheiten im Frühstadium	
			Rehabilitation
Verminderung von Schwächung, Behinderung und Leiden durch bestimmte Krankheiten			Wiederherstellung nach akuter oder chronischer Krankheitsbehandlung

(in Anlehung an MAES, 1992)

Vorhersage von präventivem Verhalten

Zur Planung gesundheitlicher Vorsorgemaßnahmen ist es wichtig, die Bereitschaft für ihre Befolgung einschätzen zu können. Hierzu haben amerikanische Psychologen schon in den 50er Jahren ein *Modell gesundheitlicher Überzeugungen* (Health-Belief-Modell) entwickelt, welche die Entscheidung zu vorbeugendem Verhalten beeinflussen (ROSENSTOCK, 1966):

- *Anfälligkeit* für die Krankheit (Ich bekomme fast jeden Winter die Grippe);
- *Gefährlichkeit* der Krankheit (Es kann dabei Komplikationen bis zu Todesfällen geben);
- *Nutzen* der Prävention (Bekannte bekamen nach Schutzimpfung keine Grippe);
- *Barrieren* der Prävention (Es könnte aber Impfkomplikationen geben).

Die Wahrscheinlichkeit zur Teilnahme an präventiven Programmen steigt mit der Überzeugung von der eigenen Verwundbarkeit (Vulnerabilität), ernsten Bedrohung durch die Krankheit, Wirksamkeit und Verträglichkeit empfohlener Gegenmaßnahmen. Deren Realisierung hängt von weiteren internen und externen Bedingungen wie Lebensgewohnheiten, Sorgen und Nöten oder ärztlichen Ratschlägen, Sozialversicherung, Einstellung des Partners und ähnlichen ab. Deshalb hat die Anwendung des Health-Belief-Modells bei Versuchen zur individuellen Beeinflussung der Compliance, von Vorsorge- und Risikoverhaltensweisen nicht immer die vorhergesagten Erfolge gebracht. Diese stellten sich eher bei groß angelegten Aufklärungskampagnen ein, wo sich die zusätzlichen positiven und negativen Wirkfaktoren gegenseitig ausgleichen dürften.

Bei der Weiterentwicklung des Modells wird versucht, dessen Einengung auf rationale Beweggründe für gesundheitsbezogenes Verhalten zu überwinden und die gesamte aktuelle Motivationslage des Individuums wie auch sein Selbstkonzept einzubeziehen. Einen vielversprechenden Ansatz stellt die sozial-kognitive Theorie des Gesundheitsverhaltens von SCHWARZER (1992) dar.

Veränderung von Risikoverhalten

Voraussetzung für den Abbau gesundheitsgefährdenden Verhaltens ist eine Strategie, in deren Rahmen die individuell notwendigen Veränderungsziele festgelegt und entsprechende Techniken der Verhaltensänderung eingesetzt werden. Hierzu haben MACCOBY und SOLOMON (1981) eine *Verhaltensänderungshierarchie* vorgeschlagen. Sie ordnet die Interventionsziele nach der Schwierigkeit und den einsetzbaren Methoden:

- *Problembewußtsein erzeugen* durch Information und Aufklärung über die gesundheitlichen Folgen des Risikoverhaltens (etwa: unangemessenes Essen);
- *Wissen vermitteln* durch Information und Aufklärung über alternatives Verhalten (gesunde Ernährung);
- *Motivation fördern* durch überzeugende Kommunikation, Beratung oder Gruppendiskussionen (über erfolgreiche Gewichtsreduktionsprogramme und ihre kosmetischen Effekte);
- *Einübung neuer Verhaltensweisen als Fähigkeiten* durch Techniken zur Änderung verfestigter Gewohnheiten (kontrolliertes Essen);

- *Gebrauch neu erworbener Fähigkeiten erleichtern* durch Vermeidung äußerer Anreize (Konditoreien, Delikateßstände);
- *gesundheitsförderlichen Verhalten aufrecht erhalten* durch soziale Unterstützung (Änderung der Ernährungsweise für die ganze Familie).

Die individuellen Interventionen müssen nicht immer diese ganze Stufenfolge durchlaufen, wenn zum Beispiel das Problem erkannt und Wissen vorhanden ist, aber die Motivation fehlt oder es trotz guten Willens an Fähigkeiten zur Verwirklichung der Vornahme mangelt. Auf jeder Stufe kann mit der Intervention begonnen werden.

Techniken zur Verhaltensmodifikation basieren auf lernpsychologischen Erkenntnissen (vergleiche 2.3.). Sie gehen von der Voraussetzung aus, daß individuelles Verhalten durch Auslöser und Folgen beeinflußt wird. Deshalb kommt es einerseits darauf an, die Situationen zu analysieren, in denen das zu verändernde Verhalten auftritt, und andererseits die subjektiven Konsequenzen zu ermitteln, die es für den einzelnen hat. Bei einem Jugendlichen, der in der Peergruppe raucht, um akzeptiert zu werden, bedeutet das, entweder diese Gruppensituation zu meiden oder aber ihrem Konformitätsdruck zu widerstehen und Akzeptanz auf andere Weise zu erreichen.

Zur Verhaltensänderung können jeweils mehrere, einander ergänzende Techniken eingesetzt werden, die MEICHENBAUM und TURK (1994) ausführlich behandeln:

- *Selbstbeobachtung* als Vergegenwärtigung des Verhaltens ist die Voraussetzung für seine Änderung. Hierzu kann ein Tagebuch geführt und kontrolliert werden.
- *Bestimmung des Therapiezieles* in Absprache zwischen Therapeut und Patient. Das zu vereinbarende Ziel muß spezifisch und realistisch sein, das Erreichen zu einer antizipierten Belohnung führen.
- *Konstruktiv-kritische Rückmeldungen* über den Behandlungsverlauf festigen die Therapiemotivation.
- *Verhaltensverträge* zwischen Therapeut und Patient legen das Zielverhalten und die Belohnungen bei Zielerreichung in schriftlicher Form fest und erhöhen damit ihre Verbindlichkeit.
- *Übernahme von Verpflichtungen* soll zu einem öffentlich bekundeten Engagement mit einer konreten Zielvorgabe führen („Ich esse nur einmal am Tag" statt „Ich möchte abnehmen").
- *Verstärkung* des gesundheitsförderlichen Verhaltens kann mit vereinbarten positiven Konsequenzen (Lob) bei Fortschritten oder negativen (Tadel) bei Rückfällen durch den Therapeuten oder Bezugspersonen (Eltern, Partner) beziehungsweise auch durch Selbstzuschreibung erfolgen.
- *Kontigenz-Management-Programme* reagieren bei erwünschtem Verhalten kontingent mit Belohnung und bei unerwünschtem kontingent mit Bestrafung.

Erfolge lassen sich mit solchen Interventionen auf Dauer nur bei einem Teil der Behandelten erreichen. Dieser steigt bei stationärer gegenüber ambulanter Therapie und kann durch **Selbsthilfegruppen** nach deren Beendigung stabilisiert werden, was bei der Alkoholabhängigkeit praktiziert wird. Doch in der Raucherentwöhnung gibt es trotz guter Anfangserfolge viele Therapieabbrüche und nach beendeter Behandlung wieder Rückfälle. Ihr stehen fast ebenso viele Selbstheilungen gegenüber. Nicht viel besser gelingt die Bekämpfung des Übergewichtes. Eine wirksame Prävention gesundheitsschädigenden Verhaltens ist allein mit individuumzentrierten Ansätzen ohne Veränderung der kulturellen Rahmenbedingungen auch nicht zu erwarten.

5.4.2. Gesundheitsförderung

Im Unterschied zur Prävention von Krankheiten richtet sich die Förderung der Gesundheit darüber hinaus auf eine Erhöhung der Lebensqualität. Wie von der WHO (1986) auf ihrer ersten internationalen Konferenz für Gesundheitsförderung in Ottawa formuliert, soll sie allen Menschen ein höheres Maß an Selbstbestimmung über ihre Lebensumstände und Umwelt ermöglichen und sie damit zur Stärkung ihrer Gesundheit befähigen. Hierzu gehört die Entwicklung von Fähigkeiten zur gesunden Lebensführung, wie sie durch Gesundheitserziehung und -bildung sowie breitenwirksame Gesundheitsprogramme in Betrieben, Organisationen, Gemeinden und der Öffentlichkeit angestrebt wird.

Gesundheitserziehung und -bildung
Die Förderung gesunden Verhaltens beginnt in der *Familie*, deren Lebensgewohnheiten übernommen werden: Körperpflege, Hygiene, Ernährungsweise, Zeiteinteilung, Sport und Spiel, Umgang mit Konflikten. Besonders die Mutter steht hier Modell, auch noch für ihre herangewachsenen Kinder. Wesentliche Unterstützung kann sie dabei durch den Hausarzt erfahren, wenn dieser die Familienmitglieder nicht nur im Krankheitsfall behandelt, sondern auch zur Vorbeugung ermuntert, sie in der alltäglichen Lebensroutine wie in kritischen Situationen berät.

In den *Erziehungs- und Bildungseinrichtungen* werden dann systematisch Kenntnisse, Einstellungen, Fähigkeiten und Fertigkeiten vermittelt, die einer gesundheitsbewußten Selbstentfaltung dienen. Dabei hat sich gezeigt, daß die bloße Aufklärung über Risiken und Chancen für die Gesundheit nicht ausreicht. Vielmehr müssen auch die individuellen und sozialen Bedürfnisse von Kindern und Jugendlichen berücksichtigt werden, der Anpassungsdruck und Entwicklungsstreß, unter dem sie zeitweilig stehen können (vergleiche 4.4.) und dessen Bewältigung für sie dann im Vordergrund steht. **Gesundheitserziehung** muß ihnen bei altersentsprechenden Entscheidungsprozessen helfen und Problemlösungen anbieten, um mit der persönlichen auch die gesundheitliche Entwicklung fördern zu können.

LAASER et al. (1993) demonstrieren das am Beispiel der schulischen Suchtprävention, die eine Kombination von Wissensvermittlung und Einstellungsbildung praktiziert. Neben der Sachinformation über Drogen, Sucht und deren Therapie stehen Übungen zur Entwicklung der psychosozialen Identität, zur Verbesserung der Selbstwahrnehmung und Körpererfahrung sowie das Bewußtmachen von Werten und Normen in ihrer Bedeutung für das persönliche Leben. Dabei kommt es ebenso wie in der gesundheitlichen Selbstgestaltung Erwachsener darauf an, den Widerspruch zwischen kurzfristig erzieltem Wohlbefinden und langfristiger Gesundheitsgefährdung dadurch zu lösen, daß „Hilfen bei der Bewältigung von Lebensproblemen im Alltag Raum schaffen für ein verbessertes Gesundheitsverhalten" (S. 183f.).

SCHWARZER (1992) sieht solche Hilfen allgemein in der

- Erzeugung von sozialer Kompetenz und Selbstwirksamkeitserwartung,
- Unterstützung kognitiver Problemlösungsfähigkeiten,
- Aneignung von Techniken der Streßbewältigung und eigengesteuerten Verhaltensmodifikation,
- Anknüpfung und Erhaltung eines unterstützenden sozialen Netzwerkes.

Breitenwirksame Gesundheitsprogramme
Um Jugendliche noch neben dem Bildungsprozeß und danach auch Erwachsene gesundheitlich beeinflussen zu können, werden zunehmend Programme entwikkelt und systematisch erprobt, die sich an breite Bevölkerungsschichten richten. Sie kommen in Betrieben, Gemeinden oder ganzen Regionen zum Einsatz und werden auch von Krankenkassen für ihre Mitglieder gestartet. Dabei soll generell gesundheitsbeeinträchtigendes Verhalten reduziert und -förderliches Verhalten verstärkt werden. Hierfür ist die Einstellungsbildung in Richtung einer hohen Bewertung von Fitness, Selbststeuerung und Verantwortlichkeit zu unterstützen. Es werden verschiedene Interventionen kombiniert: medienunterstützte Aufklärungskampagnen, innerbetriebliche Ernährungs- und Entspannungsmaßnahmen, Angebote zur Teilnahme an Kursen zur Verhaltensmodifikation, regionale Verbesserung von Sport- und Erholungsmöglichkeiten sowie andere sozialpolitische Aktivitäten.

Solche Programme können über den Rahmen der Gesundheitspsychologie, die sich auf die interne Verhaltensregulation von Individuen und Kleingruppen beschränkt, hinausgehen und für ganze Bevölkerungsgruppen konzipiert sein. Sie sind ein Thema der *Gesundheitswissenschaften* (Public Health), die eine externe Verhaltensregulation ganzer Bevölkerungsgruppen anstreben. Hierunter wird neuerdings ein interdisziplinäres Arbeitsfeld verstanden, das gesundheitsbezogene Ansätze der Sozial- und der Arbeitsmedizin, Verhaltens- und Sozialwissenschaften integriert, um sie für eine wirksame Gesundheits- und Sozialpolitik nutzbar zu machen (siehe hierzu HURRELMANN und LAASER, 1993).

Gesundheit über alles?

Gesundheitsförderung ist also nicht nur Sache des persönlichen Lebensstils, sondern auch gesellschaftliches Anliegen. Auf der individuellen wie öffentlichen Ebene bedeutet Gesundheit jedoch nur einen Wert unter anderen. Seine Verabsolutierung wäre ebenso utopisch wie bedenklich. Krankheit und Leiden lassen sich wohl vermindern, aber nicht aus der Welt schaffen. Sie gehören zum Leben. Ein vereinfachtes Bild, das Leben mit Gesundheit gleichsetzt, würde zu einer ethisch bedenklichen Ausgrenzung von chronisch Kranken wie Behinderten führen und mit der Pflicht, gesund zu sein, die meisten Menschen überfordern. Es ist schlechterdings unmöglich, allen Gesundheitsempfehlungen zu folgen, zumal sie zum Teil rasch wechseln und dabei einander durchaus widersprechen können. Der einzelne muß auch hier die Freiheit behalten, sich für das ihm Bedeutsame und Mögliche entscheiden zu können.

Erziehung zu präventivem Gesundheitsverhalten kann aber auch an falschen anthropologischen Modellvorstellungen scheitern. Die Annahme, man könne insbesondere jüngere Menschen zu risikoarmem Verhalten erziehen, verkennt eine höchst wirksame menschliche Antriebskraft, nämlich die Suche nach Bewährungsproben und Risiken. In den Industrieländern sind Heranwachsende keinen urwüchsigen Lebensgefahren ausgesetzt (Kampf ums Überleben, gegen Hunger, Durst und Witterungsbedingungen). Das Angebot der Vergnügungsindustrie (Kampfszenen im Computerprogramm, riskante Abenteuer-Urlaubsformen und ähnliches) liefert Surrogate. Wie Menschen mit ihrem Auto oder mit Genußgiften umgehen, muß psychologisch auch aus diesem Blickwinkel begriffen werden. Risikofreudigen macht besonders das Verbotene Spaß. Gesundheitsförderung hat deshalb immer mit einem vielschichtigen Zusammenhang von Selbstbestimmung und Gesundheit zu rechnen.

6. Psychosoziale Aspekte körperlicher Erkrankungen

6.1. Die Auseinandersetzung mit der Krankheit

In Kapitel 1 waren biopsychosoziale Bedingungen, die zur Entstehung von Krankheiten führen können, angesprochen worden. Die Kapitel 2 bis 5 haben dann Grundsätzliches über die Erlebnisbedingungen des Patienten, seine Persönlichkeit, die Bedeutung der Alterstufen und über Variablen des Gesundheitsverhaltens abgehandelt. Kapitel 1 bis 5 lassen sich zusammengefaßt als Grundlagen der allgemeinen Medizinischen Psychologie bezeichnen.

Mit Kapitel 6 beginnt nun die spezielle Medizinische Psychologie in dem Sinne, daß hier die psychischen Reaktionen des kranken Menschen besonders dargestellt werden: Formen der individuellen Auseinandersetzung mit einer akuten Erkrankung oder mit langfristigen Krankheiten, die Hinwendung des Kranken zum Arzt – durch diesen Schritt erst wird der Kranke definitiv zum Patienten – und Formen des Arzt-Patient-Verhältnisses.

Ausdrücklich betont werden muß, daß Medizinische Psychologie nicht etwa nur jene Patienten wahrnimmt, die in irgendeiner Form psychisch erkrankt sind, sondern es geht hier besonders um jene Mehrzahl aller Patienten, die prämorbid und in der Erkrankung im wesentlichen psychisch unauffällig („normal“) leben. Die Tatsache einer Erkrankung selbst wirft aber psychische Probleme auf, die gelöst werden wollen. Auch Erkrankungen, die deutlich als Organerkrankungen diagnostiziert und behandelt werden, lösen für den betroffenen Menschen eine ganze Reihe von Notwendigkeiten aus, sich individuell mit Krankheitssymptomen auseinanderzusetzen und die eigene Lebenssituation zum Teil den neuen Bedingungen anzupassen. Um derartige psychologische Fragen geht es der speziellen Medizinischen Psychologie im Kern.

Solche zentralen Fragen sind in der Medizin ein wenig an die Seite gerückt. Die Medizin hat sich in den letzten 150 Jahren mehr mit der *Krankheit*, weniger mit dem *Kranken* und seiner Lebensgeschichte beschäftigt. Früher wußte der Hausarzt/Landarzt alten Stils aus der langjährigen Kenntnis seiner Patienten viel über deren Persönlichkeit, ihr Erleben und Reagieren in gesunden und kranken Tagen. Der Arzt konnte beobachten: Durch die Krankheit verändert sich die Persönlichkeit kurzzeitig oder endgültig, zum Beispiel muß der Herz- oder Lungenkranke mit einem krankheitsbedingten Vitalitätsverlust zurechtkommen. Adaptive Veränderung der Verhaltensweisen einerseits und der Verlauf des Krankheitsgeschehens andererseits stehen in ständiger gegenseitiger Beeinflussung. Krankheit ist in diesem Sinne kein linearer, sondern ein dynamischer Prozeß. Die biopsychosozialen Probleme des Patienten *in* der Krankheit sind kaum weniger wichtig als die biopsychosozialen Bedingungen, die zur Erkrankung führen.

Krankheit und Konflikt

Krankheit, Konflikt, gesellschaftliche und individuelle Lebensführung stellen Ansprüche an den Menschen, mit denen er sich auseinandersetzen muß. Konflikte durch Erkrankungen lassen sich nicht immer lösen. Sie können enden:

- mit einer weitgehenden Heilung oder idealiter mit einer „restitutio ad integrum", also einer vollstängigen Wiederherstellung des Ausgangszustandes,
- mit verbleibenden körperlichen, psychischen und sozialen Behinderungen oder
- mit dem Tod.

Schmerz und Angst, Aufenthalt im Krankenhaus, Verunsicherung hinsichtlich der Folgen einer Erkrankung, anstehende Verhaltensänderungen können massive Konflikte auslösen, bei deren Verarbeitung der Arzt helfen kann und sollte.

Aber auch unabhängig von der akuten Krankheit verläuft das individuelle Leben voller Konflikte, die teils zur Bewältigung und damit zur Reifung und Weiterentwicklung der Persönlichkeit, teils aber auch ursächlich zu Beschwerden und Erkrankungen führen können. Konflikte als Folge einer Erkrankung können so ihrerseits die Neuentstehung weiterer Krankheiten begünstigen.

Das Leben ist durch eine Vielzahl von Konflikten gekennzeichnet, wie schon in 2.4.3. dargestellt wurde. Nicht aber der Konflikt an sich ist entscheidend, sondern die *Verarbeitung* des Konfliktes, das heißt die Einstellung des Individuums, seine Form des Konflikterlebens und der Auseinandersetzung mit den Konfliktstoffen. Sowohl das *Konfliktgebiet* als auch die *Konfliktwirkung* sind abhängig vom Entwicklungsstand des Patienten. Ein Geborgenheitskonflikt ist für ein Kleinkind entscheidend, um selbstständig werden zu können, kann für einen Erwachsenen eine emotionale Bedrohung sein und schließlich im Alter wieder persönlichkeitszentral werden. Die Auseinandersetzung mit einem Konfliktgebiet fördert primär die Entwicklung und beeinflußt sie erst dann negativ, wenn eine Bewältigung des Konfliktes nicht gelingt.

Der Prozeß der Auseinandersetzung mit der Krankheit

Der Patient ist gezwungen, sich mit der Krankheit selbst sowie ihren

- *primären Folgen* (zum Beispiel Schmerzen, Vitalitätsverlust, Einschränkung von motorischen und anderen Fähigkeiten) genau so auseinanderzusetzen wie mit den

- *sekundären Folgen* (zum Beispiel eventueller Verlust des gewohnten Arbeitsplatzes oder sogar des Berufes, Invalidisierung)

Wie er das schafft, ob zum Beispiel aktiv und subjektiv erfolgreich oder resigniert und eher autodestruktiv, und welche innerseelischen und sozial unterstützenden Ressourcen er dabei einsetzen kann, ist Gegenstand der folgenden Darstellung. Unter dem Oberbegriff der Auseinandersetzung mit der Krankheit fassen wir zwei nicht ganz trennscharf unterscheidbare Bereiche zusammen (vergleiche SCHEER, 1992):

- eher bewußte, planbare Bewältigungsschritte, die wir **Coping** nennen, und
- eher unbewußte, zum Teil realitätsleugnende Reaktionen zur Angsteindämmung, die wir **Abwehrmechanismen** nennen.

Unter **Coping** versteht man Formen der aktiven, in der Regel bewußten, realitätsorientierten, flexiblen Anpassung allgemein an eine Belastungssituation und speziell an die Krankheitssituation. Emotionale und Handlungskompetenzen, Fertigkeiten, Techniken und Wissensvoraussetzungen, die der Betroffene mitbringt, setzt er zu diesem Ziel ein.

Abwehrmechanismen sind dagegen dem Idividuum nur sehr lückenhaft bewußt oder bleiben ganz unbewußt, sind relativ rigide, wirken für den Beobachter zum Teil „unvernünftig" und können ans Psychopathologische grenzen. Lernpsychologisch verständlich, benutzt jeder einzelne bevorzugt immer wieder diejenigen Abwehrmuster, die sich in seinem Leben bisher als einigermaßen wirksam gegen Angsteinbrüche bewährt haben.

Zeitlich gesehen können wir folgende Phasen der Auseinandersetzung mit der Krankheit unterscheiden:

1. Auseinandersetzung mit den ersten Krankheitssymptomen und dem Kranksein;
2. Auseinandersetzung mit dem Krankbleiben und
3. Auseinandersetzung mit dem Zustand des chronisch Krankseins.

Das chronische Kranksein läßt sich weiter differenzieren in:

- zeitintensive Krankheiten, die mehrere Monate mit erheblichen Behinderungen andauern, aber völlig ausheilen können, zum Beispiel komplizierte Brüche. Der Patient weiß, daß er nach einiger Zeit wieder wie früher leben kann, die Krankheit selbst ist aber so extensiv, daß sie eine entscheidende Phase im Leben darstellt;
- Krankheiten mit einer verlängerten Rekonvaleszenz, die eine besondere Schonung nach der Krankheit notwendig machen, zum Beispiel der Herzinfarkt oder die Hepatitis. Bei leichteren Formen besteht die Möglichkeit,

später ohne wesentliche Krankheitsbelastungen oder Einschränkungen das Leben gestalten zu können;
- die eigentlichen chronischen Krankheiten, zum Beispiel Asthma, chronische ischämische Herzkrankheit, Amputation, schwere Leber- und Nierenleiden, die in ihren Folgen den Menschen sein ganzes Leben begleiten. Sie können seine Körperfunktionen beziehungsweise seine Vitalität schwächen, seine Lebensführung (zum Beispiel durch einen Anus praeter) behindern, oder ihn psychisch (zum Beispiel durch entstellende Gesichtsveränderungen) belasten;
- Krankheiten, die chronisch zum Tode führen, zum Beispiel ein metastasierendes Karzinom.

Erleben der Symptomatik und Akzeptieren als Krankheit
Bevor ein Mensch, der sich unwohl und vielleicht krank fühlt, bereit ist, professionelle medizinische Hilfe zu suchen und anzunehmen, geschieht vieles, was der Arzt in der Regel nicht erfährt oder beim ersten Kontakt mit einem Patienten nicht recht bedenkt.

Ein Beispiel:

> Ein älterer Mensch fühlt diffuse Beschwerden. Als erstes versucht er, sie mit früher durchgemachten Erkrankungen in Verbindung zu bringen (grippaler Infekt, Ulcera in der Vorgeschichte, Asthma-Anfälle, Schmerzen im Fuß als Folge einer Verstauchung und so weiter). Er nimmt also die Beschwerden wahr und bewertet ihre aktuelle oder langdauernde Bedeutung. Da Beschwerden älterer Menschen erstens häufig sind und zweitens meist vorübergehender Art, wird er sie eventuell nicht wesentlich beachten, und sogar ihr Verschwinden wird ihm nicht recht zum Bewußtsein kommen. Dauern sie jedoch an, verstärken beziehungsweise präzisieren sie sich subjektiv als Beschwerden eines Organs, so wird er sie als Ausdruck einer Krankheit befürchten oder sogar schon klassifizieren. Auch jetzt wird er nicht sofort zum Arzt gehen, sondern sich überlegen, ob eine Behandlungsbedürftigkeit besteht, er wird mit Verwandten oder mit dem Apotheker sprechen, Hausmittel anwenden.
>
> Negiert er die Notwendigkeit, sich ärztlich behandeln zu lassen aus Angst oder aus einer Gering- beziehungsweise Fehleinschätzung (zum Beispiel daß auch ein Arzt ihm nicht helfen kann), so wird er verbal wahrscheinlich eine mehr oder weniger vernünftige Begründung vorzutragen wissen. Wir sollten dann aber damit rechnen, daß hier Formen eines Abwehrverhaltens wirksam werden, zum Beispiel eines Verdrängens oder Verleugnens unbewußter Art, aus Angst vor der Behandlung, vor den Schmerzen, die diese mit sich bringen kann, oder aus Angst, er könnte erfahren, daß etwas „Schlimmes" dahinter steckt. Abwehr heißt hier (tiefenpsychologisch) Angstabwehr.

Die Abbildung 6.1 zeigt modellhaft den Ablauf, die Entscheidungskette, die sich in seinen wesentlichen Teilen rational gestaltet, obwohl auch hier bereits Abwehrmechanismen mitspielen können.

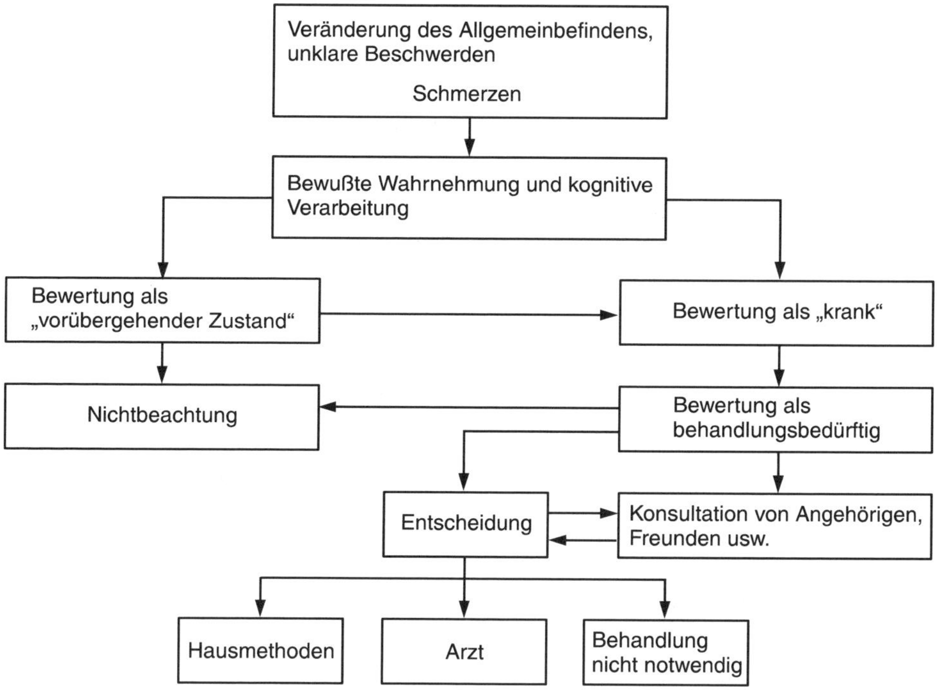

Abb.6.1 Erleben der Symptomatik und Akzeptieren als Krankheit

Bewältigungsformen

Das geschilderte Entscheidungsverhalten findet in dieser Form vor allem bei aktuellen Erkrankungen statt. Komplizierter noch wird es bei Krankheitsgeschehnissen *chronischer* Art durch mitgeschleppte Befürchtungen, die aus der Kenntnis vom Krankheitsverlauf bei anderen Patienten oder Freunden resultieren (Abb. 6.2).

Ein weiteres Beispiel:

Eine Frau hat eine Verhärtung in der Brust festgestellt. Allgemein wissen Frauen heute, daß Verhärtungen in der Brust Zeichen eines Mamma-Karzinoms sein können. Diese Frau wird durch ihre Beobachtung verunsichert werden und auf verschiedene Weise versuchen, ihr psychisches Gleichgewicht wieder herzustellen. Tatsächlich gibt es nur eine geringe Zahl von Frauen, die sofort nach einer entsprechenden Beobachtung einen Arzt aufsuchen. Die Mehrzahl verdrängt (Abwehrmechanismus) den Verdacht und beobachtet angstvoll die Größe des Knotens, obwohl sie weiß, daß ein solcher Knoten nicht von selbst verschwindet, sondern entweder gutartig ist (was nur der Arzt feststellen kann) oder bösartig, was zur Behandlungsnotwendigkeit führt. Wegen dieses fehlerhaften Auseinandersetzungsprozesses mit der befürchteten Erkrankung kommen trotz aller Aufklärung viele Frauen erst spät oder zu spät zum Gynäkologen.

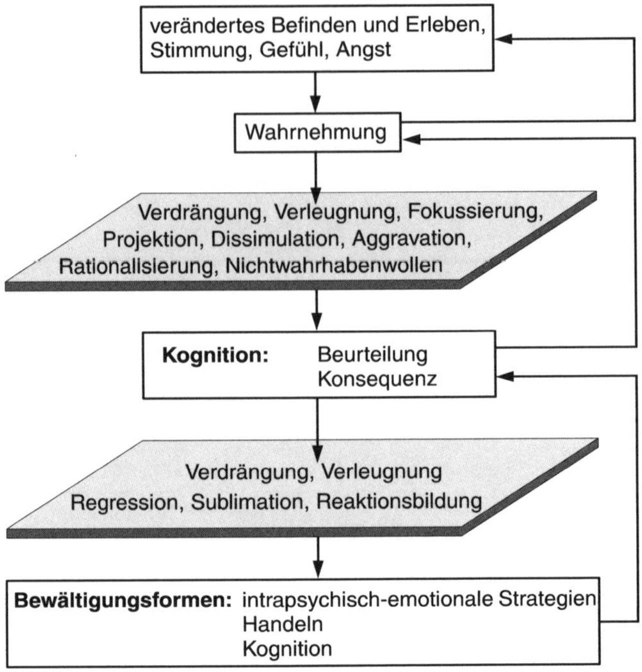

Abb. 6.2 Der Prozeß der Auseinandersetzung mit der Krankheit (in Anlehnung an HEIM et al., 1983)

Bei einer Befragung nach den Gründen des Abwartens hört man viele Schein- oder Kulissenmotive, weil die Patientinnen nicht gern ihre Angst als Motiv für das *Arztmeiden* zugeben.

Alle Menschen eignen sich in ihrer individuellen Lerngeschichte einen Satz bevorzugter *Strategien* an, die bei Krankheitsbefürchtungen und anderen Ängsten bevorzugt angewendet werden, weil sie sich als relativ erfolgreich erwiesen haben.

Bewußte und unbewußte Anteile führen zu einer Gesamtbeurteilung, die abhängig ist von:

- dem Einschätzen der bedrohlichen Situation;
- dem Suchen nach Alternativen;
- dem Abschätzen und Gewichten der gefundenen Alternativen und
- der Festlegung des zukünftigen Vorgehens.

Bei der Entscheidung sind populärwissenschaftliche Aufklärungen innerhalb der Gesundheitserziehung zum Beispiel in den Medien nicht immer hilfreich. Dort wird meist betont, daß eine rechtzeitige Diagnostik und Therapie eines Tumors zur vollen Gesundung führen kann. Für den ängstlichen Kranken heißt das aber: Wer nicht rechtzeitig kommt, ist verloren. Innerhalb des Wahrnehmungs- und

Beurteilungsprozesses der eigenen Beschwerden ist noch nicht einmal der erkrankte Fachmann, also der Arzt, noch viel weniger aber der Laie in der Lage, nur rational zu denken, also sein eigenes Krankheitsbild nach allen ihm bekannten Unterlagen richtig einzuschätzen. Verdrängung, Nichtwahrhabenwollen, Verleugnung als Abwehrmechanismen und so weiter führen zu Fehlern.

Patienten entwickeln nicht nur in jeder Intensitätsphase der Krankheit, sondern in jeder neuartigen Situation unterschiedliche Bewältigungsstrategien. Als Beispiel haben wir eine Aufstellung von MOOS und TSU (1977) angeführt (Tab. 6.1), bei denen unterschiedliche Formen und Situationen zu unterschiedlichen Abwehrmechanismen beziehungsweise Bewältigungsstrategien führten. Diese Systematik von Bewältigungsfertigkeiten zeigt eine Mischung von Abwehr- und Bewältigungsformen.

Tab. 6.1 Bewältigungsstrategien

Kategorie	Beispiele
1. Leugnung oder Minderung der Schwere einer Krise	Selbstschutz-Reaktion („Defensive Mechanismen"), „Nichtwahr-haben-können" einer Diagnose (beim Betroffenen selbst, bei den Angehörigen, vor allem bei Eltern behinderter Kinder); häufiger Arztwechsel zur Korrektur der Diagnose
2. Suche nach relevanter Information, effektiver Gebrauch intellektueller Ressourcen	Korrektur inadäquater Vorstellungen über die Entstehung einer Erkrankung oder (bei Eltern) die Gründe für angeborene Schädigungen; Aufsuchen „erfahrener" Patienten; Literatur über Verlauf und die Behandlungsmöglichkeiten der Krankheit; offenes Befragen von Ärzten oder Pflegepersonal
3. Einholen von Rückversicherung und emotionaler Unterstützung	Ausdruck von Sorgen, Ängsten, Erwartungen gegenüber Familie, Freunden, Rehabilitationspersonal; Anschluß an Selbsthilfegruppen suchen (auch) für Angehörige: etwa Ehegatten von Dialysanden, von Post-Infarkt-Patienten, Eltern behinderter Kinder)
4. Erlernen spezifischer schädigungsbezogener Verfahren	Bedienung einer Heimdialyse-Apparatur, Bedienen des Rollstuhls, Selbstinjizieren von Insulin,
5. Aufstellen konkreter und zeitlich überschaubarer Ziele	Zergliedern überwältigender Probleme in handhabbare Einheiten, Planen bis zu einem bestimmten Ereignis (Geburtstag usw.)
6. Durchspielen alternativer Möglichkeiten	Geistige Vorbereitung und Einstellung, Diskussion möglicher Ausgänge mit der Familie, mit Freunden, mit Fachleuten, Vorbereitung auf potentielle Probleme durch gedankliches Probehandeln in Schritten, Rückbesinnung auf frühere ähnliche und mit Erfolg gemeisterte Probleme; antizipatorisches Trauern in Erwartung des Todes oder anderer Verluste
7. Finden eines allgemeinen Bedeutungs- und Sinnzusammenhanges	Neubewertung der Krise als längerfristigen Gewinn, Bewertung als Herausforderung

(nach MOOS und TSU, 1977)

Exkurs 6.1 Ärzte als Patienten

Das eigene Gesundheitsverhalten von Ärztinnen und Ärzten ist nicht über alle Zweifel erhaben positiv und vorbildlich. Einige Untersuchungen finden im Vergleich mit der Gesamtbevökerung erheblich erhöhte Alkoholismus-, Drogenabhängigkeits- und Selbstmordraten.

Wenn Ärzte krank werden, entsteht für sie eine ungewöhnliche Doppelrolle. Nach anfänglicher Selbstdiagnose und Selbstbehandlung wird es doch oft unvermeidlich, einen Kollegen oder eine Kollegin hinzuzuziehen. In diesem Augenblick wird der Erkrankte zum Patienten seines Kollegen, von Ausbildung, Wissen und Einstellung her bleibt er aber dennoch Arzt. Man sagt: Ärzte sind oft (wegen dieser Doppelrolle) schlechte oder „schwierige" Patienten.

Es gibt große Materialsammlungen zum Thema „Ärzte als Patienten" mit Selbstschilderungen von Ärzten über ihre Erlebnisse als Kranker und Patient. Die wohl erste umfangreiche Sammlung hat der Arzt Alfred Grotjahn 1929 veröffentlicht und dabei die Überlegung nahegelegt, derartige diffizile Leidensschilderungen von Kollegen könnten ein Ungleichgewicht korrigieren helfen, das durch zu starke Be-

Wildgrube, Variation eines Motivs von Escher

tonung von *Krankheiten* und zu geringe Beachtung subjektiver Erlebnisse des *Kranken* entstanden ist. Hier entstünde ein einmaliger Weg zu mehr Einfühlung in die Lage der Patienten.

Aus mehr als 200 gesammelten Arztberichten geht hervor: Viele Ärzte würden bei sich selbst Standardoperationen nicht vornehmen lassen, schieben so lange wie möglich den Gedanken hinaus, sie könnten krank sein, zögern zum Beispiel die Diagnose und Behandlung einer Krebserkrankung hinaus. Das gilt sogar zum Teil für den behandelnden Arzt: Vielfach werden an einem Kollegen erkannte Symptome zunächst verharmlost oder verschwiegen. Möglicherweise mahnt den Behandelnden die Tatsache, daß er einen kranken Arzt behandelt, stärker an die reale eigene prinzipielle Verwundbarkeit als der Kontakt mit anderen Patienten.

Diesem Gedanken kommt die alte Abstinenz-Regel nahe, derzufolge ein Arzt schwerer erkrankte eigene Familienangehörige nicht behandeln sollte, weil ihn eine sehr hohe emotionale Beteiligung am angemessenen Handeln hindern kann. Mancher Arzt betont, er könne jetzt den Arztwechsel, das Suchen des Patienten nach mehreren Ärzten verstehen. Viele Ärzte motivieren sich selbst zum Wiedergesundwerden mit dem Satz „Mein Beruf fordert mich!“. Nichts scheint das Selbstwertgefühl von Ärzten so zu untergraben, wie der Verlust der Berufsrolle.

GROTJAHN, A. (1929). *Ärzte als Patienten*, Leipzig: Thieme.
PINNER, M.; MILLER, B. F. (Hrsg.) (1953). *Was Ärzte als Patienten erleben*, Stuttgart: Kieper.
MANDELL, H.; SPIRO, H. (Eds.) (1987). *When doctors get sick*, New York: Plenium Medical Book Company.

Zwar wissen Ärzte und Schwestern, daß ein Mensch nach dem Erlebnis des Todes eines Angehörigen normabweichend reagieren kann. Sie sind aber nicht darauf vorbereitet, daß ihr Patient zur Bewältigung seiner schweren Erkrankung allerlei auch ungewöhnliche Strategien entwickeln kann, daß sein Gesamtverhalten sich stark ändern kann und er sich manchmal, von außen gesehen, rätselhaft und eigenartig verhalten kann.

Arzt und Schwester müssen lernen, das Verhalten des Patienten als Folge von Bewältigungsformen zu verstehen, entsprechend einzuordnen und darauf geschickt zu reagieren, sich nicht beleidigt zu fühlen oder von einem schuldhaften Verstoß gegen irgendwelche Anordnungen zu sprechen.

Eine allgemeingültige Einteilung für Bewältigungsstrategien gibt es noch nicht. Die unterschiedlichen Formen sind als jeweilige Aspekte des Problems anzusehen.

In einer von HEIM et al. (1983) aufgestellten und von uns weiterentwickelten Gliederung werden drei Gruppen von Bewältigungsformen unterschieden: *Handeln, Kognition und intrapsychisch-emotionalen Strategien.*

Bewältigungsformen I: Handeln

– *Kompensation:* ablenkende Wunscherfüllung, kaufen, essen (Ich gönne mir etwas Gutes.);

- *Zuwendung:* verstehende Zwiesprache, zuhören, aussprechen, beistehen (Jemand muß mich in der Krankheit ja verstehen.);
- *Rückzug:* allein mit sich selbst, isolieren, abkapseln, aus dem Weg gehen (Will von allem nichts mehr wissen.);
- *Wut ausleben:* gestaute Aggression ausdrücken, ungehalten sein, verärgert, reizbar;
- *Altruismus:* für andere etwas tun, Hilfe leisten, Sympathie ausdrücken, Liebesbezeugung und Sorge für Kinder und Ehepartner;
- *Zupacken:* Angriff als Verteidigung, aktiv in Abklärung und Verstehen der Krankheit, betont kooperativ in der Therapie.

Bewältigungsformen II: Kognition
- *Dissimulieren:* Krankheit herunterspielen, bagatellisieren, ignorieren, ablenken (Es ist alles nur halb so schlimm.);
- *Ablenken:* Aufmerksamkeit weg von Krankheit, hinwenden, beschäftigen, ablenken (Das ist mir im Moment wichtiger, als krank zu sein.);
- *Problemanalyse:* kognitive Analyse der Krankheit und ihrer Folgen, vernunftsgemäßes Erkennen, Abwägen und Entscheiden (Gut verstanden ist halb gewonnen.);
- *Vermeiden:* den Problemen der Krankheit aus dem Weg gehen, ablenken, weglaufen, nicht hinsehen (Dies alles geht mich gar nichts an.);
- *Rumifizieren:* gedanklich in die Krankheit festkrallen, grübeln, kreisförmig die Gedanken bewegen, ohne zu einem Schluß zu kommen;
- *Stoizismus:* Hinnehmen, was immer die Krankheit bringt, mit Fassung tragen, akzeptieren (Dies zu ertragen ist mir nun mal auferlegt.).

Bewältigungsformen III: Intrapsychisch-emotionale Strategien
- *Haltung bewahren:* Inneres Gleichgewicht auch in Krankheit aufrecht erhalten, Selbstkontrolle, Fassung nicht verlieren, Selbstbeherrschung (Ich muß mich zusammenreißen.)
- *Fatalismus:* Krankheit als unabwendbar hinnehmen, aufgeben, resignieren (Nutzt doch alles nichts mehr.)
- *Auflehnung:* Gegen Krankheit und Folgen auflehnen, Protest, mit dem Schicksal hadern (Warum gerade ich?)
- *Selbstbeschuldigung:* Sich selbst Schuld an der Krankheit zuordnen, Fehler bei sich suchen, Schuld tilgen (Ich verdiene es nicht besser.)
- *Trost suchen:* Kommunikative Nähe suchen; Schönheiten sehen, die man sonst unbeachtet gelassen hat (Bewußt leben).

Abwehrmechanismen

Im Unterschied zu den bisher genannten Krankheits-Bewältigungsformen, die bewußte und unbewußte Elemente enthalten können, sind Abwehrmechanismen (Angst-Abwehr-Mechanismen) gemäß dem triebdynamischen Modell der Psychoanalyse weitgehend oder vollständig unbewußte Reaktionsformen.

Wir erläutern hier einige wichtige Abwehrmechanismen: Regression, Verdrängung, Verleugnung, Rationalisierung, Projektion, Identifizierung, Dissimulation, Reaktionsbildung, Sublimierung.

Regression
Regression bedeutet im engeren Sinne den Rückfall auf Erlebens- und Verhaltensweisen, die in der Kindheit vorherrschend waren, eine Einengung des Erlebens und Verhaltens auf Dinge des engen psychischen und körperlichen Umfeldes, das Zurückgeworfensein auf sein vitales Selbst. Ein Mensch, der ein zentrales Verlusterlebnis erlitten hat, zum Beispiel den Tod des Ehepartners, ist hierdurch so ausgefüllt, daß nur wenig andere Dinge für ihn bedeutsam werden. Er nimmt sie kaum wahr. Beim alten Menschen können die Rollenunsicherheit durch das Ausscheiden aus dem Beruf sowie die verringerten intellektuellen Fähigkeiten und körperlichen Leistungen eine Konzentration auf einfache Geschehnisse des Alltages bedingen.

Beim Schwererkrankten oder frisch Operierten konzentrieren sich die Befindlichkeiten auf die eigenen Schmerzen; Nahrungsaufnahme (gelegentlich mit Füttern) und Ausscheidungsfunktionen (zum Teil mit Inanspruchnahme von Hilfe) werden wieder wie in der Säuglingszeit ein zentrales Phänomen.

Das Pflegepersonal und die Familie erhalten verstärkt betreuende und schützende Funktion, und es ändern sich nicht nur soziale Funktionen, sondern auch das Partnerverhältnis und die Lebensanforderungen an die Familie.

Manche Reglements im Krankenhaus erzwingen in gewisser Weise vom Patienten Gefügigkeiten, die regressiven Verhaltensweisen ähneln (vergleiche 6.2.). Es wäre aber unangemessen, ja fast zynisch, wollte man einengende, zu gewisser Unterwerfung drängende Reglements mit den eigenständig auftretenden, psychodynamisch sinnvollen Regressionstendenzen von Patienten rechtfertigen.

Verdrängung
Nicht zu bewältigende Motive, Affekte, Erinnerungen und Vorstellungen werden nicht ins Bewußtsein aufgenommen oder von ihm abgespalten. Dadurch kann man es scheinbar vermeiden, sich zum Beispiel bei schweren Erkrankungen der traumatischen Realität zu stellen. Triebimpulse und andere Realitätsanteile verlieren durch die **Verdrängung** ihre Energie nicht, sondern bleiben im Unbewußten dynamisch wirksam und können (manchmal erst nach Jahren) eruptiv als Symptom zum Vorschein kommen.

Verleugnung
Bei Patienten kommt es gelegentlich bei wirklichen oder vermeintlichen schweren Diagnosen, zum Beispiel „Krebs“, zu einem gleichzeitigen Wissen und Nichtwahrhabenwollen. Dieser **Verleugnung** genannte, unbewußte Mechanismus ist häufig der Grund, trotz einer relativ klaren, gefahrdrohenden Symptomatik den Arzt nicht aufzusuchen.

Verdrängung und Verleugnung haben aber auch positive Wirkungen, zum Beispiel die Leugnung der Lebensgefährlichkeit der Situation kurz nach dem überlebten Herzinfarkt. Hierdurch werden Angst und Depression abgewehrt, deren biochemische Korrelate den angegriffenen Herzmuskel gerade in den ersten Tagen nach einem Infarkt stark schädigen können (BYRNE und WHYTE, 1979). Bei einer länger dauernden Leugnung besteht jedoch die Gefahr, daß der Patient sich in Gefahr begibt.

Bei Depressionen nach einer traumatischen Querschnittslähmung ist durch die Fähigkeit zur Leugnung die Angst vor der Zukunft zunächst reduziert, was die Auseinandersetzung hiermit fördert.

Rationalisierung

Als **Rationalisierung** oder Intellektualisierung bezeichnet man einen nachträglichen Erklärungsversuch für eine unbewußt motivierte Handlung. Für ausweichendes Verhalten (einen mit Angst besetzten Besuch beim Arzt hinausschieben; wichtige Medikamente, die unangenehme Nebenwirkungen haben, nicht einnehmen) werden rational erscheinende Begründungen in der Rechtfertigung vor dem Arzt und vor sich selbst vorgebracht und vorgeschoben: zeitliche Engpässe, Symptombesserung, ungeklärte diagnostische Details und dergleichen. Man kann den eigenen schädlich hohen Zigaretten- und Koffeinkonsum damit „begründen“, man müsse stets fit und konzentriert sein. Unter Akademikern (und damit auch unter Ärzten), die stets mit rationalen Argumenten zu tun haben, sind derartige Abwehrformen sehr verbreitet.

Projektion

Die Neigung, von sich auf andere zu schließen und seine eigenen, uneingestandenen (unbewußten) Triebimpulse bei anderen zu vermuten, wird **Projektion** genannt. Vorstellungen und Bedürfnisse, die man nicht bei sich wahrhaben will, weil man sie als bedrohlich erlebt, versucht man an anderen Personen zu erkennen. Der Arzt, der eine schwere Krankheit bei sich selbst fürchtet, sucht besonders sorgfältig nach entsprechenden Symptomen bei anderen. Oder: Der Alkoholiker unterschätzt den eigenen Alkoholkonsum, überschätzt aber das Trinkbedürfnis anderer.

Identifizierung

Die (unbewußte) Übernahme eines fremden Verhaltens, fremder Auffassungen, Einstellungen und Gefühle wird Identifizierung oder **Identifikation** genannt. Der psychodynamische Gewinn ist nicht nur bei der Übernahme von Einstellungen von Vorbildern, sondern auch von mächtigen, angsteinflößenden Personen verständlich.

Der Student, der sich mit den Anforderungen seines Prüfers und des Prüfungssystems anfreunden, gar identifizieren kann, lernt und agiert ungestörter und möglicherweise an Scheinen abzählbar erfolgreicher als derjenige, der (vielleicht berechtigte!) Vorbehalte hat.

Eine ähnliche Dynamik findet man auch zwischen Patient und Arzt. Derjenige Patient, der vertrauensvoll den Anordnungen seines Arztes folgen kann, sie sich zu eigen macht, sich mit ihnen identifiziert, bekommt latente Ängste leichter in den Griff, als ein Patient, der „mündig" und kritisch alle Therapieschritte überdenkt. Im Zusammenhang mit Angstabwehrmechanismen erfordert nämlich kritisches, rationales Mitabwägen ein höheres Maß von Angstfreiheit.

Dissimulation
Wenn das Wissen oder das mögliche Wissen um Krankheit oder Krankheitsfolgen unbewußt verharmlost und verkleinert wird, kann diese **Dissimulation** zu den Abwehrmechanismen gezählt werden. (Häufig werden aber zur strategischen Außendarstellung und manchmal auch zur Selbstberuhigung derartige Begatellisierungen teilbewußt oder in vollem Bewußtsein angewandt und gehören dann zu den Bewältigungsformen II.) Ähnliches gilt für die *Aggravation*, das Verstärken, Ausmalen und Betonen von Beschwerden.

Reaktionsbildung
Reaktionsbildung heißt die Abwehr, wenn Impulse zu einem vom Patienten selbst negativ bewerteten Verhalten in ein positiv bewertetes Verhalten umgewandelt werden. So bekämpft ein Patient ihm unbewußt bleibende aggressive Regungen dem Krankenhauspersonal gegenüber dadurch, daß er betont untertänig und freundlich auftritt. Weitere Beispiele sind die übertriebenen Mutproben besonders ängstlicher Kinder.

Sublimierung
Versuche, zum Beispiel sexuelle Triebregungen dadurch zu neutralisieren, daß man auf ihre unmittelbare Befriedigung verzichtet und die Energien in kulturell und sozial höherbewertete Leistungen umsetzt, heißen **Sublimierung**.

Auflistungen von verschiedenen Bewältigungsstrategien und Abwehrmechanismen bergen eine Gefahr in sich: Sie können als beckmesserisch und unlebendig mechanistisch mißverstanden werden. Tatsächlich sollen aber nur aus der Fülle bisher gesammelter Beobachtungen von höchst dynamischen Vorgängen, die oft von starken Emotionen begleitet sind, Anstöße zu eigenem Beobachten und sensiblem Miterleben ausgehen.

Wie wenig zwangsläufig oder gesetzmäßig individuelle Krankheits- und Trauma-Bewältigungsformen sind, zeigen einige weitere modifizierende Bedingungsfaktoren: das betroffene Organsystem und die Art, das Image der Erkrankung, Krankheitseinsicht, Leidensdruck und der sogenannte Krankheitsgewinn.

Das betroffene Organsystem. Bei radikalen Veränderungen von Organen, die zu einer Veränderung des Körperschemas führen, finden wir häufig Scham und Rückzug. Amputationen und andere verunstaltende Krankheits- oder Therapiefolgen (Beispiele: Haarausfall nach radiologischer Therapie, aufgedunsenes Aussehen nach Cortison) bilden eine Störung des Körperschemas und oft auch des Selbstgefühls. Man spricht von unterschiedlicher „Ich-Nähe“ unserer Organe. Die Augen sind offenbar für die meisten Menschen sehr Ich-nahe, denn Augenärzte wissen, bei welch manchmal winzigen Mißempfindungen oder Verletzungen Patienten sofort zu ihnen kommen. Der extreme Gegenpol wäre die erschreckende Beobachtung, daß Ärzte gelegentlich Patienten behandeln müssen, bei denen durch langzeitige Verschleppung zum Beispiel bereits Nekrosen an Füßen oder Waden nach nikotinbedingten Gefäßverschlüssen vorliegen. Wie wichtig allerdings ein Organ oder eine Extremität für einen Menschen ist, läßt sich nicht einfach kartographieren, sondern ist individuell, zum Beispiel vom Beruf abhängig: Ein Programmierer kann anders als ein Fagottist seinen Beruf auch noch ausüben, wenn er nach einem Motorradunfall einen Arm verloren hat.

Das Image der Erkrankung. Erkrankungen haben ihren besonderen Ruf und ihre gesellschaftliche Wertung. So verändert die Diagnose „Krebs“ die Zukunftserwartungen eines Menschen außerordentlich, selbst wenn er weiß, daß er im Frühstadium operiert wurde und die Gefahr der Metastasenbildung gering eingeschätzt wird. Der Herzinfarkt eines Managers dagegen mag im Image einerseits diffizil die imponierende Arbeitsbelastung dieses Menschen dokumentieren, hat andererseits prognostisch einen schlechten Ruf. Dennoch zwingt der überstandene Herzinfarkt oft nicht zu intensiven Veränderungen im Lebensstil. Der Patient kehrt leicht zu seiner gewohnten Lebensführung zurück und damit zu der, die als Mitbedingung zur Krankheit anzusehen ist.

Krankheitseinsicht bedeutet, daß der Patient von selbst oder nach entsprechenden Gesprächen mit seinem Arzt erkennt, worauf die Krankheit zurückzuführen ist, welche Folgen sich hieraus ergeben und was er selbst dazu beitragen muß und kann, um zu einer Heilung oder Rehabilitation zu kommen.

Der Begriff *Leidensdruck* versucht das Verhältnis zu beschreiben von Beeinträchtigung, Schmerzen und Leiden auf der einen Seite und der (resultierenden) Nachdrücklichkeit, mit der Linderung und Behandlung erstrebt wird. Nicht jede objektiv schwere Erkrankung läßt einen subjektiv hohen Leidensdruck entstehen. Gefahrvollerweise können zum Beispiel manche Krebserkrankungen weit fortschreiten, ohne Schmerzen oder deutliche Beschwerden auszulösen. Andererseits können solche Beeinträchtigungen, die einige Menschen recht gut kompensieren können, für andere ein hohes Maß subjektiven Leidens auslösen (dringend ertrebte kosmetische Operationen mögen als Beispiel stehen).

Mit dem Begriff *Krankheitsgewinn* schließlich hat man alle jene Randerscheinungen einer Krankheit bezeichnet, die im Gegengewicht zu dem belastenden negativen Kern (durch Leiden und Einschränkungen) auch subtile oder deutliche Vorteile für den Erkrankten mit sich bringen:

Beispiele:
Ein jüngeres Schulkind wacht morgens mit Halsschmerzen und Gliederschmerzen, eventuell mit Fieber auf und klagt das der Mutter. Wenn die Mutter entscheidet, das Kind solle im Bett liegen bleiben, entdeckt das Kind sehr schnell den möglichen Vorteil, wenn eine ungeliebte Klassenarbeit fällig war.

Ein Student vor einer Staatsexamensprüfung in einem gefürchteten Fach oder bei einem gefürchteten Prüfer nimmt eine Krankschreibung nicht nur als Ausdruck der notwendigen Schonung, sondern der Befreiung von einer Belastung.

Der Kranke erhält Erleichterungen und erfährt von seinen Angehörigen und der sonstigen Umwelt Schonung und Aufmerksamkeit. Der „Gewinn" ist um so stärker, je weniger die Krankheit belastend ist. Als Folge verhalten sich solche Patienten geduldig, angepaßt, umgänglich. Der Behandlungsverlauf verzögert sich aber häufig dann, wenn mit der Krankschreibung der Konflikt nicht erledigt ist. Krankheitsgewinn bedeutet kein Simulantentum oder fehlerhaftes Aufwerten von wirklichen oder eingebildeten Beschwerden.

Das Aufrechterhalten von Krankheitssymptomen
Symptome, Syndrome und Krankheiten können durch psychosoziale Prozesse der Auseinandersetzung mit der Krankheit aufrecht erhalten werden. Trotz Verschwindens der organischen oder/und psychosozialen ursächlichen oder bedingenden Faktoren besteht die gleiche oder eine veränderte Symptomatik weiter. Dies kann verschiedene Grundlagen haben. Die Ursachen, die zum Krankheitsgewinn führten, wirken bewußt oder unterbewußt weiter. Ein Kind versucht die Schulbefreiung zu verlängern, der Student erfährt, daß er mit einer bestimmten Dauer der Krankschreibung die versäumte Prüfung nicht zwischen zwei anderen Prüfungen, sondern erst am Abschluß der Prüfungsperiode nachzuholen braucht.

Für Menschen, die feste Arbeitsplätze mit gesicherter Lohnfortzahlung haben, ist der Zwang zu schneller Wiederaufnahme der Arbeitstätigkeit deutlich geringer als für einen Selbständigen. Die Statistik der Erkrankungsdauer bei vergleichbaren Erkrankungen spiegelt diese Unterschiede wider.

In all diesen Fragen steht die Aufklärung des Patienten durch den Arzt im Vordergrund, die tragfähige Klärung miteinander, was überwindbare Folge der Krankheit und was bleibende Restsymptomatik ist. Der Trainingsverlust nicht nur motorischer Art, der dadurch notwendige Gewöhnungsprozeß, zu dessen Überwindung eine Schonzeit, aber keine Aufgabe der Tätigkeit gehört, müssen geduldig dargelegt und die Voraussetzungen hierzu eingeleitet werden. Die Bemühungen des Arztes dürfen sich allerdings nicht nur auf die Arbeit beschränken. Hierüber spricht der Patient noch am ehesten. Familiäre Konflikte, die veränderte Stellung des Patienten in seiner Familie und in seinen sonstigen Sozialbereichen bilden häufig den Hintergrund für die Flucht in eine merkwürdig persistierende Symptomatik trotz negativer Laborbefunde. Auch psychotherapeutische Bemühungen bleiben aussichtslos, wenn der Kernkonflikt nicht gefunden und beseitigt wird.

Das letztere bedeutet, daß der Arzt beim Bestehenbleiben der Beschwerden den aktuellen Verstärker oder den hinter der Erkrankung stehenden Kernkonflikt suchen und finden muß. Voraussetzung hierzu sind ein entsprechendes Vertrauensverhältnis und die Bereitschaft zur Hilfestellung.

Völlig falsch ist es allerdings, dem Patienten jeden Wunsch zu erfüllen, denn viele dieser Wünsche sind Feldflucht oder Ausdruck von Befürchtungen ohne reale Grundlage. Auch ist mit ausschließlich rationalen Erklärungen auf die beseitigte organische Basis der Krankheit dem Patienten nicht geholfen. Die Erklärung „Sie sind jetzt weitgehend gesund, sie können nach Hause und arbeiten gehen“, wird bei einem Patienten mit einer nicht gelungenen Krankheitsauseinandersetzung eher zu Aggression oder Ablehnung des Arztes führen. Auch wenn die Suche nach Verstärker oder Kernkonflikt nicht vollständig gelingt, der Patient aber spürt, daß er in dem Arzt einen Menschen seines Vertrauens hat, der willens ist, ihm auch zukünftig zur Seite zu stehen, pflegen die subjektiven Symptome sehr häufig abzuklingen.

Ein schwerer Dauerkonflikt kann bei einem Patienten zusammen mit sonstigen Dispositionen organischer und sozialer Art Anlaß für eine psychosomatische Erkrankung schwerer Art, zum Beispiel ein Ulcus duodeni, gewesen sein. Das akute Ulkus ist abgeheilt, die psychosozialen Voraussetzungen, der Konflikt aber verbleiben. Dann wird die gleiche Krankheit entweder rezidivieren, oder die Symptomatik ändert sich und nimmt Symptome aus dem psychosomatischen Allgemeinsyndrom an, beziehungsweise es entsteht eine neuartige psychosomatische Erkrankung als „Symptomwandel“. Dies ist dann die Folge einer mißlungenen Auseinandersetzung mit der Krankheit oder des Bestehenbleibens des Kernkonfliktes.

Der Arzt muß die Bedeutung der Symptome zu unterscheiden lernen. Er muß also wissen, welche der von seinen Patienten geschilderten Symptome

- krankheitsspezifisch,
- unspezifisch,
- organbezogen,
- allgemeine Symptome,
- psychische Symptome bei organischen Erkrankungen,
- psychosomatische Symptome,
- somatopsychische Symptome,
- Begleitsymptome,
- reaktive Symptome sind.

Positive oder negative Entwicklungen, die durch das Handeln des Arztes ausgelöst oder unterhalten werden, heißen **iatrogen** (iatros: griech. Arzt).

Zu umfangreiche ärztliche Untersuchungen werden nicht nur dazu führen, eine besondere Krankheit auszuschließen, sondern der Patient wird durch die immer wieder durchgeführten Untersuchungen verunsichert und wird vielleicht die Auffassung entwickeln, es müsse wohl doch etwas Schwerwiegendes vorliegen, sonst würden nicht so viele Untersuchungen angesetzt werden. Als Folge verstärkt sich subjektiv sein Beschwerdebild, der Patient kommt (unbewußt) zur Auffassung, er müsse den vielfachen Untersuchungen auch mit einem Beschwerdenangebot entsprechen. Oder die Beschwerden verändern sich, und es kommt zu einer neuartigen Symptomatik. Iatrogenes Handeln kann auch mitverantwortlich dafür sein, daß manchen Persönlichkeiten die Auseinandersetzung mit der

Krankheit nicht gelingt, Krankheitssymptome aufrecht erhalten werden, es zu einem Symptomwandel kommt oder zu einer hypochondrischen Entwicklung.

Die „zweite Krankheit"
Die geschilderten Entwicklungen zeigen Übergänge zu der sogenannten „zweiten Krankheit". Bei einigen Erkrankungen, die besondere soziale Folgen für den Patienten und sein Selbstkonzept haben, entsteht nach der klinischen Phase der Krankheit und einer Latenzphase schließlich eine soziale Fehlverarbeitung mit Fehlentwicklung, die als „zweite Krankheit" bezeichnet wird.

Eine Amputation (zum Beispiel Mastektomie nach Mammakarzinom) oder ein Anus praeter bedeuten ein psychisches Trauma, eine Veränderung des Körperschemas, aber auch des Selbstkonzepts. Daran ändert auch die Benutzung einer Prothese zunächst wenig; im Gegenteil, bei künstlichem Darmausgang schafft die Benutzung des Stomas zunächst ganz erhebliche neue Probleme. Störungen der Partnerbeziehungen können auftreten, wobei die Störung des Selbstkonzepts zu einer Veränderung des Verhaltens gegenüber dem Partner führt, dieser dies fehldeutet und Konflikte sich aufschaukeln. Dies bedeutet keine Notwendigkeit einer Psychotherapie nach jeder Amputation oder gravierenden Operation, wohl aber die Notwendigkeit einer helfenden ärztlichen Intervention auch im sozialen Bereich.

An dieser Stelle sei dezidiert auf den großen Wert von **Selbsthilfegruppen** hingewiesen. Unter Gleichbetroffenen lassen sich wichtige Alltagsfragen, adaptive Probleme zum Umgang mit der krankheitsbedingten neuen Lebenslage, in vielen Fällen sehr offen und effektiv besprechen und und im Rahmen der Möglichkeiten lösen. Es gibt einen Dachverband aller in der Bundesrepublik für die verschiedensten Krankheiten bestehenden Selbsthilfegruppen, der Adressen und gegenseitige Hilfen vermittelt:

Nationale Kontaktstelle für Selbsthilfegruppen (NAKOS)
Albrecht-Achilles-Str. 65, 10709 Berlin, T. 030/8914019

Eine andersartige „zweite Krankheit" tritt bei vielen Dauerschäden oder Krankheiten auf, deren letaler Ausgang angenommen wird. Die Entfernung eines Kehlkopfes mit der dadurch veränderten Stimme führt oft wie eine Altersschwerhörigkeit zu einer Isolierung der Patienten. Viele Patienten scheuen den Umgang mit anderen Menschen, weil sie glauben, in der Öffentlichkeit aufzufallen, und weil ein differenzierter Gedankenaustausch sehr erschwert ist. Ein operierter Karzinomkranker schwebt mit seiner Familie in der gleichen Gefahr. Zwar weiß man, daß es am günstigsten ist, im Gespräch mit ihm die Krankheit nicht dauernd zu berühren. Trotzdem besteht bei vielen Menschen eine Scheu, den sozialen Kontakt aufrecht zu erhalten, weil sie selbst verhaltensunsicher geworden sind. Der Kranke und sein Partner spüren das und ziehen sich zurück. Noch schlimmer ist ständig geäußertes Mitleid, vor allem wenn die Hintergrundmotivation hierfür Neugierde ist.

Zum dritten sind es nicht nur Folgen eines veränderten Selbstkonzepts und die veränderte Stellung im sozialen Bereich, die als „zweite Krankheit" bezeichnet werden können. Wir haben die Formen der Auseinandersetzung mit einer Krankheit oben geschildert. Häufig setzen aber die Folgen der Krankheit ein prozeßhaftes Geschehen in Bewegung. Ein Patient wird mit einer Herzinsufffizienz unfähig, seinen geliebten Sport auszuüben. Ein anderer hat sich durch seine Vitalität, Energie, Durchsetzungskraft und Begabung eine besondere berufliche Stellung erobert, in der man ihm nach einer die vitale Grundlage brechenden Nieren-, Leber- oder Herzerkrankung zwar gern eine Schonfrist einräumt, dann aber die Führungsqualitäten für die Erfüllung der Arbeitsaufgaben unbedingt benötigt werden. Der chronisch krank Gewordene bemüht sich, überfordert sich, die ersten Mißerfolge stellen sich ein, er sucht die Schuld bei anderen, weil er sein eigenes vitales Versagen sich und anderen gegenüber nicht eingestehen möchte. Es kommt entweder zu einem unterschiedlich gearteten psychosomatischen Allgemeinsyndrom, zu einer neurotischen Fehlhaltung oder als „zweiter Krankheit" zu einem neuartigen psychosomatischen beziehungsweise neurotischen Symptombild. Dieses kann rückwirkend auch zu einer Verschlimmerung der Ersterkrankung führen. Hier müssen der Arzt und der Sozialdienst behilflich sein beim Versuch, die Arbeitsaufgaben teilweise aufzugeben – soweit dies geht – beziehungsweise sich auf eine andere Position zurückzuziehen, auf der man die verbliebenen Fähigkeiten nutzen kann.

In allen diesen besonderen Lebenslagen ist der Kontakt zu Gleichbetroffenen (zum Beispiel in Selbsthilfegruppen, siehe oben) eine nicht zu unterschätzende Hilfe. In einem solchen Kreis ist das zu ertragende Handikap nicht auffällig, sondern gemeinsame Regel. Solidarität und Verständnis „zwischen den Zeilen" sind Qualitäten, die selbst sehr einfühlsame und taktvolle, gesunde Helfer oder Ärzte nicht verwirklichen können.

Die Auseinandersetzung der Angehörigen mit der Krankheit

Die schwere Erkrankung eines Angehörigen läßt die Familie niemals unberührt. Bei einer chronischen Krankheit sind die familienspezifischen nonverbalen Informationsformen, die diffizile und intime Bereiche regeln, genauso wie die äußeren Beziehungen gestört oder bedürfen einer Neuorientierung. Die Angehörigen werden auf Befragen meist zunächst nur über äußere, organisatorische familiäre Schwierigkeiten berichten, zum Beispiel die Versorgung der Kinder, Besuch von Kindergarten und Schule, Regelungen des Einkaufens und der Wohnungspflege und so weiter. Die psychischen Nöte, die durch die Erkrankung des Familienmitglieds entstanden sind, die Ängste vor der Einsamkeit, vor der Bewältigung der jetzt anstehenden Aufgaben, sind kaum in Worte zu fassen. Die Begriffe in der deutschen Sprache „Trauer" und „Schmerz" decken nur einen Teil dessen ab, was individualspezifisch vor sich geht. So ist eine Krankheit nicht nur eine Gefährdung des Organismus des einzelnen, sondern zugleich eine Gefährdung der sozialen Gruppe, der Familie oder einer Zweierbeziehung. Auch die Operation, der Aufenthalt auf der Intensivstation und so weiter beanspruchen nicht nur den Patienten. Viele krankheitsbedingte Veränderungen werden vom Angehörigen klarer und oft schockierender wahrgenommen, zumal die Sedierungen des Patienten auf ihn nicht wirken. Der Angehörige wird oft bei der Diagnose einer lebensgefährlichen Erkrankung eher und viel weitreichender vom Arzt informiert als der Patient selbst.

Bewältigungsstrategien und Abwehrmechanismen werden deshalb auch von den Angehörigen durcharbeitet und durchlebt. Häufig entwickeln Angehörige Schuldgefühle gegenüber dem Patienten. Schuldgefühle entstehen gelegentlich selbst dann, wenn die Schicksalhaftigkeit der Erkrankung jedem Laien bekannt ist, zum Beispiel beim Karzinom. Die ablenkende Wunscherfüllung als Kompensation ist nicht nur der Versuch, dem anderen noch etwas Gutes zu tun, sondern auch den für sich selbst angenommenen Teil der Schuld abzutragen. Manchmal wird auch die Schuld auf andere projiziert, indem zum Beispiel Schwestern oder Ärzte beschimpft werden. So hat eine Mutter eines nach langer Krankheit verstorbenen Mädchens die eigenen Schuldgefühle literarisch verarbeitet in einem anrührenden Buch, das aus der Lebendigkeit des eigenen Erlebens schöpft, Unzulänglichkeiten des Klinikbetriebes dargestellt; dieses Buch läßt die Motivationsverschiebung der Schreibenden sowie die Schuldprojektion nicht mehr unmittelbar erkennen (Beispiel: MUTHESIUS, 1981). Auch solche Probleme muß der Arzt im Blick haben, um Reaktionen der Angehörigen richtig einordnen zu können.

Zur Selbstbestimmung und Selbstverantwortung des Patienten

Zu den ethischen Axiomen in der Medizin gehört die Grundannahme, daß Krankheiten schuldlos ausbrechen. Der Kranke soll nicht verantwortlich gemacht werden für die Erkrankung, und das Handeln des Arztes in Diagnostik und Therapie soll wertfrei durchgeführt werden.

Dieses Denken gilt im Prinzip selbst für die Alkoholabhängigkeit, obwohl feststeht, daß der Abhängige zur Entwicklung dieser Krankheit wesentliches beigetragen hat. Dieser Grundsatz eines entschuldigenden Denkens gegenüber dem Patienten bleibt bisher bestehen, auch wenn man erkennt, daß der Patient sich Voraussetzungen und eine individuelle Einstellung schafft, die aktiv zu Erkrankungen beitragen. Dies gilt unter anderem für diejenigen Krankheitsgruppen, die im Krankheitsspektrum als Zivilisationskrankheiten immer mehr im Vordergrund stehen: Herzinfarkt, Bronchitis, Lungenkrebs, Leberzirrhose und Folgen von Verkehrsunfällen.

Hier kommen wir zu den eminent wichtigen ethischen Themen der Selbstverantwortung, Selbstentscheidung und Selbsterziehung des Patienten beziehungsweise der Hilfe und Führung des Arztes hierbei.

Es gibt beispielsweise Geschehnisse im physikalischen, chemischen, biologischen und sonstigen somatischen Bereich innerhalb der Phylogenese und Ontogenese bis zur Geburt, die schicksalshaft ablaufen. Andere Geschehnisse sind der Selbstgestaltung und Selbstentscheidung in unterschiedlichem Ausmaß zumindest zugänglich.

So wird der frühkindliche Hirnschaden vor, während und kurz nach der Geburt unabhängig vom Willen oder einer Entscheidungsfähigkeit des Neugeborenen eintreten. Das Kind, der Jugendliche und der später Erwachsene werden aber immer mehr in der Lage sein, sich ihre Umwelt selbst auszusuchen, und sie werden von dieser sozialen Umwelt Auffassungen, Einstellungen, Haltungen übernehmen und damit auch eine bestimmte Lebensführung und Gesundheitshaltung. Die Beurteilung der Einflußquellen und -möglichkeiten hängt vom Einzelfall ab:

Der dosiert trainierende Amateursportler achtet und pflegt wahrscheinlich seine Gesundheit und wird in vielen Fällen krankheitsunanfälliger sein als weniger Gesundheitsbewußte. Zusätzlich wird er durch seinen Sport eine Form von Disziplin entwickeln, die ihm bei einer dennoch etwa nötigen Krankheitsbewältigung, aber auch generell bei der Lebensführung hilft.

Beim Leistungssportler liegen die Dinge bereits wieder anders: Hochgesteigerter Ehrgeiz kann zu gesundheitsschädigendem Trainingsverhalten führen. Neben Dopinggefahren tritt die Versuchung, durch Einnahme von (nicht verbotenen) Analgetika die Schmerzschwelle so heraufzusetzen, daß die Warnsignale des Körpers übertönt werden und Verschleiß hingenommen wird. Auch sind Sportunfälle nicht selten.

Jeder Mensch ist in manchen Fällen als passives Individuum anzusehen, das Erkrankungen nur erleidet. In anderen Fällen hat er durchaus die Möglichkeit einer aktiven, gesundheitsförderlichen Lebensführung (vergleiche Kapitel 5).

6.2. Der Patient und das Krankenhaus

Dieser kurze Abriß kann keine *Krankenhaussoziologie* ersetzen. (Nach wie vor die wichtigste deutschsprachige Publikation dazu: ROHDE, 1974.) Krankenhäuser und andere medizinische Versorgungseinrichtungen sind in ihrem Aufbau und ihrer Funktionsweise als sogenannte „totale Institutionen“ gewachsen. (Der Begriff „totale Institution“ weist auf den Strukturierungsgrad und auf das Ausmaß der Kontrolle hin.) Ärzte und Patienten haben sich an die etablierten Strukturen „gewöhnt“ und empfinden die auftretenden Probleme häufig nicht mehr.

Viele Einzelprobleme des *Patienten im Krankenhaus* haben wir in anderen Kapiteln dieses Buches behandelt, so die Auseinandersetzung des Patienten mit der Krankheit (6.1.), das Arzt-Patient-Verhältnis (7.1.) und das Arzt-Patient-Gespräch (Kapitel 8).

6.2.1. Die psychosoziale Situation des Patienten im Krankenhaus

Beginnen wir mit einem Fallbeispiel, in dem ohne Anklage Effekte im Erleben der Patientin im Krankenhaus sichtbar werden, die durch die Kette der tätig werdenden medizinischen Fachleute und deren unzureichende Abstimmung entstehen:

Eine 46jährige Patientin wird wegen einer sich vergrößernden Schilddrüse in ein Großkrankenhaus überwiesen. Dort durchläuft sie innerhalb weniger Tage eine Reihe diagnostischer Schritte: von der Bestimmung verschiedenster Laborwerte bis zum Szintigramm in der nuklearmedizinischen Abteilung. Die Patientin nimmt schnelles Ticken eines Apparates wahr und erlebt, wie die medizinisch-technische Assistentin scheinbar eilig den zum Labor gehörenden Arzt herbeiholt. Der äußert zur Patientin nur, es sei gut, daß sie ohne Zeitverzug in die Klinik gekommen sei. Sie will natürlich Näheres über die Diagnose wissen, bekommt aber nur die Antwort, daß sie noch Geduld haben müsse, da erst alle Befunde zusammen gesehen werden müßten. Auf der Station informiert der Stationsarzt die Patientin, daß eine Operation notwendig sei, man die Diagnose in allen Einzelheiten aber erst anschließend stellen könne. Den Anästhesisten sieht sie erst kurze Zeit, bevor die Anästhesie eingeleitet wird. Ein Arzt, von dem sie glaubt, daß er wohl der Operateur sein wird, schaut der Patientin nur kurz prüfend ins Gesicht und läßt sich einige Fremdworte, vermutlich zur Operation, sagen. Die Patientin wacht nach der Operation ohne wesentliche Beschwerden auf und wird wegen des guten Heilungsverlaufes bereits fünf Tage nach der Operation aus dem Krankenhaus entlassen.

In der Zeit ihres Krankenhausaufenthaltes hat sie keinen Arzt entdeckt, mit dem sie ein Gespräch über ihre Krankheit führen konnte und mochte. Durch das schnelle Ticken des nuklearmedizinischen Gerätes war sie unsicher geworden und hörte, es sei wohl ein „heißer Knoten". Durch Gespräche mit Mitpatienten entwickelte sie Angst, es könne sich um Krebs handeln. Eine Aufklärung über den Befund und das Operationsergebnis fand im Krankenhaus nicht statt, man verwies auf den schriftlichen Befund, den die überweisende Praxis bekommen sollte. Dieser traf erst vier Wochen später ein (vier Wochen zwischen Entlassung und „Entlassungsbericht" sind kein unglücklicher Einzelfall, sondern in manchen Krankenhäusern die Regel). Schließlich war der Arzt, der mit der Patientin das erste Gespräch nach der Operation führte, nocheinmal ein ganz anderer als der, der sie eingewiesen hatte. Er sagte nur freundlich, es sei alles in Ordnung, ohne sich über Einzelheiten zu äußern, um was für einen Tumor es sich gehandelt hatte. Die Patientin fühlt sich zwar medizinisch erfolgreich behandelt, jedoch wie ein Fall, wie ein Werkstück. Gefühlsmäßig ist sie unbefriedigt und immer noch voller Angst.

Wahrscheinlich wird mancher Leser in freundlichem Mitgefühl mit der Patientin kritisch einige Aspekte der professionellen Routine, eine scheinbar leicht abgestumpfte, unsensible Vorgehensweise registrieren. Es sollte aber dabei nicht aus dem Blick rücken, daß diese Patientin wie viele andere auch gerne bereit ist, Entscheidungen über Schritte zur Wiedergesundung zu delegieren. Derartig vertrauensvolles Geschehenlassen ist einerseits ein wichtiger und positiver Beitrag für die Zusammenarbeit von Arzt und Patient. Aber es verfestigt auch die Machtstrukturen und die eingefahrene Routine.

Die von uns geschilderte *Auseinandersetzung mit der Krankheit spielt sich besonders intensiv während des stationären Aufenthaltes ab.* In der Regel ist die

Krankheit ernster, und die sozialen Veränderungen in der Lebensführung sind einschneidend.

Arzt und Schwestern machen sich aber oft kaum klar, daß der erwachsene, selbständig im Leben, im Beruf und der Familie gestaltende Mensch zusätzlich zur Krankheit eine erhebliche Belastung dadurch erfährt, daß er in einen durchorganisierten Betrieb kommt. Der Kranke wird zum Patienten, und das Krankenhaus mit seiner mehrschichtigen Organisation (Medizinischer und pflegerischer Funktionskreis und Verwaltung) erwartet, daß er sich in den Betrieb einpaßt. Das heißt dann im einzelnen:

- Er muß für viele Dinge um Erlaubnis bitten, die für ihn in gesunden Tagen selbstverständlich waren. Ihm wird mitgeteilt, ob und wann er aufstehen oder die Station verlassen darf. Er bekommt gesagt, ob und was er trinken und essen darf und welche Medikamente er zu welcher Zeit einnehmen muß;
- Man redet bei der Visite in seinem Beisein über ihn, wie Eltern über die Entwicklung und Verhaltensweisen ihrer Kinder sprechen;
- Er wird von seinem normalen Lebensvollzug getrennt. Häufig ist er auf die Hilfe anderer angewiesen, manchmal sogar in elementaren vitalen Grundbedürfnissen (essen, ausscheiden, sich umdrehen und so weiter);
- Er verliert diejenigen Aufgaben, Funktionen und Rechte, die er bisher als Erwachsener hatte. Er kann weder selbständig Entscheidungen fällen noch arbeiten oder zum Beispiel Auto fahren. (Wir erkennen regressive Aspekte);
- Man erwartet von ihm, daß er alle gewünschten Informationen über seine eigene Entwicklung und seine Krankheit gibt, gleichgültig ob ihm der Zusammenhang mit seinen bisherigen Beschwerden klar ist oder man sie begründet;
- Man betrachtet es als selbstverständlich, daß er die therapeutischen Verordnungen sorgfältig und gewissenhaft befolgt, erklärt ihm aber keine Wirkungen und Nebenwirkungen. Es ist leider nicht selbstverständlich, daß dem Patienten bei jeder Untersuchung genau erklärt wird, warum gerade diese Untersuchung durchgeführt wird und was ihr Ergebnis war.

Die letzten Jahrzehnte haben Veränderungen im Krankenhausbetrieb gebracht, die aber leider nur zu einem Teil auf Einsicht und wissenschaftliche Forschung zurückzuführen sind. Ökonomie und fehlendes Personal führten endlich gelegentlich zur Frage, ob Patienten über das Wochenende auf der Station anwesend sein müssen, wieweit ein ständiger Aufenthalt im Bett notwendig ist und ob nicht größere Freiheit in der motorischen Bewegung und in der Selbstentscheidung nicht nur zulässig, sondern wünschenswert und nützlich wären. Manches Element des Reglements, das mehr auf akut Schwerstkranke zugeschnitten ist als auf alle Stadien der Rekonvaleszenz, läßt den Patienten nicht von einem Objekt der Behandlung zu einem Partner im Arzt-Patient-Verhältnis werden. Das gleiche gilt für die soziale Isolierung. Längst ist erkannt, daß ein Telefon am Bett für den Kontakt mit der Außenwelt kein Luxus ist. Die folgende Übersicht zeigt, daß es neben den vielfältigen Problemen der *Krankheitsbewältigung* auch spezielle Probleme der *Krankenhausbewältigung* gibt (Tab. 6.2).

Pflegekräfte und Ärzte im Krankenhaus sollten sich als Korrektiv der eigenen Arbeitshaltung immer wieder einmal die Frage stellen: *„Möchtest Du Dein eigener Patient sein?"*

Innerhalb der Station gibt es ein ganzes Bündel von Anforderungen an Ärzte und Pflegepersonal, das schon der Student kennen sollte:

a) Sachlich bezogene Führungseigenschaften
- hohes fachliches Wissen und Tatkraft;
- Fähigkeiten zur Gewinnung und Weitergabe der notwendigen Informationen;
- Fähigkeiten zur Organisation, Koordination, Planung der Aufgaben und des Einsatzes der Arbeitskräfte;
- Entscheidungsfähigkeit (hohes Anspruchsniveau, Risikobereitschaft, Entschlossenheit, Kritikfähigkeit und -festigkeit).

b) Sozial bezogene Führungseigenschaften
- Gruppenverbundenheit und Kontaktfähigkeit;
- Menschenkenntnis und psychologisches Einfühlungsvermögen;
- Kenntnisse über soziale Beziehungen und deren Berücksichtigung;
- soziale Umgangsformen und psychologischer Takt;
- Autorität und Durchsetzungsvermögen;
- Begeisterungsfähigkeit;
- menschliche Reife.

In Krankenhäusern bilden sich Gruppen. Die Gruppen im Krankenhaus wechseln ständig in ihrer Struktur, je nach Aufnahmen und Entlassungen von Patienten. Der reduzierte Gesundheitszustand läßt manche Patienten zu einer Randfigur werden. Andere Patienten werden dagegen aufgrund ihrer Persönlichkeit, ihres Bildungsgrades, ihrer Tätigkeit außerhalb des Krankenhauses und ihrer fortgeschrittenen Genesung den Inhalt der Gespräche und die Atmosphäre auf der Station mitbestimmen können.

Schwester und Arzt spüren, daß mit veränderter Gruppenstruktur ihrer Patienten auch das *Stationsklima* sich verändert. Beim plötzlichen Tod eines Mitpatienten, oder auch wenn zum Beispiel ein Arzt nach einem Disziplinkonflikt einem Patienten deutlich konfrontierend gegenübergetreten war, kann man oft die Betroffenheit aller Gruppenmitglieder, aller Patienten der Station spüren. Dies kann sich in Klagen, einer allgemeinen dysphorischen oder ängstlichen Verstimmung äußern und auf das gesamte Stationsklima in Form einer allgemeinen Verstimmung oder auch Opposition abfärben, vor allem bei hierarchisch beziehungsweise autoritär geführten Stationen.

Grundsätze der *Gruppenforschung* kann man gelegentlich für therapeutische Zwecke nutzen. Dies gilt für die Belegung der Betten in den einzelnen Kranken-

Tab. 6.2 Grundlegende Anpassungsaufgaben an das Krankenhaus und Kranken-Pflegeheim

Kategorie	Beispiele
1. Auseinandersetzung mit den Symptomen der Erkrankung oder Schädigung selbst	Schmerzen, extreme Schwächezustände, Verwirrung, Lähmungen, Erstickungsgefühle (bei respiratorischen Leiden), Kontrollverlust (bei Krampfleiden), permanente körperliche Entstellung (zum Beispiel bei Skoliose, rheumatischer Arthritis, Morbus Bechterew, Verbrennungen, Amputationen)
2. Auseinandersetzung mit den Umgebungsbesonderheiten des Krankenhauses sowie des Kranken- und Pflegeheimes	Unterbringung im Krankenhaus oder in der Rehabilitationseinrichtung (nicht nur für Kinder belastend); Operationssaal, Intensivstation, Pflegestation für Neugeborene (Belastung für Eltern), Wartezimmer in onkologischer Klinik, Dialysestation; chirurgische Eingriffe (zum Beispiel Mastektomie, Operation am offenen Herzen, Organtransplantation), Radio- und Chemotherapie und ihre Nebenwirkungen, Langzeit-Hämodialyse
3. Entwicklung und Aufrechterhaltung ädaquater Beziehungen zum behandelnden Personal	Volle Bandbreite zwischenmenschlicher Fertigkeiten
4. Erhalten eines angemessenen emotionalen Gleichgewichts im Krankenhaus, Kranken- und Pflegeheim sowie bei langandauernder ambulanter Behandlung	Konstruktiver Umgang mit Gefühlen des Versagens und mit Selbstbeschuldigungen (auch bei Eltern behinderter Kinder), mit der Angst und Ungewißheit des weiteren Verlaufs der Schädigung, mit Gefühlen von Einsamkeit, Entfremdung, Unzulänglichkeit und Versagen angesichts schwieriger Anforderungen; Aufrechterhalten von Hoffnung
5. Erhalten eines befriedigenden Selbstbildes	Bewältigung möglicher Indentitätskrisen nach Veränderungen in der äußeren Erscheinung oder bei körperlichen Fertigkeiten, Körperbildänderungen bei Maschinenabhängigkeit (Herzschrittmacher, Hämodialyse, künstliche Beatmung); Neubestimmung von Lebenszielen und -erwartungen sowie der Grenzen der Unabhängigkeit, Erreichen einer persönlich und sozial zufriedenstellenden Balance zwischen der Annahme von Hilfe und der eigenen Verantwortlichkeit für die Lebensgestaltung
6. Erhalten von Beziehungen zur Familie und zu Freunden	Offene Kommunikation (betrifft auch Angehörige und Freunde selbst), Vermitteln von Unterstützung und Reduktion von Unbehagen, auch: Anknüpfen und Beibehalten neuer Sozialbeziehungen
7. Vorbereiten auf eine unsichere Zukunft, in der wesentliche Verluste drohen	Realisieren von möglichen signifikanten Verlusten, Trauern (auch antizipatorisch), Auseinandersetzung mit bevorstehendem Tod

(nach MOOS und TSU, 1977)

zimmern, aber auch für den Versuch, Patienten zu aktivieren. Die Richtung muß der Stationsarzt angeben, aber er darf und soll hierzu auch Patienten anleiten (Beispiel: „Gehen Sie doch mal zu Herrn Müller im Zimmer 7, setzen Sie sich zu ihm, unterhalten Sie sich mit ihm und versuchen Sie, ihn zu ermuntern, eine Partie Schach zu spielen").

Hierzu gehört auch, daß sich Schwestern und Stationsarzt beim abendlichen Rundgang vor dem Nachtdienst, falls irgend möglich, Zeit nehmen, also nicht nur nach Fieber und allgemeinem Befinden fragen, sondern sich zum Beispiel ans Bett der „Sorgenkinder" setzen und zu einem Gespräch bereit sind. In der Situation des hereinbrechenden Abends ist der Patient oft besonders gestimmt, Kümmernisse aus seinem Leben zu berichten. Manchmal spürt der Zuhörer zwar einen Kontrast: der Berichtende schildert sich subjektiv sehr stark bedrückt über Zusammenhänge, deren Tragik von außen betrachtet nicht immer nachzuvollziehen ist. Aber manchem Bedrückten hilft bereits die Möglichkeit der Aussprache.

Nicht immer gelingen die *Anpassungsaufgaben an die Situation des Krankenhauses*, besonders beim chronisch Kranken. Typische Fehlverhaltensweisen sind die Folge, für die wir vier Beispiele anführen:

1. Für Kinder, die gerade gelernt haben, ihre Körperfunktionen zu beherrschen und die durch die Erziehung immer wieder auf ihre eigene Verantwortung hinsichtlich ihrer Verhaltensweisen hingewiesen wurden, bedeutet die befohlene Aufgabe der eigenen Selbständigkeit, deren Gründe sie aufgrund ihres Entwicklungsstandes nicht einzusehen vermögen, einen Rückschritt in der eigenen Entwicklung und damit möglicherweise die Ausbildung von Symptomen eines psychischen Hospitalismus.
2. Der Patient resigniert, erlebt sich durch die Krankheit und das Verhalten des Pflegepersonals sowie seiner Angehörigen als abhängig und „gehorcht" auch dann, wenn er die Anordnungen nicht einsieht. Die Folgen sind häufig depressive Züge und eine Vitalitätsverarmung. Kinder, die „gute Patienten" sind, sich zu jedermann freundlich verhalten, und keinerlei Verhaltensschwierigkeiten machen, sind in Wirklichkeit wahrscheinlich psychisch traumatisiert beziehungsweise hospitalisiert mit allen negativen Folgen.
3. Der oberflächlich reagierende Patient spielt mit, scheint mit allem einverstanden, entwickelt aber Verhaltensweisen, die beweisen, daß er wenig oder gar nicht zur Zusammenarbeit im Genesungsprozeß bereit ist. In seinem Nachtschrank stapeln sich verbotene Nahrungsmittel, vielleicht sogar verordnete, nicht eingenommene Tabletten. Er raucht nicht nur im Aufenthaltsraum, sondern auch dort, wo es nicht erlaubt ist. Hier ist es leicht zu schimpfen. Man muß sich aber fragen, welche Faktoren diese fehlerhafte Auseinandersetzung mit der Krankheit bedingt haben.
4. Der „schwierige" Patient weiß alles besser, beschwert sich häufig, wiegelt mehr oder minder andere Patienten gegen die Ärzte auf und versucht, zwischen die Schwestern oder zwischen Schwestern und Ärzte einen Keil zu treiben. Auch hier handelt es sich um eine mißlungene Auseinandersetzung mit der Krankheit und dem Krankenhaus. Es hilft oft nicht, dem Patienten nur Vorhaltungen zu machen, sondern es gilt die Gründe für das problematische

Verhalten herauszufinden. Die Ursachen können natürlich in der bisherigen Persönlichkeitsentwicklung und Einstellung des Patienten in bezug auf Familie und Betrieb liegen, aber wichtig ist auch herauszufinden, welche klinikfernen Faktoren den Patienten belasten und wie eventuell Erleichterung geschaffen werden kann. Beispielsweise mag es Patienten unangenehm sein, wenn sie nicht hören, daß die Zimmertür geöffnet wurde und plötzlich ein Pfleger im Zimmer steht, auf den sie sich nicht rechtzeitig einstellen können.

6.2.2. Abwehrhaltungen von Ärzten und Schwestern

Der Arzt wird nicht nur mit der biologischen oder psychischen Krankheit, sondern auch mit dem psychosozialen Leid der Patienten konfrontiert. Arzt und Schwester können sich aber nicht mit dem Leid des Kranken und seinen psychischen Beschwerden auseinandersetzen, ohne sich zumindest teilweise damit zu identifizieren. Ein äußeres Entgegenkommen ohne emotionale Beteiligung wird von einem Patienten sofort erkannt. Schwingt der Arzt aber gefühlsmäßig zu sehr mit, nimmt er das Problem seines Patienten sehr persönlich auf, so erlebt er es als Konflikt und wird dadurch psychisch belastet. Dieser Zwiespalt gehört zum ärztlichen Beruf, und es ist schwierig, abends abzuschalten, um sich selbst zu regenerieren. Die Auseinandersetzung nicht nur mit der Krankheit, sondern auch mit dem psychischen Bereich des Patienten geschieht in mehreren Formen.

Die folgende Übersicht zeigt übliche, dem Arzt wenig bewußte Formen der *Abweisung* von Problemen des Kranken. Er kann manchen Patienten unbewußt als Last erleben, vor allem, wenn er selbst aktuell belastet und situativ wenig belastungsfähig ist. Klagende, anklammernde und aggressive Patienten rufen bevorzugt Ablehnung oder Ungeduld des Arztes hervor.

Formen der Abweisung von Problemen des Kranken:

1. *Vermeidung* (begünstigt durch Funktionsteilung, zum Beispiel Funktionspflege, Konsiliarsystem): Möglichkeit des Weiterüberweisens;
2. *Fall-Denken:*
   - Vergegenständlichung der Krankheit durch Reduktion auf den *kranken* Menschen;
   - Typisierung und Klassifikation der Krankheit;
   - Krankheitsgeschichte statt Krankengeschichte;
   - Lokalisierung (der Mann am Fenster);
   - Numerierung (der Fall von Zimmer...);
   - Funktionalisierung (die Frau, die zum Röntgen soll);
3. *Rückzug* in das Arztzimmer (Verwaltung) oder das Laboratorium (Wissenschaft);
4. *Verleugnung* des Selbst-Betroffenseins (zum Beispiel der Krebskrankheit und dem Sterben gegenüber);

5. *Verzicht* auf Aufklärung des Schwerkranken in Form einer
   - Vermeidung der Auseinandersetzung mit dem Patientenschicksal,
   - Begründung, Patient würde die Wahrheit nicht vertragen;
6. *Einstufung* (*Etikettierung*) des Kranken als Patient mit mißlungener Krankheitsauseinandersetzung

Während der Operationen ist eine emotionale Neutralität des Arztes und der Schwestern unvermeidlich. Der Operateur könnte kein Messer führen, wenn er sich ständig die Gefahr einer fehlerhaften Schnittführung vergegenwärtigen würde. Darum werden Ärzte in der Regel nicht Angehörige operieren. Auch das Pflegepersonal einer Intensivstation braucht immer wieder emotionale Distanz zu den belastenden Patientenschicksalen. Diese Distanz wird häufig dadurch erreicht, daß Freizeitbeschäftigungen mit positivem emotionalem Inhalt gesucht werden und der Dienst auf der Intensivstation nach wenigen Jahren aufgegeben oder unterbrochen wird. Häufige Krankmeldungen müssen genauso als Reaktionen beziehungsweise Versuche der Bewältigung der Pflege angesehen werden.

Ungenügendes Verhalten von Ärzten und Schwestern dem Patienten gegenüber kann teilweise eine Schutzreaktion demjenigen gegenüber darstellen, der zu große Anforderungen stellt, die objektiv und subjektiv nicht begründet sind. Es gilt, die Grenzen der eigenen Belastbarkeit zu erkennen.

BOETTCHER (1988) hat einen gewagten Versuch unternommen. Er hat einmal nicht die vielfältigen Reaktionen von Patienten in typisierende Kategorien gebracht, sondern die der Ärztinnen und Ärzte. Typisierungen sind erkennbar überpointiert und entsprechend angreifbar. Die überprägnante Schilderung von vier Arzttypen soll hier nicht mit dem Anspruch stehen, die Wirklichkeit abzubilden, sondern soll Beobachtungs- und Denkanstöße vermitteln, um das Verhalten des Patienten durch das eigene Verhalten als Arzt positiv zu beeinflussen.

Der Typus des „hysterischen Therapeuten"

Positiver Aspekt: Dieser Arztypus ist tatkräftig zupackend, strahlt Sympathie aus. Selbst im Elend kann er Optimismus verbreiten. Krankheit ist für ihn der Spielball des Lebens: Für alles gibt es ein Mittel. Schwungvolle Therapeuten können mit einem nassen Handtuch oft mehr ausrichten, als andere mit einer halben Apotheke. Sie vermitteln immer einen Hoffnungsschimmer. Jeder Patient ist für sie eine Herausforderung und Bereicherung. Im Wesen offen, spontan; erfrischende Unmittelbarkeit macht sie beliebt.

Negative Tendenz: Seine Selbstgefälligkeit gerät ins Wanken, wenn die Bewunderung nachläßt. Wenn die ersten „Flitterwochen" der gelungenen Therapie entfleuchen und die „Zitterwochen" des Mißerfolgs aufziehen, erlahmt genauso rasch das Interesse am Patienten wie es entfacht wurde. Ihm fehlen der lange Atem und die Geduld zur Kleinarbeit. Unruhe und Tempo stören die Selbstheilungskräfte des Patienten. Ein solcher Arzt liebt dramatische Auftritte. Als geborener Polypragmatiker ist er für neue Therapien sehr aufgeschlossen und legt wenig Wert auf das Altbewährte. Schwestern, die es gern bunt und lebhaft haben, fühlen sich auf Stationen wohl, deren Leiter hysterisch strukturiert ist. Wer auf Ruhe, Ordnung und Sachlichkeit schwört, wandert beizeiten ab in den nächsten zu beschreibenden Strukturbereich.

Der Typus des „zwanghaften Therapeuten"

Positiver Aspekt: Stabilität, Pflichtgefühl, Gründlichkeit, Verantwortungsbewußtsein, Konsequenz und Beharrlichkeit zeichnen den „zwanghaften Therapeuten" aus, der kompetent die Schulmedizin anwendet. Am Patienten entgeht ihm nichts. Er palpiert lieber dreimal, eine Auskultation zieht sich hin. Auf der Station hat alles seine Ordnung. Nachdem die Kollegen gekündigt haben, denen zu wenig „los" war, ist das Stationsteam beständig und belastbar.

Negative Tendenz: Alles Neue wird beargwöhnt. Was 20 Jahre ging, geht auch weiter. Krankheit ist ein unreiner Fleck, den es nach puristischen Idealen auszumerzen gilt, koste es, was es wolle. Die Angst, etwas übersehen zu haben, läßt den zwanghaften Therapeuten nicht ruhen und nährt im Patienten hypochondrische Zweifel. Mit eisernem Einsatz werden Übel beseitigt. Ein gesundes Vertrauen in natürliche Selbstheilungskräfte des Körpers ist vorhanden. Gesetz, Pflicht und Ordnung werden aggressiv durchgesetzt, meist von „oben" nach „unten". Da sich dieser Arzttypus immer gegen alle möglichen Fehler absichern will, gehen Spontanität, Leidenschaft und Ausgelassenheit zugunsten des Perfektionsdranges verloren.

Der Typus des „depressiven Therapeuten"

Positiver Aspekt: Die Einfühlungsfähigkeit, die Bereitschaft, für den Kranken dazusein, Wärme und Nähe zum Patienten sind ein hohes Gut. „Depressive Thearapeuten" sind oft fleißig, machen aber um sich selbst wenig Aufhebens.

Negative Tendenz: Sie können nicht „Nein" sagen und sich schwer durchsetzen. Sie opfern sich bis zur Selbstschädigung auf, erkranken selbst leicht psychosomatisch und sehen die Welt mit lauter Forderungen an: Alle wollen geheilt werden, bemuttert, geliebt oder sonstwie versorgt werden. Diese Therapeuten stecken voller Schuldgefühle, weil sie annehmen, andere heilen besser und schneller. Sie trauen sich selbst nicht viel zu. Von Hysterikern lassen sie sich leicht unterwerfen, Atteste aller Art kann man mühelos erschleichen. Man glaubt, durch ihre personifizierte Sanftmut sind sie zur Aggression nicht fähig. Das stimmt nicht: Sie versuchen, diejenigen Menschen subtil zu beschämen, die sich ihre Scheibe vom Leben abschneiden. Weil sie es nicht können, wird ihre Not zur Tugend erhoben. Um Patienten legen sie gern den Mantel der Hilflosigkeit, was sich oft auf eine Beziehung einpendelt: „Ich stütze dich, weil du so schwach bist – ich bin so schwach, weil du mich immer stützt".

Der Typus des „schizoiden Therapeuten"

Während der Hysteriker sich zu sehr persönlich mit dem Patienten einläßt, der zwanghafte Therapeut sich übergenau an Regeln klammert, der depressive sich zu sehr mit dem Patienten identifiziert, bleibt der schizoide Therapeut distanziert, fern und kühl.

Positiver Aspekt: Als oft hochintelligenter Tüftler ist er gern mit sich selbst allein. Er zieht es vor, sich auf ein Spezialistendasein zurückzuziehen, und er strebt in solche medizinischen Fächer, die nicht sehr patientennah sind. Solche Ärzte können eine Distanzhaltung zum Patienten bewahren und sind oft hoch belastbar, weil sie das Leiden anderer Menschen nicht unangemessen nahe an sich herankommen lassen.

Negative Tendenz: Man wird mit ihm schlecht warm. Er wirkt unbeteiligt und verschlossen und taut nur gelegentlich auf. Das Stationsklima ist sachlich, unpersönlich.

Die vier genannten Kategorien passen einzeln in der Regel nicht auf einen Arzt. Aber als Typisierungen, die Aspekte ärztlichen Verhaltens aufzeigen, können sie Hinweise auf Verbesserungsmöglichkeiten im Umgang mit Patienten und Kollegen liefern.

6.3 Patientengruppen in der Krankheit

6.3.1. Der chronisch Kranke und die Langzeitbehandlung

Selten sind schon junge Menschen mit chronischen Krankheiten belastet, in der Mehrzahl sind es ältere Menschen, die dann allerdings oft sogar mehrere chronische Krankheiten gleichzeitig durchstehen müssen.

Die Langzeitbehandlung hat für den Patienten, aber auch für den Arzt, ihre besonderen sozialpsychologischen Probleme. Das Verhältnis Arzt-Patient ist kein einseitiges, das nur von der Krankheit und ihren Behandlungsnotwendigkeiten abhängt. Hier sind insbesondere drei mögliche Formen der Arzt-Patient-Beziehungen als Folge der Gemeinsamkeit in der langzeitigen Krankheitsverarbeitung zu nennen (Abb. 6.3 a–c).

Der Patient verändert sich im Laufe der Jahre, physisch und psychisch. Aber auch der Arzt entwickelt und verändert sich. Werden Patient und Arzt miteinander alt, so kann sich eine *Solidarität des Alters* entwickeln – beide erleben die Widrigkeiten körperlichen Abbaus, die zunehmende Bedeutung von festen Gewohnheiten, den Verlust von Angehörigen und Freunden und Bezugspersonen.

Eine Barriere, die partnerschaftliches Verhalten erschwert, kann aber schon allein darin bestehen, daß sich ein Gesunder und ein Kranker gegenüberstehen. Der Patient will gesund werden, kann es aber trotz allem Bemühen nicht mehr. Ihm gegenüber steht der Arzt als ein gesunder (oder dem Anschein nach gesunder) Mensch. Daraus ergeben sich möglicherweise unbewußte oder bewußte Spannungen. Der Patient beginnt zu zweifeln, ob ihm hier effektiv genug geholfen wird, und entwickelt überschießende Hoffnungen aus Berichten in den Medien über die Entwicklung neuer Medikamente und Heilverfahren. Dieser Ver-

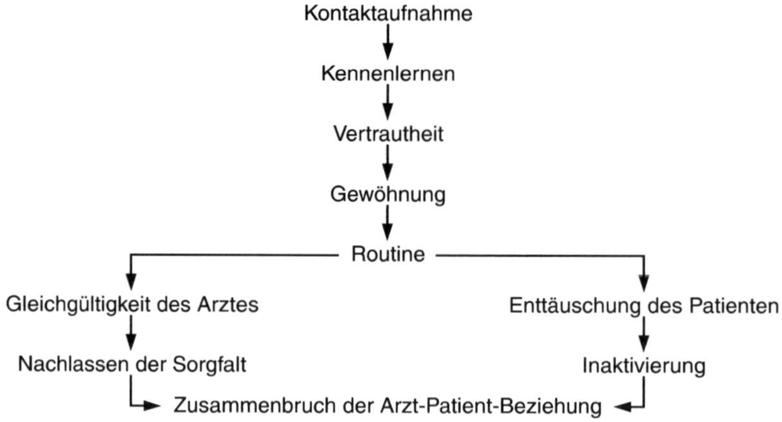

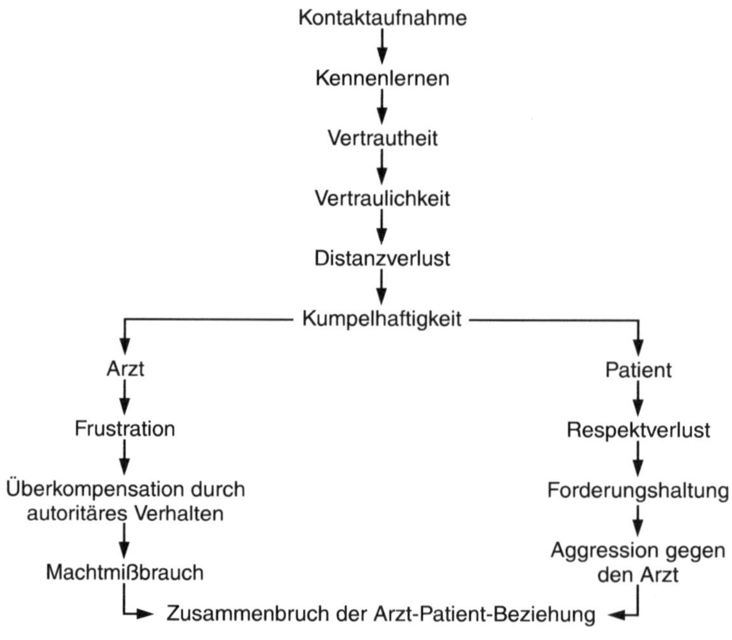

Abb.6.3 Gelingende und mißlingende Formen von dauerhaften Arzt-Patient-Beziehungen

gleich kann dazu führen, daß der Patient mit seinem Arzt unzufrieden wird. Vielleicht wird er einen neuen Arzt suchen und froh sein, daß dort sehr viele neue diagnostische Maßnahmen erfolgen. Wenn dann aber keine neuen therapeutischen Konsequenzen folgen, wird der Patient doch am Ende enttäuscht sein.

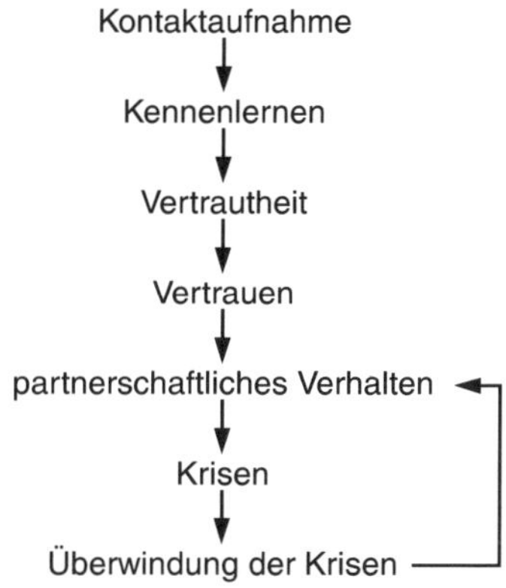

Abb.6.3

Unspezifische Begleiterscheinungen bei chronischen Erkrankungen und als Folge der Therapie

Im Laufe einer Erkrankung verändern sich Stimmung, Gefühl und Affekt. Während diese sich bei einer akuten Krankheit bald ausgleichen, verbleibt beim chronisch Kranken die Veränderung von Gefühlslage und Stimmung sehr lange Zeit beziehungsweise für den Rest des Lebens.

Die *Grundstimmung* eines Menschen besteht konstitutionell. Sie begleitet ihn während seines gesamten Lebens. Diese ist erblich aber auch durch Erziehung bedingt und hängt unter anderem vom Entwicklungsalter ab. Sie ist in der späteren Kindheit meist ausgeglichen, beim Pubertierenden labil, beim Erwachsenen relativ stabil, während das Alter häufig eine subdepressive Note mit sich bringt.

Von dieser Grundstimmung eines Menschen unterscheidet man die *aktuellen Stimmungen*. Die veränderte aktuelle Stimmung wirkt sich auf sämtliche Persönlichkeitsbereiche aus.

Der Arzt muß nun unterscheiden, wie weit die Verstimmung eine Mitursache oder Folge des Krankheitsgeschehens ist. Gefühle sind Erlebensaspekte, die insbesondere auch von der Motivation abhängen. Sie haben eine deutlich sozialkommunikative Funktion. Man denke dabei nur an den Satz: „Der kürzeste Weg zwischen zwei Menschen ist ein Lächeln". Wie hängen nun verschiedene Erkrankungen und emotionale Faktoren zusammen?

KÜNSEBECK et al. (1984) untersuchten 322 stationär behandelte Patienten aus Kliniken für Innere Medizin, Abdominal- und Transplantationschirurgie, Unfallchirurgie, Neurologie, Hals-Nasen-Ohrenheilkunde und Orthopädie. Sie schlossen hierbei Schwerstkranke und über 65jährige aus. Einige Ergebnisse ihrer Untersuchungen zeigt Abbildung 6.4.

31 bis 42% der Patienten wiesen gravierende psychische Beeinträchtigungen auf, die nach Meinung der Autoren einer vertieften medizin-psychologischen Diagnostik und entsprechenden Behandlung hätten zugeführt werden müssen.

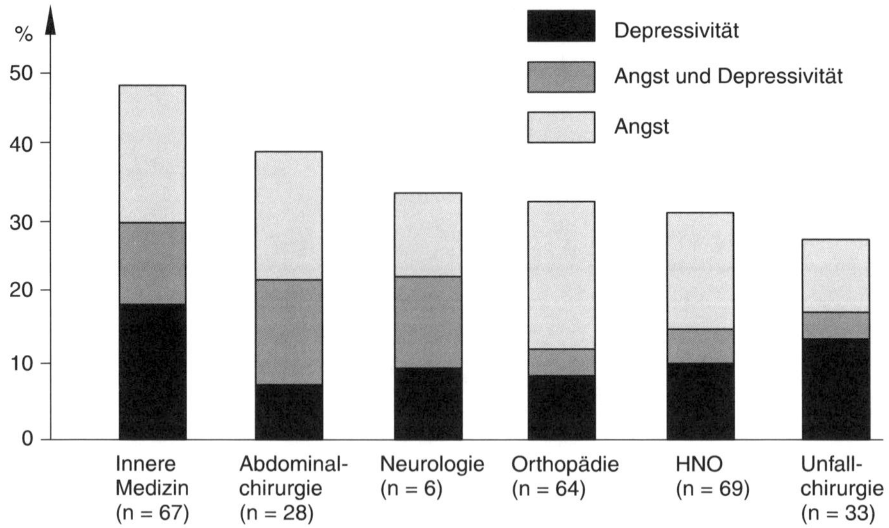

Abb. 6.4 Depressivität, Angst sowie Depressivität und Angst bei chronisch Kranken in verschiedenen medizinischen Disziplinen

Psychische Beeinträchtigung und längere sowie häufigere Krankenhausaufenthalte sind bei diesen Patienten miteinander korreliert.

LABHARDT (1967) stellte folgende Manifestationen der Angst im psychosomatischen Bereich fest:

1. Mimik und Gestik;
2. Symptome des vegetativen Nervensystems, und zwar
   - *allgemeine Symptome:* innere Unruhe und Spannung, Zittern, insbesondere feinschlägiger Tremor, Kopfdruck und Kopfschmerz, Blässe des Gesichtes, Schweißausbrüche, Trockenheit des Mundes, Schwindelgefühl, Schlafstörung, bei Kindern Pavor nocturnus.
   - *Sinnesorgane:* Pupillenerweiterung, Lidspaltenerweiterung, allgemeine sensorische Hyperästhesie.
   - *Kreislaufsystem:* Präkordialangst und Herzdruck, Tachykardie, Extrasystolie, Selbstwahrnehmung des Pulses.
   - *Respirationssystem:* Tachypnoe, Hyperventilation, Würgegefühl im Hals, Asthma bronchiale.
   - *Magen-Darm-Trakt:* Mundtrockenheit, Anorexie, Singultus, Magendruck, Meteorismus, Darmspasmen, Diarrhoe, Obstipation.
   - *Uro-Genital-System:* Poli- und Polakisurie, Sphincter-Spasmus der Blase, Menstruationsstörungen, Dysmenorrhoe.
   - *Haut:* Dermographismus, Pruritus, allergische Phänomene.
3. Bewußte generalisierte Angst in klassischer Weise beim akuten Angstanfall des Angstneurotikers, bei der ängstlich agitierten Depression sowie bei der Hyperthyreose.

4. Die mit der Angst korrelierenden somatischen Symptome, die als „vegetative Begleiterscheinungen" charakterisiert werden können.
5. Eine bewußte lokalisierte Angst ist nach LABHARDT allerdings verhältnismäßig selten. Als Beispiel nennt er die Herzneurose, bei der akute Angstanfälle mit Herzklopfen, Tachykardie einerseits und Vernichtungsgefühl andererseits vorkommen. Hier gäbe es sehr große Ähnlichkeiten zum Angina-pectoris-Anfall.

In der Ausbildung der Studenten wird der *sexuell-erotische Bereich* des Menschen immer noch vernachlässigt. Jede schwere Erkrankung aber, die mit einer längeren Einschränkung der Vitalität einhergeht (zum Beispiel bei Querschnittslähmung, bei Störungen der Herzfunktionen, aber auch bei Leberkrankheiten und Diabetes) kann aus körperlichen und/oder psychischen Gründen zu leichteren oder schwereren sexuellen Störungen führen. Patienten können es als sehr hilfreich erleben, wenn der Arzt sie auf diesen wichtigen Lebensbereich anspricht und über die nötigen Kenntnisse und Einstellungen verfügt, um ein offenes Gespräch zu führen. In Einzelfällen mag auch der Hinweis auf spezielle Sexualberatungsstellen nötig und nützlich sein. In Rehabilitationskliniken wird gelegentlich bereits sexualtherapeutische Beratung angeboten.

In den letzten Jahrzehnten sind eine große Anzahl von Psychopharmaka auf den Markt gekommen, die nicht selten unkritisch verschrieben werden. Ein Literaturüberblick zeigt, daß von nahezu allen Psychopharmaka eine zum Teil massive Beeinträchtigung der sexuellen Reaktionsfähigkeit zu erwarten ist (neben Beeinträchtigungen der sexuellen Appetenz vor allem Störungen der Ejakulation). Ein angemessenes Abwägen zwischen Nutzen und Risiken psychopharmakologischer Medikation wird dem Arzt nur möglich, wenn er auch die gravierende Bedeutung sexueller Reagibilität für die Lebensqualität seines Patienten mitberücksichtigt.

Zum Abschluß dieses Kapitels möchten wir auf einige Sonderprobleme der stationären Langzeitbehandlung hinweisen: Intensivstation, Isolierbett, Infektionsstation, Dialyse, Sterbezimmer – hier werden Submilieus im Krankenhaus angesprochen, die für Kranke und Personal jeweils noch besondere Konfliktsituationen und Verhaltensweisen mit sich bringen. Formen und Bedingungen dieser situationsspezifischen Auseinandersetzung mit der Krankheit haben wir im Überblick tabellarisch dargestellt (Tab. 6.3 nach ROHDE, 1975).

6.3.2. Die Auseinandersetzung mit dem Sterben

Der Arzt und das Sterben

An der Schwelle zum Tode galt es bis in die ersten Dekaden des 20. Jahrhunderts als ärztliche Aufgabe, den Patienten zu pflegen, zu trösten und seine Leiden zu lindern. Mit dem erfolgreichen medizinischen Kampf gegen Infektionskrankheiten begann eine neue naturwissenschaftliche Grundhaltung um sich zu greifen:

Tab. 6.3 Spezielle Auseinandersetzungssyndrome in Spezialabteilungen

Einrichtung	Indikationen	Bedingungen	Hauptverhaltensmerkmale Kranke	Personal
Intensivstation	Lebensbedrohliche Zustände, Atemstörungen, Arzneimittel- und Stoffwechselvergiftungen, Nierenversagen, Leberversagen, Schock, Verbrennungen	kein Außenkontakt, immer unter Aufsicht, viele Geräte, häufiger Personalwechsel (Schicht, Konsiliarien), dramatische Nachbarereignisse	angsthaftes Getriebensein, Deprivation, Claustrophobie	Indentifizierung, Frustation, Aggression
Isolierbett	akute Leukämien, Knochenmarktransplantationen, Tumoren unter Chemotherapie, Immunsuppressive Therapie	Plastikzelt, gleichbleibendes Klima, eintönige Nahrung, schwierige Körperpflege, kein direkter Personenkontakt	Objektverlust, Deprivation	Monotonie
Infektionsstation (zeitlich begrenzt)	Bakterielle und virale Infektionen, Quarantäne	seltener Hör- und Sichtkontakt (Balkon, Glasscheibe)	Langeweile, Aggression, Depression,	Routine
Chronische Hämodialyse (wenn keine ambulante Form möglich)	chronisches Nierenversagen	Angewiesensein auf technisch sehr spezialisiertes Personal und funktionierende Apparate, kurze Intervalle des „Wiederauflebens“, Warten auf Organspender	Abhängigkeitswünsche, Unabhängigkeitsstrebungen, labiles Selbstgefühl, hypochondrische Selbstbeschäftigung, Aggressionsabwehr	Frustation
Sterbezimmer	unbeeinflußbarer Krankheitsverlauf	Einzelzimmer, abgebrochene Kontakte zu Mitkranken, oft Nordzimmer oder künstliches Licht	Depression, Sich-Ergeben, Zustimmung (falls noch bei Bewußtsein)	Verleugnung Meidung, Vernachlässigung, Wunscherfüllung

Man wollte den Tod an immer mehr Fronten besiegen. Dieser Zwiespalt gilt bis heute. Der Kliniker muß behutsam die Frage lösen, wie er seinen sterbenden Patienten jeweils individuell am besten behandelt und betreut. Die forschende Medizin will versuchen, jeder denkbaren Todesursache mit dem lebensverlängernden Einsatz maximaler technischer und medikamentöser Mittel kämpferisch entgegenzutreten. Den Kampf gewinnt aber letztlich immer der Tod.

Der heranwachsende Arzt lernt zunächst das Forschungsparadigma und erst später und weniger betont und reflektiert die menschlichen und praktischen Fragen am Krankenbett.

Die Auseinandersetzung mit **Krankheit**, **Sterben** und **Tod** und die Bewältigung der entstehenden Probleme beschäftigen und belasten aber nicht nur den

Patienten, sondern sehr vielfältig auch den Arzt. Beide benutzen Abwehrmechanismen und Bewältigungsstrategien, um diffuse Ängste aufzufangen, die beim Lebensthema Sterben und Tod auftreten können.

Vor allem junge Ärzte verspüren oft eine Scheu, zum Beispiel wenn sie den Körper eines soeben Verstorbenen noch einmal anfassen sollen. Die Mehrzahl wird dies kaschieren und rationale Begründungen zur Hand haben, warum der bereits im Sterben liegende Mensch nur noch begrenzt ein Objekt ärztlichen Bemühens ist.

Steht der Tod kurz bevor, so wird der Sterbende meist von anderen Patienten räumlich getrennt. Nur in wenigen Krankenhäusern besteht auf den Stationen ein der Würde des Todes entsprechendes Zimmer. Häufig ist der Sterbende noch nicht bewußtlos und bemerkt sowohl das räumliche Verlegen als auch die menschliche Verlegenheit, die dazu führt, daß nur selten ein Arzt zu ihm hereinschaut, man sich bei der Visite vor der Tür flüsternd unterhält und alle weiteren Verrichtungen der Schwester überläßt. Hier gelten die Abwehrmechanismen, die wir in 6.1. besprochen haben, und zwar vor allem Vermeidung, Verdrängung, Verleugnung. Ist die Prognose infaust, so ist die Hilflosigkeit für viele Ärzte und Schwestern nur schwer zu ertragen, so daß sie dies entweder durch ein Übermaß an Aktivität kompensieren oder ein Vermeidungsverhalten zeigen. Die Reaktion gegenüber dem Patienten ist also nicht mehr angemessen. Das gleiche gilt, wenn der Patient bei der Artikulation von Bedürfnissen zurückgedrängt wird und man sein mögliches Aktionsfeld immer mehr einengt, so daß er gleichsam entmündigt wird.

Der Sterbende

Das Problem des Todes wird seit Jahren wissenschaftlich mit viel Engagement behandelt (zum Beispiel BLUMENTHAL-BARBY, 1982), und es kommt endlich zur Sprache, daß viele mit Wissenschaftlichkeit getarnte Verhaltensweisen Abwehrmechanismen sind.

Bücher, die aus der Sicht des Patienten von seinem Wege zum Tode berichten, wie etwa das Tagebuch der MAXI WANDER (1990), rütteln ein breites Leserpublikum auf.

Als organisatorische Antwort hat man in vielen Ländern Sterbekliniken gegründet. KÜBLER-ROSS (1982) hat Gespräche mit Sterbenden publiziert und dabei häufig beobachtbare Stufen im Erleben und Verhalten des Patienten bis zum Tode beschrieben (Abb. 6.5). Vieles aus den Beobachtungen von KÜBLER-ROSS mag schon lange zum Bestand ärztlichen Wissens gehört haben. In einem historischen Roman zum Leben und Wirken des großen Arztes PARACELSUS (1493–1541) legt die Autorin SCHUDER (1992) sehr anschaulich einem ärztlichen Kollegen im Gespräch mit Paracelsus in der Zeit der Pest in Basel im 16. Jahrhundert eine Schilderung recht vergleichbarer Stufen in den Mund:

> „Es sind 5 Stufen, über die der Sterbende gehen muß ... Ich habe herausgefunden, daß der Leidende sich weigert, einzusehen, er muß sterben. Er will es nicht

zur Kenntnis nehmen. Nicht ich, sagt er, nicht ich, andere vielleicht, ja, aber nicht ich. Und daran klammert er sich. Dann kommt die nächste Stufe der Erbitterung. Dann schreit er auf über die Ungerechtigkeit, warum denn ich, warum denn? Und dann kommt eine schreckliche Stufe, der Leidende bittet uns, uns oder den Priester, wir sollen ihm doch noch eine Frist geben. Und plötzlich wie ein Käufer vor dem Händler beginnt er zu ringen, bewillige mir doch noch ein Jahr, ein paar Monate. In dieser Zeit verspricht er Dinge, die er schon gar nicht mehr einsehen kann. Hüten Sie Ihren Patienten in dieser Zeit vor den Geistlichen … Und dann kommen beim Leidenden die beiden anderen Stufen, die abschließenden, die Trauer über die vertane Zeit. Und schließlich das Sich-Fügen, nicht mehr Anteil nehmen, nicht mehr trauern, keine Erbitterung mehr, kein Zorn, kein Wunsch, kein Handeln um noch ein Stückchen Zeit, nichts mehr. Eben diese Dumpfheit …"(S. 391–394).

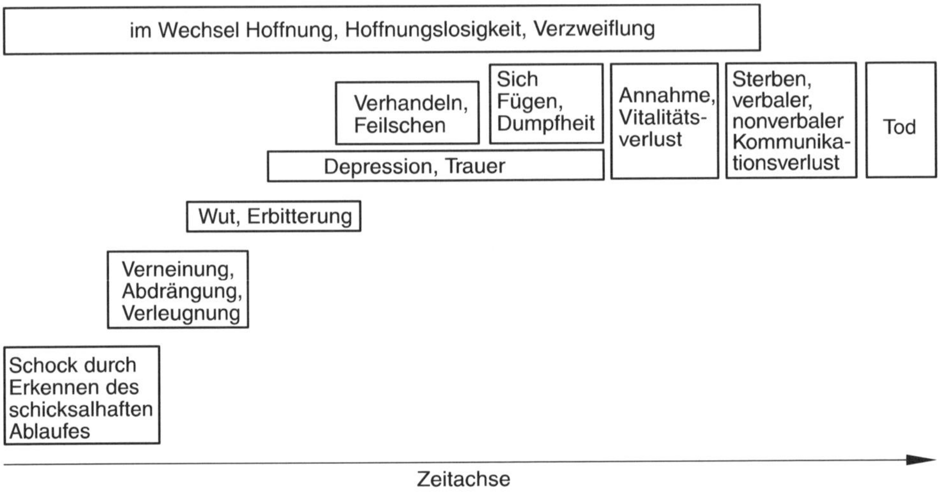

Abb. 6.5 Die fünf Phasen der Entwicklung zum Tode (nach KÜBLER-ROSS, 1982)

Diese Bewältigungsstufen, die nicht nur beim nahenden Lebensende, sondern in vielen Lebenssituationen bei massiven Verlusten und Konflikten erkennbar werden, treten je nach Individualität und Alter des Patienten in unterschiedlicher Distanz und Intensität auf. Die durch Stufen symbolisierte Reihenfolge ist auch nicht stets regelhaft, es können Stufen ausgelassen und die ganze Entwicklung kann in wiederholten Zyklen durchlaufen werden.

Wieweit soll man mit einem Patienten über seine schwere Erkrankung, das Sterben und den Tod sprechen? Allgemeine Regeln kann man nicht aufstellen. Man sollte in jedem Einzelfall versuchen, zu erfragen oder zu erspüren, wieviel der Patient schon weiß und wieviel er wissen will, ob er zum Beispiel bei der Frage nach dem Tod die Hoffnung lassende Verneinung hören oder die Wahrheit ertragen kann (vergleiche KOCH und SCHMELING, 1982). Der Arzt muß sich zuerst selbst prüfen, ob sein Entschluß zur Aufklärung Folge einer Abwägung der Situation seines Patienten ist oder ob er als Abwehr den Weg des für ihn emotional leichteren Verschweigens geht. Aufklärung darf nie den Stil der „brutalen Wahrheit" vermitteln. Sie darf dort hinhaltend sein, wo man spürt, daß die Frage einen Appell um Hilfe bedeutet und sollte dem Patienten niemals die ganze Hoffnung nehmen. Die entscheidende Beziehung zum Todkranken und Sterbenden ist nicht das Wort, sondern die mitmenschliche nonverbale Kommunikation, die menschliche Wärme, die aus der Form des Sprechens, aus dem Tonfall, aus der körperlichen Nähe kommt und die mehr hilft als wortreiche Erklärungen. Manche Menschen schildern die Nähe, die sie im Sterbeprozeß mit einem Angehörigen erlebt haben, als bereichernden Trost.

Für die Berufsgruppen, die das Sterben von Menschen häufig miterleben, für die Angehörigen und für den Sterbenden selbst geht es um die Frage: Wie kann man das Sterben konkret so gestalten, daß der Schrecken nicht unnötig vergrößert wird? Ein lebensbegleitendes Bewußthalten „Mensch, du wirst sterben" könnte für alle drei den richtigen Rahmen schaffen, um auf das für keinen Menschen vermeidbare Sterben vorbereitet zu sein.

Das sterbende Kind und seine Eltern

Während des Sterbens und nach dem Tod eigener Kinder entwickeln Eltern regelmäßig Schuldgefühle dergestalt,

- für das Kind nicht genug getan,
- die ersten Symptome nicht bemerkt oder nicht richtig gedeutet,
- für das Kind nicht genug Zeit gehabt oder es unverdient gestraft zu haben, da den Krankheitssymptomen häufig ein Nachlassen der Leistung vorausging.

Den eigenen Schuldgefühlen folgt eine Suche nach Informationen. Die Eltern wollen alles über die Diagnose wissen, wobei sie unbewußt einen Schuldigen suchen. Dieses Suchen dient der Verarbeitung der Diagnose oder bereits des Todes. Eltern sollten darum von allen Instanzen, behandelndem Arzt, Schwestern und dem Bereitschaftsdienst die *gleichen Informationen* bekommen.

Bei Kindern, die langsam den Weg zum Tode gehen (zum Beispiel bei Leukämien oder Tumoren) hilft es, wenn die betroffenen Eltern sich zusammenfinden und durch gegenseitiges Aussprechen unterstützen. Die Aufklärung der Kinder, soweit das überhaupt als richtig erscheint, muß ihren Entwicklungsstand berücksichtigen. Entsprechend ihres Entwicklungsalters haben sie noch keine oder eine andersartige Vorstellung vom Tod. Eine verbale Aufklärung wird bei kleineren Kindern auf Unverständnis stoßen und Angst hervorrufen.

Eine didaktische Möglichkeit besteht in der *Fremdschilderung*. Dabei spricht man mit dem schwerkranken Kind nicht unmittelbar über dessen vermutliche Zukunft, sondern spricht behutsam über ein anderes Kind und dessen Krankheitsverlauf. Dabei kann man auch Spielzeug zur Hilfe nehmen und die Fremdschilderung weniger mit Worten als im Spiel dem Kind darstellen. Nicht selten setzt dann das schwerkranke Kind selbst zum Beispiel bei der Visite die so kennengelernten Puppen oder Figuren ein, um seine eigenen Aussagen und Fragen damit zu verdeutlichen.

6.3.3. Die Auseinandersetzung mit Behinderung und chronischer Krankheit

Der Behinderte
Schädigungen können zu funktioneller Einschränkung und bis zur Behinderung (Disability) führen (Abb. 6.6).

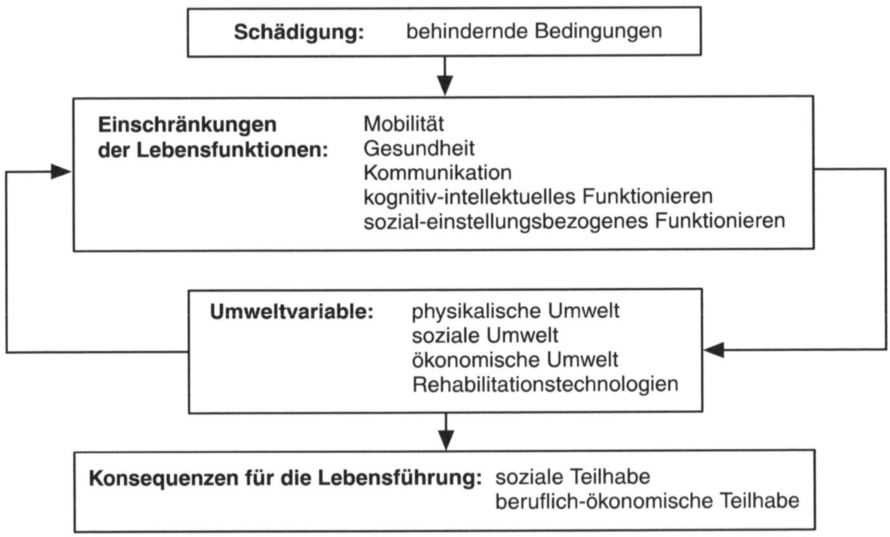

Abb. 6.6 „Disability"-Modell (nach SIGELMANN et al., 1979)

Die Weltgesundheitsorganisation WHO unterscheidet die *Schädigungen* nach folgenden Kategorien:

- geistige Schädigungen (Intelligenz, Gedächtnis, Denken);
- andere psychische Schädigungen (Bewußtsein, Perzeption, Aufmerksamkeit, emotive und willensbezogene Funktionen einschließlich psychomotorischer Funktionen, habituelle Verhaltensmuster);
- Schädigungen der Sprache (Sprachfunktionen, Sprechen);
- Hörschädigungen;
- Sehschädigungen;
- viszerale Schädigungen (innere Organe, spezielle Funktionen);

- Schädigungen des Skeletts (Kopf, Rumpfbereich, Gliedmaßen);
- generalisierte, sensorische und andere Schädigungen.

Als *funktionelle Einschränkung* bezeichnet man die partielle oder totale Unfähigkeit, motorische, psychische und andere Funktionen in der Art und Weise auszuüben, in der sie unter gesunden Umständen ausgeübt werden können. Hierzu gehört auch das Sehen, Sprechen, Hören, Lesen, Schreiben, Zählen und der gegenseitige Kontakt mit der Umwelt. Meist stehen im Vordergrund die Einschränkungen der Lebensfunktionen, also der Mobilität, Gesundheit, Kommunikation, das kognitiv-intellektuelle und das sozial-einstellungsbezogene Funktionieren. Letzteres wiederum steht in Abhängigkeit von den verschiedenen Umweltvariablen und hat Konsequenzen für die Lebensqualität.

Behinderungen können vorübergehend oder permanent, reversibel oder irreversibel, progressiv oder regressiv sein.

Der Sinnesgeschädigte

Schädigungen der verschiedenen Sinnesleistungen werden in der Gesellschaft unterschiedlich eingestuft.

Beispiele:

Der *Blinde* ist in der Öffentlichkeit durch Stock und Armbinde als sehbehindert erkennbar und wird häufig bei seinem Verhalten auf Verständnis stoßen.

Dieses gilt nicht so für den *Gehörlosen*. Als es noch keine „Gehörlosensprache“ gab und sich die Betroffenen durch Gebärden verständigen mußten, war ein Schulbesuch kaum möglich und eine Außenseiterrolle vorprogrammiert. Im Sozialverhalten fallen Gehörlose gelegentlich auch heute noch als vermeintlich unangepaßt auf, wenn sie zum Beispiel in einer überfüllten Straßenbahn auf Zuruf zum Zusammenrücken nicht reagieren können und dann als rücksichtslos eingestuft und kritisiert werden. Mangelhaftes Feedback in sozialen Konfliktsituationen kann zu stark verunsichertem, paranoidem Verhalten führen.

Der chronisch Nierenkranke

Die Entwicklung der Medizin, die bei chronischen Krankheiten den drohenden Tod aufzuhalten gelernt hat, schafft durch ihre Therapie auch neue medizinisch-psychologische Probleme. Hierzu gehört die Dialyse bei entsprechenden Nierenerkrankungen. Eine Dauerdialyse wird durchgeführt, solange keine Transplantation möglich ist. Gravierende potentielle Stressoren treten im Dialysebetrieb für den Patienten auf durch:

- langdauernde bis lebenslängliche Abhängigkeit vom Therapieprogramm und einer Maschine;
- Ungewißheit hinsichtlich der Lebenserwartung (Erleben des Todes einer Reihe von Mitpatienten!);

- Ungewißheit über Möglichkeit und Zeitpunkt einer Nierentransplantation; große Hoffnungen auf diesen Eingriff trotz prognostischer Probleme;
- gewisse Einschränkungen der sozialen Aktivitäten in familiärer, beruflicher und gesellschaftlicher Hinsicht.

Bei Erwachsenen ist die Folge ein Abwehrverhalten, besonders Verleugnung und Regression in infantiles Verhalten und Erleben. Alles, was Patienten tun und unterlassen, bringen sie mit der Dialyse und ihren Notwendigkeiten in Zusammenhang. Wie stark die seelischen Belastungen von Dialysepatienten trotz ihrer oft bewundernswerten Bewältigung der dialysebedingten Alltagsprobleme sind, zeigt sich insbesondere daran, daß Suizidhandlungen bei Dialysepatienten 400mal häufiger als in der Durchschnittsbevölkerung vorkommen.

Die chronische Hämodialyse hält den Zustand der kompensierten Urämie aufrecht, das Leben ist beeinträchtigt und gefährdet. Auch mit einer Transplantation beginnt nur eine neue Behandlungsphase einer streng genommen unheilbaren Krankheit, die neue Unsicherheiten und Befürchtungen mit sich bringt: die Transplantation selbst kann mißlingen, bei gelungener Transplantation führt die notwendige immunsuppressive Therapie zu erhöhter Infektgefährdung, und selbst ein gut funktionierendes Transplantat kann nach Monaten oder Jahren versagen, so daß die Rückkehr in das Dialyseprogramm droht.

Für die Zeit der Dialysebehandlung sind die Patienten an die künstliche Niere und damit in vielen Fällen an die Klinik gebunden. Zwischen den Dialysen unterliegen sie relativ strengen Einschränkungen bei der Flüssigkeitszufuhr und Nahrungsaufnahme. Nach einer Transplantation müssen die Trinkgewohnheiten radikal umgestellt werden: Sehr viel Flüssigkeitszufuhr ist dann geboten.

Durch die chronische Niereninsuffizienz sind die Patienten in ihrer körperlichen und geistigen Leistungsfähigkeit eingeschränkt und setzen oft erhebliche Kraft ein, um dieses Handikap erfolgreich zu kompensieren.

Die Behandlung durch die Dialyse selbst ist eingreifend und mit Beschwerden und Ängsten verbunden. Sie erfolgt dreimal in der Woche für jeweils 3 bis 5 Stunden, erfordert eine vorbereitende (Shunt-) Operation, die im Laufe der Dialysebiographie oft mehrmals wiederholt werden muß. Das Befinden ist während der Dialyse durch Kreislaufbelastung und Elektrolytverschiebungen zeitweise beeinträchtigt, die zu Beschwerden wie Kopf- und Bauchschmerzen, Übelkeit und Erbrechen führen können.

Wenn Kinder dialysiert werden müssen, verläuft deren *Anpassung an eine Extremsituation* selten komplikationslos. Am häufigsten sind folgende Verhaltensauffälligkeiten im Sinne einer Auseinandersetzung mit Krankheit, Prognose und Therapie zu beobachten:

- Störungen im Sozialverhalten im Sinne eines aggressiven, fordernden Verhaltens mit sozialen Einordnungsschwierigkeiten oder Kontaktstörungen mit passiv-zurückgezogenem Verhalten;

- Schulprobleme, wie Ausweichen vor Leistungsanforderungen und Lernstörungen;
- psychosomatische Beschwerden und demonstrativ-hypochondrisches Verhalten;
- mangelnde Kooperation bei der Behandlung, wie Verstöße gegen Diät- und Flüssigkeitsrestriktionen, Verweigerung von Medikamenten und unkontrollierte Abwehr bei notwendigen Behandlungsmaßnahmen;
- depressive Verstimmungen;
- regressives Verhalten;
- verstärkte Ängstlichkeit;
- verminderte Frustrationstoleranz mit verstärkten Trotzreaktionen und daraus resultierenden Erziehungsschwierigkeiten.

Der Querschnittsgelähmte

Die Folgen von Querschnittslähmungen sind abhängig vom Ort der Schädigung im Rückenmark (Wirbel-Etage). Durch die Rehabilitationsbemühungen der letzten Jahrzehnte ist die Schwere der Schädigung als Hauptursache für die Schwere der Behinderung zurückgetreten. Wesentlicher ist der Grad, in dem die verbliebenen physischen und psychischen Funktionen genutzt werden. Hierfür wiederum ist Voraussetzung ein maximales körperliches Training, wiedergewonnene psychische Stabilität und die Bereitschaft des Patienten, die Rehabilitation aktiv zu unterstützen. Es geht also um Bewältigungsstrategien. Alle technischen Hilfsmittel können nur dann wirksam werden, wenn es gelingt, den Patienten zu aktivieren, sich selbst zu helfen. Andererseits können die Rehabilitationseinrichtungen beim Entwurf eines neuen „Lebensplanes" unterstützend im Hinblick auf praktische Erleichterungen, psychotherapeutische Begleitung und Austausch mit anderen Querschnittsgelähmten wirken.

Die psychischen Reaktionen eines Querschnittsgelähmten sind in der Regel auch durch seine Persönlichkeit beeinflußt. Allerdings müssen alle den Schock des Unfalls überwinden, was durch psychologische Begleitung erleichtert wird.

Besonders belastend werden insbesondere sexuelle Funktionsstörungen erlebt; hier kann eine medizinisch und psychologisch sachgerechte Information unnötigen Leidensdruck abbauen, wobei auch die Sexualpartner einbezogen werden sollten. Viele Frauen bekommen trotz der Querschnittslähmung Kinder. Diese medizinisch unbedenkliche Möglichkeit sollte im Gespräch erwähnt werden und mit persönlichen, biographischen und sozialen Aspekten in Beziehung gebracht werden. Unmittelbar nach dem Unfall kommt es aber vor allem darauf an, die Aktivität der Rehabilitanten anzustacheln und die zuerst notwendige intensive pflegerische Betreuung und Hilfe bei allen einfachsten Lebensverrichtungen nicht zu einer Abhängigkeit vom Pflegepersonal werden zu lassen.

Der Amputierte

Wie sehr sich die Probleme bei Behinderten verschieben, zeigt das Schicksal der Amputierten. Ein größerer Teil der Beinamputierten sind ältere Menschen mit der Diagnose Durchblutungsstörungen. Bei diesen geht der Amputation eine längere Zeit fast unerträglicher Schmerzen voraus, so daß manchmal die Abtrennung eines Beines beinahe als Erleichterung empfunden wird.

Arm- wie Bein-Amputationen nach Verkehrsunfällen (insbesondere Motorradunfällen) erleiden häufig auch junge Menschen, die dann ihr Leben gravierend umorganisieren müssen: Neuorientierung in Familie und Freundeskreis oder auch Umschulung erfordern häufig Rehabilitationsmaßnahmen, die über eine reine medizinische Versorgung hinausgehen. Hier sind spezielle Sportgruppen oder auch Selbsthilfegruppen zu nennen. Die heute technisch möglichen (bioelektrischen) Prothesen verlangen langfristiges Einüben mit begleitender Motivationsunterstützung. Stumpf- und Phantomschmerzen, die auftreten können, lösen weitere Verhaltensprobleme und Versorgungsschritte aus.

6.3.4. Der Patient auf der Intensivstation

Moderne Behandlungsformen auf der Intensivstation oder im Isolierbett der Infektionsstation beinhalten Chancen und Risiken:

Sie verbessern in der Regel die Therapie der Organkrankheit unserer Patienten und die Prognose, können aber auch völlig neue Bedingungen positiver und negativer Art erzeugen. Besondere Situationen entstehen ebenfalls vor *Operationen* und der *Anästhesie*. Um die Problematik darzustellen, beschränken wir uns auf die Intensivstation, obwohl die Probleme auch hier nicht einheitlich sind, da bei einer chirurgischen Intensivstation der Patient durch das Wissen um die Operation hierauf teilweise vorbereitet ist (Tab. 6.3). Die internistischen Intensivstationen unterscheiden sich hinsichtlich der Erkrankungen, zum Beispiel wenn ein Patient nach einem Herzinfarkt plötzlich in einem lebensbedrohlichen Zustand eingeliefert wird.

Intensivstationen werden von Ärzten und von Laien unterschiedlich beurteilt. Dem lebensrettenden Effekt steht die praktische Entmündigung, das Angebundensein an Leitungen, Schläuche und so weiter entgegen. Viele Vorurteile resultieren aus der Unkenntnis der Situation von Patienten, Ärzten und Pflegepersonal auf diesen Stationen.

Meist erleben Patienten eher Dankbarkeit und Zufriedenheit, weil sie den positiven Einfluß der Therapie auf ihren Körper spüren. Sie fühlen sich durch die apparative Versorgung eher beruhigt. Viele vermissen sogar die intensive Betreuung, wenn sie auf eine Allgemeinstation verlegt werden. Diese Reaktionen sind allerdings nicht mit denen während der Einlieferung und Behandlung gleichzusetzen, sondern orientieren sich nachträglich am Erfolg.

Die *psychische Situation vital bedrohter Patienten* auf Intensivstationen ist durch drei Hauptfaktoren gekennzeichnet:

1. die *Angstsituation*, unter anderem durch Schmerz, Luftnot, Lähmungen, Sprechverlust, sensorische Ausfälle bis zur Todesangst; Überwältigungsäng-

ste, zum Beispiel durch Erduldung künstlicher Beatmung, Kardioversion und Elektrostimulation des Herzens;
2. die *Entmündigungssituation*, unter anderem durch den totalen Verlust gewohnter Eigenaktivitäten, totale Fremdkontrolle aller Körperfunktionen, de facto totaler Entscheidungsverlust;
3. die *Abschirmungssituation*, unter anderem durch die Abschirmung von der Außenwelt, nicht selten fenster- und uhrenlose Räume, Abschirmung von Bettnachbarn oder Einzelzimmer, zum Teil Besuchersperre.

Hiermit sind folgende *Mangelzustände* für den Patienten verbunden:

- *Kommunikationsmangel* durch Mangel an situationsbezogenen Auskünften, fehlende ungestörte Gespräche, praktisch fehlende, da schnell wechselnde Bezugspersonen, Mangel an Bettnachbarn, Abschirmung, eingeschränkte Krankenbesuchsfrequenz, krankheits- (zum Beispiel Aphasie) und/oder therapiebedingte Sprachbeschränkung (zum Beispiel Intubation, Tracheotomie);
- *Wahrnehmungsmangel* im Sinne der Monotonie optischer Reize, zum Beispiel durch zwanghafte Einhaltung einer Blickrichtung infolge Lähmungen (zum Beispiel zur Decke), Monotonie akustischer Reize, zum Beispiel durch stereotype Apparategeräusche; durch pharmakologische, therapiebedingte Nebenwirkungen eintretender Wahrnehmungsmangel;
- *Orientierungsmangel* verbunden mit Abschirmung und Wahrnehmungsmangel, zum Beispiel zeitliche Desorientierung durch Mangel an Tageslicht, fehlende Orientierungshilfen wie Kalender oder Uhr; Informationsmangel durch das Personal sowie Orientierungsstörungen durch körperliche Fixierung oder Lähmung, das heißt im Sinne einer Störung des Körperschemas;
- *Schlafmangel* (ein wichtiges psychophysiologisches Problem) durch Überwachungs-, Diagnostik- und Therapiemaßnahmen rund um die Uhr, besonders durch akustisch und taktil störende Reize. Die unregelmäßigen nur oberflächlichen Schlafepisoden stören beziehungsweise vermindern den REM-Schlaf.

Die Patienten entwickeln nun auf Grund dieser Extremsituationen Abwehrmechanismen, die dazu dienen, den vital bedrohten Zustand zu tolerieren. In der Mehrzahl sind dies:

- die Verleugnung, Verdrängung und Abschwächung bedrückender und quälender Gedanken, Gefühle und äußerer Wahrnehmungen als häufigstes Abwehrverhalten im Intensivbehandlungsmilieu. Hierin einbezogen ist auch das objektive Ausmaß der Abhängigkeit vom medizinischen Personal. Die adäquate Verleugnungsarbeit ist ein gewünschter und zu fördernder, therapeutisch wirksamer Vorgang. Fehladaptation (nicht realitätsgerechte Verleugnungsarbeit) führt dagegen bei zu geringer Verleugnung zu Hoffnungs-

losigkeit und Verzweiflung, bei zu stark ausgeprägter Verleugnung zu unangemessener Planung von Außenaktivitäten;
- die reaktive Hypochondrie, bei der aufgrund symptombezogener Ängste die forcierte Neigung zur Selbstbeobachtung der erkrankten Körperregion beziehungsweise -funktion ausgelöst wird. Körperliche Mißempfindungen, hypochondrische Phantasien und eventuell zusätzliche psychosomatische Störungen sind die Folge;
- die reaktive Infantilisierung (Regression) als regelhafte psychische Voraussetzung in der Erwachsenenintensivmedizin, um die vielfältigen diagnostischen Eingriffe und therapeutischen Maßnahmen zu akzeptieren.

Viel zu wenig untersucht sind bisher die Ärzte-Pflegepersonal-Probleme psychologischer Art auf Intensivstationen. Auch Arzt und Schwestern stehen in körperlichen, mehr noch in psychischen Extremsituationen.

Diese sind gekennzeichnet durch:

- die permanente Konfrontation mit lebensbedrohlich erkrankten Menschen und daraus ableitbar die stetig geforderte Leistungsbereitschaft mit bestmöglichen, möglichst perfekten Handlungsvollzügen;
- das gehäufte Miterleben-Müssen des nicht oder nicht mehr helfenden, arbeitsintensiven Therapieregimes und daraus ableitbar die häufige Begegnung mit Sterbenden. Hier sind weniger die Gesprächsinhalte mit Sterbenden gemeint, die zur Aktualisierung von eigenen Ängsten führen, als vielmehr die bedrückende retrospektive Erkenntnis der Nutzlosigkeit der erbrachten therapeutischen Bemühungen;
- das gehäufte Nicht-Miterleben-Können des vollständigen Heilungsverlaufes der Patienten wegen frühzeitiger Weiterverlegung auf Nachfolgestationen, das heißt die oft abrupte Trennung von Patienten, denen der intensive persönliche Arbeitseinsatz in lebensrettender Situation gegolten hat;
- den häufig innerhalb einer Schicht unvorhergesehen zu ändernden Arbeitsrhythmus infolge von Neuzugängen, Reanimationssituationen und zeitlich sehr begrenzt wirksamen Therapie- und Diagnostikverordnungen;
- die häufigen Kontakte und teilweisen Konfrontationen mit verständlich erregten, stark beunruhigten und im Falle Sterbender wegen der Plötzlichkeit oft fassungslosen Angehörigen.

Die Gruppendynamik unter stark belasteten Mitarbeitern ist oft in konzentrierter Form zu beobachten bei den (dreimal täglich stattfindenden) Schichtübergaben: Wie werden Fehlleistungen ausgewertet, wie Irrtümer beseitigt? Wie wird Kritik angebracht und angenommen? Wie sieht es mit der Bereitschaft und Motivation zur Weiterbildung aus? In vielen Konfliktfragen können Supervisionen hilfreich sein.

7. Arzt-Patient-Beziehungen

Die außerordentlichen Erfolge der Medizin vor allem auf den Gebieten der Infektionskrankheiten, Chemotherapie, Epidemiologie, Labormedizin und Chirurgie verleiten manchen Patienten und manchen (vor allem jungen) Mediziner dazu, ihre inadäquaten Erwartungen allein auf technisch-medizinische Mittel zu richten. Ärzte und Patienten, die beiden Partner im Gesundheitswesen, geben sich oft der Illusion hin, Heilungsschritte nach Art eines „Kfz-Reparatur-Modells“ planen zu können. Jeder weiß zwar, daß das Verständnis und die Kontaktformen in der Arzt-Patient-Beziehung ganz grundsätzlich die Einstellung des Patienten zum Heilungsvorgang und zur Auseinandersetzung mit einer chronischen Krankheit beziehungsweise dem Tod beeinflussen, aber im Medizinstudium wird kaum auf eine reflektierte Einübung entsprechender Verhaltensweisen geachtet.

Dieses Kapitel soll zeigen, daß zum handwerklichen medizinischen Geschick eines Arztes auch ein psychologisch gekonnter Umgang mit seinen Patienten gehört; fundiertes psychologisches Wissen ist hierfür notwendige Voraussetzung. Dieses Wissen betrifft nicht nur den jeweiligen Arzt und Patienten als individuelle Persönlichkeit, sondern auch das Rollengefüge und die vielfältigen Formen der *Beziehungen* zwischen den beiden; zur erfolgreichen Kooperation genügt es keineswegs, daß beide, Arzt und Patient, guten Willens sind, Verläßlichkeit und gegenseitige Klarheit über Erwartungen und Verhaltensmöglichkeiten sind ebenso wichtig.

Im folgenden werden besprochen:

- Grundsätze der Arzt-Patient-Beziehungen (7.1.);
- die Bedeutung der Kommunikation, Information und Interaktion für Art und Gelingen des Arzt-Patient-Verhältnisses (7.2.);
- Voraussetzungen zur Compliance (Therapieverhalten) (7.3.);
- Fragen der Aufklärung des Patienten und allgemein (sowohl auf der Seite des Patienten als auch auf der Seite des Arztes) die Entwicklung einer geeigneten Einstellung zur Krankheit, zur Therapie und zu den verbleibenden Möglichkeiten des Lebensgenusses und der Arbeitsfähigkeit (7.4.);

- Suggestivwirkungen im Arzt-Patient-Verhältnis, insbesondere im Zusammenhang mit der Wirkung von Placebos beziehungsweise Medikamenten (7.5.).

Die Bearbeitung dieser Problematik ist noch relativ jung und hat in einigen Einzelgebieten erst zu vorläufigen Ergebnissen geführt.

7.1. Die Bedeutung des Arzt-Patient-Verhältnisses für Diagnostik und Therapie

Wir verstehen unter der **Arzt-Patient-Beziehung** mit WINTER (1973) die Gesamtheit der sozialen Bedingungen und Verhaltensweisen im Zusammenwirken von Arzt und Patient und das Verhältnis des Arztes zum Gegenstand seiner Tätigkeit. Gegenstand der gemeinsamen Bemühungen ist die *Gesundheit* beziehungsweise die *Gesundung* des Patienten.

Das Arzt-Patient-Verhältnis ist nicht losgelöst vom sozialen und kulturellen Kontext. Auch wenn schlagwortartig im Singular vom Arzt-Patient-Verhältnis gesprochen wird, so sollte stets bewußt bleiben, daß es eine außerordentliche Vielzahl der Bedingungen und Erwartungen bei Patienten und Ärzten gibt. Patienten werden in sehr unterschiedlichen Institutionen medizinisch versorgt und von sehr unterschiedlich orientierten Ärzten untersucht und behandelt. Hausarzt, Kinderarzt, Gynäkologe oder Psychiater sind persönliche Ansprechpartner, die der Patient in den vertrauten Praxisräumen aufsuchen kann; Klinikärzte oder Laborärzte auch Anästhesisten müssen sich auf eine viel kurzfristigere Arzt-Patient-Beziehung einstellen. Kurärzte haben günstigere Chancen, die Heilungserwartungen ihrer Patienten zu erfüllen als Ärzte einer Krebs- oder Intensivstation.

Die Erwartungen und Ansprüche von Ärzten und Patienten werden in wechselseitigen (realen und idealen) Fremd- und Selbstbildern als Einstellungsstereotype wirksam.

Die dabei auftretenden Verhaltensweisen variieren stark. Sie reduzieren sich nicht etwa ganz auf informelle und individuelle Einmaligkeiten, sondern folgen Mustern in Rollenanforderungen und Erwartungen. Die Struktur und Funktion des Arzt-Patient-Verhältnises unterliegt qualitativen Wandlungen in Abhängigkeit von:

- Veränderungen in der Gesellschaftsordnung;
- Veränderungen in der Sozialgesetzgebung;
- Entwicklungen in Wissenschaft und Technik;
- demographischen Veränderungen.

7.1.1. Definitionen der Arzt-Patient-Beziehung

Lange Zeit beachtete man aus medizinpsychologischem Blickwinkel beim Zusammentreffen von Arzt und Patient vor allem subtile psychologische Wechselwirkungen beim persönlichen Gespräch. Modell stand das Verhältnis vom Psychotherapeuten und seinem Klienten, oder etwas allgemeiner etwa die Umgangsformen zwischen dem Hausarzt alten Stils und seinen Patienten.

Wichtige Aspekte einer derartig *engen* Definition der Arzt-Patient-Begegnung (Singular) sind dementsprechend: Betonung der emotionalen, persönlichen, „intimen" Anteile im Gegenüber von Arzt und Patient. Umgangssprachlich bezeichnen Wendungen wie „eine Beziehung eingehen" oder „ein Verhältnis haben" ebenfalls intime Konstellationen (WILDGRUBE, 1978). In psychoanalytischer Tradition werden im Sinne einer *engen* Definition der **Arzt-Patient-Beziehung** insbesondere die meist unbewußten *Übertragungs-/Gegenübertragungs-Beziehungen* untersucht, also die jeweils hochindividuellen Rückgriffe auf Erfahrungsmuster aus früheren Beziehungen.

Wir plädieren entschieden für eine *weite* Definition, die die vielfältigen Formen (Plural) von Arzt-Patient-Interaktionen abbildet: Jeder der beiden Teilnehmer in dieser Grundfigur und kleinsten Interaktionsform innerhalb des Gesundheitswesens hat seinen eigenen Bezugsrahmen, gegeben durch seine spezifische Sozialisation und die jetzt für ihn bedeutsamen Referenzgruppen. Beide gemeinsam finden Rahmenbedingungen vor: innerhalb der medizinischen Institution, in der sie interagieren, aber auch im jeweiligen sozialen Kontext. Beide haben bestimmte Wahrnehmungsmuster, Erwartungen und Bedürfnisse. Wie einflußreich solche sozialen und historischen Rahmenbedingungen sind, zeigt der *Wandel* im Verhältnis der Patienten zu den Ärzten.

Pro Tag ereignen sich allein in der Bundesrepublik Deutschland mehrere Millionen Situationen, in denen ein Patient mit einem Arzt Kontakt hat. Schon diese Zahl zeigt, daß die Annahme einer einzigen archetypischen Beziehungsfigur zwischen einem hilfebedürftigen Kranken und „seinem" helfenden Arzt irreführen muß.

Nach diesem Definitionsansatz ist es völlig klar, daß die vielfältigen Aspekte der Arzt-Patient-Beziehungen mit mehreren Modellen beschrieben werden können.

Das Modell Aktivität-Passivität
Der Arzt ist aktiv um den Patienten bemüht. Er verhält sich autoritär-hierarchisch. Der Patient ist passiv, unfähig selbst zu handeln, zu antworten oder zu reagieren. Echte Wechselwirkungen zwischen beiden gibt es nicht.

Das Modell Führung und Kooperation
Der Patient ist akut hilfsbedürftig, aber ansprechbar, handlungsfähig, zumindest entscheidungsfähig. Sein Verhalten hat also Einfluß auf den Verlauf seiner Behandlung. Der Arzt verhält sich nicht bestimmend, sondern über-

zeugend, um den Patienten zu einem zweckmäßigen Verhalten zu veranlassen. Er gibt ihm also begründete Verhaltensregeln. Dies wird ihm umso leichter gelingen, je größer das Vertrauen des Patienten in seine Person und Fähigkeiten ist.

Das Modell der Partnerschaft
Der Arzt ist Berater eines nicht akut kranken Patienten. Er gibt ihm Anleitungen, Hinweise, Ratschläge, „sich selbst zu helfen". Der Patient holt den Rat und die Hilfe des Experten ein. Es besteht aber keine akute Abhängigkeit des Patienten vom Arzt, die seine Entscheidungs- und Handlungsfreiheit einschränken könnte.

Die Anwendung dieser drei – zweifellos zugespitzten – Modelle ist von unterschiedlichen Faktoren abhängig.

Das Modell „Aktivität-Passivität" herrscht vor allem in der Anästhesie vor, im Schockzustand, Koma, Delirium, aber auch in der Chirurgie dann, wenn eine Problemlage während einer Operation eine Entscheidung des Arztes erfordert, ohne daß er den Patienten fragen könnte.

Das Modell „Führung und Kooperation" finden wir bei akuten Infektionskrankheiten, aber auch bei Patienten, deren chronische Erkrankung (Beispiel: Karzinom) die selbständige Gestaltung des Lebens einschränkt, so daß sie auf therapeutische Hilfen und Verhaltenshinweise durch den Arzt angewiesen sind.

Das Modell der Partnerschaft ist anzustreben bei der Mehrzahl der chronischen Erkrankungen, in denen eine sehr lange, eventuell lebenslange Bindung des Patienten an Ärzte erfolgt. Die Bindung glückt am besten an einen vertrauten Arzt, der die Spezialbefunde und Therapiehinweise anderer Fachärzte bündelt und vermittelt.

Die jeweilige Form des Arzt-Patient-Verhältnisses wird durch folgende Einflüsse mitgestaltet:

seitens des Arztes durch

- fachliche, wissenschaftliche Qualifikation;
- Fähigkeiten zur Menschenführung und Psychotherapie;
- weltanschauliche Einstellung;
- die Berufsmotivation;
- arzt-ethische Normen;

seitens des Patienten durch

- seine Bedürfnislage;
- den Stellenwert von Gesundheit und Krankheit im subjektiven Wertsystem;
- das Niveau des Gesundheitsbewußtseins sowie des Gesundheitsverhaltens;
- Erfahrungen des Patienten mit der bisherigen medizinischen Betreuung;
- die Interpretation der Beschwerden durch Bezugspersonen und Bezugsgruppen

seitens des Gesundheitswesens durch

- die Standortverteilung und das Profil der Einrichtung (Zugänglichkeit);
- die Organisation der Betreuung (Überweisungssystem, Wartezeiten);
- das Schwestern-Patient-Verhältnis und das Stationsklima im Krankenhaus beziehungsweise das Helferin-Patient-Verhältnis in der Praxis;
- öffentlich propagierte Leitbilder vom Arzt-Patient-Verhältnis (Beispiel: zunehmende Bereitschaft zu Regressprozessen gegen Ärzte).

Besonderheiten entstehen bei Langzeitbehandlungen und bei Mehrdimensionalität des Syndroms:
Bei chronisch Kranken werden nicht mehr die mangelnde Information, sondern mangelnde Geduld und Konsequenz und geringes Durchhaltevermögen zu Problemen. Hier treten manchmal als Folge der Langzeitbehandlung Phänomene der Sättigung und Übersättigung auf.

Die Genauigkeit des Wissens des Patienten hängt von folgenden Faktoren ab:

- Bekanntheitsgrad der Erkrankung;
- Sozialprestige einer Krankheit;
- Schmerzhaftigkeit der Krankheit;
- Bildungsgrad des Patienten;
- allgemeines Angstniveau seiner Persönlichkeit.

Je bekannter eine Krankheit, je höher ihr Sozialprestige (je besser sie als „gesellschaftsfähig“ akzeptiert ist), je schmerzhafter sie ist, je höher der Bildungsgrad des Patienten und je geringer das allgemeine Angstniveau sind, desto sachlicher wird die Schilderung und Selbstdiagnose ausfallen. Vielfach wünschen sich Ärzte solche Patienten. Selten entsprechen die von den Patienten in der Sprechstunde vorgetragenen Beschwerden ohne weiteres der Lehrbuchsystematik, Nosologie und Syndromatik. Ein großer Teil sind sogenannte „funktionelle“, psychosomatische Störungen, Beschwerdebilder mit vorwiegend vegetativer Symptomatik. Gerade der junge, unerfahrene oder unsichere Arzt weicht in dieser Lage häufig in die Rolle des scheinbar sicheren Experten aus, ohne psychosoziale Zusammenhänge mitzuberücksichtigen.

Mit streng sachbezogenen Fragen nach Symptombeginn, Art und Lokalisation der Schmerzen, früheren Diagnosen will er sachlich verwertbare Informationen vom Patienten erhalten. Die Fragen werden so gestellt, daß sie möglichst nur Ja/Nein-Antworten zulassen. Kommt hierzu eine emotional unbeteiligte Haltung, ein geringer Blickkontakt zwischen Arzt und Patient, so kommen viele Patienten nur schwer zu Rückfragen und Schilderungen, die ihrem eigenen Leidensdruck entsprechen. Ein solches Arzt-Verhalten ist auf der Oberfläche zwar zeitökonomisch, aber äußerst ungünstig für den Aufbau einer vertrauensvollen Arzt-Patient-Beziehung und letztlich unergiebig für das Stellen einer ganzheitlichen Diagnose

Exkurs 7.1 Arzt, Patient und Computer

Unter dem Begriff der „Apparatemedizin" wird meist an den Einsatz von technischen Großgeräten in medizinischer Diagnostik und Therapie gedacht, beispielsweise an die Kernspintomographie, die Lithotrypsie, Bestrahlungsgeräte in der Radiologie oder auch Hämodialysemaschinen. Auch Bilder aus der Intensivmedizin mit Portsystemen, maschineller Beatmung und vielfältiger elektronischer Überwachung lassen die Themen anklingen, die bei kritischer Würdigung einer Apparatemedizin zur Sprache kommen: neben den durch Technik erheblich verbesserten Diagnose- und Therapiemöglichkeiten entsteht die Gefahr des kühlen Distanzerlebnisses. Der Patient kann Technikängste entwickeln und der Funktionsfähigkeit der Geräte eher angstvoll als vertrauensvoll gegenüberstehen. Emotionale Schwierigkeiten können entstehen, wenn das Gefühl „Maschine statt Mensch" oder auch nur „Maschine zwischen Mensch und Mensch" aufkommt.

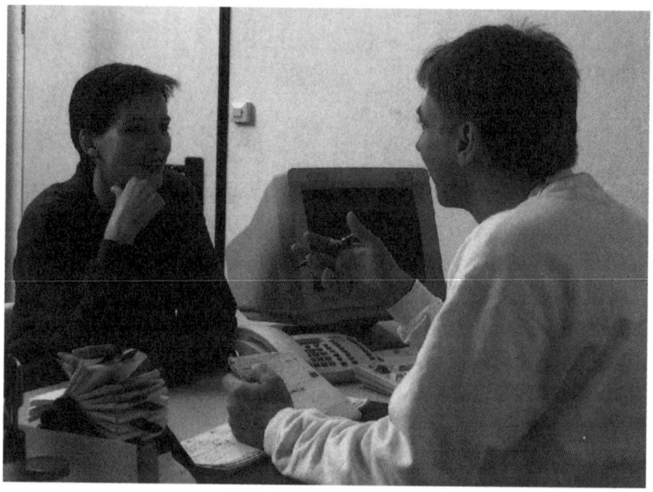

Diejenige Technik, die zunehmend Arzt-Patient-Kontakte begleitet, der *Computer* im Dreieck zwischen Arzt und Patient, ist aus medizinpsychologischer Sicht noch kaum thematisiert und erforscht. Zwar ist Computertechnik für eine wachsende Zahl von Menschen nicht so fremd wie spezialisierte Medizintechnik: Verfügen 1995 noch weniger als 20% der bundesdeutschen Haushalte über einen PC, so werden es voraussichtlich in fünf Jahren bereits 40% und in 15 Jahren 80% sein. Am Arbeitsplatz und im Kontakt mit den verschiedensten Berufsgruppen kommt heute schon nahezu *jeder* mit Computern in Berührung, so daß der Computer beim Arzt sicher nicht Befremden auslöst.

Aber der Blick des Arztes auf den Bildschirm, um während des Gespräches mit dem Patienten dessen gespeicherte Daten abzugreifen, die Schleife über die Tastatur zurück in die Datei, gelegentlich bereits der Einsatz computerunterstützter Diagnostik bis zu Therapieempfehlungen (Expertensysteme), macht die datenverarbeitende Maschine zu einer wichtigen neuen Kontextvariablen, im phänomenologischen Sinn zu einem Partner. Das Zweiergespräch („unter vier Augen") wird zum Dreieck durch „Gedächtnis" und „Schlußfolgerungsfähigkeit" der Maschine.

Der Arzt schafft Computertechnik an aus Rationalisierungsgründen. Such- und Dokumentationsaufgaben lassen sich schneller und effektiver erledigen, Abrechnungsziffern besser verwalten, zum Teil auch „optimieren". An dieser Stelle kann Mißtrauen beim Patienten entstehen, wenn aufwendige Untersuchungen erst nach Blick auf den Bildschirm angeordnet werden („die Auslastungsstatistik läßt wohl noch eine gewinnbringende CT-Untersuchung zu"). Die Aufmerksamkeitsteilung des Arztes zwischen humaner, fachlicher Zuwendung und merkantilen Fragen hat es längst vor dem Computer gegeben. Aber es scheint eine lohnende medizinpsychologische Fragestellung, welche subtilen Verschiebungen und Neubedingungen durch Praxis- (und Krankenhaus-) Computer innerhalb von Arzt-Patient-Beziehungen hergestellt werden.

Die Gefahr des Mißbrauchs
Für das Arzt-Patient-Verhältnis besteht auch die Gefahr des Mißbrauchs. Die ärztliche Ethik fordert vom Arzt, jeden Patienten unabhängig von dessen finanzieller Lage zu behandeln. Und das ausdifferenzierte System der Krankenversicherung eröffnet in Deutschland jedem Patienten den Zugang zu qualifizierter ärztlicher Behandlung, jedenfalls im Prinzip unabhängig vom Geldbeutel.

Die weitgehende Entkoppelung von Leistung und Bezahlung ist nicht unproblematisch. Manche Patienten rutschen unbewußt in eine Haltung hinein, die der kostenlosen Behandlung auch keinen besonderen Wert zumißt. Entsprechend maßlos fallen manche Forderungen nach Therapieleistungen aus. Manche Patienten fühlen sich besonders ernst genommen und gut therapiert, wenn das verordnete Medikament besonders teuer ist. Sie fordern vom Arzt, daß er immer zur Verfügung steht, auch dann, wenn keine dringende Indikation besteht. Sie versuchen, das Wartezimmer zu umgehen, indem sie abends oder nachts notärztliche Hilfe anfordern. Das heißt, einige Patienten wägen zwar selbstverständlich in ihrem eigenen Budget Nutzen und Kosten ab, nicht aber, wenn es sich um Leistungen des Gesundheitswesens handelt. Gelegentliche unberechtigte Forderungen nach Krankschreibung gehen in dieselbe Richtung.

7.1.2. Anforderungen der Gesellschaft an das Verhalten des Arztes

Die gegenseitigen Erwartungen des Arztes und des Patienten sind einem Wandel innerhalb der gesellschaftlichen Entwicklung unterworfen (KOCH, 1975). Im autoritären Verständnis der Vergangenheit entsprach das Verhältnis zwischen Ärzten und Patienten etwa der Eltern-Kind-Beziehung und damit dem Modell „Führung und Kooperation". Der Arzt war Vaterfigur, er mußte vorschlagen, aber kaum je begründen. Man folgte ihm mehr oder weniger blind und vertrauensvoll. Dies ändert sich seit einigen Jahrzehnten zunehmend. Die Bereitschaft jüngerer Patienten, sich führen zu lassen, ohne überzeugt zu sein, nimmt ab. Sie ziehen das Modell der Partnerschaft vor, während manche Ältere auch heute noch dem Arzt die Führung überlassen.

Nach Gruppendiskussionen mit insgesamt 288 Patienten (aus 25 allgemeinärztlichen Praxen und aus 11 Selbsthilfegruppen) konnten DIERKS et al. (1995) die zehn wichtigsten Bedürfnisse von Patienten auflisten (Abb.7.1).

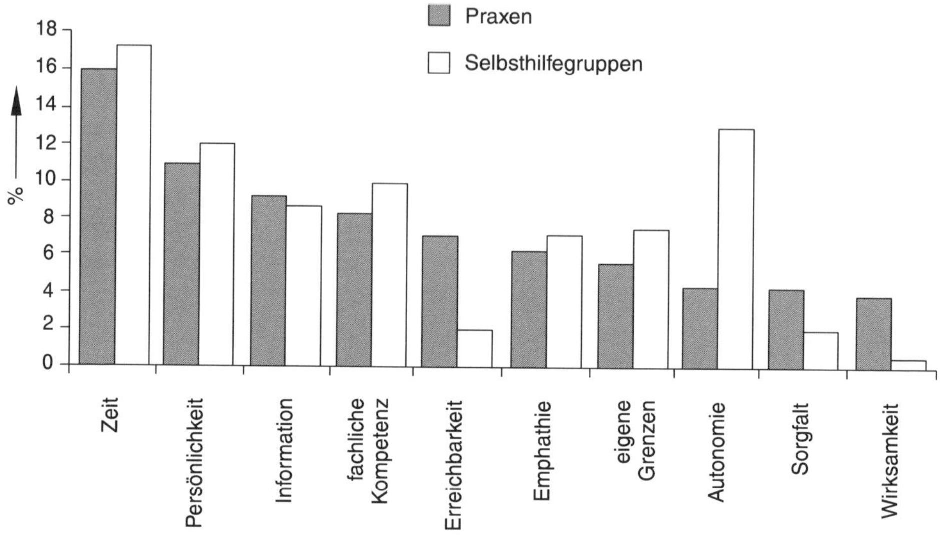

Abb. 7.1 Die zehn wichtigsten Bedürfnisse von Patienten aus Arztpraxen im Vergleich zur Prioritätensetzung von Patienten aus Selbsthilfegruppen (aus DIERKS et al., 1995)

Genügend Zeit haben, zuhören können und Ehrlichkeit (in der Abbildung kurz als förderliche Persönlichkeitsmerkmale des Arztes bezeichnet), und ausreichend Information geben, – diese Erwartungen an einen guten Arzt führen die Liste an. Unter „eigene Grenzen" sind Haltungen subsumiert wie: Der Arzt sollte zugeben können, wenn er sich einmal geirrt hat, eigene professionelle Grenzen erkennen und rechtzeitig an andere Kollegen zur Mitberatung überweisen. „Autonomie gewähren" (der Patient möchte nicht als Nummer, sondern als Mensch behandelt werden, wünscht sich Partnerschaft und keinen „Herrscher in Weiß") – diese ärztliche Grundhaltung werten Patienten aus Selbsthilfegruppen deutlich höher als Patienten aus ärztlichen Praxen.

7.1.3. Normabweichendes Patientenverhalten im Arzt-Patienten-Verhältnis

Man kann phänomenologisch verschiedene Typen von Patienten mit normabweichenden Verhaltens- und Erlebensweisen im Arzt-Patienten-Verhältnis herausarbeiten.

BECKMANN und SCHEER haben 1976 eine Liste vorgelegt, die von uns modifiziert wiedergegeben wird.

Der ängstlich-abhängige Patient
Diese Gruppe erwartet Kontakt, Zuwendung und Schutz. Sie fühlen sich einsam, isoliert und depressiv verstimmt. Häufig halten sie sich bei körperlicher Erkrankung primär für psychisch krank. Sie sind zwar bereit, sich dem Arzt unterzuordnen, nehmen aber seine Zuwendung nur solange an, wie er sich sehr aktiv um sie kümmert. Seine Geduld wird durch ihr Klagen auf eine harte Probe gestellt. Zu einem Partnerschaftsverhältnis im Arzt-Patienten-Verhältnis sind sie zunächst unfähig.

Lebensuntüchtige Patienten
Bei ihnen steht nicht das organische Krankheitsbild, sondern die Unfähigkeit in der Bewältigung des Lebens und seiner Konflikte im Vordergrund („neurotisches Lebensgefühl“ etwa: das Leben ist zu schwer für mich). Die körperlichen Symptome werden in den Vordergrund geschoben, die Lebensprobleme „somatisiert“. Solche Patienten erwarten häufig, daß der Arzt mit seiner Autorität ihre Lebensumstände ordnet. Häufig bestehen Partnerkonflikte und/oder Berufskonflikte. Die Zahl dieser Patienten nimmt in einer hochindustrialisierten Gesellschaft zu.

Übergesunde Patienten
Viele auch chronische Patienten verleugnen ihre Beschwerden. Es ist zum Beispiel typisch für Kranke mit einem Herzinfarkt, daß sie versuchen, zu schnell aufzustehen und sich übernehmen; oft wollen sie auch schon in den ersten Wochen ihre Arbeit wiederaufnehmen. Andere halten sich auch dann für gesund, wenn erhebliche organpathologische Befunde bestehen, und vermeiden den Arztbesuch.

Arztmeidende Patienten
Im Gegensatz zu den Übergesunden stehen bei ihnen Mißtrauen, Ablehnung und Vermeidung im Vordergrund. Häufig tradiert dieser Typus unklare Berichte, daß jemand nicht trotz, sondern wegen ärztlicher Behandlung gestorben oder geschädigt worden sei, um daraus die Begründung der eigenen Verhaltensweisen herzuleiten.

Der unbeliebte Patient

Hierzu können hypochondrische oder ständig wehklagende Patienten gehören, die im Krankenhaus jede Nacht mehrfach nach der Nachtschwester klingeln. Eine andere Gruppe sind unsaubere, unhygienisch lebende Patienten, beispielsweise manche ungepflegte Alkoholabhängige. Zu dieser Gruppe gehören aber auch querulante Patienten, die mit ständig neuen Forderungen kommen. Hiervon sind solche Patienten zu unterscheiden, die bereits einige Fehldiagnosen hintersich haben oder mit der Diagnose eines rein somatisch denkenden Arztes nicht zufrieden sind, weil sie selbst schon sehen, daß eine psychosoziale Konfliktsituation im Vordergrund steht.

Der Arzt- beziehungsweise Krankenhauswanderer (Münchhausen-Syndrom)

„Arztwanderer“ bilden eine selten gewordene Gruppe von Patienten, die mit gleichen oder unterschiedlichen Beschwerden immer wieder Krankenhäuser aufsuchen. Um aufgenommen zu werden, produzieren sie in der Öffentlichkeit Anfälle, verschlucken wirklich oder angeblich Gegenstände, berichten über Beschwerden, die auf eine aktuelle lebensbedrohliche Krankheit hindeuten, also eine sofortige Diagnostik notwendig machen. Sind sie in einer Stadt bekannt, so fahren sie in die nächste.

Von diesem Bild zu unterscheiden ist jener Patient, der von Arzt zu Arzt, von Koryphäe zu Koryphäe geht, um jedes Mal zu beweisen, daß sein Fall unbehandelbar ist (Arzt-Shopping durch den *Koryphäen-Killer*), und natürlich der oben erwähnte Patient, der bei schwierigen Diagnosen oder nach Fehldiagnosen mehrere Ärzte konsultiert.

Der überangepaßte Patient

Er kommt pünktlich zum Arzt, berichtet mit logischen Sätzen, konzentriert sich auf die Fragen des Arztes, hat selbst keine Zwischenfragen oder Bemerkungen, ist mit allen Darlegungen einverstanden, akzeptiert die Medikamente, nimmt sie pünktlich und antwortet bei einer späteren Befragung, daß sie wirken und er sich besser fühlt.

Bei derartigen Patienten besteht die Gefahr, daß ein in seinem Leben in Hierarchien zu eingepaßter Mensch auch beim Arzt glaubt, sich anpassen zu müssen in der Überzeugung, der Arzt werde allein aus den Befunden der objektiven Diagnostik fast allwissend sein. Auf eine spätere Frage, warum er die für ihn entscheidenden Beschwerden nicht benannt habe, bringt der Patient dann vielleicht zur Antwort, er sei nicht danach gefragt worden. Der Arzt wird vermutlich verärgert reagieren, daß der Patient die wesentlichen Beschwerden verschwieg, der Patient aber enttäuscht, daß der Arzt nicht hellseherisch war.

Diese Typisierung normabweichenden Patientenverhaltens soll den Blick bei der Begegnung mit schwierigen Patienten erweitern, sagt allerdings noch wenig über die Ursachen solchen Verhaltens, zum Beispiel Abwehrmechanismen oder Formen der Auseinandersetzung mit der Krankheit des Patienten. Um mit schwierigen Patienten kooperativ umgehen zu können, muß man zudem etwas über Kommunikation und Interaktion wissen.

7.2. Kommunikation, Information und Interaktion

Tritt ein Medizinstudent zum Beispiel beim Untersuchungskurs zum ersten Mal einem Patienten gegenüber, so hat er wahrscheinlich Teile eines Anamneseschemas erlernt und versucht wacker, das zu fragen, was er glaubt fragen zu müssen. Wenn noch manche Ungeschicklichkeit und mancher unverständliche Fachausdruck dazukommen, wird das Gespräch wohl hölzern und uneffektiv verlaufen. Der Student kann noch nicht gut mit dem Patienten kommunizieren: Die Informationen, die für die Diagnostik gebraucht werden, werden noch recht lückenhaft bleiben, aber auch die Verständnisbrücke, die Umgangsformen und Interaktionen müssen noch trainiert werden.

Für Kommunikation, Information und Interaktion können in einem Lehrbuch nur Grundsätze aufgezeigt werden. Genau genommen können von außen nie strenge, gültige Richtlinien für Kommunikations- und Interaktionsformen gelehrt werden, da jedes Gespräch immer auch von der Situation und dem individuellen Stil abhängig ist. Aber strukturelle Bedingungen und typische *Fehlerquellen* kann und muß derjenige lernen, bei dem das Gesprächeführen zum Kern der professionellen Tätigkeit gehört.

Im übrigen erfordert es viel Übung, die Fähigkeit zur Beobachtung des eigenen Verhaltens und Supervision durch Kommilitonen und Kollegen.

7.2.1. Kommunikation

Der Begriff **Kommunikation** bedeutet im Sinne der Informationstheorie Austausch von Informationen mittels Signalen. Eine ideale Kommunikation wäre gegeben, wenn die Signale, die ein Sender aussendet, lückenlos beim Empfänger ankommen und so verstanden werden, wie es der Sender intendiert hatte.

Angewendet auf die Kommunikation zwischen Arzt und Patient ist leicht zu sehen, welche Bedeutung einer möglichst fehlerfreien und von Verständnis getragenen Informationsübermittlung in beiden Richtungen zukommt.

Die Kommunikationslehre besagt, daß man auf allen Sinnesgebieten senden und empfangen kann. *Verbale Kommunikation* beinhaltet also das Sprechen und hiervon nur den Wortinhalt, der auch schriftlich an den anderen gegeben werden könnte. Es handelt sich also um die inhaltlich-begriffliche Seite des Sprechverhaltens. Selbst das Sprechen hat bereits eine *non-verbale* Seite, die wortlose Kommunikation innerhalb des Sprechverhaltens in der Stimmlage, Lautstärke, Tonfall, Sprechgeschwindigkeit und Artikulation. Erst hierdurch erhält der Inhalt der Worte Hinweise dafür, wie sie verstanden werden sollen („Der Ton macht die

Musik"). Zum Beispiel sind Pausen beim Sprechen häufig genau so wichtig wie betonte Hervorhebungen. Dies ist ein Grund, weshalb Vorlesungen nicht durch Lehrbücher ersetzt werden können. Das Lehrbuch ist weitaus weniger in der Lage, non-verbal zu unterrichten. Gut, auch ein schriftlicher Text trägt eine Handschrift, Layout und Abbildungen geben dem Text ein Gesicht, aber das ganz andere Flair einer guten Vorlesung, die nicht abgelesen wird, kennt jeder Student.

Non-verbale Kommunikationen erfolgen auf allen sensorischen Kanälen: *Sehen, Hören, Schmecken, Riechen, Tasten/Fühlen.* Das ärztliche Gespräch vor oder nach einer körperlichen Untersuchung profitiert davon (Auskultation, Palpation). In einem Gespräch laufen ungefähr 70% der Kommunikationssignale über non-verbale Kanäle. Diese werden überwiegend unterbewußt oder unbewußt gesendet, empfangen und entschlüsselt. Das bedeutet, daß ein Mensch im Umgang mit anderen Menschen zwar aufhören kann zu sprechen, er kann aber niemals aufhören zu kommunizieren. „In Gegenwart eines anderen ist alles Verhalten Kommunikation" (WATZLAWICK et al., 1979). Jeder Versuch, nicht zu kommunizieren, ist selbst eine Kommunikation. So kann Schweigen heißen: Ich will nicht kommunizieren, ich will mit Dir nichts zu tun haben, ich lehne Dich ab. Oder: Ich habe Angst, mit Dir zu kommunizieren.

Viele Patienten sind bei der ersten Arzt-Patient-Begegnung noch unsicher und wissen sich nicht zu artikulieren. Ihre Sprechpausen sagen aber, daß sie vielleicht etwas nicht auszudrücken vermögen, denk- oder beobachtungsungewohnt sind, sie für Schmerzen oder Mißempfindungen keine Worte besitzen. Oder sie schämen sich, weil es um einen für sie intimen Bereich der Persönlichkeit geht. Der Patient kann auch meinen, daß der bisherige Gesprächsverlauf mit seinen eigentlichen Sorgen noch nichts zu tun hatte und hofft, daß der Arzt seine Sprechpause richtig deutet und ihn fragt. Wippen mit den Beinen, Niederschlagen des Blickes oder auch Kokettieren mit den Augen, das Taschentuch, das in den Händen geknetet wird, schweres Atmen oder Blässe des Gesichtes – das sind alles kommunikative Signale, die den Arzt erreichen oder erreichen sollten.

Jede Mitteilung enthält zwei Aspekte (WATZLAWICK et al., 1979):

1. eine Information, die den sachlichen Inhalt darstellt (*Inhaltsaspekt*) und
2. eine *metakommunikative Anweisung* an den Empfänger, wie dieser Inhalt zu verstehen ist.

Dieser zweite Aspekt wird *Beziehungsaspekt* genannt und drückt aus: „So sehe ich mich in Beziehung zu Dir in dieser Situation". Beispielsweise sagt ein Arzt zum Patienten, er möge auf keinen Fall das Bett verlassen. Tonfall und Haltung des Arztes deuten darüber hinaus metakommunikativ an, daß das eine sehr ernste und für die Behandlung äußerst wesentliche Anweisung ist.

Non-verbales Verhalten unterliegt nur in geringerem Maße der Selbstkontrolle. Der Patient könnte etwa auf die Frage des Arztes „Geht es Ihnen besser?" mit „Ja" antworten, da er sich suggestiv in diese Richtung gedrängt fühlt. Er sitzt aber da, zusammengekauert mit ängstlicher Miene, gesenktem Kopf und niedergeschlagenen Augen oder ringenden Händen und drückt damit aus: „Ich habe Angst, daß es mir gar nicht gut geht".

Kommunikationsformen können nur bis zu einem gewissen Grade gelernt werden, sie sind teilweise unterbewußt, teilweise phylogenetisch bedingt. Wir sehen das im Tierreich, bei dem der gesenkte oder freudig wedelnde Schweif eines Hundes seine aktuelle soziale Beziehung zum Artgenossen oder zum menschlichen Gegenüber ausdrückt (siehe Abb. 7.2).

Abb. 7.2 Kommunikation bei Tieren, Ausdrucksstudien am Wolf (nach SCHENKEL, 1948)

Der beschwingte Gang eines Mädchens, das ihrem Freund entgegengeht, zeigt ihm non-verbal, welche Gefühle sie für ihn empfindet. Wir verraten unsere Stellung zum anderen non-verbal oft auch dann, wenn wir dies verbal nicht zu äußern wagen oder eine strategische Täuschung beabsichtigen.

Non-verbale Kommunikation ist allerdings noch mehrdeutiger als verbale. Eine Änderung in der Körperhaltung bedeutet, daß etwas geschieht, sagt aber nicht immer eindeutig, was. Neue Kommunikationsformen bilden sich auch ohne Verabredung, zum Beispiel im Straßenverkehr.

In der Arzt-Patient-Begegnung gibt es erhebliche *Störfaktoren in der Kommunikation*. Häufige Störfaktoren auf der Seite des „Senders" Arzt sind:

- Er ist abgelenkt, hat seine Gedanken hinsichtlich der Sachfragen nicht genügend geordnet;
- Er drückt sich ungenau aus, zum Beispiel hinsichtlich der Einnahme von Medikamenten setzt er manchmal ungeprüft Vorkenntnisse voraus;

- Er versucht in einer Aussage zu viel Informationen unterzubringen, so daß es zu einer Überforderung des Patienten kommt;
- Er spricht auch dann weiter, wenn vom Patienten keine Resonanz in Form einer Bestätigung mit Kopfnicken und so weiter kommt. Der Arzt monologisiert. Er berücksichtigt die Reaktion des Patienten schlecht oder überhaupt nicht.

Ist der Arzt „Empfänger", können etwa folgende Fehler entstehen:

- Er ist nicht aufmerksam, beschäftigt sich mit anderen Dingen, wodurch auch der Patient verunsichert und abgelenkt wird;
- Er unterbricht den Patienten, um das, was dieser vermutlich sagen will, schneller zu Ende zu bringen, interpretiert dabei aber falsch.

7.2.2. Information

Den Begriff Information hatten wir bereits in der Definition der Kommunikation kennengelernt: Daten, die zur Datenübertragung in Signalen verschlüsselt gesendet und wieder entschlüsselt werden. Der eine gibt die Information, der zweite empfängt sie.

Um welche Daten und Informationen handelt es sich im Gegenüber von Arzt und Patient?

Der Arzt macht dem Patienten Mitteilungen über diagnostische Ergebnisse, Behandlungsschritte, vorgesehene Medikamenteneinnahme und empfehlenswertes Therapieverhalten.

Der Patient gibt dem Arzt Informationen über die Vorgeschichte der Erkrankung, über die Wirkung von Medikamenten und so weiter.

Ein Spezialfall der Information ist die *Aufklärung* (siehe 7.4.). Der Arzt will gemeinsam mit dem Patientnen die nächsten Behandlungsschritte abklären und braucht schließlich die Einwilligung des Patienten für Therapiemaßnahmen. Vorher aber braucht der Patient erläuternde, aufklärende Informationen. Dazu gehören auch offene, abgewogene Informationen über wesentliche Risiken und mögliche Komplikationen.

Unter den Faktoren, von denen die *Zufriedenheit von Patienten* abhängig ist, stehen Art und Ausmaß der Information durch den Arzt oder das gesamte Krankenhaus mit an erster Stelle.

Ein Schulterklopfen mit einigen nichtssagenden Worten schafft Verunsicherung. Vertrauen wird eher der Arzt gewinnen, der sich auf die Frage eines Patienten hin ans Bett setzt, den Patienten anblickt, den Fragen zuhört und ihm Zusammenhänge erklärt.

Informationsbedürfnisse von Patienten werden regelhaft unterschätzt. PENDLETON (1982) hat Ergebnisse von Befragungen zusammengestellt, die bereits im Kapitel über Gedächtnisleistungen wiedergegeben wurden (2.2.3.).

Jeder Arzt hat Erfahrungen darüber, daß Patienten vieles, was sie von ihm gehört haben, mißverstehen. Jeder Arzt weiß auch, was ihm Patienten über das Ergebnis eines Arztbesuches bei einem Kollegen berichten. Die schlechten Erfahrungen mit dem Behalten der Informationen, die der Patient erhalten hat, führen im unglücklichsten Fall dazu, daß der Arzt Informationen nur mehr zögernd und unwillig gibt. Kontruktiver gilt es zu überlegen, ob es nicht Fehler in der Form der Information gab:

Hat der Arzt vielleicht mit Fremdwörtern, mit medizinischer Terminologie, am Patienten vorbeigeredet? Hat er klar und mit kurzen Worten informiert? Hat er eventuell zu viele Informationen gegeben, also die Auffassungsgabe des Patienten überfordert? Sind Informationen gegeben worden, die der Patient im Augenblick gar nicht haben wollte? Sind mit Sicherheit die Fragen erfaßt, die den Patienten wirklich interessieren? (zu diesen Aspekten siehe Kapitel 8).

Wie unterschiedlich einfache medizinische Begriffe von Patienten interpretiert werden, beschreiben HÜTTNER et al. (1979), (Tab. 7.1).

Tab. 7.1 Verständnis und Beschreibung medizinischer Begriffe durch Patienten

Begriffe	Korrekte Antwort	Ungenaue Antwort	Unkorrekte Antwort
Erbrechen	98,4	0,0	1,6
Verstopfung	92,8	4,8	2,4
Abort	69,6	8,8	21,6
Puls	68,8	29,6	1,6
Isolieren	68,8	8,8	22,4
Akut	60,0	17,6	22,4
Sekretion	28,8	16,0	55,2
Therapie	25,6	29,6	44,8
Sehne	12,8	46,4	40,8

(Angaben in %; aus HÜTTNER et al., 1979)

Schlußfolgerungen hinsichtlich des Informationsbedürfnisses und die Folgen einer guten oder schlechten Information wurden von RASPE (1977) zusammengefaßt:

- Mit dem Grad der Information und der Zufriedenheit über ein offenes Arzt-Patient-Verhältnis wachsen Vertrauen, Compliance (Therapietreue), Patientenzufriedenheit sowie die Kooperationsfähigkeit und -bereitschaft;
- Informationen sind eine notwendige Grundlage für ein gesundheits- bzw. krankheitsbewußtes Verhalten des Patienten in der poststationären Phase durch eine bessere Krankheitsauseinandersetzung (6.1.);
- Informierte Patienten liefern eine zuverlässigere Anamnese und präzisere Symptombeschreibungen bei späteren Arztkontakten;

- Information und Beruhigung vergrößern die Wirksamkeit der diagnostischen beziehungsweise therapeutischen Maßnahmen und vermindern die Komplikationsraten während und nach den Eingriffen. Sie erhöhen die Fähigkeit zur aktiven Eigenverantwortung und beugen den regressiven Neigungen von Patienten vor. (Damit kostet der informierte Patient das Gesundheitswesen auch noch weniger Geld);
- Wird der Patient nicht vom Arzt informiert, so versucht er sich seine Information von anderen Stellen zu beschaffen, wobei die häufigsten, vielleicht aber nur fraglich geeigneten Informationsträger die Mitpatienten sind.

Das Informationsbedürfnis ist am größten nach der Aufnahme in eine große Klinik. Hier läuft meist der Aufnahmevorgang sehr routiniert ab. Die Gefahr besteht, daß der durch den überweisenden Arzt informierte Krankenhausarzt bereits sehr schnell erste diagnostische Maßnahmen anordnet, Blut abnimmt, den Patienten zum Röntgen schickt und so weiter. Der krankenhausungewohnte Patient erlebt verunsichert, daß er in das Räderwerk eines Routinebetriebes gekommen ist, aber kaum jemand, von Belanglosem abgesehen, mit ihm spricht. Er bekommt Anweisungen, die für den reibungslosen Ablauf im Krankenhaus notwendig sind, aber gar nicht ihm als Person gelten. Empfindet er dann die Arzt-Patient-Begegnung bei der Anamneseerhebung ebenfalls als Routine, in der er als Individuum, als Mensch völlig zurücktritt, so verunsichert das den durch Krankheit und Erschrecken über die notwendige Krankenhauseinweisung bereits Labilisierten noch mehr. Eine derartige Entwicklung muß durch sachgerechte Kommunikation und Information vermieden werden.

7.2.3. Interaktion und Kooperation

Als **Interaktion** bezeichnet man das wechselseitige Aufeinanderwirken von Menschen (hier von Arzt und Patient) zum Zwecke der Abstimmung des Verhaltens.

Der Begriff der Kooperation, Zusammenarbeit, kommt aus der Ökonomie und beinhaltet in der Psychologie die soziale Wechselwirkung, also das wechselseitig gesteuerte Handeln von mindestens zwei Individuen innerhalb eines gemeinsamen Bezugssystems.

Beispielsweise bezeichnet man als kooperative Psychotherapie eine Behandlung mit Hilfe von Übungen, von Tätigkeiten, die nur durch Zusammenarbeit mit anderen Personen zum Erfolg führen. Sie ist geeignet für gehemmte Patienten, die Schwierigkeiten haben, soziale Beziehungen zu knüpfen. Hier hängt die Wirkung weniger von der Verbalisierung ab, sondern vom kooperativen Erleben.

Wir haben gesehen, daß die Kommunikation, Information, Interaktion und Kooperation vier engverknüpfte Aspekte sind. *Information* bedeutet Übermittlung von Botschaften mit Schwerpunkt auf der verbalen Seite, *Interaktion* und

Kooperation betonen die handelnde soziale Wechselwirkung. Dem Zentralbegriff der *Kommunikation* können Information, Interaktion und Kooperation mehr oder weniger zugeordnet werden.

7.3. Compliance (Therapieverhalten)

Ein Patient, der mit Beschwerden zum Arzt kommt, wird untersucht, es werden diagnostische Maßnahmen durchgeführt, eine Diagnose gestellt und Arzneimittel verschrieben. Der Patient erhält Ratschläge hinsichtlich seiner Lebensführung, wird eventuell von der Arbeit befreit mit dem Ziel, sich körperlich und psychisch zu schonen oder ein gezieltes Training durchzuführen. Später wird er nachuntersucht.

Die Erfolge oder Nichterfolge werden vom Arzt auf die bestehende Krankheit und ihre Intensität zurückgeführt, oder es wird geschlossen, daß die gegebenen Verordnungen gut, weniger gut oder überhaupt nicht wirksam waren. Als Folge wird die Diagnostik erweitert oder die Verordnung verändert.

Es ist erstaunlich, daß die Medizin lange Zeit auf einen möglichen Trugschluß nicht eingestellt war, nämlich auf das Problem, ob und wieweit das Nichteintreten des erwarteten Erfolges auf das Nichteinhalten der ärztlichen Anordnungen zurückzuführen ist. In den letzten Jahrzehnten aber ist eine breite wissenschaftliche Debatte zu diesem Problem in Gang gekommen, das nun als Compliance bezeichnet wird. Wörtlich übersetzt bedeutet dieser Ausdruck Einverständnis, Einvernehmen, Willfährigkeit, – die Begriffe *Therapieverhalten* und *Therapietreue* umfassen nur einen Teil des Problems – so daß wir, wie in der Literatur üblich, bei diesem Begriff bleiben.

Im wesentlichen bedeutet **Compliance** *die vorschriftsmäßige Medikamenteneinnahme, die Einhaltung von Diätvorschriften, Entwöhnung von Genußgiften und nicht verordneten Medikamenten, aber auch die Einhaltung von Konsultationsterminen. Im präventiven Bereich kommt die Bereitschaft zu einer Lebensweise hinzu, die der Gesundheit zuträglich ist sowie die Bereitschaft zur Teilnahme an Vorsorgeuntersuchungen. Die Nichteinhaltung wird als Non-Compliance bezeichnet.*

7.3.1. Wieviel Compliance ist notwendig?

Wieviel Compliance notwendig ist, um die medizinisch gebotenen Ziele zu erreichen, ist von der Krankheit und der Art der verordneten Medikamente abhängig. Untersuchungen an Hypertonikern zeigten, daß eine mittlere Therapietreue von 80% zur Blutdrucknormalisierung ausreicht. Patienten mit einer Compliance-Rate von 50% und darunter wiesen weiterhin erhöhte Blutdruckwerte auf. Bei anderen Medikamenten hängt dies von der therapeutischen Breite

Exkurs 7.2

Der Begriff Compliance hat viele Rahmenbedingungen, z.B.:

„Wie du dich selbst gut behandelst – mit Insulin“

Durch einen Wandel in der Diabetestherapie hat sich das Leben mit Typ-I-Diabetes in den letzten Jahren wesentlich verändert. Früher, bei der Form der konventionellen Insulintherapie (KT) legte der Arzt einmal die Höhe der täglichen Insulindosierung fest und schrieb damit auch die Art und Menge der Nahrungsmittel, sowie Bewegung, Ruhe, Aktivität und Lebensstil vor. Der Patient mußte sich anpassen. Im Rahmen derartiger Bedingungen hieß dann „Compliance“ nicht viel mehr als gehorsames Befolgen der ärztlichen Anweisungen. Forschungsergebnisse beklagten höchst unzureichende Compliance und bezifferten die „Non-Compliance-Rate“.

Heute kann der Patient die benötigte Insulinmenge eigenverantwortlich festlegen und so im wesentlichen frei über seinen Tagesablauf entscheiden. Mehrfach täglich testet er selbst seinen Blutzuckerspiegel und spritzt sich Insulin in der jeweils benötigten Dosis (Form der intensivierten Insulintherapie, ICT). Die Verlaufaufzeichnungen werden dann mit dem Arzt besprochen. In einem solchen Rahmen wird eher nicht mehr von „Compliance“ gesprochen, sondern von „Empowerment“. Dieser interaktive Prozeß soll die Fähigkeit des Patienten zur Selbststeuerung fördern und bezieht eine Fülle von Faktoren ein: physische, intellektuelle, emotionale, soziale und geistige Komponenten des eigenen Lebenskonzepts, Kenntnis der eigenen Befindlichkeit und Informationsverarbeitung beim Patienten, Informations- und Beratungsdienst von medizinischer Seite aus. Es geht um das Zusammenspiel von Arzt und Patient, damit eine wünschenswert gute Lebensqualität für den Patienten erreicht werden kann.

In einem Schulungsprogramm wird jungen Patienten, die auf Insulinsubstitution angewiesen sind, mit Fotos und Text über das Lernen am Modell gezeigt, wie sich sehr konkret die nötigen Handgriffe bei der Selbstmessung und Selbstinjektion in den Alltag einbauen lassen. Am Anfang soll nicht die Einweisung durch eine fachliche Autorität stehen, sondern das Vorbild anderer Jugendlicher, die gut mit ihrer Lage zurecht kommen. Die Notwendigkeit einer umfassenden sachgerechten Information wird so medizinpsychologisch mit Angstabbau und Nachahmungslernen verbunden. (nach Lange et al., 1995)

ab, das heißt vom Blutspiegel, ab dem ein Medikament wirksam ist oder toxisch wird, zum Beispiel Digitalis im Gegensatz zu Vitaminpräparaten.

Ärzte neigen zu einer starken Überschätzung der Therapietreue ihrer Patienten. Patienten übertreiben umgekehrt bei Befragen ihre Therapietreue und zwar hinsichtlich der Zahl der genommenen Medikamente, des Zeitpunktes und der Form der Einnahme (zum Beispiel vor oder nach dem Essen). Tatsächlich sind Patienten häufig nicht mehr in der Lage, genaue Angaben zu machen, vor allem, wenn sie sich bei chronischen Krankheiten kein Einnahmeritual angewöhnt haben. Patienten übertreiben ihr Gesundheitsverhalten und untertreiben beispielsweise ihren Genußmittelverbrauch. Wegen der relativen Unzuverlässigkeit mancher Patientenaussagen werden in der Complianceforschung auch direkte Verfahren herangezogen: Blut-, Urin-, Stuhl- oder Speichelproben zum Substanzennachweis; Fremdbeobachtungen durch Pflegekräfte oder Familienangehörige.

Man sollte nicht von dem ungetrübt optimistischen Modell ausgehen, daß alle Patienten auf bewußter wie unbewußter Ebene einen deutlichen Genesungswunsch haben. Die schlichten Compliance-Forschungsansätze gehen davon aus. Es ist aber psychologische Realität, daß sich im menschlichen Verhalten auch autodestruktive Züge zeigen können; viele Süchtige veranstalten einen schleichenden Selbstmord. Das Quantifizieren von Compliance durch das Abzählen von Befolgungsraten muß in diesen Sonderfällen auch gesondert interpretiert werden. Methodisch gesehen müßte zunächst psychotherapeutisch die selbstzerstörerische Tendenz bearbeitet werden, ehe die Einhaltung heilungsfördernder Verhaltensratschläge sinnvoll gemessen werden könnte.

Erwähnt werden muß schließlich der gelegentliche Fall einer „intelligenten Non-Compliance“. Wenn Compliance als blindes Befolgen von Anordnungen mißverstanden werden könnte, so kann im Gegenteil eine selbstverantwortliche Mitarbeit des Patienten dazu führen, daß therapeutische Empfehlungen zwar als begründete Hilfsangebote verstanden werden, aber sensibel am eigenen psychichen und physischen Befinden überprüft werden. Dabei kann es zu Abweichungen vom vorgegebenen Therapieschema kommen, was aber offen dem Arzt rückgemeldet werden sollte.

7.3.2. Wovon ist die Compliance abhängig?

Den differenzierteren Ausführungen der folgenden Unterkapitel stellen wir eine kurze Übersichtstabelle (Tab. 7.2) voran, die zwar noch nicht alle relevanten Einflüsse benennt, aber sofort sichtbar macht, daß es förderliche und hinderliche Bedingungen für compliantes Verhalten gibt.

Einflüsse durch die Krankheit

- Der Einfluß der Krankheit ist nicht so groß wie zu erwarten. Ein Patient hat unmittelbar nach einem Herzinfarkt eine stärkere Motivation zur regelmäßigen Tabletteneinnahme als Jahre später.

- Krankheiten, die asymptomatisch verlaufen, also ohne aktuelle Beschwerden, haben eine geringere Compliance. Das gilt vor allem für Hypertoniker und manche chronischen Nierenerkrankungen.
- Patienten mit psychischen Erkrankungen haben ebenfalls eine geringere Compliance als Patienten mit organischer Symptomatik, teilweise bedingt durch die Krankheit selbst.
- Die objektive Schwere der Erkrankung ist weniger wesentlich als die vom Patienten subjektiv empfundene.
- Erkrankte Patienten, also Therapie-Patienten, verhalten sich exakter als Prophylaxepatienten.
- Patienten im Krankenhaus befolgen die Vorschriften exakter schon darum, weil sie entweder jede einzelne Portion oder die Arzneimittel für einen Tag in Portionen zugeteilt bekommen.
- Die Dauer einer Krankheit macht sich insofern bemerkbar, als bei längerem Bestehen der Krankheit die Einnahmegenauigkeit sinkt.

Tab. 7.2 Merkmale mit positivem oder negativem Einfluß auf die Compliance

	Einfluß auf die Compliance	
Merkmal	positiv	negativ
Einfluß der Patientenfamilie/Stabilität der Familie	+	
psychische Erkrankung diagnostiziert		–
viele Krankheitssymptome		–
deutliche Leistungseinschränkung durch die Krankheit	+	
Patient ist überzeugt von:		
1. einer allgemeinen Krankheitsanfälligkeit	+	
2. einer speziellen Anfälligkeit gegenüber seiner Krankheit	+	
3. der Ernsthaftigkeit seiner Erkrankung	+	
4. der Wirksamkeit der Behandlung	+	
hohe Komplexität des Therapieschemas		–
umfangreiche Verhaltensänderung des Patienten notwendig		–
lange Behandlungsdauer		–
lange Wartezeit		–
große Zeitspanne zwischen Überweisung und Arzttermin		–
Individuelle Terminvereinbarung	+	
Überwachung des Patienten durch den Arzt möglich	+	
Eingehen des Arztes auf Erwartungen und Bedürfnisse des Patienten	+	
Zufriedenheit des Patienten mit medizinischer Betreuung	+	

(aus WILKER und HUPPMANN, 1990)

- Ähnliches gilt für die Dauer der Behandlung. Nach fünf Monaten ambulanter Behandlung ist nur etwa die Hälfte, nach fünf Jahren nur noch ein Viertel bis Fünftel der Patienten therapietreu.

Arzt-Patient-Verhältnis und Patientenzufriedenheit

Die Compliance ist direkt abhängig von der Erfüllung folgender Patientenerwartungen:

- Der Patient möchte, daß der Arzt ihn anhört, dieser aber in der Lage ist, das für die Diagnose Wichtige aus seinen Berichten zu entnehmen und durch zusätzliche Fragen zu ergänzen;
- Der Patient erwartet, daß der Arzt die nötigen Fähigkeiten hat, seine Krankheit zu behandeln oder daß er weiß, wer sie behandeln müßte;
- Er erwartet, daß der Arzt seine Besorgnis versteht und ihm emotionelle Unterstützung gewährt sowie daß der Arzt ihm eine Prognose des Verlaufes seiner Krankheit gibt.

Je nach dem Ausmaß dieser Patientenzufriedenheit, das heißt der Erfüllung der Erwartungen des Patienten, sind auch sein Einnahmeverhalten, das Verhalten innerhalb der Diagnostik und die Einhaltung sonstiger Vorschläge des Arztes sowie gesundheitserzieherischer Maßnahmen unterschiedlich.

TAUBERT (1980) stellt fest, daß 53% der zufriedenen Patienten eine sehr gute Mitarbeit zeigen, dagegen nur 17% der Unzufriedenen. Hier spielen alle Faktoren eine Rolle, die wir in 7.2. hinsichtlich der Kommunikation, Kooperation und Interaktion beschrieben haben. Zur Compliance gehört auch, daß der Arzt sich Zeit für den Patienten nimmt und ausreichend mit ihm spricht, vor allem über die Bedeutung der Krankheit für sein subjektives Wohlbefinden und für seine Zukunft (siehe 7.4.). Nur 22% derjenigen Patienten, die meinten, der Arzt hätte keine Zeit für sie, zeigten eine genügende Compliance, während von denen, die mit der Konsultationszeit zufrieden waren, 56% zuverlässig waren.

Genauso wesentlich sind die sonstigen Voraussetzungen eines guten Arzt-Patient-Verhältnisses (7.1.). Als Beispiel wird die Bedeutung von Nebenwirkungen beschrieben. Bei einem schlechten Arzt-Patient-Verhältnis beendet der Patient schon bei geringen Nebenwirkungen die Einnahme. Bei einem guten Arzt-Patient-Verhältnis, vor allem dann, wenn dem Patienten die Bedeutung der genauen Einnahme klargemacht wurde, mögliche Nebenwirkungen besprochen und beim Wiederholungsbesuch erfragt wurden, akzeptiert der Patient stärkere Nebenwirkungen über längere Zeit. Er muß allerdings wissen, daß der Arzt dem Patienten das Medikament mit den stärkeren Nebenwirkungen nur dann zumutet, wenn es wirklich erforderlich ist.

Unzureichende Informationen und Instruktionen durch den Arzt hinsichtlich der Einnahme sind von negativer Bedeutung.

Vorgemerkte Arzttermine mit kurzen Warte- und angemessenen Konsultationszeiten bringen eine Verbesserung der Compliance.

Auch die betreuende Schwester ist von Bedeutung. Die Patienten einer unbeliebten Schwester nahmen weniger genau ein als die Patienten beliebter Schwestern. Hier ist die Compliance ein Ausdruck des emotionellen Verhältnisses, auch des Gefühls der Geborgenheit gegenüber Arzt und Schwester.

Einflüsse durch die Persönlichkeit des Patienten
Alter, Geschlecht, Intelligenz, Sozialschicht, Tätigkeit und Lebensweise sowie Religion und ethnische Zugehörigkeit scheinen keinen oder nur einen unwesentlichen Einfluß auf die Compliance zu haben. Adoleszente, sozial isolierte und sehr alte Patienten nehmen weniger genau ein.

Die Motivation zur Tabletteneinnahme fehlt, wenn die Gesundung nicht intensiv angestrebt wird, zum Beispiel bei dem Wunsch nach besonderer Zuwendung, einem Rentenbegehren, dem Wunsch nach verlängerter Krankschreibung.

Ein sehr hoher, aber auch ein sehr niedriger Grad an Ängstlichkeit wirken sich ungünstig auf das Einnahmeverhalten aus, genauso Pessimismus, Sorglosigkeit, Uneinsichtigkeit, Aggressivität, Feindseligkeit und Impulsivität als Charaktermerkmale. Angst vor Schäden durch das Arzneimittel beziehungsweise der Glaube an seine Wirkung haben einen Suggestiveffekt (7.5.). So nahmen 61% der Patienten, die an die Wirkung der Arzneimittel glaubten, zuverlässig ein, dagegen nur 37% der skeptischen Patienten. Hiermit hängt zusammen, daß viele Patienten sofort die Einnahme aufgeben oder unzuverlässig werden, wenn ihre Beschwerden nachlassen, unabhängig davon, ob der Arzt ihnen die Einstellung der Medikamenteneinnahme empfahl.

Auch die soziale Umgebung spielt eine Rolle. Die 80jährige, die stolz ein Leben lang kaum eine Tablette eingenommen hat, behauptet, nicht trotzdem, sondern deswegen so alt geworden zu sein und verurteilt das viele neumodische Zeug. Viele Untersuchungen zeigen, daß die Ablehnung der Medikamenteneinnahme durch die Familie oder Arbeitskollegen sich ungünstig auswirkt. Manche Patienten richten sich mehr nach der Auffassung von Bekannten als nach den Empfehlungen des Arztes. Vorbehalte gegenüber den „Toxinen" („Giften") der Allopathie kann man in zunehmendem Maße unter den Patienten feststellen, auf die sich Ärzte einstellen müssen. Wahlweise bieten bereits sehr viele Ärzte homöopathische und sogenannte Naturheilmittel an.

Einflüsse durch Arzneimittel
Die Compliance ist umso schlechter:

- je mehr Tabletten genommen werden müssen;
- je mehr unterschiedliche Medikamente verordnet wurden;
- je häufiger eventuell unterschiedliche Medikamente eingenommen werden sollen;
- je weniger die Einnahme an eine bestimmte Gelegenheit (Frühstück, Mittag-, Abendessen) gebunden ist;

- je mehr Nebenwirkungen, auf dem Beipackzettel veröffentlicht, den Patienten verunsichern;
- je mehr Nebenwirkungen der Patient subjektiv empfindet.

Einflüsse der Massenmedien
Die gesundheitserzieherischen populärwissenschaftlichen Veröffentlichungen in vielen Zeitungen und Zeitschriften, die auf den Einnahmemißbrauch von Medikamenten hinweisen, haben nicht nur positive Wirkungen. Beim Patienten erzeugen sie bisweilen eine emotianale Ablehnung gegen eine Behandlung mit Medikamenten. Der Unterschied zwischen einer mißbräuchlichen, süchtigen Verwendung und einer notwendigen Dauermedikation ist für den Laien häufig nicht erkennbar, und es wird vom Arzt oft übersehen, daß menschliches Denken nur teilweise nach rationalen Gesichtspunkten abläuft.

Möglichkeiten zur Verbesserung der Compliance
Was ist möglich, um die Compliance beim Patienten herzustellen, zu verbessern oder zu unterstützen?

Verhaltensratschläge an den Arzt könnten etwa so aussehen:

- Möglichst wenig komplizierte Anweisungen geben, zum Beispiel unterschiedliche Tabletten zu jeweils unterschiedlichen Zeiten zu nehmen.
- Intensive und den Lebensgenuß einschränkende Anweisungen, wie das Rauchen aufzugeben, Diät zu halten, haben sehr hohe Nichtbefolgungsraten. Der Arzt sollte also nicht autoritär fordern, das Rauchen aufzugeben (was dann 90% der Patienten nicht befolgen werden), sondern sollte mit dem Patienten Teilziele vereinbaren und sich unter anderem auf die Rolle seiner Vorbildwirkung besinnen!
- Bei mehreren ärztlichen Anweisungen werden die am leichtesten zu erfüllenden befolgt, womit der Patient sein schlechtes Gewissen tröstet.
- Mit der Zeit läßt die Wirkung der Anordnungen nach. Wiederholungen und Verstärkungen sind nötig.
- Die Compliance ist dann schlecht, wenn der Patient die Bedeutung von Fachausdrücken nicht versteht.

Das Aufschreiben auf dem Rezept „3 x 2 Tabletten tgl.“, die der Apotheker auf die Packung überträgt, genügt in keiner Weise, zumal viele Patienten, wenn sie eine Packung angebrochen haben, die Umhüllung wegwerfen. Besser sind Vordrucke, die der Arzt dem Patienten in die Hand gibt, oder andere Hilfsmittel, wie zum Beispiel ein *Einnahmetagebuch*: Die Patienten notieren die eingenommenen Medikamente in Hefte, wobei für die Selbstkontrolle eine einfache Strichliste genügt. Bewährt haben sich auch *Arzneimittelboxen*: Patienten sortieren die Tabletten für einen oder mehrere Tage in hierfür geeignete Boxen. Dazu lassen sich ganz simpel Tassen, Eierbecher oder auch leere Pralinenschachteln verwenden. In Apotheken erhältlich sind aber auch spezielle Arzneikassetten (siehe

Abb. 7.3) für eine ganze Woche mit Tages- und Tageszeiteneinteilung, die zum Teil mit Blindenschrift versehen sind. Diese helfen vor allem älteren Patienten, die Schwierigkeiten haben, kompliziertere Tablettenkombinationen zusammenzustellen und die Einnahme unter Kontrolle zu behalten. Auch können Angehörige, Hausbewohner oder eine Gemeindeschwester behilflich sein und die Box für die Woche auffüllen. Auf der Rückseite dieser Box wird die vom Arzt ausgefüllte (mehrsprachige) Verordnungskarte aufbewahrt.

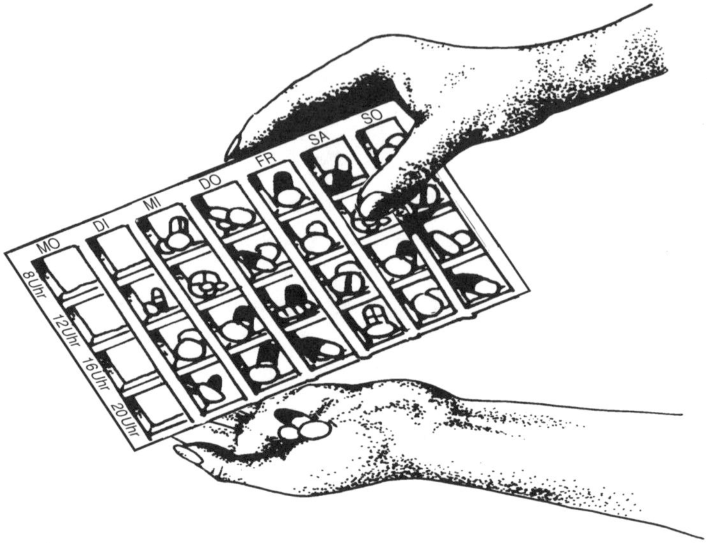

Abb. 7.3 Arzneikassette

Der Arzt sollte *Non-Compliance* nicht einfach machtvoll kritisieren. Er sollte vielmehr analysieren, woher die Fehler kommen und welche Fehler er möglicherweise selbst gemacht hat oder im Behandlungsablauf entdeckt. Ein noch so gutes Verhalten eines Arztes wird in seiner Wirkung auf den Patienten zunichte gemacht, wenn organisatorische Abstimmungsschwierigkeiten den Patienten verärgern. Wer als Patientin in einer Frauenklinik strenge Bettruhe verordnet bekommt, dann aber zwei Stunden in einem (gar zugigen) Flur auf eine Laboruntersuchung warten muß; wer in unserer Zeit, in der die Dauer der stationären Betreuung möglichst eingeschränkt wird, erlebt, daß in der ersten Woche des Krankenhausaufenthaltes nur Laborbefunde erhoben werden, die genauso gut hätten ambulant durchgeführt werden können; wer als ein durch seine Krankheit Beeinträchtigter bei der Aufnahme ins Krankenhaus mehrere Stunden für die Abwicklung der Formalitäten benötigt, wird möglicherweise in der ersten Zeit mit recht mangelhafter Compliance antworten.

Ein letzter Aspekt hinsichtlich der Compliance sei mit den teilweise *überzogenen Erwartungen und Forderungen an den Patienten* besprochen. Mit zunehmendem

Alter hat die Mehrzahl der Menschen mehrere, teilweise chronische Erkrankungen, zum Beispiel einen Diabetes II neben einer Lungen- oder Herz-Kreislauf-Erkrankung, eventuell noch ein urologisches Problem. Bekommt der Mehrfach-Kranke vom Diabetologen umfangreiche Diätvorschriften sowie Hinweise, was er alles nicht darf, andererseits tun sollte und ähnliche Vorschriften vom Kardiologen und Urologen, so wird er kaum in der Lage sein, diese miteinander in Einklang zu bringen. Selbst wenn wir annehmen, daß die Ärzte der drei Fachrichtungen ihre Ratschläge aufeinander abgestimmt haben und (von der Erkrankung her gerechtfertigte, aber maximale) Anforderungen an den Patienten stellen hinsichtlich der Lebensweise, der Medikation, der Diät, Vorschriften für Rauchen, Alkoholgenuß und Essen, so wird höchstens der zwanghafte oder hypochrondrische Patient diese völlig akzeptieren. Die Mehrzahl der Patienten versucht, sich zu belesen oder herumzuhören und wägt die Vorschriften ab. Der einzelne bringt seine verringerte Lebenserwartung mit den einschneidenden ärztlichen Vorschriften in Verbindung und sieht – weitgehend unbewußt – nur zwei Möglichkeiten: Entweder, er verbringt das verbleibende Leben sinnvoll, das heißt innerhalb seiner Familie mit der bisherigen Rolle, die er gegenüber dem Ehepartner und den Kindern eingenommen hat und versucht, hiermit die ärztlichen Vorschriften weitgehend in Übereinstimmung zu bringen. Oder er wählt die zweite Möglichkeit, ein Leben „streng nach Vorschrift". Ein solcher Patient ordnet also seine familiäre, berufliche und Freizeitbeschäftigung den Vorschriften der Ärzte unter. Dann besteht die Gefahr einer hypochondrischen Haltung. Der Patient beginnt stärker als je zuvor seinen Beschwerden und Lebenseinschränkungen nachzuspüren. Er stellt schließlich den Wecker, um die Einnahme der Tabletten auf die Minute genau durchzuführen. Eine derartige Form der Lebensführung vernichtet Lebensfreude und schränkt die Arbeits- und Genußfähigkeit stärker ein als im ersteren Fall. Hier besteht die Gefahr, daß auf psychosomatischem Wege sich der objektive Gesundheitszustand eher verschlechtert als verbessert.

Der Arzt müßte also diese Situation des älteren „Mehrfach-Kranken" mitbedenken und keine Maximalforderungen stellen.

7.4 Aufklärung, Einwilligung zum ärztlichen Handeln, Schweigepflicht

„Wir brauchen ein neues Verständnis der ärztlichen Aufklärung", mahnt der Arzt und Psychologe VERRES (1994) im Band „Die Kunst zu leben, Krebsrisiko und Psyche". Der dort vorgetragenen Argumentation folgen wir in den nächsten Absätzen weitgehend, gelegentlich wörtlich, und empfehlen damit die direkte Lektüre.

Mit dem Begriff der „Aufklärung" verband man im 17./18. Jahrhundert eine weitreichende Idee: Vernunft sollte denMenschen aus selbstverschuldeter Unmündigkeit herausführen. Umfassende Wissensvermittlung sollte zum autonomen Gebrauch der eigenen Vernunft beitragen, rettend, emanzipierend, zukunftsweisend.

Von dieser großen Idee ist heute nur noch ein kümmerlicher Rest, ein pragmatischer Zweckrationalismus übriggeblieben. *Auch* im medizinischen Alltag wird der Begriff „**Aufklärung**" nur in sehr reduzierter Bedeutung verwendet: „Wenn in der heutigen Medizin von „Aufklärung" die Rede ist, so geht es meist nur noch um die enggefaßte Frage, inwieweit und in welcher Weise der Arzt einen Menschen darüber zu informieren hat, daß dieser erkrankt ist und daß nun bestimmte Behandlungsmaßnahmen notwendig sind." Diese Form der Aufklärung ist für alle Beteiligten belastend, weil vielfach nur über unangenehme oder bedrohliche Folgen einer Diagnose informiert werden muß oder Risiken einer Behandlung zur Sprache kommen müssen.

Der Patient, und mit dessen Einverständnis auch Angehörige, sollen im Sinne einer eingeengten Definition von Aufklärung angemessen darüber informiert werden:

- welche Diagnosen und Befunde vorliegen,
- was allgemein mit ihm,
- was konkret mit welchen Mitteln geschieht und mit welchen Risiken, möglichen Komplikationen oder längerdauernden beeinträchtigenden Folgen und
- welche Alternativen sich anbieten.

Die Frage ist hier, was angemessen ist. „Innerhalb der Ärzteschaft und zum Teil auch in der Öffentlichkeit gibt es stellenweise heftige Diskussionen über Grundsätze und Inhalte ärztlicher Aufklärungsgespräche. Juristen werden eingeschaltet, um Anforderungen an die ärztliche Sorgfalt und Dokumentationspflicht weiter zu normieren, zu präzisieren und zu verschärfen".

Solche Bemühungen, die im Ansatz wohl Patientenrechte festschreiben wollen, driften aber völlig aus der ursprünglichen Intention, wenn im Alltag unter Zeitdruck „Aufklärung" nur noch unter dem Gesichtspunkt der juristischen Absicherung gegen Schadensersatzanspüche betrieben wird und zur Abwehr gegen den Vorwurf, es sei keine ausreichende Aufklärung über Risiken und Prognosen erfolgt. Eine patientenbezogene Frage würde lauten: Welche Informationen braucht diese Persönlichkeit, welche Mitteilungsform wünscht sie und kann sie verkraften, um selbstbestimmt entscheiden oder mitentscheiden zu können? Dagegen lautet die arztzentrierte, defensive Frage: Was alles sonst noch muß erwähnt werden ohne rechte Rücksicht auf Wunsch und Auffassungsgabe des Patienten, damit der Arzt haftungsrechtlich eine *Einwilligung des Patienten* in durchgeführte Therapiemaßnahmen vorweisen kann?

Eine neue Aufklärungskonzeption in unserem Gesundheitswesen müßte erheblich weitergefaßt sein:

Menschen brauchen nicht erst dann, wenn sie krank geworden sind, sondern bereits bei ihrer gesamten Lebensgestaltung immer wieder die Aufklärung von Heilkundigen über Möglichkeiten, ihre eigene Vernunft optimal für den Umgang mit Risiken des Lebens einzusetzen.

Wenn ein Mensch erst einmal ernsthaft erkrankt ist, ist die Frage, wieviel Offenheit oder wieviel „barmherzige Lüge" ihm guttut, nur individuell zu beantworten. Eine schonungslose Desillusionierung soll nicht die heilungsfördernde Hoffnung zerstören. *Bei ärztlichen Aufklärungsgesprächen geht es wohl nicht hauptsächlich um Informationen, sondern ebenso um Gefühle. Der Patient muß nicht nur abschätzen können, was mit ihm geschieht, sondern auch darüber beraten werden, was er selbst tun kann.*

Verbunden mit dem Thema der Aufklärung ist die Handhabung der *Schweigepflicht*. Ein weit verbreiteter Irrtum ist der, daß alle Ärzte Träger der gleichen Schweigepflicht seien, und damit also der Arzt allen Ärzten Mitteilung von den Krankheitsunterlagen machen dürfe. Auch diesen darf der behandelnde Arzt nur Mitteilung machen, wenn er von seinem Patienten in diesem konkreten Fall oder generell von der *Schweigepflicht* entbunden worden ist. Sucht ein Patient einen zweiten Arzt mit der Bitte um Behandlung auf, so beinhaltet der Behandlungsauftrag die Erlaubnis, sich durch andere Ärzte zu informieren, jedoch nur soweit es die Behandlung der neuen Krankheit erfordert. Anders ist es bei den Patienten einer Klinik insofern, als Daten, die der Spezialist zum Beispiel im Röntgen- oder klinischen Labor benötigt, ihm ohne Nachfrage mitgeteilt werden müssen. Die ärztlichen Vorgesetzten sind in den Behandlungsauftrag eingeschlossen, ihnen gegenüber müssen alle Untersuchungsergebnisse mitgeteilt werden.

Es gibt Ausnahmesituationen, in denen der Arzt nicht aufklären und nicht die Einwilligung des Patienten einholen kann und zwar dann, wenn diesem die Fähigkeit zur Willensbestimmung fehlt. Dies ist der Fall nach schweren Unfällen, bei Bewußtlosigkeit, in einem aktuellen Schock.

Das Resultat geführter Aufklärungsgespräche ist höchst lückenhaft. VERRES zitiert eine Nachbefragung von fast 500 chirurgischen Patienten: „Nach dem ärztlichen Aufklärungsgespräch hatten nur 18% der Patienten Risiko und Gefahren der Krankheit und Operation richtig verstanden. 49% wußten noch, daß die Operation notwendig und mit Gefahren verbunden war. Das übrige Drittel hatte keinerlei Erinnerung an den Inhalt der Aufklärung oder hatte etwas völlig Falsches im Gedächtnis".

Diese erschreckende Bilanz mag daran liegen, daß Ärzte Aufklärungsgespräche als lästige Fremdhypothek aus juristischen Vorschriften verstehen. Ängste der Patienten und Ängste der Ärzte schränken die Offenheit und feinfühlig individuelle Abstufung ein. Ärzte befürchten beispielsweise bei offen informierten Patienten eine erhöhte Selbstmordgefahr (die statistisch gesehen nicht besteht) und wollen allgemein negative Folgen durch barmherzige Lügen verhindern.

Unter den Möglichkeiten, diese Defizite in Gesprächen zu verringern, betont VERRES den Einfluß der persönlichen Grundhaltung des Arztes: Ob ein wahrhaftiges, hilfreiches, aufklärendes Gespräch zustande kommt, hängt wesentlich auch davon ab, was der Arzt ganz persönlich über Lebensrisiken, Sterben und Tod denkt.

7.5. Placeboeffekte und Suggestion

7.5.1. Placeboeffekte

Der Begriff „**Placeboeffekt**“ kann seine Aufgabe, ein Schlüsselphänomen *jedweder* Therapie zu bezeichnen, nur sehr bedingt erfüllen. Wir wollen deshalb zunächst (synomym mit Placeboeffekten gemeint) von *unspezifischen Therapieeffekten* sprechen, die *stets*, meist also zusätzlich zu den spezifischen (zum Beispiel pharmakologischen oder chirurgischen) Therapieeffekten auftreten. Die beste uns bekannte Arbeit zur Klärung der diffizilen terminologischen Fragen zum Placebobegriff stammt von LANGER, 1987.

Die Summe der Therapieeffekte setzt sich (vereinfacht) aus spezifischen und unspezifischen Varianzanteilen zusammen:

$$\Sigma\, \mathrm{ThE} = E_S + E_{US}$$

Die Formel zeigt die prinzipielle Addition und nicht eine wählbare Alternative: Man kann nicht entweder isoliert einen gezielten, naturwissenschaftlich begründbaren Therapieeffekt auslösen oder weitgespannte, diffuse, unspezifische Therapieeffekte. Im Prinzip sind *stets* beide Varianzanteile wirksam. Die bekannten Studien, die als experimentelle Kontrollgröße absichtlich ein Leerpräparat einsetzen, stellen kunstgerecht nur den extremen *Sonderfall* dar, damit ohne spezifisches Therapeutikum das Ausmaß unspezifischer Therapieeffekte sichtbar wird:

$$E_S = 0$$
$$\mathrm{ThE} = E_{US}$$

Nur so lassen sich die Varianzquellen voneinander trennen. Dazu ein Beispiel:

> SZEWCZYK (1989) berichtet von Arbeiten aus den 50er Jahren über die Glutaminsäure: Am Beispiel dieser Untersuchungen zeigte sich die inzwischen Allgemeingut gewordene Erkenntnis, daß der Arzt selbst ein Therapeutikum ist, eine „Droge Arzt“, wie M. Balint (1996–1970) meint. In einem Blindversuch untersuchten wir Glutaminsäure, der man zur damaligen Zeit nachsagte, zu einer Hebung der Intelligenz, zu erhöhter Konzentration, Aufmerksamkeit und zu höherem Antrieb führen zu können. Wir untersuchten dies in einem Blindversuch bei Oligophrenen, wobei die Patienten nicht wußten, ob sie Glutaminsäure oder als Kontrolle ein Scheinpräparat bekamen, während die Ärzte hierüber informiert waren. Tatsächlich wurden die Patienten mit der Glutaminsäure aufgeschlossener, lebhafter, allgemein angeregt und begrüßten ihre Ärzte und Studenten, wenn diese in das Heim kamen, bereits an der Tür, um dann lebhaft mit ihnen zu sprechen. Alle diese erfreulichen Verhaltensweisen schienen im Gegensatz zu den Gruppen von Oligophrenen zu stehen, die das Leerpräparat bekamen. Zur Kon-

trolle machten wir einen Doppelblindversuch, bei dem auch die Ärzte nicht wußten, ob die Patienten Glutaminsäure oder ein genauso dragiertes Scheinpräparat bekamen. Bei diesem zweiten Versuch fanden wir keinerlei Unterschiede, das heißt alle Gruppen von Oligophrenen benahmen sich undifferenzierbar gleichartig.

Diese und andere Untersuchungen bewiesen, daß nicht die Glutaminsäure bei Oligophrenen (oder bei Studenten vor dem Examen) half, sondern daß bei beiden Anwendergruppen nur Suggestion im weitesten Sinne (siehe unten) eine Rolle spielte. Bei den Oligophrenen kam hinzu, daß die Ärzte aus der vom Pharmakologen suggerierten Erwartungshaltung, sie würden ihren Patienten helfen können, sich auch um diese bemühten, mit ihnen spielten, plauderten, während sie eigentlich nur eventuelle pharmakologische Erfolge beobachten und protokollieren wollten. (Hier spielt der sogenannte Rosenthaleffekt eine Rolle, siehe dazu 8.5.). Die Oligophrenen waren tatsächlich besser umsorgt und angeregt, was sich wiederum in ihrem Verhalten niederschlug. Die Ärzte, die das Leerpräparat gaben, kümmerten sich dagegen weniger um ihre Patienten, da sie keinerlei Erfolge erwarteten. Der Versuch zeigte also, daß bei den Patienten vorhandene, aber nicht trainierte Fähigkeiten vor allem unter dem Einfluß des Arzt-Patient-Verhältnisses freigelegt wurden, also nicht einem postulierten spezifischen, sondern einem unspezifischen Therapieeffekt entsprachen.

Zur Begriffsklärung muß das enorm wichtige Phänomen der allgemeinen, unspezifischen Therapieeffekte von der zu schlichten Gleichsetzung mit dem verkürzten Experimentaldesign aus Doppelblindstudien befreit werden. Es bleibt interessant genug, daß jährlich sehr viel Geld der forschenden pharmazeutischen Firmen in kostspielige Doppelblindstudien fließt, nur um außerordentlich einflußreiche psychologische Faktoren als Einflußvariablen eliminieren und pharmakologische Wirkungen vergleichen zu können.

Wenn „Placebo" pharmakologisch gesehen als „Leerpräparat" definiert ist, wären Placeboeffekte Effekte aus dem Nichts. Formulierungen von der „Droge Arzt", vom Arzt als Therapeutikum und von der suchenden und antwortenden Hoffnung des Patienten sind hier vielleicht viel treffender als der Begriff „Placebo". Zur Denkauflockerung eignen sich auch ein paar weitere Beispiele aus anderen als pharmakologischen Therapieformen: Keineswegs nur die Zuckerpille, die Stärkemehltablette oder die physiologische Kochsalzlösung zur Infusion führen unspezifische Therapieeffekte im Gefolge. In der Radiologie heilen nicht nur dosierte Strahlen. Die technischen Großanlagen lösen breite Ängste und Hoffnungen aus, die auch dann wirksam werden, wenn im Sonderfall der Patient auch ohne Bestrahlung das Gerät wieder verläßt. Bei chirurgischen Eingriffen wird gelegentlich (entgegen der vorlaufenden Diagnostik) unter der Operation festgestellt, daß der Befund inoperabel ist. Der eröffnete Raum wird wieder verschlossen und der Patient informiert, daß man nicht soviel operativ unternehmen konnte, wie zunächst geplant. Trotzdem kann danach eine Linderung der subjektiven Beschwerden (leider auch eine Verschlechterung) eintreten. Wir zitieren ein weiteres Beispiel dafür, daß auch Operationen neben geplanten auch unspezifische Effekte auslösen können, die mit den angestrebten spezifischen

Effekten verwechselt werden können: Eine Zeitlang war die Ligatur der Arteriae mammariae internae in der Behandlung der Angina pectoris Mode. Bei unkontrollierten Studien ergab sie eine Erfolgsquote von 40% bis 100%. Sie erwies sich aber schließlich in kontrollierten Studien als nicht nützlicher als ein einfacher Hautschnitt ohne Ligatur (DOBRILLA und FELDA, 1979).

Diese Sonderfälle sollten nun nicht etwa so verbucht werden, daß ergänzend gelernt werden müßte, es gibt auch radiologische und chirurgische Leertherapien. Vielmehr soll bewußt gemacht werden, daß auch bei allen Regelfällen nicht nur „Stahl und Strahl" wirksam sind, sondern daß diese spezifischen therapeutischen Wirkungen *stets* von weiteren, unspezifischen Wirkungen begleitet werden. Noch einmal zurück zur Pharmakologie: Ein hochpotentes Antibiotikum löst pharmakologisch-biochemische Reaktionen und außerdem Vertrauen, Wissen und Hoffnung bei Arzt und Patient aus. Einprägsam könnte man die Formel bilden, daß gerade bekanntermaßen hochwirksame spezifische Therapieformen auch zusätzlich noch besonders starke suggestive Begleiterscheinungen, unspezifische Therapieeffekte, mobilisieren.

Bei der Einschätzung von „alternativen Heilmethoden", also solchen, die zur Zeit nicht zum engen Kanon „schulmedizinischer" Therapiemethoden zählen (beispielsweise Akupunktur und Homöophathie), wird gern von schulmedizinischer Seite machtvoll argumentiert, dabei handle es sich nur um Placebotherapien. Kein Wort gegen die Notwendigkeit, jede Therapieform auch nach ihren rationalen Hintergründen zu erforschen. Aber die Polemik übersieht die gewaltige Tragkraft unspezifischer Therapieeffekte und geht von der irreführenden Sicht aus, schulmedizinische Methoden seien erstens stets rational begründet und wirkten zweitens ausschließlich spezifisch.

Nach dem Versuch, überblicksartig das brisante Phänomen der „Placeboeffekte" weitgespannt zu definieren (siehe auch LANGER, 1987), kehren wir zurück in die Detailklärung der tradierten Begriffe:

Unter *Placebo-Präparaten* (Placebo: lat. Ich werde gefallen) faßt man unterschiedliche Typen unspezifisch wirkender Präparate zusammen:

- ein Scheinpräparat, das Substanzen enthält, von denen der Therapeut weiß, daß sie nicht spezifisch wirken, zum Beispiel Stärke, Fruchtzucker, ein Leerpräparat, das in der Regel im kontrollierten Therapieversuch als Prüfgröße demjenigen Präparat („Verum") gegenübergestellt wird, dessen pharmakodynamische Wirkung getestet werden soll; derartige Scheinpräparate sind sorgfältig in Form, Farbe und Geschmack dem Verum nachgebildet;
- ein klinisch wirksames, sogar im Doppelblindversuch getestetes Arzneimittel (Verum-Präparat), bei dem die Indikation zu diesem konkreten Präparat überhaupt nicht vorhanden ist. Beispiel: Einem Altenheimbewohner wird bei ungeklärten, persistierenden Allgemeinbeschwerden ein Psychopharmakon verschrieben. Die Diagnostik wird durch den Rezeptblock ersetzt. Das Präparat ist in seiner Wirkung ein verunreinigtes Placebo. Hier wird der Begriff *Scheinplacebo* verwendet (KRAUSE-GIRTH, 1993). Der Einsatz von

Scheinplacebos geschieht wesentlich häufiger, als es eine rationale Medizin verantworten dürfte.
- ein Präparat, bei dem außer der pharmakodynamischen Wirksubstanz auch der Markenname des Medikaments, die Verpackung, die Verabreichungsform und die Verschreibung des Arztes den Heilungserfolg beeinflußt.
- ein indiziertes Medikament mit einer wirksamen chemischen Substanz, bei dem jedoch im Laufe der Zeit aufgrund der körperlichen Gewöhnung pharmakologisch-biochemischer Art (Toleranz) die gegebene Dosis insuffizient geworden ist und nur noch der Suggestiveffekt wirksam ist.

Man unterscheidet das Pharmakon, im Sonderfall das Placebo, von seinen Wirkungen und Nebenwirkungen.

Als *Placeboempfindlichkeit* oder *Placebo-Reaktivität* bezeichnet man die Intensität, mit der Patienten unterschiedlich auf bestimmte Pharmaka suggestiv reagieren.

Obwohl der Name „Placebo" erst seit den 40er Jahren wissenschaftlich gebraucht wird, ist die Tatsache der Placebowirkung der verschiedensten Therapieformen (vom Zaubertanz des Medizinmannes bis zum Pharmakon) schon wesentlich länger bekannt. Von A. TROUSSEAU (1801–1867) soll der Ausspruch stammen: „Nutze die neuen Medikamente, solange sie noch die Kraft zum Heilen haben". Er sprach damit den hoffnungsauslösenden Effekt an, der von neuen Medikamenten für Arzt und Patient ausgeht. Von 1946 bis 1956 sind zum Beispiel 300 Methoden der Behandlung des Ulcus ventriculi et duodeni untersucht, empfohlen und angewendet worden, die später wieder aufgegeben wurden, so daß vorrangig der jeweilige Neuheitswert als Placeboeffekt anzunehmen ist (KATZENSTEIN, 1978). Heute dürfte *ein* Anteil der eindrucksvollen Therapieerfolge mit TENS-Geräten (Transkutane elektrische Nervenstimulation) in der Schmerztherapie auf den noch nicht verbrauchten „Neuheiten-Bonus" zurückgehen.

Bedenkt man, daß *jedes* Medikament auch eine suggestive, unspezifische Wirkung hat, so wird die Frage, von welchen Bedingungen die Wirksamkeit abhängt, außerordentlich bedeutsam. Wir sichten im folgenden einige mögliche Wirkungsfaktoren:

Patienten

Es ist nicht gelungen, besondere Persönlichkeitsstrukturen oder Persönlichkeitstypen zu finden, die stärkere beziehungsweise schwächere Placeboeffekte vorhersagen lassen.

Ärzte

Ein vertrauenerweckender Arzt, der gründlich untersucht, nicht ängstlich ist und keine Schuldgefühle besitzt, hat eine positivere Wirkung auf die Effekte der Medikamente als ein kritisch-schweigsamer, pessimistischer Arzt. Immer übt die Persönlichkeit des verschreibenden Arztes auf die Wirkung eines jeden Medikaments (im Sonderfall auch des Placebos) eine ausschlaggebende Bedeutung aus. Der Therapieerfolg mit Placebos ist von Arzt zu Arzt verschieden, aber beim einzelnen Arzt relativ konstant und wiederholbar. Der Arzt beeinflußt das Behandlungsergebnis durch seine Kommunikationsfähigkeit und seine eigene Überzeugung von der Wirksamkeit des Präparates auch dann, wenn es sich um ein Placebo handelt. Er vermittelt nonverbal seine eigene Überzeugung dem Patienten. In der selben Richtung geht auch der Einfluß des Pflegepersonals. Es gibt erfahrene Verhaltensweisen, die Wirkung eines Placebos zu optimieren. Ein Beispiel: Statt abends auf Bettenstationen unbeteiligt routinemäßig Schlafmedikamente auszuteilen, könnte man einem Patienten, der sich eine Beruhigung und Einschlafhilfe wünscht, betont ruhig und zugewandt eine Placebotablette aushändigen, sie aber vor seinen Augen zerbrechen und suggerieren, daß schon die halbe Tablette sicher helfen wird, zusätzlich aber auch zeigen, daß die zweite Hälfte zur eigenen Verfügung auf dem Nachttisch bleibt.

Arzt-Patient-Verhältnis
Der Placeboeffekt setzt bei einer guten Arzt-Patient-Beziehung nicht erst nach der Einnahme eines vermeintlichen Medikaments ein, sondern vor dessen Einnahme, genauso wie Beschwerden und Klagen von Patienten oft schon geringer werden, wenn der Notarztwagen vor der Tür hält und der Arzt aussteigt.

Krankheiten
Die Krankheiten, bei denen heilsame Placeboeffekte auftreten können, haben sowohl ätiopathogenetisch als auch symptomatologisch kaum Gemeinsamkeiten. Am stärksten sind Placebowirkungen bei chronischen Leiden, bei denen die Patienten verzweifelt und empfänglich für alles sind, was Zuspruch bedeutet, für Aktivität und ärztliches Handeln. Von den sogenannten „funktionellen Erkrankungen“ beziehungsweise psychosomatischen Allgemeinsyndromen schlagen die mit einer erheblichen psychischen und psychosozialen Mitbeteiligung besonders an, auch bei Patienten, denen die Auseinandersetzung mit einer Konfliktsituation nicht gelingt. Aber es ist völlig irreführend, anzunehmen, daß positive Placebowirkung etwa eine vorwiegende Psychogenese aufdecken könnte. Dagegen sprechen gravierende Beobachtungen von Placebowirkungen bei eindeutig organisch bedingten Beschwerden.

Es gibt eine größere Anzahl von Arbeiten über Placebowirkungen bei verschiedenen Krankheiten. JANKE (1967) stellte die Wirkung bei einer Reihe von Syndromen beziehungsweise Erkrankungen aus der wissenschaftlichen Literatur zusammen (Tab. 7.3).

Andere Untersuchungen (PIECHOWIAK, 1983) fanden bei 14 000 Kranken, daß der Prozentsatz von Besserungen durch Placebos bei 33% lag. 14 Arbeiten mit 557 Fällen von Placeboverabreichungen berichteten über 42 Nebenwirkungen der Placebo-Präparate. Diese pharmakodynamisch unwirksamen Präparate besitzen also nicht nur positive oder negative Wirkungen, sondern auch Nebenwirkungen. Diese Nebenwirkungen treten bei 30 bis 40% der Patienten auf, vor

Tab. 7.3 Placebowirkungen bei verschiedenen Krankheiten

Krankheiten	Zahl der Patienten	Zahl der Untersuchungen	% positive Placebo-Reaktionen	
			Durchschnitt	Kleinster/ größter Prozentsatz
Verschiedene Schmerzen	961	25	28,2	0–67
Kopfschmerzen	4 588	9	61,9	46–95
Migräne	4 908	5	32,3	20–58
Schlafstörungen	340	3	7	0– 8
Neurosen	135	6	34	0–61
Psychosen	828	17	19	0–75
Alkoholismus	210	5	22	10–50
Erkältungen	246	3	45	35–61
Angina pectoris	346	10	18	0–57
Magen-Darm-Störungen	284	5	58	21–86
Dysmenorrhe	88	4	24	11–60
Rheuma	358	8	49	14–84
Hypertonie	240	9	17	0–60
Zerebrale Defekte, Paraplegien	57	3	7	0–21
Multiple Sklerose	152	3	24	0–73

(nach JANKE, 1967)

allem in Form von Schläfrigkeit, Konzentrationsstörungen, Kopfschmerzen, gastrointestinalen Beschwerden und Herzklopfen. In einer Studie (PIECHOWIAK, 1983), in der das Streptomycin, ein Tuberkulose-Heilmittel, mit einem Placebo verglichen wurde, traten in der Placebo-Gruppe ebenso wie in der Gruppe mit Streptomycin 61% Hörstörungen auf. Das ist typisch: Fast immer werden Nebenwirkungen beschrieben, die denen des verglichenen Verums ähnlich sind.

Die *Wirkungsweise* der Placebos ist nicht völlig erforscht. Untersuchungen mit Neurotransmittern beziehungsweise Endorphinen lassen die Vermutung zu, daß die Placebos auf suggestivem Wege in psychologische oder pathophysiologische Mechanismen des Schmerzes eingreifen. So zeigt die Placebo-Analgesie, daß sogar Patienten mit Karzinomschmerzen, die sonst mit Opiaten behandelt werden, zu 90% eine deutliche Abnahme der Schmerzen berichten (ROLF und BRUNE, 1982).

Für das Ausmaß des Placebo-Effektes spielen die Verabreichung sowie der Eintrittsweg in den Organismus eine Rolle, und zwar wirken in abnehmender suggestiver Reihenfolge: Injektionen, Dragees, Tabletten, Suppositorien.

Fassen wir zusammen:

- Eine Erkrankung mit somatischen Beschwerden beweist keine ausschließlich somatische Genese (siehe 5.4.);

- Die Wirksamkeit von Medikamenten beweist keine ausschließlich pharmako-dynamische Wirkung;
- Keine Therapieform, kein Medikament und keine ärztliche Anordnung ist ohne Placebo- oder Suggestiveffekt. Häufig genug ist dies die einzige Wirkung, die de facto vom Arzt genutzt wird, ohne daß er sich dessen allerdings immer bewußt ist;
- Da der bewußte therapeutische Einsatz von Placebos nicht gelehrt und entsprechend von Ärzten nur selten angewandt wird, sind im ärztlich-therapeutischen Alltag vor allem zwei Formen der Placebotherapie vertreten: Von Anfang an unterdosierte Präparate und solche, bei denen auf Grund der körperlichen Gewöhnung lediglich ein Suggestiveffekt übrig bleibt; und zweitens der Einsatz von Scheinplacebos als halbbewußte therapeutische Verlegenheitslösung.

7.5.2. Suggestion und weitere psychologische Faktoren innnerhalb der Placebowirkung

Im Krankenhaus, in der Ambulanz, in der Gabe von Medikamenten, im Gespräch mit dem Arzt und unter den Patienten sowie allein im Krankenzimmer gibt es keine Situation, die nicht eine positive oder negative Suggestionswirkung auf den Kranken hat.

Suggestion (suggerere: lat. beeinflussen, beifügen) bedeutet die (bewußte oder unbewußte) Beeinflussung von Gedanken, Gefühlen, Vorstellungen und Wahrnehmungen über nichtrationale Wege emotionaler Resonanz. Im Prinzip können Heterosuggestionen keine anderen Wirkungen erzielen als sie auch über Autosuggestionen erreichbar sind.

Sehr pointiert hat SHAPIRO (1979) formuliert, die Medizin habe sich bis zum 19. Jahrhundert einen beachtenswerten Ruf erworben, obwohl sie fast ausschließlich über unspezifische Therapieformen verfügte und nicht viel mehr Behandlungsmöglichkeiten einsetzen konnte, als den Patienten Abführmittel zu verabreichen, sie zum Erbrechen und Schwitzen zu bringen oder sie zu erschrekken, zu stechen, zu schneiden, zur Ader zu lassen, mit Saugnäpfen und Blutegeln zu quälen oder sie fast zu vergiften. Mystisches Gedankengut in der Gesamtbevölkerung hat in früheren Jahrhunderten andere Formen der Suggestibilität erzeugt als heute. Hier sehen wir die Nahtstelle zu *Lernprozessen*, die innerhalb historischer Epochen typische Formen annehmen können. Der heutige Patient versucht häufig, mit dem Handeln des Arztes rational und kritisch mitzudenken. Aus dieser Wurzel sind heute Suggestionseffekte besonders häufig von technischen Geräten und dem Verweis auf wissenschaftliche Grundlagen einer Therapie zu erwarten. Was hier suggestiv wirkt, ist das Vertrauen in die medizinische Wissenschaft – bis hin zur unkritischen Wissenschaftsgläubigkeit. Besserungen des Leidens sind umso häufiger und intensiver, je stärker der Patient an das Wissen und Instrumentarium des Arztes glaubt.

Die alleinige Verwendung des Suggestionsbegriffes zur psychologischen Erklärung vom Placeboeffekten reicht nun allerdings auf keinen Fall aus. Wenn ein Patient nach differenzierter Diagnostik seiner Herzbeschwerden schließlich in eine spezialisierte kardiologische Klinik eingewiesen wird, so beruht das Vertrauen des Patienten nicht etwa nur auf suggestiven Faktoren. Eine aufwendige Ausbildung, internationaler Austausch von Fachwissen und öffentliche Kontrolle bauen *begründetes Vertrauen* jenseits von Glauben auf. Erlebnisabläufe sind bereits durch Erwartungen vorgeprägt. Auch hier spielen vielfache Lernvorgänge eine Rolle.

Placebowirkungen lassen sich keineswegs nur als Suggestionswirkungen erklären. Als wesentliche Erklärungsansätze spielen auch folgende Einflußgrößen eine Rolle:

- kognitive und
- sozialpsychologische Faktoren,
- vorausgegangene Erfahrungen und daraus abgeleitete
- Erwartungen und – unterdessen gut erforscht –
- *Konditionierungsvorgänge.*

Hoffnung, Genesungswille und krankheitsbezogenes Streßmanagement sind psychische Faktoren, deren Wirksamkeit seit langem der ärztlichen Beobachtung bekannt sind. Bei diesen Faktoren lassen sich heute positive Immunantworten labortechnisch darstellen. (Zur Psychoneuroimmunologie siehe SCHEDLOWSKI, 1994.)

Vielfach und sicher im Tierexperiment nachgewiesen, läßt sich auch beim Menschen ansatzweise zeigen, daß Immunparameter durch Lernvorgänge beeinflußt werden können. BUSKE-KIRSCHBAUM et al. (1992) haben an 24 gesunden Personen (Studenten der Universität Trier) ein Experiment mit klassischer Konditionierung durchgeführt: Der Injektion von 0,2 mg Epinephrine folgt unkonditioniert ein Anstieg der Natural-Killer-Zell-Aktivität. Neben der Injektion bekamen die Versuchspersonen als neutralen CS, also als zu konditionierenden Stimulus, ein Fruchtbonbon. Der Anstieg der Killer-Zell-Aktivität ließ sich dann nach erfolgreicher Konditionierung vom Fruchtbonbon und einer Placebo-Injektion (Kochsalzlösung) auslösen. Es gab zwei Kontrollgruppen: Eine Gruppe hatte gleich zum Start nur Kochsalzinjektion plus Bonbon erhalten, die andere Epinephrine, aber keinen Bonbon. In beiden Kontrollgruppen blieb die konditionierte Immunantwort, der Anstieg der Killer-Zell-Aktivität, aus.

Meist gilt die besondere Aufmerksamkeit bei derartigen Experimenten der spannenden Frage, ob und wie Immunprozesse von psychologischen Faktoren beeinflußt werden können. Im Zusammenhang gründlicher Reflexionen über zugrundeliegende Phänomene hinter den sogenannten Placeboeffekten wird die Aufmerksamkeit der Tatsache gelten, daß hier ein unspezifisches Leerpräparat über Konditionierungsvorgänge sehr spezifische Reaktionen auslösen kann. Wenn wir von diesem Wissensstand noch einmal an den Anfang des Kapitels zurückkehren würden, dann müßte die zunächst vereinfachte Formel zum additiven Modell der Therapieeffekte differenzierter ausfallen. Die direkte Gleichsetzung von Placeboeffekten mit diffusen, unspezifischen Therapieeffekten könnte im zweiten Durchgang so nicht beibehalten werden.

Fügen wir noch eine weitere lernpsychologische Betrachtung an: Wenn ein Patient darauf drängt, von einem berühmten Chirurgen operiert zu werden, und nach der Operation von einem glänzenden Heilerfolg spricht, dann hat, bei allem Respekt vor der hohen fachlichen Leistung des Chirurgen, auch der Respekt seinen Anteil am guten Gesamtergebnis. Lernpsychologisch gesehen, hat der Patient dazu entweder am Modell gelernt, wenn ihm möglicherweise positive Berichte früherer Patienten direkt bekannt geworden waren. Oder er hatte allgemein von der „Droge Arzt" profitiert, dem positiven *Image* dieses Fachmanns. Auch dabei haben Lernprozesse stattgefunden. Ein Image ist eine Gruppenleistung. Die allgemeine Erfahrung, daß es (in vielen Lebensgebieten) Koryphäen gibt, erzeugt Transfer. Vertrauen zu Fachleuten ist nicht angeboren, sondern operant und durch Modell-Lernen an anderen Menschen erworben. Der Meinungs- und Erfahrungsaustausch im Laiensystem hat hier eine wichtige Funktion.

Zum Abschluß des Kapitels über Arzt-Patient-Beziehungen soll eine Abbildung stehen (Abb. 7.4), die alle wesentlichen Faktoren kennzeichnet, die auf die Patientenzufriedenheit einwirken.

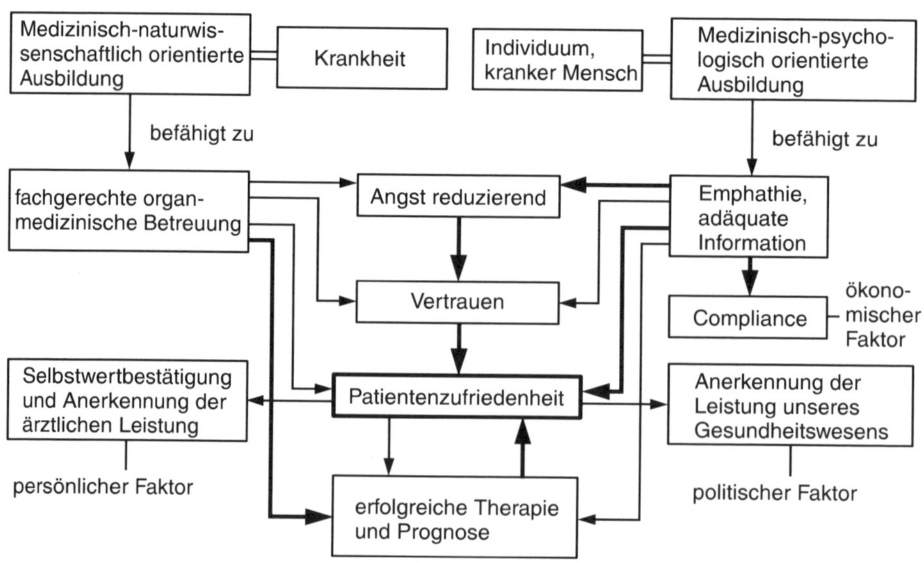

Abb. 7.4 Wesentliche Faktoren der Patientenzufriedenheit (nach FELDES, 1984)

8. Ärztliches Gespräch und Psychodiagnostik

8.1. Definition „Ärztliches Gespräch“

Ein hoher Anteil der Tätigkeit von Ärzten, insbesondere von Allgemeinärzten und Internisten, sind Sprechen und Zuhören. Der Begriff **Ärztliches Gespräch** hat sich eingebürgert. Das erste evidente Alltagsverständnis der Begriffe rings um „Gespräch“ und „Gesprächsklima“ umfaßt aber nur einen Teil des Inhaltes, der gemeint ist.

Das ärztliche Gespräch (Synonyma: Arzt-Patient-Gespräch; ärztliches Interview) ist ein *professionelles Gespräch* mit klaren Zielsetzungen. Ein Spezifikum in der Gesprächsinteraktion zwischen Arzt und Patient entsteht durch die enge, nicht aufhebbare Verschränkung von diagnostischen und therapeutischen Zielen und Folgen. Von der ersten Kontaktminute an hat jede einzelne Frage und Reaktion des Arztes unmittelbare Auswirkungen auf das Verhalten des Patienten, seine emotionalen Reaktionen, sein Vertrauen. In einer Phase, in der der Arzt zunächst die elementaren diagnostischen Informationen zu erlangen sucht, muß er bereits einrechnen, daß seine Art der Informationsgewinnung wesentliche Auswirkungen auf den Verlauf der therapeutischen Beziehung haben kann.

Das ärztliche Interview hat ganz allgemein die folgenden, nicht scharf voneinander zu trennenden Ziele (vergleiche FROEHLICH und BISHOP, 1973):

1. Herstellung und Aufrechterhaltung einer positiven, empathischen Beziehung (*Empathie* = sich verständnisvoll in die Lage des andern versetzen) zwischen Arzt und Patient, das heißt einer kommunikativen Beziehung, die für Diagnosestellung und Behandlungsführung förderlich ist;
2. Erlangen von objektiven und subjektiven Informationen über den Patienten und seine Krankheit (einschließlich seiner Reaktion auf die Krankheit), die auf andere Weise und aus anderer Quelle nicht gewonnen werden kann (auch als Exploration oder als *Anamnese* bezeichnet); hierher gehört auch die jeweils aktuelle Übersicht über den *Verlauf* der Erkrankung.
3. Dem Patienten soll ein Verständnis seiner Krankheit vermittelt werden, das heißt er soll Informationen über die Krankheit und seine eigene Einstellung

zu ihr erhalten und verarbeiten. Damit dient das ärztliche Gespräch auch der Entlastung des Patienten;

4. Dem Patienten soll therapeutische Beratung und Hilfe gegeben werden („eine Unze Gespräch kann mehr Wert sein als ein Kilo Medikamente"), und die Kooperation des Patienten bei der Durchführung von Anweisungen und Therapie soll gesichert werden („Arbeitsbündnis").

Wenn das Arzt-Patient-Gespräch nützlich und effektiv für die Klärung und Lösung von Patientenproblemen sein soll, müssen folgende Teilfunktionen im Rahmen des ärztlichen Gesprächs verwirklicht werden:

- verbale und nichtverbale Arzt-Patient-Interaktion;
- Beschaffung relevanter Information (Datensammlung);
- Informationsspeicherung (klinische Daten, gerastert nach Kategorien);
- Informationsbewertung und -synthese (Bildung und Überprüfung von Hypothesen);
- edukatives oder therapeutisches Feedback vom Arzt zum Patienten (zur Modifizierung von Verhalten und Einstellungen).

Innerhalb jeder Teilfunktion wie an allen Übergangsstellen liegen Fehlerquellen, die entsprechende Ineffektivität des Gesprächs zur Folge haben.

Im oben genannten Sinne beginnt das ärztliche Gespräch mit dem Eintritt des Patienten in das Wartezimmer beziehungsweise in die Anmeldezone des Krankenhauses, also bei der ersten Begegnung mit der medizinischen Institution. Es gibt eine Reihe von Entscheidungsfeldern, an denen deutlich wird, daß das vertrauensvolle Gesprächsklima zwischen Arzt und Patient einen wichtigen, durch nichts anderes ersetzbaren Faktor darstellt. Das ärztliche Gespräch ist in verschiedener Hinsicht wichtig:

- Es dient zur diagnostischen Abklärung, besonders dann, wenn die ersten differentialdiagnostischen Erwägungen nicht zur Klärung führen;
- Es ermöglicht, die für den Patienten auch annehmbaren therapeutischen Interventionen auszuwählen und den Therapieerfolg zu sichern;
- Es hilft bei Komplikationen und wenn der erwartete therapeutische Erfolg (zum Beispiel bei einer akuten Erkrankung) nicht sofort eintritt, oder wenn der Eindruck entsteht, der Patient berichte über eine Besserung nur, weil er sich gleichsam hierzu verpflichtet fühlt;
- Es klärt, wenn der Arzt den Eindruck gewinnt, daß im Stations- oder Krankenhausbetrieb liegende oder im Sozialbereich bestehende Voraussetzungen (also psychosoziale, nicht organmedizinische Bedingungen) den Gesundungsprozeß, die Wiedergewinnung der Lebens-, Genuß- und Arbeitsfähigkeit erschweren;
- Es trägt zur Gesundheitserziehung bei, zum Beispiel wenn chronische Krankheiten dazu zwingen, die Lebensführung neu anzupassen, dabei aber

die Gefahr zu vermeiden, daß der Patient („hypochondrisch“) nur noch für seine Krankheit lebt.

Die Ziele des ärztlichen Gesprächs sind also mannigfaltig, bei keiner ärztlichen Tätigkeit aber ist diese Dimension gleichgültig.

Bei einer Erkrankung, deren Ursache schnell erkannt und die mit einer entsprechenden Medikation oder anderen gezielten Therapieformen ihren geregelten Verlauf nimmt, dient das ärztliche Gespräch einer relativ einfachen Begleitung und Kontrolle.

Bei chronischen Erkrankungen aber, vor allem im höheren Alter, ist es der entscheidende Teil der ärztlichen Tätigkeit:

- bei der außerordentlich großen Zahl der Herz-Kreislauf-Erkrankungen,
- bei Patienten mit vegetativen oder psychosomatischen Allgemeinsymptomen,
- bei Neurosen oder psychosomatisch mitbedingten Krankheitsabläufen, vor allem
- bei einer nicht gelingenden Krankheitsbewältigung.

Hier wirkt also der Arzt aller Fachgebiete nicht nur als Diagnostiker, sondern das Gespräch ist ein wesentlicher Teil der Therapie („Der Arzt als Droge“).

Ein Gegenargument lautet, der vielbeschäftigte Arzt hätte für eine differenzierte und aufmerksame Gesprächsführung keine Zeit. So schlicht abwehrend formuliert ist das unrichtig. Der Erfolg eines ärztlichen Gesprächs hängt weniger von der investierten Zeit als von der Intensität der Kommunikation ab. Zeitlich braucht die Gesprächsführung bei der Mehrzahl der Patienten keineswegs aufwendig zu sein. Bei rund der Hälfte aller Patienten, bei denen psychosoziale Momente im Vordergrund bei Krankheitsverursachung oder -bewältigung stehen, genügen einige intensive Gespräche. Geschieht dies aber nicht, sondern wird der Patient zum Beispiel lediglich mit Psychopharmaka versorgt, besteht die Problematik weiter und verlangt fortlaufend Zuwendung und Zeit. Hier zeichnet sich sehr deutlich ein Wandel der Einstellungen von Ärzten und Patienten zur Bedeutung von medikamentöser Behandlung und Gesundheitsberatung in der Praxis ab.

8.2. Beobachtung, Ausdruck, „ärztlicher Blick“

8.2.1. Beobachtung

Beobachtung im medizinischen Kontext ist besonders ausgerichtet auf das Wahrnehmen (2.1.) und Reflektieren des aktuellen oder längerdauernden Befindens und Verhaltens. An dieser Aufgabe sind Patienten und Ärzte beteiligt. Die

Qualität der Wiedergabe von Selbst- oder Fremdbeobachtungsdaten beeinflußt Diagnose und Therapie. Trotz aller diagnostischen Technik ist die Beobachtung eine der wesentlichsten ärztlichen Methoden geblieben. In der lehrplanmäßigen Ausbildung wird diese Methode stark vernachlässigt, da die Ergebnisse nicht ebenso eindeutig meßbar sind wie physikalische oder chemische Daten. Sie werden durch Intuition, Begabung und Erfahrung gewonnen und sind nur begrenzt beschreibbar. Man unterscheidet den *ersten Eindruck* beziehungsweise die *Anmutung*, die ein Arzt von einem Patienten in der ersten Begegnung hat und die *Dauerbeobachtung* als klassische Methode, die dazu dient, den Ablauf im Verhalten des Patienten und seines Beschwerdebildes auf sich wirken zu lassen und zu dokumentieren (Verlaufsbeobachtung).

Erfahrung ist nicht immer nur hilfreich und nützlich, sondern kann zur Einengung des Blickwinkels führen: Durch einen (oft nur halbbewußten, erfahrungsstatistischen) Vergleich mit beschriebenen oder häufig gesehenen Krankheitsbildern kann es zu einer Einengung der differentialdiagnostischen Denkmöglichkeiten und dadurch zu einer möglicherweise vorschnellen Diagnose kommen. Dieser Gefahr sind prinzipiell Ärzte wie Patienten ausgesetzt.

Selbstbeobachtung des Patienten: Er berichtet das, was er an sich oder in sich erlebt, empfindet oder wahrnimmt, zum Beispiel Schmerzen, Übelkeit, Schwindel, Halluzinationen, Wahnideen, Träume, Ängste, Daten aus dem sozialen Alltag und jeweils auch subjektiver Reaktionen und Deutungen. (Hier taucht der etwas hochmütige Begriff der **Laienätiologie** auf. Es kommt aber nicht auf den Wettbewerb an, ob die ätiologischen Vermutungen des Laien oder des Profis richtiger sind, sondern man erkennt, daß die Vorstellungen, die sich der „Laie", also der Patient, der von Beschwerden und Krankheit Betroffene, macht, ein wichtiger Schlüssel für den Zugang zu diesem Menschen und damit zu Hilfsmöglichkeiten sind.)

Gezielte Verhaltensbeobachtung durch den Arzt bringt den Patienten in eine standardisierte Beobachtungssituation. Zum Beispiel kann man in der Pädiatrie oder in der Kinderpsychiatrie ein Kind in eine Gruppe bekannter Kinder bringen, um an Hand des Verhaltens der anderen Kinder auf dieses neue Kind Rückschlüsse zu ziehen.

Der Arzt benutzt also die Beobachtung als diagnostisches Hilfsmittel bei jedem Patienten, der zur Tür hereinkommt, und zwar hinsichtlich

- seiner Gesamtpersönlichkeit, also eines globalen Eindruckes;
- seines Beschwerdekomplexes, der sich eventuell in typischen Formen des Ausdruckes oder der Physiognomie äußert;
- des Verhaltens des Kranken bei der körperlichen Untersuchung, zum Beispiel während des Streckens des Fußes nach oben beim Ischias;
- der begleitenden psychischen Haltung bei einer Fehlentwicklung oder Fehlreaktion;
- der Frage, ob ein Beschwerdebild mehr organisch oder psychosozial verursacht ist.

Er achtet hierbei auf:

- die Form, Ausführlichkeit oder Gehemmtheit des begleitenden Gesichtsausdruckes (Mimik);
- die Pantomimik, also die Begleitbewegungen des Körpers und der Extremitäten;
- starke Ausdrucksbewegungen, die vom Patienten bei der Schilderung der Entwicklung von Beschwerden und Krankheit im Zusammenhang mit bestimmten Daten der Lebensgeschichte gezeigt werden, die eventuell traumatisierende Erlebnisse waren;
- eine demonstrative Betonung der Symptome. (Dabei kann die Frage auftauchen, ob der Arzt ein zum Klagen neigendes Verhalten beim Patienten als übertrieben oder „ hysterisch" einstufen darf. Ein Hypochonder mag dagegen zunächst eher still erscheinen, wird aber eine Ermunterung, alle Teile des Körpers zu zeigen, an denen er Beschwerden hat, sofort aufnehmen und mit zunehmender Intensität Beschwerden beziehungsweise Befürchtungen schildern.)
- eine Übereinstimmung von Ausdruck und Inhalt des Gesprächs bei Patienten mit dem Verdacht einer Psychose (besondere Beachtung von Faktoren wie „Gefühl des Beeinflußtwerdens" oder der subjektiven Bedeutung, die harmlosen Geschehnissen zugemessen wird und so weiter). Abhängig ist dies von der Fähigkeit des Patienten, sich selbst so weit zu beobachten und zu reflektieren, daß er über sich und seine Beschwerden Auskunft geben kann.

8.2.2. Ausdruck, Eindruck und Anmutung

Die Ausdruckspsychologie ist die Lehre vom Wahrnehmen und Verstehen des Psychischen im Ausdruck, also in der Mimik, Physiognomie, Gebärde, Sprache, Schrift, in Gang und Haltung.

Im *Ausdruck* äußert sich die **Persönlichkeit** und ihre aktuelle Befindlichkeit. Der Ausdruck ist unterschiedlich intensiv ausgeprägt, und zwar individuell, lebensgeschichtlich und vom Lebensalter abhängig. Er ist phylogenetisch eingebunden in angeborene Verhaltens- und Auslösemechanismen und dient der Arterhaltung durch sichere Informationsübermittlung und Auslösung instinktsicherer Reaktionen. Beim Menschen wird der Ausdruck bewußt (willentlich) und unbewußt überformt und gesteuert. Ein Ausdrucksverstehen gibt es auch zwischen Tier und Mensch. So scheint ein Hund seinen Herrn in jeder Sprache zu verstehen, da er nicht den Inhalt der Worte, sondern das begleitende Sprachmelos, die Mimik und die Physiognomik, also Ausdruck insgesamt aufnimmt. In gleicher Weise kann ein Mensch beim Eintritt in ein Zimmer die gespannte Atmosphäre spüren, auch wenn kein Wort fällt. Die Gesamtheit der Ausdrucksfelder führt zu einer wenn auch undifferenzierten Mitteilung, die je nach Begabung und Schulung sowie Übung aufgenommen wird (siehe Kommunikation, 7.2.). Der Ausdruck bildet also Erscheinungen, durch die ein anderer Informationen über den sich Ausdrückenden entnehmen kann. Beim Menschen kommt hinzu, daß das eigene Ausdrucksverhalten erlebt wird. So bemerkt er die eigene Verlegenheit und die Tatsache, daß der Partner diese registriert, was wiederum die eigene Verlegenheit steigern kann. Der Ausdruck kann nur unvollkommen gekünstelt werden. Versucht man ihn zu verstellen, besteht also eine Diskrepanz zwischen Gefühl und Ausdruck, so empfindet der andere die Unechtheit. Das gilt auch für den Ausdruck des Arztes dem Patienten gegenüber.

Ausdrucksformen sind:

- die *Mimik*, also der Gesichtsausdruck;
- die *Pantomimik*, also die Ausdrucksbewegungen des übrigen Körpers, zum Beispiel die Gestik der Extremitäten;
- der *vegetative Ausdruck* (Erröten, Erblassen, Schwitzen und ähnliches).

Nach einigen Jahrzehnten der Vernachlässigung wird Ausdruckspsychologie unter der Bezeichnung Körpersprache (body language) mit neuem Interesse gesehen.

Als *Physiognomie* bezeichnet man die habituellen, von der aktuellen Gefühlslage unabhängigen Ausdruckserscheinungen des Gesichtes. Den Unterschied zeigt das im Schlaf ausdruckslose Gesicht eines Kleinkindes, das im wachen Zustand Freude, Trauer, Hunger und Schmerz in Gesicht und Gestik zu erkennen gibt, während in dem Gesicht eines arteriosklerotisch stark abgebauten alten Menschen die „Runzeln des gelebten Lebens“ eine intensive, physiognomisch ständig bleibende Zeichnung geben, obwohl gefühlsmäßig nur noch wenig in ihm vorzugehen braucht und damit eine Mimik sich zum Beispiel weniger deutlich darstellt.

Der *Eindruck* ist eine Ganzheit von Wahrnehmungs-, Emotions- und Kognitionselementen beim Empfang von Informationen, hier der verschiedenen Felder des Ausdrucks des jeweiligen anderen oder einer Gesamtsituation, zum Beispiel in einem Zimmer.

Der studentische Prüfling versucht einen Eindruck von der Person und von der aktuellen Stimmung seines Prüfers zu gewinnen, der Professor gewinnt beim Betreten des Hörsaals einen unmittelbaren Eindruck von der Aufmerksamkeit oder mittäglichen Müdigkeit aller Hörer, ohne daß beide diesen Eindruck in Einzelheiten zu präzisieren vermögen.

Durch die teilweise phylogenetische Begründung des Ausdruckverhaltens „verstehen“ Mensch und Tier den gegenseitigen Ausdruck um so eher, je näher sie stammesgeschichtlich verwandt sind. Das gilt um so intensiver zwischen zwei Menschen für die Frage, wie weit ihr Ausdruck vom Gegenüber verstanden, also in Form des Eindrucks beim Betrachter aufgenommen wird und den gleichen Gefühlszustand hervorruft.

Das *Kindchen-Schema* ist ein Beispiel für angeborenes Verhalten, das ein Auslöseschema braucht. Ausdruck, Bewegungen, also Physiognomik, Mimik und

Gestik eines Kleinkindes rufen bei Erwachsenen ein Beschützerverhalten hervor, auch wenn er mit dem Kind nicht verwandt oder bekannt ist. Zumindest fühlen sie sich angesprochen, zum Beispiel Frauen, die in fremde Kinderwagen schauen. Dieses Verhalten wird auf alle Säugetierjungen übertragen, die ähnlich tapsige, aber runde, noch unsichere Bewegungen haben und deren kindlicher Körperbau sich von dem erwachsener Tiere so unterscheidet wie beim Menschen: großer Kopf, besonders Hirnschädel, relativ kleine, wenig profilierte Extremitäten, fehlende Taille und so weiter, zum Beispiel junge Hunde, Katzen, Raubkatzen (Abb. 8.1).

Abb. 8.1 Kindchenschema. Gegenüberstellung zur Demonstration der Kennreize, auf die der angeborene Auslösemechanismus des Menschen für das Brutlegeverhalten anspricht. Links die wirksamen Kopfproportionen des Kindes (Wüstenspringmaus, Pekinese, Rotkehlchen). Rechts die nichtauslösenden Proportionstypen (Mann, Hase, Jagdhund, Pirol). (Nach LORENZ, 1943 aus TEMBROCK, 1980)

Die *Anmutung* ist ein emotional gefärbtes Erleben erscheinungsgebundener Ausdrucksqualitäten.

Bei einer Begegnung mit einer Person taucht eine unklare Erinnerung auf, diese bereits gesehen zu haben, so daß man zwar eine damit verbundene Gefühlsqualität – angenehm, unangenehm, in Beruf oder Freizeit kennengelernt –

nennen, aber nicht die Gründe für das innere Berührtwerden angeben kann. Anmutung ist also ein komplexer Gefühlszustand, der – im Unterschied zur Stimmung – durch Personen oder auch durch Gegenstände hervorgerufen werden kann.

Ein Charakteristikum ist die „Sofortwirkung“. Als *Rudimententheorie* bezeichnet man die Auffassung, daß die Wahrnehmung einer Bewegung beim Beobachter eine Tendenz zu einer gleichen Bewegung hervorruft, da der Beobachter intuitiv den entsprechenden psychischen Zustand erfühlt, zum Beispiel das Gähnen (7.2.1.).

8.2.3. „Ärztlicher Blick“

Zweifellos leitet sich der sogenannte „ärztliche Blick“, die intuitive Schau des Patienten, zu einem Teil von phylogenetischen Grundlagen ab, bedarf aber sowohl der Begabung als auch der Übung. Welche Rolle hierbei diese Faktoren spielen, läßt sich bisher nicht voneinander trennen, jedoch steht die Übung im Sinne eines gezielten Erfahrungserwerbes im Vordergrund. Der „alte Hausarzt“, dem noch kein Labor und wenige Krankenhäuser zur Verfügung standen, war stark von seinem Eindrucksurteil abhängig, er gewann hieraus die Richtung, in der die besondere Symptomatik oder sogar die Diagnose zu suchen sind. Es handelt sich um Assoziationsleistungen, also um Erinnerungen an früher gesehene ähnliche Zustandsbilder, wobei der Beobachter meist nicht in der Lage ist, zu begründen, was ihn zu seiner Eindrucksdiagnose geführt hat. Diese gelingt umso besser, je intensiver der Patient sich verhält, also bewegt, agiert, spricht und der Untersucher dies Verhalten auf sich wirken läßt.

Dieser Eindruck wird bei psychopathologischen Zuständen eine schnelle Hinweisdiagnostik ermöglichen, weniger schnell bei geringer von der Norm abweichenden Erscheinungsbildern, abnormen Persönlichkeiten und Neurotikern und besonders schwierig bei intelligenten Menschen, die es verstehen, ihre Besonderheiten zu übersteuern.

Außerhalb des psychischen Bereiches gibt es eine größere Anzahl von Erscheinungsweisen, die man durch die Verhaltensbeobachtung an Kranken lernt. Beispiele sind hinsichtlich des Gesichtsausdrucks und der Physiognomie:

- der schwer *Herzkranke* mit der besonderen lividen Verfärbung der Lippen und dem erschwerten Atemholen sowie dem mühsamen schleppenden Gehen;
- der *Asthmatiker* und der Patient mit einer schweren Bronchitis mit ihrer typischen Form des Luftholens und der jugulären Einziehung im Hals sowie des Gebrauches der Atemhilfsmuskulatur;
- Patienten mit chronischen *Magenulzera*, die häufig steile Falten von der Nase am Mund vorüber zum Kinn zeigen, wie es bereits Paracelsus beschrieb;

- der *Parkinsonkranke* mit trippelnden Schritten und einem ausdrucksverarmten, teilweise starren, manchmal salbenförmigen Gesicht;
- Patienten mit einem *Lumbago* oder einer *Ischialgie*, die einen hierfür typisch vorsichtigen Gang mit Ausgleichsbewegungen zeigen;
- *Basedowkranke*, die einen häufigen Lidschlag, eine Protrusio bulbi und einen Tremor haben, der besonders ein Stück Papier auf der Hand vibrieren läßt;
- Patienten mit *Pneumonie*, die häufig das Nasenflügelatmen bieten.

Der ärztliche Blick ist um so bedeutsamer, je mehr charakteristische Ausdruckserscheinungen eine Krankheit besitzt beziehungsweise je stärker das Bild des organisch oder psychisch Kranken von der Norm abweicht. Andererseits muß der Arzt auch andere Bereiche der Persönlichkeit in seine intuitive Diagnostik einbeziehen, zum Beispiel das ängstliche, hysteroide, paranoide, hypochondrische oder sonstwie normabweichende Verhalten eines primär organisch kranken Patienten oder eine fehlerhafte Krankheitsverarbeitung (6.1.). Er muß beurteilen, wieweit er einem Schwerkranken die Diagnose sagen kann, um für verstümmelnde Operationen seine Bereitschaft zu erhalten und wieweit er bei der Information von Angehörigen gehen kann.

Fehler des ersten Eindrucks lassen sich auf drei Quellen zurückführen:

1. die Tendenz zur übermäßigen Vereinfachung des Bildes, den Halo-Effekt (8.5.1.);
2. die Tendenz zur Annäherung des Bildes an einen uncharakteristischen Mittelwert;
3. die Tendenz zur Projektion uneingestandener eigener Defekte und Schwierigkeiten auf die beobachteten Patienten.

Häufig besitzen Männer einen schärferen Blick für Männer und Frauen für Frauen (*Ähnlichkeitsvorteil*). Persönlichkeitseigenschaften, die sich im Stil des Verhaltens ausdrücken, zum Beispiel die Impulsivität oder die Gehemmtheit, der Geltungsdrang, die Unterwürfigkeit, das Maß der inneren Ausgeglichenheit und Echtheit, werden in der Regel richtiger beurteilt als Begabungs- oder Wertausrichtungen.

Der ärztliche Blick ist als erster Eindruck, der sich auf alle Wahrnehmungsbereiche stützt, geeignet, eine Verdachtsdiagnose zu ermöglichen, die durch eine ausführliche Exploration und durch eine Dauerbeobachtung soweit vertieft werden muß, daß je nach Krankheitsbild differenzierte labormäßige, instrumentelle und psychologische Untersuchungen angewendet werden können.

Die Hauptgefahr bei der Anwendung des „ärztlichen Blickes“ liegt im Fehlen eines systematischen Trainings. Darum darf er nur zur Hypothesenbildung bei der Differentialdiagnostik herangezogen, niemals aber hieraus eine endgültige Diagnose abgeleitet werden.

8.2.4. Selbstbeobachtung

Ein wichtiger Teil der Angaben unserer Patienten stammt aus deren Selbstbeobachtung. Entscheidende Informationen kann man aus keiner anderen Quelle erfahren: beispielsweise die Intensität von Schmerzen, Art und Dauer von Kopfschmerzen, dumpfe Mißempfindungen im Unterbauch, Halluzinationen, ein ängstlicher Gefühlszustand oder depressive Stimmungen. Derartige wesentliche, subjektive Informationen sind vom Arzt nicht zu objektivieren.

Die Übermittlung von Selbstbeobachtungsdaten hängt davon ab, wieweit der Patient in der Lage ist, wahrzunehmen, was in ihm vorgeht, es denkerisch zu verarbeiten und zu formulieren. Aber auch dem Unbeholfenen muß zugehört und eventuell vorsichtig bei der Verbalisierung geholfen werden, da der Betroffene der einzig gültige Auskunftgeber ist.

8.2.5. Dauerbeobachtung

Die Dauerbeobachtung ist in Wirklichkeit eine fraktionierte, also zeitlich unterteilte Beobachtung. Bei der ambulanten Behandlung sind die Abstände der Beobachtung noch größer. Auch die Langzeitbeobachtung gehört zu den klassischen Methoden in der Medizin. Ein Teil unserer Patienten wird noch nicht zur Behandlung, sondern zur „Beobachtung" ins Krankenhaus aufgenommen, um nicht nur die Angaben des Patienten und seiner Angehörigen auf sich einwirken zu lassen, sondern den Verlauf der Beschwerden und Symptome kennenzulernen.

Die Bedeutung der Dauerbeobachtung liegt im psychischen Bereich vorwiegend dort, wo die Exploration nicht möglich ist – teilweise in der Pädiatrie – oder bei einigen Psychosen, bei denen es keinen direkten Zugang zum Krankheitsbild gibt.

Bei organischen Erkrankungen gibt die Beobachtung des Patienten über eine längere Zeit hindurch einen Hinweis, ob die Angaben über eine Besserung oder Verschlechterung wahrscheinlich sind oder nicht. Häufig ist ein Patient bei der ersten Untersuchung sehr aufgeregt und benötigt einige Zeit zum Einleben in den Stationsbetrieb. Erst dann zeigen sich der übliche organpathologische Zustand und seine subjektive Verarbeitung.

Bei der ersten ärztlichen Untersuchung ist der Blutdruck des Patienten fast immer durch die Erregung erhöht („Weißkittel-Fehler"). Er gleicht sich erst nach einer Eingewöhnung dem üblichen an. Die Beobachtung sagt, wann man mit der notwendigen Dämpfung der Erregung rechnen kann. Verläßliche Blutdruckwerte im Sinne einer Dauerbeobachtung lassen sich auch durch häusliche Selbstmessung erreichen, die Daten legt der Patient dem Arzt zur Mitkontrolle und Verlaufsinterpretation vor. Es lassen sich auch spezielle technische Geräte zur Langzeitaufzeichnung zum Beispiel von EKG und Blutdruckmessung einsetzen.

8.2.6. Gezielte Verhaltensbeobachtung

In der Klinik wird von der Möglichkeit gezielter Verhaltensbeobachtungen noch zu wenig Gebrauch gemacht. Dabei gibt beispielsweise die Spiel-, Beschäftigungs- oder Arbeitstherapie viele Möglichkeiten auch für standardisierte Beobachtungssituationen. Voraussetzungen hierfür sind allerdings vorgegebene **Skalierungen**, das heißt Einstufungsskalen hinsichtlich der Aktivität eines Patienten in einer Gruppe, seiner Motorik und so weiter. Derartige standardisierte Beobachtungsskalen haben den Vorteil, daß sie durch geschulte Schwestern, Pfleger, Sozialarbeiter sowie Arbeitstherapeuten ausgefüllt werden können, also durch diejenigen Personen, die zeitlich intensiver als der Arzt mit den Patienten zusammen sind. Für diesen sind sie ein sehr gutes diagnostisches Hilfsmittel.

Zu den Methoden der gezielten Verhaltensbeobachtung gehört das *Soziogramm*, ein Meßverfahren der Soziologie und Sozialpsychologie zur Untersuchung der Beziehungen (besonders Zuneigungen und Abneigungen) zwischen den Mitgliedern einer Gruppe, zum Beispiel in der Kinderpsychiatrie oder bei Gruppentherapien.

Um zwischenmenschliche Beziehungen in einer Wahlsituation zu prüfen, können zum Beispiel mit dem *Partnerwahlversuch*, der bei konstanten zwischenmenschlichen Beziehungen angewendet wird, Sympathien und Antipathien und entsprechende **Gruppenstrukturen** in Form eines Soziogramms gestellt werden.

Abbildung 8.2 zeigt ein Beispiel zur Diagnostik von Sympathie- und Antipathiestrukturen in einer Gruppe. Sechs Personen (Krankenschwestern einer Station, Mitglieder einer Gruppe in der Gruppentherapie oder ähnliches) wird die Frage gestellt, mit wem jeder am liebsten nach einer Gruppensitzung in der Freizeit zusammen sein möchte beziehungsweise wer ihm hierfür am wenigsten angenehm sei. Die Abbildung zeigt, daß Spannungen bestehen zwischen E und F sowie D und A. Positive Beziehungen herrschen zwischen A und B, C wird von drei Partnern bevorzugt. An diese Ergebnisse kann die explorative Diagnostik

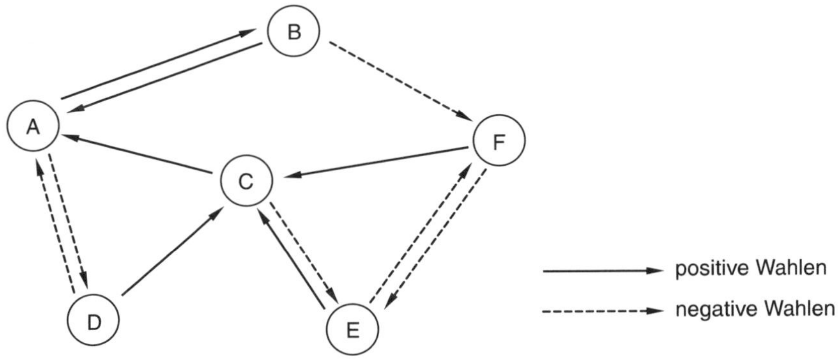

Abb. 8.2 Soziogramm, Partnerwahlversuch

anschließen und zum Beispiel nach Gründen für das Nichtverstehen zwischen E und F sowie D und A suchen.

8.3. Anamnese

8.3.1. Definitionen und Umschreibungen

Anamnese stammt aus dem Griechischen und bedeutet wörtlich Erinnerung. In der Medizin versteht man darunter die Vorgeschichte der Beschwerden, der Krankheit beziehungsweise der Entwicklung des Patienten in allen Bereichen, die für die Beurteilung seines Zustandes wesentlich sind.

Unter *Eigenanamnese* versteht man die Befragung des Kranken nach seiner eigenen Vorgeschichte, unter *Familienanamnese* die Vorgeschichte seiner Eltern, Geschwister und anderer Verwandter.

Wenn besonders sorgfältig biopsychosoziale Faktoren, Persönlichkeitsfaktoren, Konflikte, Einstellungen und Wünsche und die individuellen Formen der Krankheitsverarbeitungen erfragt werden, kann man von *vertiefter Anamnese* und vertiefter Exploration sprechen.

Die Anamneseerhebung geschieht in der Mehrzahl durch die *Exploration.* Eine *Fremdanamnese* (auch Außenanamnese genannt) erhalten wir durch mündliche und schriftliche Angaben anderer Personen über den Patienten. Der Ausdruck „objektive Anamnese" ist falsch, da die Angaben von Angehörigen oder Fremdpersonen zwar neue Aspekte erbringen mögen, aber ebenfalls subjektiv sind. Sie sind häufig bewertend, sei es auf- oder abwertend. Manchmal ist es günstig, nicht nur den Ehepartner, sondern auch Freund, Freundin oder Arbeitskollegen zu befragen.

Bei Kindern liegen die Ursachen für Symptome sogar häufiger in den Persönlichkeiten der Eltern und ihren Erziehungsmethoden als im Kind selbst, sodaß hier die „Fremdanamnese" eine spezifische Bedeutung erhält.

In vielen Fachgebieten der Medizin gibt es vorgedruckte *Anamneseschemata.* Sie enthalten nach dem Blickwinkel des Fachgebietes zu explorierende und diagnostizierende Bereiche. Anamneseschemata sind entsprechend zum Beispiel in der Augenheilkunde anders aufgebaut als in der Orthopädie. Ihr Vorteil liegt in der Systematik der Befragung und Untersuchung sowie in der Kürze der zur Ausfüllung benötigten Zeit. Zwei größere Nachteile bestehen darin, daß erstens der Unerfahrene glaubt, in jede Rubrik etwas eintragen zu müssen, auch dort, wo er sehr unpräzise oder kaum zu verwertende Angaben bekommt. Zweitens vergißt er leicht, daß Anamnese- und Befundschemata nur das Grundgerüst darstellen, das in der Mehrzahl der Fälle ausreicht, nicht aber in besonderen Fällen.

8.3.2. Anamnese-Erhebungs-Formen

Anamnesen kann man in unterschiedlicher Form gliedern. Jedes Anamneseschema hat Vor- und Nachteile. Die Kunst des Arztes besteht darin, das Geeignete für den jeweiligen Zweck zu verwenden.

Zeitökonomisch will man nie mehr fragen, als für die Diagnostik und Therapie notwendig ist. Andererseits haben wir betont, daß erst eine ausführliche Exploration (zum Beispiel auch mit Hilfe eines speziellen Anamneseschemas) besonders bei chronischen Krankheiten und solchen unklarer Genese die eigentlichen Ursachen und Mitbedingungen aufdecken kann.

Die *chronologische Einteilung* versucht, den Lebensablauf von der Familienanamnese über die Geburt bis zum Anamnesezeitpunkt jahrgangsgemäß zu erheben ohne nach Sachgebieten zu unterteilen. Sie eignet sich besonders für organische Erkrankungen, bei denen ein langzeitig sich anbahnendes chronisches Leiden zu einem akuten Krankheitsbild geführt hat. Abgekürzt enthält sie bei akuten Erkrankungen nur die Entwicklung der Beschwerden.

Die *thematische Einteilung* versucht die einzelnen Bereiche des Lebenslaufes zu trennen. Zum Beispiel erfragt der Arzt nacheinander zuerst die Krankheitsvorgeschichte und dann die Entwicklung (einschließlich auch der sexuellen Entwicklung), den beruflichen, sozialen und familiären Bereich sowie die Interessen und Neigungen. Diese Form bringt einen guten Einblick in Lebensthemen, die zeitliche Zusammenschau wird aber erschwert.

Die *Lebenslaufanamnese*, auch biographische Anamnese genannt, versucht den gesamten Lebenslauf aufzuzeigen, legt ihr Schwergewicht aber auf die psychosoziale Entwicklung. Sie erweitert sich teilweise zur *Konfliktanamnese.*

Die *Tageslaufanamnese* versucht eine systematische Aufnahme des Tagesablaufes in schematisierter Form, indem man dem Patienten ein vorbereitetes Blatt gibt, das nach Stunden und nach zu erfragenden Gebieten (Beschwerden, Tätigkeiten, Belastungen, besondere Ereignisse) aufgegliedert ist. Es sollen die innerhalb der Tagesstunden ausgeübten Tätigkeiten, Begegnungen, die Aussagen über Art und Form der Bewältigung und die dabei auftretenden Erlebnisse, Lust- und Unlustempfindungen, Auftreten und Verschwinden der Beschwerden im Ablauf eines Tages erfaßt werden. Der Patient wird dabei gebeten, ein Notizbuch bei sich zu führen und in Abständen Eintragungen zu machen. Abbildung 8.3 zeigt ein Beispiel für ein einfaches, vorbereitetes Tagebuchblatt mit Piktogrammen.

Daten aus solchen Tagesanamnesen sollen an die Frage heranführen, ob tageszeitliche oder thematische Zusammenhänge mit dem Auftreten von Beschwerden zu vermuten oder zu entdecken sind (Beispiel: Treten Kopfschmerzen immer bei Beginn oder Ende der täglichen Berufstätigkeit auf, oder etwa besonders häufig beim Zusammentreffen mit Vorgesetzten?).

Uhrzeit	Beruf Arbeit	Essen	Körperpflege	Lesen Fernsehen Musik	Spazierengehen Sport	Handarbeiten Werken	Ausgehen Treffen Gespräche	Schlafen Ruhe	Sonstiges
0– 6									
6– 8									
8–10									
10–12									
12–14									
14–16									
16–18									
18–20									
20–22									
22–24									

Abb. 8.3 Tagesprotokoll mit Piktogrammen

8.3.3. Das Pathobiogramm

Die geschilderten Verfahren können zu einem Pathobiogramm erweitert werden, indem man gemeinsam mit dem Patienten eine Synopse biographischer Daten erstellt (Tab. 8.1). Jahreszahlen und Lebensalter, biographische Situationen, Konflikte, Beschwerden und Krankheiten werden in Kolumnen nebeneinander aufgetragen.

Als Konflikte und subjektiv angenommene Konfliktfolgen zählen diejenigen Begebenheiten, die der Patient selbst für wichtig hält. Aber der Arzt wird behutsam auch solche Bereiche ansteuern, die häufig Patienten nicht von sich aus ansprechen: das Verhältnis zu Altersgleichen, soziale, berufliche Probleme, Verlustereignisse von Angehörigen oder Liebespartnern, Fragen der Sexualität und Erotik, Masturbation, Beginn des Klimakteriums, Potenzschwächen und so weiter. Die rechte Spalte ist dann dem Beschwerdebild und den Krankheiten nach Beginn und Verlauf vorbehalten.

Bei der schrittweisen Auswertung (vergleiche Abb. 8.4a und b) muß man allerdings sich wie den Patienten *stets kritisch fragen, ob nicht durch ein Kausalitätsbedürfnis Geschehnisse aufeinander bezogen werden, die nichts miteinander zu tun haben.*

CLAUSER (1967) gibt Anleitungen zu Bereichen, die bei einem schriftlichen Erlebensbericht oder einer vertieften Exploration zu beachten sein könnten. Wir geben diese Hinweise hier auszugsweise wieder, weil sie auch für den lernenden Studenten Anregungen zur eigenen biographischen Reflexion enthalten mögen:

Tab. 8.1 Pathobiogramm

Biographische Situation	Alter und Jahr	Konflikte und Konfliktfolgen	Beschwerden und Krankheiten
Unerwünschtes Kind	0 22.5.50 geboren		
Durchsetzungskräftige, herrschsüchtige Mutter	3	strenge, einengende Erziehung	verlängertes Bettnässen bis 7. Lebensjahr
Scheidung der Eltern Freunde werden von der Mutter nicht geduldet	6 1956	in der Schule sehr ehrgeizig, Einzelgänger	Kinderkrankheiten
Nicht-Verstehen mit Freund der Mutter	10 1960	zunehmend ängstlich, aggressiv, unbeliebt Skrupel wegen Onanie	„Neurasthenie"
Trennung Mutter von Freund Sündenbockzuweisung	12 1962	sehr gehemmt, scheu, selbstunsicher	Angst
Keine Zulassung zum Studium Liebesentzug der Mutter	18 1968	Ablehnung der Mädchen	„vegetative Dystonie"
Lehre Datentechnik	19 1969	Konflikte: Versagen in Beruf und Sexualität	Ulkusverdacht; Impotenz bis zur ersten psychotherapeutischen Aussprache
Armeezeit		Einzelgänger, Alkoholmißbrauch	gesund
Versetzung wegen Umstrukturierung des Betriebes	24 1974	zunehmender Alkoholmißbrauch schweres Mißerfolgserleben in Betrieb und Partnerbeziehung	„vegetativ dyston"
Heirat, Frau ähnelt in Person und Verhalten der Mutter	28 1978	ambivalentes Verhalten gegen Ehefrau	
	29 1979		mehrere Ulcera duodeni
Ehe hält nur noch wegen 2 Kindern	33 1982	intensive soziale Konflikte in Beruf und Familie (Ehe)	mißtrauisch, feindselig, dysphorisch
Ehefrau veränderte äußere Einstellung gegen kranken Mann als „Ernährer" der Familie	34 1984	lange Arbeitsunfähigkeits-Bescheinigung	Ulkusoperation ohne Besserung

Beachten Sie im einzelnen folgende Aspekte:

- die Familienatmosphäre, aus der Sie stammen;
- Besonderheiten in der weiteren Familie (Krankheiten, Gewohnheiten, Eigenarten);

- Ihr Verhältnis zu Vater und Mutter. (Worin ähneln Sie dem einen oder eher dem anderen Elternteil ?)
- Das wievielte Kind sind Sie?
- das Verhältnis aller Geschwister untereinander und zu den Eltern;
- Ihre früheste Lebenserinnerung, der Verlauf Ihrer Kindheit. (Welche Spiele und Beschäftigungen liebten Sie?)
- Welche Erwachsenen hatten Einfluß auf Ihre Entwicklung und wer hat Sie erzogen?
- der Verlauf Ihrer Schulzeit (Verhältnis zu Lehrern und Mitschülern, eigene Neigungen, Begabungen, Leistungen);

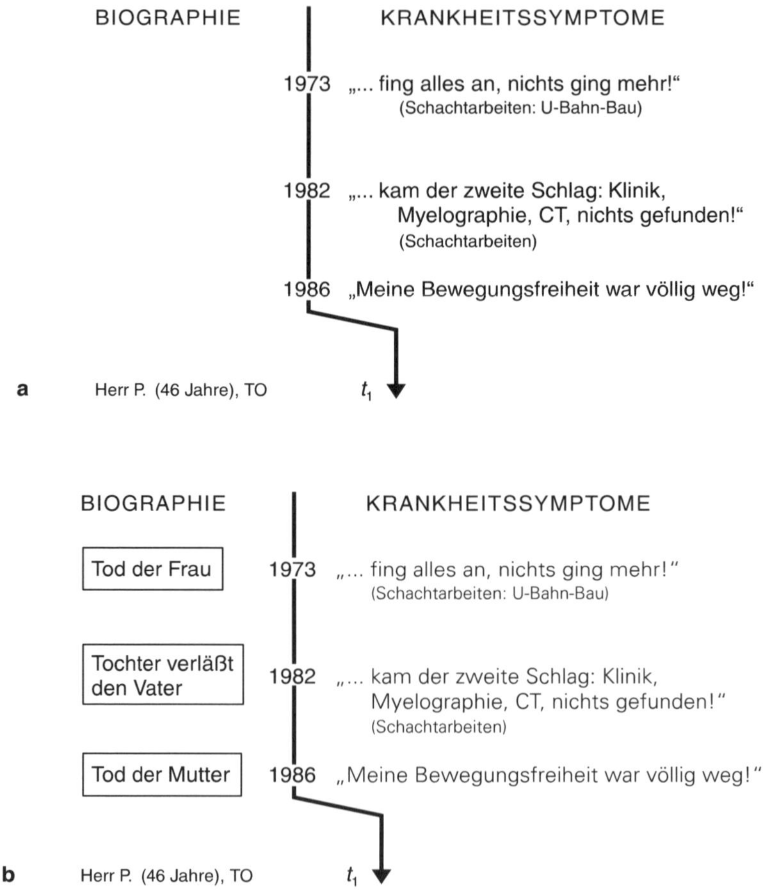

Abb. 8.4 Erfahrungen mit akuten und seit 1986 persistierenden Schmerzen (a) und die dazu korrespondierenden psychosozialen Erfahrungen, die als Verlusterlebnisse vermutlich mit dem Schmerzerleben in einem pathogenetischen Zusammenhang stehen (b) (aus BERWALD, 1990, S. 202)

- Ihre „Entwicklungsjahre“ (Wurden Sie aufgeklärt, von wem und wie?)
- Krankheiten, Unfälle, Krankenhausaufenthalte;
- Ihre Einstellung zu Essen und Trinken, Sport und Spiel, Geld und Besitz, Mode.
- Ihre Stellung in der Gemeinschaft, in der Gemeinde, in Vereinen, eventuell in Parteien und anderen Organisationen;
- Ihre Einstellung zu Liebe, Partnerschaft und Familie.
- Ihre Freizeitgestaltung.

8.3.4. Der allgemeine Teil einer vertieften Anamnese

Besteht der Verdacht einer psychosomatischen beziehungsweise neurotischen Erkrankung, einer anderen Form der Fehlentwicklung oder einer fehlerhaften Auseinandersetzung mit organischen oder psychosozialen Faktoren, sollte eine vertiefte Exploration zuerst eine allgemeine Grundlage zu einer vertieften Anamnese ergeben. Sie soll die Voraussetzungen zu einer gezielten Konfliktanamnese, eventuell zusammen mit psychodiagnostischen Methoden (8.6.) schaffen.

Die folgende Auflistung soll nicht als einengend oder normierend verstanden werden. Die Aneinanderreihung von Themen, die häufig intim, tabunahe und schwierig sind, soll insbesondere eine wichtige Funktion erfüllen: Sie soll das Denk- und Erwartungsspektrum dessen erweitern, der diagnostische Gespräche führt. Die Lebenswelten der sehr unterschiedlichen Mitmenschen sind bunter als der in aller Regel geordnete Lebensrahmen und die ganz persönlichen Erlebnisse und Verhaltensweisen des Arztes. Vertrauen kann ein Patient in vielen Fällen erst entwickeln, wenn ihm erlebbar wird, daß dem Arzt „nichts Menschliches fremd ist“ (so wird die angestrebte ärztliche Haltung, Erfahrung und Toleranz seit alters her beschrieben). Lesen Sie also die Aufzählung als Ermunterung, an mögliche Besonderheiten, Einengungen, Abweichungen und Hemmungen zu denken. Die Themen der Liste sind nicht so zu verstehen, daß alle Punkte in allen Fällen angesprochen werden müßten – im Gegenteil. Es soll ja keinesfalls stets nur das Negative erwartet werden. Menschen wissen auch von erfreulich Positivem und Intaktem zu berichten, das andere Belastungen zum Teil auffangen hilft.

Eine solche Konfliktanamnese zielt auf die Klärung möglicher negativer Einflußfaktoren in der Geschichte des Patienten ab und fordert besonderes Einfühlungsvermögen des Arztes, weil heikle und belastende Punkte zur Sprache kommen müssen.

Familienanamnese: geistige Behinderung • Psychosen • abnorme Persönlichkeitsentwicklungen • Alkoholmißbrauch • Straffälligkeit der Eltern und Geschwister • andere Beziehungspersonen und ihre Rolle bei der Erziehung • Stiefeltern als Haupterziehungsträger beziehungsweise wechselnde Erzieher • unvollständige Familie • besondere Erzieherpersönlichkeiten.
Erziehungsstil: Gleichmäßigkeit oder Unterschiede im Erziehungsverhalten zwischen Eltern • Verwöhnung • inkonsequente, autoritäre oder andere Fehlerzie-

hungsformen • Einstellungen • Vorbildwirkung • Wert- und Verhaltensorientierung.
Eigene Entwicklung: Schwangerschaft • Geburt. Entwicklungsverzögerungen • frühkindlicher Hirnschaden • Defekte, Mißbildungen • körperliche Erkrankungen • Operationen und Unfälle • besondere psychosomatische Erkrankungen in der Kindheit • subjektiv empfundene Form des Erziehungsstiles und der emotionalen Einbettung in das elterliche beziehungsweise Ersatzelternmilieu • „Prügelknaben" beziehungsweise „Zielscheiben"-Situation • subjektive Verarbeitung anderer Außenseitersituationen in der Familie beziehungsweise der Familie in der Umwelt • (Insgesamt ist das subjektive Gefühl vom Ausmaß der Geborgenheit des heranwachsenden Kindes und Jugendlichen herauszuarbeiten.)
Verhaltensstörungen und kindliche Fehlhaltungen, die auf eine mangelnde Geborgenheit schließen lassen könnten: Daumenlutschen • Nägelkauen • Schlafstörungen • Jaktatio capitis • primäres und sekundäres Einnässen • Einkoten • Verwahrlosungs-Trias: Lügen, Stehlen und Weglaufen • Disziplin- und Einordnungsschwierigkeiten in der Familie • auch einige Verhaltensprägungen durch Heimerziehung.
Entwicklung in Schule und Beruf: Schulschwierigkeiten • Stellung in der Schulklasse, erreichtes Klassenziel.
Berufliche Entwicklung: Verlauf der Berufstätigkeit vom Schulabschluß bis zur jetzigen Zeit.
Insgesamt: Einstellung zur beruflichen Tätigkeit, zum Lernen, Lernhaltung • Über- und Unterforderung im Verhältnis zur realen Leistungsfähigkeit • schulischer und beruflicher Kontext • Beziehungen im Kollegenkreis • Konflikte im Beruf • Erfolg und Mißerfolg • entwicklungsbedingte soziale Integrationsprobleme • soziale Rolle wie Einzelgänger oder Prügelknabe, Anführer.
Freizeitgestaltung: ständige oder wechselnde freundschaftliche Beziehungen • Einzelgänger • Stellung in Gruppe und Gruppeneinflüsse • Aktivitäten und Tätigkeiten • Interessensgebiete und Hobbies • Engagement oder lediglich passive Teilnahme • andere persönlichkeitsfördernde oder persönlichkeitshemmende Einflüsse und Wirkungsfaktoren.
Alkohol-, Tabak-, Drogen- und Medikamentengebrauch beziehungsweise -mißbrauch: Trinkhäufigkeit und Trinkmengen • eventuelle gesundheitliche Folgen des Alkoholmißbrauchs.
Sexuelle Entwicklung: Menarche beziehungsweise Ejakularche • Menses • Masturbationsbeginn und -häufigkeit • Masturbation auch während der Zeit des regelmäßigen Geschlechtsverkehrs • Kohabitarche • Häufigkeit des Geschlechtsverkehrs in der Vergangenheit und Gegenwart in Abhängigkeit davon, wie weit ein fester oder gelegentlicher Partner vorhanden ist • Defizite in der sexuellen Zufriedenheit • Libido- und Potenzstörungen • Hinweis für Konflikte auf sexuellerotischem Gebiet • Bedeutung der Ehe • Sexualität • Homosexualität • Geschlechtsverkehr mit oder ohne emotionelle Bindungen zum Partner • erstes Sexualerlebnis (nicht nur erster Geschlechtsverkehr) • Schwangerschaftsverhütung • sexuelle Phantasien und Wunschträume.
Körperliche Erkrankungen und Beziehungen zu psychosozialen Geschehnissen.
Vegetative Funktionen: Stuhlgang • Wasserlassen • Schlaf.

8.3.5. Die Konfliktanamnese als Teil der vertieften Anamnese

Können **Konflikte** oder Konfliktverarbeitungen wesentlich sein, so richtet sich die Anamneseerhebung auf Konfliktgebiete, die

- im Laufe des Lebens bestanden. Solche Konflikte sind aber in der Mehrzahl unspezifisch. Sie können als initiale Faktoren wirken, aber auch Relikte ohne Gegenwartsbezug sein;
- gleichzeitig mit dem Beginn der Symptomatik vorhanden sind und als auslösende Faktoren gewirkt haben können.

Begünstigend sind bereits vorhandene *somatische Faktoren* als „locus minoris resistentiae" beziehungsweise „locus majoris irritabilis", zum Beispiel vegetative beziehungsweise psychosomatische Allgemeinsymptome oder eine somatische Vorschädigung.

Konfliktgebiete sind bevorzugt:

- *Berufskonflikte:* Konflikte mit Vorgesetzten und Kollegen in dauerhafter Form • fehlende Anerkennung • Unzufriedenheit mit der Tätigkeit • Unterforderung • fachliche und zeitliche Überforderung • Prüfungssituation • plötzliche Invalidisierung und so weiter.
- *Partner-, Familien- und sexuelle Konflikte:* Fehlen von Partnern • Verlassen durch Partner • Unzufriedenheit mit Rolle in der Partnerschaft • fehlende Geborgenheit in der Partnerschaft • Untreue und Nichtverstehen durch den Partner • Krankheit beziehungsweise Alkoholabusus des Partners • Tod des Partners • sexuelle Konflikte in vorehelichen und ehelichen Beziehungen • Orgasmusstörungen • Libidomangel • fehlende sexuelle Übereinstimmung mit dem Partner • mangelnde Zärtlichkeit des Partners im Ehe- und Sexualleben • Furcht vor Schwangerschaft • Kinderlosigkeit • Krankheit, Tod oder Behinderung eines Kindes • Erziehungsschwierigkeiten mit einem Kind • Differenzen mit einem Partner in der Kindererziehung • Konflikte mit den Eltern, Schwiegereltern, vor allem bei gemeinsamer Wohnung.
- *Soziale Konflikte:* Verschiedene Formen von Verlusterlebnissen • Tod von Eltern und Freunden • Vereinsamung • Kontaktverlust • Altern mit Vitalitätsverlust • finanzielle Probleme • schlechte Wohnverhältnisse • Wohnungswechsel im Alter • Inhaftierung • gesellschaftliche Isolierung • eigener Alkoholmißbrauch und so weiter.

Mit oder nach Konflikten können langfristig und akut Symptome auftreten, die längere Zeit verbleiben oder abklingen, ohne daß organische oder Laboruntersuchungen Abweichungen ergeben. Es kann auch zu einem *Symptomwandel* kommen.

Es handelt sich vorwiegend um folgende Erscheinungen:

- vegetative Beschwerden;
- Herzkreislaufbeschwerden, Herzbeschwerden, Herzjagen und -„anfälle";
- Schlafstörungen;

- Atembeschwerden;
- Hypersensibilität gegen Lärm, Licht, Geruch;
- Ängste;
- Sexualstörungen;
- Magen-, Darmbeschwerden, Durchfall, Verstopfung, Völlegefühl;
- Gallenbeschwerden mit -„anfällen“;
- Zittern, Tics;
- Dysphorie, Verstimmung, Depression;
- Hemmungen, Minderwertigkeitsempfinden, Kontaktentfremdung.

Dabei *muß ausdrücklich betont* werden:

- Alle diese anamnestischen Hinweise sind vieldeutig, jede einzelne Information für sich beweist weder eine organische, noch eine psychosomatische Erkrankung oder Neurose.
- Konflikte in der Vergangenheit können Relikte ohne Gegenwartsbezug sein. Konflikte sind ubiquitär und gehören zur Entwicklung. Ihre aktuelle Bedeutung ist nachzuweisen.
- Konflikte können verdrängt sein, die Syndrome Ergebnis einer fehlerhaften Krankheitsauseinandersetzung, eventuell sogar Syndrom einer „zweiten Krankheit“.
- Jede spekulative vorschnelle Zusammenschau einzelner anamnestischer Daten ist schädlich. Ein vorschnelles Kausalitätsbedürfnis besteht nicht nur beim Patienten, sondern häufig auch beim Arzt.

8.4. Exploration

8.4.1. Begriffsbestimmung

Exploration heißt Erkundung. Der Begriff wurde zuerst in der Organmedizin für die Untersuchung beziehungsweise Palpation innerer Organe, in der Psychiatrie für das Erforschen psychopathologischer Phänomene benutzt.

Heute bezeichnet der Begriff Exploration nur noch einen Teilbereich der Gesamtuntersuchung des Patienten, nämlich Frage- und Gesprächsformen.

Wir werden uns mit der ärztlichen Gesprächstechnik und den äußeren Voraussetzungen des Gesprächs beschäftigen.

Auftakt und Verlauf des Gesprächs zwischen Arzt und Patient sollten von einer Grundeinstellung gesteuert sein: Der Patient ist nicht nur Gegenstand einer fachlichen Untersuchung, sondern Gesprächspartner.

Eine Vertrauensgrundlage ist Voraussetzung, um an wichtige Informationen überhaupt herankommen zu können. Bei Erstgesprächen muß diese Bedingung erst aufgebaut werden.

Verständnisvolle Gespräche gelingen dem Arzt leichter, je häufiger der Patient bereits bei ihm war, man sich also gegenseitig und die Reaktion des anderen kennt. Ärztliche Gespräche als „patientenzentriertes Handeln" (HELM und FROHBURG, 1984) haben das Ziel, aus dem verbalen und nichtverbalen Verhalten des Patienten ein möglichst genaues Bild von der gesamten psychosomatischen Problemsituation, also auch vom psychischen Zustand des Patienten zu erhalten. Der Arzt wird bemüht sein, das *individuelle Erleben* des Patienten kennenzulernen, dessen individuelles Krankheitsverständnis, die bisherigen und zukünftig angestrebten Formen der Bewältigung. Hierzu gehört auch, durch aktives Zuhören „Empfangsbereitschaft" zu zeigen und durch Fragen, Nicken oder sonstiges Verhalten ausdrücklich zu weiteren Überlegungen und Aussagen anzuregen (*akzeptierendes Zuhören*). Je stärker der Patient sich verstanden fühlt, umso eher und intensiver wird er bereit sein, über Konflikte und schambehaftete Problembereiche zu sprechen. Oder er wird non-verbal (durch Mimik und Sprechverhalten) Problembelastungen zu erkennen geben, da er sich verbal nicht leicht auszudrücken vermag. Dann bedarf es geschickter, helfender Fragestellung.

Für das ärztliche Gespräch (das ärztliche Interview, die Exploration) ist eine *Verständnisfähigkeit* beim Arzt und *Verständnisbereitschaft* beim Explorierten erforderlich. Sie sind dann größer, wenn:

- zumindest teilweise eine Ähnlichkeit hinsichtlich Alter, Geschlecht, Bildung, Tätigkeit und Lebenserfahrung besteht;
- eine Vertrautheit des Arztes mit dem zu explorierenden Lebensgebiet, zum Beispiel Konfliktmöglichkeiten bei bestimmten Berufsgruppen, besteht;
- Verständnis des Wortgebrauchs oder sogar Slang des Patienten vorhanden ist;
- Äußerungen der Ablehnung, des Erstaunens, insgesamt der positiven oder negativen Bewertung des vom Explorierten berichteten Verhaltens oder Erlebens vermieden werden.

Sicherlich darf ein ärztliches Gespräch nicht mit formalen Techniken der Gesprächsführung überfrachtet werden, wenn Verständnis, Wertschätzung und Echtheit die tragenden Grundhaltungen sein müssen. Aber Sprache und Gespräch gehören zu den wichtigsten Werkzeugen des Arztes. Und das professionelle Gespräch kann im Einsatz der Sprache nicht nur intuitiv ablaufen wie ein Alltagsgespräch. Die Verwendung bestimmter Begriffe kann für den Patienten mit einer Wertung behaftet sein, die der Arzt gar nicht ansprechen wollte. Ein Beispiel dafür, wie minutiös sprachliche Fragen für die wissenschaftliche Datensammlung geklärt werden, zeigt die Entwicklung von Fragebögen in der Psychotherapie- und Sexualforschung: Hier ist in der Planungs- und Vorbereitungsphase der Untersuchung eine oft wochenlange Abstimmung über den Begriffshof von wissenschaftlichen und umgangssprachlichen Formulierungen notwendig. Zuordnung von Patientenangaben, Explorationstechnik und Sachkenntnisse werden vorbereitend trainiert.

Solchen Aufwand kann ein Arzt natürlich nicht ununterbrochen leisten, ja nur anstreben. Aber zumindest für eine *vertiefte Exploration* muß der Arzt ein Problembewußtsein für die Schwierigkeiten im Wortgebrauch und bei jedem Verständigungsversuch entwickeln. Selbst wenn während des Gesprächs das Gefühl einer guten Verständigung aufgekommen ist, muß noch folgender Hinweis beachtet werden: zwischen Explorationsinhalt und dem abschließend niedergelegten Protokoll (kurze Eintragung in Karteikarte oder Krankenblatt, Computernotiz oder Arztbrief und Gutachten) liegen nocheinmal Zwischenstufen, die zu erheblichen Veränderungen führen (Abb. 8.5).

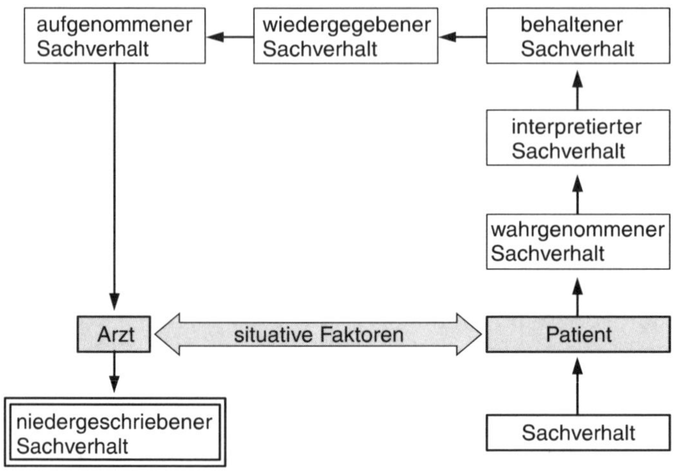

Abb. 8.5 Veränderungen des Inhaltes zwischen dem Geschehen, der Anamneseerhebung und der Niederschrift des Arztes (in Anlehnung an SCHMIDT und KESSLER, 1976)

8.4.2. Ziele der Exploration

Die Exploration hat wenigstens drei verschiedene Ziele, die man auseinanderhalten muß, um die Ergebnisse beurteilen zu können:

Die Sammlung von Daten und Informationen (Datensammlung, biographische Anamnese)
Dieser Teil, der der eigentlichen Anamneseerhebung dient, soll die Lebensgeschichte, die Krankheitsvorgeschichte, die Daten der Entwicklung im körperlichen, psychischen und sozialen Bereich erheben und zeitlich miteinander vergleichen (8.3.). Hierzu gehören die Beschwerden in ihrer Qualität, dem Ort und zeitlichen Ablauf.

Die Persönlichkeitsuntersuchung
Der Arzt versucht, im Sinne einer Arbeitshypothese einen Überblick über die Persönlichkeit seines Patienten zu gewinnen und zwar sowohl intuitiv aus dem Verhalten des Patienten als auch durch konkrete Fragen (zum Beispiel wie der Patient sich in bestimmten Situationen verhält, wie er auf mögliche Konflikte reagiert beziehungsweise reagieren würde und so weiter). Der Arzt tastet den gesamten Lebensbereich des Patienten ab, und zwar sowohl den gegebenen Status zur Zeit der Untersuchung (Querschnittuntersuchung) als auch hinsichtlich der Entwicklung des Patienten längs der Zeitachse (Längsschnittuntersuchung). Für Teilaspekte der Querschnittuntersuchung stehen auch Testuntersuchungen (8.6.) zur Verfügung. Die Arbeitshypothese des Arztes über die Persönlichkeit des Patienten muß mindestens ausreichen, um zu entscheiden, welcher nächste Schritt getan werden muß: Ist weitere medizin-psychologische Diagnostik nötig? Muß eine Überweisung an einen Spezialisten erfolgen?

Persönlichkeitspsychologische Facetten sind das *Selbstbild* (wie der Patient sich selbst sieht), das *Ideal- oder Wunschbild* (wie der Patient sein möchte) und das *Fremdbild* (wie andere den Patienten sehen oder beurteilen). Abweichungen zwischen diesen Bildebenen können bedeutsame Problembereiche aufdecken (vergleiche 3.2.4.).

Das Gespräch als Mittel der Führung, Beeinflussung, Krankheitsbewältigung beziehungsweise Therapie
Es gibt kein ausschließlich diagnostisches Gespräch. Jedes Gespräch mit dem Arzt wirkt bereits beeinflussend, beruhigend, erregend oder als Bestätigung von Befürchtungen. Das Erstgespräch, das aus der Sicht des Arztes zuallererst Informationen zusammentragen muß, schafft entweder bereits die Basis des Vertrauens, oder der Patient gewinnt zum Beispiel den Eindruck, daß er den Untersucher mehr als Gegenspieler denn als Helfer ansehen muß.

Im Gespräch wird der Arzt die im Gesundheitsverhalten liegenden Mitbedingungen der Krankheit erforschen, zum Beispiel Risikofaktoren für kardiovaskuläre Krankheiten, zu hoher Kalorienverbrauch, Bewegungsmangel, Genußmittelmißbrauch. Er muß später während der Behandlung gelegentlich die Lebensführung seines Patienten, manchmal auch in beruflicher und familiärer Hinsicht, zu beeinflussen versuchen.

8.4.3. Formen der Exploration

Das Ausmaß der Gebundenheit
Das *halbstandardisierte* **Interview** ist in der Sozialforschung entstanden, wird jetzt aber weitgehend aus Rationalisierungsgründen auch in der klinischen Medizin durchgeführt und zwar mit vorgedruckten Anamneseschemata (8.3.2.), in die der Untersucher die Antworten des Patienten einträgt beziehungsweise als Befunde abhakt. Halbstandardisiert heißt diese Form, weil sie zwar die zu erfragen-

den Bereiche und Teilthemen vorgibt, aber die Reihenfolge und Extensität im Gespräch frei läßt.

Bei der *standardisierten* Exploration sind die Fragen vorher festgelegt und werden stets in der gleichen Reihenfolge und mit den gleichen Worten dem Patienten vorgelegt. Man kann dem Patienten entweder alternative Antwortmöglichkeiten (Ja/Nein) vorgeben, eine Auswahlmöglichkeit aus mehreren vorgegebenen Antworten lassen oder eine frei formulierte Antwort ermöglichen.

Die *vertiefte Exploration* wird fast ausschließlich als *freies Gespräch* geführt. Der Untersucher hält sich vielleicht insofern an ein Schema, als er zuerst die Familienanamnese und dann die Lebensanamnese von der Geburt an durchgeht. Er wird sich daneben vom Verlauf des Gesprächs selbst leiten lassen beziehungsweise dem Patienten Gelegenheit geben, die Gesprächsrichtung zu bestimmen. Vertieft heißt diese Gesprächsform, weil hier nicht nur die Selbstdarstellung des Patienten hingenommen wird, sondern versucht wird, behutsam denkanstoßend auch Hintergründe für biographische Entwicklungen zu erfahren.

Die formale Gestaltung

Die Exploration des Patienten wird in der Regel in *dualer Form* durchgeführt, also als Gespräch in gegenseitiger Frage und Antwort, wobei der Untersucher den Fehler vermeiden muß, den zeitlichen und inhaltlichen Hauptanteil des Gesprächs zu bestreiten. Das Können des Untersuchers besteht darin, zu fragen, den Patienten zu lenken, aber nicht mit der Fragestellung die Antwort vorwegzunehmen.

Die gemeinsame Exploration von Patienten und Angehörigen hat den Vorteil, daß man die Reaktionen des zweiten auf die Berichte des ersten beobachten kann. Sehr häufig ergeben sich die in der Familie liegenden Konfliktursachen bereits in dieser Situation, in der der zweite Gesprächspartner die Angaben des ersten korrigieren zu müssen glaubt und der Untersucher dadurch einen Einblick in die affektiven Spannungen der Familie erhält. Als Nachteil ist der Aussagewert der geäußerten Fakten beschränkt, da der Patient häufig nicht bereit ist, in Gegenwart seiner Angehörigen offen zu sprechen. Dies gilt besonders für Kinder. Der Patient kann befürchten, man würde dem anderen mehr glauben als ihm selbst, oder man wolle sich als Richter aufspielen, so daß das Vertrauensverhältnis leidet.

Eine Form der *asymmetrischen Exploration* (zum Beispiel in der Gesprächspsychotherapie) besteht darin, daß der Arzt längere Zeit kein Wort spricht, um so seine Einflußnahme auszuschalten und dem Patienten die Möglichkeit des freien Assoziierens zu geben. Er wird den Patienten höchstens durch Kopfnicken und ähnliches ermuntern, fortzufahren. Selbst mit dieser Gesprächsform wird ein Einfluß auf den Patienten nicht völlig vermieden, da auch kurze Fragen, Bestätigungen, Ermunterungen diesen lenken. Eine andere Form der *Asymmetrie* entsteht umgekehrt durch deutliche Vorgabe von Themen und Frageform. Der Arzt führt, der Patient hat wenig Einflußmöglichkeiten. Eine extreme Variante dieser Gesprächsform ist die sogenannte Belastungsexploration. Hier wird nicht eine neutrale oder gemütswarme Atmosphäre geschaffen, sondern der zu Explorierende wird ausdrücklich in Belastungssituationen gebracht.

Die sogenannte *Fremdschilderung* hat Ähnlichkeit mit projektiven Verfahren (8.6.). Man schildert das zu besprechende Thema anhand eines anderen Patienten, indem man dem Kranken einen Fall entwickelt, bei dem es einem anderen Menschen gleichen Geschlechts und Alters, ähnlicher Lebenssituation und Symptomatik vergleichbar ergangen sei. Dem Patienten wird damit eine Brücke gebaut, seine eigenen Probleme in den vorgestellten anderen Menschen hineinzuprojizieren und sich über den Umweg des fremden Schicksals zu seinen eigenen Problemen zu äußern. Die im Kunstgriff geschaffene Distanz ermöglicht manchem Patienten spontanere Lösungen als beim direkten Gespräch über die eigene Person.

Eine immer wieder empfohlene Variante des ärztlichen Gesprächs heißt *nichtdirektive Exploration.* Solange der Patient spricht, greift der Therapeut nur in der Form in das Gespräch ein, daß er die vom Patienten geäußerte Sätze dem Sinn nach wiederholt, zustimmende Laute von sich gibt und eine warme, freundliche Beziehung herstellt. Er stellt mit seinen Äußerungen nur fest, was der Patient denkt oder wie er handelt, er urteilt und beurteilt den Patienten aber nicht. Diese Explorationsform – die gleichzeitig psychotherapeutische Zielsetzung hat – geht von der Beobachtung aus, daß viele Menschen, auch sogar psychisch gestörte Patienten, die Fähigkeit in sich tragen, eigene Probleme selbst zu lösen, oft sogar besser, als ein Außenstehender es vermag.

Die im Alltag relativ ungewohnte Methode der bewußten *nichtdirektiven* Gesprächsführung entartet, solange Widerstand und Skepsis vorherrschen, schnell zur Karikatur psychologischer Gespräche („Was kostet diese Diskette?"– nondirektive Antwort: „Sie wollen jetzt den Preis erfahren.").Vielleicht sollte man aber mit Ruhe und Neugierde einmal versuchen, mitten in einem alltäglichen Gespräch unter Kommilitonen nichtdirektive Gesprächselemente zu verwenden („Mist, diese Klausur morgen, mir schmeckt nicht mal das Essen"; statt ablenkend: „Ja, ja, die Mensa!" oder „Wirst es schon schaffen" das Thema zu wechseln, kann man vielleicht mal nichtdirektiv Bereitschaft zum Zuhören signalisieren: „Knallt dir sogar auf den Appetit"). Das Ergebnis wird fast immer so aussehen, daß der Gesprächspartner dieses Element weder entdeckt noch als fremdartig empfindet. Mit gewisser Wahrscheinlichkeit wird er weiter von sich sprechen (Beispiel: „Ja bei jeder Aufregung, auch jedesmal bei Sportwettkämpfen"). Und wahrscheinlich ist zu erkennen: Sprechen und dabei erleben, daß jemand zuhört, Interesse zeigt, führt für den Sprecher dazu, daß er sich in dieser Situation einigermaßen wohl fühlt.

Eine Exploration soll möglichst suggestionsfrei erfolgen. Der potentielle Suggestivgehalt aller direkten Fragestellungen hat Gefahren, die man kennen muß. KRETSCHMER (1970) teilt vier Typen von Fragestellungen nach ihrem Suggestionsgehalt ein:

- „Bitte erzählen Sie, was Sie herführt." Dies ist die *suggestionsfreie* Form. Sie ist unvoreingenommen und provoziert lediglich eine Mitteilung des Patienten.
- „Haben Sie hier Schmerzen oder haben Sie keine?" Mit dieser *alternativen* Fragestellung wird das Thema scharf umgrenzt und eine grobe Suggestion vermieden. Viele Patienten fühlen sich aber eingeengt und sind nicht in der Lage zu erklären, daß der Grund ihres Kommens vielleicht ein ganz anderer ist. Wesentliche Dinge werden verschwiegen, „da ja der Arzt gar nicht danach gefragt hat".
- „Haben Sie Schmerzen?" Diese *passive Suggestivfrage* hat seinen suggestiven Charakter durch das Bequemlichkeitsmoment für den Gefragten. Der Patient glaubt vielleicht, herauszuhören, was der Arzt wissen will: er müsse die Frage wohl bejahen, weil dies zu seinem Krankheitsbild gehöre.
- „Nicht wahr, Sie haben Schmerzen?" Solche *aktiven Suggestivfragen* sind stets zu vermeiden. Es gehört eine erhebliche Widerstandsfähigkeit des Befragten dazu, um nicht mit Ja zu antworten.

8.4.4. Sozialpsychologische Aspekte der Exploration

Die besondere Haltung, in die der Patient seinen Arzt durch seine Erwartungen (7.1.) hineinzwingt, ist verantwortlich für manche Selbsttäuschungen der Ärzte hinsichtlich der eigenen Rolle im Gespräch: Der Untersucher sollte Kontaktfähigkeit, Lebenserfahrung, Objektivität mitbringen und seine eigene Rolle im Gespräch kennen, also wissen, wie er auf seinen Patienten wirkt, sonst ist das Ergebnis der intuitiven Diagnostik im Gespräch nichts anderes als eine Projektion der eigenen Einstellungen, Motivationen und Konflikte in das vom Patienten ausgehende Verhältnis zum Arzt.

Der Gesprächsanteil des ungeübten Explorierenden pflegt in der Exploration größer zu sein als der des Patienten. So besteht die Gefahr, daß der Arzt am Schluß weniger den Probanden als den Gesamtverlauf einer sozialen Partnersituation beurteilt, zu deren Gestaltung er selbst intensiv beigetragen hat.

Der Verlauf der zwischenmenschlichen Begegnung von Arzt und Patient, die Kommunikation, färbt den Inhalt dessen, was der Patient berichtet, genau so wie die Fragestellung des Arztes. Ein behutsamer, freundlicher Mensch wird als Untersucher in einer anderen Weise vorgehen als ein vitaler, durchsetzungskräftiger. Konfrontiert man einen Patienten ausdrücklich mit zwei in ihrer Persönlichkeit voneinander abweichenden Diagnostikern, die im Gespräch sehr unterschiedlich vorgehen, dann fallen die Informationen, die der Patient von sich gibt, unterschiedlich aus. Die Berichte können – wie die experimentelle Psychologie zeigt – inhaltlich so voneinander abweichen, daß die Ergebnisse kaum vergleichbar sind.

8.4.5. Exploration und Anamneseerhebung bei besonderen Patientengruppen

Im folgenden soll auf eine ganze Reihe von Patientengruppen und Patiententypen hingewiesen werden, die jeweils das ärztliche Gespräch vor spezifische Probleme und Aufgaben stellen. In der Summe wird dabei der richtige Eindruck entstehen, daß es sich hier nicht um Sonderfälle handelt, die rings um einen großen Kern von Standardfällen angelagert sind. Sondern die Vielschichtigkeit und Besonderheit *jedes* Patienten bildet den Kern. Allerdings läßt sich manchmal ein Muster von Merkmalen in einer **Typologie** einordnen. Zur Illustration denke man an folgende Patienten mit ihren spezifischen Sorgen und Bedürfnissen (zur Bedeutung der Alterstufen vergleiche Kapitel 4):

- Kinder mit ihrer erst heranwachsenden Auffassungsgabe und Sprachfähigkeit kommen nicht nur zum Kinderarzt. Kommunikation muß mit dem Kind und den Eltern gestaltet werden. Ein kleiner aber schlimmer Teilaspekt liegt in der nötigen Aufmerksamkeit für mißhandelte Kinder. Oft entsteht ein Zugangsweg über das Spiel.
- Jugendliche geben sich alterstypisch oft schwer zugängig. Jugendtypische Teilwelten, Interessensphären, Hemmungen und Sprachformen (Slang) sollten dem Arzt gegenwärtig sein.
- Bei vorgeschriebenen ärztlichen Gutachten kommen Patienten meist nicht freiwillig. Durch diese schwerwiegende Einschränkung entstehen heikle Kommunikationsbarrieren.
- Alte und sehr alte Patienten schleppen meist schon eine ganze Kette von Erfahrungen mit Krankheiten und Ärzten mit. Manchmal liegen sinnesphysiologische oder kognitive Beeinträchtigungen vor, so daß spezifische Verständigungswege gefunden werden müssen.
- Ewig nur klagende (zum Teil depressive oder larviert depressive) Patienten verlangen vom Arzt Geduld, Stehvermögen und hilfreichen Widerstand.
- Es gibt Patienten, die darauf beharren, „nur somatisch krank“ zu sein und die auf Fragen aus dem psychosozialen Bereich mit Abwehr bis Empörung reagieren.
- Eher saloppe Formulierungen vom „doctor shopping“ oder vom „Koryphäenkiller“ weisen auf die zermürbende Beobachtung hin, daß manche Patienten sich partout nicht therapieren lassen und mit diesem Mißerfolg von Arzt zu Arzt ziehen. Sie erzielen möglicherweise einen unbewußten Gewinn aus der Situation, daß sie ein „derart schwerer Fall“ sind.
- Manche Patienten können, verschüchtert oder spracheingeschränkt, ihren Zustand nicht ausreichend artikulieren.
- Einige Patienten sind im Umgang schwierig durch eine im Prinzip nützliche Aufmerksamkeit: Sie greifen übermäßig begierig Medienberichte über Krankheiten und Therapieformen auf und geben sich dann zum Teil verkru-

stet vorinformiert beziehungsweise schildern nicht Beschwerden, sondern Syndrome und bieten fertige Krankheitsdiagnosen an (salopp: „abgeschlossene medizinische Halbbildung").

- Gelegentlich leuchtet in der Arztkonsultation der bloße Wunsch nach Krankschreibung durch, ohne daß recht verifizierbare Krankheitsanzeichen vorliegen.
- Übelnehmerische, nachtragende Reaktionen von Patienten, also starke Kommunikationsstörungen, führen sich manchmal auf paranoide Strukturen zurück.
- Hypochonder mit wehleidigen Krankheitsbefürchtungen stellen die Arztpersönlichkeit auf die Probe. (Cave: Auch der Hypochonder erkrankt organisch)
- Nur an der Oberfläche unproblematisch ist der dissimulierende Patient, der nichts als „nur ein paar Tabletten" haben möchte.

8.5. Fehlerquellen und Stellenwert von Beobachtung und Exploration

8.5.1. Beurteilungsfehler

Im ärztlichen Gespräch, bei der Exploration und bei der Beobachtung, können sich vielfache Beurteilungsfehler ergeben, von denen einige erläutert werden sollen:

- **Halo-Effekt** (Halo: griech./lat. Hofeffekt; zum Beispiel der ringförmige Lichteffekt rings um den Mond): Der sogenannte Halo-Effekt besteht darin, daß ein erster Haupteindruck von einem Menschen einen Ausstrahleffekt auslöst: Der Arzt erlebt am Patienten einzelne (besondere positive und negative) Eigenschaften als am auffallendsten und neigt dazu (in der Schnelligkeit der Untersuchung) diese Auffälligkeit auf die Gesamtpersönlichkeit zu übertragen. Kann sich ein Patient zum Beispiel aus Unsicherheit in der ungewohnten ärztlichen Untersuchung sprachlich nur unbeholfen ausdrükken, so mag der Gesamteindruck einer „Unterbegabung" entstehen; ein Patient mit sonnengebräunter Haut mag trotz erheblicher medizinischer Krankheitsbefunde insgesamt dem Arzt recht gesund erscheinen. Jeder Wahrnehmungsvorgang muß aus der Fülle möglicher Daten und Informationen sehr schnell den wichtigsten Schlüssel entdecken. Bei vielen Alltagswahrnehmungen reicht eine schnelle, kaum bewußte Gewichtung und Beurteilung aus. Eine vereinfachende Schwarz-Weiß-Malerei erleichtert die Orientierung. Beim diagnostischen Kennenlernen eines fremden Menschen aber birgt das unreflektierte Ausstrahlen des ersten Haupteindrucks auf weitere Bereiche, das Halo-Phänomen, die Gefahr grober Fehleinschätzungen.

- Irrtum des Mittelwertes (**Effekt der zentralen Tendenz**): Der unsichere Beurteiler neigt dazu, die Persönlichkeiten vieler verschiedener Patienten in die Nähe zu einem blassen, statistischen Mittelwert zu rücken. Er vermeidet also extreme Urteile. Es kommt zu Zeichnungen in langweiligen, kaum differenzierbaren Grautönen. Statistisch gesehen führt diese Strategie in der Summe der Fälle zur Fehlerminimierung. Da es aber um Einzelfalldiagnostik geht, verpaßt die zögernde Tendenz zur mittleren Beurteilung gerade die kennzeichnenden Merkmale der inidividuellen Persönlichkeiten.
- *Voreingenommenheit*, **Vorurteile** und **Stereotype** setzen eine schablonenhafte Sichtweise ein, die zwar zeitökonomisch erscheint (unter Zeitdruck entsteht ein „vorschnelles Urteil", ein Vorurteil), aber entsprechende Fehler erzeugt. So mag ein junger Patient mit Punk-Attributen in Kleidung und Haarschnitt von einem älteren Arzt als ein Typ erlebt werden, zu dem ihm die Kontaktaufnahme schwer fällt; der im bürgerlichen Anzug mit Schlips und Kragen sowie „ordentlichem" Haarschnitt Erscheinende erhält vermutlich vom bürgerlichen Arzt selten die Verdachtsdiagnose „Simulation". Hatten wir bisher von Schwarz-Weiß-Zeichnung und undifferenziertem Grau gesprochen, so ließe sich die Zuordnung zu einem Stereotyp mit einem Stempelaufdruck oder dem Anheften eines Etiketts vergleichen.
- **Kontrast-Effekt:** Überinterpretation des Unterschiedes zwischen zu beobachtenden Personen führen zu Kontrastfehlern (Der Einäugige als König unter den Blinden). Werden mehrere Personen beurteilt, so ist das Urteil über den einen nicht unabhängig von der Beurteilung der anderen. Dies gilt zum Beispiel auch für die Beurteilung von Prüfungsgruppen durch den Hochschullehrer. Ein mittelmäßig vorbereiteter Student hat „Glück", wenn er mit mehreren schlecht vorbereiteten gemeinsam geprüft wird. Sein Lichtlein wird noch am ehesten glänzen, obwohl er keine „Leuchte" ist.
  Eine zweite Form des Kontrastfehlers entsteht bei erheblichen Unterschieden zwischen den Eigenschaften des Beurteilers und des Patienten, zum Beispiel wenn der Patient sehr introvertiert, kontaktscheu, der Arzt aber recht aufgeschlossen und eher extravertiert ist: Dies kann zur Folge haben, daß die Introvertiertheit das Patienten in der Krankengeschichte übertrieben dargestellt wird. Ein weiteres Beispiel: Es gibt sehr selbstkritische Urteiler, die aus der steten Befürchtung heraus, sich selbst fälschlich gut zu beurteilen, in das andere Extrem verfallen und den Patienten hart und kritisch einschätzen. Diese Beurteilungstendenz wird auch als **Projektion** bezeichnet.
- **Milde-Effekt:** Dieser besteht in der nivellierenden Neigung vieler Beurteiler, freundliche, günstige Urteile abzugeben und negative Beurteilungen zu vermeiden.
- **Rosenthal-Effekt** (nach dem englischen Psychologen ROSENTHAL, 1968): Als Rosenthal-Effekt wird eine rückwirkende Schleife bezeichnet, wobei die Erwartungen des Untersuchers nicht nur die Beobachtungen verzerren, sondern die Untersuchungsphänomene ihrerseits beeinflussen. Bei-

spiel: Lehrern kann man fingierte Ergebnisse eines Intelligenztests ihrer Schüler aushändigen. Nachuntersuchungen nach Monaten erbringen dann das verblüffende Ergebnis, daß die vermeintlich intelligenten Schüler tatsächlich eine bessere intellektuelle Weiterentwicklung durchlaufen haben, vermutlich, weil sie unbewußt oder zum Teil bewußt in der letzten Zeit vom Lehrer stärker gefordert und gefördert worden waren.

- **Hawthorne-Effekt** (benannt nach betriebspsychologischen Untersuchungen 1927-1932 in den Hawthorne-Elektro-Werken, USA): Schon die beobachtende Zuwendung verändert das zu beobachtende Phänomen. Als verschiedene Arbeits-Organisationsformen miteinander verglichen werden sollten, erbrachte die bloße Beobachtung bereits eine (vorübergehende) Produktivitätssteigerung. Einen vergleichbaren Effekt hat auch die Selbstbeobachtung: Übergewichtige nehmen bereits ab, wenn sie nichts anderes tun, als sich selbst genau zu beobachten und über ihr Eßverhalten Tagebuch zu führen.

Symptombeschreibungen ohne exakte Definition werden leicht diffus und damit unvergleichbar. Hierdurch entsteht ein Informationsverlust.

Ein beobachtetes Verhalten während einer Exploration ist vieldeutig. Was dem einen als ängstlich erscheint, beurteilt der andere als vorsichtig. Je weniger Abweichungen von der Norm bestehen, um so unzuverlässiger wird das Ergebnis der Beobachtung und Exploration sein. Mit der *Vieldeutigkeit* oder *Ambiguität* wächst die Möglichkeit zur Interpretation und die Unzuverlässigkeit des Befundes.

Die Information, die von dem zu beurteilenden Patienten erhoben wird, ist abhängig von der *Fachrichtung des Untersuchers*. Wenn ein Neurotiker mit Magenbeschwerden durch einen Psychiater, einen Chirurgen, einen praktischen Arzt, einen psychoanalytisch eingestellten Internisten und einen klinischen Psychologen exploriert wird, so bestimmt der theoretische und praktische Ausgangspunkt den Rahmen des zu Explorierenden, damit die unterschiedliche Informationsauswahl und schließlich die Diagnose.

Der *Normanpassungseffekt* reagiert auf die Tatsache, daß Persönlichkeitseigenschaften einer gesellschaftlichen Bewertung unterliegen nach dem Grad der sozialen Erwünschtheit (*social desirability*). Bei der Selbsteinschätzung werden die in der sozialen Bewertung günstigen Eigenschaften zu hoch, die unerwünschten zu niedrig angegeben. Konkret: Patienten werden das Ausmaß ihrer Sorgfalt bei der Medikamenteneinnahme eher etwas korrekter als tatsächlich gehandhabt beschreiben, die Menge täglichen Alkoholkonsums aber oft wesentlich niedriger angeben als es dem tatsächlichen Verhalten entspricht. Der Arzt muß diesen wichtigen *Faktor SD (social desirability, soziale Erwünschtheit)*, der dazu dient, die Fassade, „das Gesicht nicht zu verlieren“, kennen und bereits in der Gesprächsführung (besonders auch in der summierenden Beurteilung) berücksichtigen. Patienten neigen dazu, für sie peinliche Dinge zu verschweigen. Aussagen, die Patienten unter vermutbarem Rechtfertigungsdruck machen, müssen um einen Faktor SD korrigiert werden. Persönliche Auskünfte in einem stark durch Vertrauen geschützten Gespräch unterliegen nicht im gleichen Maße der SD-Verzerrung. Eine „goldene Brücke", die es dem Patienten leicht macht, sein wahres Gesicht und seine wahren Verhaltensweisen zu offenbaren, besteht in der überzeugenden Ausstrahlung ärztlicher Erfahrung „nichts Menschliches ist mir fremd". Der Patient sollte spüren können, daß auch bedenkliches Verhalten den Arzt weder ernstlich erstaunen noch gar entsetzt reagieren lassen wird.

Es kommt *selten* vor, daß der Patient *bewußt täuscht*. Auch bei Simulanten wird man die Hintergründe der Simulation erforschen müssen. Manche Patienten färben und überbetonen besonders bei Berentungsgutachten ihre Beschwerden und deren Entwicklung, weil sie befürchten, daß man ihnen sonst nicht glaubt.

Um Beurteilungsfehler zu vermeiden, empfiehlt sich ein Wahrnehmungs- und Gesprächstraining (8.7.). Zur Verringerung von Fehlern in der Persönlichkeitsbeurteilung ist es günstig, wenn der diagnostizierende Arzt lernt, ein mit klinischen Methoden erhobenes Urteil erst dann abzugeben, wenn er möglichst viele Informationen von unterschiedlicher Seite über den Patienten erhalten hat (Anamnese, 8.3. und Psychodiagnostik, 8.6.).

8.5.2. Die Wertigkeit von Beobachtungs- und Explorationsbefunden

Objektive Ergebnisse (Laborwerte, bildgebende Verfahren, vergleichende Fremdbeobachtungen) sind vielfach eindeutiger und und erscheinen wertvoller als explorativ erhobene. Dieser Satz findet dort seine deutliche Grenze, wo es um Informationen geht, die ausschließlich subjektiver Natur sind. Wichtigstes Beispiel: Angaben über Schmerzen und Beschwerden und Beschreibung von persönlichen Konfliktfeldern.

Die Traurigkeit eines Kranken, die aus seiner Haltung, seiner Mimik, seinen Bewegungen hervorgeht, besagt manchmal mehr als die verbalen Klagen über die Traurigkeit.

Spontan berichtete Angaben sind wertvoller als auf leichten Druck zugegebene.

Die Wiedergabe einer Exploration sollte die Worte (bis zu wörtlichen Zitaten) des Patienten enthalten und noch keine wissenschaftlichen Abstraktionen.

Das im Augenblick des Erlebens Gesagte ist unter einem Blickwinkel oft wertvoller als das nachträglich Gedeutete: Auch intellektuell durchschnittliche Menschen neigen dazu, aus einem Kausalitätsbedürfnis heraus Dinge, die nicht zusammen gehören, in einen Zusammenhang zu bringen und dem Arzt zuerst das Ergebnis der Deutungen vorzulegen. Es ist daher wesentlich, wenn der Patient berichten kann, ob er die angegebene Bedeutung schon im Zeitpunkt des Erlebens erfaßt hatte oder ihm die Zusammenhänge erst später „klar" geworden sind.

8.6. Die Psychodiagnostik

8.6.1. Zur Geschichte der Testdiagnostik

Die naturwissenschaftliche Medizin hat immer versucht, ihre Befunde zu objektivieren, das heißt eine Meß- und Vergleichbarkeit zu früheren Messungen an der gleichen Person beziehungsweise zwischen mehreren Patienten zu ermöglichen. Der psychologische und psychopathologische Bereich ist aber nur begrenzt meßbar, weil es hierfür keinen absoluten Maßstab gibt. Lange Zeit behalf man sich mit lose angeordneten Prüfungsfragen als „Explorationshilfe", die eine gewisse Meß- und Vergleichbarkeit erlauben, aber in dieser Hinsicht nicht viel besser abschneiden als Beobachtung (8.2.) und Exploration (8.4.) selbst. Darum wurden Prüfverfahren konstruiert, die es ermöglichen, die relative Position des einzelnen in einer bestimmten Population hinsichtlich der Ausprägung eines definierten psychischen Merkmals zu bestimmen.

Um die Jahrhundertwende erhielten der Psychiater T. SIMON und der Psychologe A. BINET vom französischen Unterrichtsministerium den Auftrag, einheitliche Maßstäbe zur Bestimmung der Begabung von Schulanfängern zu finden, um diese dann entsprechend den Anforderungen der Elementarschule oder aber einer Sonderschule zuzuführen. Sie entwickelten Aufgaben, die logisches Denken, Urteilsfähigkeit, Sprache und andere Fähigkeiten prüften. Der Erfolg dieser Tests beruhte darauf, daß an die Kinder Anforderungen gestellt wurden, die im Laufe einer normalen Entwicklung zunehmend besser erfüllt werden. Der Test wurde „geeicht", indem man an einer sehr großen Zahl von Kindern prüfte, in welchem Alter die jeweilige Aufgabe gelöst beziehungsweise noch nicht gelöst wurde. Das Kind konnte dann als geistig altersgemäß, voraus oder verzögert entwickelt eingestuft werden. Dies war die Geburt des *Intelligenztests* und damit der *experimentellen Psychodiagnostik.*

Der im Jahre 1905 eingeführte *Binet-Simon-Test* bewährte sich in Frankreich ausgezeichnet, versagte aber in anderen Ländern wie in England, Rußland oder dem damaligen Deutschen Reich. Hier mußte der Test neu bearbeitet werden. Weiterhin zeigte sich nach einigen Jahrzehnten, daß viele Aufgaben für die meisten Kinder zu leicht geworden waren, diese also geistig besser entwickelt sind als die Standardisierungspopulation. Deshalb müssen Tests auch innerhalb eines Landes von Zeit zu Zeit neu geeicht werden.

Hieraus wurden folgende heute noch gültige Schlußfolgerungen gezogen:

Ein psychologisches Prüfverfahren muß standardisiert sein. Hierzu muß es an einer großen Anzahl von Versuchspersonen erprobt werden und davon abgeleitete Normen sollen für eine bestimmte Population repräsentativ sein.

Fast jedes Prüfverfahren muß bei der Anwendung in einem anderen Land umstandardisiert werden, weil andere Enwicklungs- und Bildungsbedingungen bestehen.

Tests können veralten, wenn sich die Entwicklungs- und Bildungsbedingungen verändern. Sie müssen ihnen dann durch Neustandardisierung angepaßt werden.

Testmethoden gehen von unterschiedlichen theoretischen Ausgangspositionen aus. Beim „Binet-Simon“ war es die Voraussetzung eines bestimmten Verhältnisses von Erb- beziehungsweise Umweltgebundenheit der Intelligenz. Ein größerer Teil der projektiven Tests (siehe unten) basiert auf einer der psychoanalytischen Theorien. Das bedeutet, daß kein mit einem Test gewonnenes Ergebnis ohne Kenntnis der Grundlagen, von denen der Test ausgeht, interpretiert werden darf. So ist es zum Beispiel fehlerhaft, den sogenannten „Neurotizismuswert“ einiger Fragebogenuntersuchungen mit dem Begriff „Neurose“ zu identifizieren.

Anwendung und Interpretation moderner testpsychologischer Methoden bleiben darum den Fachleuten vorbehalten. Aus diesem Grunde werden wir einige Methodengruppen in diesem Lehrbuch nur kurz schildern.

Ferner gibt es nur wenige Testuntersuchungen für klinische Fragestellungen, besonders zur Differentialdiagnostik. Dies erschwert die Anwendung und Interpretation einiger Verfahrensgruppen, andererseits wurden einige Screeningverfahren (Sieb-Tests) für spezifische medizinische Indikationen entwickelt.

Wir werden also die sogenannten „klinischen“ psychodiagnostischen Methodengruppen der Beobachtung und Exploration, die wir in 8.2. und 8.4. geschildert haben, sowie die *nicht standardisierten Hilfsmittel der Exploration* von den experimentalpsychologischen Methoden, die als „Tests“ bezeichnet werden, zu unterscheiden haben. LIENERT (1961) hat den **Test** als *„ein wissenschaftliches Routineverfahren zur Untersuchung eines oder mehrerer empirisch abgrenzbarer Persönlichkeitsmerkmale mit dem Ziel einer möglichst quantitativen Aussage über den relativen Grad der individuellen Merkmalsausprägung“* (S. 7) definiert.

Im Gegensatz zur Exploration weiß der Patient bei den psychologischen Testmethoden nicht genau, was er von sich zu erkennen gibt. Er hat also keine Möglichkeit des Schweigens oder Verschweigens, sondern nur der Verweigerung, wobei er aber unter dem suggestiven Druck der diagnostischen Situation steht, die seiner Therapie dienen soll. Doch sind gewisse Verfälschungen besonders immer dann möglich, wenn nicht freiwillige Hinwendung des Untersuchten zur Psychotherapie, sondern der Druck eines Auswahlverfahrens Anlaß zur Psychodiagnostik sind.

Die Durchführung eines Tests tut nicht weh und gefährdet das physische Leben nicht. Aus diesem Grunde neigen manche Diagnostiker dazu, jeden Patienten mit einer größeren Testbatterie zu „beschießen“. Die Anwendung von Tests ist aber nur dann gerechtfertigt, wenn:

- ihr Einsatz sinnvoll, also notwendig und der Test zur Fragestellung überhaupt aussagefähig ist;
- die Ergebnisse unter besonderer Schweigepflicht verwendet werden;
- ein Bruch der Vertraulichkeit mit diesem Eindringen in die Privatsphäre vor allem bei Fragebogen- und projektiven Tests verhindert wird;
- die wissenschaftliche Verwertung eine absolute Anonymität gewährleistet.

8.6.2. Psychodiagnostische Methodengruppen

Sehen wir von den bereits besprochenen Methodengruppen der Beobachtung (8.2.) sowie Exploration (8.4.) ab, so hat sich folgende Einteilungsmöglichkeit für die klinische Arbeit durch den Arzt bewährt:

Nichtsystematische Verfahren zur Ergänzung von Beobachtung, Exploration und somatischen Untersuchungen
Bei unsystematischen Wissensfragen, Denkaufgaben oder Geschicklichkeitsproben sind die Gütekriterien (8.6.3.) in der Regel schlecht, eine Standardisierung ist in der Mehrzahl nicht erfolgt. Sie werden bevorzugt dort angewandt, wo

- der Arzt spezielle psychodiagnostische Methoden nicht beherrscht;
- eine Grobuntersuchung oder eine Übersichtsuntersuchung durchgeführt werden soll, um nach einem bestätigten Verdacht zu Spezialuntersuchungen zu überweisen;
- objektivierbare körperliche und psychische Untersuchungsmöglichkeiten nicht bestehen.

Screening- und Siebtestverfahren
Auch sie dienen der Ergänzung von Beobachtung und Exploration, sind aber in der Regel standardisiert. Ihr Ziel ist es, mit einem Frageschema, das entweder von dem Untersucher oder der zu untersuchenden Person beantwortet wird, und einer schematisierten Auswertung, zum Beispiel mit Schablonen durch eine Hilfskraft, einen Verdacht (etwa auf frühkindliche Entwicklungsstörungen, psychische Mitbedingungen von Beschwerden und ähnliches) auszuräumen oder wahrscheinlich zu machen, so daß im letzteren Fall eine Spezialuntersuchung zur Abklärung erfolgen kann.

Experimentell-psychodiagnostische Testverfahren
Die notwendigen Gütekriterien solcher Verfahren schildern wir in 8.6.3. Ihre Vorzüge und Grenzen werden in 8.6.5. wiedergegeben. Diese Testuntersuchungen teilt man hinsichtlich ihrer Konstruktion und ihrer Zielsetzung in folgender Weise ein:

- Entwicklungstests für das Säuglings-, Kleinkind- und Schulalter;
- Tests zur Messung von „Vorfeldfunktionen der Intelligenz" (Gedächtnis, Konzentration, psychische Belastbarkeit);
- Intelligenztests im eigentlichen Sinne zur Messung der intellektuellen Kernfunktionen beziehungsweise -fähigkeiten;
- Tests zur Messung spezieller Fähigkeiten.

Fragebögen und Selbstbeurteilungsskalen

Sie werden vom Patienten selbst ausgefüllt und erfordern darum einen Intelligenzquotienten (siehe 3.2.1.) von mindestens 80 sowie eine entsprechende Kritik- und Urteilsfähigkeit. Erfragt werden allgemeine Einstellungen, Haltungen, Gewohnheiten, Interessen, Persönlichkeitszüge, Stimmungs- und Befindlichkeitslagen, Konflikte, oder auch quantifizierbare Faktoren wie etwa im Fall von Angst- und Aggressivitätsskalen. Diese Fragebögen sind so aufgebaut, daß sie dem Diagnostiker einen Überblick über bestimmte Persönlichkeitsbereiche in normaler oder normabweichender Form erlauben. Jeder Fragebogentest folgt einer Theorie über den Aufbau der Persönlichkeit beziehungsweise die Ursachen von Persönlichkeitsstörungen. Sie werden „Selbstbeurteilungsskalen" genannt, wenn dem Patienten Fragen gestellt werden, mit denen er sich selbst beurteilen kann. Beispiele für solche Fragen sind:

Ich schlage selten zurück, wenn man mich schlägt.
Meine Laune wechselt ziemlich oft.
Ich ziehe das Handeln dem Pläneschmieden vor.
Ich habe manchmal ein Gefühl der Teilnahmslosigkeit und inneren Leere.

Der Patient kann nur mit Ja/Nein oder stimmt/stimmt nicht antworten.

Diese Tests erfreuen sich einer großen Beliebtheit, da die Objektivität (8.6.3.) der Durchführung und Auswertung, die Wiederholbarkeit und Standardisierung der subjektiven Explorationsbedingungen günstig sind. Sie haben aber nicht unbeträchtliche Nachteile. Die Formulierungen sind häufig vage oder unklar. Simulation und Dissimulation sowie Antwortverfälschungen lassen sich nicht völlig ausschließen, da die Fragen zum Teil durchschaubar sind. Der Patient neigt dazu, entsprechend der sozialen Erwünschtheit, der moralischen Wertschätzung oder des Eindrucks, den er machen möchte, zu antworten. Man hat zwar versucht, diese Antworttendenzen durch Kontrollskalen, sogenannte *Lügen-, Simulations- und Dissimulationsskalen* aufzudecken, doch nur mit begrenztem Erfolg. Außerdem kann man bei einigen Fragebögen aus dem Ergebnis nicht unterscheiden, ob sie dispositionelle Persönlichkeitseigenschaften beziehungsweise aktuelle, zum Teil krankheitsspezifische Erlebens- oder Verhaltensbesonderheiten abbilden. Ein besonderes Problem liegt in den sozialen und kulturellen Kontexten, denen ein solches Untersuchungsverfahren Rechnung tragen muß.

Projektive Verfahren oder Entfaltungstests

Projektive Verfahren gehen von dem Gedanken aus, daß ein Mensch in jeder Äußerung und Handlung sein Wesen, seinen Charakter, seine Haltung, also seine gesamte Persönlichkeit ausdrückt, so wie aus jedem künstlerischen Werk die Persönlichkeit seines Schöpfers spricht. Hierzu wird ein standardisiertes Material vorgelegt, an dem der Proband sich darstellen und dadurch einen Zugang zu seinem Inneren ermöglichen soll. Am bekanntesten ist der *Formdeute-Test* von

RORSCHACH (1992) mit zehn „Klecksographien" (Abb. 8.6). Alle auch im folgenden genannten Testverfahren sind von Psychologen, Ärzten und Lehrern über die Testzentrale des Berufsverbandes Deutscher Psychologen, Robert-Bosch-Breite 25, 30079 Göttingen, zu beziehen.

Abb. 8.6 Figur aus dem RORSCHACH-Test, projektives Verfahren

Diese Figuren werden von dem Patienten „gedeutet", das heißt, sie werden nicht erklärend beschrieben, sondern der Patient soll sich inspirieren lassen. Er soll schildern, was er sich bei einer Figur vorstellt: „sieht aus wie ...", „erinnert mich an ...". Gewertet wird nicht nur der Inhalt, sondern vor allem die Form der Antworten. Internationale Arbeitsgruppen haben sich mit diesen projektiven Deuteverfahren beschäftigt, hier also mit dem durch den Schweizer Psychiater H. RORSCHACH (1884–1922) eingeführten Test, und dargelegt, daß diese Projektionstests nur mit Einschränkungen, das heißt durch den speziell Vorgebildeten benutzt werden sollten.

8.6.3. Die Güteprüfung

In Anlehnung an einen Begriff aus der Nachrichtentechnik spricht man bei der Exploration, der Beobachtung und bei Methoden als Hilfsmittel der Exploration von „Breitbandmethoden", die einen großen Bereich von Indikatoren erfassen, ohne daß damit schon eine Diagnose gestellt werden kann.

Dagegen sind die *standardisierten Testuntersuchungen* statistisch fundiert, ihre Bandbreite, also ihr Anwendungsgebiet ist aber relativ schmal. Noch dazu sind sie bis auf wenige Ausnahmen nicht in erster Linie für den medizinischen Bereich konstruiert worden. Ihre Aussagen entsprechen also nicht medizinischen Diagnosen.

Der Mediziner muß jedoch wissen, wie verläßlich die einzelnen Gruppen von Verfahren sind. Die *Güteprüfung* soll feststellen, ob und in welchem Grade das entsprechende Verfahren als Meßwerkzeug geeignet ist. (Um nicht dem Denkfehler aufzusitzen, solche Kriterien für die Qualität von Meßinstrumenten seien nur spezifisch für psychologische Fragestellungen, empfehlen wir dem Leser, einmal über die meßtechnische Güte zum einen etwa eines Bandmaßes, zum anderen etwa der Blutdruckmessung nachzudenken.) Unter den **Gütekriterien** sind drei besonders wesentlich (nach LIENERT, 1961):

Objektivität *liegt bei einem Verfahren dann vor, wenn die Ergebnisse von der Person des Auswertenden unabhängig sind beziehungsweise die Person des Untersuchers keinen Einfluß auf das Resultat besitzt.* Das Ergebnis bedarf also keiner Interpretation. In dieser Hinsicht schneiden Exploration und Beobachtung schlecht ab, da sie ohne Interpretationen nicht auskommen. Das Gleiche gilt allerdings für eine Reihe von Testuntersuchungen.

Die **Reliabilität** beziehungsweise Zuverlässigkeit, manchmal auch Stabilität genannt, *ist dann besonders gut, wenn das Verfahren bei einer Wiederholung nach kurzer Zeit oder beim Testhälftenvergleich zu nahezu gleichen Resultaten führt.*

Bei der Testwiederholung vergleicht man Paralleltests oder bei psychischen Merkmalen, die in sich keine zeitliche Stabilität erwarten lassen (zum Beispiel Stimmungen), zerlegt man den Test in zwei gleichwertige Hälften und korreliert die Ergebnisse beider Hälften miteinander.

In dieser Hinsicht hat die Exploration des Lebensschicksals eine sehr hohe Zuverlässigkeit, während die Antworten eines Patienten nach seinen Beschwerden je nach der Diffusität oder Präzision der Beschwerden unterschiedlich zu werten sind. Testmethoden haben eine gute Zuverlässigkeit.

Die **Validität** oder Gültigkeit *eines Verfahrens ist dann gut, wenn es wirklich das mißt, wozu es gedacht ist und nicht irgendein anderes Merkmal.*

Außer durch Optimierung der inneren Konsistenz des Testverfahrens prüft man dies, indem man mit einem anderen (sogenannten Außen-) Kriterium, das möglichst bereits seine Validität bewiesen hat, einen Vergleich durchführt.

Das ärztliche Urteil als Validitätskriterium ist von subjektiven Faktoren abhängig. Röntgenaufnahmen mit einer präzisen Diagnose könnten beispielsweise bei einem Fragebogen zu Atembeschwerden als ein mögliches Kriterium herangezogen werden. Man darf aber nicht annehmen, daß objektive Organbefunde stets ein sicheres Außenkriterium sind, da Befund und Befinden, objektive und subjektive Daten voneinander abweichen können, ohne daß einer Aussage der absolute Vorzug gegeben werden dürfte. So kann ein Intelligenztest eindeutig auf eine Demenz hindeuten, ohne daß im Computertomogramm eine Hirnatrophie gefunden wird und umgekehrt. Auch sonst ergeben explorativ erhobene Beschwerden und Daten aus psychometrischen Tests häufig andere wichtige Informationen als zum Beispiel Labor- und Röntgenbefunde.

8.6.4. Indikationsgebiete für die Psychodiagnostik

Methoden zur Explorationsergänzung und Testmethoden in standardisierter Form sind auf jedem Indikationsgebiet anwendbar. Darüber hinaus verschafft man sich aber durch Beobachtungen oder andere Methoden selbst Erfahrungen. Ein so einfaches Geschehen wie zum Beispiel das Öffnen einer Türe kann für jemanden, der viele Jahre lang in einem Durchgangszimmer gearbeitet hat, schon viel über die eintretende Person mitteilen. Natürlich sind solche Eindrücke nicht objektivierbar. Die Fähigkeit, aus einem kleinen Geschehens- oder Ausdrucksfeld (zum Beispiel der Handschrift) eventuell Wesentliches über die Person zu sagen, hat zu mancher individuellen Kennerschaft geführt, die aber kaum lehrbar ist und viele Fehlerquellen besitzt.

Kindliche Entwicklung und Fehlentwicklung
In allen medizinischen Bereichen auch außerhalb der Pädiatrie werden Kinder untersucht. Zur Diagnose gehört häufig die Frage des Entwicklungsstandes sowie der Intelligenz und sei es nur, ob ein Kind in der Lage ist, den therapeutischen Anordnungen zu folgen. In einigen Bereichen, zum Beispiel in der Mütterberatung und im schulärztlichen Dienst, werden Kinder mehrfach in Abständen prophylaktisch routinemäßig körperlich und psychisch untersucht.

Frühkindliche Entwicklungsstörungen
Der Kinderarzt steht immer wieder vor der Aufgabe, angeborene oder früh erworbene Störungen der psychischen Entwicklung festzustellen und so bald wie möglich entsprechende Fördermaßnahmen einzuleiten. Von den vielen Entwicklungstests, die hierfür als Hilfsmittel verwendet werden können, sei die *Münchener Funktionelle Entwicklungsdiagnostik* von HELLBRÜGGE (1994) als Beispiel genannt. Dieses Verfahren dient der behandlungsorientierten Frühdiagnose psychischer Entwicklungsstörungen in den ersten drei Lebensjahren. Die einzelnen Proben ermöglichen eine differenzierte Erfassung des kindlichen Entwicklungsstandes in verschiedenen Funktionsbereichen (1. Lebensjahr: Krabbeln, Sitzen, Laufen, Greifen, Perzeption, Sprechen, Spachverständnis, Sozialverhalten. 2. und 3. Lebensjahr außerdem: Statomotorik, Handmotorik, Wahrnehmungsverarbeitung, Selbständigkeit).

Schulfähigkeit
Alle Kinder durchlaufen die Einschulungsuntersuchungen. Größe und Gewicht, Funktionen von Augen und Ohren werden durch Helferinnen geprüft, während der Schularzt sich anschließend ein Bild über den Gesundheits- und Entwick-

lungsstand sowie die Intelligenz macht. Er benötigt also *Siebtestverfahren*, die ihm erlauben, zum Beispiel die Schulfähigkeit zu bejahen oder im Zweifelsfall das Kind an einen Fachmann, zum Beispiel einen klinischen Psychologen, zu überweisen. Er wird sich darum mit wenigen Fragen einen Überblick über Merkfähigkeit, Konzentration, Aufgabenverständnis, Umweltwissen sowie das Kennen von Farben, Formen und Zahlen verschaffen. Zusammen mit den verfügbaren Entwicklungsunterlagen und gegebenenfalls auch Sozialdaten muß er sich ein Bild machen, ob es sich um eine Teilretardierung, eine Retardierung der Gesamtpersönlichkeit, einen näher aufzuklärenden Milieuschaden oder eine Lernbehinderung handelt. Die hierzu benötigten Siebtestverfahren können sich an die Erzieher oder an die Kinder richten. Der *Erzieherfragebogen (EFB)* von GUTJAHR (1991) ist zur Identifizierung von möglicherweise entwicklungsgefährdeten Schulanfängern gedacht, um eine frühzeitige Behandlung zu beginnen. Er liegt im Vorfeld ärztlicher Untersuchungen. So werden zum Beispiel Aussagen von Kindergärtnerinnen über das Sozial-, Leistungs- und Arbeitsverhalten eingeholt. Hierzu gehört auch eine Einschätzung des Erziehungsinteresses und -stiles im Elternhaus. Das Ganze ergibt eine Beurteilung der Schulfähigkeit und -prognose.

Einen guten Hinweis auf den Stand der Intelligenz und der allgemeinen Entwicklung gibt zum Beispiel der *Mann-Zeichen-Test* in der aktuellen Bearbeitung von ZILLER (1970), der auf F. L. GOODENOUGH zurückgeht. Durch die Akzeleration der Schulkinder sind jedoch die von ihm in den 30er Jahren ermittelten Normwerte überholt.

Man gibt dem Kind den Auftrag, auf einem Blatt Papier in beliebiger Zeit einen Mann zu zeichnen, so wie es ihm gerade einfällt. Der Versuch kann auch als Gruppentest durchgeführt werden.

In einem Entwicklungsalter unter drei Jahren findet man nur Kritzeleien. Mit etwa drei Jahren wird ein Männchen dargestellt, bestehend aus einem Kreis mit zwei vertikalen Strichen. Mit einem Entwicklungsalter von vier Jahren werden Augen angedeutet, mit fünf bis sechs Entwicklungsjahren Details von Gesicht und Rumpf. Im Entwicklungsalter von sieben Jahren tauchen Arme, Ohren und Beine auf, letztere teilweise schon durch eine doppelte Linie. Während des achten Entwicklungsjahres werden die einzelnen Teile besser miteinander verbunden. Bei Neunjährigen findet man eine Andeutung von Figur und Kleidung, bei Zehnjährigen werden der Hals angedeutet und die Finger als Stummelfinger geformt (siehe Abb. 8.7).

Mit dem Schulbesuch wird der Test zunehmend unzuverlässig, da der Zeichenunterricht den Effekt verwischt. „Schlechte" Zeichnungen können ausnahmsweise von gut begabten Kindern stammen. Man kann fernerhin nicht unterscheiden, ob das Versagen auf eine Oligophrenie, einen starken Umweltschaden, eine „neurotische" Entwicklungsverzögerung, eine beginnende epileptische Persönlichkeitsveränderung oder ähnliches zurückzuführen ist. Die Besonderheiten in der Figurgestaltung, die etwa bei Oligophrenen und Epileptikern auftreten, sollte man der Interpretation des Fachmannes überlassen.

Abb. 8.7 Die Mann-Zeichnung als Ausdruck des psychischen Entwicklungsalters

Sprachentwicklung

Der Schulbesuch kann durch Verzögerungen der Sprachentwicklung beeinträchtigt werden. Deshalb sollte diese meist schon im Vorschulalter auffällige Entwicklungsstörung rechtzeitig einer logopädischen Behandlung zugeführt werden. Für die diagnostische Abklärung stehen verschiedene Prüfverfahren zur Verfügung. Der *Heidelberger Sprachentwicklungstest (HSET)* von GRIMM und

SCHÖLER (1991) ist für Kinder von drei bis neun Jahren standardisiert. Mit 13 Untertests werden das Verstehen grammatischer Strukturen, die Singular-Pluralbildung, Satzbildung, Wortfindung, das Textgedächtnis und andere sprachliche Fähigkeiten geprüft. Der Test kann bei Kindern mit Lernstörungen auch noch in höheren Altersstufen eingesetzt werden.

Motorische Rückstände
Manche Kinder fallen durch manuelle Ungeschicklichkeit, Tapsigkeit und disharmonische Körperbewegungen auf. Diese können Folgeerscheinungen frühkindlicher Hirnschäden sein und gewissermaßen verdünnte Formen zerebraler Lähmungen darstellen. Ihre diagnostische Erfassung wurde deshalb zuerst von Kinderneurologen vorgenommen. Eine Weiterentwicklung des so von N. I. OSERETZKY erstellten und später von G. GÖLLNITZ bearbeiteten Meßinstrumentes ist die *Motometrische Rostock-Oseretzky-Skala (ROS)* von KURTH (1991). Sie prüft bei Fünf- bis Elfjährigen die Körperkoordination (statische und dynamische Balance) einschließlich der rhythmisch-motorischen Harmonie bis hin zur feinmotorischen Geschicklichkeit. Die Auswertung erfolgt in Form einer Profildarstellung. Es gibt Normwerte für die einzelnen Untertests und die Gesamttestleistung, die in einem motorischen Entwicklungsquotienten (MQ) analog dem Intelligenzquotienten (IQ, vergleiche 3.2.1.) ausgedrückt wird.

Soziale Beziehungsstörungen
Verhaltensauffälligkeiten und psychosomatische Beschwerden gehen meistens auf Beeinträchtigungen im Verhältnis zu den primären Bezugspersonen zurück.

Als Verfahren, den Inhalt der Konflikthaftigkeit eines Kindes, hauptsächlich in seiner Familie, festzustellen, gibt es die Möglichkeit, mit Hilfe von Spielzeug, vor allem kleinen Puppen, die Vater, Mutter, Arzt und so weiter darstellen, vorzugehen. Der *Szenotest* von VON STAABS (1992) bietet hierzu genormtes Spielmaterial. Man fordert das Kind auf, damit eine beliebige Szene zu bauen. Dabei wird erwartet, daß es unbewußt seine Konflikte darstellt. Solche Projektionen können jedoch auf sich warten lassen. Eher führt ein Gespräch über das Dargestellte dann zur bewußten Erörterung seiner Probleme.

Einen ähnlichen Zugang bietet der *Familien-Beziehungs-Test (F-B-T)* von HOWELLS und LICKORISH (1994). Er besteht aus einer Serie mehrdeutiger Bilder zur Familiensituation. Sie sollen vom Kind beschrieben werden, das dabei seine Erfahrungen und Anschauungen äußert. Störungen in den Beziehungen zu Eltern, Geschwistern und ihrem Umfeld können so ermittelt und zur Klärung der Symptomatologie herangezogen werden.

Intelligenz- und Leistungsdiagnostik
Auch hier unterscheiden wir die Verfahren, die als Explorationshilfe dienen, von den standardisierten Intelligenztests. Für den medizinischen, vor allem den psychopathologischen Bereich gibt es einige *Besonderheiten*:

- Häufig sind die *Vorbedingungen der Intelligenz*, die sogenannten „Werkzeugfunktionen" gestört, zum Beispiel das Gedächtnis (Altgedächtnis und Merkfähigkeit beziehungsweise Kurzzeitgedächtnis), die Konzentration, Aufmerksamkeit und so weiter (2.2.).
- Die *Intelligenzpsychologie* prüft die Dispositionen oder Fähigkeiten und die *Denkpsychologie* die aktuelle Bewältigung von Anforderungen intellektueller Art, zum Beispiel den Versuch, Probleme zu lösen und frühere Erfahrungen auf neuartige Problemstellungen zu übertragen. Intelligenz und Denken beziehen sich also auf den gleichen Gegenstand (3.2.1.). In der Psychiatrie unterscheidet man allerdings isolierte Denk- von Intelligenzstörungen, zumindest hinsichtlich der psychopathologischen Untersuchungen.
- Man kann aus den Ergebnissen der Intelligenzuntersuchungen nur bedingt beziehungsweise mit der Erfahrung des auf diesem Gebiet langjährig Tätigen die *Gründe für das Versagen*, zum Beispiel Intelligenzrückstand, Mangel an Wissen, schulische Verwahrlosung, mangelndes Denktraining, voneinander unterscheiden. Diese Verfahren sind besonders auf den eigenen Lebens- und Gesellschaftsbereich beschränkt. Für Prüflinge aus fremden Kulturkreisen sind sie nicht geeignet, selbst wenn die sprachlichen Hemmnisse überwunden sind.
- *Erkrankungen mit formalen und inhaltlichen Denkstörungen* machen die Anwendung von Intelligenz- und Leistungstests unmöglich. Das Gleiche gilt allerdings für affektive Erregungen während der Durchführung des Versuches, bei manchen Neurotikern oder auf Grund einer völlig ungewohnten Untersuchungssituation.

„Vorfeldfunktionen" der Intelligenz
Konzentrationsprüfungen als Explorationshilfe führt man durch, indem man von einer Zahl laufend eine andere abziehen läßt, zum Beispiel von 100 jeweils 4; beziehungsweise die abzuziehenden Ziffern jeweils erhöht, das heißt von 100 zuerst 4, 5, 6, 7. Fernerhin kann man Wochentage oder Monatsnamen rückwärts aufzählen oder Buchstabieren längerer Worte durchführen lassen. Man kann auch in einfacher Form aus einem vervielfältigten Text sämtliche „E" anstreichen lassen. Ein standardisiertes Verfahren besteht beim *Bourdon-Test* (Abb. 8.8, BOURDON, 1955), der in verschiedenen Varianten die schnelle visuelle Diskrimination ähnlicher Details prüft.

Gemessen werden die Bearbeitungszeit und die Fehlerzahl. In apparativer Form kann man die Konzentrationsfähigkeit mit dem *Wiener Determinationsgerät* prüfen. Registriert werden Reaktionssicherheit und -geschwindigkeit bei einfachen und komplexen Wahlreaktionen, die besonders zur Beurteilung der Fahrtauglichkeit herangezogen werden.

Bei *psychoorganischen Störungen* ist der auf den Psychiater E. KRAEPELIN (1856–1926) zurückgehende und jetzt als *Pauli-Test* (PAULI, 1961) standardisierte Rechenversuch angebracht. Man läßt eine Stunde lang einstellige Zahlen addieren. Die Zahl der Additionen und der Fehler je Zeiteinheit werden in einer

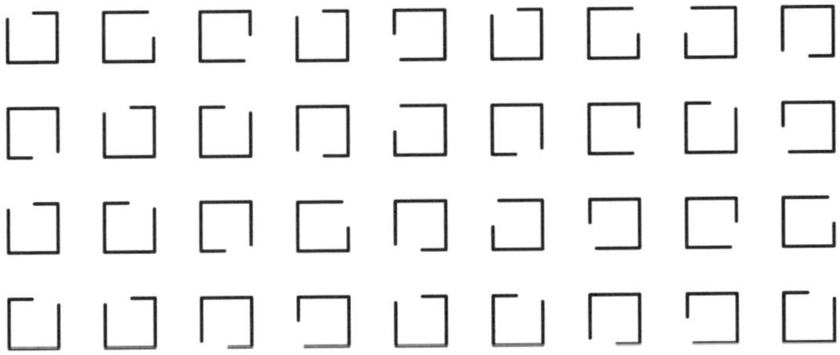

Abb. 8.8 Ausschnitt aus dem BOURDON-Konzentrationstest

Kurve dargestellt. Bei zerebral-organisch Erkrankten findet man nur einen kurzen Leistungszuwachs, dann durch Ermüdung einen raschen Abfall unter den Ausgangswert. Der Test ist schon im Alter von sieben Jahren anwendbar und an Kindern wie Erwachsenen normiert.

Das *Altgedächtnis* (2.2.) prüft man mit Hilfe von Daten aus der Anamnese, vor allem aus der Kindheit und aus der Berufsentwicklung. Bei der Frage nach den Schulkenntnissen und dem Alltagswissen muß man nicht nur die Schulform berücksichtigen, sondern auch die soziale Herkunft und den Lebensbereich eines Patienten. Es hat wenig Sinn, einen Junggesellen nach dem Preis für einen Babystrampler zu fragen oder von einer Hausfrau den Hubraum einer Planierraupe wissen zu wollen.

Bei der Prüfung der *Merkfähigkeit* (Kurzzeitgedächtnis) kann man einerseits dem Patienten eine kurze Rechenaufgabe geben, ihn dann drei sechsstellige Zahlen nachsprechen lassen und ihn schließlich nach der ersten Rechenaufgabe fragen. Auch diese Prüfung ist unzuverlässig, da sie davon abhängig ist, wieweit der Patient sich am Anfang auf die Rechenaufgabe konzentrierte. Genausogut kann man den Patienten am Schluß der Untersuchung nach den Themen befragen, die am Anfang behandelt wurden.

Die Ergebnisse solcher Untersuchungen sind natürlich nicht statistisch zu verarbeiten. Sie sind lediglich Hilfen für die Exploration, die aber für die allgemeine ärztliche Praxis genügen, um im Einzelfall unter Berücksichtigung des persönlichen Hintergrundes eines Patienten klinische Anhaltspunkte zu finden.

Für geriatrische Belange ist von OSWALD und FLEISCHMANN (1995) das *Nürnberger-Alters-Inventar (NAI)* entwickelt worden. Es prüft unter anderem auch die freie Reproduktion und das Wiedererkennen von vorgesprochenen Wörtern, die Wiedergabe gezeigter Bilder, das Nachsprechen von Zahlen und Sätzen. Hierzu liegen Normwerte für die Altersgruppen von 55 bis 95 Jahren vor.

Intelligenzuntersuchungen

Diese Prüfungen können auch dann notwendig sein, wenn keine psychiatrischen Fragen zur Diskussion stehen. Bei jedem Patienten müssen wir wissen, ob er verstanden hat, was er selbst für die Diagnostik beizutragen hat; noch mehr aber, ob er fähig ist, die therapeutischen Maßnahmen zu verstehen und danach zu handeln. So ist die Intensität, mit der man ihm die Einnahme von mehreren Tablettenformen erklärt oder ausführlich aufschreibt, von der Intelligenz abhängig (3.2.1.). Von den oben beschriebenen Vorfeldfunktionen bewirkt eine gestörte Merkfähigkeit, daß er die Anordnungen nicht befolgt, ein gestörtes Altgedächtnis, daß er das Rezept verlegt und ähnliches. Je nach der medizinischen Fragestellung läßt sich die Intelligenz aufgrund orientierender Überblicksfragen, der Prüfung einfacher Intelligenz- und Denkleistungen oder mit Hilfe standardisierter Intelligenztests beurteilen:

Orientierende Überblicksfragen
Prüfung der aktuellen intellektuellen Fähigkeiten

- Vergleich des Wissens mit der Schul- und Berufsbildung;
- Prüfung abstrakterer denkerischer Leistungen;
- Prüfung jener aktuellen Kenntnisse, die man im Leben dauernd braucht.

Prüfung der Lebensbewährung

- in der Schule (Schulzeugnisse) (Mußten Klassen wiederholt werden?);
- im Beruf;
- in der Familie.

Berücksichtigung des ärztlichen Eindrucks aus

- Sprachgewandtheit;
- Mimik, Gestik und anderen Ausdrucksformen;
- Motorik und Körperbau (8.2.).

Prüfung einfacher Intelligenz- und Denkleistungen
Erkennen von Begriffsunterschieden

- aus dem konkreten Bereich, zum Beispiel Unterschiede von Bach und Teich, Treppe und Leiter, Kind und Zwerg;
- aus dem abstrakten Bereich, zum Beispiel Lüge und Irrtum, Geiz und Sparsamkeit.

Übergreifendes Verständnis
- Sinnwidrigkeiten erkennen;
- Textlücken ergänzen.

Standardisierte Intelligenztests
Sprachfreie Verfahren: Visuelle Denkanforderungen können auch fremdsprachigen, sprachgestörten oder hörgeschädigten Patienten gestellt werden. Ihr Proto-

typ sind die *Progessiven Matrizen-Tests (CPM, SPM)* von RAVEN (1980, 1988). Sie prüfen die Fähigkeit zum logischen Denken, indem figurale Muster vervollständigt werden sollen. Der Proband muß dazu ihr Konstruktionsprinzip erkennen (Abb. 8.9). Die Tafeln sind nach zunehmender Schwierigkeit aufgestellt. Es gibt farbige für Kinder von fünf bis zehn Jahren (CPM) und schwarz-weiße mit Normwerten für das Alter von elf bis 65 Jahren (SPM).

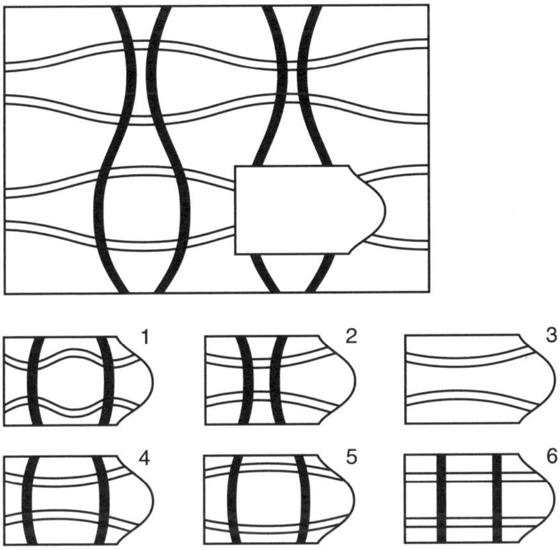

Abb. 8.9 Figur aus den Progressiven-Matrizen-Tests von RAVEN. Unter sechs Auswahlfiguren ist diejenige Figur zu bestimmen, die in das obere Raster hineinpaßt

Sprachgebundene Verfahren: Wissensfragen, das Definieren von Begriffen, Finden von Gemeinsamkeiten setzen eine intakte und mit dem Versuchsleiter gemeinsame Sprache voraus. Ihre Lösung ist in besonderem Maße bildungsabhängig, bleibt aber bei psychischen Erkrankungen lange Zeit stabil. Deshalb werden Wortschatzprüfungen auch zur Abschätzung des prämorbiden Intelligenzniveaus verwandt.

So prüft der *Mehrfachwahl-Wortschatz-Intelligenztest (MWT)* von LEHRL (1995) das allgemeine Intelligenzniveau weitgehend unabhängig von seelisch-geistigen Störungen. Es werden jeweils in einer Zeile fünf Worte genannt, von denen nur eines einen Sinn gibt und angestrichen werden muß. Beispielsweise:

Funktion – Kuntion – Finzahm – Tuntion – Tunkion
Unfision – Fudision – Infusion – Syntusion – Nuridion
Adept – Padet – Edapt – Epatt – Taped

Der Test ist mit einer Parallelform wiederholbar.

Kombinierte Verfahren: Mit der Prüfung sprachfreier und sprachgebundener Denkanforderungen lassen sich individuelle Unterschiede zwischen verbalen und praktischen Intelligenzleistungen erfassen, die differentialdiagnostisch bedeutsam sein können. Ein weltweit verbreitetes Verfahren dieser Art wurde in den 30er Jahren von dem Amerikaner D. WECHSLER konstruiert. Es ist in viele Sprachen übersetzt, mehrfach überarbeitet und neu standardisiert worden.

Dieser Test wird in zwei Teilen durchgeführt. Der *Verbal*teil prüft das allgemeine Wissen, allgemeine Verständnis, Zahlennachsprechen, Gemeinsamkeitenfinden und den Wortschatz. Der *Handlungs*teil umfaßt Untertests zum Zuordnen von Zahlen und Symbolen, Bilderordnen, Bildergänzen, Legen von Farb-Form-Mosaiken und von Figuren. Diagnostisch interessiert nicht nur das Gesamtergebnis, sondern auch das Verhältnis der Leistungen im Verbal- und Handlungsteil.

Nach diesem Prinzip hat WECHSLER Testbatterien mit Normen für verschiedene Altersgruppen erstellt. Die deutschsprachigen Versionen sind der *Hannover-Wechsler-Intelligenztest für das Vorschulalter (HAWIVA)* von EGGERT (1975) (Kinder von vier bis sechs Jahren), der *Hamburg-Wechsler-Intelligenztest für Kinder – Revision 1983 (HAWIK-R)* von TEWES (1983) (Schüler von sechs bis 15 Jahren) und der *Hamburg-Wechsler-Intelligenztest für Erwachsene – Revision 1991 (HAWIE-R)* von TEWES (1994) (16 bis 74 Jahre).

Die hier aufgeführten Intelligenztests differenzieren gut zwischen Ausprägungen der normalen intellektuellen Variationsbreite sowie noch in den Grenzbereichen zur Intelligenzminderung einerseits und zur Hochbegabung andererseits. Innerhalb dieser Extremvarianten aber messen sie nur ungenau, weil deren Anteil bei den Standardisierungspopulationen zu gering ist und die Testanforderungen für sie generell zu hoch beziehungsweise zu niedrig sind. Hier werden deshalb spezielle Testbatterien für geistig Behinderte und Begabungstestsysteme angewandt.

Die Handhabung von standardisierten Intelligenztests bleibt dem Psychologen vorbehalten, der die Interpretation ihrer Ergebnisse im Einzelfall gemeinsam mit dem Arzt vornehmen kann.

Persönlichkeits- und Konfliktdiagnostik

Die Psychodiagnostik der Persönlichkeit, ihrer Besonderheiten und ihrer Konflikte geschieht vorwiegend durch Exploration (8.4.) und Beobachtung (8.2.). Wir hatten bereits geschildert, daß ein ergänzendes Verfahren darin besteht, dem Patienten das Schicksal eines anderen Menschen zu erzählen und ihn aufzufordern, zu schildern, was wohl die Ursachen für dessen Konflikte seien und wie sich dieses Schicksal weiter entwickelt. Er wird dann die eigene Lebensgeschichte und seine Konflikthaftigkeit in die Schilderung hineinprojizieren.

Der gezielten Erhellung von *Konflikten* dienen alle schon genannten projektiven Verfahren oder Entfaltungstests. Ein bekanntes Beispiel ist der *Thematische Apperzeptionstest (T-A-T)* von MURRAY (1991). Er bietet Bilder mit mehrdeutigen Szenen an, die „erzählt“ werden sollen und damit zur Äußerung unterdrückter Wünsche und Ängste anregen. Der Test ist für Erwachsene gedacht, kann aber auch schon bei Kindern angewendet werden.

Für neurotische und Überlastungsreaktionen sowie psychische Mitbeteiligungen organischer Erkrankungen, aber auch für Fragen einer fehlerhaften Krankheitsbewältigung sind verschiedene Screening-Verfahren entwickelt worden.

Zur standardisierten Erhebung geäußerter *Beschwerden* in der allgemeinärztlichen Praxis, bei epidemiologischen Untersuchungen und in der Neurosendiagnostik werden hierzu Fragen gestellt, geordnet nach Organsystembereichen, die vom Patienten auf einem Bogen mit Ja oder Nein angekreuzt werden. Es handelt sich um Beschwerden aus dem Augenbereich, HNO-Bereich, um Störungen der Atemfunktionen, des Herz-Kreislauf-Systemes, Urogenitalsystemes, Magen-Darm-Bereichs, Muskelapparates und der Haut. Fernerhin sind sogenannte „neurasthenische“ Beschwerden aufgeführt wie Kopfschmerzen, leichte Erschöpfbarkeit, Schlafstörungen, leichte Erregbarkeit. Außerdem sind psychische Besonderheiten, zum Beispiel Energielosigkeit, Angstzustände, Grübeln, Entfremdungsgefühle aufgeführt. Mit Hilfe einer Schablone werden die neurosespezifischen Beschwerden ermittelt, und der errechnete Gesamtwert wird anhand von Normwerten mit den Beurteilungskategorien verglichen.

So gestattet der *Beschwerdenerfassungsbogen (BEB)* von KASIELKE und HÄNSGEN (1991) eine Differenzierung körperlich-funktioneller und psychischer Beschwerden. Der Gesamtwert gibt die Höhe des Beschwerdenniveaus an und dient als Hinweis auf eine mögliche neurotische Störung. Diese ist dann durch eine vertiefte Exploration abzuklären. Zwar fallen Neurotiker gegenüber Gesunden in der Regel durch eine größere Anzahl geäußerter Beschwerden auf, doch können diese auch Ausdruck organischer Erkrankungen sein, die vorher auszuschließen sind.

Der *Gießener Beschwerdebogen (GBB)* von BRÄHLER und SCHEER (1995) dient besonders dazu, zwischen objektivierbarer Symptomatik und subjektiven Beschwerden zu unterscheiden. Er umfaßt 57 Fragen zu den Bereichen Allgemeinbefinden, Vegetativum, Schmerzen und Emotionalität, zur seelischen und körperlichen Befindlichkeit. Es gibt einen besonderen Fragebogen für Kinder und Jugendliche von neun bis 15 Jahren (GBB-KJ). Beide Formen basieren auf repräsentativen Normwerten und ermöglichen Aussagen zur psychischen Genese oder Mitbedingtheit körperlicher Beschwerden in der Diagnostik psychosomatischer Erkrankungen.

Psychische Probleme können sich aber auch sekundär als Folgeerscheinungen akuter und besonders chronischer somatischer Krankheiten ergeben. Sie sind von der subjektiven *Krankheitsbewältigung* abhängig, die nicht selten mißlingt (vergleiche 6.1.) und und dann korrigiert beziehungsweise unterstützt werden muß. Diese kann zum Beispiel mit dem *Freiburger Fragebogen zur Krankheitsverarbeitung (FKV)* von MUTHNY (1991) auf den Ebenen von Kognition, Emotion und Verhalten differenziert erfaßt werden. Da es hiervon außer der ausführlichen Grundform (mit 102 Fragen) auch zwei Kurzformen zur Selbst-

beziehungsweise Fremdeinschätzung gibt, eignet sich das Verfahren auch für Verlaufsmessungen der Verarbeitungsprozesse.

Zur *Persönlichkeitsuntersuchung* dienen auch Fragebögen und Selbstbeurteilungsskalen, deren Prinzip wir oben (8.6.2.) geschildert haben. Es sollen hiermit wesentliche Persönlichkeitsbereiche ermittelt werden, die charakteristisch für krankhafte oder in anderer Weise störende psychische Auffälligkeiten sind. Sie sind für Erwachsene gedacht. Das bekannteste Verfahren ist das *Minnesota Multiphasic Personality Inventory (MMPI)* von S. R. HATHAWAY und J. C. MCKINLEY, in der deutschen Bearbeitung von SPREEN (1994) als *MMPI Saarbrücken.* Die Zeit der Testausfüllung beträgt 60 bis 90 Minuten. Die Fragen werden klinischen Skalen zugeordnet:

Hypochondrie, Depression, Hysterie, Psychopathie, Interessen (maskulin/feminin), Paranoidie, Psychasthenie, Schizoidie, Manie und soziale Introversion. Außerdem gestatten Kontrollskalen die Abschätzung von Verfälschungstendenzen wie Simulation, Dissimulation, „Lügenwert" und Verständnisschwierigkeiten. Es ist jedoch auf keinen Fall gestattet, zum Beispiel aus einer erheblichen Höhe in der Hypochondrie-Skala auf eine bestimmte psychische Krankheit zu schließen. Die Auswertung ist sehr kompliziert, zumal in der Regel das Zueinander der verschiedenen Skalen bewertet wird.

Mehr im psychischen Normalbereich angesiedelt ist der *Gießen-Test (GT)* von BECKMANN et al. (1994), bei dem das reale und ideale Selbstbild des Patienten in bezug auf emotionale Grundbefindlichkeiten (Ängstlichkeit, Depressivität), Ich-Qualitäten (Introspektion, Phantasie, Durchhaltefähigkeit, Selbstkritik, Durchlässigkeit) und soziale Beziehungen geprüft wird. Außer für das Selbstbild liegt eine Form für das Fremdbild, zum Beispiel bei Ehepartnern, vor, die danach fragt, wie man den jeweilig anderen sieht. Die Grundkonzeption ist an der psychoanalytischen Theorie orientiert, der Test nur für hiermit Erfahrene geeignet.

Für die besonderen Zwecke der *psychiatrischen Klassifikation* stehen *Internationale Skalen für Psychiatrie (CIPS, 1986)* zur Verfügung. Sie enthalten verschiedene Verfahren zur Selbst- beziehungsweise Fremdbeurteilung von allgemeiner psychischer Befindlichkeit, Angst, Depressivität, paranoiden Tendenzen und so weiter, die als Hilfsmittel bei der Diagnostik psychischer Krankheiten Verwendung finden.

8.6.5. Nachteile und Indikationen der Test- und klinischen Methoden (Beobachtung, Exploration)

Testmethoden haben folgende *Nachteile*, die ihre Anwendung einschränken:

- Ein Test kann nur das messen, wofür er geeicht ist. Ein noch so guter Fragebogen nützt nur eingeschränkt, wenn seine theoretische Ausgangsposition mit der des Diagnostikers oder seines Faches nicht übereinstimmt.

- Ein Test kann über die Ausgangspersönlichkeit eines kranken Menschens nur sehr beschränkt Aussagen machen. Es fehlt also ein Vergleich zwischen Ausgangs- und erkrankter Persönlichkeit und damit die Bestimmung der Erkrankungsintensität.
- Patienten haben zu verschiedenen Zeiten unterschiedliche Intensitäten ihrer normabweichenden Verhaltensweisen, so daß ein Test lediglich einen einmaligen Querschnitt gibt.
- Krankheitsverläufe sind dem Test nur beschränkt zugänglich.
- Abwehrmechanismen und Einzelheiten der Auseinandersetzung mit der Krankheit werden nur näherungsweise abgebildet.

Testverfahren haben besondere *Indikationen*: Als Methoden mit niedriger Bandbreite, aber hoher Wiedergabegenauigkeit nützen sie:

- bei spezifischen Fragestellungen, zum Beispiel nach der Intelligenz;
- bei Leistungsuntersuchungen (Schulfähigkeit) oder Feststellung isolierter Ausfälle;
- bei Merkfähigkeitsschwäche, zum Beispiel infolge der Dementia senilis;
- dort, wo es auf eine Funktion, nicht aber auf eine dynamische Entwicklung der Persönlichkeit ankommt;
- bei Diagnosen, die sich aus einem Syndrom, nicht aber aus einer Genese stellen.

Nachteile bei der Anwendung von *Beobachtungen* und *Exploration* ergeben sich in folgenden Fällen:

- Je weniger ausgeprägt das Syndrom und je weniger Abweichungen von der Norm bestehen, um so unzuverlässiger werden die Aussagen;
- Gleiche Befunde mehrerer Ärzte einer wissenschaftlichen Schule bedeuten nur eingeschränkt eine Bestätigung des Befundes. Der Untersucher unterliegt dem Gewohnheitseffekt, durch den der subjektive Realitätsgehalt von Begriffen wächst. Der zusätzliche Gruppeneffekt besagt, daß gemeinsame Konzepte einer Berufsgruppe eine stärkere Realitätsqualität bekommen als ihnen zusteht. Dies gilt besonders für Kliniken, in denen eine strenge Schulmeinung herrscht.
- Die unterschiedliche Reaktion eines Patienten, bedingt durch das Verhalten oder die Rufgestalt eines Arztes oder Krankenhauses, verändert die Ergebnisse der Psychodiagnostik (weitere Beurteilungsfehler, siehe 8.5.).

Exploration und *Beobachtungen* haben besondere *Indikationen*: Als Methoden mit hoher Bandbreite, aber geringer Wiedergabegenauigkeit sind sie angezeigt

- bei der Feststellung der Lebensgeschichte, der Krankheitsgeschichte, Konfliktanamnese und der Persönlichkeits- und Krankheitsentwicklung;

- bei der Beurteilung der Gesamtpersönlichkeit, des „Charakters";
- bei endogenen und exogenen Psychosen;
- bei Diagnosen, die sich neben den Querschnittsbefunden auf die Lebensgeschichte stützen, zum Beispiel bei Neurosen oder Syndromen abnormer Reaktionen. Hier ist eine Klassifikation beziehungsweise Diagnostik nur möglich durch die Vorgeschichte, die mit metrischen Verfahren nicht bestimmt werden kann;
- bei der Beurteilung von Abwehrmechanismen;
- bei der Aufklärung der Stadien der Krankheitsauseinandersetzung.

8.7. Hinweise für den Anfänger im ärztlichen Gespräch

Im Ablauf des ärztlichen Gesprächs empfehlen sich in Abhängigkeit von der Gesprächsphase verschiedene Techniken:

Bei der Eröffnung des Interviews, aber auch beim Beginn eines jeden Teilthemas ist verbales und nichtverbales Verhalten nötig, das zum Sprechen anregt, ohne schon den zu besprechenden Gesprächsgegenstand zu spezifizieren. Dazu eignen sich *offene Fragen*, die den Gesprächsgegenstand nur in groben Zügen beschreiben (explorative Phase).

Zu den Techniken, die den Patienten zum Sprechen bringen beziehungsweise seinen Bericht in Gang halten können, gehören:

- Unterstützung und Bestätigung des Patienten;
- Beruhigung;
- Teilnahme;
- Interesse;
- richtiges Zuhören.

Erkennbare oder vermutete Gefühle und Empfindungen des Patienten können verbalisiert, müssen aber ohne Bewertung akzeptiert werden.

Häufig helfen *Klarstellungen*: Der Patient wird mit seinen Gefühlen und seinem Verhalten, zum Beispiel seinen vorangehenden Äußerungen konfrontiert.

Bei der *selektiven Bewußtmachung* werden einzelne Satzteile akzentuierend aufgegriffen, etwa durch bloße Wiederholung. Die vorsichtig zu handhabende *Interpretation* des Patientenverhaltens erstrebt Klarstellung durch eine Deutung und Verdeutlichung beobachteter und geäußerter Sachverhalte. Oft muß der Arzt auch *Schweigen* bewußt als Kommunikationsmittel einsetzen.

Sobald dann in nächsten Gesprächsschritten Einzelthemen, spezifische Informationen gezielt ermittelt werden sollen, wird man stärker einengende Frageformen bis hin zu *Alternativfragen* verwenden.

In einigen Fällen wird dem Patienten die Antwort erleichtert, wenn ihm eine Anzahl alternativer Adjektive oder beschreibender Formulierungen angeboten wird. Um eng an einem Thema zu bleiben, muß der Arzt sondierend nachfassen und detaillierte Informationen erfragen. Dem strukturierenden Überblick dient es dann, dem Patienten die von ihm gegebenen Informationen *zusammenfassend* darzustellen. Damit ist die Endphase eines Gesprächs eingeleitet. Der Abschluß kann die Form konstruktiver *Vorschläge* an den Patienten haben, in vielen Fällen sind das *Verordnungen.*

Der häufigste Fehler, den man bei Anfängern in der Gesprächsführung beobachtet, besteht darin, daß nur einige wenige der vielen verfügbaren Alternativen genutzt werden, ein Gespräch zu leiten und auf einen Patienten einzugehen.

Aber auch einem Erfahrenen kann ein Gespräch zum Beispiel unter Zeitdruck entgleiten, es entsteht dann ein Zerrbild eines Gesprächs, das eher einem Verhör und einem mechanischen Herbeischaffen (von dann sogar unzureichender diagnostischer Information!) gleicht, als einer von Verständnis getragenen Interaktion.

Eine Schulung im ärztlichen Gespräch außerhalb der Kurse der Medizinischen Psychologie findet andeutungsweise im Rahmen der sogenannten Untersuchungskurse, in systematisierter Form aber nur in der Fachausbildung für Psychotherapie statt. Es ist deshalb wichtig, daß Medizinstudenten und junge Ärzte, denen die Selbstverständlichkeit im Umgang mit dem Patienten fehlt, *sich selbst schulen.*

Einen außerordentlich guten Ansatz in dieser Richtung stellen die an vielen Universitätsorten von Studenten selbstorganisierten sogenannten Anamnese-Gruppen oder gelegentlich studentische Balint-Gruppen dar.

Ein Appell an Studierende und Anfänger im ärztlichen Beruf: Beobachten Sie in einer Gruppe gegenseitig Ihr Verhalten gegenüber verschiedenen Patienten und tauschen Sie Ihre eventuell unterschiedlichen Auffassungen kritisch miteinander aus. *Eine mögliche Hilfestellung* besteht in schriftlich niedergelegten Beobachtungshinweisen.

Tabelle 8.2 gibt eine Skala wieder, auf der erstens der Untersuchende sein eigenes Verhalten, seine konkrete Gesprächsführung und die Einschätzung der Ergebnisse des Arzt-Patient-Gesprächs im Anschluß an das Gespäch eintragen soll (**Selbstbeurteilung** = SB).

Er soll also auf der Linie zwischen den beiden Endpunkten der Bewertung – links und rechts – eine Markierung setzen, wieweit er nach seiner eigenen Auffassung in diesem Punkt sein Gespräch geführt hat.

Der ärztliche oder studentische Kollege, der diese Begegnung beobachtete, wird hierzu eine **Fremdbeurteilung** (FB) geben, also von sich aus die einzelnen Punkte beantworten.

In der Diskussion zwischen dem Gesprächsführenden und dem Beobachtenden wird sich dann ergeben, welche Unterschiede bestehen, welche Stärken in der Gesprächsführung beziehungsweise welche Fehlerformen oder Unsicherheiten beobachtbar waren.

Auch dazu einige Hinweise:

- Wieweit haben Sie sich *vor der ersten Begegnung* mit dem Patienten mit der Materie vertraut gemacht – Überweisungsbrief, Berichte anderer Institutionen und so weiter –, so daß Sie unaufdringlich Ihr Wissen äußern und damit den Patienten überzeugen können, daß Sie sich mit ihm und seinem Problem bereits vor der ersten Exploration beschäftigt haben? Wieweit haben Sie im Verlauf der Behandlung das Wesentliche seiner Problematik im Kopf? (Es schadet nichts, wenn Sie bei einem Gallenkranken die Ergebnisse des zur Kontrolle angefertigten EKG noch einmal nachblättern müssen, die Röntgenergebnisse müssen Ihnen aber ständig gegenwärtig sein!)
- Prüfen Sie die Form Ihrer *Kontaktnahme* mit dem Patienten bei der Begrüßung und den Aufbau der ersten Kommunikation (vergleiche 7.2.). Wieweit verstehen Sie es bereits, Empathie, also ein einfühlendes Verhalten in den psychischen Zustand des Patienten, zu entwickeln sowie Ihren Patienten mit Wertschätzung und Wärme zu akzeptieren, dies ihm in unaufdringlicher Form zu zeigen und ihm Echtheit in der Kommunikation entgegenzubringen?
- Wieweit sind Sie bereits in der Lage, den *sozialen Umkreis* Ihres Patienten sachkundig und möglichst „im richtigen Ton" zu erfragen? Sind Sie mit den wesentlichen Zusammenhängen seines Lebensgebietes vertraut? Gebrauchen Sie Ausdrücke, die seiner Bildung und seiner Lebenssphäre angemessen sind beziehungsweise wieweit verstehen Sie es, dem (zum Beispiel fachlich) in einer anderen Welt Lebenden gezielte Fragen zu stellen, aus denen Sie das Wesentliche seiner Lebenslage erfahren? Wieweit verstehen Sie es, Bekenntnisse von Verhaltensweisen, die nicht den üblichen Wert- oder Verhaltensnormen entsprechen, ohne Erstaunen, Verwirrung, Rotwerden entgegenzunehmen oder gar eine Abwertung zu zeigen („Nichts Menschliches ist mir fremd")? Wieweit sind Sie in der Lage, wenn es für Prävention, Therapie oder Rehabilitation notwendig ist, dem Patienten zu seiner Lebensführung behutsam, unaufdringlich, aber wirkungsvoll Vorschläge/Ratschläge zu vermitteln?
- Prüfen Sie langfristiger Ihre *Beobachtungsergebnisse* bei einem Patienten, und vergleichen Sie den ersten Eindruck mit Ergebnissen und Schlußfolgerungen aus längeren Beobachtungen. Prüfen Sie, wieweit Sie den Patienten ermutigen konnten, vertrauensvolle und persönliche Aussagen über sein psychisches und körperliches Befinden zu machen. Vergleichen Sie Ihre Ergebnisse mit denen von Kollegen am gleichen Patienten. Prüfen Sie, ob sich (in 8.5. geschilderte) *Beurteilungsfehler* eingeschlichen haben.
- Wieweit gelingt es Ihnen, nicht nur den Inhalt der Sätze des Patienten, sondern auch das gleichsam *zwischen den Zeilen* Gesprochene (7.2.1.) aufzunehmen? Die Lücken in der Darstellung sagen häufig mehr als die Darstellung selbst. Wieweit sind Sie andererseits in der Lage, die Suche nach den Konflikten des Patienten vorsichtig tastend durchzuführen? Können Sie die Abwehrhaltung, die der Patient sich als Schutzfunktion aufgebaut hat, langsam aufweichen, ohne zu versuchen, diese Abwehr niederzuzwingen? Wie-

weit gelang es Ihnen – von der Katamnese her betrachtet – die Konfliktbereiche zu erkennen?

- Bei manchen Patienten ist es besser, auch einmal die Person des Explorierenden zu wechseln. Dem sind aber von der Organisationsstruktur oft Grenzen gesetzt. Darum merke: Es gibt im Prinzip kein so tabuiertes Thema, das nicht auch der junge oder andersgeschlechtliche Arzt mit seinen Patienten besprechen kann. Es kommt darauf an, dies einfühlsam, der Persönlichkeit und der Bedeutung des Themas für den anderen entsprechend zu tun, soziale Distanz und gleichzeitig empathische Nähe zu wahren und durch die Gesprächsführung dem Thema die tabuierte Besonderheit zu nehmen. Beherrschen Sie dies bereits? Es gibt kein Thema, das der Arzt nicht auch mit dem wesentlich Älteren und berufsmäßig Höherstehenden besprechen könnte.
- Der Arzt zieht sich oft zu sehr auf die Besprechung der organischen Seite der Krankheit, auf die Bedeutung von Medikamenten und ähnlichem zurück. Er muß auch bei weitgespannten *psychosozialen Themen* zu einer Antwort bereit sein. Es gibt bei vielen Krankheiten Bereiche, die der Patient sich scheut anzuschneiden beziehungsweise auf die er nicht wieder zurückkommt, wenn der Arzt seine Unsicherheit oder Unwissenheit zum Ausdruck bringt beziehungsweise das Thema sichtlich meidet. So stehen für Patienten nach einer schweren Erkrankung zuerst das akute Geschehen, dann aber die Wiedergewinnung der psychischen Leistungs-, Arbeits- und Genußfähigkeit im Vordergrund. Neben den wichtigen Fragen der beruflichen Wiedereingliederung können für den Patienten ganz andere Schwierigkeiten bestehen, zum Beispiel sexuelle, die seine Lebensqualität stören. Sind Sie in der Lage, Ihren Patienten (oder das Paar) so aufklärend zu informieren und später vorsichtig nachzufragen, daß die Patienten dann von selbst Ihnen hierüber berichten oder Ihren Rat erbitten?
- Wie weit haben Sie es gelernt, bei tabuierten oder anderen Themen hinter den vorgetragenen Sachverhalt zu fragen? Vermögen Sie beispielsweise nach einer ärztlichen Begegnung mit einem Ehepaar, das deutlich gestörte Beziehungen erkennen ließ, die Partner statt „Gibt es Schwierigkeiten in der Ehe?“, sofort, aber vorsichtig zu fragen „Welche Schwierigkeiten haben Sie in Ihrer Ehe“?

Diese Aufzählung und das ganze Kapitel zur ärztlichen Gesprächsführung sollen nicht den Eindruck vermitteln, daß hier eine determinierte Schulung zu „psychologisch richtigem“ Verhalten angeboten oder verlangt würde. Der Gesprächsstil muß authentisch („echt“) sein, das heißt zum Gesprächsführenden und zur jeweiligen Situation passen. In diesem Sinne ist Gesprächsführung nicht bis ins Detail lehrbar und lernbar. Aber grobe Fehler sollte man vermeiden lernen. Die reflektierende Arbeit am eigenen Gesprächsstil verbessert die Chance, professionelle, angemessene und erfolgreiche Gesprächsformen zu entwickeln. Hinter der Frage nach einer angemessenen Gesprächsform steht allerdings eine Zieldebatte, also die Frage: Welche Ziele will der einzelne Arzt *tatsächlich* im Alltagszeitdruck in

Tab. 8.2 Selbst- und Fremdbeurteilung der ersten ausführlichen Arzt-Patient-Begegnung

Bewertungsgegenstand	Bewertung			
1. Allgemeines Arztverhalten				
Wärme und Empathie im ärztlichen Verhalten	ablehnendes, distanzierendes Verhalten		durchgängig vorhanden	
Echtheit und Wertschätzung in der Kommunikation	wirkt unecht, keine positive Kommunikation		voll vorhanden	
Verbales und nonverbales Reagieren auf Erwartungen, Gefühle und Bedürfnisse des Patienten	fehlt völlig	gering	intensiver	stellt sich auf Patient ein
2. Konkrete Gesprächsführung				
Passives Zuhören, distanziertes Schweigen des Arztes	25%	50%	75%	100% der Zeit
Arzt füllt Explorationszeit durch Fragen und Erklärungen ohne wesentlichen Patientenbezug	25%	50%	75%	100%
Nonverbale Signale und Verstärkungen durch den Arzt zur Aufrechterhaltung des Gesprächs	fehlen	selten	häufig	sehr oft
Arzt klärt in geeigneter Form über Diagnose auf, begründet diagnostische und therapeutische Maßnahmen	überhaupt nicht	oberflächlich, für Patient unverständlich		patientenbezogen, intensiv
Ratschläge, Empfehlungen am Schluß der Behandlung	fehlen	nicht patientenbezogen, nicht verhaltensbezogen, keine Selbstkontrolle möglich, allgemein, vage		patientenbezogen, detailreich, Selbstkontrollmöglichkeit, verhaltensbezogen, konkret

Tab. 8.2 Selbst- und Fremdbeurteilung der ersten ausführlichen Arzt-Patient-Begegnung (Fortsetzung)

Bewertungsgegenstand	Bewertung			
3. Einschätzung der Ergebnisse des ersten Arzt-Patient-Gesprächs				
Der erste Eindruck stimmte mit Dauerbeobachtung überein	überhaupt nicht	teilweise	vollständig	
Das Verhältnis psychosozialer Faktoren am Krankheitsgeschehen wurde nach der Erstexploration eingeschätzt	nicht	ungenau	völlig richtig	
Der Aufbau eines Vertrauensverhältnisses gelang bereits während der ersten A-P-Begegnung	nicht	nicht genügend	sehr gut	
Das Insgesamt der Mitteilungen des Patienten wurde außer aus seinen Worten auch non-verbal gewonnen	kaum	wenig	erheblich	entscheidend
Der Unterschied in Bildung, Alter, Geschlecht, Arbeitstätigkeit störte den Aufbau der Kommunikation	sehr	deutlich	spürbar	überhaupt nicht
4. Beurteilung				
Wie haben Sie sich in diesem Gespräch als Arzt gefühlt (SB)	zufrieden mit sich		unzufrieden mit sich	
Wie hätten Sie sich in diesem Gespräch als Patient gefühlt (SB und FB)	zufrieden		unzufrieden	
Wie empfinden Sie das Gesprächsverhalten des Arztes (FB)	patientenorientiert		nicht genügend patientenorientiert	

Patientengesprächen erreichen. Der Satz „Ich habe keine Zeit" heißt, ob er nun vom Arzt oder Patienten formuliert wird, fast immer „Etwas anderes ist mir wichtiger". Gelegentlich kann der Wunsch oder Zwang zu einer Zeitökonomie für den Arzt das vordringliche Ziel sein, hinter dem Patientenwünsche zurückstehen werden. Aber besonders dann, wenn wenig Zeit für Gespräche verfügbar ist, gewinnen die psychologisch belastenden Faktoren an Bedeutung.

Das Gespräch bleibt in jedem Fall ein Teil der ärztlichen Behandlung, bei der der Patient und seine Erkrankung im Mittelpunkt steht. Genau wie bei der Medikation die richtige Dosis entscheidend ist, muß die therapeutische Bedeutung des Gesprächs in die ärztliche Tätigkeit einbezogen werden.

Das patientenzentrierte Gespräch, das im letzten Kapitel dieses Lehrbuchs im Mittelpunkt stand, verweist abschließend noch einmal auf einen allgemeinen Ansatz der Medizinischen Psychologie: Der Erfolg therapeutischer Interventionen läßt sich in vielen Fällen signifikant verbessern, wenn die psychischen Belastungen und Auffangmöglichkeiten des Patienten in die Behandlung einbezogen werden können.

Literatur

Abholz, H. H. (1992). Entscheidungsfindung in der Allgemeinmedizin. In M. M. Kochen (Hrsg.), *Allgemeinmedizin*. Stuttgart: Hippokrates, 76–93.
Abholz, H. H. (1992). Was ist Allgemeinmedizin? In M. M. Kochen (Hrsg.), *Allgemeinmedizin*. Stuttgart: Hippokrates, 12–17.
Adam, L.; Lengwinat, A. (1980). Einige ausgewählte Aspekte der Einstellung von Medizinstudenten des ersten Ausbildungsjahres zu älteren Bürgern. *Zeitschrift für ärztliche Fortbildung, 74*, 729–732.
Ainsworth, M. (1989). Attachments beyond infancy. *American Psychologist, 44*, 709–716.
Ainsworth, M.; Blehar, M. C.; Waters, E.;Wall, S. N. (1978). *Patterns of attachment: A psychological study of the strange situation*. New York: Wiley.
Alberg, T. (1988). Entwicklungen zum sozialpsychologischen Verhaltenstraining. *Psychologie für die Praxis, 6*, 99–121.
Ali, Z.; Lowry, M. (1981). Early maternal-child contact: Effects on later behavior. *Developental Medicine and Child Neurology, 23*, 337–345.
Antonovsky, A. (1979). *Health, stress, and coping*. San Francisco: Jossey-Bass.
Antonovsky, A. (1987). *Unraveling the mystery of health: How people manage stress and stay as well*. San Francisco: Jossey-Bass.
Antonovsky, A. (1990). Personality and health: Testing the sense of coherence model. In H. S. Friedman (Ed.), *Personality and disease*. New York: Wiley, 155–177.
Aresin, L; (1980). Sexualverhalten nach dem 60. Lebensjahr. *Zeitschrift für Alternsforschung, 35*, 55–58.
Aresin, L., Günther, E. (1985). *Sexualmedizin*. Berlin: Volk und Gesundheit.
Arndt, W.; Werling, H. (1979). Soziologische Aspekte der sozialen Situation von Bürgern im höheren Lebensalter. *Zeitschrift für ärztliche Fortbildung, 34*, 225–229.
Arnold, M. B. (1960). *Emotion and personality*. New York: Columbia Press.
Atchley, R. C. (1976). Selected social and psychological differences between men and women in later life. *Journal of Gerontology, 31*, 204–211.
Baltes, P. B. (1990). Entwicklungspsychologie der Lebensspanne: Theoretische Leitsätze. *Psychologische Rundschau, 41*, 1–24.

Bandura, A. (1977). Self-efficacy: Toward a unifying theory of behavioral change. *Psychological Review, 84*, 191–215.
Bandura, A. (1986). *Social foundations of thought and action: A social cognition theory.* Englewood Cliffs, New York: Prentice-Hall.
Basler, H.-D.; Franz; C., Kröner-Herwig, B.; Rehfisch, H. P.; Seemann, H. (Hrsg.) (1990). *Psychologische Schmerztherapie.* Berlin: Springer.
Becker P. (1992 a). Diagnostik und Bedingungsanalyse des Gesundheitsverhaltens. In H. Schröder; K. Reschke (Hrsg.), *Psychosoziale Prävention und Gesundheitsförderung.* Regensburg: Roderer, 105–124.
Becker, P. (1992 b). Seelische Gesundheit als protektive Persönlichkeitseigenschaft. *Zeitschrift für Klinische Psychologie, 21*, 64–75.
Beckmann, D.; Brähler, E.; Richter, H.-E. (1994). *Der Gießen-Test (GT).* Bern: Huber.
Beckmann, D.; Scheer, J. W. (1976). *Sozialpsychologie der Arzt-Patient-Beziehung* (Klinik der Gegenwart, Bd. X). München: Urban & Schwarzenberg.
Beecher, H. K. (1959). *Measurement of subjective responses.* Oxford: University Press.
Beleites, E. (1996). Grenzen der Medizin. Weil die Medizin in Europa so gut ist. *Deutsches Ärzteblatt, 93 (6)*, 217–219.
Behnken, I. (1992). Geboren 1969: Die 23jährigen – Zweimal Normalbiografien in Deutschland. In Jugendwerk der Deutschen Shell (Hrsg.), *Jugend '92* (Band 1). Opladen: Leske + Budrich, 207–212.
Berwald, G. (1990). Die Anamnese des Patienten mit chronischen Schmerzen. In H.-D. Basler, Psychologische Schmerztherapie. Berlin, Heidelberg: Springer, 174–206.
Birbaumer, N.; Schmidt, R. F. (1990). *Biologische Psychologie.* Berlin: Springer.
Block, A. R.; Kremer, E. F.; Gaylor, M. (1980). Behavioral treatment of chronic pain: The spouce as a discriminative cue for pain behavior. *Pain, 9*, 243–252.
Blumenthal-Barby, K (1982). *Betreuung Sterbender.* Berlin: Volk und Gesundheit.
Bohman, M. (1980). *Adoptivkinder und ihre Familien.* Göttingen: Vandenhoeck & Ruprecht.
Bonhoeffer, K. (1909). Zur Frage der exogenen Psychosen. *Neurol. Zbl.*, 32, 499–505.
Böttcher, H. R. (1968). *Rückblick auf die Eltern.* Berlin: Deutscher Verlag der Wissenschaften.
Böttcher, H. R. (1995). Konflikt. In G. Clauß et al. (Hrsg.), *fachlexikon abc psychologie.* Frankfurt a. M.: Deutsch, 245–247.
Boettcher, J. (1988). Normabweichend akzentuierte Ärzte. In: Szewzcyk, H. (Hrsg.) *Medizinische Psychologie in der ärztlichen Praxis.* Berlin: Volk und Gesundheit, 110–113.
Bourdon, B. (1955). *Der Bourdon-Test.* Göttingen: Hogrefe.

Brady, J. V. (1958). Ulcers in „executive“ monkeys. *Scientific American, 199*, 95–100.
Brähler, E. (1992). *Der Gießener Beschwerdebogen für Kinder und Jugendliche (GBB-KJ)*. Bern: Huber.
Brähler, E.; Scheer, J. W. (1995). *Der Gießener Beschwerdebogen (GBB)*. Bern: Huber.
Brand, R. J.; Rosenman, R. H.; Scholtz, R. I.; Friedman, M. (1976). Multivariate prediction of coronary heart disease in the Western Collaborative Group Study compared to the findings of the Framingham Study. *Circulation, 53*, 348–355.
Brinkmann, C. (1984). Die individuellen Folgen langfristiger Arbeitslosigkeit. Ergebnisse einer repräsentativen Längsschnittuntersuchung. *Mitteilungen aus der Arbeitsmarkt- und Berufsforschung, 17*, 454–473.
Brinkmann, R.; Cramond, D.V.; Schulz, H. (1976).The Munich come scale (MCS). *Journal of Neurology, Neurosurgery, and Psychiatry, 39*, 788–793.
Broussard, E. R. (1976). Neonatal prediction and outcome at 10/11 years. *Child Psychiatry and Human Development, 7*, 85–93.
Bruner, J. S.; Goodman, C. C. (1947). Value and needs as organizing factors in perception. *Journal of Abnormal and Social Psychology, 42*, 33–44.
Brunner, E.; Zwiener, K.; Schmidt-Kolmer, E. (1978). *Zusammenhänge zwischen körperlicher und psychischer Entwicklung von Krippenkindern in Abhängigkeit von den Lebens- und Erziehungsbedingungen*. Berlin: Volk und Gesundheit.
Bullinger, M.; Pöppel, E. (1988). Lebensqualität – Schlagwort oder Forschungsansatz. *Deutsches Ärzteblatt, 85*, 679–680.
Buske-Kirschbaum, A.; Kirschbaum, C.; Stierle, H.; Lehnert, H.; Hellhammer, D. (1992). Conditioned Increase of Natural Killer Cell Activity (NKCA) in Humans. *Psychosomatic Medicine, 54*, 123–132.
Bykow, K. M. (1953). Großhirnrinde und innere Organe. Berlin: Volk und Gesundheit
Byrne, D. G.; Whyte, H. M. (1979). Severity of illness and illness behavior, a comparative study of coronary care patients. *Journal of Psychosomatic research*, Bd. 23, H. 1, 51–61.
Cattell, R. B. (1973). *Die empirische Erforschung der Persönlichkeit*. Weinheim: Beltz.
CIPS (Collegium Internationale Psychiatriae Scalarum) (Hrsg.) (1986). *Internationale Skalen für Psychiatrie*. Weinheim: Beltz.
Clauser, G. (1967). *Psychotherapiefibel* (3. Aufl.). Stuttgart: Thieme.
Clauß, G.; Ehrhardt, G.; Kulka, H.; Lompscher, J.; Rösler, H.-D.; Timpe, K.-P. (Hrsg.) (1995). *fachlexikon abc psychologie*. Frankfurt a. M.: Deutsch.
Cohen, D. A.; Richardson, J.; LaBree, L. (1994). Parenting behaviors and the onset of smoking and alcohol use: A longitudinal study. *Pediatrics, 94*, 368–375.
Cohen, S.; Tyrell, D. A. J.; Smith, A. P. (1991). Psychological stress and susceptibility to the common cold. *New England Journal of Medicine, 325*, 606–612.

Costa, P. T. Jr.; Zonderman, A. B.; McCrae, R. R.; Cornoi-Huntley, J.; Locke, B. Z.; Barrano, H. E. (1987). Longitudinal analyses of psychological well-beeing in a national sample: Stability of mean levels. *Journal of Gerontology, 42*, 50–55.

Curtius, F. (1950) Über psychogene und funktionelle Erkrankungen in der Sprechstunde des Internisten. *Medizinische Klinik, 45*, 321–323.

Dan, J. (1982). Die Lebenszufriedenheit im Rentenalter. *Zeitschrift für Alternsforschung, 37*, 365–371.

Dement, W.; Kleitman, N. (1957). The relation of eye movements during sleep to dream activity: An objective method for the study of dreaming. *Journal of Experimental Psychology, 53*, 339–346.

Denes, Z. (1980). Loneliness in old age. *Zeitschrift für Alternsforschung, 35*, 475–480.

Deters, H.; Dierse, B.; Arx, S. von; Staub, S.; Dittrich, A. (1982). Internationale Studie über veränderte Wachbewußtseinszustände (ISASC). Teil 3: Ergebnisse in der Bundesrepublik Deutschland. *Zeitschrift für experimentelle und angewandte Psychologie, 29*, 223–245.

Dierks, M. L.; Bitzler, E. M.; Schwartz, F. W.; Haase, I. (1995). Patientenerwartungen an die hausärztliche Versorgung. *Niedersächsisches Ärzteblatt, 68 (11)*, 3–5.

Dilling, H.; Reimer, C. (1990). *Psychiatrie.* Berlin: Springer.

Dobrilla, G.; Felda, M. (1979). Placebo: Problemstellung und praktische Auswirkungen. *Deutsche Medizinische Wochenschrift, 104*, 1023–1026.

Donovan, A.; Oddy, M.; Pardoe, R.; Ades, A. (1986). Employment status and psychological well-being: A longitudinal study of 16-year-old school leavers. *Journal of Child Psychology and Psychiatry, 27*, 65–76.

Duffy, E. (1962). *Activation and behavior.* New York: Weiky.

Eggert, D. (1975). *Hannover-Wechsler-Intelligenztest für das Vorschulalter (HAWIVA).* Bern: Huber.

Eitner, A. (1979). Jugend und Alter. *Zeitschrift für Alternsforschung, 34*, 385–391.

Elbing, E. (1991). *Einsamkeit. Psychologische Konzepte, Forschungsbefunde und Treatmentansätze.* Göttingen: Hogrefe.

Engel, U.; Hurrelmann, K. (1992). Delinquency as a symptom of adolescents' orientation toward status and success. *Journal of Youth and Adolescence, 21*, 119–138.

Ernst, C.; Luckner, N. von (1985). *Stellt die Frühkindheit die Weichen?* Stuttgart: Enke.

Ewert, G.; Hüttner, H.; Keune, H; Kopske, Ch..; Wiesner, G. E. (1982). *Der Patient in der Sprechstunde - Erwartungen, Rechte und Pflichten, Zufriedenheit.* Berlin: Volk und Gesundheit.

Eysenck, H. J. (1960). *MPI-Test.* Göttingen: Hogrefe.

Eysenck, H. J.; Rachman, S. (1973). *Neurosen – Ursachen und Heilmethoden.* Berlin: Deutscher Verlag der Wissenschaften.

Feldes, D.; Feldes, U.; Hahn, S. (1982). Erfüllen Ärzte die Erwartungen ihrer Patienten (eine empirische Untersuchung aus der Sicht der Betroffenen). *Zeitschrift für ärztliche Fortbildung, 76*, 308–311.

Feldes, D. U. (1984). Das Arzt-Patienten-Verhältnis als Grundlage der psychologischen Patientenführung. *Vortrag auf der Herbsttagung der Stomatologischen Gesellschaft an der Universität Leipzig am 01.11.1984 in Leipzig.*

Finkelhor, D.; Dziuba-Leatherman, J. (1994). Children as victims of violence: A national survey. *Pediatrics, 94*, 413–420.

Fischer, A. (1992). Methodenberichte, Tabellen, Fragebogen. In Jugendwerk der Deutschen Shell (Hrsg.), *Jugend '92* (Band 4). Opladen: Leske + Budrich.

Fisseni, H.-J. (1984). *Persönlichkeitspsychologie*. Göttingen: Hogrefe.

Friedrich, W. (1967). *Jugend heute*. Berlin: Deutscher Verlag der Wissenschaften.

Friedrich, W.; Müller, R. (Hrsg.) (1980). *Zur Psychologie der 12–22jährigen.* Berlin: Deutscher Verlag der Wissenschaften.

Froehlich, R. E.; Bishop, F. M. (1973). *Die Gesprächsführung des Arztes.* Berlin: Springer.

Froese, M. (1985). Die Bedeutung aktueller Lebenskonflikte für psychische Störungen. *Zeitschrift für ärztliche Fortbildung, 79*, 167–170.

Gaus, E.; Köhle, K.(1981). Psychische Anpassungs- und Abwehrprozesse bei lebensbedrohlich Erkrankten. In Th. V. Üxküll, *Lehrbuch der psychosomatischen Medizin* (2. Aufl.). München, Wien, Baltimore: Urban & Schwarzenberg.

Gerber, W. D. (1990). Migräne. In H.-D. Basler; C. Franz; B. Kröner-Herwig; H. P. Rehfisch; H. Seemann (Hrsg.) (1990). *Psychologische Schmerztherapie.* Berlin: Springer, 266–289.

Gerber, W. D.; Miltner, W.; Birbaumer, N.; Haag, G. (1989). *Konkordanztherapie. Ein verhaltensmedizinisches Programm zur Behandlung von psychophysiologischen Störungen.* München: Röttger.

Geyer, M. (1980). *Mehrdimensionale Krankheitsbetrachtung in der Medizin am Beispiel des Herzinfarktes.* In H. Hess; W. König; I. Ott, *Psychotherapie – Integration und Spezialisierung.* Leipzig: Thieme.

Geyer, M. (1985). *Das ärztliche Gespräch.* Berlin: Volk und Gesundheit.

Glomb, J.; Glomb, E.; Rössler, B. (1983). *Gestaltung des Betreuungsmilieus im Krankenhaus: Reihe Medizin und Gesellschaft* (Bd. 20). Jena: Fischer.

Goldhahn, W.-E. (1975). *Schmerz. Pathophysiologie und operative Therapie.* Leipzig: Barth.

Göllnitz, G. (1992). *Neuropsychiatrie des Kindes- und Jugendalters.* Jena: Fischer.

Grassel, H.; Bach, K. R.(Hrsg.) (1979). *Kinder- und Jugendsexualität.* Berlin: Deutscher Verlag der Wissenschaften.

Grimm, H.; Schöler, H. (1991). *Heidelberger Sprachentwicklungstest (HSET).* Göttingen: Westermann/Hogrefe.

Grossarth-Marticek, R.; Eysenck, H. J. (1990). Personality, stress, and disease: Description and validation of a new inventory. *Psychological Report, 66*, 355–373.

Grotjahn, A. (1929). *Ärzte als Patienten,* Leipzig: Thieme.
Guilford, J. P. (1974). *Persönlichkeit.* Weinheim: Beltz.
Guthke, J. (1978). *Ist Intelligenz meßbar?* Berlin: Deutscher Verlag der Wissenschaften.
Gutjahr, W. (1991). *Erzieherfragebogen (EFB).* Göttingen: PDZ/Hogrefe.
Haan, N. (1977) *Coping and Defending – Processes of self-enviroment organization.* New York: Academic Press.
Hahn, S.; Thom, A.(1983). *Sinnvolle Lebensbewahrung, humanes Sterben.* Berlin: Deutscher Verlag der Wissenschaften.
Hales, D. J.; Lozoff, B.; Sosa, R.; Kennell, J. H. (1977). Defining the limits of the maternal sensitive period. *Developmental Medicine and Child Neurology, 19*, 454–461.
Hartmann, F. (1978). *Kranksein im Krankenhaus* (Verhandlungen der Gesellschaft der Deutschen Naturforscher und Ärzte). Berlin, Heidelberg: Springer.
Hasenbring, M. (1992). *Die Chronifizierung bandscheibenbedingter Schmerzen, Risikofaktoren und gesundheitsförderndes Verhalten.* Stuttgart: Schattauer.
Havighurst, R. J. (1953). *Developmental tasks and education.* New York: McKay.
Haynes, S. G.; Feinleb, M.; Kannel, W. B. (1980). The relationship of psychosocial factors to coronary heart disease in the Framingham Study. III. Eight-year incidence of coronary heart disease. *American Journal of Epidemiology, 111*, 37–58.
Heim, E.; Augistiny, K.; Blaser, A. (1983). Krankheitsbewältigung (Coping) – ein integriertes Modell. *Psychotherapie, Psychosomatik, Medizinische Psychologie, 33* (Sonderheft), 35–40.
Heinz, W. (1984). Anstieg der Jugendkriminalität – Realität oder Mythos? In H. Rabe (Hrsg.), *Jugend. Beiträge zum Verständnis und zur Bewertung des Jugendproblems.* Konstanz: Universitätsverlag, 53–94.
Hellbrügge, T. (1994). *Münchener Funktionelle Entwicklungsdiagnostik.* Lübeck: Hanseatisches Verlagskontor.
Helm, J.; Frohburg, I. (1984). Anwendungsbereiche patientenzentrierten Handelns. *Psychologie, Neurolologie und medizinische Psychologie, 36*, 577–585.
Henry, J. P. (1986). Neuroendocrine patterns of emotional response. In R. Plutchik; H. Kellermann (Eds.), *Emotion: Theory, research, and experiences* (Vol. 3), San Diego: Academic Press, 37–60.
Hoffmann, J. (1982). *Das aktive Gedächtnis. Psychologische Experimente und Theorien zur menschlichen Gedächtnistätigkeit.* Berlin: Deutscher Verlag der Wissenschaften.
Holzkamp-Osterkamp, U. (1976) *Grundlagen der psychologischen Motivationsforschung.* Frankfurt a. M.: Campus Verlag.
Howells, J. G.; Lickorish, J. R. (1994). *Familien-Beziehungs-Test (F-B-T).* München: Reinhardt.
Hurrelmann, K.; Hesse, S. (1991). Drogenkonsum als problematische Form der Lebensbewältigung im Jugendalter. *Sucht, 37*, 240–252.

Hurrelmann, K.; Laaser, U. (Hrsg.) (1993). *Gesundheitswissenschaften. Handbuch für Lehre, Forschung und Praxis.* Weinheim: Beltz.

Hüttner, H.; Harych, I.; Keune, H.; Kurella, S.; Wiesner, G. (1982). *Der Patient im Krankenhaus, Erwartungen, Rechte und Pflichten, Zufriedenheit.* Berlin: Volk und Gesundheit.

Janis, I. L., (1971). *Stress and frustration.* New York: Harcourt Brace and Jovanovich.

Janke, W. (1967). *Experimentelle Untersuchungen zur Wirkung von Placebos.* Universität Gießen (Habilitationsschrift Math.-Nat.-Fakultät)

Jerusalem, M.; Kalluza, G.; Rieländer, M. (1996). „Psychologische Gesundheitsförderung" – ein neues Forschungskonzept. *Report Psychologie, 21,* 112–119.

Jovanović, U. J. (1974). *Schlaf und Traum.* Stuttgart: Fischer.

Jugendwerk der deutschen Shell (Hrsg.) (1992). *Jugend '92* (Band 1–4). Opladen: Leske + Budrich.

Jun, G. (1984). *Elternreport, Kinder die anders sind* (3. Aufl.). Berlin: Volk und Gesundheit.

Kabat vel Job, O. (1979). *Geschlechtstypische Einstellungen und Verhaltensweisen bei Jugendlichen.* Berlin: Volk und Wissen.

Kasielke, E. (1980). Untersuchungen zum Problem der Konflikterfassung bei neurotischen Patienten. *Probleme und Ergebnisse der Psychologie, 72,* 31–41.

Kasielke, E.; Hänsgen, K.-D. (1991). *Beschwerdenerfassungsbogen (BEB).* Göttingen: PDZ/Hogrefe.

Katzenstein, A. (1978). Suggestion und Hypnose in der psychotherapeutischen Praxis. Jena: Fischer.

Keeser, W.; Pöppel, E.; Mitterhusen, P. (1982). *Schmerz* (Fortschritte der klinischen Psychologie, Bd. 27). München, Wien, Baltimore: Urban & Schwarzenberg.

Kelley, H. H. (1973). The processes of causal attribution. *American Psychologist, 28,* 107–128.

Kielholz, P. (1976). Streß und Arzt. *Monatskurse für die ärztliche Fortbildung, 26,* 7–20.

Kleinpeter, U. (1979). *Folgezustände nach Schädel-Hirn-Traumen im Kindesalter und deren Begutachtung.* Leipzig: Thieme.

Klix, F. (1976). *Information und Verhalten.* Berlin: Deutscher Verlag der Wissenschaften.

Klocke, A. (1994). *Gesundheit im Schulalter.* Bielefeld: Universität, Sonderforschungsbereich 227, Reprint-Nr. 91.

Klumbies, G. (1977). *Psychotherapie in der Inneren und Allgemeinmedizin.* Leipzig: Hirzel.

Knaape, H.-H.; Teichmann, H. (1970). Zur Leistungssteigerung durch Aponeuron bei leicht ermüdbaren, antriebsgeminderten Normalschulkindern. *Medicamentum, 11,* 216–219.

Kobasa, S. C. (1979). Personality and resistance to illness. *American Journal of Community Psychology, 7*, 413–423.

Kobasa, S. C.; Maddi, S. R.; Kahn, S. (1982). Hardiness and health: A prospective study. *Journal of Personality and Social Psychology, 42*, 168–177.

Koch, U. (1975). Wie Ärzte sich selbst und ihre Patienten sehen. *Psychologie heute, 2 (1),* 13–17.

Koch, U.; Schmeling, C. (1982). *Betreuung von Schwer- und Todkranken. Ausbildungskurs für Ärzte und Krankenpflegepersonal.* München: Urban & Schwarzenberg.

Kochen, M. M. (Hrsg.) (1992). *Allgemeinmedizin.* Stuttgart: Hippokrates.

Köhler, Fr.-C. (1984) Chronisch Kranke in der Grundbetreuung. *Zeitschrift für ärztliche Fortbildung, 78*, 465–469.

König, W. (1984). Psychologie in der Krankenpflege. Berlin: Volk und Gesundheit.

König, W.; di Pol, G.; Schaeffer, G. (1979). *Fibel für autogenes Training*. Jena: Fischer.

Kossakowski, A. (Hrsg.) (1969). *Zur Psychologie der Schuljugend.* Berlin: Volk und Wissen.

Krause-Girth, C. (1993) Von der Verführung zum Scheinplacebo. *Zeitschrift für Allgemeinmedizin, 7*, 191–194.

Kretschmer, E.(1970). *Medizinische Psychologie* (13. Auf.). Stuttgart: Thieme.

Kübler-Ross, E. (1982). *Interviews mit Sterbenden* (14. Aufl.). Stuttgart: Kreuz Verlag.

Künsebeck, H. W.; Lempa, W.; Freyberger, H. (1984). Häufigkeit psychischer Störungen bei nicht-psychiatrischen Klinikpatienten. *Deutsche Medizinische Wochenschrift, 38*, 1438–1442.

Kurth E. (1991). *Motometrische Rostock-Oseretzky-Skala (ROS).* Göttingen: PDZ/Hogrefe.

Laaser, U.; Hurrelmann, K.; Wolters, P. (1993). Prävention, Gesundheitsförderung und Gesundheitserziehung. In K. Hurrelmann; U. Laaser (Hrsg.), *Gesundheitswissenschaften. Handbuch für Lehre, Forschung und Praxis.* Weinheim: Beltz, 176–203.

Labhardt, F. (1967). Der psychosomatische Aspekt der Angst. In P. Kielholz, *Angst.* Bern, Stuttgart: Huber.

Lange, K.; Burger, W.; Haller, R.; Heinze, E.; Hürter, H.; Schmidt, H.; Weber, B. (1995). *Diabetes bei Jugendlichen: ein Schulungsprogramm.* Mainz: Kirchheim Verlag.

Langer, G. (1987). Placebo, Jenseits von „Schein“ und „Störgröße“, Argumente für die Aufwertung eines bedeutenden protherapeutischen Begriffe. *Beilage Wiener Klinische Wochenschrift, 99 (20)*, 3–24.

Lazarus, R. S. (1990). Streß und Streßbewältigung – ein Paradigma. In S.-H. Filipp (Hrsg.), *Kritische Lebensereignisse.* München: Psychologie Verlags Union, 198–232.

Lazarus, R. S.; Averill, J. R.; Optone, E. jr. (1973). Ansatz zu einer kognitiven Gefühlstheorie. In N. Birbaumer (Hrsg.), *Neuropsychologie der Angst*. München: Urban & Schwarzenberg, 158–183.

Lehr, U. (1964). Positive und negative Einstellungen zu einzelnen Lebensaltern. *Vita humana, 7*, 201–227.

Lehr, U. (1983). Persönlichkeitsentwicklung im höheren Lebensalter – differentielle Aspekte. In H. Löwe; U. Lehr; J. E. Birren (Hrsg.), *Psychologische Probleme des Erwachsenenalters*. Berlin: Deutscher Verlag der Wissenschaften, S.68–78.

Lehr, U.; Dreher, G. (1969). Determinants of attitudes toward retirement. In R. J. Havighurst; J. M. A. Munnichs; B. Neugarten; H. Thomae (Eds.), *Adjustment to retirement. A cross-national study*. Assen: Gorcum & Company, 116–173.

Lehr, U.; Puschner, I. (1963). Untersuchungen über subjektive Alterungssymptome. *Vita Humana, 6*, 57–86.

Lehr, U.; Thomae, H. (Hrsg.) (1987). *Formen seelischen Alterns. Ergebnisse der Bonner Gerontologischen Längsschnittstudie (BOLSA)*. Stuttgart: Enke.

Lehrl, S. (1995). *Mehrfachwahl-Wortschatz-Intelligenztest (MWT-B)*. Erlangen: Straube.

Leiblum, S.; Swartzman, L. C. (1986). Woman's attitudes toward the menopause: An update. *Maturitas, 8*, 47–56.

Lempert, T.; Bauer, M.; Schmidt, D. (1994). Syncope and near death experiences. *Lancet, 344*, 829–830.

Leontjew, A. N. (1964). *Probleme der Entwicklung des Psychischen*. Berlin: Volk und Wissen.

Leontjew, A. N. (1979). *Tätigkeit, Bewußtsein, Persönlichkeit*. Berlin: Volk und Wissen.

Ley, P.; Bradshaw, P. W.; Eaves, D.; Walker, C. M. (1973). A method for increasing patient's recall of information presented by doctors. *Psychological Medicine, 3*, 217–220.

Liebner, K.; Fikentscher, E.; Adam, J. (1977). Untersuchungen zur sexuellen Entwicklung. *Wissenschaftliche Zeitschrift der Universität Halle (M), 26*, 117–132.

Lienert, G. (1961) *Testaufbau und Testanalyse*. Weinheim: Beltz.

Lindsley, D. B. (1960). Emotion. In S. S. Stevens (Ed.), *Handbook of Experimental Psychology*. New York: Weiky, 473–516.

Lukesch, M. (1978). Elternbeziehung als Schwangerschaftsschicksal? *Zeitschrift für Psychotherapie und medizinische Psychologie, 26*, 348–365.

Maccoby, N.; Solomon, D. S. (1981). Heart disease prevention: Community studies. In R. E. Rice; W. J. Paisley (Eds.), *Public Communications Compaigns*. Beverly Hills: Sage, 105–125.

Maes, S. (1992). Gesundheitspsychologie, Gesundheitfürsorge und Krankheitsprävention. In H. Schröder; K. Reschke (Hrsg.), *Psychosoziale Prävention und Gesundheitsförderung*. Regensburg: Roderer, 13–40.

Mandell, H.; Spiro, H. (Eds.) (1987). *When doctors get sick.* New York.: Plenium Medical Book Company.

Martin, M.; Walter, R. (1982). Körperselbstbild und Neurotizismus bei Kindern und Jugendlichen. *Praxis der Kinderpsychologie und Kinderpsychiatrie, 31*, 213–218.

Matarazzo, J. D. (1984). Behavioral immunogenes and pathogens in health and illness. In B. L. Hammonds; C. J. Scheirer (Eds.), *Psychology and Health.* Washington: American Psychological Association, 5–44.

Matejcek, Z. (1991). Die langfristige Entwicklung unerwünscht geborener Kinder. In H. Teichmann; B. Meyer-Probst; D. Roether (Hrsg.), *Risikobewältigung in der lebenslangen psychischen Entwicklung.* Berlin: Verlag Gesundheit, 117–118.

Matthies, H. (1974). Dem Gedächtnis auf der Spur. *Wissenschaft und Fortschritt, 24*, 412–415.

Meichenbaum, D.; Turk, D. C. (1994). *Therapiemotivation des Patienten.* Bern: Huber.

Melzack, R. (1978). *Das Rätsel des Schmerzes.* Stuttgart: Hippokrates.

Meyer-Probst, B.; Teichmann, H. (1984). *Risiken für die Persönlichkeitsentwicklung im Kindesalter.* Leipzig: Thieme.

Meyer-Probst, B.; Teichmann, H. (1986). Die Rostocker Längsschnittstudie an Risikokindern – ein Beitrag zur Dialektik des Biologischen, Psychischen und Sozialen. *Zeitschrift für ärztliche Fortbildung, 80*, 73–78.

Meyerhoff, H.; Dony; M. (1970). Die Zuverlässigkeit anamnestischer Angaben zur frühkindlichen Entwicklung. *Zeitschrift für Kinderheilkunde, 108*, 41–51.

Miller, N. E. (1969). Learning of visceral and glandular responses. *Science, 163*, 434–445.

Misgeld, G. (1978). Zur Entwicklung des Sexuellen im Kindesalter. In H. Szewczyk, H. Burghardt (Hrsg.), *Sexualität: Fakten, Normen, gesellschaftliche Verantwortung.* Berlin: Volk und Gesundheit, 131–140.

Moody, R. A. (1977). *Leben nach dem Tode.* Reinbeck: Rowohlt.

Moos, T. R.; Tsu, V. D. (1977). The crisis of physical illness. In R. H. Moos; V. D. Tsu (Eds.): *Coping with physical illness.* New York: Plenum, 3–21.

Müller, M. J.; Netter, P. (1992). Unkontrollierbarkeit und Leistungsmotivation. *Zeitschrift für Medizinische Psychologie, 1*, 103–113.

Munnichs, J. A. (1968). Die Einstellung zur Endlichkeit und zum Tod. In H. Thomae; U. Lehr (Hrsg.), *Altern: Probleme und Tatsachen.* Frankfurt a. M.: Akademische Verlagsgesellschaft, 579–612.

Murray, H. A. (1991). *Thematic Apperception Test (T-A-T).* Cambridge: Havard University Press.

Muthesius, S. (1981). *Flucht in die Wolken.* Berlin: Buchverlag Der Morgen.

Muthny, F. A. (1991). *Freiburger Fragebogen zur Krankheitsverarbeitung (FKV).* Weinheim: Beltz.

Neugarten, B. L.; Wood, V.; Kraines, R. J.; Loomis, B. (1963). Woman's attitudes toward the menopause. *Vita humana, 6*, 140–151.

Nordlohe, E.; Hurrelmann, K.; Holler, B. (1989). Schulstreß, Gesundheitsprobleme und Arzneimittelkonsum. *Prävention, 12*, 47–53.

Nuckolls, C. B.; Cassel, J.; Kaplan, B. H. (1972). Psychosocial assets, life crisis, and the prognosis of pregnancy. *American Journal of Epidemiology, 95*, 431–441.

Oerter, R.; Montada, L. (1987). *Entwicklungspsychologie*. Weinheim: Psychologie Verlags Union.

Olbrich, D.; Bojanowsky, J. (1981). Psychiatrische Hospitalisierung bei Geschiedenen. *Psychiatrica Clinica, 14*, 56–65.

Oswald, W. D.; Fleischmann, U. M. (1995). *Das Nürnberger-Alters-Inventar (NAI)*. Göttingen: Hogrefe.

Palmore, E. (Ed.) (1970, 1974). *Normal aging. Reports from the Duke Longitudinal Studies*. I: 1965–1969. II: 1970–1973. Durham: Duke University Press.

Parkes, C. M. (1970). The first year of bereavement. *Psychiatry, 33*, 444–467.

Pauli, R. (1961). *Der Pauli-Test*. Göttigen: Hogrefe.

Pendleton, D. (1982). Patient's memory for medical information: A new approach and new findings. Poster presented to the *20th International Congress of Applied Psychology,* Edinburgh July 25–31, 1982.

Perrez, M.; Gebert, S. (1994). Veränderungen gesundheitsbezogenen Risikoverhaltens: Primäre und sekundäre Prävention. In P. Schwenkmezger; L. R. Schmidt (Hrsg.), *Lehrbuch der Gesundheitspsychologie*. Stuttgart: Enke, 169–187.

Peterson, C.; Seligman, M. E. P.; Vaillant, G. E. (1988). Pessimistic explanatory style is a risk factor for physical illness: A thirty-five-year longitudinal study. *Journal of Personality and Social Psychology, 55*, 23–27.

Pinner, M.; Miller, B. F. (Hrsg.) (1953). *Was Ärzte als Patienten erlebten*. Stuttgart: Kilper.

Pinquart, M.; Devrient, F. (1991). Einflußfaktoren auf die Eingewöhnung in ein Feierabend- und Pflegeheim. Ergebnisse einer Längsschnittstudie. *Zeitschrift für Alternsforschung, 46*, 119–122.

Piechowiak, H. (1983). Das ärztliche Gespräch zwischen Idealisierung und Skelettierung. *Zeitschrift für Allgemeinmedizin, 59* (12), 673–679.

Pöppel, E.; Steinbüchel, N. von (1992). Neuropsychologische Rehabilitation aus theoretischer Sicht. *Zeitschrift für Medizinische Psychologie, 1*, 22–30.

Polan, H. J.; Ward, M. J. (1994). Role of the mother's touch in failure to thrive: A preliminary investigation. *Journal of American Academic Child and Adolescent Psychiatry, 33*, 1098–1105.

Prodöhl, D. (1979). *Gelingen und Scheitern ehelicher Partnerschaft*. Göttingen: Hogrefe.

Pudel, V. (1985). Eßverhalten. In H.-D. Basler; I. Florin (Hrsg.) *Klinische Psychologie und körperliche Krankheiten*. Stuttgart: Kohlhammer.

Rahe, R. H. (1972). Subjects' recent life changes and their near-future illness susceptibility. *Advances in Psychosomatic Medicine, 8*, 2–19.

Rapoport, S. M. (1982). Die Objektivierung des ärztlichen Urteils. *Humanitas, 22 (15)*, 9.

Raspe, H.-H. (1977). Informationsbedürfnisse von Patienten. Aufklärungsintentionen im Akutkrankenhaus. *Medizinische Welt, 28*, 1990–1993.

Raspe, H.-H. (1983). *Aufklärung und Information im Krankenhaus. Medizinsoziologische Untersuchungen.* Göttingen: Vandenhoeck & Ruprecht.

Rauh, H. (1987). Frühe Kindheit. In R. Oerter; L. Montada (Hrsg.), *Entwicklungspsychologie.* Weinheim: Psychologie Verlags Union, 131–203.

Raven, J. (1980, 1988). *Die Progressiven Matrizen-Tests von Raven (CPM, SPM, APM).* Weinheim: Beltz.

Reading, A. E. (1982). The effects of psychological preparation on pain and recovery after minor gynaecological surgery. *Journal of Clinical Psychology, 38*, 504–512.

Reissig, M. (1980). Zur körperlichen Entwicklung von Schülern vom 12. bis 16. Lebensjahr. In W. Friedrich; H. Müller (Hrsg.), *Zur Psychologie der 12–22jährigen.* Berlin: Deutscher Verlag der Wissenschaften, 64–83.

Rennert, H. (1965). Untersuchungen zur Gefährdung der Jugend und zur Dunkelziffer bei sexuellen Straftaten. *Psychiatrie, Neurologie und medizinische Psychologie, 17*, 361–367.

Revenstorf, D. (1993). *Klinische Hypnose.* Berlin: Springer.

Roether, D. (1988). *Lernfähigkeit im Erwachsenenalter.* Leipzig: Hirzel.

Rösler, H.-D. (1967) *Leistungshemmende Faktoren in der Umwelt des Kindes.* Leipzig: Barth.

Rogner, O.; Frey, D.; Havemann, D. (1987). Der Genesungsverlauf von Unfallpatienten aus kognitionspsychologischer Sicht. *Zeitschrift für Klinische Psychologie, 1*, 11–28.

Rohde, J. H. (1974). *Soziologie des Krankenhauses* (2. Aufl.). Stuttgart: Enke.

Rohde, J. J. (1975). Der Patient im sozialen System des Krankenhauses. In D. Ritter (Hrsg.), *Der Arzt, sein Patient und die Gesellschaft.* Frankfurt: Suhrkamp, 167–210.

Rolf, L. H.; Brune, G. G. (1982). Placebo-Analgesie. *Deutsche Medizinische Wochenschrift, 107*, 283–284.

Rorschach, H. (1992). *Methodik und Ergebnisse eines wahrnehmungspsychologischen Experiments.* 11. Auflage, herausgegeben von W. Morgenthaler. Bern: Huber.

Rosenman, R. H.; Brand, R. H.; Scholtz, R. I.; Friedman, M. (1976). Multivariate prediction of coronary heart disease during 8.5 year follow-up in the Western Collaborative Group Study. *The American Journal of Cardiology, 37*, 903–910.

Rosenstock, I. M. (1966). Why people use health services. *Milbank Memorial Fund Quarterly, 44*, 94–124.

Rosenthal, R.; Jacobson, L. (1968). *The Pygmalion in the classroom.* New York, Rinehart & Winston.

Rotter, J. B. (1966). Generalized expectancies for internal versus external control of reinforcement. *Psychological Monographs, 80 (1)*, 1–28.

Rubinstein, S. L. (1971). *Grundlagen der allgemeinen Psychologie*. Berlin: Volk und Wissen.

Rudinger, R. (1983). Intelligenzentwicklung unter unterschiedlichen sozialen Bedingungen. In H. Löwe; U. Lehr; J. E. Birren (Hrsg.), *Psychologische Probleme des Erwachsenenalters*. Berlin: Deutscher Verlag der Wissenschaften, 79–88.

Schachter, S. (1971). Some extraordinary facts about obese humans and rats. *American Psychologist, 26*, 129–144.

Schachter, S.; Singer, J. E. (1962). Cognitive, social, and physiological determinants of emotional state. *Psychological Review, 69*, 379–399.

Schaie, K. W. (1993). The Seattle Longitudinal Study: A thirty-five-year inquiry of adult intellectual development. *Zeitschrift für Gerontologie, 26*, 129–137.

Schedlowski, M. (1994). *Streß, Hormone und zelluläre Immunfunktionen, ein Beitrag zur Psychoneuroimmunologie*. Heidelberg: Spektrum Akademischer Verlag.

Scheer, J. W. (1992). Coping. In U. Tewes; K. Wildgrube (Hrsg.), *Psychologie-Lexikon*. München: Oldenbourg, 61–63.

Scheier, M. F.; Carver, C. S. (1985). Optimism, coping, and health: Assessment and implications of generalized outcome expectancies. *Health Psychology, 4*, 219–247.

Scheier, M. F.; Matthews, K. A.; Owens J.; Magovern, G. J. Sr.; Lefebre, R. C.; Abbott, R. A.; Carver, C. S. (1989). Dispositional optimism and recovery from coronary artery bypass surgery: The beneficial effects on physical and psychological well-being. *Journal of Personality and Social Psychology, 57*, 1024–1040.

Schenkel, R. (1948). Ausdruck-Studien an Wölfen. *Behavior, 1*, 81–129.

Scheuch, K.; Schröder, H. (1990). *Mensch unter Belastung. Streß als humanwissenschaftliches Integrationskonzept*. Berlin: Deutscher Verlag der Wissenschaften.

Schmidt, H.-D. (1981). Kritische Anmerkungen zum psychoanalytischen Entwicklungskonzept. In J. Helm; H.-D. Rösler; H. Szewczyk (Hrsg.), *Klinische Psychologie*. Darmstadt: Steinkopff, 100–115.

Schmidt, H.-D. (1986). *Grundriß der Persönlichkeitspsychologie*. Frankfurt a. M.: Campus Verlag.

Schmidt, L. R. (1984). *Lehrbuch der klinischen Psychologie* (2.Aufl.). Stuttgart: Enke.

Schmidt, L. R. (1984). *Psychologie in der Medizin*. Stuttgart, New York: Thieme.

Schmidt, L. R.; Kessler, B. H. (1976). *Anamnese*. Weinheim: Belz.

Schmidt, L. R.; Dlugosch, G. E. (1992). Entwicklungspsychologische Aspekte der Gesundheitspsychologie. *Zeitschrift für Klinische Psychologie, 21*, 36–47.

Schmidt, R. F.; Thews, G. (Hrsg.) (1990, 1995). *Physiologie des Menschen* (26. Aufl.). Berlin, Heidelberg: Springer.
Schmidt-Kolmer, E. (1960). Die Auswirkung des Kindergarten-, Wochen- und Vollheimmilieus auf die psychische Entwicklung im Vorschulalter. *Zeitschrift für ärztliche Fortbildung, 54*, 1216–1220.
Schmidt-Kolmer, E. (Hrsg.) (1979). *Die soziale Adaptation der Kinder bei der Aufnahme in Einrichtungen der Vorschulerziehung*. Berlin: Volk und Gesundheit.
Schmielau, F.; Potthoff, R. D. (1990). Erholung von Sehfunktionen als Folge spezifischer Rehabilitationsverfahren bei hirngeschädigten Patienten. *Bericht über den 37. Kongreß der Deutschen Gesellschaft für Psychologie in Kiel 1990* (Bd. 1), 123–124.
Schnabl, S. (1972). *Intimverhalten, Sexualstörungen, Persönlichkeit*. Berlin: Deutscher Verlag der Wissenschaften.
Schneider, D.-R. (1985). *Geschädigte Säuglinge und Kleinkinder. Vorschläge zur Betreuung und Förderung in Kinderkrippen*. Leipzig: Thieme.
Schoenefeldt, L.; Owens, W. A. Jr. (1995). Age and intellectual change: A cross-sectional view of longitudinal data. In: Clauß, G.; Ehrhardt, G.; Kulka, H.; Lompscher, J.; Rösler, H.-D.; Timpe, K.-P. (Hrsg.) *fachlexikon abc psychologie*. Frankfurt a. M.: Deutsch.
Schönrok, G. (1987). Zum Problem der Meinungsforschung in bezug auf gesundheitsbezogene Meinungen. In H. Hüttner (Hrsg.), *Medizinsoziologie*. Berlin: Volk und Gesundheit, 112–124.
Schröder, H. (Hrsg.) (1984). *Beiträge zur Pathopsychologie der Persönlichkeit*. Leipzig: Barth.
Schröder, H.; Regel, H.; Rösler H.-D. (1989). Medizinische Psychologie – von einer Psychologie der Krankheit zu einer Psychologie der Gesundheit. *Psychologie für die Praxis, 7* (Ergänzungsheft), 47–65.
Schuder, R. (1992). *Paracelsus*. Berlin: edition q.
Schwarzer, R. (1990). Gesundheitspsychologie: Einführung in das Thema. In R. Schwarzer (Hrsg.), *Gesundheitspsychologie*. Göttingen: Hogrefe, 3–23.
Schwarzer, R. (1992). *Psychologie des Gesundheitsverhaltens*. Göttingen: Hogrefe.
Schwarzer, R. (1993). Defensiver und funktionaler Optimismus als Bedingungen für Gesundheitsverhalten. *Zeitschrift für Gesundheitspsychologie, 1*, 7–31.
Seemann, H. (1993). Schmerzdokumentation. In M. Zenz; I. Jurna (Hrsg.). *Lehrbuch der Schmerztherapie*. Stuttgart: Wissenschaftliche Verlagsgesellschaft.
Sershantow, W. F.; Makkawejski, P. A.; Martschenko, W. A. (1980). *Organismus – Persönlichkeit – Krankheit*. Jena: Fischer.
Shapiro, A. K.(1979). *Becoming a physician*. Cambridge, Mass.: Ballinger.
Sigelmann, C. K.; Vengroff, L. P.; Spanhel, C. L.(1979). Disability and the concept of life functions. *Rehabilitation Counseling Bulletin, 23*, 103–113.
Silbereisen, R. K.; Kastner, P. (1985). Entwicklungstheoretische Perspektiven für die Prävention des Drogengebrauchs Jugendlicher. In J. Brandstädter; H.

Gräser (Hrsg.), *Entwicklungsberatung unter dem Aspekt der Lebensspanne.* Göttingen: Hogrefe, 83–102.
Simonow, P. W. (1975). *Widerspiegelungstheorie und Psychophysiologie der Emotionen.* Berlin: Volk und Gesundheit.
Sinz, R. (1978). *Gehirn und Gedächtnis.* Berlin: Volk und Gesundheit.
Skolnick, A. (1981). Married lives: Longitudinal perspectives on marriage. In D. H. Eichhorn; J. A. Clausen; N. Haan; M. P. Honzig; P. H. Mussen (Eds.), *Present and past in middle life.* New York: Academic Press, 269–298.
Smith, M. A.; Jenkins, J. M. (1991). The effects of marital disharmony on prepubertal children. *Journal of Abnormal Child Psychology, 19*, 625–644.
Sohr, S. (1995) Menschenkenntnis als Lernziel? Auf der Suche nach dem „guten" Arzt. *psychomed, 7*, 93–95.
Sokolov, E. N. (1963). *Perception and the conditioned reflexes.* New York: McMillan.
Spitz, R.A. (1972). Vom Säugling zum Kleinkind. Stuttgart: Klett.
Spreen, O. (Hrsg.) (1994). *MMPI Saarbrücken.* Bern: Huber.
Staabs, G. von (1992). *Der Szenotest.* Bern: Huber.
Stabler, B.; Siegel, P. T.; Stoppani, C.; Compton, P. G.; Underwood, L. E. (1994). Academic achievement and psychological adjustment in short children. *Developmental and Behavioral Pediatrics, 15*, 1–6.
Statistisches Bundesamt (1992). Datenreport. Zahlen und Fakten über die Bundesrepublik Deutschland. Bonn: Bundeszentrale für gesundheitliche Aufklärung.
Starke, K.; Friedrich, W. (Hrsg.) (1984). *Liebe und Sexualität bis 30.* Berlin: Deutscher Verlag der Wissenschaften.
Starke, K.; Winiecki, P. (1987) Zum Psychotherapiebedarf in der Allgemeinmedizin. *Zeitschrift für Klinische Medizin, 42*, 977–980.
Stattin, H.; Magnusson, D. (1991). Stability and change in criminal behaviour up to age 30. *The British Journal of Criminology, 31*, 327–347.
Steinhausen, H.-C.; Wefers, D. (1978). Die Persönlichkeit des körperbehinderten Kindes und Jugendlichen. *Praxis der Kinderpsychologie und Kinderpsychiatrie, 27*, 161–164.
Stieve, H. (1952). *Der Einfluß des Nervensystems auf Bau und Tätigkeit der Geschlechtsorgane des Menschen.* Stuttgart: Thieme.
Svoboda, T. (1994). *Wege aus dem Kopfschmerz.* Mannheim: PAL Verlag.
Szwarc, H. (1980). Aktivität, soziale Lage und Selbsteinschätzung des Gesundheitszustandes im höheren Alter. *Zeitschrift für Alternsforschung, 35*, 35–45.
Szewczyk, H. (1966). *Psychologie und Magen-Darmulcus.* Jena: Fischer.
Szewczyk, H. (1981). Soziopsychosomatik. In F. H. Schulze; H. Stobbe, *Grundlagen und Klinik innerer Erkrankungen* (4. Aufl.; Teil III.). Berlin: Volk und Gesundheit.
Taubert, R. (1980). Ursachen der ungenauen Arzneimitteleinnahmen. *Zeitschrift für ärztliche Fortbildung, 74 (23).* 1094–1098.

Teichmann, H. (1969). Belastungsfolgen bei Unzufriedenheit der Eltern mit den Schulleistungen ihrer Kinder. *Pädiatrie und Grenzgebiete, 8*, 301–313.

Tembrock, G. (1980). *Grundriß der Verhaltenswissenschaften*. Jena: Fischer.

Tewes, U. (Hrsg.) (1983). *HAWIK-R*. Bern: Huber.

Tewes, U. (Hrsg.) (1994). *HAWIE-R*. Bern: Huber.

Thomae, H.(1968). *Das Individuum und seine Welt*. Göttingen: Hogrefe.

Thomae, H.; Lehr, U. (1963). Konflikt und Lebensalter. In L. Schenk-Danzinger; H. Thomae (Hrsg.), *Gegenwartsprobleme der Entwicklungspsychologie*. Göttingen: Hogrefe, 48–62.

Thomas, C. B. (1976). Precursors of premature disease and death.The predictive potential of habits and family attitudes. *Annals of Internal Medicine, 85*, 653–658.

Traue, H. C.; Kessler, M. (1992). Myogene Schmerzen. *Zeitschrift für Medizinische Psychologie, 1*, 10–22.

Udris, I.; Kraft, U.; Muheim, M.; Mussmann, C.; Rimann, M. (1992). Ressourcen der Salutogenese. In H. Schröder; K. Reschke (Hrsg.), *Psychosoziale Prävention und Gesundheitsförderung*. Regensburg: Roderer, 85–103.

Uexküll, Th. V. (Hrsg.) (1981). *Lehrbuch der Psychosomatischen Medizin* (2. Aufl.). München, Wien, Baltimore: Urban & Schwarzenberg.

Vaillant, G. E. (1978). Natural history of male psychological health: VI. Correlates of successful marriage and fatherhood. *American Journal of Psychiatry, 135*, 653–659.

Vaillant, G. E. (1979). The natural history of male psychological health. Effects of mental health on physical health. *New England Journal of Medicine, 301*, 1249–1254.

Vaillant, G. E. (1990). Avoiding negative life outcomes: Evidence from a forty-five year study. In P. B. Baltes; M. M. Baltes (Eds.), *Successful aging: Research and theory*. Cambridge: Cambridge University Press, 332–358.

Vaitl, D. (1991). Lebensqualität und Alter. *Internist, 32*, 441–446.

Verres, R. (1994). *Die Kunst zu leben, Krebsrisiko und Psyche*. Heidelberg: Piper.

Verwoerdt, A.; Pfeiffer, E.; Wang, H. S. (1969). Sexual behavior in senescence. *Geriatrics, 24*, 137–154.

Vogt, O. (1897). Die directe psychologische Experimentalmethode in hypnotischen Bewusstseinszuständen.II.Psychologische Experimente in hypnotischen Bewusstseinszuständen. *Zeitschrift für Hypnotismus, 5*, 180–218.

Wagner, K.-D. (1980). Zur psychosozialen Situation hochwüchsiger Mädchen und Frauen. *Ärztliche Jugendkunde, 71*, 130–138.

Wagner, K.-D.; Rohmann, E. (1984). Frühförderung von Risikokindern unter Einbeziehung der Eltern. *Zeitschrift für ärztliche Fortbildung, 78*, 181–185.

Wallerstein, J. S. (1987). Children of divorce: Report of a ten-year follow-up of early latency-age children. *American Journal of Orthopsychiatry, 57*, 199–211.

Wallerstein, J. S.; Blakeslee, S. (1989). *Gewinner und Verlierer. Frauen und Kinder nach der Scheidung. Eine Langzeitstudie*. München: Droemer-Knaur.

Wander, M. (1990). *Tagebücher und Briefe.* Berlin: Buchverlag der Morgen.

Watzlawick, P.; Beavin, J. H.; Jackson, D. D. (1979). *Menschliche Kommunikation.* Bern: Huber.

Wendt, H. (Hrsg.) (1985). *Traumbearbeitung in der Psychotherapie.* Leipzig: Thieme.

Werner, E. E.(1985). Stress and protective factors in children's lives. In A. R. Nicol (Ed.), *Longitudinal Studies in Child Psychology and Psychiatry.* Chichester: John Wiley & Sons.

Weyerer, S.; Fichter, M. M.; Möhrle, W. (1987). Dcr Vcrlust von Vater oder Mutter in der Kindheit und das Auftreten psychischer Erkrankungen im Erwachsenenalter. *Zeitschrift für Kinder- und Jugendpsychiatrie, 15,* 288–301.

Whitehead, W. E.; Schuster, M. M. (1983). Manometric and electromyographic techniques für assessment of the anorectal mechanism for continentence and defaction. In R. Hölzl; W. E. Whitehead (Eds.), *Psychophysiology of the Gastrointestinal Tract. Experimental and Clinical Applications.* New York: Plenum.

Wildgrube, K. (1978). Die Arzt-Patient-Beziehungen. In: H.-D. Basler (Hrsg.), Med.Psych.II, Sozialwissenschaftliche Aspekte der Medizinischen Psychologie. Stuttgart: Kohlhammer, 33–52.

Wildgrube, K. (1996). Medikamentenentzug bei Schmerzpatienten, Ambulantes Vorgehen und Katamnese. In H.-D. Basler et al. (Hrsg.), *Psychologische Schmerztherapie* (2. Aufl.). Berlin, Heidelberg: Springer.

Wildgrube, K.; Tewes, U. (1982). Wissenschaftstheoretische und methodologische Überlegungen zur Erforschung der Arzt-Patient-Beziehungen. In W. R. Winsel; R. Scheller (Hrsg.), *Brennpunkte der klinischen Psychologie* (Psychologie und Medizin, Bd. 3). München: Kösel, 33–53.

Wilker, F. W.; Huppmann, G. (1990). Compliance. In U. Tewes; K. Wildgrube (Hrsg.), *Pychologie-Lexikon.* München: Oldenbourg.

Winter, K. (Hrsg.) (1973). *Soziologie für Mediziner.* Berlin: Volk und Gesundheit.

World Health Organization (WHO) (1985). *Basic documents.* 35th edition. Geneva: WHO.

World Health Organization (WHO) (1986). Ottawa Charter for Health Promotion. *Health Promotion, 1,* iii-iv.

World Health Organization (WHO) (1989). *Evaluation of strength for health for all by the year 2000. Part 2: Monitoring by contry 1988/89.* Copenhagen: WHO.

Yerkes, R. M.; Dodson, J. D. (1908). The relation of strength of stimulus to rapidity of habit-formation. *Journal of comparative Neurology and Psychology, 18,* 459–482.

Zenz, H.; Hrabal, V.; Marschall, P. (Hrsg.) (1992). *Entwicklungsdruck und Erziehungslast.* Göttingen: Hogrefe.

Ziller, H. (1970). *Der Mann-Zeichen-Test.* Münster: Aschendorff.

Zinnecker, J.; Fischer, A. (1992). Jugendstudie '92. Die wichtigsten Ergebnisse im Überblick. In Jugendwerk der Deutschen Shell (Hrsg.), *Jugend '92* (Band 1). Opladen: Leske + Budrich, 213–306.

Namensindex

E

F

G

H

J

K

L

M

N

O

P

R

S

T

U

V

W

Y

Z

Sachindex

A

B

C

D

E

F

G

L

M

Q

R

S

T

U

V